임금의 허락으로 이루어지는 양반가의 이혼

조선 태종 때 장진이란 사람은 병이 든 부인 김씨를
버리고 정씨와 혼인한 것 때문에 처벌을 받았으며,
세종 때 대신 이맹균은 부인 이씨가 아들을 낳지
못하자 굶어 죽도록 학대하면서 부인을 내쫓은 죄로
파직당하고 귀양을 가야만 했다.

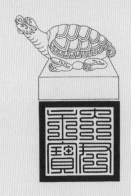

혼수는 신랑이 준비해야

고구려에서는 남자가 혼인을 하려면 혼수의 일종인 지참금을 준비해야 했다. 남자가 혼수를 부담하는 풍속은 조선시대까지 이어졌다. 혼수의 사치가 심해지자 연산군 때는 신랑 쪽에서 신부 쪽에 보내는 함을 들이는 날짜를 관청에 신고하도록 법으로 정하기도 했다. 함을 들이는 날이 되면 의녀가 나와 신랑의 혼수를 철저히 검사했다. 그래서 옛날에는 오늘날과 달리 혼수 때문에 장가 못 가는 총각은 있어도 시집 못 가는 처녀는 없었다.

남녀노소, 지위 고하에 관계없이 어울려 피운 담배

담배가 처음 조선에 전해졌을 때에는 남녀노소, 지위
고하에 관계없이 서로 어울려 피웠다. 그러다 광해군이
조회에서 담배 피우는 신하에게 싫은 소리를 한 후부터
지위가 높거나 나이가 많은 사람 앞에서는 담배를
피우지 않는 관습이 생겨났다. 궁궐에서는 궁녀들이
소일거리로 담배 피우는 것을 인정할 정도로 널리
애용되었고, 양반집 마님들의 나들이에는 반드시
담뱃대와 담배쌈지를 든 연비(煙婢)가 뒤따랐다.

'짐작'이 술과 관련 있는 말?

도자기 술병은 불투명하여 술이 얼마나 있는지 알 수가
없다. 느낌으로 어림잡아 술이 얼마나 있을까 생각할
수밖에 없다. 그래서 나온 말이 '짐작(斟酌)'이다. 사전
에는 '사정이나 형편 따위를 어림잡아 헤아림'이라고
정의하고 있다. 보통 술잔에 술을 따를 때 술을 어느
정도 따를까 마음속으로 정한다. 바로 '작정(酌定)'이다.
일의 사정을 잘 헤아려 결정한다는 뜻이다. 상대에게
술을 권할 때는 상대의 주량을 헤아려 맞춰주어야
한다. 그렇지 않으면 취해서 술주정을 할 수도 있다.
그래서 나온 말이 바로 '참작(參酌)'이다. 이리저리
비추어보아서 알맞게 고려한다는 뜻이다.

알아두면
잘난척 하게
딱좋은
우리 역사 문화사전

알아두면 잘난 척하기 딱 좋은
우리 역사문화사전

초판 1쇄 발행 · 2020년 4월 20일

초판 4쇄 발행 · 2022년 10월 5일

지은이 · 민병덕
펴낸이 · 이춘원
펴낸곳 · 노마드
기　획 · 강영길
편　집 · 이경미
디자인 · 디자인오투
마케팅 · 강영길

주　소 · 경기도 고양시 일산동구 무궁화로120번길 40-14(정발산동)
전　화 · (031) 911-8017
팩　스 · (031) 911-8018
이메일 · bookvillagekr@hanmail.net
등록일 · 2005년 4월 20일
등록번호 · 제2014-000023호

잘못된 책은 구입하신 서점에서 교환해 드립니다.
책값은 뒤표지에 있습니다.

ISBN 979-11-86288-39-9 (03910)

이 도서의 국립중앙도서관 출판예정도서목록(CIP)은 서지정보유통지원시스템 홈페이지(http://seoji.nl.go.kr)와 국가자료공동목록시스템(http://www.nl.go.kr/kolisnet)에서 이용하실 수 있습니다.(CIP제어번호: CIP2020012401)

알아두면
잘난 척 하기
우리 역사 문화사전
따 좋은

Dictionary of Culture and History to Get High and Mighty

민 병 덕 지음

nomad
노마드

1996년 1월 20일에 《옛날에도 일요일이 있었나요?》가 출간되었다. 이 책은 지금까지 세 번의 증보판과 《옛날 사람들은 어떻게 살았나요?》라는 제목의 만화까지 합하여 모두 30쇄를 인쇄했다. 햇수로는 24년이다. 그동안 이 책을 사랑해 주신 독자 여러분께 깊은 감사를 드리며 《알아두면 잘난 척하기 딱 좋은 우리 역사문화사전》이라는 제목으로 네 번째 증보판을 선보인다.

우리나라 청소년들에게 '역사'란 그저 시험에서 좋은 성적을 거두기 위해 암기해야 하는 과목에 불과하다. 학교에서 벗어난 성인이 되어서도 바쁜 사회생활에 시달리다 보면 역사에 관심을 갖기가 쉽지 않다. 그러나 아이러니하게도 사람들은 역사를 등진 대신 앞으로 일어날 변화에는 지대한 관심을 보인다.

'역사란 현재를 비추는 거울이자 앞으로 되풀이될 시간의 기록'이라고 할 수 있다. 역사에 대해 깊이 알게 될수록 현재를 살아가는 우리가 어떤 시각을 가져야 할지, 앞으로를 위해 어떤 준비를 해야 할지 선명해진다.

많은 사람들이 역사를 어려워하는 이유 중 하나는, 시간순으로 나열된 사건과, 거기에 등장하는 수많은 인명과 지명들을 시험을 위해 암기해야 하는 학습 방법 때문이다. 하지만 좀 더 깊이 들여다보면 역사는 수많은 사람의 삶이 모여서 이루어진 것이고, 현대의 삶 또한 관점과 시각이 좀 다를 뿐 과거의 그것과 크게 다르지 않다.

그래서 시간에 구애받지 않고 흥미와 재미를 불러일으킬 수 있는 주제로 시작해 차근차근 역사의 단면을 이해할 수 있게 된다면 종래에는 역사란 무엇인지, 그 역사에서 우리는 무엇을 배울 수 있는지 깨닫게 될 것이다.

《알아두면 잘난 척하기 딱 좋은 우리 역사문화사전》은 우리가 지금까지 잘 몰랐던 옛사람들의 생활상을 중점적으로 다루었다. 좀 더 낮은 곳의 역사, 민초들의 생활상을 알아가다 보면 우리 민족의 정체성을 알게 되고, 인간 본연의 성질이나 국가와 개인의 관계에 대한 새로운 시각을 깨우치게 된다.

역사를 아는 것은 우리가 겪고 있는 다양한 문제들, 행동의 방식, 갈등을 해결하는 열쇠를 손에 넣는 것이라고 할 수 있다. 훗날 스스로를 돌아보았을 때 부끄럽지 않게 살 수 있도록 도와주는 이정표가 되는 것이다. 하여 이 책이 한 치 앞도 예상할 수 없는 현대사회에서 미래의 삶을 모색할 수 있는 안내자가 되길 간절히 바라는 마음이다.

이 책이 출간되기까지 처인지구 중학교 교감선생님과 '역사클래식' 밴드회원님이 보내주신 응원에 감사드린다.

2020년 4월,

민병덕

제1장 — 의식주·풍속

제2장 —— 종교·예술·교육

제3장 ── 과학 · 기술 · 천문 · 의학

제5장 ── 경제생활

제6장 ── 정치·군사·외교

제7장 —— 궁중 생활

의식주·
풍속

일본 도굴꾼이 만든 고려장

'고려장'은 고려시대에 늙고 병든 사람을 구덩이 속에 내버려두었다가 죽기를 기다려 장사를 지냈던 풍습이라고 알려져 있다. 《삼국지》〈위지동이전〉에 따르면 부여와 고구려에 순장의 풍습이 있는데, 이는 영혼불멸사상에 근거해 임금이나 귀족이 세상을 떠났을 때 각종 보물과 주인을 모시던 노비나 부하들을 함께 묻었다고 했다.

그런데 이 풍습이 고려로 이어져, 늙고 병든 사람을 버리는 고려장이 되었다는 설이 있다. 그러나 우리나라에서 전염병으로 세상을 떠난 사람이나 전염병에 걸린 사람을 외딴 곳에 버리는 일은 있어도 노인을 버렸다는 기록은 없다. 특히 고려시대에는 불효죄를 반역죄와 더불어 엄하게 처벌하였으므로 고려장은 있을 수가 없는 일이다. 그러나 민간설화로 전하는 '기로전설(棄老傳說)' 때문에 고려장이 실제 있었다고 여기는 듯하다.

그 민간설화는 이러하다.

일흔이 된 할머니를 아들이 풍습대로 지게에 지고 산중에 버리고 돌아오려고 했다. 이때 함께 갔던 할머니의 손자가 그 지게를 다시 가져가려 하자 아버지가 의아스러워 그 까닭을 물었다.

이에 아들이 대답하기를, 다음에 아버지가 일흔이 되면 이 지게에 실어 내다버릴 때 쓰고자 한다고 했다. 아들의 대답에 깜짝 놀란 아버지는 깊이 깨달은 바가 있었다. 그리하여 다시 노인을 지고 집으로 돌아와 정성을 다하여 모셨으며, 이후로 노인을 버리는 풍습이 없어졌다고 한다.

또 다른 이야기도 있다.

일제강점기에 우리나라 문화재에 눈독을 들였던 일본인은 많은 문화재가 매장되어 있는 우리나라의 무덤에 주목했다. 그들은 조상들의 무덤을 파헤치거나 손대는 것을 무서워하는 한국인들을 자극해, 무덤의 주인공이 살아 있는 부모를 묻어버린 패륜아라고 거짓 사실을 퍼뜨려 무덤을 파헤치게 하여 수많은 문화재를 손에 넣었다.

그러므로 고려장은 애초에 우리나라에 없었으며, 단지 일본인들이 그들의 목적을 달성하기 위하여 만들어 퍼뜨린 소문이라고 할 수 있다.

몽골 침입 이후 우리나라 대표 개인 진돗개

1995년 7월, 진도에서 대전으로 팔려간 진돗개가 3개월 만에 다시 되돌아간 일이 있었다. 이렇게 육지에 나간 진돗개들이 진도로 돌아오는 일이 매우 많이 일어나는데, 진돗개들이 진도 앞바다를 어떻게 건넜는지는 뚜렷이 밝혀지지 않는 불가사의로 남아 있다.

진돗개는 자기 고향에 대한 회귀성(回歸性) 말고도, 자기보다 몸무게가 무거운 셰퍼드와 싸움을 했을 때 억척스럽고 끈질기게 물고 늘어지는 성질이 있어 승부가 예상 밖으로 난다고 한다. 우리나라 사람의 성격과 같다고 해야겠다. 토종의 진돗개는 머리통·발·항문이 커야 하고(3大), 눈·귀·아구는 작아야(3小) 한다.

진돗개의 유래는 고려시대로 거슬러 올라간다. 오늘날 제주도의 조랑말이 고려시대에 몽골이 제주도에 탐라총관부를 설치한 후에 말을 키웠던 데 기원을 두고 있듯이, 삼별초가 강화도와 진도에서 몽골에 대항하여 싸우다가 결국 제주도에서 여몽연합군에 패하면서 제주도와 진도가 말을 기르는 목장으로 바뀌었고, 이를 지키며 보호하기 위한 목견(牧犬)으로 몽골 개를 들여온 것이 진돗개가 되

새끼 진돗개

었다고 한다. 또 다른 설로는, 삼국시대에 중국 남송(南宋)의 무역선이 진도 근해에서 조난을 당하였을 때 유입되었다는 설이 있다.

그러나 진도를 떠난 진돗개는 자신만의 고유한 성질을 잃어버리는 약점이 있다. 진돗개의 또 다른 약점은 주인을 너무 따른다는 점이다. 후각이 뛰어나고 억척스러워 군견(軍犬)으로 쓰일 법도 하지만, 주인이 바뀌면 고유의 성질을 잃어버리기 때문이다.

진돗개를 한국인과 성격이 비슷한 우수한 품종으로 만든 것은, 우리 조상이 개를 한집에 사는 노비와 소와 함께 공생공존하는 생구(生口)로 격상시켜 한 식구로 여겼기 때문이라 하겠다. 오늘날 진돗개는 천연기념물 53호로 지정되어 보호받고 있다.

왕이 만든 음식, 탕평채와 신선로

조선의 21대 왕 영조(재위 1724~1776)는 궁녀들의 심부름꾼인 무수리의 자식으로 태어나, 형인 경종이 아들 없이 죽자 왕위에 올랐다. 이에 많은 신하들은 영조가 임금이 된 것을 두고 찬성파와 반대파로 갈라져 대립하게 되었다. 이른바 당쟁(黨爭)이다. 당쟁의 물결은 영조의 아들인 사도세자를 죽음으로 몰아넣었다. 즉 시파(時派)와 벽파(僻派)가 대립한 결과인 것이다. 시파는 세자를 두둔한 세력이고, 벽파는 세자를 무고하여 비방한 세력이다.

그리하여 영조는 아들을, 정조(재위 1776~1800)는 아버지를 잃는 아픔을 겪게 된 것이다. 영조와 정조는 선조(재위 1567~1608) 때부터 계속된 붕당정치의 폐단을 없애고 왕권을 강화하고자 탕평책(蕩平策)을 펼치게 되었다. 붕당은 벼슬을 얻기 위해 고향과 스승 등을 끈으로 하여 모인 사람들의 모임이다. 힘있는 사람에 편들고 아첨하고 붙는 사람들의 모임이라고 할 수 있다. 이 때문에 '어느 쪽에도 편들지 않고(不偏不黨), 모든 일을 공평하게 처리하자(蕩蕩平平)'는 것이 탕평책이다. 영조는 이것을 널리 알리고자 '탕평비'까지 세웠다.

붕당의 문제점은 음식과 의복에서도 드러났다. 다른 당파에서 먹는 음식은 먹지 않았다. 또 치마와 저고리를 길게 입는 당파가 있으면, 짧게 입는 당파도 있었다.

뿌리 깊은 사색 당파에 골치를 앓고 탕평책을 생각하던 영조는 각기 다른 당색의 정승과 판서를 한데 불러 술상을 자주 내렸다. 그 술상에는 우리나라 각 지역에서 나는 반찬과 음식을 한데 모아 끓인 신선로가 올랐다. 서로 싸움을 하는 원인을 없애면서 화합의 마당을 마련할 필요에서 함께 음식을 나누어 먹도록 만들어진 것이 바로 신선로이다. 신하들은 임금이 내려준 음식이니 먹지 않을 수가 없었다.

또 하나의 음식으로는 탕평채(蕩平菜)를 들 수 있다. 원래 봄이 되어 얼음이 녹을 무렵에 먹는 계절 음식인 탕평채는 녹두묵에 고기볶음·미나리·김 등을 섞어 만든 묵무침인데, 탕평책을 논하는 자리의 음식상에 올라서 이런 이름을 얻게 되었다. 음력 3월 초사흗날인 삼짇날에는 두견화부침·꽃국수·진달래·꽃나물·향애단(쑥경단) 따위의 계절 음식을 먹는데, 이것 역시 영조 때 탕평책을 논하는 자리의 음식상에 술과 함께 올랐던 음식에서 유래한다.

관공서인 다방

오늘날 커피나 차를 마시기 위해 카페를 많이 찾는다. 하지만 30여 년 전만 하더라도 카페가 아닌 다방(茶房)을 더 많이 이용했다. 다방은 커피, 홍차, 우유, 콜라 등의 음료를 판매하면서 사람을 만나거나 대화를 나눌 수 있는 공간을 제공하는 업소를 가리킨다. 다방에서 파는 음료 가운데 가장 인기 있는 품목은 커피다. 그래서인지 요즈음에는 '차를 마신다'고 하면 으레 커피를 마시는 것으로 알아듣는다.

그러나 옛날의 우리 조상들은 커피가 아니라 차(茶)를 즐겨 마셨다. 우리나라에 차가 도입된 시기는 7세기 전반으로 추정된다. 《삼국사기三國史記》에 "신라 선

하동 차시배지 기념비

덕여왕 때 처음으로 당나라에 유학을 다녀온 승려가 경남 하동 근처에 차 씨앗을 심었다."는 기록이 그 근거이다.

또한 《삼국유사三國遺事》에 "경덕왕(재위 742~765) 때 승려 충담사(忠談師)가 다구(茶具)를 가지고 다니면서 매년 3월 3일과 9월 9일에 남산의 미륵세존에게 차를 올린 공으로 경덕왕으로부터 왕사로 책봉되었다."는 기록에서, 당시의 차가 기호품이 아닌 제(祭)를 올리기 위한 음식임을 알 수 있다.

고려시대에도 차는 술과 과자와 더불어 궁중의 중요한 음식이었다. 연등회와 팔관회 등의 국가행사, 왕자와 왕비 등의 책봉에는 진다의식(進茶儀式)이 필수적 과정으로 자리잡게 되었다. 이러한 행사를 치르는 관청이 바로 차에 관한 일을 맡아보았던 '다방'이었다. 민간에는 차를 재배하고 제조하여 사찰에 공급하는 다촌까지 생겨나게 되었다. 송나라의 사신 서긍(徐兢)이 개성을 방문한 뒤 기록한 《고려도경高麗圖經》에는 궁중의 진다의식에 대해 다음과 같이 적혀 있다.

잔치를 할 때는 우선 정원에 차를 달여놓고, 연꽃 모양을 한 다관(茶罐; 주전자)에 차를 담아서 들고 손님 앞으로 천천히 가서 권한다.

조선시대에 다방은 외국 사신을 접대하고, 과일·술·약 등을 공급하고 관리하는 일을 맡아보았다. 관청에서는 '다시(茶時)'라 하여 오늘날 '티타임'처럼 차 마시는 시간까지 있었다. 세종(재위 1418~1450) 때 다방의 관리를 선발하는 시험을 실시했는데, 글씨·계산·시·가례·육전의 과목 중 세 가지만 합격하면 관리로 채용되었다.

그러나 임진왜란과 병자호란 이후에 성리학이 전성기를 맞이하면서 불교가 쇠퇴하여, 차문화는 승려와 일부 유학자들을 중심으로 명맥을 유지하는 대신 술을 파는 주점(酒店)이 발달했다.

부동산 중개업소가 된 복덕방

우리 조상들은 5월에는 농사가 잘되기를, 10월에는 풍년에 감사하고 마을의 안녕을 빌기 위하여 마을 별로 고사를 지냈다. 고사를 지내고 나면 음식과 술을 나누어 먹었는데, 여기에는 신이 먹었던 음식을 나누어 먹음으로써 신의 기운을 받기 위한 바람이 담겨 있다. 그리고 그 행위가 이루어지는 장소가 바로 '복덕방(福德房)'이었다. 그러므로 복덕방은 마을에서 가장 신성한 장소인 것이다.

그러면 이렇듯 신성한 장소인 복덕방이 어떻게 해서 부동산 중개업소로 바뀌었을까?

복덕방에는 제사 음식을 받기 위해 동네 사람들이 많이 모여들었다. 여러 사람이 모이다 보니 이런저런 이야기가 오갔으며, 그런 중에 "누가 집을 내놓았다더라." "누가 땅을 사고 싶어 한다더라." 하면서 부동산 거래와 흥정이 이루어졌던 것이다. 이렇게 부동산 거래와 흥정이 이루어지면서 복덕방에서 부동산 중개를 하는 것이 하나의 풍속이 되어, 나중에는 복덕방이라는 용어 자체가 부동산 중개업소의 의미로 바뀌게 되었다.

조선 후기에 접어들면서는 부동산 외에 잉여생산물을 중개하는 상업 조직도 생겨났다. 대표적인 것으로는 복덕방처럼 중간에서 매매를 소개하는 거간(居間), 상인들을 머무르게 하고 재워주는 여각(旅閣), 상인을 대상으로 위탁판매를 하거나 거간을 주로 했던 객주(客主), 전문적으로 물건을 재거나 되는 일을 하는 감고(監考) 등이 있었다.

이처럼 많은 상업 조직이 등장하고 산업이 발달함에 따라 복덕방은 부동산 중개업소로 분화, 발전하기에 이르렀다.

집안에서 쫓겨난 사람들을 가리키던 거지

'거지'는 일정한 거처나 직업이 없이 남에게 빌어먹고 사는 사람으로 걸개(乞丐) 또는 비렁뱅이라고도 한다. 거지는 '개자(丐子)'의 와음(訛音)이다.

거지라고 하면 〈각설이타령〉이 연상된다. "얼씨구씨구 들어간다. 절씨구씨구 들어간다. 작년에 왔던 각설이 죽지도 않고 또 왔네." 어찌 들으면 흥겹기도 하고 또 어찌 들으면 구성지기도 한 노래로, 굶주리긴 하지만 항상 자유롭게 살아가는 거지들의 생활이 잘 담겨 있는 노래이다.

《삼국사기》'백제 개로왕(재위 455~475)조'에 거지에 대해 가장 오래된 기록이 있다.

개로왕이 도미(都彌)의 부인을 취하려고 하면서 학대를 하자, 이를 피하여 고구려로 도망가서 살 때 "고구려 사람들이 이들을 불쌍히 여겨 옷과 밥을 주었으니, 드디어 떠돌이 생활을 마치고 거기서 살게 되었다."고 적혀 있다.

《삼국유사》에도 '조신의 꿈'에 당시 거지의 모습이 묘사되어 있다.

승려였던 조신은 몰락하여 가족을 이끌고 다니면서 걸식을 하였다. 10년을 이렇게 초야를 두루 유랑하니 옷이 해어져 몸을 제대로 가리지 못했다. 마침내 명주(溟州)를 지날 때 열다섯 살 난 큰아이가 굶어 죽었다. 열 살 되는 딸아이도 이집 저집으로 빌러 다녔는데, 어느 날 마을 개에게 물린 뒤 그 아픔을 참지 못하여 울부짖었다. 이를 본 그의 부인이 "이집 저집 걸식하는 부끄러움은 산더미를 진 것보다 더 무겁습니다."며 한탄했다는 내용이다.

조선시대에는 청계천에 거지들이 모여 살았다.

광교에서 바라본 청계천

이들은 '경(黥)'이라는 형벌을 받은 사람들이었다. 경은 얼굴이나 팔뚝의 살을 따고 흠을 내어 먹물로 죄명을 찍어 넣는 벌로, 영조 때까지 행해졌다. 체면과 겉치레를 중요하게 생각하던 조선시대에 경의 형벌을 받은 사람들은 집으로 돌아갈 수 없어 일정한 지역에 모여 공동생활을 하였다. 주로 청계천 바닥의 흙을 쌓아 일군 인공산인 조산(造山)과 광교·수표교·복청교 아래, 서소문, 새남터, 만리재 등에 터를 잡아 모여 살았다.

일단 거지가 되면 그동안 쓰던 이름은 버리고 별명으로 서로를 불렀으며, 우두머리인 꼭지딴이 이름을 붙여주었다. 예를 들면 갈매기, 솔가미(소리개), 독수리, 부엉이, 쟁끼(장끼), 까마귀, 까치 따위가 그것이다.

이들은 얻어먹은 것 외에 내의원이나 혜민국에 뱀·두더지·지네·두꺼비·고슴도치 따위의 약재를 잡아 올린다든지, 상여가 나갈 때 행렬의 선두에 선다든지, 상갓집이나 잔칫집의 치안을 봐주고 그 대가를 받았다. 또 추어탕 집에 미꾸라지를 독점으로 공급하고 그 대가를 받아 생활하기도 했다. 일제강점기에 '거지왕 김춘삼'과 같은 인물은 독립운동에 참여하기도 하였다.

오늘날에는 지하철역이나 기차역 대합실에서 잠을 자며 정처없이 떠도는 노숙자들을 흔히 볼 수 있다.

고춧가루 없는 김치, 고춧가루 있는 김치

김치대전이 벌어지고 있다. 중국과 일본이 각각 김치의 종주국인 양 떠들고 있다. 하지만 김치는 우리나라에서만 볼 수 있는 채소 가공식품으로 아주 오랜 옛날부터 밥과 함께 먹던 반찬이다. 소금에 절인 배추, 무, 오이 따위를 고추, 마늘, 파, 생강, 젓갈 따위의 양념에 버무려 적당히 발효시킨 뒤 먹는다. 오늘날에는 다이어트 식품으로도 인기 있으며 세계 5대 건강식품으로 선정될 만큼 영양이 풍부해 세계인들이 즐겨 먹는 음식이 되었다.

상고시대부터 먹기 시작한 김치는 겨울이 긴 동북아시아에서 썩기 쉬운 채소를 오랫동안 보관하면서 먹을 수 있도록 개발해낸 식품이다. 당시에는 무·오이·가지·부추·죽순·마늘 등을 소금으로 절이거나, 술·술지게미·소금을 함께 넣어 절였는데, 오늘날의 김치와는 다른 장아찌류에 가까웠다.

문헌에 나오는 최초의 김치는, 고려 고종(재위 1213~1259) 때의 문장가 이규보(李奎報)가 지은 〈가포육영〉이라는 시에 등장한다.

무장아찌, 여름철에 먹기 좋고
소금에 절인 순무, 겨우내 반찬 되네

위의 구절로 보아 고려시대에 오늘날의 물김치 같은 무소금절이가 있었음을 알 수 있다. 나박김치와 동치미도 고려시대에 개발되었다고 한다. 이때 양념으로 천초(川椒; 산초나무 열매의 껍질), 생강, 귤껍질 등이 쓰였다.

고려시대의 김치는 원나라에도 전해져, 고려 여인으로서 원나라 순제의 황후가 된 기황후를 중심으로 퍼진 고려양(高麗樣; 원나라에 유행한 고려식 풍습으로 한복, 버선, 신발 등이 원나라의 귀족 문화를 이루었다)의 하나가 되었다.

김치에 고춧가루를 넣기 시작한 것은 임진왜란 이후의 일이다. 고춧가루를 사용하기 전에는 김치에 맨드라미꽃을 넣어 붉은색을 띠게 하는 정도였다고 한다. 고추는 원산지가 남아메리카로, 임진왜란을 전후해 우리나라에 들어왔다.

고추의 등장으로 김치 담그는 방법은 다양해졌다. 고추의 매운 성분이 비린내

맨드라미

먹음직스러운 배추김치

를 없애줌으로써 젓갈류를 양념으로 사용하기 시작한 것이다. 궁중에서는 조기젓·육젓 등 비교적 비싸고 귀한 것을 넣었고, 민간에서는 멸치젓이나 새우젓을 주로 사용했다.

1715년에 홍만선(洪萬選)이 지은 《산림경제山林經濟》에는 오늘날의 김치가 거의 보이지 않으나, 그로부터 50년이 지나 편찬된 《증보산림경제增補山林經濟》에는 배추김치, 오이소박이, 동치미, 겨울가지김치, 전복김치, 굴김치 등 오늘날의 김치 종류가 거의 다 등장한다.

이로 미루어보아 처음에는 딱딱한 오이나 무 등속만 김치 재료로 쓰이다가 조선 후기에 이르러서야 배추 등 부드러운 재료도 이용하게 되었음을 알 수 있다. 그러고 보면 우리가 잘 먹는 배추김치는 그 역사가 300년도 안 되는 셈이다.

김치는 필요할 때마다 그때그때 담가 먹기도 하고, 겨우내 먹기 위해 가을철에 한꺼번에 많이 담그기도 한다. 뒤의 것을 김장이라 한다. 김장의 종류로는 배추김치·동치미·깍두기·총각김치 따위가 있으며, 고춧가루·마늘·파·생강·젓갈류가 양념으로 들어간다.

김치는 영양의 집합체로서 장내 소화를 돕는 유산균 성분까지 들어 있어 현대에 와서 그 진가를 더욱 높이 인정받고 있다.

같은 언어를 사용한 고구려, 백제, 신라

고구려, 백제, 신라는 모두 같은 언어를 썼을까? 아니면 다른 언어를 써서 서로 대화할 때마다 통역관이 필요했을까?

본디 한국어는 알타이어에서 발생해 원시 한국어로 발전했으며, 여기에서 신라어와 백제어는 원시 한국어로, 고구려어는 원시 부여어로 분화되었다. 삼국 모두 언어의 뿌리가 같기 때문에 문법이나 조어 방법이 같았다. 다만 일부 어휘에서만 차이가 있을 뿐이다. 결론을 말하면, 고구려와 백제 지배층의 언어는 같았으며, 백제 하층민의 언어와 신라의 언어 또한 같았다고 볼 수 있다.

고구려와 백제 지배층의 언어가 한 뿌리라는 사실은 《삼국유사》와 《삼국사기》의 내용으로 추측할 수 있다.

먼저 《삼국사기》 '고구려 장수왕(재위 413~491)조'에는 백제에서 고구려로 투항한 만년(萬年)과 걸루(桀婁)라는 장수가 나오는데, 이 두 장수는 투항 즉시 대모달이라는 벼슬을 받았다. 대모달은 고구려의 무관으로서는 최고 사령관에 해당하는 직책으로 대당주(大幢主)라 부르기도 하였다. 만일 이 두 장수의 모국어인 백제어가 고구려의 언어와 서로 통하지 않았다면 투항하자마자 이렇게 높은 직책을 맡아 부하 사병들을 통솔할 수는 없었을 것이다.

역시 《삼국사기》 '고구려 장수왕조'를 보면 고구려의 첩자인 도림(道琳)이란 승려가 백제로 잠입한 내용이 있다. "도림은 죄를 짓고 도망쳐온 것으로 위장하고 백제로 잠입했다."는 내용이다. 서로 언어가 통하지 않았다면 도림이 백제로 잠입하기 전에 오랫동안 언어 학습을 했어야만 했는데, 기록에는 그런 내용이 전혀 나오지 않는다.

이런 사실로 미루어보면 백제의 지배층은 물론이고 시대가 흐르면서 하층민까지도 고구려와 언어 소통이 원활해졌다고 할 수 있다. 백제의 지배층은 고구려와 같은 부여 계통으로 언어가 고구려와 유사했거니와 점차 백성들까지도 표준어라고 할 수 있는 지배층의 언어를 배웠을 것이기 때문이다.

백제 하층민의 언어와 신라의 언어가 같았다는 것은, 현존하는 가장 오래된 향가로 알려진 〈서동요〉를 보면 알 수 있다.

백제 무왕 때 조성한 익산 미륵사지의 동원9층석탑. 1992년 복원했으며, 대표적인 날림 복원 사례로 꼽힌다.

〈서동요〉는 백제 무왕(재위 600~641)이 왕위에 오르기 전에 신라의 서라벌에 퍼뜨린 향가로, 백제 사람인 그가 신라의 노래인 향가를 지어 부른 것으로 보아 신라와 백제가 서로 같은 언어를 사용하고 있었음을 알 수 있다.

또한 《삼국유사》에 백제 무왕이 미륵사를 창건할 때 신라의 진평왕(재위 579~632)이 여러 명의 공인(工人)을 백제에 보내어 일을 도왔다는 기록이 나오는 것으로 보아 서로 언어가 잘 통했을 것으로 추측할 수 있다.

그러나 고구려와 신라 간에는 고구려와 백제, 신라와 백제처럼 인적 교류가 활발히 이루어지지 않았다. 어휘에도 약간 차이가 있어 '산(山)'을 신라와 백제에서는 '모리', 고구려에서는 '달'로 발음했고, '바다'는 신라에서는 '바', 고구려에서는 '나미'로 발음했다.

어쨌든 신라와 백제, 백제와 고구려의 언어는 오늘날의 남한과 북한 정도의 차이밖에 나지 않았으리라 짐작할 수 있다. 이는 신라가 삼국을 통일한 이후에 눈에 띄는 언어 통일 정책을 실행한 적이 없었던 것만 보아도 알 수 있다. 즉 삼국 사이의 언어에 이질성이 별로 없었기 때문에 언어 통일 문제 또한 그렇게 심각하지 않았던 것이다.

이때는 일본과도 의사소통이 가능했을 것으로 추측된다. 삼국, 특히 백제인의 일본 왕래가 잦았으며 백제인이 일본 지배층을 이루었던 것으로 충분히 짐작할 수 있다.

'신체발부 수지부모'라 자르지 않았던 머리,
그렇다면 손발톱은?

신체발부 수지부모(身體髮膚 受支父母)

불감훼상 효지시야(不敢毀傷 孝志始也)

《효경孝經》〈천자편天子編〉에 나오는 말이다. 몸에 지닌 모든 것, 곧 피부와 머리카락까지도 부모에게 받은 것이므로 훼손하지 않는 것이 효의 시작이라는 뜻이다.

우리 조상들은 이 말을 철저히 믿고 지켜왔다. 그러기에 1895년에 을미개혁의 하나로 단발령이 실시되었을 때도 '목은 잘라도 머리를 자를 수 없다'며 저항을 할 정도였으며, 이 단발령 반대 운동이 의병운동으로 확대되기도 하였다. 그러나 부모의 생명이 위태로울 때는 살을 베어 드린다거나 자신의 손가락에 상처를 내어 피를 마시게 하기도 했다. 부모를 위해서는 자신의 몸에 손상을 가해도 괜찮았던 것이다.

이처럼 머리카락 자르는 데도 의병을 일으키면서까지 거부한 우리 민족인데, 손톱과 발톱은 어떻게 하였을까? 손톱과 발톱도 부모에게 받은 신체의 일부분이 틀림없으니 전혀 훼손하지 않았을까?

손발톱이 길면 일상생활을 하는 데 불편했으므로 잘라도 되었다. 효를 행한다 하여 고지식하게 신체의 모든 부위를 보전만 한 것은 아니었던 것이다. 요즈음에는 손발톱을 잘라 아무 데나 버리는 경우가 많지만, 옛날에는 손발톱에도 원 소유자의 정기가 남아 있다고 여겨 소중히 취급했다. 함부로 버려서도 안 되었고, 아무 때나 깎아서도 안 되어 특히 밤에 깎지 못했으며, 손톱 쪼가리는 불에 태웠다.

서양에도 한번 접촉한 것은 접촉이 단절된 후에도 시공을 초월해서 계속 영향을 미친다는 원리에 근거를 둔 접촉주술(接觸呪術)의 관념이 있어, 손발톱이 적의 손에 들어가면 원 소유자를 해친다고 믿었으므로 손발톱 조각을 조심스레 처리했다. 예를 들면 뉴질랜드의 마오리족은 추장의 손톱과 발톱을 묘지에 숨기며,

파타고니아의 원주민은 태워버린다. 가장 흥미로운 것은 마다가스카르섬의 베스틸레로족의 관습이다. 이들은 라만고(Ramango)라는 직책에 있는 사람이 왕족의 손톱과 발톱을 먹어 없애게 한다.

백의민족인데 흰옷을 못 입게 해

우리 민족을 흔히 백의민족이라고 부른다. 예부터 우리 민족이 흰옷을 즐겨 입었던 데서 비롯된 말이다. 언제부터 흰옷 입기를 좋아했는지 확실히 알 수 없으나, 중국과 우리나라의 여러 문헌 기록으로 미루어보면 부여 때부터 입었던 듯하다. 중국의 문헌인《삼국지》〈위지동이전〉에 "부여 사람들은 옷의 빛으로 흰색을 숭상했다. 흰 삼베로 도포를 만들어 입는데 소매가 몹시 넓고, 또 바지도 희게 입는다."는 기록으로 알 수 있다.

흰색은 태양을 상징하는 것으로, 예부터 우리 민족은 태양숭배 사상이 강해 광명을 나타내는 흰색을 신성시하고 흰옷을 즐겨 입었던 것으로 보인다. 이 밖에도 흰색은 하늘과 땅을 의미하는 색이요, 영원히 죽지 않는 색을 뜻하기도 한다. 우리 민족의 흰색과 흰옷 숭상은 뿌리 깊은 것으로, 민족정신을 뜻할 만큼 사랑을 받아왔다. 서양식 의복이 들어왔음에도 민족 고유의 옷인 흰색 바지와 치마저고리를 끝내 지켜온 것으로도 알 수 있다.

그런데 여러 가지 이유로 흰옷 착용을 금지하기도 했다. 고려 공민왕(재위 1351~1374) 때 사천소감 우필흥(于必興)이 흰옷을 입음으로써 우리나라가 발전하지 못한다고 주장하자 공민왕은 흰옷 착용을 금지하는 명령을 내렸다. 조선 태조(재위 1392~1398) 7년(1398)에 남녀의 흰옷 착용을 금지했고, 태종 1년(1401)에도 흰옷을 입지 못하도록 했다. 세종 7년(1425)에는 궁궐 안에서 일하는 사람들의 흰옷 착용을 금지했다. 명종(재위 1545~1567) 때는 조식(曹植)이 흰 옷은 장례식 때 입는 옷이므로 금지해야 한다고 상소하여 금지령이 내렸다. 이수광(李睟光)의《지봉유설芝峰類說》에, 여러 차례 국난을 겪는 동안 흰옷을 입게 되었으나, 흰색은 장례식 때 입는 옷이므로 금지했다는 기록으로도 알 수 있다. 영조 14년(1738)에도 흰옷 착용을 엄히 금지했다.

이처럼 여러 차례 흰옷 입는 것을 막으려고 해도 우리 민족의 흰옷 사랑은 막을 수 없었다. 이는 곧 흰옷을 입는 습관이 끈질기게 우리의 의생활을 지배해왔음을 말해주는 것이다. 그러나 근대 이후 생각의 변화와 시대의 변천에 따라 예식이나 종교 행사 같은 특별한 경우 말고는 자연스럽게 색깔 있는 옷을 입게 되어 차츰 일상생활에서 멀어지게 되었다. 그럼에도 여전히 갓난아이에게 흰옷을 입히고 시신에 흰옷을 입히니, 우리나라 사람들은 흰옷으로 일생을 시작하고 마친다고 할 정도로 흰옷의 착용은 뿌리 깊은 풍습이다.

신라와 고려에서는 남매간에도 혼인이 이루어져

신라의 신분제도는 골품제도이다. 부모 둘 다 왕족인 성골(聖骨), 부모 중 한쪽이 왕족인 진골(眞骨), 부족의 크기에 따라 6두품, 5두품, 4두품의 귀족이 있었다. 성골과 진골은 왕실 혈통의 순수성을 지키기 위하여 다른 계급과 혼인을 하지 않았다. 이러한 노력에도 불구하고 28대 진덕여왕까지 성골이 유지되다가 29대 태종무열왕부터는 진골이 왕위를 계승하게 되었다.

고려시대에도 근친혼이 이루어졌다. 태조(재위 918~943) 왕건은 신라의 풍습을 이어받아 형제들끼리 혼인을 시켰다. 신라처럼 성골이나 진골 등 왕족의 혈통을 순수히 유지하면서 호족들로부터 왕족을 지키고 왕권을 강화하기 위함이었다. 태조 왕건은 자신의 세력을 공고히 하기 위하여 많은 지방 호족들의 딸들과 혼인을 하였고, 아들과 딸들도 호족의 아들이나 딸들과 혼인시켰는데, 이는 외척들의 간섭으로 정치가 흔들릴 우려가 있었다. 태조는 이를 해결하기 위한 방법으로 족외혼(族外婚)이 아닌 족내혼(族內婚)을 선택한 것이다. 즉 자식들을 형제끼리 혼인시킴으로써 외척의 간섭을 배제하여 왕권을 강화하였다.

족내혼은 태조 왕건의 셋째 아들인 4대 광종(재위 949~975)부터 이루어졌다.

광종은 이복 누이인 대목왕후 황보씨와 혼인을 하고, 2대 혜종(재위 943~945)의 딸인 경화궁 부인 임씨와도 혼인을 했다. 그러니까 조카와 혼인한 것이다. 6대 성종(재위 981~997)은 6촌 관계인 광종의 딸 문덕왕후 유씨와 혼인을 했고, 8대 현종(재위 1010~1031)도 조카인 성종의 딸 두 명과 혼인을 했다. 원정왕후 김씨와 원화왕후 최씨가 그들이다.

고려 전기에 이처럼 왕실 간의 족내혼이 성행했던 것은 지방 호족 세력을 억압하면서 왕권을 공고히 하기 위해서였다. 성종은 송나라의 예를 따라 근친 간의 결혼을 금지하려는 정책을 시도하기도 하였지만 반대 여론 때문에 뜻을 이루지 못했다.

감주가 술이야!

많은 사람들이 감주와 식혜는 같은 음료라고 알고 있다. 그러나 감주와 식혜는 엄연히 구별되는 음식이었다. 기록으로 확인해보자.

《태종실록太宗實錄》에 세자가 조상들에게 제사를 지내는 글에 "금색(禽色)의 황망함과 감주(甘酒)하고 기음(嗜飲)하는 것은 하서에 실려 있으니, 만세에 경계해야 할 것입니다."라는 구절이 나온다. 이 글에서 '감주(甘酒)'는 술을 좋아한다는 뜻이다. 그러던 것이 술에 취하는 것을 경계하기 위하여 쉽게 취하지 않으면서도 술을 마시는 기분을 낼 수 있는 술을 만들게 되었으니 이것을 감주라고 하였다. 즉 알코올이 불완전하게 발효된 상태로 주정이 매우 약하고 감미가 강한 술을 만든 것이다.

만드는 방법은 다음과 같다. 백미를 밥 또는 죽과 같은 정도로 쪄서 60℃로 식힌 다음 누룩을 빻아서 넣고 버무린다. 거기에 물을 조금 섞어 묽게 하여 솥에 붓고, 60℃가 되도록 가열하면 몇 시간 만에 달달한 감주가 된다. 체에 걸러 맑은 것을 마시기도 하고 묽은 죽 같은 상태의 것을 먹기도 하였다. 단맛이 나는 술이라고 하여 단술이라고도 하였다.

식혜에 대한 기록은 고려 중기의 문신 이규보의 《동국이상국집東國李相國集》에 보이는 '행당맥락(杏餳麥酪)'이라는 문장에서 찾을 수 있다. 여기서 '낙(酪)'을 식혜의 일종으로 보는 견해가 있다. 식혜에 대한 구체적인 기록은 조선 영조 때의 문헌인 《소문사설謏聞事說》에 나온다. 만드

식혜

는 방법은 다음과 같다. 쌀로 매우 된밥을 지어서 금속물이 아닌 그릇에 담아 엿기름을 고운 체로 걸러 물을 넣고 가만히 가라앉힌 후, 엿기름의 웃물을 가만히 따라 붓고 온도를 60~70℃로 4~5시간 유지시켜 밥을 삭힌다. 그러고 나서 밥알이 동동 떠 있으면 밥알을 조리로 건져 찬물에 헹구어 다른 그릇에 담고 나머지 식혜물은 적당히 끓이는데, 이때에 거품을 걷어내야 맑은 식혜가 나온다.

옛날에는 알코올이 약간 들어 있는 단술이었던 감주가 오늘날에는 밥알이 다 삭아서 노르스름해지고 끈끈해지며 단맛이 나기 시작하면 불에 올려놓고 끓여 단맛을 진하게 하여 따끈하게 마시는 음료가 되었으며, 반면에 식혜는 밥알이 삭아 동동 떠오르면 밥알을 따로 건지고 나머지 식혜물은 끓여서 차게 식힌 다음 밥알을 띄워 마신다.

왜군이 지은 최초의 고층 빌딩

옛날에는 임금이 남쪽을 향하여 앉아 정사를 보므로 남향으로 집을 지을 수 없고, 100칸이 넘으면 안 되었다. 그러므로 신하나 백성들은 동향 또는 서향으로 집을 지었다. 또한 황룡사 9층탑이나 금산사 미륵전처럼 종교적인 건물이면서 사람이 살지 못하는 곳이라야 고층으로 지을 수 있었다. 물론 한옥은 구조상 고층으로 짓기에 어려운 점이 많아 임금의 허락이 있더라도 불가능했을지도 모른다.

황룡사 9층탑을 모티프로 하여 건축한 중도타워(왼쪽)와 금산사 미륵전(오른쪽)

우리나라 최초의 고층 빌딩은 임진왜란 때 세워졌다. 선조 30년(1597)에 패퇴한 왜군이 방어선을 구축하기 위해 울산 학성산에 왜성을 쌓고 학성산 정상부에 왜장 가토 기요마사와 나베시마가 머물 집을 고층으로 지은 것이 최초라 할 수 있다. 이곳은 양호(楊鎬)와 마귀(麻貴)가 이끄는 명나라 군대와 10일 동안 전투를 벌여 크게 패배했던 곳이기도 하다.

현대식으로 건축된 최초의 빌딩은 명동성당이다. 이곳은 원래 사방으로 솔밭이 우거져 있는 조병식(趙秉式)의 별장터였다. 1882년에 대지를 사들이기 시작해 1887년에 대지 매입을 마무리했고, 그해에 정지작업을 시작했으나 정부와 토지 소유권 분쟁에 휘말려 1892년에야 짓기 시작하여 1897년에 완공했다. 성당을 지을 때 벽돌을 만들 수 있는 기술자가 없어 중국에서 초빙했고, 비록 벽돌을 만들었으나 쌓으면 무너지는 많은 어려움 끝에 고딕 양식의 현대식 빌딩이 들어서게 된 것이다.

소주가 약이라니?

우리나라 사람들이 가장 사랑하는 술은 뭐니뭐니 해도 소주이다. 지금은 이 술을 아무 때나 장소 구분 없이 자유롭게 마시지만, 조선시대에는 약으로 쓰는 것 말고는 마시지 못하도록 하였다.

성종(재위 1469~1494) 때 조선의 기본법을 정리한 법전인 《경국대전經國大典》에는 "소주는 약으로 쓰는 것 말고는 마시지 못한다."고 규정해놓고 있다. 이러한 규정은 소주는 일반 백성이 함부로 마셔서는 안 되는, 체통과 명예를 중시하는 양반만을 위한 술임을 알려주는 것이다. 또한 다른 술에 비해 독한 소주를 양반이 너무 많이 먹어 취하면, 말과 행동이 흐트러질 수 있으므로 이를 막기 위함이었다.

소주를 약으로 사용한 예로는 문종(재위 1450~1452)이 세상을 떠났을 때였다. 어린 단종(재위 1452~1455)이 아버지의 장례를 치르느라 많이 지쳐 있자 신하들은 단종의 힘을 북돋기 위하여 소주를 권했고, 단종은 소주를 조금 마시고는 곧 기운을 되찾았다고 한다.

선조 때의 실학자인 이수광의 《지봉유설》에는 "소주는 원나라 때 들어온 술인데, 오직 약으로만 썼을 뿐 함부로 먹지 않았다. 그러므로 소주잔 하면 소주를 따라 마시는 잔이 아니라, 작은 잔을 뜻했던 것이다. 한데 근세에 와서 양반들이 여름이면 큰 잔으로 마셔대어 취해야 그만두니 잘못된 것이다."라고 소주에 관해 적고 있다. 이로 보아 임진왜란을 전후한 시기에 소주는 양반을 비롯한 잘사는 집에서 많이 마시던 술이었음을 알 수 있다.

이렇게 사람들이 소주를 자주 마시다 보니 말과 행동이 흐트러져 실수하는 일이 잦자, 선조 21년(1588) 4월 임금은 금주령을 내렸다.

조선시대에 소주 금주령이 내려진 것은 아흔여섯 번이나 되었다. 이렇게 금주령까지 내려 마시지 못하게 했던 소주를 우리나라에서는 언제부터 마시기 시작했을까?

소주는 곡류나 감자류 등을 원료로 하여 만든 것을 발효시켜 만든 술밑을 끓여 걸러낸 술이다. 중세 페르시아에서 발달한 술을 걸러내는

소줏고리

방법은 아라비아를 거쳐 원나라로 전해졌고, 우리나라에는 고려 충렬왕(재위 1274~1308) 때 몽골군에 의해서 전해졌다. 고려를 여섯 차례 침입하여 부마국으로 만들었던 몽골군에 의해 전래된 것이다. 소주는 지역에 따라 아랭이, 아랑주, 아래기, 아래이 등으로 부른다. 이러한 말들은 원나라에서 간행된 책에 나오는 아라키주(亞刺吉酒)에서 유래한 것이라 추정된다.

소주를 만드는 방법은 몽골이나 우리나라나 같다고 한다. 오늘날에도 소주로 유명한 지역은 바로 개성과 안동이다. 이들 지역이 소주로 유명하게 된 것은 몽골군이 우리나라를 정복한 뒤에 일본을 정벌하기 위한 전초기지로 개성과 안동을 정하여 몽골군을 주둔시켰기 때문이다. 이들 몽골군이 항상 몸에 지니며 수시로 먹던 것이 바로 소주였다. 그러므로 우리나라 백성들은 무기와 군량미를 준비하면서 소주까지 만들어 몽골군을 지원하는 이중고를 겪어야만 했다.

화장은 신분의 상징

오늘날에는 대부분의 직장 남성이나 학생들은 얼굴에 화장을 하지만 10여 년 전만 해도 꿈도 꾸지 못한 일이다. 하지만 신라시대에는 남자들도 화장을 하였다. 그렇다면 화장을 한 이유는 무엇일까? 오늘날에는 얼굴의 단점을 감추고 장점을 두드러지게 하기 위해 화장을 하지만, 옛날에는 권위와 힘을 드러내기 위해 화장을 했다.

예를 들면 신라시대에 좋은 가문의 청년 중에서 뽑은 화랑(花郞)이 화장한 것을 들 수 있다. 본디 신라에는 원화(原花)라는 여성의 무리가 있었다. 남모(南毛)와 준정(俊貞)이라는 아름다운 처녀를 중심으로 300명이 모인 단체였다. 그러나 두 사람은 서로 시기를 했고, 결국 준정이 남모를 자기 집으로 유인하여 억지로 술을 권해 취하게 한 뒤 강물에 던져 죽여버리는 사건이 발생했다. 이 일이 발각되어 준정은 사형에 처해지고, 그 무리는 화목이 깨져 해산하고 말았다.

그 뒤 이러한 제도의 필요성이 다시 부각되자 남자를 뽑아 화랑 또는 국선(國

仙)이라 부르고 낭도들로 하여금 이들을 따르게 하였다. 이때 화랑은 귀족 출신으로 외모가 출중하며 덕행이 높은 사람을 선출했다. 이들에게 화장을 시켜서 대장으로 받들게 하니 그들을 따르는 사람이 많이 모여들었다고 한다.

초기의 화랑도는 그다지 영향력이 있는 조직이 아니었으나, 6세기 중반 진흥왕(재위 540~576) 때 이르러 그 역할이 매우 커졌다. 국방정책과 관련해 화랑도를 나라에서 직접 운영했고, 총지휘자로 국선(원화, 화주라고도 함)을 두고 그 밑에 화랑이 있어 각각 자기 부대를 지휘하게 했다. 화랑의 총지휘자인 국선은 원칙적으로 전국에 한 명이었고, 화랑은 보통 서너 명에서 칠팔 명에 이를 때도 있었으며, 화랑이 거느린 각 부대의 낭도는 수천 명에 이르렀다. 이와 같이 수천 명의 낭도를 거느리기 위해서는 국선이나 화랑이 낭도에 비해 권위가 있어야 했으므로 화장을 한 것이다. 그러나 화랑도의 기원이 여성이었기 때문에 화장을 했다는 설도 있다.

화랑도는 삼국을 통일한 문무왕(재위 661~681) 때까지 100여 년 동안 그 활약이 매우 뛰어났으며, 국난을 극복하는 데 크게 공헌했다. 이들의 정신적 밑바탕은 원광법사(圓光法師)의 세속오계(사군이충, 사친이효, 교우이신, 임전무퇴, 살생유택)이다. 화랑도가 세속오계를 계율로 삼았고, 낭도 중에 승려가 많았던 것으로 보아 불교의 영향을 많이 받은 것으로 보인다. 불교와 더불어 화랑도에 영향을 준 것은 모든 일을 거리낌 없이 처리하고 묵묵히 자신이 맡은 일을 실천하는 노자(老子)의 가르침이다.

화랑도가 신라에만 있었던 것은 아니다. 중국의 역사서인 《후한서(後漢書)》〈동이전〉을 보면 우리의 옛 사회에 소년들이 모이는 집인 소년유축실(少年有築室)이 있었다는 기록이 나온다. 또 고구려에도 경당에서 교육한 '선배' 또는 '선인'이라는 제도가 있었다. 선배는 머리를 깎고 검은 옷을 입었는데 화랑과는 달리 전투적이었다.

이처럼 우리나라에는 대체로 원시시대 이래 촌락 또는 부족 단위로 일정한 연령층의 청소년이 모여 단체생활을 하면서 공동의 의식을 수행하며, 사회의 전통적 가치와 질서를 터득하고 노래와 춤과 무예를 익히던 조직이 있었다. 이 가운데 대표적인 조직이 화랑도였다.

이후 화랑은 신라 말에 이르러 선랑(仙郎)이나 국선으로 불렸고, 고려로 넘어오면서 선랑은 팔관회의 무동(舞童)을, 국선은 충렬왕 이후 군역(軍役)을 지칭하게 되었다. 조선시대에는 신라 이후 쓰이지 않던 남무(男巫)를 가리키는 말로 사용되었으며, 조선 중기 이후에는 무부(巫夫), 걸립패의 무동, 사당패의 거사(居士)를 가리키게 되었다. 이런 면에서 볼 때 화랑의 자취는 조선시대까지 면면히 이어져왔다고 볼 수 있다.

우리나라의 봉선화 물들이기가 서양 남자들의 매니큐어

지금은 누구나 마음만 먹으면 손톱에 가지각색의 매니큐어를 바르는 것이 가능하다. 그러나 본디 매니큐어는 문화와 문명의 상징이었으며, 평민과 귀족을 구별하는 사회계급을 나타내는 상징이었다.

중국인은 서기전 3000년경에 아라비아 고무, 계란 흰자위, 젤라틴, 왁스를 섞어 니스나 에나멜, 래커를 만들어 손톱에 발랐다. 15세기 명나라 때의 기록에 따르면 왕족의 손톱색은 몇백 년 동안이나 검정과 빨강이었으며, 시대를 훨씬 거슬러 올라가 서기전 600년경의 주나라에서는 금색과 은색이 왕족의 전용색이었다. 심지어 서양에서는 고위층의 군대 대장들이 전투를 앞두고 립스틱과 같은 색깔의 매니큐어를 칠했다.

그렇다면 우리나라는 어떠했을까?

조선 후기에 쓰여진 《정일당잡지貞一堂雜識》에 수록된 〈봉선화가〉를 통해 봉선화로 꽃물을 들이는 것이 성행했음을 알 수 있다.

경대 앞에서 팔자 눈썹을 그리는데
봉선화 물들인 손톱들이 마치 나뭇가지에 붙은 붉은 꽃잎만 같이 비친다
손으로 헤저어보니 꽃잎이 분분히 흩어지고
입으로 불어보니 안개에 서려 더욱 곱다

그래서 맨발로 꽃밭에 달려가 손톱 빛과 꽃빛을 비겨 본다

중국이나 서양에서는 매니큐어가 사회계급을 나타낸 데 비해 우리나라에서는 신분의 높고 낮음에 상관없이 봉선화물을 들였다. 이러한 것은 조선 후기의 학자 심재(沈梓)가 쓴《송천필담松泉筆談》을 보면 알 수 있다. 심재가 친구 집에 가서 술을 마시는데, 술을 따르는 어린 계집종의 열 손가락에 봉선화를 물들인 모습이 고왔던지, 술잔을 든 채로 '붉은 손톱[紅爪]'이라는 시제로 즉흥시를 지었다고 한다.

아름다움을 추구하는 것은 동서양이 다를 바 없다. 그에 더하여 우리나라에서는 봉선화의 붉은빛이 악귀나 병마, 액마를 가까이 오지 못하게 쫓아버리는 액막이 작용을 한다고 믿었다. 가까이서 재료를 구하여 멋도 부리면서 액막이로 마음의 평화를 얻고자 한 것이다.

장맛이 집안의 운을 좌우해

우리나라의 전통 조미료로 간장과 된장, 고추장을 들 수 있다. 역사적으로 볼 때 간장과 된장의 기원은 고추장보다 훨씬 앞선다. 간장과 된장의 기원은《삼국사기》에 나와 있으니 "신문왕 3년(683) 왕이 결혼을 할 때 폐백 물건으로 간장, 된장….'이라는 기록이 그것이다. 고추장은 임진왜란 이후에 고춧가루가 전해지면서 만들기 시작했다.

예부터 우리나라 사람들은 1년 집안의 운세가 장맛으로 결정된다고 생각하였다. 대대로 내려오던 장맛이 변하면 그해 집안에 나쁜 일이 생길 수도 있다고 믿었으므로 정성을 다하여 장을 담갔다. 장을 담그기 전에 장 담글 날을 선택하고 고사를 지냈다. 특히 장을 담글 때 신일(辛日)만은 피했는데, 이는 신(辛)이 '신맛'과 음이 같으므로 혹시 장맛이 시어질까 저어했기 때문이다.

장을 담그는 여인네들에겐 금기사항도 있었다. 사흘 동안 부정한 일을 저지르

장을 담가놓은 장독

면 안 되고, 바깥출입도 안 되고, 화가 난다고 개를 걷어차거나 욕을 해서도 안 되었다. 장을 담글 때는 여성의 음기(陰氣)가 장에 닿지 않도록 입을 창호지로 가렸다. 장을 담근 뒤에는 부정한 것들이 장독에 가까이 오지 못하도록 금줄을 쳤으며, 부정한 것이 오더라도 버선 안으로 들어가도록 장독 옆에 버선을 달기도 하였다. 또 주술적 의미로 고추나 숯을 장 위에 담가놓았으니, 이는 살균과 나쁜 물질을 거두는 효과도 있었다.

우리나라에서는 7세기 중엽에 이미 간장과 된장을 담그기 시작하여 식생활에 최대한 이용했고, 이 양조법은 일본에도 전해져 8세기에는 문헌에도 기록될 정도로 보편화되었다. 조선시대에는 왕과 왕비가 정월에 날메주국이라 하여 메주와 소금을 물에 타서 맛을 보고, 한 해의 풍흉을 점치는 풍습도 있었다.

남자가 태교를?

임신한 여성은 출산할 때까지 태아에게 정서적·심리적·신체적으로 좋은 영향을 주기 위해 매사에 조심하면서 나쁜 생각이나 거친 행동을 삼가며, 편안한 마음으로 말이나 행동을 해야 한다는 태중 교육을 태교(胎敎)라고 한다.

동양에서는 오래전부터 임신·태교·육아에 대한 기록이 보인다. 가장 오래된 기록으로는 유향(劉向)의 《열녀전》으로, 중국 주나라 문왕의 어머니 태임이 행한 태교에 관한 것이다. "태임의 성품이 단정하고 한결같아서 정성스럽고 장엄하고 정중하여 오직 후덕한 행실을 하다가 임신을 하였는데, 눈으로는 나쁜 빛깔을 보지 않고 귀로는 음탕한 소리를 듣지 않으며 태교를 잘 실천했다."는 것이다.

우리나라에서는 부부간의 잠자리 시점부터 다음의 사항들을 자제하라고 하였다. 술을 마셔 정신이 혼미하거나, 과식하거나 배가 몹시 고플 때, 부뚜막이나 뒷간 등의 장소에서는 피하라고 하였다.

임신한 뒤에는 아이의 성정이 아버지의 태교에 의하여 결정되므로, 아버지의 마음가짐에서 욕심을 버리며 산 것을 함부로 죽이지 말라고 하였다. 아이를 가진 임신부는 깨진 그릇에 음식을 담아 먹지 않고, 과일 등은 네모 반듯하거나 완전한 원형으로 깎아 먹고, 바른 자리에 단정하게 앉으며, 늘 착한 마음으로 남을 미워하지 않아야 한다는 금기사항들이 있었다.

절이 국수 공장

오늘날 국수를 만드는 재료는 여러 가지이다. 밀가루를 비롯하여 메밀, 감자, 심지어 옥수수로도 국수를 만든다. 이러한 국수는 서기전 6000년~서기전 5000년경에 아시아에서 처음 만들었다. 국수에 대해 기록한 중국 최초의 문헌은 6세기 중엽 가사협(賈思勰)이 지은 《제민요술齊民要術》이다. 이 책에 따르면 국수를 '수인병(水引餠)'이라 부르고, 젓가락만 한 두께로 한 자 남짓한 길이로 만들었다고 한다.

우리나라에서는 고려시대 문헌에서 국수에 대한 기록이 보인다. 송나라 사신으로 우리나라에 왔던 서긍이 쓴 《고려도경》에 "10여 종류의 음식 중 국수맛이 최고이다."라는 기록이 나오고, 《고려사》에 "제례에 면을 쓰고 사원에서 면을 만들어 판다."라는 기록이 있는 것으로 미루어, 고려시대에는 국수가 제사에도 쓰이고 사원에서는 판매도 하였음을 알 수 있다. 또한 《고사십이집敀事十二集》에 "국수는 본디 밀가루로 만든 것이나 우리나라에서는 메밀가루로 국수를 만들었다."고 한 것으로 보아 밀보다는 메밀로 국수를 많이 만들었음을 알 수 있다.

조선시대에는 국수의 종류가 한층 다양해졌다. 《음식디미방》《주방문》《증보산림경제》《요록기》《옹희잡지》 등 많은 문헌에 국수 관련 기록이 있다. 중국이나 서양과 달리 메밀·콩·녹말 등 다양한 재료를 이용하여 국수를 만들었으며, 국숫집에서는 국수틀로 뽑아낸 국수를 사리를 지어 싸리채반에 담아 판매했다. 1900년 이후에는 회전 압력식 국수틀로 뽑아낸 건조 밀국수가 보급되었고, 1945년 이후부터는 밀가루가 많이 수입되면서 여러 가지 밀국수 요리가 일반화되었다.

우리나라에서는 온면(국수장국), 칡국수, 마국수, 청포국수, 물쑥국수, 밤국수, 도토리국수, 진달래 꽃가루를 섞은 화면(花麵) 등 여러 가지 형태로 국수 문화를 꽃피웠다. 심지어 먹을 수 있는 백토(白土)에 밀가루를 섞어 흙국수[土麵]까지 만들어 흉년 기간 동안 견뎌내었다고 한다.

우리나라에서는 혼례나 회갑연 등 경사스러운 날에 국수를 손님에게 대접한다. 여기에는 긴 국수 면발처럼 부부가 오래도록 해로하고 장수할 것을 기원하는 뜻이 담겨 있다.

한편 우리나라 민족 음식으로 정착한 메밀국수는 선승(禪僧)에 의해 일본에 소개되어 '소바' 문화를 형성했으며, 오늘날의 라면을 만드는 기원이 되었다.

국수나무. 먹을거리가 없었던 옛 조상들의 절박한 마음이 국수나무라는 이름을 붙이게 하였다.

먹고살기 힘든 시절 돌잔치를?

아기가 세상에 태어나면 여러 가지 의례(儀禮)가 있다. 먼저 아기가 태어난 지 일주일째 되는 날을 '한이레' 또는 '첫이레'라고 한다. 이때 쌀깃(강보)을 벗기고 깃 없는 옷을 입히며 동여맸던 팔 하나를 풀어놓는다. 다시 일주일 지나면 깃 있는 옷에 두렁이(어린아이의 배로부터 그 아래를 둘러 가리는 치마같이 만든 옷)를 입히고 나머지 팔 하나마저 풀어놓는다. 다시 일주일이 되는 날이면 비로소 아래위의 옷을 맞추어 입히고, 그동안의 금기가 해제되면서 인줄(외인의 출입을 막기 위하여 대개 집의 정문에 달아두는 새끼줄. 왼새끼를 사용하며 남자의 경우 고추·짚·숯을 달고, 여자의 경우 짚·숯·종이 또는 솔잎을 단다)을 거두면 이웃이나 친척들이 아기를 보러 온다.

삼주일(세이레)이 지난 후 아기의 가장 큰 의례는 백일(百日)이다. 유아사망율이 높던 옛날에는 백일 이내에 사망하는 경우가 많으므로, 이렇게 어려운 시기를 넘기고 하나의 생명체로서 존재할 수 있게 된 것을 축하하는 날이다. 이때에 찾아온 친척이나 이웃 등 손님들에게 성대하게 대접하고, 손님은 명(命; 목숨)이 길라고 실이나 옷을 가져와 축하하였다. 요즈음과는 다른 풍습이라 하겠다. 요즈음에는 백일잔치보다 돌잔치를 크게 하는 경우도 있고, 축하 물품도 실 대신 금반지로 바뀌었다.

아기가 태어난 지 1주년이 되는 날이 돌이다. 돌잔치는 예부터 내려오는 일종의 경축행사로서, 위로는 왕실로부터 아래로는 서민에 이르기까지 널리 행하여졌다. 이때는 멀고 가까운 친척들을 초대하여 잔치를 벌이고 손님들은 여러가지 선물을 가져와 아기의 장래가 잘되기를 축하한다. 이날에는 대개 '돌떡'이라 하여 백설기나 수수팥떡을 만들어 손님에게는 물론 이웃에게도 돌리는데, 떡을 받은 집에서는 빈 접시를 보내지 않고 선물을 담아 보낸다.

이날 가장 중요한 것은 '돌잡이'이다. 돌상에 떡·실·돈·활·책·종이·붓·먹(주인공이 여자아이라면 활 대신 자·바늘·가위) 등을 놓고 이를 아이 마음대로 가지게 하여, 집는 것에 따라 아이의 장래를 점치는 것으로, 이를 시아(試兒)라고 한다. 예컨대 돈이나 곡식을 잡으면 부자가 되고, 책이나 붓 또는 먹을 잡으면 학자가 되며, 실을 잡으면 장수하고, 활이나 화살을 잡으면 장군이 된다고 생각했다. 이날 아기에게는 쾌자를 입히고 머리에 복건을 씌우는 것이 일반적이다. 이 돌잔치를 끝으로 아기가 세상에 태어나면 행하는 의례는 끝이 난다.

작은설인 동짓날

음력 11월을 동짓달이라고 한다. 동짓날은 양력 12월 22일이나 23일경으로 밤이 가장 길고 낮이 가장 짧은 날이다. 이날 각 가정에서는 팥죽을 쑤어 먹는다.

중국에서는 동지를 신정(新正)으로 삼았고, 해가 조금씩 길어지는 것을 태양이 위축으로부터 부활한다고 여겨서 생명과 광명의 주(主)인 태양신을 기리는 축제를 열었다고 한다.

우리나라에서도 이날은 특별한 날이었다. 《동국세시기東國歲時記》에 따르면, 동짓날을 아세(兒歲)라 하기도 하고 작은설이라고도 하여, 마치 설에 떡국을 끓여 먹듯이 이날 팥죽을 쑤어 먹는데, 팥죽에 새알심을 빚어 넣어 꿀을 타서 계절 음식으로 삼아 제사에 쓰고 먹기도 하였다고 한다.

그러면 왜 팥죽을 먹었을까?

중국의 전설에 "공공씨(共工氏)가 바보 자식을 두었는데, 그 아들이 동짓날에 죽어서 악귀가 되었다. 이 귀신은 붉은 팥을 무서워하므로 동짓날에 팥죽을 쑤어 물리쳤다."는 이야기가 있다. 중국과 같은 문화권에 속한 우리나라도 같은 이유로 팥죽을 먹었던 것이다.

팥죽은 먹기만 한 것은 아니었다. 상서롭지 못한 것을 물리치고자 팥죽을 문 밖에 뿌렸고, 조상에게 팥죽 제사를 지냈다. 부락 수호신이나 목(木)신 또는 성주에 팥죽을 바치고 손을 비비며 빌었고, 잡귀신을 쫓거나 부정을 몰아내기 위해

팥죽

서 팥죽을 문지방·부엌·벽·마당·대문·담·뒤란·도랑에다 뿌렸다. 또한 유행
감기가 돌면 죽을 쑤어서 길 위에 뿌렸는데 이것을 '얼음심'이라고 한다. 불교신
도들은 동짓날에 팥죽을 올려 불공을 드렸다.

어른 앞에선 벗어야 했던 안경

우리나라에서 최초로 안경을 낀 사람은 임진왜란 직전에 일본에 통신사로 다
녀온 김성일(金誠一)이었다. 선조 때의 실학자 이수광은 《지봉유설》에서 안경에
대해 기록하고 있으니, 임진왜란 때 명나라의 심유경(沈惟敬)과 일본의 승려 현소
(玄蘇; 겐소)가 휴전회담을 할 때 모두 나이가 많아서 작은 글씨를 볼 때는 안경을
끼고 읽었다고 한다. 우리나라 사람들은 안경을 '게눈깔'이라고도 하였는데, 임
진왜란 때 일본인들과 함께 온 서양 사람들이 안경을 끼고 있는 모습이 툭 튀어
나온 게눈 같다고 하여 부른 말이다.

《정조실록》 23년(1799) 7월 기사 중 "나의 시력이 점점 이전보다 못해져서 경
전의 문자는 안경이 아니면 알아보기가 어렵지만 안경은 200년 이후 처음 있
는 물건이므로 이것을 쓰고 조정에서 국사를 처결한다면 사람들이 이상하게 볼
것이다."라는 내용으로 미루어보면 안경은 임진왜란 중에 들어왔을 가능성이
높다. 정조의 아들인 순조(재위 1800~1834) 때는 한양에 안경가게가 생겨나 여러
가지 안경을 팔았다고 한다.

그러나 우리 조상들은 안경에 대한 생각이 부정적이었다. 서양에서는 위엄의
상징으로 생각한 것에 비하여, 우리나라에서는 웃어른 앞에서 안경을 끼면 불경
스럽다고 생각했다. 구한말에 김택영(金澤榮)이 쓴 《한사계韓史棨》에 "헌종(재위
1834~1849) 때 임금의 외숙 조병귀(趙秉龜)가 눈병이 있어 안경을 끼고 헌종을 알
현했다가 핀잔을 듣고 나서 두문불출했다가, 신정왕후(조대비, 순조의 세자인 익
종의 비)를 만나기 위해 대궐에 들어가니 헌종이 '외숙의 목이라고 칼이 들지 않
을꼬.' 하고 말했더니, 조병귀는 먹고 자는 것도 잊은 채 고민하다가 자결하고 말

실학박물관에 소장되어 있는 안경과 안경집. 김성일이 명나라에서 들여온 것으로
우리나라에서 가장 오래된 안경이다.

았다."고 적고 있다. 심지어 을사조약을 강제로 체결했던 일본의 이토 히로부미
도 고종(재위 1863~1907)을 만날 때는 안경을 벗고 알현했고, 그가 벗어놓은 안경
이 없어지기도 하였다.

이처럼 안경 착용을 부정적으로 여기다 보니 자연히 안경을 사용하는 사람도
적었다. 안경이 보편화된 것은 개항 이후 우리나라에 온 외국인들이 안경을 쓰
고 마음대로 돌아다니면서부터다. 안경을 쓰는 것을 창피하게 생각할 때는 안경
집을 도포 자락 등에 감추고 다녔으나, 외국인들의 영향으로 안경의 착용이 부와
위엄의 상징으로 바뀌자 허리춤에 매달아 자랑스럽게 다니는 것이 유행하게 되
었다. 심지어 궁중의 궁녀들까지 안경을 쓰는 경우도 있었다고 한다.

뚱뚱한 양귀비가 미인?

오늘날 미인의 기준은 무엇일까? 큰 눈, 오똑한 코, 작은 입술, 풍만하지만 너
무 크지 않은 가슴, 가는 허리, 긴 다리일 것이다. 그러나 미인의 기준은 일정한
것이 아니고, 시대와 문화에 따라 변한다.

고대에는 육중한 체구에 유방이 큰 비만형의 여인을 미인으로 여겼다. 《매비
전梅婢傳》이라는 책을 보면, 당나라 때 현종의 사랑을 받던 양귀비를 비비(肥婢),

곧 '살찐 종년'이라 한 것으로 보아 꽤나 풍만한
여인이었음을 알 수 있다.

양귀비꽃

중세에 들어오면 오늘날처럼 마르고 허리가
가는 여인을 미인이라 하였다. 조선시대에는
미인을 측정하는 기준이 있었다. 살결·이·손
이 희어야 한다는 삼백(三白), 눈동자·눈썹·머
리는 검어야 한다는 삼흑(三黑), 입술·손톱·볼
은 붉어야 한다는 삼홍(三紅), 키·머리·손가락
은 길어야 한다는 삼장(三長), 이·귀·발은 짧아야 한다는 삼단(三短), 가슴·이마·
미간은 넓어야 한다는 삼광(三廣), 입·허리·발꿈치는 좁아야 한다는 삼협(三陜),
팔·허벅지·젖가슴은 통통해야 한다는 삼비(三肥), 손가락·머리카락·입술은 가
늘어야 한다는 삼세(三細), 머리·턱·코는 작아야 한다는 삼소(三小)가 그것이다.

하지만 미인박명(美人薄命)이요, 미인박복(美人薄福)이라는 말이 있듯이 미인이
라고 해서 다 좋아한 것은 아니다. 오히려 며느릿감으로는 엉덩이와 유방이 크
고, 얼굴이 보름달처럼 둥그스름하며 굴곡이 없이 옆으로 퍼진 여인을 선호했다.

오늘날은 전 세계가 지구촌화하여 지역 간 미인의 기준 차이가 많이 없어지기
는 했지만, 목에 쇠고리를 겹겹이 끼워 목을 늘인다든가, 아랫입술에 작은 접시
모양의 물질을 억지로 끼워넣어 입술 피부를 늘이거나, 귀에 많은 귀걸이를 달아
귓불을 늘이는 등 아주 특이한 경우를 미인이라고 치는 지역도 있다.

세상의 중심은 여성이었다

요즈음 아버지의 위엄이 많이 떨어졌지만 조선시대만 하더라도 아버지의 위
엄은 대단했다. 엄부자모(嚴父慈母)라고 하지 않았던가? 엄하게 위엄이 있는 아버
지와 자상하고 사랑스러운 눈길로 자식을 대하는 어머니의 조화 속에서 자손들
은 건강하고 밝게 자랄 수 있는 것이다. 또한 자식들은 아버지의 혈통을 이어받

고 집안을 계승해나갔다. 아버지의 혈통을 이어받는다는 것은 곧 남성 중심의 사회를 뜻한다. 그럼 언제부터 남성 중심의 사회가 되었을까?

선사시대는 여성 중심의 사회였으며, 여성은 곧 태양이었다. 즉 채집경제에서부터 초기 농경시대까지 여성은 남성보다 우위에 있었다. 이때의 결혼은 집단혼이며 족외혼이었다. 남자는 단지 임신을 하는 매개체일 뿐 아버지가 누구인지 알 수가 없으므로, 아이는 어머니의 씨족원이 되고 혈통의 계승도 어머니를 중심으로 이루어졌다. 더구나 많은 씨족원이 있어야 했으므로 아이를 생산하는 여성의 역할은 더욱 중요했다.

시대가 발달함에 따라 채집을 하던 여성들은 원시 농경의 방법을 터득하게 되었으며, 이것은 수렵에 의존하는 남성의 경제보다 안정적이다 보니 여성의 권한은 더욱 커졌다. 게다가 사냥한 동물의 가죽을 그냥 몸에 걸치다가 바늘을 이용해 몸에 맞게 꿰매 입거나 베옷을 만들게 되니 여성들은 더욱 중요한 역할을 하게 되었다.

농경생활의 안정성을 알게 된 남성도 수렵보다는 농경에 종사하고, 여성들도 잉여생산물이 생김에 따라 집단 거주에서 분가(分家) 형태로 독립하면서 결혼도 독립혼으로 변화하게 되었다. 이 결과로 남성은 임신의 매개체가 아니라 노동력을 제공하는 중요한 존재가 되었다. 청동기의 발달과 벼농사의 시작으로 남성의 지위는 더욱 높아졌다. 관개를 위한 공사와 그 감독, 농업기술의 발달에 따른 쟁기의 사용 등 아버지를 중심으로 한 형제가 집단적으로 함께 살게 되면서 노동집약적인 벼농사를 가능하게 했던 것이다. 이로써 여성 중심의 사회는 끝나고 남성 중심의 사회로 바뀌게 되었다.

다시 말하면 여성에 의해 행해지던 밭농사에서는 남성의 역할이 적었지만 벼농사로 전환하면서 관개공사의 규모가 커지고 더욱 많은 노동력을 모아야 하며, 농사를 지도·관리하는 가부장 아래 남성을 중심으로 한 대가족이 모여 살게 되어 남성 중심의 사회가 자리를 잡았다.

약소국의 희생물, 공녀와 정신대

고려시대에 원나라의 침입으로 많은 이들이 원나라로 끌려갔으며, 이는 고려인에게 많은 갈등과 고통을 안겨주었다. 그중에서도 공녀(貢女)는 더욱 많은 아픔을 가져다주었다. 원나라는 고려 원종 15년(1274)에 부녀자 140명을 요구해온 것을 시작으로 공민왕 초년에 이르기까지 80여 년 동안 50여 회에 걸쳐 500~1000명의 고려 여인을 끌고 갔으며, 이들 대부분은 원나라 궁중에서 급사나 시녀로 종사하였다. 이들 중 일부는 호사를 누린 여성도 있었으니, 원나라 시조 쿠빌라이의 총애를 받은 궁인 이씨, 화평군 김심(金深)의 딸로 원나라 4대 황제 인종의 후비가 되었다가 6대 황제 진종의 황후가 된 김씨, 몽골 여자 이외의 여성을 정식 왕후로 삼지 말라는 원 황실의 전통을 깨고 순제의 제2황후가 된 기씨 등이 그 예인데, 이 후광으로 그 일족은 크게 세력을 떨치게 되었다. 이에 스스로 딸을 바치고 권력을 쥐고자 하는 사람도 있었다.

그러나 대부분의 고려 사람들은 상하를 막론하고 공녀를 크게 꺼렸다. 다시는 돌아오기 어려운 이역만리 중국 땅으로 보낸다는 것은 인정상 도저히 용납이 안 되기 때문이었다. 조혼의 풍속이 생겨난 것도 이 때문이었다.

이 공녀보다 더 큰 피해와 고통을 준 것은 일본의 침략이 막바지에 이르렀을 때 자행된 정신대였다. 무릇 전쟁이 일어나면 남자는 전쟁터에서 희생되고, 여자들은 성(性)을 위협받았다. 일본의 침략이 한창이던 1941년 12월 8일 일본의 진주만 공격으로 태평양전쟁이 일어나자 우리나라에 대한 일본의 약탈은 극에 달했다. 특히 물적 약탈뿐만 아니라 징병, 징용, 정신대 등 인적 수탈이 극심했는데 그중 우리 민족에게 가장 큰 아픔을 준 것은 정신대였다.

원래 일본은 정신대라는 용어를 사용하지 않았다. 군위안부라고 하였다. 중일전쟁 때 점령 지역에서 일본군의 만행이 도를 더해가자 반일 감정을 염려한 점령지역 사령관의 요구로 정신대의 전신인 위안소가 설치되었으며, 여기에 강제로 끌려간 여성의 80퍼센트가 한국인이었다고 한다. 초기에는 기생을 비롯한 술집 여인을 주로 보냈으나, 태평양전쟁이 일어난 후에는 일반 가정의 처녀들까지 동원하게 되었다.

일본대사관 앞의 소녀상

그뿐 아니라 일본군이 각 전선에서 패배를 거듭하자 병력을 보충하기 위해 1943년 7월에 여자 학도병의 동원을 결정함과 동시에 정신대의 활동을 강화한다면서 1944년에 '여자 정신근로령'을 공포하여 우리나라 여성을 강제로 전쟁터에 대량 투입하였다. 이들 일본인은 심지어 초등학생까지 꾀어 전쟁터로 보냈다. 당시 교복의 단추가 5개였는데 전쟁터에 나가면 일본의 왕이 7개의 단추를 달아준다는 것이었다. 순수한 우리나라의 어린 학생들은 일본인의 달콤한 말에 속아 속절없이 전쟁터에서 희생되었다.

새해 풍속인 소발

새해 첫날에 행하는 소발(燒髮)이라는 풍습이 있었다. 1년 동안 빗질을 하면서 빠진 머리를 빗상자에 모아두었다가 정월 초하룻날 저녁 해가 질 무렵에 문 밖에서 태우는 풍습으로, 이렇게 하면 병마가 물러간다고 한다.

머리와 관련된 또 다른 풍습이 있다. 새해 정월의 첫 진일(辰日), 즉 용날에 머리를 감으면 머리카락이 용처럼 길어진다고 하여 부녀자들이 머리를 감는 일이 많았다고 한다. 또 정월의 사일(巳日), 즉 뱀날에는 남녀 할 것 없이 머리를 빗거나 깎지 않았다. 만일 머리를 빗거나 깎으면 그해에 뱀이 집 안에 들어와 화를 입힌다고 생각하였다. 뱀은 생김새가 징그럽고 죽어도 땅냄새를 맡으면 다시 살아나 원수를 갚을 정도로 집념이 강하다는 속설 때문에 생긴 풍습일 것이다. 오죽했으면 뱀의 적이라고 할 수 있는 돼지를 집에 넣었을까? 즉 '집가(家)'자는 집[宀]과 돼지[豕]의 결합 한자인 것이다.

통행금지까지 해제된 정월 대보름날

1982년 1월 6일부터 우리나라에서 통행금지가 해제되었다. 통행금지는 자정부터 새벽 4시까지 4시간 동안 통행을 금지시켜 북한에서 넘어오는 공작원 등의 활동을 막으면서 치안을 유지하기 위한 목적으로 실시되었다. 1982년 1월 6일 이전까지는 경찰이 자정이 넘었는데도 통행하는 사람을 경찰서나 파출소로 연행하여 신분이 확인되면 새벽 4시가 되어야 집으로 돌아갈 수 있게 했으며, 이런 것이 마음에 들지 않는 사람은 여인숙이나 여관을 찾아들었다. 심지어는 경찰과 쫓고 쫓기는 추격전을 벌이다가 불상사를 당하는 경우도 있었다.

옛날에도 인정(人定, 인경)이라는 통행금지가 있었다. 이 제도가 삼국시대나 통일신라시대에는 시행되었는지 알 수 없으나, 《고려사》 권53 '충혜왕 후 3년(1342)' 기사에 "정월부터 종루의 종을 쳐도 울리지 않는다."는 내용으로 미루어 고려시대에는 이와 같은 제도가 있었던 것으로 추정되나 그 내용은 확실하지 않다.

인정제도는 조선시대에 본격적으로 실시된 것으로 보인다. 1398년 한양에 종을 걸게 되었을 때 개국공신 권근(權近)이 쓴 종명(鐘銘) 서문에서 이를 알 수 있다. "새 왕조의 개국이라는 큰 공업(工業)을 후세에 전하고, 아름다운 종소리를 들을 때마다 후세 사람들의 이목을 깨우치게 하며, 넓은 도시와 큰 고을에서 새벽과 저녁에 종을 쳐서 쉬는 시각을 엄하게 하니 종의 용도가 다양하다."라는 내용이다.

한양의 한복판인 현재의 종로와 남대문로가 교차하는 네거리에 종루를 설치하고 큰 종을 달아 인정과 파루(罷漏)를 알렸고, 그 밖에도 도성 안에 큰 화재가 났을 때도 종을 쳐서 모든 사람들에게 알렸다. 인정은 매일 밤 10시에 종을 28번 치던 일로, 이로써 통행금지를 알리고 성문을 닫았다. 파루는 매

인정과 파루를 알리던 보신각종. 현재 보신각에 있는 종은 1986년 에밀레종을 본떠 만든 것이다.

일 새벽 4시에 종을 33번 쳐서 통행금지 해제를 알리는 신호다. 인정 때 28번, 파루 때 33번 종을 울리는 것은 불교의 교리와 관계 있다. 인정은 우주의 일월성신(日月星辰) 28수에 고하기 위하여 28번을, 파루는 제석천이 이끄는 하늘의 33천에 고하여 그날의 국태민안을 기원한 것이다.

인정의 목적은 범죄를 예방하고 치안을 유지하는 것이었으므로 인정 이후에 통행하다가 적발되면 경수소(警守所)에 구금하고 이틀날 곤장을 때렸는데, 형벌량은 10도(度)에서 30도까지 어긴 시각에 따라 달랐다.

해마다 정월 대보름날이 되면 한양 사람들은 종로 거리로 나와 종소리를 듣고 헤어져 다리(橋)를 밟는 답교놀이를 했다. 이날 다리를 밟으면 다리(脚)에 병이 나지 않고, 열두 다리를 건너면 1년 열두 달 동안의 액을 면한다고 한다. 주로 대광통교·소광통교·수표교에 가장 많이 사람들이 모였으며, 이날 저녁은 전례에 따라 통행금지를 해제했다.

모처럼 담장 밖으로 나온 여성들은 답교놀이를 하면서 규방(閨房)에 갇혀 살던 답답함을 풀었다. 그러나 이에 따른 폐단도 많이 나타나 나라의 제재를 받기도 하였다. 평소에는 닫혀 있던 한양 도성의 북문인 숙정문(肅靖門)도 이날만큼은 문을 열고 부녀자들을 맞이했다. 이 부근의 계곡이 무척 아름다울 뿐만 아니라 보름날 전에 세 차례 이상 오면 화를 예방한다는 풍습 때문이다. 이를 삼유북문(三

숙정문

遊北門)이라고 한다.

공무원인 무녀

우리 민족은 민속신앙인 무속신앙과 밀접한 관련을 맺고 있다. 미신(迷信)이라고 하여 배격된 적도 있지만 지금까지 무속신앙은 우리 삶에 영향을 끼치고 있다. 우리 민족이 이렇게 무속신앙의 영향을 크게 받은 이유는 병이 나거나 천재지변이 일어났을 때 무속신앙의 힘으로 물리칠 수 있다고 생각했기 때문이다.

고려시대에 성리학을 우리나라에 처음으로 소개한 안향(安珦)이나 조선시대에 유교적 이상 정치를 실현하려던 조광조(趙光祖)도 무속신앙을 미신이라고 없애려고 노력하였지만 실패하였다. 오히려 나라에서는 무속신앙을 주도하는 무녀(巫女)들에게 무세(巫稅)라는 세금까지 거두어 공식적으로 인정하기도 하였다. 영조 때 편찬한《속대전續大典》을 보면, 무녀는 각각 세목(稅木) 1필씩을 내도록 규정하고 있다.

그런데 이들 중에는 관청에 소속된 국가 공무원도 있었다. 중앙 관청에 소속된 무녀의 주무(主巫)를 국무(國巫)·국무녀(國巫女)·국무당(國巫堂)이라 불렀으며, 지방 고을의 주무를 내무녀(內巫女)·내무당(內巫堂)이라고 하였다. 이들은 성숙청(星宿廳) 소속으로 아래에 많은 무녀를 거느리고 국가나 왕실의 행사에 동원되었다. 가뭄이 들어 국가적인 기우제를 지낼 때 산천제신(山川諸神)에 고사를 지내며 비오기를 빌었던 것이다. 이들의 빌어 비가 내리면 상을 내리기도 하였으니, 태종(재위 1400~1418) 11년(1411) 6월에 기우제를 지낸 뒤 비가 오자 태종은 무녀들에게 각각 쌀 1석(石)씩을 내렸다.

언제부터 성숙청에 국무를 두었는지는 알 수 없으나《연산군일기》연산군 9년 (1503) 5월 기사에 지평 권헌(權憲)이 "성숙청에 국무를 설치한 것은 그 유래가 이미 오래되었다."라는 말을 인용한 내용이 있는 것으로 보아, 조선 초기부터 설치되었으리라 추측한다.

액세서리는 멋쟁이의 상징일까, 신분의 상징일까?

우리 조상들은 머리 장식품, 귀걸이, 팔찌, 반지, 리본, 단추, 깃털 장식 따위의 액세서리로 멋을 냈다.

머리 장식품은 거추장스러운 긴 머리를 고정시키는 데 쓰이면서 발달했다고 추측된다. 정조 때 발간한 《증보문헌비고增補文獻備考》에 "단군이 백성들에게 머리털을 고정시키는 방법을 가르쳤다."는 기록이 있는 것으로 보아 그 기원이 퍽 오래되었음을 알 수 있다.

삼국시대에는 성인 남자는 대개 상투를 틀었으며, 여자의 머리 모양은 얹은머리·쪽머리 등 여러 가지였다. 이때 머리를 고정시키기 위하여 비녀를 사용했다. 부녀자의 머리 모양은 고려시대에도 별로 변하지 않아 여전히 비녀를 사용했다. 그러나 비녀는 단순히 머리를 고정시키는 기능만 한 게 아니라 만드는 재료가 다양해지고 모양도 화려해져 공예미술을 대표하는 장신구가 되었다. 그러자 조선시대에는 사치를 금하고자 비녀 사용 금지령이 내려지기도 했다. 비녀의 종류는 금비녀, 은비녀, 옥비녀, 나무 비녀, 대나무 비녀 등 다양했다.

이 밖에 비녀의 일종인 불두잠으로 쪽 찐 머리를 고정시켰고, 뒷머리에 첨·가리마·귀이개·뒤꽂이를 덧꽂았으며, 화관이나 족두리로 멋을 부리기도 했다.

목에 거는 장식품인 목걸이는 그 역사가 매우 오래되어 신석기시대에 이미 사용했다. 짐승의 어금니를 비롯해 조개껍데기나 아름다운 돌에 구멍을 뚫고 줄에

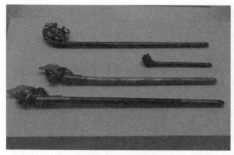

여러 가지 비녀

족두리

꿰어 목에 걸었다. 청동기시대에는 옥으로 만든 목걸이도 있었다. 부여 연화리, 대전 괴정동의 청동기시대 유적지에서 옥목걸이가 출토된 바 있다. 통일신라 이후에는 목걸이를 거의 사용하지 않았으며, 근대 이후 서양 복식이 들어오면서 다시 목걸이가 유행하기 시작했다.

손가락에 끼는 반지도 우리 조상들이 애용하던 액세서리였다. 보통 하나만 끼는 것을 반지, 쌍으로 끼는 것은 가락지라고 한다. 금은, 동이나 옥이 반지의 주재료이다. 반지는 초기 철기시대에 조개껍데기로 만든 것이 출토될 정도로 역사가 깊다. 신라시대에는 반지를 끼는 게 유행이었다고 한다.

귓불에 다는 귀걸이도 중요한 액세서리다. 현재 우리나라에서 가장 오래된 귀걸이는 삼국시대에 만들어졌다. 재료는 금이나 옥이 많이 쓰였으며, 특히 신라에서는 여성뿐 아니라 남성도 귀걸이를 달았다.

이 밖에 장수·부부 화합·부귀다남(富貴多男)·액막이 등의 뜻을 담은 노리개, 향료를 담아두는 향낭(香囊)도 많이 쓰이는 장식품이었다.

여자들의 몸치레로 차던 노리개는 금·은·옥 따위의 공예 조형물에 띠돈·매듭·술·끈목 등을 엮어 만들었다. 주체인 공예 조형물의 재료로 금은 외에도 백옥·비취·밀화·홍옥·자마노·산호·수정·진주 등이 쓰였는데, 동자나 신선 등 인물을 본뜬 것, 가지·포도·호두·고추 등의 식물을 본뜬 것 등 그 모양이 매우 다양했다. 노리개는 조선 후기에 널리 사용된 액세서리지만 신라와 고려시대에 패물을 가슴팍에 달던 데서 유래한 것으로 보인다. 이 패물은 노리개와 마찬가지

삼작 노리개

노리개와 향낭(이화학당박물관)

로 수술이나 매듭을 덧단 액세서리였다.

향낭은 향료를 담은 주머니로 신라시대부터 남녀노소 가리지 않고 이용했다. 액세서리 기능보다는 좋은 냄새를 피우는 향수와 비슷한 역할을 했던 것으로 보인다.

한편 권력의 상징물로 쓰이는 액세서리도 있었는데, 천마총에서 출토된 관모(官帽)와 금제 허리띠, 무령왕릉에서 출토된 금관 등이 그것이다.

옛날 여자들의 화장품

예나 지금이나 아름다워지려는 욕구는 인간의 본능이다. 이에 화장품도 함께 발달해왔다. 하지만 옛날에는 얼굴을 꾸미는 것과 더불어 신분을 나타내기 위해 화장을 하였다.

우리나라에서 화장이라는 용어는 일제강점기부터 사용했으며, 그전에는 지분(脂粉)·분대(粉黛)·단장(丹粧)이라는 용어를 사용했다. 조선시대에는 용어가 더욱 세분화해서 산뜻하면서도 소박하게 꾸미는 염장(淡粧), 예쁘고 아리땁게 꾸미는 염장(艶粧) 또는 농장(濃粧) 따위의 용어가 사용되었다. 화장을 가리키는 여러 용어 중 가장 일반적인 용어는 분단장(粉丹粧)이었다.

이렇듯 우리나라 화장의 역사는 매우 오래되었다. 그 근거는 환웅이 장차 사람이 되고 싶어 하는 곰과 호랑이에게 쑥과 마늘을 주고 동굴에서 생활하도록 한 단군신화에서 찾을 수 있다. 쑥과 마늘은 얼굴을 희게 하는 효능이 있고, 동굴에서 생활하도록 한 것은 얼굴이 흰 사람을 귀하게 여기는 관습에 따른 것이다.

삼국시대 이전에 한반도 북부에 살았던 읍루 사람들은 겨울에 돼지기름을 발라 피부를 보호하고 추위를 견뎌냈다고 한다. 돼지기름은 피부를 부드럽게 하고 동상을 예방해주며 햇볕에 타는 것을 막아준다. 이들은 돼지기름을 자연 상태가 아닌 가공하여 썼다고 한다. 말갈인들은 피부를 희게 하려고 오줌으로 세수를 했다는 기록도 있다. 마한이나 변한 사람들은 문신을 했으며, 낙랑에서는 머리털을 뽑아 이마를 넓히기도 했다.

삼국시대에는 화장술이 더욱 발전했다.

고구려의 벽화를 보면 뺨에 연지 화장을 하고 머리를 곱게 빗은 여인의 모습이 보인다. 신분이나 빈부의 구분 없이 화장을 했음을 알 수 있다.

일본의 옛 문헌인《화한삼재도회和漢三才圖會》에 따르면, 일본인들은 백제로부터 화장품 제조 기술과 화장술을 익혀 비로소 화장을 했다고 한다. 이로 미루어 보면 백제의 화장술과 화장품 제조 기술이 매우 높은 수준이었음을 알 수 있다. 다만 중국 문헌에 "분은 바르되 연지는 바르지 않는다."라는 기록이 있는 것으로 보아 백제인은 화려한 중국 화장술과는 달리 엷고 은은한 화장을 좋아했다고 볼 수 있다.

신라에서는 납을 이용한 화장품인 연분을 널리 사용했다. 이전에 사용하던 백분은 부착력과 퍼짐성이 약하여 분 바르기 전에 족집게나 실면도로 얼굴의 솜털을 일일이 뽑은 후 물에 개어 바르고 반 시간가량 꼼짝 않고 누워 있어야 하는 등 매우 불편했다. 이에 비해 연분은 납을 화학 처리하여 부착력이 좋아 잘 펴바를 수 있었는데, 당시로서는 획기적인 발명이었다고 볼 수 있다.

또한 불교문화가 전래되어 목욕이 대중화되면서 쌀겨로 목욕을 하고, 팥·녹두·콩껍질로 만든 조두(粗豆)라는 비누와 향수, 향료까지 사용했다고 한다. 누에 고치를 이용하여 얼굴 전체에 팩을 하기도 하였다.

고려시대의 청동거울

여러 가지 화장품 그릇

고려시대에는 신라의 화장술을 이어받아 발전시켰다. 특히 화려하면서 튼튼하게 만든 청자 화장품 그릇과 정교하게 만든 청동거울은 고려시대에 화장술이 발달했음을 알려준다. 고려에 사신으로 온 서긍이 쓴 《고려도경》에 따르면 "고려인은 짙은 화장을 즐기지 않아, 분은 사용하되 연지는 사용하지 않았으며 눈썹을 버드나무 잎처럼 가늘고 아름답게 그린다. 또한 비단 향낭을 차고 다닌다."고 했다. 고려 때도 백제 때처럼 짙은 화장보다는 엷고 은은한 화장을 했음을 알 수 있는 대목이다. 그러나 기생들은 '분대(粉黛)화장'이라 하여 백분을 많이 펴바르고 연지를 찍었으며, 머리를 반지르르하게 하고 눈썹을 짙게 그리는 등 매우 짙은 화장을 하였다.

조선시대에는 화장품 생산을 전담하는 보염서(補艶署)가 설치된 적이 있으며, 매분구(賣粉具)라는 화장품 행상도 등장했다. 조선시대에도 고려시대처럼 기생과 여염집 여인의 화장은 달랐다. 기생은 고려시대와 같은 분대화장을, 여염집 여인은 깨끗하고 맑은 피부를 유지하기 위해 엷은 화장을 했다.

상여의 공포(功布)가 최고의 생리대

많은 여성들이 귀찮아하며 고통스러워하는 일 중의 하나가 26~32일의 주기로 찾아오는 생리이다. 오죽했으면 대학교 등에서 생리 중일 때 출석을 인정하는 보건결석제도를 마련했을까.

과거에는 생리를 신비스럽거나 위험한 현상으로 여겼다. 몇몇 민족에서는 성인식을 첫 번째 생리일에 맞추어 하기도 했다. 다른 몇몇 부족에서는 생리하는 여성들을 부정하게 생각하기도 했다. 파키스탄 산간지대에서는 아직도 생리 중인 여성들을 한쪽으로 격리시켜 생활하게 한다. 이러한 풍습이 생겨난 것은 사냥이나 어로, 목축을 할 때 생리 중인 여성의 피와 접촉하면 해가 될지도 모른다고 여겼기 때문이었다.

오늘날에는 일회용 생리대를 사용하지만 옛날에는 헝겊 따위로 만든 이른바 개짐이라는 생리대를 사용했다. 남녀가 유별했던 조선시대의 여성들은 사용한 후 세탁하여 건조시킬 장소를 찾느라 신경을 많이 쓰곤 하였다. 이때 주로 쓰인 헝겊은, 목화가 우리나라에 들어오기 이전에는 삼베를, 목화가 들어온 후에는 무명이었다.

특히 공포(功布)가 여성의 생리대로 인기가 높았다. 공포는 사망한 남자의 상여가 매장지로 이동할 때 상여 앞에 세우는 깃발이다. 공포가 인기가 있었던 것은, 그 공포에 서린 죽은 사람의 혼백이 작용하여 남자아이를 임신할 수 있다고 믿었기 때문이다. 그래서 장례식이 있을 때마다 장지에서는 공포를 차지하려는 싸움이 치열하게 벌어지곤 했다. 여성의 생리대 하나에도 뿌리 깊은 남아선호사상이 깃들어 있음을 잘 알 수 있다.

조상들의 데이트와 연애결혼

조선시대의 여성은 외출이 자유롭지 못해 안방이라는 아주 작은 세계에 갇혀 지내는 것이 일상이었다. 자유로운 남녀 교제를 금하는 조항은 상상을 초월했다. 심지어 집을 매매할 때도 외간 남자는 절대로 안주인이 거처하는 내방(內房)에 출입할 수 없었으므로, 집을 살 사람은 집의 외관이나 사랑방만 보고 사야 했다.

그러므로 조선시대 여성들은 남자의 얼굴 한번 못 보고 말 한마디 나눠보지도 못한 채 결혼을 했고, 결혼 후에도 싫든 좋든 여필종부(女必從夫)라는 관념에 얽매여야 했다. 젊어서 과부가 되거나 정혼자가 죽으면 다시 혼인할 수 없었고 평생을 외롭게 지내야만 했다. 이를 보다 못한 부모 중에는 보쌈(과부가 된 여자를 밤에 보자기에 싸서 홀아비나 가난한 총각에게 넘기던 일)으로 딸의 운명을 바꾸어주는 열린 사고방식을 가진 사람도 있지만, 대부분의 과부들은 평생을 홀로 살며 수절을 강요당했고, 정려문(旌閭門; 충신, 효자, 열녀들을 표창하기 위해 그 집 앞에 세우던 붉은 문)을 받는 열녀가 되어 가문과 고장의 영광이 함께하기를 바랐던 것이다. 그럼에도 《춘향전》에 묘사된 이몽룡과 성춘향의 사랑 이야기를 보면, 암암리에 남녀가 연애를 했으리라 짐작할 수 있다.

조선시대와는 달리 삼국시대나 고려시대에는 매우 자유분방해서 연애지상주의 성향이 강했다. 고구려의 평강공주가 가난한 바보 온달과 사랑에 빠져 부귀영화를 버렸고, 신라의 선화공주는 가난한 서동(薯童; 훗날의 백제 무왕)을 만나 모국을 떠나 백제로 가서 그의 부인이 된다.

고려시대에는 고려가요(속요)에서 연애지상주의의 예를 볼 수가 있다. 〈만전춘滿殿春〉이라든가 〈쌍화점雙花店〉〈동동動動〉〈가시리〉〈서경별곡〉 등에 남녀의 연애관이 잘 드러나 있다.

임금의 허락으로 이루어지는 양반가의 이혼

이혼은 혼인한 남녀가 살아 있는 동안 그들의 결합 관계를 해소시키는 일로서, 혼인 본래의 목적인 부부의 영속적인 공동생활을 파괴하는 예외적인 현상이다. 그러나 이혼을 억제함으로써 오히려 더 큰 폐해와 비극을 초래할 수도 있어 오늘날 대부분의 국가에서는 이 제도를 인정하고 있다.

그러면 옛날 사람들도 이혼을 했을지 궁금하다. 삼국시대나 고려시대에는 연애가 합법적으로 인정되어 결혼과 이혼이 빈번했다고 한다. 반면 조선시대에는 원칙적으로 이혼이 금지되었다. 칠거지악(七去之惡)에 해당하는 경우에는 이혼이 가능했지만, 이 칠거지악은 모두 여자에게만 해당하는 것으로 남존여비의 사회상이 그대로 드러나 있다.

이혼 사유가 되는 칠거지악은 다음과 같다.

첫째는 질투다. 질투는 상대방이 다른 여자와 사귀는 것을 지나치게 시기하고 미워하는 것이다. 조선 성종 때 연산군(재위 1494~1506)의 어머니인 폐비 윤씨가 내쫓긴 이유 가운데 하나도 질투가 심하다는 것이었다. 성종이 후궁에게 정신을 쏟자 윤씨는 손톱으로 성종의 얼굴을 할퀴었고, 결국 이 때문에 왕비에서 내쫓겼으며 뒷날 사약을 받았다. 둘째는 자식이 없는 경우다. 대를 이을 아들을 낳지 못하면 이혼을 당했다. 숙종(재위 1674~1720)의 계비 인현왕후가 궁궐 밖으로 내쫓기게 된 것도 이 때문이다. 이 밖에 부모에게 공손하지 못하거나, 바람을 피우거나, 나쁜 질병을 가졌거나, 말이 많아 구설에 오르거나, 물건을 몰래 훔친 경우에도 이혼을 당했다.

그러나 양반은 왕의 허락이 있어야만 이혼을 할 수 있었다. 허락을 받지 않고 이혼을 하는 경우에는 처벌을 받았다. 태종 때 장진이란 사람은 병이 든 부인 김씨를 버리고 정씨와 혼인한 것 때문에 처벌을 받았으며, 세종 때 대신 이맹균(李孟畇)은 부인 이씨가 아들을 낳지 못하자 굶어 죽도록 학대하면서 부인을 내쫓은 죄로 파직당하고 귀양까지 갔다.

칠거지악에서 알 수 있듯이 조선시대의 이혼은 오늘날과 달리 처의 잘못을 물어 처를 버리는 풍습으로, 여자에게 불리한 조항이었다. 하지만 다음 세 가지의 경우에는 이혼을 할 수 없었다. 이른바 삼불거(三不去)가 그것이다. 부모의 삼년상을 같이 치렀거나, 장가들 때 가난했다가 나중에 부자가 되었거나, 아내가 돌아가도 의지할 데가 없는 경우이다. 고종 때는 자녀가 있는 사람은 이혼을 못하게 하여 삼불거가 사불거(四不去)가 되었다.

서명(Sign)

임금의 도장인 옥새(玉璽)는 왕권의 상징이었다. 우리나라에서 옥새를 비롯해 인장(印章)을 사용하게 된 기원을 정확하게 알 수는 없으나 《삼국사기》에 "신라시대에는 국왕이 바뀔 때마다 국새(國璽)를 전한다."고 기록되어 있는 것으로 보아 그 이전부터 사용했다고 추정할 수 있다. 고려시대에는 개인도 인장을 지닐 수 있었으므로 이때에 이미 많은 사람들이 인장을 사용했을 것이다.

조선시대에는 인장과 더불어 오늘날의 사인(sign)에 해당하는 수결(手決)도 사용했다. 중국이나 일본에는 없고, 우리나라에서도 조선시대에만 사용했던 독특한 문화이다. 수결은 관직에 있는 사람만이 쓰는 부호로 '일심(一心)' 두 글자를 각자 나름대로 독특하게 고안해서 썼다. 관리로서 결재를 할 때는 조금도 사심을 갖지 말고 오직 한마음으로 임할 것을 강조한 것이다.

수결은 사람마다 달랐기 때문에 수결이 되어 있는 문서라 하더라도 후세 사람이 그 수결의 임자가 누구인지 알아내기는 어렵다. '일(一)'자를 길게 긋고 그 위아래에 점이나 원 등의 기호를 더했으므로 서로 비슷했기 때문이다. 따라서 사서(史書)를 뒤져 그 당시 누가 그 직책에 있었는가를 확인해야 식별이 가능했다.

수결의 자취로는 충무공 이순신(李舜臣)이 《난중일기》에 수결 연습을 한 것이 남아 있으며, 선조 때의 재상 이항복(李恒福)과 수결에 얽힌 이야기도 전해 내려오고 있다.

이항복은 업무가 많이 쌓이자 일일이 수결을 하는 것조차 번거로워 '一'자 하나만 긋고 그 위아래에 아무런 가점(加點)을 하지 않았다. 그런데 한번은 어느 사안에 대해 결재한 문서가 문제가 되었다. 이때 이항복은 그 사안을 결재한 기억이 없다고 주장했다. 그러자 담당관은 그의 수결이 있는 문서를 제시하며 그 주장에 반박했다.

그 문서를 본 이항복은 "그 '一'자 수결은 자신이 한 게 아니라며 다른 것과 대조해보라고 하였다. 이항복의 진짜 수결에는 '一'자 양 끝에 바늘구멍이 뚫려 있었던 것이다. 담당관이 제시한 수결에는 양 끝에 구멍이 없어 가짜임이 판명되었다. 이항복도 이 수결 이후에 다른 수결을 만들었다고 한다.

화장실이 있는 집은 부자

조선시대에 청계천은 곧 공중화장실이었다. 아침만 되면 많은 남자들이 냇가에서 대변을 보았다고 한다. 가물 때면 분뇨 냄새가 사방에 진동했으나, 비만 한번 내리면 그 많은 대변이 깨끗이 쓸려 내려가 다시 깨끗해지곤 했다고 한다.

육조거리 등 관가가 밀집해 있는 곳에는 화장실이 건물에 딸려 있어서 관청에 일을 보러 온 일반 백성들도 이용할 수 있었다. 또한 옥외에 설치된 화장실은 지나다니는 사람 누구나 이용할 수 있었다.

특히 농촌에서는 동네 한가운데에 화장실을 지어서 지나가는 사람들이 언제든 볼일을 볼 수 있게 했다. 인분을 거름으로 쓰기 위해서 받아 모으는 것이니, 누이 좋고 매부 좋은 격이다.

화장실은 거주 공간과의 거리에 따라 원측(遠廁) 문화와 근측(近廁) 문화로 나눈다. 보통 건조 기후 지역에서는 주생활 공간에서 멀리 떨어진 곳에 짓고, 습윤 기후 지역에서는 가까운 장소에 짓는다.

우리나라는 습기가 적지 않은 편이므로 대개 울타리 안에 화장실을 두었다. 그렇지만 아무래도 내세울 만한 것은 아니었던 듯 집 뒤나 옆의 구석진 곳에 만들어 '뒷간' 또는 '측간'이라고 불렀다. 화장실에는 잿가리(짚이나 풀 등을 태우고 난 찌꺼기를 쌓은 것)도 함께 있었는데, 재가 냄새를 흡수해 분뇨 냄새가 멀리 퍼지는 것을 막는 역할을 했다. 집 안에 화장실이나 우물이 있는 집은 생활이 넉넉한 부유한 집이었다.

화장실에서의 뒤처리

화장지도 없고 비데도 없던 옛날에는 뒤처리를 어떻게 했을까?

가장 보편적으로 사용한 것이 짚이나 잡초, 나뭇잎 등이었다. 특히 쑥이나 토끼풀은 구하기도 쉽고 부드러워서 뒤처리 재료로 애용되었다. 새끼줄이 화장지 역할을 대신하기도 했다. 화장실 옆에 새끼줄을 매어놓고, 대변을 본 후에 항문을 새끼줄에 대고 문지르는 것으로 뒤처리를 했다. 또 냇가 등 물가에서 대변을 보고 난 뒤에 물로 씻기도 했다.

아주 드물지만 사대부집에서는 무명, 모시, 삼베 따위의 헝겊이나 한지를 사용하는 경우도 있었다. 그러자 국가에서 낭비가 너무 심하다며 사용을 금지하기도 했다.

귀양 간 코끼리

◆ 코끼리

코끼리는 조선 태종 11년(1411)에 처음 우리나라에 들어왔다. 일본 국왕이 바친 이 코끼리는 수레와 말을 관장하는 사복시에서 맡아 길렀다. 그런데 1년쯤 지났을 때 공조판서를 지낸 이우(李瑀)가 그 코끼리를 놀리다가 깔려 죽었다. 그러자 조정에서 죄를 지은 동물을 벌주어야 한다는 논의가 일어났고, 결국 그 코끼리는 순천 앞바다의 장도로 귀양을 가게 되었다. 그로부터 반년 후 전라도 관찰사는 코끼리가 날로 여위어가며, 사람을 보면 눈물을 흘린다는 장계를 조정에 올렸다. 이를 읽은 임금이 코끼리의 죄를 사면해주었고, 7년 동안 전라도의 여러 고을에서 번갈아 가며 사육했다.

이 코끼리는 세종 3년(1421)에 충청도 공주로 이관되었다. 그러나 하루에 쌀 두 말과 콩 한 말을 먹어 치우는 엄청난 식성인데다 먹이를 주던 종을 발로 차 죽이자, 충청도 관찰사는 코끼리를 다시 섬으로 보낼 것을 요청했다.

세종은 "물과 풀이 좋은 곳으로 가려서 보내고, 병들어 죽지 않도록 유의하라."고 지시한 뒤 하는 수 없이 코끼리를 또다시 섬으로 유배보냈다고 한다.

◆ 원숭이

원숭이가 우리나라에 들어온 것은 조선 태조 3년(1394) 6월이다. 왜구들이 납치해간 조선의 남녀 650여 명을 송환할 때 일본 사신이 태조 이성계에게 원숭이 한 마리를 진상한 것이다.

세종 때 전염병이 돌아 말[馬]이 죽어가자, 한 학자가 일본에서는 마구간에 원숭이를 함께 기르기 때문에 말이 병에 걸리지 않는다고 알려왔다. 그 말을 듣고 일본에서 원숭이를 들여와 그중에서 여섯 쌍을 한라산에 방목했으나 번식에 실패했다. 성종 때는 임금이 진귀한 애완동물에 빠져서는 안 된다는 상소가 올라와, 그 뒤로는 원숭이를 더 이상 들여오지 않기로 했다.

그러나 이중환(李重煥)이 지은 《택리지擇里志》에 정유재란(1597) 때 원숭이를 이용하여 왜군과 싸움을 했다는 기록이 있다. 명나라 장수 형개(邢玠)가 10만의 병사를 이끌고 충청도 직산에서 왜군과 싸울 때 원숭이 300마리를 왜군의 진중에 풀어놓자 원숭이가 마구 날뛰어 왜군을 혼란스럽게 하여 싸움에 유리하였다고 한다.

◆ 낙타

낙타는 아프리카나 아시아 남서부에서 짐을 나르거나 타고 다니는 데 쓰이는 요긴한 수단이며 젖과 털, 고기도 얻을 수 있다. 특히 사막에서는 없어서는 안 될 중요한 가축이다.

낙타가 우리나라에 들어온 것은 고려시대이다. 고려 초에 거란인이 낙타 54마리를 바쳤는데 만부교 아래에 매어 굶어 죽게 했다는 기록이 있고, 고려 말기에 대상들이 낙타에 물건을 싣고 들어왔다는 기록은 있으나 사육은 하지 않은 듯하다.

2015년에는 낙타와의 접촉으로 감염되는 메르스가 유행하여 큰 혼란을 겪었다.

◆ 공작

공작은 꿩과에 속하는 새로 현재는 거의 전 세계적으로 퍼져 사육되고 있다. 우리나라에서는 신라시대에 공작을 길렀다는 기록이 있으며, 고려시대에는 송나라에서 수입하는 품목 가운데 공작이 들어 있었다.

조선 후기의 학자 유희(柳僖)가 지은 《물명유고物名類考》를 보면 "공작은 그 크기가 기러기만 하고 키가 3~4척이며 꼬리에는 둥근 돈무늬가 있는데 오색과 금색, 푸른색이 둘러져 있다."고 기록되어 있다.

이규경(李圭景)의 《오주연문장전산고五洲衍文長箋散稿》에는 "공작은 꼬리가 매우 아름답다. 안남에서 많이 나며, 서역에서는 집닭과 같이 기르고, 중국에도 있다."는 내용과 함께 사육법도 기록되어 있다. 이로 미루어 옛날에 우리나라에서도 공작을 많이 사육했던 것으로 추측된다.

1907년 일제는 창경궁을 훼손하여 동물원을 개원했다. 처음에는 순종(재위

창경궁의 정전인 명정전

1907~1910)의 오락장으로 설치했다가 1911년에 일반에 공개했다. 임금이 살았
던 성스런 궁궐에 동물원을 만들어 이름조차 창경원으로 개칭한 데는 우리의 민
족정신을 말살하려는 일제의 간악한 흉계가 숨어 있다.

조선시대의 신도시 건설

오늘날 서울 등 큰 도시의 인구를 줄이기 위하여 신도시가 많이 건설되고
있다. 분당, 일산, 중동, 평촌 등지와 행정신도시인 과천 등이 대표적이다. 요즈
음에는 주택문제를 해결하기 위한 신도시로 동탄과 판교 등이 건설되고 있다. 신
도시 건설의 가장 큰 목적은 서울에 몰려 있는 인구를 줄이기 위함이다. 그런데
이러한 신도시는 옛날에도 필요했다.

조선시대의 신도시로 들 수 있는 대표적인 곳은 수원이다. 이곳을 신도시로 건
설한 사람은 정조이다. 정조가 수원에 신도시를 건설한 목적은 정치적인 이유 때
문이었다. 그의 아버지인 사도세자는 당쟁에 휘말려 억울하게 세상을 떠났으며,
정조도 왕위에 오를 때 많은 어려움을 겪었다. 그 때문에 반대파인 벽파를 누르
고 왕권을 강화할 목적으로 수원에 행궁(行宮; 임금이 나들이할 때 머물던 별궁)을
건설하고 성을 쌓아 새로운 터전을 마련하고자 했던 것이다. 또 수원은 오군영

의 하나인 총융청(摠戎廳)이 있었던 곳으로 군사력을 튼튼히 하기 위한 목적도 있었다.

이러한 목적 외에도 정조는 억울하게 죽임을 당한 아버지 사도세자의 넋을 기리고 동아시아에 새롭게 떠오르는 조선의 모습을 드러내려는 목적도 가지고 있었다. 그러나 도시 이름을 '화성(華城)'으로 한 것으로 보아 정조의 정치사상 밑바탕에는 조선이 작은 중국이라는 생각이 깔려 있었음을 짐작하게 한다.

화성 신도시는 정조 18년(1794)부터 정조 20년(1796) 10월까지 2년에 걸쳐 조성되었다. 동원된 인원은 장인만 해도 석수 642명, 목수 335명, 미장이 295명 등 1800명이나 되었다. 또 돌덩이 18만 7600개, 벽돌 69만 5000개와 쌀 6200석, 콩 4550석, 잡곡 1050석이 사용되었고, 목재 2만 6200주, 철물 55만 9000근, 철엽(鐵葉) 2900근, 숯 6만 9000석, 기와 53만 장, 석회 8만 6000석이 사용되었다. 공사비가 87만 3520냥, 양곡 1500석이 든 큰 공사였다.

도시는 수도 한양을 그대로 모방하여 4대문(남; 팔달문, 북; 장안문, 동; 창룡문, 서; 화서문)을 두고, 팔달산 아래 행궁·관청·사직단·문묘 등을 조성하였으며, 5.9킬로미터에 달하는 성곽을 쌓았다. 특히 성곽은 우리나라 고유의 축성법과 북학파의 과학기술 지식이 합쳐진 축성 기술의 집합체였다. 영의정 채제공(蔡濟恭)의 지휘 아래 정약용(丁若鏞)이 건설한 이 성곽은 무거운 물건을 쉽게 들어올리는 거중기(擧重機)와 운반 기계가 사용되었고, 규격화한 벽돌이 처음으로 사용되었다.

그러므로 수원 화성의 건설은 개혁을 염원하던 실학자들에게는 원대한 꿈을

화성의 정전인 봉수당

거중기(화성박물관)

남한산성의 수어장대

이루는 기회가 될 만했다. 그러나 실학자들의 도움으로 규장각을 설치하고 탕평책을 실시하는 등 많은 업적을 남긴 정조가 개혁의 완성을 보지 못하고 갑자기 죽고 말았으니, 정조의 죽음과 더불어 북학파의 꿈도 물거품이 되었다.

군사적 목적으로 세운 또 다른 신도시로는 숙종 때 건설한 북한산성이 있다. 북한산성은 인조(재위 1623~1649)가 병자호란 때 남한산성에서 청 태종에게 당한 아픔을 다시 겪지 않기 위해, 즉 전쟁에 대비하기 위해 조성했다. 행궁과 식량 창고, 무기고, 장수의 지휘본부인 장대 세 곳, 성을 관리하는 관청 세 곳, 승병을 위한 사찰 열세 곳, 병사 숙소 143곳 등 다양한 시설을 갖춘 산성으로 당시로서는 최고의 군사 방어 도시라고 할 수 있다. 조선을 개국한 태조는 계룡산에 신도시를 건설하려는 계획을 세운 적도 있었다.

혼수는 신랑이 준비해야

오늘날에 인기있는 신랑감은 의사나 변호사처럼 이른바 '사'자 들어가는 사람들이다. 이들과 혼인을 하려면 열쇠 세 개는 필수품이라는 말이 있다. 이처럼 물질이 조건이다 보니 혼수나 지참금이 적다는 이유로 불화를 겪다가 이혼하는 경우도 적지 않다. 이것은 인격을 바탕으로 한 혼인이 아닌 물질적인 면을 중요시한 결과이다.

그러나 고대국가시대의 우리나라에서는 여자가 아닌 남자가 혼수품이라고 할 수 있는 지참금을 준비했다. 고구려의 혼인 풍속 중에 데릴사위제가 있다. 혼담이 오가면 신랑은 신부의 집 뒤곁에 서옥(婿屋; 사위집)이라는 움막을 짓고 머물면서, 해가 지면 돈과 재물을 들고 와서 신부의 집 문 앞에 엎드려 신부와 같이 살 수 있게 해달라고 마음을 다해 빌었다. 그러면 신부의 집에서는 서옥에 딸과 함께 들어가 살도록 허락하였다. 이 집에 사는 동안 신랑은 신부의 집안일을 하였으며, 아이가 태어나면 대여섯 살이 될 때까지 머문 후에야 겨우 아내를 데리고 집으로 돌아갈 수 있었다. 남자가 혼인하는 것을 흔히 '장가간다'고 한 것은 이 같은 고구려의 데릴사위제에서 나온 말이다.

신라에서도 혼수품은 남자가 준비했다. 왕가의 경우를 보자. 신문왕(재위 681~692)은 김흠운(金歆運)의 딸을 부인으로 맞기 위해 돈과 비단 15수레, 쌀·술·기름·꿀·장·베 135수레, 벼 150수레 등 어마어마한 지참금을 치렀다.

신랑이 혼수를 부담하는 풍속은 조선시대까지 이어졌다. 혼수품의 사치가 심해지자 연산군 8년(1502)에는 혼인을 할 때 신랑 쪽에서 채단(采緞)과 혼서지(婚書紙)를 넣어서 신부 쪽에 보내는 함(函)을 들이는 날짜를 관청에 신고하도록 법으로 정하기까지 했다. 함을 들이는 날이 되면 의녀가 나와 신랑의 혼수품을 철저히 검사했다. 그래서 옛날에는 오늘날과 달리 혼수품 때문에 시집 못 가는 처녀는 없지만, 장가 못 가는 총각들은 많았다.

목욕은 공중목욕탕에서

한국인의 삶에서 목욕의 역사는 오래되었으며, 공중목욕탕의 경우도 마찬가지이다. 특히 신라인들은 집집마다 목욕을 할 수 있는 시설이 있었으며, 법흥왕(재위 514~540) 때 이차돈(異次頓)의 순교로 불교를 받아들인 후에는 사찰마다 대형 공중목욕탕을 설치하였다. 신라인들은 일찍이 목욕을 미용과 청결의 수단으로 생각하였고, 목욕용 향료는 일상의 필수품이었다고 한다.

불교를 받아들인 뒤에는 '목욕재계(沐浴齋戒)'의 정신에서 목욕을 종교의식으로까지 발전시켰으며, 강제로 목욕시키는 것을 일종의 형벌로 간주할 만큼 목욕을 통해 마음의 죄악도 씻을 수 있다고 여겼다. 신라인들이 목욕을 중시한 이유는 신라의 시조 박혁거세(재위 서기전 57~서기 3)와 왕비 알영(閼英)의 출생 설화에서 목욕이 중요한 의미를 지니는 데서 잘 나타나 있다.

《삼국유사》에 따르면, 박혁거세가 태어나자 동천에서 목욕을 시키니 몸에서 광채가 나고 새와 짐승이 따라 춤추며 천지가 진동하고 해와 달이 청명해지므로, 그 때문에 이름도 혁거세(爀居世)라 하였다고 한다. 박혁거세의 왕비 알영은 태어났을 때 얼굴이 유달리 고왔으나, 입술이 닭의 부리와 같아 북천에 가서 목욕시키니 부리가 떨어졌다고 기록되어 있다. 이로 미루어 신라인들은 목욕에 특별한 의미를 부여했다고 할 수 있다.

고구려인들은 일찍이 온천탕의 이로움을 알고 있었다. 《삼국사기》에 따르면, 서천왕 17년(286)에 왕의 동생인 일우(逸友)와 소발(素勃)이 반역을 도모하고자 할 때 질병을 핑계삼아 온천탕에 가서 온갖 무리들과 즐거움을 나누었다고 한다.

고려인들은 신라인보다 더 목욕을 즐겼고, 남녀가 함께 목욕을 하는 혼탕의 풍속도 있었다. 서긍의 《고려도경》에는 고려인들은 하루에 서너 차례 목욕을 하였고, 개성에서는 비록 여인들은 목욕용 모시 치마를 입었지만 남자와 같은 곳에서 목욕을 했다는 기록이 있다. 상류사회에서는 어린아이를 목욕시킬 때 복숭아 꽃물로 몸을 닦아 희고 부드러운 살결을 유지하도록 하였으며, 여자는 물론 남자도 오늘날의 목욕 샴푸처럼 난초 우린 물을 사용하여 향기롭고 부드러운 피부를 간직하고자 하였다.

조선시대의 여인들은 음력 6월이면 냇가에서 물맞이를 했고, 제사를 앞두고 목욕재계하는 관습이 있었다.

사대부층에서는 집 안에 목욕 시설인 부방(浮房)을 설치하고 인삼잎을 달인 삼탕을 비롯하여 마늘탕, 쌀겨탕 등을 즐겼다. 부유한 사대부가에서는 부부가 침실에 들기 전에도 반드시 목욕재계했다고 한다. 그러나 조선시대의 목욕은 옷을 입은 채 신체의 부분을 하나씩 씻어나가는 식이었고, 이 때문에 대형 욕조보다는 함지박과 대야를 많이 이용하였다. 가족 수에 따라 세숫대야가 있었고, 이 대야는 선비들이 집을 떠날 때 지녔던 필수품 중 하나였다. 특히 피부병을 앓았던 세종과 세조(재위 1455~1468)는 온천을 자주 찾았다.

돼지고기는 발해인들의 주식

고구려가 나당 연합군에 의해 멸망하고 30년이 지난 후인 698년 동모산(東牟山)을 근거로 부흥운동을 벌인 대조영(大祚榮)과 걸사비우(乞四比羽)가 진(震)나라를 세워, 이로부터 남북국시대가 200여 년 동안 지속되었다.

발해는 겨울은 춥고, 여름은 따뜻하고 습하나 짧으며, 봄가을은 메마르고 건조한 지역에 자리잡고 있었다. 영토는 동쪽으로는 연해주에 접하고, 남쪽으로는 대동강과 원산만에 이르며, 북으로는 흑룡강에 이르니 아무래도 겨울이 길었다. 한겨울에는 오전 9시가 되어야 날이 밝고 오후 4시면 어두워졌으며, 기온도 매우 낮아 겨울에는 영하 30도 이하로 내려갔다. 삼림은 무성하여 침엽수와 활엽수의 혼합림이 울창했다.

발해 사람들은 긴 겨울의 추위를 이겨내기 위해 지방을 많이 섭취해야 했으므로 집집마다 돼지를 길러 돼지고기를 섭취하였다. 이들은 또한 돼지고기와 함께 쑥떡과 바닷물고기, 중국 동북부 일대에서 많이 재배한 콩의 가공식품인 된장을 즐겨 먹었다.

발해의 가족 생활은 일부일처제가 기본이었으며 여자의 지위가 높았다고 한다. 이곳 여자들은 모두 사납고 투기가 심했다. 결혼한 여자들은 다른 성씨와 연결

발해를 건국한 대조영

을 맺어 10명의 의자매를 이루었는데, 번갈아가며 남편을 감시하고 남편이 첩을 두거나 다른 여자와 연애하는 것을 용납하지 않았다.

만일 이런 일이 알려지면 반드시 독을 넣어 남편을 독살하려 했다. 한 남편이 바람을 피우는데 그 아내가 알지 못하더라도, 아홉 사람이 모두 일어나 그를 꾸짖는 것을 서로 다투어 자랑으로 여겼으므로 남자들이 한눈파는 것은 상상도 할 수 없는 일이었다. 그러므로 거란이나 여진에는 창녀도 있고, 남자들은 작은 부인이나 시중드는 계집종을 거느렸으나 오직 발해에만 창녀나 작은 부인이 없었다.

우리는 고구려를 계승한 발해가 독자적인 연호를 사용했거니와 중국과 대등한 위치였음을 잘 알고 있는데, 여기에는 위와 같은 여성들의 내조가 큰 몫을 했으리라 본다.

외국에 건설된 코리아 타운

통일신라는 당나라와 활발히 교류하였다. 국가 간의 공식적인 사신 왕래가 이루어졌으며, 경제·문화적으로 선진 지역인 당나라에 유학생과 승려, 상인들도 많이 왕래하였다.

이들은 지금의 남양만 근처인 당항성에서 산둥반도로, 전남 영암에서 상하이 방면으로 바닷길을 이용하여 왕래하였다. 그런데 아무래도 외국이다 보니 중국 말을 알아야 했고 신라인끼리 모여 살면 서로 도움을 주고받을 수가 있으니, 신라인의 왕래가 빈번한 산둥반도의 등주·밀주·양주·초주 등지에 신라인들의 거주지인 신라방(新羅坊)이 생겨났다. 이곳에 거주하는 신라인은 상인과 선박 소유자, 뱃사람이 대부분이었다.

오늘날 한국인이 있는 곳이면 한국인의 외교업무와 사무 관계를 처리하는 공사관·영사관·대사관이 있고, 종교시설과 한국인을 상대로 하는 여러 가지 부대시설이 있는 것과 마찬가지로 당시에도 신라방에는 신라인을 통할하기 위한 자치적 행정기관인 신라소(新羅所)가 있었다. 신라원(新羅院)이라는 사찰도 있었는데, 장보고가 세운 법화원(法華院)이 가장 유명했다. 편의시설로는 신라의 유학생, 승려, 사신들의 숙소인 신라관(新羅館)이 있었다. 이쯤이면 당시의 코리아 타운인 셈이다.

'코리아'라는 명칭은 고려시대에 국제무역항인 벽란도에 왕래하던 아라비아 상인이 처음 사용하였다. 고려 후기 원나라의 간섭을 받던 시절 원나라에 있던 충선왕(재위 1298, 1308~1313)이 원나라의 수도인 심양에 만권당을 짓고, 학문을 연구하는 많은 고려인을 집단으로 이주시켜 코리아 타운을 형성하였다.

이 시기에 고려의 공녀들이 강제로 원나라로 이주하였으며, 환관이나 권력층의 시종을 하던 많은 고려인들 또한 코리아 타운을 형성하였다. 그리하여 고려의 풍속이 원나라에서 유행하였으니 이를 고려양(高麗樣)이라 한다.

한말에 이르러 우리나라는 국운이 기울어 외세의 각축장이 되었고, 1901년의 대흉작은 농민들로 하여금 삶을 부지할 새로운 곳을 찾게 하였다. 이즈음 노동력이 부족한 하와이 사탕수수 농장 경영주들이 중개인을 통해 한국 농민들의 이민을 주선하게 했다.

이에 우리 정부는 1902년 8월에 이민을 담당할 수민원(綏民院)을 설립하여, 1902년 12월 22일 인천항에서 하와이로 향하는 첫 이민선이 출발하였다. 그 뒤 1905년 7월 초순까지 약 3년 동안 65척의 선박에 무려 7300명에 가까운 한국인들이 하와이로 이민을 떠났다. 한국인들은 고된 노동과 저임금에 시달렸지만 알뜰하게 돈을 모아 도시로 진출하여 자영업을 하는 등 비교적 성공한 사람들도 꽤 많았다.

이어 1905년에는 1031명의 한국인이 멕시코로 노동 이민을 떠났다. 그러나 이들은 중간 브로커의 농간으로 제대로 대우를 받지 못하고 비참한 상황에서 노예와 다름없는 생활을 했다. 한 한국인 인삼장수가 샌프란시스코의 한인공립협회에 멕시코 이민의 비참한 실태를 알려 공론화함으로써 구제되어, 오늘날 미국의 코리아 타운을 형성하는 바탕이 되었다.

현재 중국 베이징의 왕징에는 7만 여 명의 한국인이 거주하는 코리아 타운이 있다.

옛날에도 공익광고가 있었다

현대사회에서 광고는 상품을 팔기 위해 꼭 필요한 요소이다. 많은 기업들이 보다 더 많은 이윤을 창출하기 위해 각종 매체를 통해 소비자들의 구매욕을 자극하는 광고를 쏟아내고 있다.

텔레비전이나 라디오가 없었던 옛날에도 여러 종류의 광고가 있었다. 특히 오늘날의 공익광고와 같은 것이 있어 흥미롭다. 반역을 꾀한 죄인을 많은 사람들 앞에서 처형한 다음, '대역죄인 ○○○'라는 글을 써붙임으로써 반역을 저지르지 못하게 하는 전시효과를 노렸다.

아이들이 오줌을 싸면 키를 씌워 이웃집에 소금을 얻으러 보내는 것도 일종의 공익광고라고 할 수 있다. 본인은 물론 그 모습을 본 다른 아이들에게 오줌을 싸면 많은 사람들에게 창피를 당한다는 사실을 일깨워주는 것이다.

오늘날의 시엠송에 해당하는 광고도 있다. 백제의 무왕이 신라의 선화공주를 부인으로 맞이하기 위하여 감자를 아이들에게 주면서 퍼뜨리게 한 〈서동요〉가 그것이다. 아이들이 퍼뜨린 이 노래로 말미암아 선화공주는 결국 무왕의 부인이 되었다.

오늘날 사람들이 많이 왕래하는 곳에 영화 포스터나 구인광고를 붙이는 것처럼 옛날에도 역사(驛舍)나 정자, 성문, 관문에 벽보나 대자보를 붙였다. 정조 때는 남을 헐뜯거나 광고를 함부로 뜯어버리는 경우가 많아지자 벽보를 훼손하는 자는 장(杖) 80대를 때리고, 함부로 붙이는 자에게는 10냥을 벌금으로 내게 하였다.

근대적인 상업광고는 1896년 4월 7일에 창간한 《독립신문》에 게재된 광고가 처음이다.

조선시대판 룸살롱

좋은 일 생기면 한턱내는 게 인지상정. 이러한 풍습은 조선시대에도 있었을까?

조선시대에 새로 임명된 관리들은 선임자들의 텃세에 시달려야 했다. 그래서 그들이 치러야 하는 신고식은 가혹하기 짝이 없었다. 벼슬을 얻어 새롭게 관리가 된 사람을 '신래자(新來者)'라 이름하는데, 이들은 신참이라는 이름을 떼어내기 위해서 허참면신례(許參免新禮)를 거쳐야만 했다. 특히 임금이 쓰는 각종 명령서나 의례 문서 따위를 담당하는 예문관이 더욱 심했다고 한다. 고려에서 조선 성종 대에 이르기까지 형성·변화된 민간 풍속이나 문물·제도·문화·역사·종교·예술 등을 기록한 성현(成俔)의 《용재총화慵齋叢話》에 따르면, 1차로 음식을 접대한 후에는 2차로 오늘날의 룸살롱 같은 곳으로 가서 또다시 접대해야만 했다. 룸살롱에서는 신참들이 선임자들에게 기생을 끼워주면서 술잔을 돌렸다. 술잔이 돌아가면 신참과 기생은 함께 춤추고 노래를 불러야 했다. 이때 혼자 추면 벌주를 내렸다고 한다.

《중종실록》에는 "허참면신례가 끝나고 나면 신참자들은 사용하는 물건 값이 수만 냥에 이르러, 그 돈을 마련하기 위하여 구걸하거나 염치를 차리지 않고 오직 눈앞의 이익을 좇는다고 하였습니다. 그리고 일부는 돈이 많은 장사치의 집에 데릴사위로 들어가 이 일을 의논하니, 체면과 이름을 떨어뜨리는 일이 많습니다."라고 그 폐해를 지적하고 있다.

선임자들은 체면 지키랴 나랏일 하랴, 쌓였던 스트레스를 신참 덕에 풀었겠으나 정작 신참들은 신고식을 치르기 위해 오랜 기간 그 비용을 마련하느라 이만저만 고생이 아니었다.

매 맞는 구한말의 집배원

오늘날 소식을 전할 때는 종이에 글을 적어 편지를 보내기보다는 이메일이나 휴대폰의 문자메시지, SNS를 통해 소식을 주고받는 경우가 대부분이다. 그래서 우편집배원의 일 중 편지를 전달하는 일은 줄어들고 오히려 물건을 전달하는 택배가 훨씬 늘어났다고 한다.

그러나 옛날에는 안부를 묻거나 소식을 전하는 최고의 통신수단은 인편에 보내는 편지였다. 소식을 빨리 전하기 위해 발을 빨리 움직이게 하는 고문을 하기도 했으며, 조선 말기 임오군란이 일어났을 때 발이 빠른 이용익(李容翊)은 재상의 지위에까지 오르기도 하였다. 임오군란이 일어나 구식 군대의 군인들이 고종의 황비인 명성황후를 시해하려고 하자 명성황후는 친정인 여주를 거쳐 광혜원까지 피해야만 하였다. 이때 명성황후를 보좌한 사람 중 한 명이 바로 이용익이었다. 그는 함경도 북청의 물장수 출신인데, 발이 얼마나 빠른지 하루 만에 전주와 한양을 오갈 정도였다.

　　명성황후는 이용익으로 하여금 임오군란을 진압할 방법으로 청나라에 군사를 요청해야 한다는 편지를 고종에게 전하게 했다. 이용익으로부터 명성황후의 편지를 전해받은 고종은 죽은 줄만 알았던 명성황후의 소식에 기뻐서 그녀가 시키는 대로 청나라에 군사를 요청해 임오군란을 진압했다. 이 공으로 이용익은 관리가 되고 후에 재상의 자리에 오르게 된 것이다.

　　우리나라에서 우편제도가 본격적으로 실시된 것은 1884년 우정총국을 설치하면서다. 그러나 이해에 김옥균(金玉均), 박영효(朴泳孝), 홍영식(洪英植)이 우정총국 낙성식 때 일으킨 갑신정변이 거사 이틀 후에 민씨 등의 수구당과 청나라 군사의 반격을 받아 실패로 돌아갔고, 결국 우정총국도 폐지되었다.

사적 제213호인 서울 우정총국 청사. 현재 서울체신기념관이다.

이후 우편제도는 1895년에 실시한 을미개혁으로 다시 실시되었다. 당시에는 주소체계가 발달하지 못했으므로 '남산골의 김 아무개' '양지마을의 민 아무개' 식으로 주소를 적었다. 그야말로 '서울에서 김서방 찾기'였다.

이러한 주소를 가지고 우편집배원들은 이집 저집을 기웃거릴 수밖에 없었다. 하지만 '남녀칠세부동석'이라는 유교적 관념이 자리잡고 있던 시대였으므로 여자 혼자 있는 집을 기웃거렸다가는 십중팔구 주인으로부터 곤장을 맞기 일쑤였다. 또한 개화의 흉물을 집에 들여놔서 집안신을 놀라게 했다고 곤장을 맞아야만 했다. 그래서 '배달 군사 볼기짝 맞듯'이라는 속담은 '자주 일어나는 일'을 빗대서 하는 말이요, '절룩였다 하면 배달 군사'라는 동요가 생겨났을 정도였다. 개화 문명을 받아들이면서 생겨난 풍속도라고 하겠다.

부부가 함께한 출산의 고통

오늘날 여성이 출산할 때 남편이 출산의 고통을 함께하는 경우를 흔히 본다. 성리학이 지배하던 조선시대에 산고(産苦)는 여성들만의 몫이라고 여길지 모른다. 그러나 이는 잘못 알려진 것이다.

출산의 고통을 남편이 함께하는 모습은 남도 민요에 잘 나타나 있다.

우습세라 / 우습세라 / 젊은 각시 아이 낳을 때는 / 제 남편의 상투 쥐고 / 울콩불콩 낳는다고 / 마루 위에 앉아서는 / 상투 꼭지 문창 구멍에 / 들이들이 밀었단다 / 각시각시 상투 쥐고 / 이잉이잉 힘쓰면서 / 애를 쓰며 당기더니 / 상투 꽁지 쑥 빠지자 / 당콩 같은 빨간 애기 / 말똥말똥 빠져나네

아이를 낳을 때 산모는 문고리를 붙잡건 대들보에 띠를 걸고 힘을 쓰건, 뭔가에 의지하여 힘을 써야만 아이를 수월하게 출산할 수 있다. 이때 남편이 문밖에서 기둥에 기대어 버티면서 창호지를 뜯어 상투를 들이밀면 산모가 이를 잡고 힘

을 쓰게 한다는 내용이다.

평안도 일부 지역에서는 진통이 시작되어 산모가 아이를 낳을 때가 되면 남편은 산모가 아이를 출산할 방의 지붕 위에 올라가 산모처럼 비명을 지르기도 하였다. 심지어 산모가 빨리 아이를 낳아 산통(産痛)에서 해방되기를 기원하면서 지붕에서 떨어지면서 비명을 지르기도 했다. 사실 우리나라의 초가지붕이 낮아서 괜찮은 것이지 높았다면 다치기 십상이었을 것이다.

팔삼끈[産繩]이라는 풍습도 있었다. 남편이 뒤에서 산모를 안으면 산모가 남편의 팔을 힘을 주는 지렛대로 삼아 아이를 출산하는 것이다.

거웃으로 만든 붓

오늘날에는 글씨를 쓰는 도구는 매우 다양하고 기능 또한 편리하다. 하지만 옛날에 글씨를 쓰는 도구는 오직 붓밖에 없었다.

붓은 서기전 200년을 전후한 진나라 시황제 때 몽념(蒙恬)이 발명했다. 현재 발견된 붓 중에 가장 오래된 것은 1954년 중국 장사(長沙)의 고분에서 발견된 전국시대의 붓이다. 이 붓은 길이가 21센티미터이며, 붓대는 대나무를 썼으며, 붓털은 토끼털로 알려져 있다.

우리나라에서 가장 오래된 붓은 1988년 경남 창원 다호리고분군에서 발견되었다. 서기전 1세기경의 삼국시대 생활용품 70여 점과 함께 길이 23센티미터가량의 칠기 손잡이로 된 붓 다섯 자루가 출토되었다.

과거에 붓은 흰염소털, 족제비꼬리털, 노루앞가슴털, 닭의 목털, 말털, 이리털, 쥐, 볏짚 등으로 만들었다. 붓을 만드는 털 가운데 특이한 것은 태모(胎毛)이다. 태모는 아이가 날 때부터 가지고 있는 머리털을 말하는데 보통 6~9개월이 지나면 잘라준다. 태모로 붓을 만들면 아이의 머리가 좋아지고 학문에 힘써 과거에 합격한다는 속설이 있었다. 붓대에는 장수를 나타내는 학 그림을 그려서 가훈을 쓴 액자에 넣어 훗날 아이에게 선물했다.

옛사람들의 자식에 대한 사랑과 과거 합격에 대한 염원을 알 수 있게 한다. 이 붓을 '태발필(胎髮筆)' '배냇붓'이라고 한다.

붓과 필통(대전박물관)

우리 조상들은 사랑하는 사람들에게 주는 증표나 신물(信物)로 거울이나 부채 등을 애용했다. 기생들은 정인으로부터 이런 선물을 받을 때는 손으로 받는 것이 아니라 양쪽 치마를 넓게 펼쳐 받아야만 했다. 애인(愛人)의 마음을 한가득 담겠다는 뜻일 것이다.

바람기 있는 선비들이 기생에게 넘겨주는 신물 중 하나가 기생의 치마에 시를 써주는 것이었다. 기생은 자신의 치마를 한껏 펼쳐 선비의 마음을 치마에 한가득 담기를 바랐다. 이때 자신의 마음을 더 보여주고 싶은 선비들은 자신의 거웃으로 만든 치모필(恥毛筆)로 시를 썼다. 시간이 흘러 나이가 든 기생은 치마를 보면서 상념에 젖어들었다고 한다.

조선시대에는 씨름을 금지하기도

추석이나 설날에 텔레비전에서 특집으로 하는 스포츠 가운데 하나가 씨름이다. 씨름의 역사는 오래되었다. 고구려시대의 고분인 각저총의 벽화인 〈씨름도〉에서 그 단서를 찾을 수 있다. 이 〈씨름도〉에는 외국인으로 추정되는 인물이 씨름하는 모습이 있는 것으로 보아 씨름의 인기가 대단하였음을 알 수가 있다.

승부의 세계이다 보니 씨름판에서는 싸움이 끊이지 않았다. 싸움 끝에 사람이 죽는 일도 벌어졌다. 세종 12년(1430) 12월 17일에 중 상총과 양복산이 장난으로 씨름을 하다가 양복산이 죽자 상총에게 장례비를 지급하라며 용서했다는 기록이 있다. 같은 해 12월 26일, 안음현(지금의 경상남도 함양군 안의면)에서 씨름을 하던 박영봉이 김부개를 죽이는 일이 벌어졌다. 명종 때는 세자의 명령으로 하사품

씨름도

을 전달하고 오던 동궁전 별감 박천환이 씨름을 구경하다가 유생 윤명과 시비가 붙어 싸움이 일어났다. 이 일로 사간원까지 들고 일어나니 명종은 씨름, 도박, 답교를 금지하라고 명했다.

영조 때도 씨름을 금지하는 명령을 내렸다. 《영조실록》 47년(1771) 11월 18일 기사에 다음과 같은 내용이 있다. 영조가 경기도에서 씨름을 하다가 살인사건이 일어났다는 보고를 듣고는 "앞으로 저잣거리에서 씨름을 하거나 싸움을 하면 살인과 관계없이 해당 관청에서 곤장 100대를 치도록 하라. 한양에서 단오에 벌이는 씨름과 보름에 벌이는 석전도 포도청에서 금지시키도록 하라. 만약 이를 어기는 자는 곤장으로 다스리도록 하라."

그러나 씨름이 오늘날까지 전해오는 것을 보면 씨름 금지령은 그렇게 큰 효과를 거두지 못한 듯하다.

어머니의 성을 따르기도 한 고려시대

2005년 호주제가 폐지되었다. 호주제가 폐지되면서 이제까지 아버지의 성을 물려받는 원칙이 무너지고 혼인하면서 부부의 합의에 따라 아버지 성뿐만 아니라 어머니의 성도 따를 수 있게 되었다.

호주제가 폐지되기 전에는 아버지의 성을 따르는 것이 보편적이었다. 그러나 고려시대만 하더라도 어머니의 성을 따르기도 하였다. 광종의 왕비인 대목황후 황보씨는 태조 왕건과 신정왕후 황보씨 사이에서 태어난 딸이다. 신정왕후는 황주의 호족 출신인 삼중대광 황보제광의 딸이다. 광종의 왕비인 경화궁 부인 임씨는 2대 혜종과 의화왕후 임씨 사이에서 태어났다. 분명 왕씨의 후손이나 어머니 성을 따른 것이다.

현종의 왕비인 원정왕후 김씨나 원화왕후 최씨는 모두 성종의 공주이다. 원정왕후 김씨는 성종과 문화왕후 김씨 사이에서, 원화왕후 최씨는 연창궁 부인 최씨 사이에서 태어난 공주로 역시 모두 어머니의 성을 따랐다. 때로는 아버지의 외가 성을 따르기도 했다. 광종의 딸로 성종의 왕비가 된 문덕왕후 유씨는 광종의 어머니인 신명순성왕후 유씨의 성을 따른 것이다.

이처럼 어머니나 외가 성을 따른 것은 모계사회의 전통이 아직도 남아 있음을 뜻하며 여성의 힘이 남성 못지않았음을 짐작케 한다.

일제의 강요로 실시한 창씨개명에 항거하는 방법

일본은 1930년대에 들어서면서 대륙 침략을 위한 전쟁을 시작했다. 만주사변에 이어 중일전쟁과 태평양전쟁을 일으킨 일본은 부족한 군사를 우리나라 사람으로 보충하려고 했다. 그러나 항일운동을 하는 우리나라 사람들을 믿을 수는 없었으므로 민족성을 말살하여 그 종속 관계를 영구화하기 위해 민족말살정책을 추진했다. 그 내용은, 일본인과 한국인은 하나라는 내선일체(內鮮一體), 일본인과 한국인의 조상은 같다는 일선동조론(日鮮同祖論), 창씨개명 등이다.

1940년 조선총독부는 우리나라 사람들의 성과 이름을 일본식으로 바꾸라는 창씨개명을 실시했으나 일본의 의도와는 달리 6개월 동안 전체 가구수의 7퍼센트밖에 창씨개명을 하지 않았다. 그러자 조선총독부는 창씨개명을 하지 않은 사람에게 자녀의 학교 입학 금지, 직장 취업 불가, 식량 배급 금지, 우편배달 금지 등의 불이익을 주었다.

이 같은 일본의 조치에 우리나라 가구의 80퍼센트가 창씨개명을 했다. 그러나 어떻게든 자신의 성을 남기기 위해 노력했다. 그리하여 김씨는 '김본(金本)'이나 '김산(金山)'으로, 이씨는 '이가(李家)'로, 청주 한씨는 청주의 옛 이름인 '서원(西原)'으로 각각 성을 바꾸었다.

일본인들을 희롱하기 위해 성을 바꾸는 경우도 있었다. 일례로 부모가 물려준 성을 바꾸는 자는 개새끼와 다름없다고 여겨 '개새끼'의 한자어인 '견자(犬子)'로 바꾸기도 했다. 일본인들은 누군가 그들의 왕을 지칭하는 '덴노(てんのう)'를 입 밖에 내면 하던 일도 멈추고 일어서서 부동자세를 취했다. 이 발음과 같은 한자를 찾은 것이다. 바로 '전농(田農)'이다. 이 사람의 성을 부를 때마다 일본인 관리들은 벌떡벌떡 일어나 부동자세를 취해야만 했다. 그렇다고 '전농'이라고 성을 바꾼 사람을 나무랄 수도 없었다. 일본인들은 자연환경과 관련해서 성을 지었고, '전농'이란 성 또한 밭농사를 지어 지은 성이기 때문이다. 속이 까맣게 탔을 일본인들을 생각하면 통쾌하기 이를 데 없다.

산 사람을 죽은 사람과 함께 묻는 풍속인 순장

장례 풍속에는 매장, 화장, 조장(鳥葬), 수장(水葬) 등이 있으며 이 가운데 가장 널리 행해진 것이 매장이다. 특히 신분이 높은 사람이나 남편이 죽었을 때 그 신하나 아내가 죽은 자의 뒤를 따라 스스로 목숨을 끊거나 아니면 강제로 죽여서 함께 묻기도 했다. 이를 순장(殉葬) 또는 순사(殉死)라고 하는데, 삶과 죽음이 하나라는 사생연결관(死生連結觀)에서 나온 풍속이다. 즉 죽어서도 살아서와 마찬가지로 부귀영화를 누리기를 기원하는 마음에서 비롯된 것이다.

순장의 풍속은 세계적으로 널리 분포되어 있었다. 특히 신분이 엄격히 구분되는 사회, 철저한 가부장 사회, 수메르·이집트·상(商)나라와 같은 초기 고대 문명

지역과 그 영향권에 있던 지역에서 성행했다.

중국 상나라에서는 순장을 할 때 시신과 청동기를 함께 묻었다. 하남성 안양 부근의 무관촌 북쪽 대묘(大墓)에서 인골 79체가, 후강의 순장갱(殉葬坑)에서 인골 54체가 발견되어 당시 순장이 성행했음을 알게 해준다. 순장의 풍속은 서주(西周) 때까지 성행하다가 이후에는 장사 지낼 때 죽은 사람과 명기(明器)를 함께 묻었다.

중국의 역사서에 따르면 우리나라에도 순장의 풍속이 있었다.《삼국지》〈위지 동이전〉'부여조'를 보면 부여에서는 왕이나 귀족 등 귀한 사람이 죽으면 "사람을 죽여서 순장을 하니, 그 수가 많을 때는 100명에 이르렀다."고 했다.

이 순장 풍속은 고구려에도 이어졌다. 3세기 중엽 고구려 동천왕이 죽었을 때 "순사자가 얼마나 많았는지 다 묻지 못하여 나뭇가지를 꺾어 덮어두었다."라는 기록으로 알 수 있다. 그래서 이 지역의 이름이 '시원(屍原)'으로 불렸다고 전해진다.

《삼국사기》〈신라본기〉'지증왕조'에는 "지증왕(재위 500~514) 3년(502) 봄 3월에 명령을 내려 순장을 금했다. 그 전에는 국왕이 죽으면 남녀 각 다섯 명을 죽여서 함께 묻었는데, 이때에 이르러 이를 금했다."고 기록되어 있다. 이로 미루어 신라에서도 오래전부터 왕이나 귀족들이 죽으면 순장의 풍속이 행해졌음을 알 수 있다.

가야에도 순장의 풍속이 있었다. 대가야의 왕족들이 묻혀 있는 경북 고령군 지산동고분군에서도 순장 인골이 발견됐다. 이 중 44호분의 경우, 중앙에 큰 석실 (石室; 돌방) 세 개를 마련하고 그 주변을 32개의 작은 석곽(石槨; 돌덧널무덤)으로 둘렀다. 가장 큰 석실에는 주인공이 묻혔다. 주인공이 묻힌 석실 한쪽과 나머지 두 개의 석실, 32개의 석곽에서 모두 한 명씩 순장된 인골이 발견됐다. 순장된 사람 중에는 긴 칼이나 화살촉과 같은 무기, 금은제 장신구 등을 착용한 사람들이 있어 생전에 신분이 비교적 높았던 것으로 추정된다.

그런데 순장된 사람들은 본인이 원해서 묻혔을까, 아니면 강제로 그렇게 된 것일까?

근거를 정확히 찾을 수는 없지만 아마도 귀족 등 지위가 높은 사람들은 남은 가족들의 행복과 권력을 위하여 스스로 죽음을 택했을 것이다. 그러나 신분이 낮은 노예들은 그들의 의사와 상관없이 강제적으로 죽임을 당했을 것으로 추정된다.

이후 노동력의 중요성이 커지고 관리들의 힘이 커지면서 사람을 대신할 흙으로 만든 인형(토용)을 대신해 묻었다. 중국 시황제의 무덤에서 발견된 수많은 토용이 그 예라고 할 수 있다.

침대를 사용한 고구려인

많은 사람들이 침대는 서양에서 유래한 것으로 알고 있다. 사실 서양에서 침대를 사용한 역사는 오래되어, 이집트 고왕조시대의 유구(遺構)에서 그 실마리를 찾을 수 있다. 이집트의 침대는 네 개의 동물 다리 형태로 지지(支持)하고 그것에 족대(足臺)를 붙인 형식이며, 귀부인의 침대에는 머리 모양이 흐트러지지 않게 하기 위한 머리받침도 있었다. 죽은 사람을 위한 호화스런 침대나 접을 수 있는 것도 있었다. 그리스에서는 클리네라고 하는 4각식에 머리받침을 갖춘 간소한 침대가 유행했고, 로마의 상류계급 저택에서는 청동이나 대리석으로 만든 머리받침이 달린 호화스런 침대에서 잠을 자고 식사도 했다.

우리나라에서도 고구려시대에 이미 상류사회에서는 침대 구조와 비슷한 침상 생활을 했다. 맨바닥의 원초형 살림집이 점점 발전하여 바닥에 돌을 깔거나 멍석 등을 엮어 까는 방식으로 바뀌었고, 자연히 생활방식도 입식으로 바뀌게 되었다. 즉 맨바닥에서 잘 수 없으므로 침상이 등장하게 되었던 것이다. 약수

덕흥리고분의 주인인 유주자사 진(鎭)이 침상에 앉아 있다.

리고분과 덕흥리고분의 고분벽화에서 주인공이 침상에 앉아 있는 모습을 확인할 수 있다.

침상은 통일신라시대에도 사용된 듯한데, 구들 시설이 보급되면서 방바닥에 따뜻한 불기운이 직접 들어오므로 침상으로 냉기나 습기를 차단하기 위한 필요성이 없어졌기에 점점 사라지게 되었다.

조선시대에는 왕궁이나 고관대작의 집에서 부분적으로 침상이 사용되었으며, 특히 여름철에 피서용으로 많이 이용된 듯하다.

하루에 두 번 먹은 밥

누군가에게 이런 질문을 하면 무엇이라고 할까?

"하루에 식사를 몇 번 합니까?"

이 질문에 많은 사람들은 왜 이런 당연한 질문을 할까 의아해할 것이다. 그러나 옛날에는 동양이나 서양이나 하루에 두 끼 식사가 기본이었다. 지금도 히말라야산맥의 고산지대에 사는 사람들은 하루에 두 끼의 밥을 먹는 것으로 보아, 하루에 식사를 세 끼 먹은 지는 그렇게 오래된 것 같지 않다.

이슬람을 믿는 사회나 인도에서는 점심과 저녁을, 우리나라에서는 아침과 저녁을 중심 식사로 하고 있다. 다른 나라에서는 아침을 먹기 시작하면서 세 끼가 되었고, 우리나라는 점심이 새로 생겨 세 끼가 되었던 것이다.

본디 점심은 절에서 승려들이 이른 새벽에 간단히 먹는 음식이다. 《칠경독》에는 이른 아침이나 지금의 오전 11시에서 오후 1시 사이에 정신이 흩어졌을 때 마음을 새롭게 하기 위해 먹는 음식이라고 기록되어 있다.

'점심'이라는 어휘가 처음 등장하는 우리나라 문헌은 《태종실록》이다. 태종 6년(1406)에 심한 가뭄이 계속되자 임금이 "급하지 않은 일을 백성들을 동원해서 하지 말며, 각 관청에서는 점심을 먹지 말라."는 기록이 그것이다. 곧 중앙 관청에서는 간단한 간식과 함께 차를 마시는 다시(茶時)가 있었던 것으로 생각된다.

하지만 일반 백성들이 점심을 먹은 것은 그렇게 오래된 일은 아니다. 조선 후기의 실학자인 이규경은 해가 길어지기 시작하는 2월부터 8월까지 일곱 달 동안만 점심을 먹고, 해가 짧아지기 시작하는 9월부터 이듬해 정월까지 다섯 달 동안은 점심을 먹지 않고 아침저녁 두 끼만 먹었다고 썼다. 곧 춘분은 점심을 먹기 시작하는 날이요, 추분은 점심을 거르기 시작하는 날이라고 할 수 있다. 그러면 우리나라 사람들에게 가장 중요한 식사는 이 중 무엇이었을까?

우리나라 사람들에게는 뭐니뭐니 해도 아침이 중요했다. 아침은 왕후장상처럼 먹으라는 말도 있듯이 말이다. 그렇다면 왜 이렇게 아침을 많이 먹어야 했을까?

중국·영국·미국·프랑스·인도네시아·홍콩 등에서는 저녁을 왕후장상처럼 먹고, 이집트나 멕시코는 점심을 그렇게 먹는다고 한다. 우리나라 사람들이 아침을 많이 먹게 된 이유는 벼농사와 관련이 있다. 농사를 짓기 위해 많은 노동력이 필요했고, 더구나 농사철이 주로 더운 계절이었으므로 일하기 좋은 이른 새벽부터 들에 나가야 했기에 아침식사가 중요시되었고, 반면에 잠자리에 드는 저녁식사는 당연히 소홀해졌다. 게다가 해가 진 뒤에는 활동이 많지 않아 아침보다 중요하지 않았을 것이다.

오늘날 우리나라 사람의 식사 패턴은 예전과는 사뭇 다르다. 아침은 빵과 우유, 점심은 도시락으로 때우고, 저녁에야 비로소 밥과 따뜻한 찌개를 곁들여 푸짐하게 먹는다. 또한 저녁을 굶는 간헐적 단식을 하는 사람들도 있다. 이처럼 모든 문화는 시대와 상황에 따라 변한다.

신라시대 여왕의 결혼

영국의 엘리자베스 1세는 그때까지 세계를 지배하던 에스파냐를 물리쳤으며, 빅토리아 여왕은 영국에서 가장 많은 영토를 소유한 왕이었다. 러시아의 예카테리나 2세는 터키와 싸워 영토를 흑해 연안까지 넓혔다. 현재도 영국은 여왕이 다스리고 있다.

우리나라에도 출중한 여왕들이 있었다.

고구려, 백제, 신라, 발해, 고려, 조선의 왕은 통틀어 190명이다. 이 중 여왕은 단지 세 명뿐이다. 여자도 남자만큼 실력도 있고 능력도 갖추었는데 숫자가 적다. 그 이유는 단지 왕이 죽으면 큰아들이 왕위를 이었기 때문이다.

세 명의 여왕은 모두 신라에 있었다. 선덕여왕(재위 632~647), 진덕여왕(재위 647~654), 진성여왕(재위 887~897)이 그들이다. 이들 여왕은 과연 왕위를 어떻게 계승했을까? 결혼은 했을까?

선덕여왕은 앞선 왕인 진평왕의 큰딸이다. 이름은 덕만(德曼)이고, 어머니는 마야부인이다. 한때 왕에 즉위하기 전에 진평왕의 뜻에 따라 승려가 되기도 했다. 진평왕이 아들이 없이 죽자 아버지의 뜻에 따라 왕위에 올랐다. 그러면 한때 승려였으니 결혼은 하지 않았을 거라고 생각할 수도 있다. 그러나 사실은 이와 다르다. 《삼국유사》의 왕력(王曆; 일종의 연대표)에는 "왕의 배필은 음갈문왕이다."라고 기록되어 있다. 왕위에 오른 그녀는 16년간 지혜롭게 나라를 다스렸으며, 첨성대와 황룡사 9층탑을 세웠다.

후계자가 없이 죽은 선덕여왕의 뒤를 이어 진평왕의 동생인 진안갈문왕(김국반)의 딸 승만(勝曼)이 왕위에 오르니, 이가 진덕여왕이다. 어머니는 월명부인이다. 진덕여왕은 결혼을 했을까? 《삼국사기》나 《삼국유사》에 언급이 없으므로 결혼은 하지 않은 것으로 추정된다. 대외적으로 당나라와 외교 관계를 맺으면서, 김유신(金庾信)을 기용하여 국력을 충실하게 하여 삼국통일의 기초를 닦았다.

신라는 36대 혜공왕(재위 765~780) 이후 마지막 56대 경순왕(재위 927~935)까지 불과 170년 동안 20명의 왕이 다스렸다. 선대 왕들의 평균 재위기간이 17.7년인 데 비해 이 시기는 8.5년에 불과하니 무척 혼란스러운 시기였다고 할 수 있다. 이처럼 신라가 한창 혼란스러울 때 정강왕(재위 886~887)은 과거의 선덕여왕과 진덕여왕 시대의 영광을 되찾기 위해 동생인 만(曼)을 왕위에 오르게 하니, 이가 곧 진성여왕이다.

그러나 진성여왕은 오빠의 뜻과는 달리 정치에는 별 뜻이 없었고 나라의 혼란도 계속되자 왕위를 효공왕(재위 897~912)에게 양위했다. 진성여왕은 888년 각간 위홍(魏弘)과 대구화상(大矩和尙)에게 향가집 《삼대목三代目》을 편찬하게 하였는데, 《삼국유사》 왕력에는 각간 위홍이 남편이라고 기록되어 있다. 그러나 《삼국유사》 권2의 '진성여왕조'에는 위홍이 유모인 부호부인의 남편이라고 기록되어 있다. 그러나 위홍이 죽자 혜성대왕이라는 시호를 내린 것으로 보아 남편으로 생각할 수 있다.

한국인 성씨에 대한 충격적인 진실

오늘날 성(姓)이 없이 이름만 가진 사람은 없다. 성은 출생의 계통을 나타내는 표시이며, 본관(시조가 난 땅)과 함께 사용하여 혈연관계도 알 수 있게 해준다.

우리나라에서 성을 사용한 것은 주몽(晝夢)이 국호를 고구려라고 하면서 성을 고(高)씨라고 한 데서 비롯되었다고 한다. 그러나 고씨를 제외하고는 삼국시대까지 한 글자의 성은 없었던 듯하다. 이는 주몽이 신하에게 성을 내리면서 무골(武骨)에게 중실씨, 묵거(黙居)에게 소실씨를 주었다는 기록으로 짐작할 수 있다.

신라에는 박(朴)·석(昔)·김(金) 3성이 있었고 가야에서는 수로왕(재위 42~199)이 김씨 성을 사용했다는 기록이 있으나, 실제로는 중국의 문화가 들어온 뒤부터 사용했을 것으로 추측된다. 즉 우리나라에서 성이 사용된 것은 고구려는 동명성왕(재위 서기전 37~서기전 19), 백제는 근초고왕(재위 346~375), 신라는 진흥왕부터인 것이다.

성은 왕족과 귀족계급에서만 사용했으며, 특히 중국을 왕래한 사람들은 모두 성이 있었다. 신라의 김인문(金仁問), 최치원(崔致遠), 장보고(張保皐) 등이 그 예이다.

성은 매우 귀한 것이어서 임금이 성을 하사하기도 했다. 즉 덕이 높은 사람을 표창하는 영전으로 사용되기도 했고, 봉건시대의 제후나 귀순한 호족을 대우해주는 상품으로 활용되기도 했으며, 혼인을 정하는 기준이 되기도 했다.

평민들까지 성을 갖게 된 것은 고려 중기에 이르러서다. 나라에서 한 개의 촌락에 한 개의 성을 부여해 사용하게 했던 것이다. 성을 부여해 평민들의 신원을 확실히 해두면 신분 질서를 유지하기가 편리하고 세원 확보 및 징수도 수월해지기 때문이었다. 특히 호족의 통제를 받던 노예와 비슷한 계급의 평민에게 성씨를 부여함으로써 신분을 상승시켜 호족의 통제에서 벗어나게 함과 동시에 세금을 거두어들이는 재원으로 삼았다.

고려 중기부터 일반화되기 시작한 성은 조선시대에 이르러 거의 모든 백성이 지니게 되었다. 그러나 그때까지도 천민들은 성을 가지지 못하다가 순종 2년(1908)에 호적법이 시행되면서 누구나 그 혈통과 가계에 따라 성을 갖게 되었다.

우리나라의 성씨 제도에는 두 가지 커다란 특징이 있다. 첫째, 부인이 남편의 성을 따르지 않는다는 점이다. 서양 사회에서 결혼한 여성이 남편의 성을 따르는 것과 비교된다. 이것은 여성이 속한 원래의 가문을 중시하는 우리나라의 전통 관습 때문이다. 둘째, 남계 혈족을 표시한다는 점이다. 우리나라의 성은 가족 전체를 대표하는 게 아니라 부계 위주라는 것이다. 따라서 자녀는 특별한 경우가 아니라면 아버지의 성씨를 따르게 되어 있다.

목화가 들어오기 전 서민들의 옷

선사시대에 우리 조상들의 옷은 짐승의 가죽이었다. 짐승 가죽을 그대로 사용해 팔다리와 목만 나오게 하고 온몸을 덮는 것이다. 삼국시대에는 청올치(칡덩굴의 속껍질), 삼베, 모시, 비단으로 옷을 만들어 입었다. 질감이 거칠지만 구하기 쉬운 청올치와 삼베옷은 주로 서민이 입었고, 부드럽고 값비싼 비단과 섬세한 모시는 귀족들이 입었다. 특히 옷의 형태는 남녀 구분이 없었다. 저고리는 엉덩이가 덮일 정도로 길었고, 여밈은 오른쪽 섶을 왼쪽 위에 덮는 방식인 좌임(左衽)이었다.

목화

우리의 의생활은 고려 공민왕 때 문익점(文益漸)이 원나라에서 목화씨를 들여옴으로써 혁명적으로 바뀌었다. 당시 원나라의 황후는 고려 출신의 기황후였다. 공민왕은 기황후의 힘을 믿고 횡포를 일삼던 그녀의 오빠 기철(奇轍)을 반란죄로 죽였다. 문익점은 이 사실을 해명하러 원나라에 사신으로 파견되었으나 기황후의 노여움을 사서 중국의 화남 지방으로 귀양을 가게 되었다.

문익점은 거기에서 목화를 발견하고 국외 반출이 금지된 목화씨를 붓대에 숨겨 고국으로 돌아왔다. 이렇게 들여온 목화씨는 문익점의 장인 정천익(鄭天益)의 노력으로 재배에 성공했다. 그리고 200여 년이 지난 뒤 우리나라에 목화솜을 자아 만든 무명실로 짠 무명옷이 널리 퍼지게 되었다.

옛사람들의 스포츠

옛날에는 어떤 스포츠를 즐겼을까? 가장 오래된 스포츠로는 씨름을 들 수 있다. 씨름은 삼국시대 이래 국민들의 사랑을 받은 스포츠라는 것은, 고구려 때의 무덤인 각저총에 있는 〈씨름도〉를 보면 알 수 있음은 앞에서도 언급한 바 있다. 고려시대에도 씨름은 널리 유행해, 충혜왕(재위 1330~1332, 1339~1344)은 보는 것을 즐기면서 직접 씨름을 하기도 했다. 조선시대에 들어와 세종(재위 1418~1450)은 직접 씨름을 구경하거나 씨름을 잘하는 사람에게는 상을 주기도 했다.

오늘날 인기 스포츠인 축구의 역사도 오래되었다. 옛날에는 축구를 축국(蹴鞠)이라고 했다. 《삼국유사》에 '김유신이 김춘추와 함께 자기 집 앞에서 공을 차다가 춘추의 옷을 밟아 옷고름을 떼어 자기 누이와 결혼을 시키는' 내용이 나오는 것으로 미루어 신라시대에 축국을 했음을 알 수 있다. 이때의 축국은 두 기둥 위에 망을 얹고 공을 높이 띄워 그 망 위에 얹는 것으로 승부를 가리는 경기였다.

오늘날 농구나 배구처럼 인기를 끌었던 또 다른 스포츠는 격구(擊毬)였다. 여자들도 즐길 정도로 인기가 높았던 격구는 서양의 폴로(Polo)와 비슷한 종목이다. 예종 11년(1116)에 임금이 지켜보는 가운데 부녀자들이 격구 시합을 했다는 기록도 있다. 격구는 처음 페르시아에서 시작되었으며, 우리나라에는 당나라를 거쳐 7세기경에 전해졌다고 추측하고 있다. 조선시대에는 격구를 장치기라고 했다. 《조선왕조실록》에는 세종이 아버지 태종과 함께 장치기를 했다는 기록이 있다. 장치기는 서양의 하키처럼 중앙선에서 심판이 공을 공중으로 던지면 공채로 땅에 떨어뜨리지 않고 상대편의 골문에 먼저 넘겨 승부를 겨루는 경기이다.

지금 큰 인기를 누리는 농구와 비슷한 종목으로는 포구(抛球)가 있다. 두 기둥 위에 구멍 뚫린 판자를 얹고 그 구멍에 망을 얹어 늘어뜨린 후, 양편이 공을 던져 그 망 위에 담는 경기이다. 오늘날 치어리더가 춤을 추면서 농구팬들을 즐겁게 하는 것처럼, 포구를 할 때도 '포구악'이라는 음악을 연주하여 흥을 돋우었다고 한다.

단체경기 외에 개인경기도 있었다.

육상의 오종경기와 비슷한 물미장(勿尾杖)놀이가 있다. 물미장놀이는 보부상들의 경기로, 이들이 가지고 다니는 지팡이 물미장을 짚고 너비뛰기와 높이뛰기를 겨루었다. 오종경기는 한 사람이 다섯 종목의 경기에 참가하여 총득점을 겨루는 육상경기이다. 장애물달리기와 같은 중하(重荷) 경주도 있었다. 이것은 물장수들이 소속 회사별로 물짐을 지고 물을 흘리지 않으면서 다른 사람들보다 빨리 달리기를 겨루는 경기이다.

택견은 가장 인기 있는 개인경기였다. 안악과 집안에 있는 고구려 고분벽화에 택견을 겨루는 모습이 묘사된 것으로 미루어 이미 삼국시대에 택견을 즐겼음을 알 수 있다. 고려시대 무인정권 시기에 천민 출신으로 정권을 잡았던 이의민(李義旼)은 택견 챔피언 출신이었다. 조선시대에는 단종을 다시 세우려고 하자, 세조가 택견을 기준으로 군사를 뽑아 이를 무찌르려고 했다. 삼국시대 이래 국민들의 사랑을 받은 스포츠라고 하겠다.

기우제 성격을 지닌 스포츠도 있었다. 바로 경조(競漕)인데 오늘날 조정경기와 비슷하다. 김해 앞바다에서 비가 오기를 기원하는 뜻에서 오색으로 장식한 배를 타고 겨루는 경기였다.

이 밖에 오늘날에도 명절이면 행하는 그네뛰기와 널뛰기, 줄다리기도 오랜 전통을 자랑하는 경기이다. 줄다리기는 1896년 아테네올림픽부터 1920년 제7회 벨기에 앤트워프올림픽까지 정식 종목으로 채택되어 세계인이 함께 즐기기도 했다.

우리나라 인구

인구는 인간 집단의 계수로서 정치적, 경제적으로 구획된 일정한 지역에 사는 사람의 수를 말한다. 따라서 인구는 국민·인종·민족 등과는 개념이 달라, 그 지역에 사는 외국인이나 이민족도 포함하며 반대로 그 나라 국민이라고 해도 그 지역에 살지 않으면 포함되지 않는다.

역사적으로 볼 때 인구나 호구를 조사하는 목적은 부역(賦役)이나 군역(軍役) 부과에 필요한 기초 자료를 확보하기 위해서였다. 기록에 나타난 바를 토대로 각 시대의 인구를 살펴보면 다음과 같다.

《삼국유사》 권1 '칠십이국조'에 《후한서》에서 인용한 내용이 나온다. "사한(四韓)이 조선 땅에 처음으로 사군(四郡)을 두었다가… 법령이 번거로워 칠십팔국으로 나누었는데 각 1만 호씩이었다. 그 가운데 서쪽의 마한이 54읍, 동쪽의 진한이 12읍 그리고 남쪽의 변한이 12읍으로, 각기 나라라고 불렀다." 또한 '고구려조'에는 "고구려는 전성기에 21만 500호."라고 기록되어 있다. 중국 후진(後晉)의 유구(劉昫)가 쓰기 시작하여 945년에 장소원(張昭遠)이 완성한 《구당서舊唐書》에는 "고구려 멸망 때(668) 민호(民戶)의 수가 총계 69만 7000호였다."는 기록이 있다. 또한 백제의 전성기에는 15만 2300호, 백제가 멸망할 당시에 약 76만 호, 신라 전성기에 경주의 호구 수는 17만 8936호라는 내용도 있다.

이 밖에도 《삼국유사》 〈가락국기〉에 삼국시대 인구 분석의 실마리가 될 수 있는 중요한 기록이 나온다. "가락국은 호구수가 약 9100호이며, 인구가 7만 5000명이다."라는 기록이 그것이다.

이를 기초로 당시 가락국의 호당 평균인구를 계산해보면 한 가구당 약 8.2명이다. 이렇게 호당 평균인구를 8.2명으로 추정하면 마한 54개국이 54만 호이므로 인구는 약 443만 명이고, 진한과 변한이 각각 12개국으로 12만 호에 각각 약 98만 명이다. 따라서 서기 초 삼한에는 모두 78만 호에 약 640만 명이 살았다고 추산할 수 있다.

그 뒤에 마한이 백제로 발전했고, 백제가 멸망할 당시의 호구수가 약 76만 호이므로 인구는 약 623만 명이 된다. 이때의 연평균 인구증가율을 계산해보면

0.05퍼센트로, 세계 연평균 인구증가율인 0.04~0.05퍼센트와 비슷한 수준이다. 믿을 만한 수치이다.

고구려가 멸망할 당시의 호구수는 69만 7000호였으므로 위와 같은 방법으로 인구수를 측정하면 약 571만 5000명이 된다. 통일신라시대의 인구는 0.05퍼센트의 인구증가율을 바탕으로 할 때 675만 명 정도이며, 그중에서 경주에 17만 8936호가 살았으므로 146만 7000여 명이 수도에 살았던 것으로 볼 수 있다. 현재 서울에 살고 있는 사람이 전체 인구의 약 25퍼센트이고, 당시에도 21.7퍼센트가 경주에 살았으니 예나 지금이나 인구의 수도 집중 현상은 비슷했던 것으로 보인다.

고려는 건국 초기부터 호구조사를 엄격하게 실시했다. 중앙집권적 봉건국가 체제를 구축해 나가면서 호구조사 제도를 확립해, 이를 위반한 자는 엄격히 제재하는 규정을 마련했다. 그러나 3년마다 호적 편성을 정비했다는 기록은 있으나 인구수에 관한 구체적인 자료는 남아 있지 않다. 다만 조선의 실학자 이수광의 《지봉유설》에 따르면, 당시 개성의 인구가 13만 호였으므로 이를 근거로 하면 대략 100만 명 정도가 된다. 조선시대에 개성에 100만 명이 살았다면 고려시대의 전체 인구는 대략 700만~800만 명으로 추정된다.

조선시대에는 호적제도가 정비되고 호구조사도 여러 번 실시하여 전 국토에 걸쳐 인구수를 측정할 수 있게 되었다. 조선시대 각 도별 또는 각 관별로 작성된 호구 자료나 역대 왕조실록의 호구수에 관한 기록들을 통해서 계산해본 조선왕조 500년의 인구수는 아래의 표와 같다.

구분	연도	인구
세종 14년	1432년	766,582
중종 38년	1543년	4,162,021
인조 17년	1639년	1,521,165
현종 10년	1669년	5,018,744
영조 8년	1732년	7,273,446
광무 10년	1906년	12,934,282

조선시대에도 그 이전 시대와 마찬가지로 군역과 부역을 부과하기 위해 호구 조사를 실시했다. 따라서 인구 총수를 조사한 것이 아니라 남정(男丁; 열다섯 살이 넘은 사내) 조사의 성격을 띠는 경우가 많았다. 이 사실은 세종 때의 인구를 보면 알 수 있다. 인구가 다른 때보다 현저히 적은데, 이는 열다섯 살부터 예순 살 사이의 남자로 군역과 부역을 할 수 있는 사람만 조사했기 때문이다.

중종(재위 1506~1544) 때보다 인조 때의 인구가 더 적은 것은 임진왜란과 병자호란의 영향이라고 할 수 있다. 두 차례의 병란으로 호적이 불에 타거나 없어졌으며, 인구의 통계 기준도 달라졌기 때문이다. 현종(재위 1659~1674) 때 인구가 급격히 증가한 것은 호적 정리와 통계 체제의 개선이 가져온 결과이다.

광무 10년의 조사는 일본인이 실시한 것으로 비교적 정확하다고 할 수 있다. 이때의 인구증가율은 연평균 0.23퍼센트인데, 이는 당시 세계 인구증가율에 비하면 너무 높은 수치이다. 삼국시대의 인구증가율인 0.05퍼센트로 계산하면 실제 통계 수치와 차이가 나지만, 조선을 개국했을 때는 약 990만 명, 1543년에는 약 1070만 명이 되었을 것으로 추정할 수 있다.

소나무가 많은 우리나라

흔히 유럽 문화를 오크나무 문화라 하고 지중해 문화를 올리브나무 문화, 일본 문화를 회나무 문화라고 하듯이 우리나라 문화는 소나무 문화라고 할 수 있다. 예부터 소나무는 우리 민족의 정신적 상징물이었다. 그러나 일제강점기에는 '소나무 망국론'이 널리 퍼지기도 했다. 소나무는 척박한 땅에서 잘 자라므로 소나무가 잘 번식한다는 것은 그만큼 땅이 황폐하다는 사실을 나타낸다는 주장 때문이었다.

한민족의 소나무 사랑은 특별났다. 속리산의 정이품송처럼 벼슬을 받은 소나무도 있으며, 사람처럼 이름 석 자를 가진 소나무도 있다.

경북 예천군 감천면에 있는 천연기념물 제294호인 소나무는 성은 석(石)이요,

이름은 송령(松靈)이다. 더구나 이 나무는 2000평의 토지를 소유하여 지금도 토지 소유자로서 버젓이 사업자 번호를 가지고 있으며 재산세까지 납부하고 있다.

속리산 정이품송

우리 전통음악의 기조음은 소나무에 바람 드는 소리인 풍입송(風入松)이며, 조각이나 건축의 아름다움은 소나무의 결이 없이는 형성되지 않았다. 나라 사랑하는 노래에도 소나무가 예외 없이 등장한다. 이처럼 소나무는 한국인의 정서까지 지배하고 있는 것이다. 이러다 보니 우리나라의 모든 산에는 소나무가 주종을 이루고 있다.

그런데 소나무가 이렇게 많아진 데는 나름대로의 이유가 있다. 그 이유는 바로 몽골의 침략에서 벗어나고자 개혁운동을 펼쳤던 공민왕의 믿음 때문이었다.

음양오행설에 따르면 우리나라는 나무에 속해 있는데(東方木) 백성들은 흰옷을 입고 있으니 우리나라가 전란에서 헤어나지 못하는 원인이 되었다는 것이다. 다시 말해 흰색은 금(金)인데 쇠는 나무를 이기니(金克木) 나쁜 것으로 규정했다. 동방목을 지키기 위해서는 옷도 푸른색으로 입고 산에도 늘 푸른 나무를 심어 나라 전체를 푸르게 해야 했다. 이에 공민왕은 추위와 병에 강한 소나무를 온 나라의 산에 심은 것이다.

이처럼 한민족이 가장 좋아하는 소나무가 지구온난화에 의한 이상고온현상과 심한 가뭄으로 고사하는 사례가 늘어나고 있다.

양치질에 사용한 칫솔

튼튼한 이는 오복(五福) 중의 하나라고 했다. 오늘날에는 칫솔도 기능에 따라 다양하게 나와 있고 치약의 종류도 많다. 그럼 옛날에는 어떻게 양치질을 했을까?

처음에는 이쑤시개를 썼다. 서기전 3000년경 이집트 무덤에서 발견된 최초의 칫솔은 나뭇가지의 한쪽을 씹어서 부드러운 섬유질 형태로 만든 이쑤시개였다. 메소포타미아 문명의 수메르인들은 필요에 따라 언제든지 쓸 수 있도록 금속제 이쑤시개를 목걸이나 귀걸이로 만들어 사용했다.

고대 그리스인과 로마인들은 새의 깃이나 향기 나는 나무를 이쑤시개로 썼다. 또는 오늘날 껌을 씹는 것처럼 후추를 씹어 입안을 개운하게 하기도 했다.

고대의 서양인들은 고슴도치 가시를 이쑤시개로 썼다. 이것을 사용하면 잇몸이 튼튼해진다고 했다. 중국의 무덤에서도 이쑤시개 목걸이가 출토된 바 있다.

우리나라에서 양치질은 불교와 관련이 깊다. 승려들이 해야 할 일 중에 첫째가 이를 깨끗이 하는 것이었으며, 이를 '양지(楊枝)'라고 했다. 버드나무로 만든 이쑤시개를 사용했기에 쓰인 말이다. 양치질은 바로 '양지'에서 온 말이다.

1495년 중국에서 획기적인 칫솔이 발명되어 우리나라에 들어오면서 귀족과 지배층이 쓰게 되었다. 이때의 칫솔은 나무에 돼지털을 촘촘히 꽂아 만들었고, 치약으로는 소금을 썼다. 당시에는 소금이 워낙 비싸서 강가의 고운 모래를 많이 썼다. 칫솔이 없는 평민들은 손가락에 모래를 묻혀 닦았다. 구한말에 이르러 치분이라 하여 가루를 낸 소금이 치약으로 쓰였고, 1955년 오늘날과 같은 치약의 원조인 럭키치약이 등장했다.

서양에서는 치약으로 오줌을 사용했다. 오줌의 암모니아가 이를 희고 튼튼하게 만든다고 믿었기 때문이다.

주막, 목로주점, 색주가

우리나라에서 술의 역사는 아주 오래되었다. 《삼국사기》에 나오는 주몽(동명성왕)의 고구려 건국신화 가운데 "천제의 아들 해모수(解慕漱)가 능신 연못가에서 하백(河伯)의 세 자녀와 사랑하고자 할 때, 술을 먹고 취해서 큰딸 유화(柳花)와 인연을 맺어 주몽을 낳게 되었다."라는 대목이 있다. 부족국가 시대에도 영고, 동맹, 무천 등의 제천의식 때 춤추고 노래하며 술을 마시고 즐겼다는 기록이 있다. 단지 이때 마셨던 술이 어떤 것인지는 알 수 없다.

술과 함께 등장한 것이 주막이다. 주막은 오늘로 치면 술집과 식당과 여관을 겸한 영업집으로 탄막(炭幕)이라고도 했다.

기록상에 나타난 최초의 주막은 경주 천관(天官)의 술집이다. 김유신이 젊었을 때 천관이 술을 파는 집을 다녔는데, 그 집에 다시는 가지 않겠다고 어머니에게 한 약속을 지키지 못하자 자신을 습관적으로 그 집에 태우고 간 애마까지 죽였다. 이것으로 미루어 삼국시대부터 이미 주막이 있었음을 알 수 있다.

주막은 전국적으로 분포되어 있었으며, 특히 장시(場市)가 열리는 곳이나 역(驛)이 있는 곳에 주로 자리잡았다. 문 옆에 '酒'라고 표시를 하여 손님을 끌었고, 밤에는 그 안에 등을 달아 오가는 사람이 쉽게 알아볼 수 있게 했다.

주막에서는 보통 음식값 말고는 숙박료를 따로 받지 않아 잠자는 사람에게 침구도 제공하지 않았다. 한방에서 10여 명이 함께 잤는데 신분의 구분이 없이 잘 수 있는 장소이기도 했다.

세월의 흐름에 따라 주막도 분화하여 조선 후기에는 목로술집, 내외주점, 색주가 등이 생겨났다.

목로술집은 큰길가보다는 뒷골목처럼 동네의 으슥한 곳에 자리잡는 경우가 많았다. 목로의 시설은 사방이 터진 화덕에 큰 솥을 거는 게 전부였으며, 이 솥에는 늘 물이 끓고 있었다. 그 옆에 주인이 앉아 있고 주인의 뒤에는 안주가 널려 있었다. 목로술집을 선술집이라고도 했는데, 술을 마실 때 꼭 서서 마셔야 했기 때문에 붙여진 이름이다.

내외주점은 목로술집보다 고급 술집이었다. 외부에서 보면 그냥 가정집 같지만 대문 옆에 '內外酒家'라고 쓴 술병 모양으로 테를 두른 간판을 내걸어 지나다니는 사람에게 알렸다. 내외주점에서는 매운탕 같은 국과 바로 만들기 어려운 안주를 미리 준비해놓았으며, 일행을 목로술집으로 데려가기에는 실례가 될 때 내외주점을 찾았다고 한다.

목로술집과 내외주점 모두 오늘날과 달리 안주값은 따로 받지 않고 술값만 받았다. 목로술집은 마신 잔의 숫자대로 계산했으며 내외주점은 주전자의 수로 계산했다. 내외주점의 손님은 적어도 세 주전자 이상 마셔야 했으며, 세 주전자를 채우지 못하더라도 그 값을 다 내야 했다. 만일에 세 주전자 이상을 마시면 주인이 안주를 하나씩 더 내보내는 등 선심을 쓰기도 했다.

색주가는 젊은 여자가 녹의홍상(綠衣紅裳)을 차려 입고 목로에 나와 앉아서 아양도 부리고 노래도 하던 음식점이었다. 이러한 색주가는 홍제원에 집단으로 있었는데, 그 이유는 다음과 같다.

조선시대에 명나라와 국교가 친밀해지면서 한 해에 네다섯 번 사절단이 왕래했다. 홍제원은 중국으로 가는 연결 도로로서 경치가 좋고 한양에서 10리 이내의 가까운 거리라 환송하고 출영하는 장소로 지정되었다.

사절단이 한번 행차하면 정사, 부사, 서장관 이외에 소행하는 비장, 역관 등 모두 수십 명이 따랐다. 그들에게 딸린 하속(下屬; 가마꾼, 마부, 군졸 등)도 수백 명이나 되었다. 그러므로 사절단이 한번 갈 때면 홍제원 벌판은 별안간 인산인해가 되고 계곡 주변에는 천막이 즐비하게 자리잡았다. 사절단의 천막에서는 잔치가 벌어지고 기생의 노래와 풍류 소리가 끊이지 않았다.

대개 색주가는 안주가 시원치 않았으며, 술도 주전자만 왔다 갔다 하고 양도 적게 주는 등 바가지를 많이 씌웠다. 그래서 조심성 있는 사람은 아예 출입을 하지 않았다고 한다.

옛날에는 기생학교가 있어 기생을 양성하기도 했다. 이들은 시문과 서화, 음악을 배워 여자로서는 지식층에 속하기도 했다. 그러나 주로 양반을 상대했던 이들과 일반 백성들에게 웃음을 팔았던 주막의 접대부는 질적으로 많은 차이가 났다. 글자를 몰라 외상을 줄 때는 나무판에 손님의 특징을 그려 표시할 정도였다.

고려시대의 균등 재산 분배

상속은 할아버지나 아버지 등 일정한 친족 관계에 있는 사람 사이에서 한쪽이 사망하거나 호주가 호주권을 잃은 때, 다른 쪽이 호주권 또는 재산적 권리·의무

일체를 대를 이어 물려받는 일로, 역사적 발전에 따라 그 모습이 달라졌다.

오늘날의 상속분은 호적에 함께 있느냐, 없느냐에 따라 차이가 난다. 같은 호적에 없는 여자(혼인 등의 경우)의 상속분은 남자 상속분의 4분의 1에 불과하다. 그러나 현재의 상속법이 시행되기 전까지는 큰아들과 나머지 형제자매 간에 차이가 있으니, 아마 조선시대에 성리학이 도입되면서 남자 중심의 사고방식이 반영된 결과라고 할 수 있다.

그러므로 고려시대까지는 재산을 아들딸 구별 없이 똑같이 물려주는 것이 일반적인 풍습이었다. 《고려사》 '손변전'을 보면 고을 수령 손변(孫抃)이 재산 상속을 두고 남매간에 벌어진 송사를 다룬 내용이 나온다.

누이가 수령에게 말했다.

"아버지가 돌아가실 때 재산 전부를 나에게 주었으며 아우에게 준 것은 검정 옷 한 벌, 미투리 한 켤레, 종이 한 권뿐입니다."

이에 고을 수령이 남매에게 물었다.

"부모님이 돌아가셨을 때 너희 남매의 나이가 몇인가?"

남매의 대답을 들은 수령이 말했다.

"부모의 마음은 어느 자식에게나 같은 법이다. 어찌 장성해서 출가한 딸에게만 후하고 어미도 없는 미성년 아이에게는 박하게 했겠는가? 생각해보니 너희 아버지는 아들이 의지할 곳은 누이밖에 없는데 재산을 나누어준다면 혹시 누이의 사랑과 양육이 부족할까 염려했던 것 같다. 아이가 장성해서 분쟁이 생기면 이 종이에 소(訴)를 쓰고 검정 옷과 검정 갓, 미투리를 착용하고 관에 고소하면 이를 잘 분간해줄 관원이 있을 것으로 생각해서 이 네 가지 물건만을 남겨주었을 것이다."

수령은 남매에게 재산을 똑같이 반으로 나누라는 판결을 내렸다. 아들딸을 차별하지 않는 고려 사회의 가족 구조를 엿볼 수 있는 일화이다.

재산의 분배를 적은 분재기

또 다른 일화도 있다. 《고려사》 '나유전'에 "어머니가 일찍이 재산을 나누어줄 때 나익희에게는 따로 노비 40명을 남겨주었다. 나익희는 '제가 6남매 가운데 외아들이라 해서 어찌 사소한 것을 더 차지하여 여러 자녀들을 화목하게 살게 하려 한 어머니의 거룩한 뜻을 더럽히겠습니까?'고 말하자, 어머니가 옳게 여기고 그 말을 따랐다."라는 기록이 있다. 노비도 재산이며 똑같이 나누는 것이 일반적이었음을 알 수 있다.

'서울'은 수도의 호칭

'서울'은 수도, 도읍이라는 뜻으로 예부터 일반 국민들이 쓰던 단어이다. 우리말이 없어 한자를 빌려 쓸 당시 서원(敍苑)이라고 하기도 했지만 언제부터 사용했는지는 알 수 없으며, 단지 신라 때부터 이 단어를 사용한 것으로 추측한다. 한 예로 신라의 향가인 〈처용가〉에 '새발'이라는 단어가 나오는데, 곧 서울이라는 뜻이다. 신라시대에는 도읍인 경주를 사로, 계림, 월성 등으로 불렀으나 백성들은 항상 '서울'이라고만 불렀다. 궁예(弓裔)가 세운 후고구려의 도읍인 철원도 '쇠벌', 곧 서울인 것이다.

고려시대에는 개성에 도읍하고 개성부라고 이름을 붙였으나, 고려 백성들은 개성이라고 하지 않고 여전히 서울이라고 했다. 조선시대에도 한양으로 도읍을 옮겼으나 조선 백성들도 습관적으로 서울이라고 했다. 조선시대의 속담 "서울이 낭이라니까 과천서부터 긴다."라는 말에서도 수도의 명칭을 서울이라고 여겼음을 알 수 있다.

일제강점기에는 서울을 하나의 지방 구역으로 생각하여 경성부로 고치기도 했으나, 광복 후 다시 서울은 우리나라 수도를 가리키는 고유명사로 자리매김하게 되었다.

이상의 사실로 미루어보면 우리 국민은 수도가 어디이든 그곳을 '서울'이라고 불렀음을 알 수 있다.

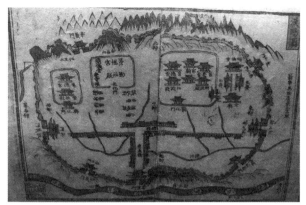
한양도(청계천박물관)

현재 서울을 가로지르는 한강 일대는 삼국시대부터 요충지였다. 고구려, 백제, 신라가 치열하게 싸움을 벌이던 한강 유역이 조선의 수도가 되면서 한반도의 중심 지역으로 발전하게 된 것이다. 그러나 고려가 이 지역을 남경으로 하기 전까지 시골에 불과했다. 문종(재위 1046~1083) 20년(1066)에 풍수지리사상에 따라 삼경(오늘날 경주인 동경, 평양인 서경)의 하나인 남경으로 승격하고, 충렬왕 34년(1308)에 한양부로 정해지면서 한낱 자그마한 시골에서 수많은 사람들이 모여 사는 도시로 발전하게 되었다.

수작 부리다

우리나라는 예부터 주도(酒道)를 중요하게 여겼다. 《소학》에서 주도를 가르쳤으며, 마을 단위로 '향음주례(鄕飮酒禮)'라고 하여 날을 잡아 학문과 덕이 있는 사람이나 나이 많은 사람을 윗자리에 모시고 주도를 배웠다.

술잔 받는 사람이 윗사람이면 바치는 사람의 팔이 받는 이 배꼽 위를 올라서는 안 되고, 반대로 술잔 받는 이가 상대적으로 아랫사람이면 내리는 사람의 배꼽 위로 손이 올라서는 안 되었다. 물론 윗사람에게는 두 손으로 바치되 두 손을 겹

사돈지간인 윤관(왼쪽)과 오연총.

쳐야 할 때에는 오른손으로 왼손을 감쌌다. 또한 윗사람이 술을 권하면 한 번은 반드시 사양하며, 그래도 권하면 받아야 한다. 오늘날 윗사람 앞에서 고개를 옆으로 돌려 마시는 것은 주도에 어긋나는 것이다.

윗사람이 술을 권하여 마시다 보니 아랫 사람과 윗사람이 서로 술잔을 주고받으며 함께 마시는 수작(酬酌) 문화가 주류를 이루었다. 통일신라 때의 연회장소인 경주 포석정에서도 수작 문화의 일단을 엿볼 수 있다. 이곳에서 임금과 신하가 술잔을 주고받고 시를 읊으며 놀았다.

'사돈(査頓)'이라는 말의 유래가 된 고려시대의 명장 윤관(尹瓘)과 오연총(吳延寵)의 일화는 유명하다. 작은 강을 사이에 두고 살던 두 사람은 매일같이 만나 술을 마셨다. 장마로 물이 불어 작은 강을 건너지 못할 때는 두 사람은 강가의 나뭇등걸[査]에 걸터앉아 술병과 술잔을 들고 서로 머리를 조아리며[頓] 수작을 하면서 마셨다고 한다. 여기에서 자녀의 혼인으로 맺어진 관계를 뜻하는 사돈이라는 말이 유래했다는 것이다.

이처럼 우리나라는 술을 권하면서 마시는 수작 문화가 발달했다. 그런데 술을 권하며 이야기를 하다 보면 반역을 모의하거나 다른 사람에게 피해를 주는 이야기를 할 수도 있을 것이다. 그리하여 술을 권하고 받는 '수작'이 나쁜 뜻으로 쓰이게 된 것이다.

술을 마시는 방법으로는 수작 이외에 대작(對酌)도 있다. 일본에서 주로 이루어지는 대작은 술잔을 주고받지는 않으면서 마주 권하고 이야기를 나누면서 마신다. 서양에서는 주로 자작(自酌)을 한다. 스스로 잔에 술을 따라 술맛과 향을 음미하면서 마신다.

오렌지족은 옛날에도 있었다

고려시대와 조선시대에도 오늘날과 같은 오렌지족 있었다.

고려시대에 상서를 지낸 정국검(鄭國儉)의 집은 개성 수정봉 아래 후미진 곳에 있었다. 정국검의 집에 살고 있는 부녀자들이 밤에 외출을 하고 올 때 대여섯 명씩 무리를 이룬 악소배들에게 성폭행을 당하는 일이 종종 있었다. 이에 정국검이 힘센 종들을 매복시켰다가 이 악소배들을 잡고 보니 당시 세도를 부리던 이부(李富)의 조카를 포함한 권신과 무신들의 자식들이었다.

충숙왕(재위 1313~1330, 1332~1339) 때는 충숙왕의 후비인 숙비(淑妃)의 고모 김씨가 종을 거느리고 밤에 외출했다가 열 명의 악소배에 걸려 성폭행을 당했다. 왕비의 일가가 성범죄를 당한 일이므로 나라에서 범인을 잡기 위해 끝까지 쫓으니, 당시 세도가인 권준(權準) 집안의 아들이 중심이었기에 손을 쓸 수 없었다고 한다.

악소배들을 나라에서 이용한 경우도 있었다. 충혜왕이 궁핍한 재정에도 불구하고 궁궐을 크게 짓자 국가 재정이 어려워졌다. 이에 악소배들로 하여금 우마차를 강제로 빼앗게 하면서 부녀자들을 성폭행하고 재산을 약탈하는 것을 묵인해 주었다. 그러자 이들은 중국이나 아라비아의 수입품으로 치장하고 백성들의 집에서 닭이나 돼지를 약탈하고, 지나다니는 부녀자들을 성폭행하기도 했다. 예문관 대제학인 이조년(李兆年)이 이들의 잘못을 지적하는 상소를 올리자 임금은 오히려 이조년을 좌천시켰다.

조선시대에는 몽골의 침입 이후에 유행된 조혼(早婚)이 자리를 잡음으로써 악소배의 횡포는 줄어들었다. 세조 때는 포도부장 전림(田霖)이 사치와 행패로 다른 사람들에게 피해를 주는 홍윤성(洪允成)의 아들을 잡아 홍윤성에게 항의하자, 홍윤성이 그 용기를 높이 사서 왕에게 선전관으로 추천하기도 했다.

남녀 모두 착용했던 귀걸이

귀걸이는 귀에 거는 장신구의 총칭으로, 이식(耳飾)·이당(耳璫)·이환(耳環)이라고도 한다. 주술적인 역할을 하거나, 같은 종족임을 드러내는 표시로, 또는 권위를 상징하기도 했다. 그러나 차차 장식품으로 바뀌어갔다.

우리나라 귀걸이의 양식은 낙랑의 이당에서 비롯되어 고구려시대에 토착화되었고 신라에 이르러 완성되었다고 할 수 있다.

귀걸이는 귀에 닿는 접이(接耳)와 밑으로 늘어지는 수식(垂飾)의 두 부분으로 이루어진다. 접이의 굵고 가늚에 따라 태환(太環)과 세환(細環)으로 나뉘며, 수식은 그 모양에 따라 평면형·입체형·혼형 등으로 나뉜다.

신라시대 고분에서 발굴된 귀걸이는 그 모양이 매우 다양하다. 그중 가장 화려한 것으로 꼽히는 귀걸이는 경주 부부총에서 출토된 국보 제90호 금제태환이식(金製太環耳飾)이다. 이 귀걸이는 굵은 태환식 주환(主環)과 타원형 유환(遊環)을 끼우고, 그 아래에 조그만 나뭇잎과 펜촉 모양의 장식품을 달았다. 주환과 유환 표면에는 귀갑형(거북이 등딱지 모양과 비슷한 육각형)과 삼화형(三花形)을 정교하게 세공해 장식했다.

삼국시대와 고려시대에는 남녀 모두 귀걸이를 착용했다. 그러나 조선시대에 이르러 유교적인 생활양식을 따르게 되면서, 귀걸이를 착용하는 것은 오랑캐의 풍습이라며 강력하게 비난했을 뿐 아니라 사용을 금지하기도 했다. 특히 선조는 귀걸이를 즐기는 풍습이 여전히 사라지지 않고 있다는 풍문을 듣자, 선조 5년(1572) 9월에 다음과 같은 전교를 내렸다.

신체발부는 부모로부터 받았으며, 감히 훼상하지 않는 게 효의 시초라 하였는데, 우리나라의 크고 작은 사내아이들이 귀를 뚫고 귀걸이를 달아 중국 사람에

백제와 신라의 귀걸이

게 조소를 받으니 부끄러운 일이다.

그러면서 이를 어기는 자는 헌부에서 엄하게 벌을 주라고 명령하니, 이후 귀걸이를 다는 풍속이 사라지게 되었다. 이후 조선 말기에 이르러 상류층 여자들이 의식이나 혼례 때에 귀걸이를 착용하면서 서서히 부활하여, 오늘날에는 남녀 모두 널리 착용하는 흔한 장신구가 되었다.

남녀노소, 지위 고하에 관계없이 어울려 피운 담배

담배가 우리나라에 전해진 경로는 두 가지이다. 하나는 남아메리카의 브라질을 식민지배하던 포르투갈 사람들이 조총술을 가르치기 위하여 일본에 왔다가 임진왜란 중에 우리나라에 건너와 전해졌거나, 또 다른 경로는 명나라와 무역을 하던 상인들에 의해 전해졌을 것으로 추측된다. 당시에는 담파고 또는 담바고로 불렸으며, 영남 지방에 전해오는 민요 〈담바귀타령〉으로도 이를 확인할 수 있다. 우리나라에서 담배에 관해 언급한 최초의 문헌은 《지봉유설》이다.

오늘날과 달리 담배가 처음 전해졌을 때는 남녀노소, 지위 고하에 관계없이 서로 어울려 피웠다. 오늘날처럼 윗사람 앞에서 담배를 피우지 못하게 된 것은 광해군(재위 1608~1623) 때이다. 광해군이 조회를 할 때 신하가 담배를 피우고 있는 모습을 보고 "연기가 맵습니다. 앞으로 내 앞에서는 절대 담배를 피우지 않도록 하십시오."라고 싫은 소리를 한 후부터이다. 그 후부터 지위가 높거나 나이가 많은 사람 앞에서 담배를 피우지 않는 관습이 생겨났다. 정조는 담배를 예찬하는 시를 지을 정도로 담배 피우기를 즐겼다.

더울 때 피우면 더위가 물러가고
추울 때 피우면 추위를 막아주고
식사 후에 피우면 소화를 도와주고
잠이 오지 않을 때 피우면 잠이 오며
화장실에서 피우면 냄새를 없애주누나

당시 담배는 궁궐에서 궁녀들이 소일거리로 피우는 것을 인정할 정도로 널리 애용되었다. 특히 여자 흡연자의 수가 남자 흡연자의 수를 웃돌았다고 한다. 양반집 마님들의 나들이에는 반드시 담뱃대와 담배쌈지를 든 연비(煙婢)가 뒤따랐다.

고종 때 유행했던 〈담바귀타령〉을 보면 처녀가 담배를 피우고 바람난 대목이 나온다. 이를 보면 젊은 여성들도 흡연을 즐겼음을 알 수 있다.

담뱃잎

청동화로 백탄불을 이글이글 피워놓고
담바귀 한 대 먹고 나니
목구멍 속에 실안개 도네
또 한 대 먹고 나니
황룡 청룡 꿈틀대는데
어느 망나니 날 찾는구나
춘아 춘아 옥동춘아
냉수 한잔 주려무나

삼강오륜의 도덕률에 매어 살아야 했던 옛

여인들에게 담배는 스트레스를 푸는 기호품이었던 듯싶다.

삿갓과 도롱이 그리고 나막신

예부터 우산은 하늘을 받친다 하여 하늘로부터 물려받은 권력을 상징했다. 고대 이집트에서 우산을 나타내는 상형문자는 권력을 뜻했고, 고대 중국에서도 산(傘)은 천자(天子)의 상징이었다.

송나라 사람이 지은 《요화주한담蓼花州閒談》에, 고려에는 비를 가리는 우산과 햇볕을 가리는 양산을 겸한 '장량항우산(張良項羽傘)'이 있어 조정의 관리들이 나들이할 때만 이 우산을 썼다고 기록되어 있다.

우리나라에 본격적으로 우산이 들어온 시기는 미국과 외교 관계를 수립한 1882년 이후라고 추측하고 있다. 그러나 오랜 가뭄이 계속되다가 비가 올 때는 우산을 쓰지 못하게 되어 있었다. 그리하여 이 무렵에 우리나라에 온 선교사들은 우리 국민의 반감을 사지 않기 위해 이런 사항을 잘 지켰다고 한다.

비 올 때 사용한 방갓

이로 미루어 우산은 존귀한 것이며 일반 서민들이 감히 접근하기 어려운 것 중의 하나였음을 알 수 있다.

그러면 서민들은 비 올 때 어떤 도구를 사용했을지 궁금해진다.

도롱이

가장 널리 사용한 것은 삿갓이다. 삿갓은 비나 햇볕을 가리기 위하여 갈대나 대오리로 성기게 엮어 만든 갓의 하나로 노립, 사립, 두봉으로 불렸다. 원료가 흔하여 값이 싸고 만들기도 어렵지 않았으므로 대개 농부들이 많이 사

나막신

용하여 농립이라고도 했다. 이 삿갓은 비올 때뿐만 아니라 부녀자들이 외출할 때 얼굴을 가리기 위하여 사용하기도 했다.

오늘날 우비와 비슷한 것으로 도롱이가 있는데, 다른 말로 녹사의(綠簑衣)라고도 했다. 띠[茅草]나 볏짚·보릿짚·밀짚 등을 재료로 하여 안쪽은 촘촘하게 고루 잇달아 엮고, 거죽은 풀의 줄거리를 아래로 드리워서 빗물이 겉으로만 흘러내리고, 안으로는 스며들지 않게 되어 있다. 두 개를 만들어 하나는 허리에 둘러 무릎 위까지 오게 하여 하체를 보호했고, 다른 하나는 목둘레에 끈을 넣어 묶어서 어깨에 둘러 상체를 보호했다. 농촌에서 비 오는 날 외출하거나 들일 등을 할 때 어깨나 허리에 걸치며, 예전에는 여기에 삿갓을 걸치면 완전한 우장이 되었다. 요즈음에도 제주도 일부 지역에서 사용하기도 한다.

비 올 때 신는 신으로는 장화와 비슷한 것으로 나막신이 있다. 나막신은 다른 말로 격지·목극·각색·목리·목혜라고도 하며, 나무신이 잘못 전해져 나막신이 되었다고 한다. 이것은 비나 눈이 올 때에 남녀노소를 막론하고 모두 신었는데, 무겁고 신고 다니기도 불편해서 말을 탈 때나 먼 길을 갈 때는 신지 않았다. 대개 소나무나 오리나무를 파서 신과 굽을 통째로 만들었고, 여자용은 여러 가지 무늬를 그려넣거나 코를 맵시 있게 파서 아름다움을 추구하기도 했다. 상류층에서는 비가 오거나 땅이 진 날에 기름에 결은 진신을 신었다.

계란은 임신부 금기 음식

임신한 여자는 건강한 아이를 낳기 위해 음식을 골고루 잘 먹어야 한다. 임신을 하면 금기하는 음식도 있었다. 닭 물렁뼈와 조기 뼈, 감자의 푸른 부분이나 참외·계란 등을 먹으면 '무'가 나온다고 하여 금했다. '무'는 지역에 따라 '미'라고도 하며, 뼈의 한 부분이 굵고 살 속에서 뼈 또는 뼈처럼 탄탄한 군살이 솟아 나오는 병을 말한다.

닭고기를 먹으면 어린아이의 살이 닭살이 된다고 하여 금했다. 또한 게도 먹지 않았다. 게를 먹으면 어린아이의 발이 게발처럼 길쭉해져 보기가 흉하다고 생각했기 때문이다.

그러나 임신부가 건강해야 배 속의 아이도 건강한 법이다. 가급적 삼가야 할 약이나 담배를 제외하고는 전혀 관계가 없다고 한다.

밤에는 빨래를 널지 말라

'밤에는 빨래를 널지 말라'는 말이 있다. 빨래를 널어놓은 모양이 초상이 났을 때 죽은 사람을 부르는 초혼(招魂)과 비슷하다고 여겼기 때문이다. 또 나쁜 귀신이 밤에 돌아다니다가 옷에 붙어서 사람을 괴롭히기 때문이라고도 한다. 밤에 빨래를 널면 남편이 바람을 피운다고도 했다. 밤에 깨끗하게 빨아놓은 옷을 다음 날 입고 나가 다른 여자들에게 눈길을 준다고 하여 생긴 말이기도 하다.

이 밖에 빨래와 관련되어 '덜 마른 옷을 입으면 억울한 소리를 듣는다' '다듬잇돌을 베고 자면 입이 비뚤어진다' '옷을 입고 꿰매거나 단추를 달면 옷복이 없어진다' '등창나기 때문에 아래옷을 고쳐서 웃옷으로 만들지 않는다'는 등의 금기 사항이 있다. 그러나 이는 아침 일찍 일을 시작해야 해가 좋을 때 빨리 빨래를 말려 입을 수 있다는 근면 사상에서 나온 말들이다.

빨래와 더불어 여성들이 많이 하는 것이 다듬이질이다. 다듬이질과 관련된 금기 사항도 많았다. '해가 진 후에는 방망이질을 하지 않는다' '동네에 궂은 일이 있으면 방망이질을 하지 않는다'는 등이 그 예이다. 방망이질을 하면 집안이나 동네가 망하고 청년이 잘못될 수도 있다고 생각했기 때문이다.

청소와 관련된 금기 사항도 있었다. 예를 들면 해가 진 후에는 비질을 하지 말라고 했다. 하룻동안 자신의 집으로 들어온 복을 비로 쓸어버린다고 생각했기 때문이다. 그러나 이 역시 청소는 아침 일찍 하라는 근면 사상에서 나온 듯하다.

오른쪽으로 치마를 여미면 상놈?

여자들이 입는 옷의 기본은 한복이었다. 윗옷은 저고리 하나만 입었다. 처녀들은 멋을 내기 위해 짧은 저고리를, 나이 든 사람들은 긴 저고리를 입었다. 아래옷인 치마에는 속옷을 받쳐 입었다. 오늘날의 팬티라고 할 수 있는 속속곳과 바지, 단속곳을 입고 그 위에 치마를 입었다. 계절에 따라 여름에는 한 겹으로, 봄가을에는 두 겹으로, 겨울에는 솜을 넣어서 만들었다.

치마는 '쵸마'라고도 하며, 트인 쪽을 '자락'이라 한다. 여미는 방향에 따라 왼쪽으로 여미면 양반이고 오른쪽으로 여미면 상놈이라고 했다. 주로 화랑이, 무당, 백정들이 그렇게 입었다고 한다. 하지만 치마를 여미는 것은 지역에 따라 달랐으므로 그 방향으로 양반과 상민을 구별하는 것은 곤란하다. 가령 서울·경기·충청·전라도는 왼쪽으로 여미며, 경상·제주·북한 등지에서는 오른쪽으로 여미었다.

당파의 폐습으로 여미는 방향이 다른 경우도 있었다. 근래까지도 경상도의 남인 계열이 강한 지역이나 남인계 양반 가문에서는 철저하게 오른쪽으로 치마를 여미었다고 한다.

미용사원 매분구

조선시대 여인들이 사용하던 화장품과 화장구는 점포에서도 팔았지만, 주로 방물장수들이 집집마다 방문하여 팔았다.

오늘날과 같은 미용사원이 있었음을 알 수 있는 일화도 있다.

한 총각이 이웃의 아리따운 처녀에게 사랑을 느껴 그녀에게 청혼을 했다. 처녀도 그 총각이 마음에 들어 부모의 허락을 받으려 했지만 부모는 허락하지 않았다. 상심한 총각은 그 처녀를 향한 마음을 돌이키지 못하여 결국 상사병으로 죽었다. 이 소식을 들은 처녀는 내가 죽였노라고 한탄하며 다른 사람과 혼인하지 않으리라고 결심했다. 몸은 허락하지 않았지만 마음을 허락한 터에 다른 사람과 혼인하면 개돼지와 다를 바 없다고 생각한 것이다. 졸지에 과부가 된 처녀는 이후 집집마다 방문하여 화장품을 파는 매분구가 되었다. 즉 오늘날로 치면 화장품을 방문판매하는 이른바 미용사원이 된 것이다.

이는 숙종 때의 이야기로, 지금으로부터 300여 년 전에 이미 화장품의 방문판매가 이루어졌음을 알 수 있다. 외출이 자유롭지 못했던 당시의 여성들은 방문판매원인 매분구에게 화장품을 구입했고, 여기저기 돌아다니는 그들로부터 여러 가지 세상 이야기도 전해들었을 것이다.

옛날 여자의 취미 생활

옛날 여자들은 바깥출입이 자유롭지 못했으므로 집 안에서 정적인 취미 생활을 했다. 특히 그들은 평범한 일상의 따분함, 걱정과 심란한 마음을 바느질을 하면서 잊곤 했다.

바느질 가운데 '누비 바느질'이라는 것이 있다. 시집간 여자들은 혼수품의 하나로 옷을 만들다가 남은 천조각을 장롱 깊숙한 곳에 넣어두었다가, 시어머니의 시집살이가 힘들거나 마음이 괴로울 때 천조각을 꺼내 바느질을 하면서 마음을 다스렸다. 이렇게 만든 옷은 자신이 입기도 하고, 평소에 찾던 승려들에게 보시하기도 했다.

'한(恨) 보자기'도 있다. 주로 바닷가에 사는 여자들이 남편을 잃고 혼자 살 때 부엌에 어망틀을 놓고 남편이 생각날 때마다 마음을 다스리기 위하여 어망의 매듭을 하나하나 이으면서 만든 것이다.

양반집 여인이나 궁녀들은 매듭짓기, 다회치기, 투호놀이를 즐겼다. 매듭짓기는 가구나 의복의 장식품을 만드는 것으로, 오랜 시간에 걸쳐서 마음의 안정을 찾으면서 하는 여가 생활이다. 다회치기는 두 명이 한 조를 이루어 노리개끈이나 주머니끈 따위를 꼬는 놀이다. 특히 궁중에서 궁녀들이 즐겼다. 투호놀이는 중국 당나라 때부터 행해졌으며, 우리나라에는 고려 때에 들어왔다. 넓은 잔디밭이나 대청 등에 귀가 달린 청동 항아리를 갖다놓고 여러 사람이 편을 갈라 열 걸음쯤 떨어진 곳에서 항아리 속에 화살을 던져넣는 놀이인데, 화살을 많이 넣는 편이 이겼다. 이 밖에 단오 때 놀던 그네나 설날에 놀던 널뛰기도 여자들만의 놀이였다.

왕비나 후궁, 양반집 부인들의 트레머리

아름다움을 추구하는 것은 인간의 본능이다. 특히 조선시대 여자들은 머리를 꾸미는 데 매우 신경을 써서 가체(加髢)가 크게 유행했다. 가체는 자신의 머리 외에 다른 머리를 얹거나 덧붙여 장식하는 것으로 어여머리, 떠구지머리, 트레머리, 얹은머리 등 다양했다.

조선시대 궁중을 배경으로 한 텔레비전 사극을 보면 신분이 높은 여인들은 매우 큰 머리에 화려한 장식을 하고 나오는데, 이 머리가 얹은머리의 한 종류인 트레머리이다. 트레머리는 일종의 가발로, 자기 머리에 다리(여자들의 머리숱을 많아 보이라고 덧넣었던 딴머리)를 넣어서 덧붙여 만든 머리이다.

가장 일반적인 모양인 얹은머리는 옛날부터 우리나라 여인들의 머리형으로 이어져 오다가 조선시대에 들어서 원나라의 머리 장식을 본받은 가체가 유행하면서 높고 커지기 시작했다.

계(髻). 족두리에 긴 댕기를 늘인 머리 장식이다.
(대전박물관)

이들 머리 모양을 만들 때는 다리를 사용했는데, 다리는 검은 숱이 많고 윤기가 나는 것을 최상품으로 여겼다. 그러나 질 좋은 다리를 구하기란 그리 쉬운 일이 아니었다. 다리 하나를 만들려면 여러 사람의 머리털이 필요했고, 사람마다 머리털 색깔이 다르므로 비슷한 색깔을 모으기도 어려운 일이었다. 따라서 좋은 다리는 가격이 매우 비싸 큰 돈을 들여야만 했다.

그러나 여자들은 서로 다투어 머리를 크고 높고 화려하게 꾸미려 했다. 《성종실록》에 기록된 "부녀자들이 높은 다리를 좋아하여 사방의 높이가 한 자가 되었다."라는 내용으로 미루어 어느 정도였는지 추측할 수 있다.

이렇게 다리를 만드는 데 사회적·경제적·도덕적으로 심각한 폐단이 일어나자, 정조 12년(1788)에 나라에서는 "제 머리만으로 쪽을 찌고 가체는 족두리로 대신하라."라는 강력한 금지령을 내려 얹은머리 풍속이 점차 사라지기 시작했다.

살결 고운 방앗간집 딸

옛날에는 방앗간에서 곡식을 찧고 나오는 겨로 머리를 감거나 세수를 했다. 즉겨가 오늘날의 비누 구실을 한 것이다. 그래서 우리나라의 옛 소설에 가끔 살결이나 머릿결이 고운 여자를 빗대어 "방앗간집 딸인가?" 하는 대목이 나오는 것도 그 때문이다.

겨 외에도 나무를 태운 재를 물에 우려서 걸러 얻은 잿물과 삭인 오줌도 세제로 쓰였다. 잿물의 주성분인 탄산칼륨과 오줌에 함유되어 있는 암모니아는 알칼리 성분이 있어 세정 효과가 있다. 우리 조상은 이런 사실을 일찍이 터득하여 생활에 응용했던 것이다.

《삼국지》〈위지동이전〉에 따르면, 집집마다 오줌길을 만들어두고 오줌으로 손도 씻고 빨래도 했다. 고구려에 편입된 읍루족은 오줌통을 마련해놓고 기름때 묻은 머리와 몸을 씻었다고 한다.

조선 순조 때 빙허각 이씨가 편찬한 부녀자들의 생활지침서인 《규합총서閨閤叢書》에 따르면, "자주색 옷은 오줌에 빨면 상하지 않고, 쪽빛 옷은 녹두물과 두부 순물에 빨면 새롭고, 묵은 때는 콩깍지 잿물에 잘 빠진다."고 했다. 1926년 2월 25일자 《경성일보》에는 남해안 지방에서는 어린이의 오줌을 곰삭여 손을 씻

쌀겨

는다는 기사가 실리기도 했다.

콩가루나 녹두가루로 만든 세제로 명주를 빨았고, 상류사회에서는 이것으로 손이나 얼굴을 씻기도 했다. 이것을 비루(飛陋)라고 하였는데, 이 비루에서 오늘날의 '비누'라는 말이 나왔다.

녹두와 팥 따위를 갈아서 만든 가루비누인 조두(粗豆)는 세정과 미백 효과가 뛰어난 고급 세정제였다. 전라도 고부에서 생산된 녹두는 때가 잘 빠지기로 소문나 궁궐에 진상되었으며, 많은 궁녀들이 조두질을 해서 경복궁 안에 흐르는 금천이 항상 뿌연 빛깔이었다고 한다. 특히 정월 첫 해일(亥日)에 조두로 세수하면 얼굴이 희어진다는 속설이 있어, 이날 1년분을 만들어 박 속에 저장해놓고 쓰기도 했다.

비누에 쓰이는 잿물 대신 수산화나트륨이 사용된 것은 조선 말기 개항 이후다. 서양에서 받아들인 잿물이라는 뜻으로 양잿물이라고 한다.

이 비누를 처음으로 알려준 사람은 조선 효종(재위 1649~1659) 때 우리나라에 표류한 헨드릭 하멜(Hendrik Hamel)이다. 그러나 언제부터 사용했는지는 정확하지 않다. 다만 1901년 프랑스 선교사 펠릭스 클레르 리델(Félix Clair Ridel)이 쓴 《서울 옥중기》에 "1878년 2월 비누로 손을 씻을 때 거품이 이는 것을 보고 옥졸들이 마술이라며 놀랐다."라는 기록이 있는 것으로 보아 이 시기에 처음 사용했다고 추측할 수 있다.

옛날 우리 조상들은 창포로 머리를 감기도 했다. 창포는 천남성과의 여러해살이풀로 독특한 향기가 나는 식물이다. 이 향기를 이용하기 위하여 창포를 넣어 끓인 물에 머리를 감고 목욕도 했다. 샴푸뿐 아니라 목욕비누 노릇까지 겸했다고 할 수 있다.

아름다워지려는 여인들의 욕망은 끝이 없어서 조선팔도에 창포가루 한 홉으로 유혹하면 문턱 넘어오지 않을 기생이 한 명도 없을 것이란 말이 나돌 정도였으며, 가짜까지 판을 쳐 보리가루를 섞은 창포가루가 꽤나 돌았다고 한다.

여덟아홉 살이면 혼인을 해

옛날에는 남자나 여자나 열 살 이전에 혼인하는 경우가 많았다. 이렇게 어린 나이에 혼인하는 것을 조혼(早婚)이라고 한다. 우리나라의 조혼 풍습은 고구려의 데릴사위제와 옥저의 민며느리제에서 비롯되었다.

데릴사위제는 예서제(豫婿制)라고도 하며 일종의 처가살이다. 이것은 남녀가 열 살 이전에 남자를 아내가 될 여자의 집 뒤꼍에 서옥을 지어 살면서 약속한 기간 동안 노동력을 제공하는 제도로서 모계사회의 전통이라고 할 수 있다. 민며느리제는 장래에 며느리로 삼을 어린 여자아이가 여덟아홉 살이 되면 남자 쪽에서 데려다 키워서 성인이 되면 혼례를 올리던 제도이다. 이 두 가지 제도는 조혼 풍습의 먼 원인이 될 것이다.

이러한 조혼 풍습을 더욱 부채질한 것은 고려시대에 원나라의 지배를 받게 되면서부터이다. 고려는 원나라를 세운 몽골족을 야만인으로 여겼다. 그런 원나라에 한 해에 500명에서 1000명에 이르는 여자를 바쳐야 했고, 이들은 몽골족 남자와 혼인을 해야 했다. 야만인인 몽골족과 누가 혼인을 하려고 할까?

그러다 보니 초기에는 고위층이나 귀족 집안의 여자는 건드리지 않고 승려의 딸, 역적의 처, 일반 여염의 과부들을 본인의 의사에 관계없이 끌어다 보냈다. 이러한 여자들은 대개는 얼굴을 가꾸지 않아 원나라에서 싫어했고, 나아가 원나라의 황제 쿠빌라이는 미녀와 중류계급 이상의 처녀를 보낼 것을 강력히 요구하면서 사신까지 보내어 미녀를 뽑았으며, 고려의 왕이 직접 나서기도 했다고 한다. 1년에 두 번이나 2년에 한 번씩 50여 회에 매회 400~500명씩 처녀를 바쳤던 것이다.

이에 고려인들은 딸의 나이 여덟아홉 살이 되면 짝지을 남자를 물색하여 혼인을 시키고, 큰머리를 얹어 어른들 밑에서 살림을 시킴으로써 원나라에 끌려가는 것을 면하게 하였던 것이다.

이렇게 이루어진 조혼 풍습은 조선시대에도 계속되었으나 그 이유는 달랐다. 부모가 자녀의 결혼을 앞두고 세상을 떠난다면 부모의 할 도리를 다하지 못한다고 여겨 자녀의 혼인을 서둘렀고, 한편으로는 자녀를 일찍 결혼시켜 며느리 손에

밥상을 받는 것을 최후의 보람으로 생각했기 때문에 조혼의 풍습은 쉽사리 고쳐지지 않았다.

신라시대 귀빈과 아내의 동침

에스키모는 귀한 손님이 올 경우에 자신의 아내로 하여금 손님을 극진히 대접하는 풍속이 있다. 이 극진한 대접에는 손님과 함께 동침하는 것도 포함된다. 우리들의 상식으로는 도저히 납득이 가지 않는 부분이다.

중국 한나라에도 자신의 아내를 손님과 동침시키는 습속이 있었는데, 《한서漢書》〈지리지〉에 따르면 우리나라에도 같은 풍속이 있었다고 한다.

《삼국유사》'문무왕조'에 따르면 이러한 풍속이 삼국 통일기인 신라 문무왕 때까지 유지되었음을 알 수 있다.

"왕이 하루는 그의 배다른 아우 거득공(車得公)을 불러 말하기를 '네가 정승이 되어 모든 관리들을 고루 감독하고 온 나라 일을 처리하라.' 하니 거득공이 말하기를 '폐하가 만약 저 같은 자를 재상으로 삼는다면 국내를 몰래 숨어 다니면서 백성들의 부역하는 괴로움과 수월함, 납세의 경중, 관리들의 청렴하고 탐악함을 본 연후에 취임하기를 원합니다.' 하니 왕이 이를 승낙했다.

거득공은 가사를 입고 비파를 든 거사 차림을 하고는 서울을 떠나 아슬라주(阿瑟羅州; 지금의 강릉), 우수주(牛首州; 지금의 춘천), 북원경(北原京; 지금의 충주)을 경유하여 무진주(武珍州; 지금의 광주)에 이르러 동리와 거리로 돌아다니는데 고을의 관리인 안길(安吉)이 그를 이인(異人)으로 보고 자기 집에 청해다가 갖은 인정을 다해 대접했다. 밤이 되어 안길이 처첩 셋을 불러서 말하기를 '지금 우리 집에 묵고 계시는 거사 손님을 모시고 자는 사람은 나와 죽을 때까지 살 것이오.' 하니, 두 아내가 말하기를 '차라리 당신과 함께 못 살았으면 못 살았지 남과 같이 잘 수야 있겠소.' 하는데 다른 한 아내는 가만히 있다가 '당신이 만약 죽을 때까지 함께 살기를 승낙하신다면 곧 시키는 대로 하겠습니다.' 하여 그대로 말을 들었다."

이것은 낯선 객지 사람이 들르면 융숭히 환대하는 관습의 단면이라 하겠다. 이처럼 손님을 극진히 환대하는 것을 일본에서는 죽고 없는 조상이 축복을 주기 위하여 변신을 하고 들른다는 종교적인 해석을 하기도 하며, 그리스나 로마에서는 쫓기는 죄인이나 망명자, 무의탁자에게 베푸는 인도적 관습으로 행해졌다.

우리나라에서는 환대받는 과객이 왕족이거나 권력자, 지배자, 고급 관리라는 점에서는 권력이나 이권을 목적으로 했다고 하겠지만, 평소에도 부유한 집에서 길손을 위하여 3인분의 음식을 덤으로 준비할 정도로 손님을 극진히 예우했다.

선사시대의 조개무지는 쓰레기장

선사시대의 유적 가운데 대표적인 것이 패총(貝塚), 즉 조개무지이다. 조개무지는 석기시대 사람들이 조개를 먹고 난 뒤 버린 껍데기가 쌓여 이루어진 무더기이다. 조개는 우리나라의 역사가 기록되기 이전부터 오늘에 이르기까지 빼놓을 수 없는 먹을거리이다. 특히 신석기시대에는 당시의 조개무지에서 무려 350종류에 이르는 조개껍데기가 나올 정도로 조개는 주요한 식량이었다.

경포대 부근에 사는 사람들은 작은 조개를 식량으로 삼아 먹었기에 제곡(齊穀)이라고 불렀다. 조선 후기의 학자 심재가 쓴 《송천필담》에는 흉년이 들면 이 작은 조개가 많이 나고 풍년이 들면 적게 난다고 적혀 있다.

함경도 지방에서는 가리비를 제곡처럼 밥 대신에 먹었다. 그래서 함경도 사람들은 가리비를 가리켜 밥조개라고 불렀다. 이 가리비 맛이 좋아 원나라에서 많이 빼앗아 가자 함경도 사람들이 해안에 독을 풀어서 가리비가 나지 않게 했다는 이야기도 전해온다.

이러한 사실로 미루어보아 예전에는 조개껍데기가 엄청나게 많이 나왔을 것이며, 이를 한곳에 모아둘 필요가 있었을 것이다. 석기시대 사람들은 대부분 맨발로 다녔으므로 조개껍데기에 긁히거나 찔리는 등의 부상을 막아야 했기 때문이다. 따라서 마을 부근의 적당한 위치에 조개껍데기를 모았을 것이며, 이 조개

김해패총

무지는 쓰레기장 역할을 했다고 쉽게 짐작할 수 있다. 함경도·경상남도·전라도·경기도·황해도·평안남도 지역의 바닷가에서 발견되는 조개무지에서는 가끔 당시에 사용하던 유물들이 함께 발견되는데, 이 유물은 수명을 다해 버려졌을 가능성이 높다.

1920년 경남 김해에서 발굴된 조개무지에서는 독무덤과 석실(石室)이 함께 발견되었다. 이 조개무지는 신석기시대부터 초기 삼국시대 사이의 것으로, 공동묘지 역할을 한 것으로 추측된다. 신석기인들은 주로 바닷가나 강가에서 생활을 했는데, 부근에 흙이 부족했으므로 조개껍데기로 시신을 덮었던 것이다. 쓰레기 문제도 해결하고 죽은 사람의 시체도 매장하는 일거양득의 지혜를 발휘했던 것이다.

옛날부터 많았던 무궁화

모든 국가에는 국화(國花)가 있다. 곧 나라꽃이다. 우리나라에서는 법으로 정한 일도 없건만 자연스럽게 무궁화가 국화로 굳어졌고, 또 국민들은 이 꽃을 사랑하며 아끼고 있다.

일제강점기에 우리 민족은 나라의 상징으로 무궁화를 깊이 사랑했다. 이에 무궁화를 뜰에 심는 것을 일본인 관리들은 철저히 단속했고, 무궁화로 한반도 지도를 수놓아 벽에 거는 것은 거의 반역죄를 범한 것처럼 다루었다. 그러나 무궁화에 대한 우리 국민의 사랑을 막지 못했고, 독립운동가 남궁억(南宮檍) 선생은 무궁화 묘목을 다량으로 길러 널리 나누어주기도 했다.

무궁화는 오래전부터 한반도에 널리 재배되었다. 그래서 예로부터 우리나라를 ‘무궁화가 많은 땅’이라는 뜻의 근역(槿域) 또는 근화지향(槿花地鄕)이라고 일컬었다.

무궁화에 대한 가장 오래된 기록은 고대 중국의 지리책인 《산해경山海經》에 "군자의 나라에 무궁화가 많은데, 아침에 피고 저녁에 지더라"라는 내용이다. 여기서 군자의 나라는 우리나라를 말한다. 또 중국의 고전인 《고금기古金記》에는 "군자의 나라에는 지방이 천리인데 무궁화가 많이 피었더라."라는 기록도 있다. 이것으로 미루어보면 이미 오래전에 우리나라에는 가는 곳마다 무궁화가 만발하였음을 알 수 있다.

옛날 사람들은 무궁화를 매우 아름답게 여겼다. 공자(孔子)가 애독하던 《시경詩經》에 ‘안여순화(顔如舜華)’라는 말이 있다. 얼굴이 어찌 예쁜지 마치 무궁화 같다는 뜻이다. 무궁화의 아름다움을 가장 짧으면서도 함축적으로 표현했다고 할 수 있다. 고려 16대 왕 예종(재위 1105~1122)은 고려를 ‘근화향(槿花鄕)’이라고 칭했다.

무궁화는 우리 민족의 성격과 비슷하다고 보는 사람도 있다. 초여름부터 가을까지 피고 지고 또 피는 무궁화에서 우리 민족의 줄기차고 억센 자강불식(自强不息)의 기상이 엿보인다고 한다.

무궁화는 파종·꺾꽂이·포기나누기로 쉽게 번식이 가능하며, 토양도 크게 가리지 않는다. 꽃과 씨와 껍질과 뿌리는 모두 약재로 쓰이며, 꽃과 잎은 차로, 껍질의 섬유는 고급 종이의 재료로 쓰이니 아주 실속 있는 꽃나무라고 할 수 있다.

무궁화는 일제강점기에 은근과 끈기로 일본에 저항하는 독립운동의 상징이었다. 〈애국가〉에 ‘무궁화 삼천리 화려강산’이라는 후렴구가 붙고, 1948년 8월 15일 정부 수립 기념식에서 〈애국가〉가 국가로 불리며 무궁화도 자연스럽게 나라꽃으로 자리잡았다.

우리나라 국민들 중에는 무궁화 꽃에 진딧물이 많아 싫어하는 경우가 있다. 그런데 우리 조상들은 그런 이유로 무궁화를 농사짓는 땅 가까이 심었다. 무당벌레가 모여들어 진딧물뿐만 아니라 농작물의 병해충까지 잡아먹어 친환경농사를 지을 수 있게 도움을 주었기 때문이다.

세계적인 명산, 금강산

우리 조상들은 중화사상에 젖어 세계의 명산은 대부분 중국에 있다는 주장을 했다. 그러나 중국에서 편찬한 각종 문헌에는 우리나라 산을 명산으로 기록하고 있다. 백두산·금강산·지리산·한라산이 널리 알려졌으며, 특히 금강산을 일컬어 "고려라는 나라에서 태어나고 싶고, 금강산을 가까이서 보고 싶다."라고 할 정도였다.

중국인들은 우리나라의 산뿐만 아니라 강과 바다도 칭송하고 있다. 《천자문》에 나오는 '금생여수(金生麗水)'라는 글에서 알 수 있다. 여기서 '여수'는 요하(遼河)를 가리키는 것으로 고구려에 속한 아름다운 강이라 하여 지어진 명칭인데, 금(金)이 나와 '금생여수'라 했다고 한다.

그리고 중국인들의 시문에 자주 나오는 글귀로 '벽해(碧海)'와 '발해(渤海)'가 있다. 벽해는 동해의 푸른 물을 가리키는 말이요, 발해는 서해의 잔잔한 물을 가리키는 말이다.

'고려'라는 국호도 '산수고려(山水高麗)'에서 나왔다. 산수가 아름다워 붙여진 이름이다. 고려를 건국한 태조 왕건은 강인한 고구려의 정신과 고구려의 영토였던 드넓은 만주 대륙을 회복하겠다는 뜻으로 국호를 짓는 한편, 아름다운 우리나라의 자연과 국토에 대한 깊은 애정을 '고려'라는 국호에 담았다고 할 수 있다. 이러한 사상은 중화사상에 젖어 있던 조선시대에는 감히 누구도 말할 수 없는 것이었으나 선조 때의 실학자인 이수광에 의해 밝혀졌다.

천한 이름과 여러 이름을 가진 사람들

조선시대에 부모들은 아이들이 나쁜 귀신이 시기하는 것을 피했으면 하는 마음에서, 또 굶주림을 겪지 않았으면 하는 마음에서 아이 이름을 천하게 지었다. 당시의 아이들은 백일이나 첫돌 전에 홍역이나 마마로 세상을 떠나는 경우가 많

여러 가지 호패

아서, "발바닥에 흙이 묻어야 사람 노릇을 한다."라는 말에서 알 수 있듯이, 어린 아이에게 좋은 이름보다는 나쁜 귀신을 막으면서 굶주림을 면하기 위한 아명(兒名)을 지어준 것이다.

예를 들면 노미, 노마, 년이, 갓난이, 재노미, 명길이, 개똥이, 마아지(망아지), 솬지(송아지), 개불이, 오쟁이, 돌이, 쇳돌이, 돌쇠 그리고 쌍둥이일 때는 선동이, 후동이 따위의 이름이 그것이다. 황희(黃喜) 정승의 아명이 도야지(都耶只)였고, 조선의 26대 임금 고종의 등극전 아명은 개똥이였다고 한다.

조선시대에 남자는 열여섯 살이 되면 신분을 증명하는 호패를 지닐 수 있었으며, 이때에 비로소 정식 이름을 가지게 되었다.

그러나 정식 이름인 관명(冠名)은 아무나 함부로 부를 수 없어서 임금과 스승, 아버지만 부를 수 있었다. 그래서 이를 부명(副名), 또는 본명의 덕을 구체화해서 짓는다 하여 표덕(表德)이라고도 했다. 이러한 예로 구한말의 학자 정인보(鄭寅普) 선생은 어머니게 보낸 편지에 '경시(景施)'라는 자를 썼고, 중국의 정치가인 장개석(蔣介石)의 '개석'은 자이고, 본명은 '중정(中正)'으로 문서에 서명할 때는 본명을 썼다.

아명, 관명, 자 외에 호(號)가 있었다. 호는 누구나 부르기 편하게 지었다. 퇴계(退溪)나 율곡(栗谷)처럼 자신의 출생 지역에서 호를 따온 경우가 많았다. 김구(金九) 선생은 백정과 평범한 사람들이 자신과 같은 독립 정신을 가지면 우리나라가 독립한다는 신조에 따라 백범(白凡)이라고 지었다. 송진우(宋鎭禹)는 스승인 기삼연(奇參衍)이 고하(古下)라는 호를 내려주었다. 여러 개의 호를 가진 경우도 있다. 김정희(金正喜)는 추사(秋史), 완당(阮堂), 예당(禮堂)을 비롯하여 10여 개의 호를 가지고 있었다.

옛날의 메이데이

옛날에 우리나라에서 농사짓는 방법을 보면, 자기 땅에서 농사를 짓는 자작농이 있는가 하면 농사를 많이 짓는 광작(廣作)의 경우에는 농사일을 할 머슴을 데리고 짓기도 했다. 이 밖에 양반집에서는 많은 남녀 하인들이 주인집 농사를 전담하여 지었다.

주인 양반은 손 하나 까닥하지 않고 이들이 지어준 농사로 잘 입고 잘 먹고 지냈다. 이런 조건이었으므로 농사를 본격적으로 시작하기 전에 머슴들을 위한 위로의 잔치라도 베풀어줄 필요가 있었다. 그래서 2월 초하루를 메이데이(노동절)로 정했으니, 말하자면 '머슴의 명절'인 셈이다.

지난해 가을 추수 이후 오랫동안 따뜻한 사랑방에서 새끼나 꼬고 땔나무나 조금씩 하던 머슴들에게 일을 시작한다는 신호로 잘 먹여야 할 때가 된 것이다. 떡하고 술 빚고, 넉넉한 집에서는 돼지까지 잡아 머슴들을 배불리 먹였으며, 동네 풍물패를 불러다가 하루 종일 흥겹게 놀았다. 그리고 이날 세상에 내려와 집집마다 다니면서 농촌의 실정을 조사하고 음력 2월 스무날 하늘로 올라간다는 영등할머니를 위한 굿을 했다. 그 명칭은 지역에 따라 영동할만네·영동할맘·영동할마니·영동할마시·영동바람·풍신할만네 등으로 다양한데, 이 신이 딸을 데리고 오면 바람이 불고 며느리를 데리고 오면 비가 온다는 이야기가 전해 내려온다.

또 하나 재미있는 것은, 이날부터 스무 살 된 사람에게 어른 대접을 해주었다. 머슴의 명절날이 성년의 날인 셈이다. 스무 살 전에는 아무리 힘이 세고 농사일을 잘 해도 아이 취급을 당해 어른들과 동등한 대우를 받지 못했는데, 이날 이후에는 어엿한 어른이 되는 것이다. 갓 성인이 된 이들은 이 기쁨의 표시로 선배 머슴들에게 한턱을 톡톡히 냈다. 어른 대접을 받으면 상당한 이득이 있기 때문이다.

농촌에는 힘든 일을 서로 거들어주면서 품을 지고 갚고 하는 '품앗이'가 있다. '품'은 장정이 하루 동안 일할 수 있는 분량이다. 가령 이쪽의 장정이 저쪽 집에 가서 일을 해주면, 저쪽에서도 장정이 이쪽에 와서 일을 해준다. 장정 혼자 닷새

동안 할 일을 나흘 동안 다른 집 일을 해주고 정한 날짜에 일해준 네 사람의 품을 앗아다가 하루에 해치우는 집단 노동의 방법이다. 이때 아이가 한 일은 장정의 반밖에 계산하지 않는다. 이틀이나 죽도록 일을 해주어도 저쪽에서는 장정 한 사람이 하루 품으로 때운다. 그러던 것이 노동절을 맞이하여 어른과 동격이 되니 얼마나 큰 이득인가?

음력 7월에는 '호미씻이'라는 노동절이 있었다. '초연(草宴)' 또는 '머슴날'이라고도 하는 이날은 머슴들로 하여금 제각기 음식을 마련하여 풍물을 울리며 신나게 하루를 즐기고, 가장 농사를 잘 지은 머슴을 뽑아 칭찬하며 술을 권하고 삿갓을 씌우고 소에 태워 마을을 돌아다니게 했다. 이제 농사철도 다 지나고 하였으니 호미를 씻는다는 의미로 '호미씻이'라고 했다. 그러므로 노동절은 본격적인 농번기를 맞이하여 머슴들을 위로하는 동시에, 머슴들에게 일할 마음의 준비를 해두라는 뜻으로 행한 행사라고 할 수 있다.

쇠금(金)자를 쓰는 김씨를 금씨라 하지 않는 이유

우리나라 성씨 중에서 가장 많은 성씨는 김씨(金氏)이다. 김씨는 크게 나누어 가락국 수로왕을 시조로 하는 수로왕계와 신라 왕실의 박·석·김 3성 중 하나인 김알지(金閼智)계로 나눌 수 있다. 김수로왕이나 김알지가 김씨 성을 가지게 된 연유는 다음과 같다.

가락에 본디 9간(干)이 있어 각 지방을 다스렸는데, 서기 42년 9간들이 구지봉에 올라 가락을 다스릴 군장을 얻고자 신탁을 묻는 의식을 행했더니, 마침내 하늘에서 6개의 해[日]만 한 황금알을 담은 금합(金盒)이 내려왔다. 이튿날 이 여섯 개의 알이 아이로 태어나, 그중 가장 먼저 나온 '수로'를 가락(본가야)의 임금으로 삼고, 금합에서 나왔다 하여 김씨 성을 부여했다고 한다.

신라의 4대 왕인 탈해왕(재위 57~80) 9년(65) 봄날 새벽에 경주의 계림에서 기이한 닭 울음소리가 들려왔다. 그곳에 가보니 울창한 소나무숲 높은 나뭇가지에

수로왕릉

금빛 찬란한 작은 궤가 걸려 있고, 그 밑에서 흰 수탉이 울고 있었다. 그 금궤를 열어보니 뜻밖에도 용모가 단정한 비범한 사내아이가 들어 있는지라 이름을 '알지'라 하고, 금궤에서 나왔으므로 성을 김씨라고 했다고 한다.

그러면 수로왕이나 알지나 김씨가 아닌 금씨여야 할 것이다. 금합이나 금궤에서 나왔으니 말이다. 그러나 금씨가 아니라 김씨라고 한다. 이것은 음양오행설에 따라 조선시대에 금씨가 김씨가 되었다는 속설에서 그 이유를 찾을 수 있다. 즉 오행설에서 '금목수화토(金木水火土)'는 상생(相生)일 때 '목-화-토-금-수-목'으로 순조로운 원인·결과가 성립된다고 본다. 나무에서 불이 생기고, 불이 꺼져 흙이 되며, 흙에서 쇠가 나고, 쇠에서 물이 나고, 물이 있어야 나무가 난다는 식이다. '목'은 '토'를 이기고, '토'는 '수'를 이기며, '수'는 '화'를, '화'는 '금'을, '금'은 '목'을 이기는 것이 상극의 원리이다.

그런데 조선을 건국한 성씨는 이(李)씨인데 음양오행설에 따르면 '목'에 해당이 된다. 한 시대를 이끌어갈 이씨이니, 이것을 이기는 상극이 있어서는 안 되는 것이 전제 왕조의 권력이었다. 그러나 이씨를 이기는 성이 있으니 그것이 금(金)씨였다. 이에 '금씨'를 '김씨'로 읽게 했다고 한다.

우리나라 지명에 '金'과 관련된 재미있는 사실이 있다. 한강을 경계로 하여 북쪽에서는 '金'자를 모두 '금'으로 읽는다. 즉 금곡(金谷), 금촌(金村), 금천(金川) 등이 그것이다. 그러나 한강 이남에서는 김해(金海), 김포(金浦), 김천(金川)처럼 '김'으로 읽는다. 다만 금이 나는 곳만은 예외로 '금'으로 읽었으니 금구(金溝), 금오산(金烏山) 등이 그 예이다.

사치품 과자

설날이나 추석 차례상에 빠지지 않고 오르는 음식이 한과이다. 한과는 옛날부터 만들던 과자류로 유밀과, 강정, 산자, 전과, 엿 등 70여 종이 있다. 과일을 모방하여 만들어서 조과(造菓)라고도 한다.

《삼국사기》〈가락국기〉에 수로왕릉의 제수에 '과'가 나온다. 이는 본디 과일이었을 것이나 과일이 없는 철에는 곡식 가루로 과일 모양을 만들어 대신 사용한 것이 과자의 시초라고 생각할 수 있다. 더욱이 우리 음식을 기초로 만들어진 일본 나라시대 음식에도 과자류가 보이는 것으로 보아, 일본에 문화를 전해준 삼국시대에 과자를 만들었을 것으로 생각된다.

이후 불교의 성행으로 고기 먹는 것을 금하고 차를 많이 마시게 됨에 따라 조과류도 급격히 발달하여 고려시대에는 연등회와 팔관회 등의 행사와 국가나 개인이 하는 잔치, 제사, 왕의 행차, 결혼식 등에 널리 쓰이게 되었다. 《고려사》에도 세자의 결혼식에 참석하러 원나라에 간 충렬왕이 잔칫상에 유밀과를 차렸더니, 그 맛이 입안에서 살살 녹는 듯하여 고려 과자의 이름값을 톡톡히 했다는 기록이 있다. 이런 까닭으로 원나라에서는 유밀과를 특히 '고려병(高麗餠)'이라 했다. 명종 22년(1192)에는 과자의 사치풍조 때문에 유밀과 사용 금지령을 내리기도 했다.

조선시대에도 조과류는 결혼식, 제사, 회갑잔치 등 큰 잔치나 행사 때 빠지지

한과

않고 상에 올랐다. 상품으로 만들어지기도 했으나 대체로 각 가정에서 직접 만들었고, 이에 필요한 재료를 항상 갖추고 있었다.

양과자는 고종 21년(1884) 조선과 러시아 간에 통상조약이 체결된 뒤 손탁(Antoinette Sontag)이 정동구락부를 만들어 서양 음식을 소개하기 시작하면서 들어왔으며, 한양의 상류층이 주로 연말연시 선물로 소비했다. 1920년대 초에는 우리나라 최초의 양과자점이 문을 열었고, 1940년까지 서울에 140여 개의 양과자점이 생겨났다.

서양에서 과자를 만들기 시작한 것은 서기전 5세기경에 설탕이 인도에서 메소포타미아로 전해지면서부터이다. 이것이 그리스, 로마, 이집트로 전해지면서 1세기경에는 남부 유럽에서 보편적인 먹을거리가 되었다. 15세기 말에 아메리카 대륙의 발견으로 많은 설탕과 코코아, 커피 등이 유럽에 들어오면서 과자의 종류가 다양해지고 생산량도 늘어났다.

서울은 시골 사람들에게 무서운 곳

오늘날의 서울은 대한민국의 수도인 동시에 세계적인 대도시이다. 서울의 인구는 100년 전만 해도 50만 명을 넘지 않았다. 50만 명에서 두 배로 증가하는 데는 50년의 기간이 필요했으며, 1950년 6·25전쟁 이후에는 급격히 증가했다. 그리고 2019년 12월 현재 970여만 명이 서울에 살고 있다.

그러나 조선시대 지방 사람들은 서울을 무섭고 두려운 도시로 여겼다. 그 이유는 바로 순라꾼(巡邏軍) 때문이다. 밤 10시가 되면 28번의 종을 울려 통행금지를 알리는 인정(人定)에서부터 새벽 4시에 33번의 종을 울려 통행금지를 해제하는 파루(罷漏)까지의 시간에 순라꾼들은 갈 데가 없어 왔다 갔다 하는 지방 사람들을 잡아다가 무조건 치도곤(治盜棍)이라는 호된 매로 처벌을 했던 것이다. 그리하여 서울에 볼일을 보러 왔다가 한번 혼이 난 사람들은 서울을 향해 눈길 한번 주지 않을 정도가 되었다.

이렇다 보니 1394년 태조 이성계가 한양으로 서울을 옮긴 이후 서울은 줄곧 정치, 경제, 문화 등 모든 분야의 중심지였는데도 인구의 증가 속도는 매우 느렸다. 지방 사람들이 오늘날처럼 서울에 대한 동경이 아닌 두려움을 가지고 있었기 때문이다. 그리하여 태조가 서울에 도읍할 당시에 10만 명에 불과했고, 17세기 중반에 이르러서야 겨우 20만 명이 되었으며, 조선 말기에도 50만 명을 넘지 못했다.

설날에 떡국을 먹는 이유

우리나라에는 설, 대보름, 한식, 단오, 추석, 동지 등 많은 명절이 있다. 그리고 명절마다 먹는 음식이 각기 달랐다. 설에는 떡국을 먹었고, 대보름에는 오곡밥이나 국수를, 추석에는 햅쌀로 지은 밥을, 동지에는 팥죽을 쑤어 먹었다.

대보름에 오곡밥을 먹는 까닭은 갖가지 곡식을 먹으면 행운이 온다고 믿었기 때문이다. 국수를 먹는 이유는 국수처럼 길게 오래 살게 해달라는 뜻이다. 추석에 햅쌀로 밥을 짓는 것은 한 해 동안 무사히 농사를 지을 수 있도록 조상들이 덕을 베풀어주신 것에 대한 감사의 뜻이고, 동지에 팥죽을 먹는 까닭은 팥의 붉은 빛이 귀신을 쫓는다고 믿었기 때문이다.

그렇다면 왜 설날에는 밥을 안 먹고 떡국을 먹었을까? 여기에는 새해를 맞아 해나 동전처럼 둥근 모양의 떡국을 먹고 돈을 많이 벌라는 뜻이 담겨 있다. 곧 복을 가져오라는 것이다. 떡국에는 만두도 함께 넣어 먹기도 한다. 그런데 설날의 만두는 평소의 길쭉한 만두가 아닌 만두의 끝을 오므린 모양이다. 이것은 말의 발바닥, 곧 말굽을 닮은 동전을 본떠서 만든 것이다. 그러므로 이 또한 돈을 많이 벌라는 뜻이 담겨 있다.

매와 개는 최고의 애완동물

애완동물은 인간이 좋아하여 가까이 두고 귀여워하며 기르는 동물이다. 인간은 예부터 개와 고양이를 비롯하여 포유류·조류·어류를 주로 길렀으며, 오늘날에는 뱀·도마뱀·악어·거북·개구리·도롱뇽 등 파충류와 양서류도 기르고 있다. 요즘에는 애완동물을 사고파는 펫숍(pet shop)에서 각종 동물을 취급하고 있다. 유럽에서는 사자와 호랑이 등의 대형 동물을 모아 즐긴 왕후(王侯)도 있었다고 한다.

우리나라에서도 예부터 애완동물을 길러왔다.

신라 문무왕 14년(674)에 만든 경주 안압지(雁鴨池)는 궁성 안에 신라의 지도 모양으로 만든 못으로, 못 안에 산을 만들어 화초를 심고 희귀한 새와 짐승을 길렀다고 한다. 그러므로 안압지는 애완동물을 기르기 위한 공원이라고 볼 수 있다.

애완동물을 기른 또 다른 예를 사냥에서 찾아볼 수 있다. 넉사냥과 매사냥이 그것이다. 넉사냥은 개를 풀어 너구리 등 산짐승을 잡는 사냥법이며, 매사냥은 매를 날려 꿩 등 새를 잡는 사냥법이다. 이 사냥은 무기를 사용하지 않고 매와 개를 이용해 사냥하는 방법이므로 주인과 마음이 통하지 않고는 불가능할 것이다. 그러므로 매와 개는 애완동물로 널리 길렀으리라 생각할 수 있다.

고려시대와 조선시대에도 매와 개를 길렀다. 조선 성종 때의 문신 성현의 《용재총화》에 "안향의 손자 원이 매를 팔 위에 올려놓고, 누런 개를 데리고 매일 왕래하는 것을 낙으로 삼았다."라는 기록이 있는데, 매와 개가 애완동물로서 여전히 인기를 누렸음을 알 수 있다.

상류층은 거위나 오리 등도 애완용으로 길렀다. 특히 거위는 도둑을 막는 것은 물론 액귀(厄鬼)나 병귀(病鬼)를 막는 신비한 힘이 있고 전염병이 퍼지면 병의 원인을 막아준다는 믿음에서 애완동물로 사랑받았다.

수박은 금기 식품, 귤은 진상품

　수박은 아프리카가 원산지로 고대 이집트에서도 재배했다. 중국에는 900년 경에 전래되었고 우리나라에는 고려시대에 전래된 것으로 생각된다. 조선시대의 문인 허균(許筠)이 지은《도문대작屠門大嚼》에는 고려를 배신하고 몽골 사람이 되어 고려 사람들을 괴롭힌 홍다구(洪茶丘)가 처음으로 개성에 수박을 심었다고 기록되어 있다. 옛날에는 이렇게 '나라를 팔아먹은 놈'이 들여온 과일이라 '재수 없다' 하여 인기가 없었다고 한다.

　호두나무는 지금의 이란이 원산지로 두 갈래로 전파되었을 것으로 생각된다. 한 갈래는 이탈리아·독일·프랑스·영국 등을 거쳐 미국의 캘리포니아 지방에 이르렀고, 다른 한 갈래는 동남아시아를 지나 중국을 거쳐 우리나라로 들어와 일 본으로 건너간 것으로 생각된다.

　통일신라시대의 토지문서인 '신라장적'에 지금의 청주 지방인 서원경 4개 촌의 호두나무 등의 나무 그루수가 3년 동안 늘고 줄었는지의 변동이 기록되어 있는 것으로 미루어, 신라와 당나라를 오가던 사신이나 무역상, 유학생에 의해 전해진 것으로 생각된다.

　우리나라에서 귤이 재배된 역사는 제법 길어서 삼국시대부터 재배한 것으로 생각된다. 조선시대에는 나라에 진상하는 귀한 과일이었다. 제주도에서 귤이 올라 오면 임금은 이를 축하하기 위하여 성균관 과 서울의 동·서·남·중의 사부학당 학생 들에게 특별 과거를 보이고 귤을 나누어주 었다고 한다. 또한 임금은 매년 정월 초하 루에 신하들의 세배를 받고 선물로 귤 네 개씩 하사했다고 한다. 현재 우리나라에 서 재배하는 귤은 주로 온주 밀감으로 조생 종, 중생종, 만생종 등 약 10여 종이 있다.

천연기념물 제398호인 천안 광덕사 호두나무

고추 없는 김치, 호나라에서 전래된 후추

우리나라에서는 언제부터 김치에 고추를 넣었을까? 중국 명나라의 이시진(李時珍)이 지은 《본초강목本草綱目》에는 고추에 관한 언급이 없고, 일본에서 편찬된 《초목육부경종법草木六部耕種法》에는 1542년 포르투갈 사람이 고추를 전했다고 기록되어 있다. 조선 선조 때 이수광이 지은 《지봉유설》에 고추가 일본에서 전래되어 왜겨자(倭芥子)라고 한다는 기록이 있는 것으로 보아, 일본을 거쳐 우리나라에 전해진 것으로 추정된다. 지금은 도리어 고추를 전해준 일본에서는 매운 음식을 먹지 않는 반면에, 우리나라에서는 고추가 들어가지 않은 음식이 없을 정도로 기본 양념 구실을 하고 있다.

김치에 젓갈을 넣기 시작한 것도 고추가 들어온 이후이다. 고추의 매운 성분인 캡사이신이 음식물의 산패를 막아 비린내가 나지 않도록 하기 때문이다. 조선시대에는 고추를 고초(苦草)라고도 했다. 오늘날에는 '고(苦)'자가 쓰다는 뜻으로 쓰이나, 조선시대에는 '맵다'는 뜻으로 쓰였다. 입안이 타는 듯한 매운맛의 특성이 고스란히 드러나는 이름이다.

후추는 인도 남부가 원산지이며, 유럽에는 서기전 400년경 아라비아 상인에 의해 전래되었다. 유럽인들은 후추를 불로장생의 약이라고 믿어서, 후추 산지인 인도와 유럽 사이를 가로막고 있는 아라비아의 상인을 통하여 금은보다도 비싼 값으로 구입했다.

중국에는 육조시대에 인도에서 들어왔다고도 하고, 한나라 때 서역의 호(胡)나라에 사신으로 갔던 장건(張騫)이 비단길을 통하여 가져왔다고도 한다. 이때 이름은 호초(胡椒)였는데 '호(胡)나라에서 전래된 초(椒)'라는 뜻이다.

우리나라 문헌에는 고려 명종 때 이인로(李仁老)가 지은 《파한집破閑集》에 그 명칭이 보인다. 따라서 고려 중엽에는 이미 우리나라에 알려져 있었고, 송나라와의 교역으로 유입되었을 것으로 추정된다.

양파는 각종 성인병을 예방하는 성분이 있다는 사실이 밝혀지면서 많은 사람들이 즐겨 먹는 채소이다. 양파의 원산지는 서아시아로, 이곳에서 중동을 거쳐 이집트·이탈리아 등 지중해 연안에 이르렀고, 유럽을 경유해서 15세기경 미국에 전해졌다. 우리나라에는 통일신라시대에 중국에서 들어온 것으로 추측된다.

인삼 하면 고려 인삼

인삼을 재배하는 나라는 우리나라를 비롯하여 중국, 미국 등이다. 그중에서도 우리나라에서 나는 인삼이 가장 품질이 좋다. 우리나라에서는 인삼이 각종 질병을 치료함은 물론 강장 효과도 뛰어나 예부터 귀하게 여겼다.

우리나라의 인삼이 처음 수출된 것은 통일신라시대이지만 본격적으로 알려지기 시작한 것은 1100년경 고려시대이다. 우리나라 인삼을 고려 인삼이라고 하는 까닭도 여기에 있다. 당시 인삼은 산에서 캐는 자연삼으로 중국과 무역을 하는 데 매우 인기 있는 품목이어서 없어서 못 팔 지경이었다. 이에 나라에서는 장기간 보관이 가능하고 비싼 값에 팔 수 있는 가공 인삼인 홍삼을 만들기에 이르렀다.

홍삼은 조선시대에 들어와서도 나라에서 관리했다. 중국에서 인삼의 인기가 높자 산삼의 씨를 채취하여 자연 상태의 산림 속에서 장뇌삼을 재배하기 시작했다. 선조 때인 16세기 말~17세기 초에는 인삼을 평지에서 재배하는 방법을 개발했다. 사계절이 뚜렷하고 토양 조건이 알맞으며 강우량과 강설량이 적절하여 인삼을 재배하는 데 적합했던 것이다.

인삼 재배법에 관한 책도 많이 편찬되었다. 조선 후기의 고증학자 한치윤(韓致奫)의 《해동역사》, 조선 헌종 때 서유구(徐有榘)가 펴낸 농업 백과전서인 《임원십육지》, 대한제국 고종 때 펴낸 《증보문헌비고》, 대한제국 말기에 인삼 재배를 관장한 삼정국에서 펴낸 《재래경작법》

산삼

등에서 인삼 재배법을 다루고 있다. 1811년에는 홍삼을 전매품으로 지정하기까지 했다.

우리나라 인삼을 서양에 최초로 알린 사람은 《하멜 표류기》를 쓴 네덜란드 사람 하멜이다. 조선과 청나라의 국경 지역을 여행하던 프랑스 선교사 피에르 자르투(Pierre Jartoux) 신부는 1714년 런던왕립학회에 보낸 편지에서 "작은 인삼 조각을 씹어 먹었더니 피로가 곧 가셨다."라며 인삼의 약효를 극찬하기도 했다.

조선시대에도 운하를?

조선을 건국한 태조 이성계는 1395년(태조 4)에 세금으로 거두어들인 곡식을 서울로 운반할 때 태안반도 지점에서 많은 어려움을 겪고 있다는 사실을 알았다. 태안반도 부근의 안흥량은 서해안으로 다니는 중요한 뱃길이지만 물살이 빨라 조운선이 침몰되는 경우가 많았다. 같은 해에도 경상도에서 올라오던 조운선 16척이 침몰하여 경제적으로 손해를 보았던 것이다.

고려시대에도 사정은 이와 같아서 태안반도에 운하를 건설하려고 시도했으나 실패한 바 있다. 이에 태조 이성계가 운하 건설을 다시 시도하려 했지만 "땅이 높고 돌이 단단해서 어렵다."는 보고를 받고 포기했다.

태종 12년(1412)에 태안반도에 운하를 건설하는 계획이 다시 추진되었다. 태종의 신임이 두터운 하륜(河崙)은 고려시대에 운하 공사가 중단된 곳을 계단식 제방으로 바꾸면 된다면서 운하 건설을 강력하게 주장했다. 즉 낮은 곳은 운하를 파서 바닷물을 끌어들이고, 그 끝에 큰 연못을 만들어 배를 정박시키고, 지세가 높은 곳은 여러 단계의 제방을 쌓아 물을 가두고, 화물은 제방 아래 배에서 제방 위의 배로 옮겨 싣자는 것이었다. 오늘날의 갑문식 운하처럼 하겠다는 것이나 배를 이동하는 것이 아니라 짐을 옮겨야 하는 단점이 있었다.

태종은 하륜의 의견을 받아들였고, 2년의 공사 끝에 태종 13년(1413)에 2단계 제방 공사까지 마칠 수 있었다. 남쪽 1단계 제방은 높이 18척(1척은 30.3센티미터), 수로 너비 40척, 수로 길이 470척이고, 남쪽 2단계 제방은 각각 18·40·100척, 북쪽 1단계 제방은 18·40·200척이었다.

그러나 3단계와 4단계 공사가 늦어지면서 운하 건설을 두고 찬반논쟁이 끊이지 않았다. 더구나 태안반도에서 운하 건설을 지휘하던 충청관찰사가 강하게 반대했다. 비록 태종의 신임이 두터웠던 하륜이지만 찬반논쟁이 클수록 운하 건설은 자꾸 늦어졌다. 그리고 하륜이 세상을 떠나자 운하 건설은 중단되었다. 중단되었던 태안반도의 운하 건설은 100여 년이 지난 인조 때 오늘날의 안면읍 창기리와 남면 신온리 사이의 육지를 절단하여 뱃길을 만듦으로써 비로소 완성되었다.

비단 도배

도배는 벽이나 반자를 바르는 것으로, 완성된 한옥에서는 도배하여 치장할 부분이 상당히 많고 자리와 쓰임에 따라 도배하는 방식도 여러 가지다.

도배는 궁실(宮室)이나 사묘(祠廟), 관가의 건물, 사원 등에서 권위를 드러내기 위해 기둥이나 보에 비단을 감아서 장식하던 것에서 비롯되었다. 규모가 작은 건축물이라면 비단으로 감아도 감당이 되었지만, 규모가 큰 경우에는 모든 건축물을 비단으로 감는 것은 어려웠다. 그래서 나무로 된 문짝이나 창문에는 단청과 같은 채색을 하기 시작했고, 담벼락에는 도배를 하는 방법이 나오게 되었다. 방과 방, 방과 마루 사이를 나눠주는 담벼락이 생기기 이전에는 기둥 사이의 중간에 방장(房帳)이라는 커튼을 늘이는 것이 일반적이었다. 귀족이나 부잣집은 두겹 세겹으로 방장을 늘였으므로 담벼락에 비단을 바르는 게 어려운 일은 아니었다.

18~19세기에 이르러 종이 생산량이 늘어나자 도배지의 생산과 공급이 활발해졌고 벽지를 따로 생산할 정도였다. 능화판(菱花板)이나 보판(褓板)처럼 압인(壓印)·날염(捺染) 등의 여러 가지 기법을 응용하여 무늬와 색채가 있는 벽지를 생산했고, 벽장이나 두껍닫이에 붙일 그림을 인쇄하거나 그려서 다량으로 공급했다. 도배가 살림집의 모양내기로 자리를 잡으면서 종이류를 취급하는 지전(紙廛)에서

는 도배지가 없어서 못 팔 지경이었다.

아이들이 많은 집에서는 뛰노는 아이들의 장난에 벽지가 남아나지 못하자 베를 발라 기름을 먹이거나 불린 콩에 들기름을 섞어 바르는 콩댐을 했다. 구들을 사용하기 시작한 뒤로는 방바닥에도 콩댐을 하였으며, 부유한 집에서는 장판지에 송진을 발라 꾸미기도 했는데, 색깔이 마치 누런빛이 나면서 젖송이 무늬가 있는 호박(琥珀)과도 같았다.

여자가 거처하는 방의 천장에 바르는 종이는 무늬나 색깔을 벽지와 다르게 하거나, 종이반자나 고미반자에 색색의 종이를 엇갈리게 붙이는 방법을 썼다. 선비의 사랑방에는 다 읽은 책을 해체하여 책장을 펼쳐 도배하기도 하고, 연습한 붓글씨 종이를 바르기도 했다.

고급 음식인 잡탕

옛날 사람들은 하루에 두 끼를 먹었다. 두 끼 식사는 임금도 예외는 아니어서 오전 10시경에 아침을, 오후 5시경에 저녁을 먹었다. 그러나 임금은 두 차례의 식사가 끝은 아니었다. 아침과 저녁을 전후하여 각각 새참으로 두 끼를 더 먹었다. 다과상이 그것이다. 오전에 먹는 다과상을 조다소반과(朝茶小盤果), 오후에 먹는 다과상을 야다소반과(夜茶小盤果)라고 했다.

오후에 먹는 야다소반과에는 9개의 찬이 나왔다. 조선의 22대 왕 정조의 어머니 혜경궁 홍씨의 회갑연을 기록한 《원행을묘정리의궤》에 잘 나타나 있다.

9개의 찬에는 편육·숭어·채만두·각색편·각색당·각색정과·만두과·꿀·초장과 함께 '잡탕'이란 메뉴가 등장한다. 잡탕의 재료는 조선시대에 최고의 생선으로 치던 숭어 전유어, 안심, 두골(頭骨; 소의 골), 양(胖; 소의 위), 곤자소니(소의 창자 끝에 달린 기름기가 많은 부분), 진계(陳鷄; 묵은닭), 저태(猪胎; 암퇘지의 배 속에 든 새끼), 저각육(猪脚肉; 돼지 다리 고기) 등이었다. 이를 썰어 양념을 하고 국에 넣어 한소끔 끓인 뒤 간을 맞췄다. 여기에 전복, 해삼, 완자, 표고버섯, 박고지(박을

켜서 말린 것), 실백자(實柏子; 잣) 등을 섞어 뜨거운 국물을 부어 먹었다. 요즘은 맛보기 힘든 별식 중의 별식이었다.

오늘날 '잡탕'이 '난잡한 모양이나 사물, 또는 난잡한 행동을 하는 사람'을 비유하여 이르는 말로 쓰이는 것과는 거리가 멀다. 정조가 어머니 혜경궁 홍씨를 위해 우리나라에서 나는 가장 좋은 재료들만 엄선하여 만든 특별한 음식인 것이다. 그래서 '특별한 잡탕'이라는 뜻으로 '별잡탕(別雜湯)'으로 불리기도 했다.

일제가 만든 좌측통행

조선시대에는 길다운 길이 없었다. 외적의 침입을 많이 받은 까닭에, 길이 넓으면 외적들이 침입하기 쉬울 것이라 여겨 대개 길을 좁게 내었다. 조선시대에 가장 복잡하고 번화한 거리인 서울의 육조거리라고 할지라도 보행을 왼쪽이니 오른쪽이니 규제하지 않았다. 단지 지위가 높은 관리들은 가마나 가교를 타고 길 한가운데로 다녔을 것이며, 이러한 행렬이 지날 때 일반 백성들은 길가로 피해 한쪽으로 다녀야만 했을 것이다.

몇 해 전까지만 해도 우리들의 일상을 지배했던 좌측통행은 일제강점기에 생겨났다. 일본의 지배층인 무사, 곧 사무라이들은 대개 오른손잡이이므로 왼쪽에 칼을 차고 다녔다. 오른쪽으로 가다보면 칼집이 서로 부딪쳐 다니는 데 매우 불편했고, 그 때문에 싸움이 일어나기도 했다. 이러한 불편과 사소한 오해를 해결하고자 일본에서는 자연스럽게 왼쪽으로 다니게 되었다. 영국의 영향을 많이 받은 일본에 자동차가 수입된 것도 영향을 주었다. 우리나라와 달리 일본은 운전석이 오른쪽에 있어 차선도 우리와 정반대이다. 왼쪽으로 사람들을 다니게 하는 것이 자연스러운 것이다.

그러나 우리나라의 차선이나 운전석은 일본과 정반대이니 좌측통행은 맞지 않았다. 1921년 일제강점기에 시행되었던 좌측통행은 88년 만인 2009년에 우측통행으로 바뀌었다.

금지되기도 했던 감자 재배

우리나라의 서민들은 햇보리를 수확하기 전까지 먹을 것이 부족하면 나무뿌리나 소나무의 생껍질을 삶아 먹으며 끼니를 때웠다. 이처럼 농촌의 식량 사정이 가장 어려운 때를 비유적으로 '보릿고개'라고 한다. 보릿고개 시절에는 많은 사람들이 제대로 먹지 못해 얼굴이 누렇게 변하는 황달 증세를 보였다.

보릿고개 시절의 힘겨운 생활을 벗어나게 해준 고마운 농작물이 바로 고구마와 감자이다. 백성들을 굶주림에서 구해준 작물이라고 하여 고구마와 감자를 구황작물(救荒作物)이라고 한다.

고구마는 조선 21대 영조 39년(1763) 일본에 통신사로 다녀올 때 대마도에서 고구마 재배법과 저장법 등을 배워와 우리나라에서 처음으로 재배하기 시작했다.

감자의 원산지는 남아메리카 안데스산맥의 고원지대이다. 500년경부터 안데스산맥 중남부 고지대에 사는 원주민들이 재배하기 시작한 것으로 추측되며, 16세기 후반에 유럽의 에스파냐에 전해졌다. 이어 유럽에서 인도와 중국에 전해졌고, 우리나라에는 중국을 오가는 사신을 통해서 전해졌을 것으로 추측된다. 조선 후기의 실학자 이규경이 쓴 《오주연문장전산고》에는, 순조 때인 갑신·을유 양년 사이(1824~25)에 명천의 김(金)씨라는 사람이 북쪽에서 가지고 왔거나, 청나라 사람이 인삼을 몰래 캐가려고 왔다가 떨어뜨리고 갔다고 기록하고 있다.

김창한(金昌漢)이 감자의 전래 내력과 재배법 등을 기술한 《원저보圓藷譜》에 따르면, 순조 32년(1832)에 영국 상선인 로드 애머스트(Lord Amherst)호가 조선의 전라도에 왔을 때 함께 타고 있던 구츨라프(Gutzlaff)라는 선교사가 의약품·서적 따위와 함께 마령서(馬鈴薯; 감자의 한자 명칭)의 씨를 농민에게 나누어주고 그 재배법도 가르쳐주었는데, 그의 아버지가 이를 적극 보급시켰다는 것이다.

그러나 나라에서는 감자 재배를 금지하기도 했다. 함경도 무산의 수령인 이형재가 감자 보급을 위하여 씨감자를 모으고자 했으나 백성들은 이에 협조하지 않았다. 감자 재배가 힘들지 않았고 세금으로 나라에 빼앗길 걱정도 없었기에 감자를 많이 심었던 것이다. 그런데 아이러니하게도 감자 재배 면적이 늘어나자 보리와 벼의 재배 면적이 줄어들었고, 이에 나라에서는 세금으로 거두어들일 쌀과 보리가 줄어들까 걱정하여 감자의 재배를 금지했다. 그러니까 무산 백성들은 이형재가 씨감자를 모을 때 처벌이 두려워 씨감자를 내놓지 않았던 것이다.

이형재는 고을 백성들에게 처벌을 하지 않으며, 씨감자를 제공하면 소금을 준다고 백성들을 설득하여 씨감자를 모을 수 있었다. 가뭄과 흉년으로 함경도와 강원도에서 식량난을 겪을 때 이형재가 모은 감자를 재배한 덕분에 무사히 넘길 수 있었다고 한다.

조명용으로 사용된 고래의 눈

선사시대에 새겨진 울주군 암각화에 고래를 잡는 장면이 묘사되어 있는 것을 보면 우리나라에서 고래를 잡기 시작한 것은 매우 오래전인 듯하다.

우리나라에서는 돌고래를 물가치 또는 해돈(海豚)이라고 했으니, 곧 '바다돼지'이다.

고래에 대한 우리나라 최초의 기록은 《삼국사기》에 보인다. 〈고구려본기〉 '민중왕 4년조'에 "9월에 동해 사람 고주리(高朱利)가 고래를 바쳤는데 (고래의) 눈이 밤에 빛이 났다." '서천왕 19년조'에 "여름 4월에 왕은 신성으로 행차했다. 해곡(海谷) 태수가 고래를 바쳤는데 (고래의) 눈이 밤에 빛이 났다."라는 기록이 그것이다. 그리고 고래의 눈을 가리켜 명월주(明月珠)라고 한 것으로 미루어, 밤에 빛이 나는 고래 눈을 조명기구로 이용하였을 것이라고 추측할 수 있다. 고래 눈이 투명한 원반처럼 생겼으니 밝은 빛을 냈을 것이다.

고래는 중국에서 인기 있는 수출품이었다. 고려가 몽골의 지배를 받을 때는 다루가치를 바닷가에 파견하여 고래 기름을 수집하고 다니면서 고래에 대한 수탈이 심하여, 바닷가에 살던 어민들이 많은 고초를 겪었다. 이에 어부들은 고래를 잡으면 먼바다로 나아가 바다에 놓아주었다고 한다.

실학자 정약용(丁若鏞)의 형 정약전(丁若銓)이 쓴 《자산어보茲山魚譜》에는 고래를

'고래어'라고 칭하면서 고래의 용도를 다음과 같이 설명하고 있다. "파도에 휩쓸려온 고래에서 10여 독의 기름을 얻으며, 눈은 잔[杯]으로, 수염은 자[尺]로, 등뼈는 한 마디를 잘라 절구[舂臼]로 만들 수 있다."

잔으로 이용한 고래 눈에 기름을 부어서 등잔으로 사용했을지도 모르겠다. 투명한 고래 눈은 다른 등잔에 비해 더욱 밝은 빛을 냈을 것이다.

아이 입양

입양은 양친과 양자가 법률적으로 친부모와 친자식의 관계를 맺는 신분 행위이다. 1950년 6·25전쟁이 일어나고 나서 우리나라는 한때 '고아 수출국'이었다. 지금도 미국에 입양되는 아이가 러시아와 중국에 이어 세 번째라는 불명예스러운 기록을 가지고 있다. 이처럼 우리나라에서 해외 입양을 많이 하는 것은 자기와 피를 나누지 않은 사람을 집안에 들이는 것을 꺼리는 풍속 때문이다.

그러나 고려시대나 조선시대에는 종종 입양이 이루어졌다. 입양을 하는 가장 큰 이유는 돌아가신 부모를 모시는 제사를 잇기 위해서였다. 자식이 없는 집안은 제사를 잇지 못했고, 이것은 조상에 대한 불효였다. 그래서 부인이 아이를 생산하지 못하면 씨받이라도 들여 대를 잇고자 했고, 그것도 여의치 않으면 양자를 들였다. 대개 형제들의 후손인 조카를 양자로 삼았다. 양자를 들이면 각 도의 관찰사에게 신고를 했고, 관찰사는 이를 예조에 보고하여 등록증을 발부받았다.

등록증을 발부받은 양자는 그 후에 부인이 아들을 생산하여도 그 집의 장남으로 인정받았다. 그런데 양자를 보낸 집안의 대가 끊길 염려가 있을 때는 도로 자신의 집으로 돌아와야만 했다. 이를 '파계귀종(罷繼歸宗)'이라고 한다.

집안의 대를 이을 목적의 양자 이외에 고려시대에는 세 살이 되기 전에 버려진 아이를 거두어 자기의 성을 주는 수양자(收養子)제도가 있었다. 수양자는 유산을 물려받았고 친자식이나 다름없이 대를 이어갔다. 조선시대에도 고려시대와 마찬가지로 수양자제도가 유지되다가 성종 때 편찬된 《경국대전》에 성(姓)을 아는 경우에는 바꿀 수 없다고 규정함으로써 이성(異姓) 양자제도가 생겨났다. 이성 양자에게도 유산을 물려주었다. 이 제도는 일제강점기인 1915년에 폐지되었다.

악귀를 물리치는 불꽃놀이

역사학자들은 7세기경 중국 수나라의 양제(煬帝) 시대의 연화(煙火)가 폭죽의 원시적인 형태로 보고 있다. 송나라가 들어선 이후 12세기 중후반에 화약의 발명으로 불꽃놀이의 원형으로 보이는 폭죽과 쥐불꽃이 만들어지면서 귀족이나 백성들이 사용했다고 한다.

우리나라 최초의 화약은 고려시대 최무선(崔茂宣)이 만들었다. 최무선은 화약의 주원료인 염초의 채취 기술을 중국에서 배워 우왕 3년(1377)에 화통도감을 설치하고 화약 무기를 개발했다. 아들인 최해산(崔海山)은 새로 건국한 조선에서 태종의 후원으로 화차를 만들어 우리나라 화약 무기를 한 단계 발전시켰다.

조선의 외교정책은 사대교린주의에 바탕을 두었다. 명나라에는 사대책을 펼쳤고, 여진과 일본에는 강경과 회유책을 병행한 교린책을 썼다. 교린책의 일환으로 조선에서 사용한 것이 바로 화약에 의한 시위였다. 곧 불꽃놀이인 것이다.

정종 1년(1399)에 일본 사신이 조선에 오자, 왕은 군기감에 명령하여 불꽃놀이를 보여주었다. 일본인들은 처음 보는 불꽃놀이에 "이것은 사람의 힘으로 하는 것이 아닌 천신(天神)이 하는 것이다."라고 감탄했다. 여진족들이 사신으로 왔을 때도 어김없이 불꽃놀이를 했다. 막대기마다 화약을 장착하여 불을 붙이니 불꽃이 별똥별처럼 하늘로 퍼지면서 천둥소리가 나서 사람들을 놀라게 했다. 이를 본 여진족들은 간담이 서늘해질 수밖에 없었을 것이다. 우리나라의 불꽃놀이는 화약을 처음 발명한 중국 사람들도 놀라게 할 정도였다. 궁궐을 뒤흔드는 천둥소리와 함께 하늘을 뒤덮는 별똥별은 중국에서도 보지 못한 광경이었다고 칭찬했다.

조선의 9대 왕 성종은 특히 불꽃놀이를 좋아했다. 불꽃놀이는 연말과 연초에 행하였으며 3월까지 이어질 때도 있었다. 관리들은 군사용으로 써야 할 화약을 놀이에 이용하는 것은 옳지 않다고 상소를 올리기도 하였으나, 성종은 재앙과 귀신을 막고자 불꽃놀이를 하는 것이라면서 이를 물리쳤다.

할아버지나 아버지의 지인(知人) 천 명이 쓴 천자문을 선물받은 첫돌

김수온(金守溫)은 조선 초기의 문신으로 세종 23년(1441)에 식년문과에 병과로 급제하여 벼슬길에 나선 이래 공조판서 등 여러 벼슬을 두루 거쳤다. 김수온은 세조 12년(1466) 발영시(拔英試; 단오절에 현직 중신과 문무 관료에게 실시한 임시 과거)에 이어 등준시(登俊試; 현직 관리, 종친, 부마 등을 대상으로 실시한 임시 과거)에서 장원을 하여 판중추부사에 오르고 쌀 20석을 하사받았는데, 문무과 장원에게 임금이 쌀을 내리는 것이 이로부터 시작되었다. 불교와 제자백가에 능통하여 세조의 사랑을 받았으며, 시문에 뛰어나 명나라에까지 그 이름을 알렸다.

김수온에게는 미워할 수 없는 버릇이 있었다. 바로 책을 찢어서 외우는 버릇이었다. 그는 찢어진 책을 모두 외우면 버렸으므로 한 권을 모두 외우면 곧 책 한 권이 없어지곤 했다. 그러나 김수온도 찢을 수 없는 책이 있었으니 바로 《천자문》이다. 김수온이 찢을 수 없는 《천자문》은 할아버지의 노력으로 만들어진 책이었다. 김수온의 학문적인 발전과 장수를 비는 뜻에서 할아버지가 지인 1000명의 도움을 받아 한 사람이 한 자씩 써서 완성한 《천자문》인 것이다.

이러한 《천자문》은 대개 아이가 첫돌을 맞거나 《천자문》을 배울 나이가 되면 아버지나 할아버지가 향시(鄕試) 이상의 과거에 급제한 사람을 이 고을 저 고을 찾아다니며 한 두자씩 써달라고 청하여 만들었다. 1000명의 사람이 제각각으로 한 두자씩 썼으니, 세상 사람들의 다양한 성격을 일찍이 깨닫게 하면서 된 사람들의 성격과 난 사람들의 재능을 이어받기를 바라는 소망을 담은 책이라고 할 수 있다.

《천자문》을 받은 이는 할아버지와 아버지의 노력을 헛되게 하지 않기 위하여 이 책을 볼 때마다 마음을 다잡았고, 누워 있는 어른을 함부로 넘지 않는 것처럼 이 책도 함부로 넘지 못할 정도로 아끼고 소중히 여겼다. 이《천자문》은 자손 대대로 이어지면서 앞서 이 책을 뗀 사람의 이름과 일시를 기록하여 전통으로 남기는 관습도 있었다.

닭은 길한 징조

닭은 다섯 가지 덕이 있다고 했다. 머리에 있는 벼슬[冠]은 문(文)을 나타내고, 발은 내치기를 잘하므로 무(武)로 생각했으며, 적을 앞에 두고 용감히 싸우니 용(勇)이 있다고 여겼고, 먹이가 있으면 자식과 무리를 불러 먹이니 인(隣. 仁)이 있고, 하루도 거르지 않고 때를 맞추어 울어서 새벽에 시간을 알려주니 신(信)이 있다 했다. 닭이 길조의 상징이 된 것은《삼국유사》에 기록된 혁거세와 김알지의 신라 건국신화에서 알 수 있다.

신라 건국 이전 지금의 경상도에는 성읍국가인 진한(辰韓)이 자리잡고 있었다. 진한에는 여섯 마을이 있었고, 마을마다 우두머리인 촌장이 마을을 다스렸다. 이들은 큰일이 있을 때는 서로 힘을 합쳐 대처했다.

서기전 69년 3월 초하룻날, 여섯 마을의 우두머리들은 알천(閼川) 냇가에 모여 회의를 하다가, 양산 기슭에 이상한 기운이 서려 산으로 올라가보니 알이 하나 놓여 있었다. 이 알을 깨보니 놀랍게도 생김새가 단정하고 아름다운 사내아이가 나오는 것이 아닌가. 사람들은 '밝게 세상을 다스리라(光明理世)'는 뜻으로 이름을 혁거세(爀居世)라고 지었다.

여섯 마을의 촌장들이 장차 혁거세를 누구와 결혼시킬까 회의를 하는데, 알영정이라는 우물가에 한마리 거대한 용이 나타나더니 왼쪽 옆구리로 무엇을 낳아 놓고는 하늘로 올라가버리는 것이었다. 촌장들이 달려가보니 어여쁜 여자아이가 있었다. 그런데 그 여자아이의 입술이 마치 닭의 부리처럼 뾰족하게 생긴 것이 이상했다. 촌장들은 우선 아이를 목욕시키기 위해 월성 북쪽의 시냇가로 데리고 갔다. 깨끗한 물로 아이를 목욕시키니 그 괴상한 부리가 빠지면서 앵두같이

경주 나정 터

예쁜 입술이 나타났다. 그 후로 사람들은 부리가 빠졌다 해서 그 냇물의 이름을 발천(跋川)이라 부르게 되었다.

여섯 촌장들은 힘을 합쳐 남산 서쪽에 궁궐을 짓고 하늘이 내린 두 갓난아이를 정성껏 키웠다. 그리고 사내아이는 박처럼 생긴 알에서 태어났으므로 박씨 성을 붙여주었고, 여자아이는 용이 나왔던 우물 이름을 따서 알영(閼英)으로 지어주었다. 두 아이는 총명하게 자랐다. 서기전 57년 여섯 촌장들은 다시 모여 13세인 혁거세를 왕으로, 알영을 왕후로 추대하고 국호를 서나벌(徐那伐)이라 했다.

책에서 확인할 수 있는 '알'에 관한 기록뿐만 아니라 천마총에서 출토된 달걀 껍데기나 지산동고분에서 출토된 닭뼈로 미루어 우리나라에서는 삼국시대부터 닭을 키웠을 것으로 추측된다.

길조인 닭은 결혼식에서 신랑 신부가 초례상을 가운데 두고 마주 서서 백년가약을 맺을 때, 청홍 보자기로 싸서 상 위에 놓거나 때로는 어린아이가 닭을 안고 옆에 서 있는 경우도 있다. 즉 닭 앞에서 일생의 인연을 맺고 행복을 다짐하는 맹서를 하는 것이다. 그것은 아마 아내와 자식을 잘 보살피는 수탉의 도리와 알을 잘 낳고 병아리를 잘 키우는 암탉의 도리를 부부가 되는 사람들에게 가르쳐주기 위함일 것이다.

교통, 운반, 사냥의 수단으로 쓰인 스키

눈이 많은 강원도와 함경도에서는 물건을 나르거나 사냥을 할 때 설마(雪馬)를 사용했다. 오늘날의 스키인 셈이다. 조선 영조 때의 학자 이익(李瀷)이 쓴 《성호사설星湖僿說》에 따르면, 설마는 오늘날의 스키보다 폭이 넓고 길이가 짧으며 앞머리가 들려 있고 바닥에 기름을 칠해 매끄러웠다. 길이가 짧아 사냥을 할 때는 나무와 나무 사이를 빠르게 다닐 수 있었다. 언덕을 내려올 때는 사슴보다 빨랐으며 곰이나 호랑이 따위는 만나기만 하면 모조리 찔러 잡을 수 있었다. 그래서 꼼짝 못하는 것을 빗대어 '썰매꾼 앞의 호랑이'라고 했다. 눈이 잘 달라붙지 않는 벗나무나 자작나무로 만들었으며 끈으로 발을 고정시키는데 앞쪽만 조이고 뒤축은 놀게 하여 마음대로 조정할 수 있게 했다.

북유럽과 아시아 산악지대에서도 이미 서기전 3000년 이전에 스키를 사용했다. 근대적인 스키는 1721년 노르웨이가 군대 내에 스키공장을 설립하여 처음 만들었는데 이때는 발과 스키를 단단히 고정시킬 수 없어 점프나 턴을 할 수는 없었다. 18세기 말에 활주와 턴을 쉽게 할 수 있는 스키가 개발되었다.

우리나라에서는 1904년 원산 신풍리에서 스키를 탔고, 1910년 미국인이 스키를 가져왔다고 하나 기록이 없어 알 수는 없다. 1931년 2월 조선에 사는 일본인의 조선 스키구락부와 철도구락부가 공동 개최한 제1회 조선스키대회에서 우리나라 사람으로는 임경순과 오병희가 최초로 참가하여 각각 3위와 5위에 입상했다.

스키와 더불어 겨울철의 대표적인 스포츠인 스케이팅은 1880년대에 도입되었다. 남자와 여자가 함께 타는 피겨스케이팅을 처음에는 '양발굿'이라고 하였으며 인기가 높았다. 소문을 들은 명성황후가 양발굿을 보고 싶다고 하여 경복궁 향원정에서 피겨스케이팅 시연회가 열리기도 했다.

1908년에 현동순이 YMCA 선교사 필립 질레트(Phillip L. Gillette)로부터 15전에 스케이트를 구입해 삼청동 개천에서 빙상을 즐겼다는 기록이 있고, 1912년에 의주 압록강변과 서울 한강 철교 밑에서 학생스케이트대회가 열렸고, 1936년에는 김정연과 이성덕 선수 등 3명이 이 대회에 참가하여 12~14등을 차지했다.

우유가 약?

우리나라에서 우유는 삼국시대에 먹었을 것으로 추측된다. 일본에서 편찬된 《신찬성씨록新撰姓氏錄》에 따르면, 7세기 중엽 백제 사람 복상(福常)이 일본에 우유 짜는 방법을 알려주었다고 한다. 이후 고려 25대 충렬왕 때 몽골의 공주를 부인으로 맞으면서 우유를 생산할 수 있는 유우소(乳牛所)를 설치했을 것으로 추측된다.

조선시대에 우유는 임금이 즐겨 먹던 보양식이었다. 《인종실록》에 따르면 인종의 건강이 나빠지자 우유로 만든 죽을 영양식으로 먹을 것을 신하들이 권했고, 정조는 겨울철이면 늘 우유로 만든 죽을 먹고 원기를 회복했다고 한다. 내의원(內醫院)에서도 겨울철이나 몸이 허약한 사람에게는 우유로 만든 죽을 권했다.

숙종 때의 실학자인 홍만선이 지은 《산림경제》에는 우유를 섭취하는 다양한 방법이 기록되어 있다. 그중 우유로 죽을 쑤는 방법을 보면, 죽을 쑤다가 반쯤 익으면 물을 따라내고 우유를 쌀물 대신 부어 끓인 뒤에 떠서 사발에 담고 사발마다 연유 반냥을 죽 위에 부어, 마치 기름처럼 죽에 고루 덮였을 때 바로 저으면서 먹으면 비길 데 없이 감미롭다고 했다.

우유를 약으로 복용하는 일도 있었다. 《동의보감》에 따르면 앵도창(목에 나는 크기가 앵두만 한 종기)이 생기면 날마다 우유를 마시면 저절로 사라진다고 했고, 《증류본초》에는 대맥초 한 근과 백복령 가루 네 냥을 생우유에 개서 먹으면 백일 동안 배가 고프지 않아 구황에 도움이 된다고 기록되어 있다.

그런데 문제는 우유를 생산하는 데 있었다. 오늘날처럼 젖소를 키운 것이 아니므로 새끼를 낳은 어미소의 젖을 모아서 우유를 진상했기에 애꿎은 송아지만 굶기는 상황이 발생했다. 송아지가 굶으면 제대로 자라지 못하고 그렇게 되면 농사짓는 데 어려움을 겪어야 했으므로 농민들은 여간 고통이 아니었다. 이런 폐단을 막기 위해 중종은 우유죽 먹는 것을 금지하였고, 영조는 우유를 짜는 것뿐만 아니라 아예 소를 잡는 것을 금지해서 당시 사람들이 한동안 소고기를 먹지 못하기도 했다.

우유 때문에 봉변을 당할 뻔한 사람도 있었다. 바로 명종의 외척으로 권력을 행사하던 윤원형(尹元衡)이었다. 그는 임금만 먹을 수 있는 우유죽을 만드는 기구를 집으로 가지고 나와 우유죽을 만들어 처자식과 첩까지 먹였다가 신하들의 상소로 귀양까지 갈 뻔했다.

관리는 임금이 먹을 우유를 제때 진상해야만 했다. 《고종실록》을 보면 우유를 담당했던 봉진관을 제때 우유를 진상하지 못했다고 직무유기로 면직하고, 우유 감독관이었던 검독은 사법부로 이송해서 징계를 하려다가 고종이 용서하여 무마된 적도 있었다.

매를 아홉 대 맞아야 하는 정월 대보름

음력을 사용하던 우리 민족은 달의 움직임에 맞추어 생활했으므로 한 해의 첫 번째 보름달을 매우 중요하게 생각했다. 그래서 여러 가지 세시풍속이 전해온다.

우리나라 사람들은 숫자 9를 길수(吉數)인 3을 세 번 더한 큰 길수라고 하여 좋아했다. 3은 음과 양을 뜻하는 1과 2가 합해졌다고 하여 좋아한 숫자다.

대보름 전날의 세시풍속으로 '아홉 차례'라는 것이 있었다. 이날 서당에 다니는 아이는 《천자문》을 아홉 번 읽어야 하고, 아홉 발의 새끼를 꼬아야 하고, 아홉 단의 나무를 해야 한다. 아홉 가지의 빨래와 아홉 동이의 물을 길으며, 혹 매를 맞으면 아홉 대를 맞아야 한다. 아홉 그릇의 오곡밥을 먹어야 그해 식복이 있다고도 했다.

낮에는 윷놀이를 하고, 저녁이면 온 동네 사람이 마을 동산에 올라 동쪽에 뜨는 달을 맞이하며 "달 봤다."를 외치면서 한 해 소원을 빌면서 절을 했다. 그런 후 장작·볏짚·솔가지·댓가지를 높이 쌓아 불을 질러 달맞이를 하면서, 그해 농사의 풍흉을 점치는 달집태우기를 했다.

겨우내 날리며 놀던 연을 연줄을 끊어 날려보내거나 달집에 넣어 태웠다. 연에다 '액(厄)'자 하나를 쓰기도 하고, '송액(送厄)' '송액영복(送厄迎福)' '모가모생신위소명(某家某生身厄消滅)' 따위의 글을 써서 띄우다가 해질 무렵에 그 연줄을 끊어버리는 액연(厄鳶)태우기도 했다. 액운을 멀리 날려보내기 위함이다. 이날 이후 연을 날리면 상놈이라고 손가락질을 당했다.

달맞이가 끝나면 남자들과 아낙네들이 편을 갈라 줄다리기를 하는데, 아낙네들이 이겨야 풍년이 오므로 남자들은 슬그머니 져주었다. 달은 여인이며 풍요의 상징이기 때문이다. 이 밖에 1년간 다리에 병이 생기지 않기를 바라면서 한양의 수표교를 비롯한 곳곳의 다리를 밟는 다리밟기[踏橋] 등도 했다.

보름에는 보리·찹쌀·수수·검은콩·차조 등 다섯 가지 곡식으로 밥을 지어 먹고, 시래기나물과 무나물 등을 먹었다. 아침에는 찬술을 마시면 귀가 밝아지고 귓병이 생기지 않으며 한 해 동안 좋은 소식을 듣게 된다고 여겨 귀밝이술(명이주, 치롱주)을 마셨다. 이날에는 또 땅콩, 호두, 은행, 잣 따위의 부럼을 먹었다. 이런 것을 깨물면 한 해 동안 부스럼이 생기지 않는다고 한다.

요즘 대보름날 밤에 볼 수 있는 쥐불놀이는 원래 새해 첫 쥐날인 상자일(上子日)에 행하는 민속놀이였다. 남자들이 논두렁에 불을 질러 쥐를 없앰으로써 그해 풍년을 바라는 뜻이 담겨 있다. 이때 여자들은 빈 방아를 찧으며 쥐가 없어지라고 소리를 질렀다.

보름날에 사람들은 이것저것 잘 먹고 마셨지만 이날만큼은 개에게 음식을 주지 않았다. 보름날 개가 밥을 먹으면 여름에 파리가 끓는 등 개에게 좋지 않기 때문이라는 속설도 있지만, 크고 밝은 달을 바라보면서 개가 밤새 짖을까봐 배를 허기지게 하여 지쳐 짖지 못하게 할 필요 때문이었다고 한다.

중국에서 유래된 보신탕

더위가 심한 삼복(三伏)이면 우리나라 사람들은 으레 개장국을 즐겨 먹었다. 다른 말로 개장, 구장(狗醬), 지양탕(地洋湯), 보신탕이라고도 한다. 이 풍속은 중국의 진한(秦漢)시대 이래로 내려오는 풍속이다. 한나라 때는 나라에서 여름철에 신하들에게 육미(肉味; 고기죽)를 나누어주었으며, 이 풍속이 우리나라에 들어와 고기를 먹는 풍습으로 바뀐 듯하다.

고대 중국에서는 양고기를 끓이고 염소고기를 구워 먹었으며, 병을 예방하고자 염소를 죽여 도성 사대문에 내걸었다. 우리나라에서는 양이나 염소가 귀했으므로 개를 잡아 끓여 먹었으며, 중국처럼 사대문에 내거는 일은 없었다. 특히 개는 가정에서 남은 음식 찌꺼기를 주어도 아무 문제가 없었으므로 백성들이 키우기에 안성맞춤이었다. 더구나 백성들은 비싼 고기를 살 형편이 안 되었으므로 여름철에 단백질을 보충하는 데 견공(犬公)이 제격이었던 것이다.

이때 개고기를 먹지 못하는 이를 위해 생각해낸 것이 쇠고기로 마치 개장처럼 끓이는 육개장이다. 그러므로 육개장도 삼복에 먹는 계절음식 중 하나였다.

삼복은 하지가 지난 뒤 세 번째 경일(庚日)인 초복, 네 번째 경일인 중복, 입추 후 첫 경일인 말복을 통틀어 이르는 말로, 그 간격은 열흘이다. 보통 중복이 지나고 열흘 후에 말복이 드는데 말복이 스무 날 후에 오는 경우가 있다. 이를 월복이라고 한다. 이때에는 무더위도 더욱 기승을 부린다.

복날이 되면 서울의 상인들은 장사를 하지 않고 음식을 마련해 교외의 숲이나 냇가로 가서 마음껏 먹고 마시며 놀았으므로 상인들은 덥기는 하지만 복날 오기를 기다렸으며, 이때 먹는 술은 몸에 좋다고 하여 '약소주'라 했다.

그러므로 복날이 가까워지면 개장국을 만들 개가 많이 필요해 개값과 과일값이 올랐다. 특히 우리나라에서는 병을 앓고 난 환자가 건강을 회복하는 데는 털빛이 누런 황구(黃狗)로 끓인 개장국을 최고로 쳤다. 그래서 우리 조상들은 삽살개나 진돗개 등 사람들의 사랑을 받아오던 애완견은 먹지 않았고, 오로지 황구만을 식용으로 사용했다. 이날 가난한 사람들은 개장국 대신 붉은 팥죽을 쑤어 먹었다. 아마 중국에서 양이나 염소를 잡을 때 흘리는 피를 연상해 생겨난 풍속인 듯하다.

조선을 세운 이성계가 미워서 만든 떡국

이성계는 고려를 무너뜨리고 조선을 세우면서 고려의 충신들에게 자신과 함

조랭이 떡국

께 새로운 국가에서 일하자고 권했다. 하지만 그들은 한 하늘 아래 두 임금을 섬길 수는 없다며 스스로 산속으로 들어가 버렸다. 그러자 이성계는 자신의 말을 듣지 않는 많은 고려의 충신들을 죽이기에 이르렀고, 그들의 아내들은 남편과 나라를 빼앗아간 이성계를 원망하고 미워했다. 하지만 그뿐, 그녀들이 달리 어찌 할 도리는 없었다.

그러던 중 한 부인이 가래떡을 썰다가 이성계의 생각에 그만 썰고 있던 떡을 이성계의 목이라 생각하고 떡 한가운데를 꽉 잡았다. 떡 한가운데가 옴팍 들어간 모양의 조랭이떡이 탄생한 배경이다. 이후로 개성 사람들은 북쪽에는 문을 내지 않고, 정월 초하루에는 이성계의 목을 조르고 싶은 염원이 담긴 조랭이 떡국을 먹었다고 한다.

지팡이를 하사받은 일흔 살 노인들

오늘날 의술이 발달하면서 평균수명도 늘어나 일흔 살 노인도 활기가 넘치고 지팡이도 많이 사용하지 않는다. 그리고 지팡이를 사용할 상황이 되면 자식이 마련해주거나 본인이 직접 사서 쓰는 경우가 많다.

조선시대에는 지팡이를 본인이 직접 마련하지 않았다. 50세가 되면 자식들이 가장(家杖)을 만들어 부모에게 드렸다. 60세가 되면 마을에서 향장(鄕杖)을 만들어 주었고, 70세가 되면 그 나이까지 장수한 것은 나라의 경사로 여겨 나라에서 국장(國杖)을 만들어 하사했다. 80세가 되면 나라의 큰 경사이기에 임금이 조장(朝杖)을 만들어 하사했다. 나이 많은 어른을 존경하고 그들의 산 경험이 지니는 권위를 드러내고자 지팡이를 준 것이다.

지팡이 중에 1년 자란 명아주대를 말려서 만든 청려장(靑藜杖)이 있다. 청려장은 무게가 가벼우면서도 단단하여 노인들이 가지고 다니기에 안성맞춤이어서 효도지팡이라고도 했다.《본초강목》에는 청려장이 표면이 울퉁불퉁하여 손바닥을 자극하는 효과가 있어서 중풍을 예방하는 효과가 있다고 했다. 청려장은 여장으로도 일컬어졌으며, 도산서원에도 유학자 이황(李滉)이 사용하던 청려장이 보존되어 있다. 1999년 영국의 엘리자베스 여왕이 안동 하회마을을 방문했을 때 이 청려장을 선물하기도 했다.

가사나 시조에서도 청려장이 등장한다. 고려 말기의 가사 〈서왕가〉에 "청려장을 비껴 들고 명산을 찾아들어…"라는 대목이 있다. 조선 명종 때의 문신인 송순(宋純)은 그 유명한 〈삼언가〉에서 "청려장을 짚고 백년을 보내리라."라고 읊었다.

열두 달 열두 가지 떡

떡타령이 있다.

왔더니 가래떡 / 울려놓고 웃기떡 / 정들라 두텁떡 / 수절과부 정절떡 / 색시 속살 백설기 / 오이서리 기자떡 / 주눅 드나 오그랑떡 / 초승달이 달떡이지

예부터 우리나라는 다달이 명절이 있었고 명절마다 먹는 떡이 있었다. 정월 보름에는 달떡, 이월 초하루에는 섬떡, 삼월 삼짇날에는 쑥떡, 사월 초파일에는 느티떡, 오월 단오에는 수리치떡, 유월 유두에는 밀전병, 칠월 칠석에는 수단, 팔월 한가위에는 송편, 구월 중양절에는 국화떡, 시월상달에는 무시루떡, 동짓달 동지에는 새알심, 섣달그믐에는 골무떡을 먹었다.

이 열두 가지 떡을 포함해 적어도 36가지가 넘는 떡이 있었을 것으로 추정된다. 명문가에 시집가려면 180가지의 음식을 만들 수 있어야 하는데, 그중에서 36가지의 떡을 만들어야 한다는 기록에서 알 수 있다.

떡은 한국인에게 한마음이라는 의식을 심어주기도 했다. 연변에서는 손님 밥

상 복판에 김이 모락모락 나는 흰떡 한 무럭이를 올리고 주인과 손님이 각각 손으로 그것을 떼어 먹음으로써 식사가 시작된다. 인절미(引切米)라는 이름은 바로 여기에서 나온 말이다. 떡의 찰기가 서로의 마음을 가깝게 하고, 떡을 함께 먹음으로써 마음을 나눈다고 생각한 것이다.

제사상에 반드시 떡을 올리는 것은 오랫동안 헤어져 있던 조상신이나 신령과 가까이하기 위함이요, 마을 사람들이 떡을 나누어 먹는 것은 한마음을 다지기 위함이었다. 시월상달에 집집마다 만든 고사떡을 마을 사람들과 나누어 먹는 것은 한 해 동안 농사일을 하는 데 도움을 주어 고맙다는 뜻과 함께, 같은 마을 사람으로서 한마음을 갖자는 뜻이 있다.

떡은 과거를 보러 가는 선비들과도 관련이 있다. 과거를 보러 가는 선비들은 찹쌀떡을 먹거나 마을 입구 서낭당 나무에 붙이면 합격한다고 믿었다. 수학능력시험이나 고등학교 입학시험에서 합격을 기원하며 찹쌀떡을 주거나 교문에 붙이는 것도 여기에서 비롯된 풍속이다.

결혼하고 신행을 온 딸이 시댁으로 돌아갈 때도 떡을 만들어 보냈다. 시집가면 '입 막고 3년'이란 말에서 알 수 있듯이 말조심하라는 뜻도 있지만, 시댁 식구들과 한마음을 가지라는 뜻도 담겨 있다.

온돌방 생활

온돌은 아궁이에 불을 때면 그 화기가 방 밑을 통과하여 방을 덥히는 장치로, 오늘날에도 효율성과 과학성을 높이 평가받는 우리나라 고유의 난방법이다.

온돌은 이미 고구려 때 사용했다. 중국 송나라의 정치가 구양수가 지은《신당서》에는 "고구려 사람들은 겨울이면 모두 긴 구덩이를 만들고 그 아래에 불을 때어 따뜻하게 했다."고 기록되어 있다. 고구려의 온돌은 백제와 신라에도 전해졌고 고려와 조선을 거쳐 오늘날에도 사용하고 있다.

온돌은 연료나 시설이 경제적이고 구조가 간편해 손질을 자주 하지 않아도 되며 아울러 의료 효과까지 인정받는 효율적인 난방법이다. 그러나 방바닥과 위쪽의 온도차가 심해 감기에 걸리기 쉽고, 온도를 유지하기 위해 방문을 닫아두기 때문에 환기가 잘 되지 않고 건조하기 쉬우며 온도 조절이 어려운 단점이 있다.

날씨가 고구려보다 따뜻한 백제와 신라에서는 온돌방보다는 널빤지를 깐 마루방을 많이 사용했다.

고려시대에는 일반적이지는 않았지만 많이 사용하던 난방방식이었다. 고려 후기에는 온돌을 온방(溫房)·난돌(煖突)이라고 했으며, 방바닥 전체에 구들을 놓았을 것으로 추측한다. 고려 말기의 문신 이색(李穡)의 《목은집》에 "의주에 묵었는데 동상방에서 화돌(火突)에 이상이 있어 벽에 바른 종이가 탔다."라는 기록이 있는 것으로 보아 도배까지 한 온돌방이 있었음을 알 수 있다.

조선시대에도 영조 때까지는 방이 모두 온돌을 갖추지는 않았던 듯하다. 조선 후기의 학자 이규경이 편찬한 백과사전인 《오주연문장전산고》의 다음 글에서 그 사실을 확인할 수 있다.

"100년 전에는 공경귀족의 집일지라도 온돌은 불과 한두 칸만 만들어 노인이나 환자가 쓰도록 했고, 나머지 사람들은 모두 판방(板房)에서 생활했는데 주위에 병풍과 휘장을 치고 살았다. 자녀의 방은 자리풀을 깔았고, 그곳의 온돌은 말의 똥을 때어 얼마간의 연기 기운으로 데웠다."

엄격하게 처벌한 성범죄

성범죄에 대한 처벌을 더욱 강화해야 한다는 여론이 높지만 현실은 그렇지 않다. 왜 우리 사회는 성범죄에 관대한 걸까? 오늘날의 성범죄자들이 조선시대에 태어났다면 그들은 중형을 면치 못했을 것이다.

조선시대에 성범죄자 처벌은 《대명률大明律》 '범간(犯奸)조'에 의거했고, 거기에 없는 내용들은 부례조항을 만들어 적용했다. 강간미수는 장(杖) 100대와 함께 3000리 밖으로 유배, 강간은 교수형, 여자를 유혹해 간통했을 경우에는 장형

100대, 근친강간은 목을 베는 참형(斬刑)에 처했다.

지배층에게는 더욱 언행을 조심할 것을 요구했다. 중종 23년(1528) 10월 벼슬아치인 도백손(都伯孫)이 과부를 강간하자 중종이 "상인(常人)이 강간하는 것도 옳지 않은데, 더구나 사족(士族)이겠는가?"라며 엄벌을 지시했다.

간통한 남녀는 모두 장(杖) 80대를 맞아야 했다. 이것을 면하기 위해 여성은 강간을 당했다고 주장하는 경우가 많았는데, 이 경우 여성의 처음 생각이 판단 기준이었다. 세종 12년(1430) 정4품 호군 신통례(申通禮)가 관비 고음덕(古音德)과 여러 차례 성관계를 가졌다. 그런데 고음덕은 "처음에는 거절하여 소리 내어 울었다."라고 진술함으로써 신통례는 강간으로 처벌받았다. 이 사건처럼 피해 여성의 신분은 중요하지 않았다. 세종 15년(1433)에는 좌명 1등공신 이숙번(李叔蕃)의 종 소비(小非)는 강간하려는 주인의 이마를 칼로 내리쳤으나 무죄 방면되었다.

중종 26년(1531) 종친인 고령감 이팽령(李彭齡)이 사노 봉원(奉元)의 딸 순금(順今)과 관계했다. 봉원의 아우가 중매한데다 관련자가 모두 화간이라고 증언했지만, 순금이 "나는 여인이라 거역할 힘이 없어서 이틀 밤을 함께 잤다."고 답하는 바람에 강간으로 처벌받았다.

기녀의 경우도 마찬가지였다. 폭력이 없었어도 여성의 동의가 없었다면 강간으로 처벌했고, 피해 여성이 처벌을 원하는지 여부는 형량의 참작 대상이 아니었다. 절도 도중 강간까지 한 경우는 참형이었고, 유아 강간은 예외 없이 교형이나 참형이었다.

특히 고려시대부터 〈자녀안恣女案〉을 만들어 간통하는 여자나 행실이 바르지 못한 여자들을 기록하여 경계의 대상으로 삼거나 신분을 강등시키기도 했다.

왕릉에서 발달한 음식, 두부

두부는 물에 불린 콩을 갈아서 짜낸 콩물을 끓여 간수를 넣어 만든다. 여러 문헌에 따르면 두부는 2000여 년 전인 한나라 무제(武帝) 때의 학자 유안(劉安)이 발

명했다. 우리나라에는 고려 말기에 원나라에서 전래되어 이후 다양하게 발달
했다. 새끼줄로 묶어 들고 다닐 만큼 단단한 막두부와 산 미꾸라지를 두부 속에
뚫고 들어가게 하여 만든 약두부를 비롯하여 연두부·탄두부·순두부·베두부·
비단두부 등 여러 가지 두부가 발달해 입맛에 따라 먹을 수 있었다.

우리나라에서 두부는 처음에 왕릉에서 발달하기 시작했다. 고려시대에는 왕
이 죽어 왕릉을 조성하면 왕릉 부근에 나라 제사에 쓰는 두부를 맡아 만들던 절
인 조포사(造泡寺)를 두었다.

조포사가 두부 발달의 중심지가 된 것은 불교가 성했던 고려시대에 제수품으
로 고기 대신 두부를 많이 사용했기 때문이다. 조선시대에는 여러 조포사 중에
개성에 있는 태조의 조포사인 연경사(衍慶寺)와 광릉에 있는 세조의 조포사인 봉
선사(奉先寺)가 두부 맛이 좋기로 유명했다.

조선의 두부는 중국에서도 인기가 있었다. 세종 14년(1432) 12월에 명나라에
사신으로 갔던 박신생(朴信生)이 명나라 황제의 칙서를 가지고 왔는데, 조선에서
보낸 궁녀들의 음식 솜씨를 극찬하고 특히 두부 만드는 법이 절묘하니 앞으로도
두부 잘 만드는 여인을 골라 보내줄 것을 당부한다는 내용에서 추정할 수 있다.

오늘날 일본에서 명성을 날리고 있는 고치[高知]시의 도진[唐人]두부는 임진왜
란 때 일본으로 잡혀간 경주성장 박호인(朴好仁)이 만들기 시작하여 오늘날까지
이어지고 있는 것이다.

봉선사

고려 말기의 문신 이색의《목은집牧隱集》에는 두부와 관련된 〈대사구두부내향
大舍求豆腐來餉〉이라는 시가 수록되어 있다.

　　나물국을 오래 먹으니 맛이 없는데
　　두부가 새로운 맛을 돋우네
　　이빨 성근 이 먹기 좋고
　　늙은 몸 양생에 더욱 좋다
　　물고기 순채는 남쪽 월나라가 으뜸이고
　　양락은 북쪽 되놈 것이 으뜸이라면
　　우리 땅에서는 두부가 으뜸인지라

촌수(寸數)

　친족 사이의 멀고 가까운 정도는 촌수(寸數)로 알 수 있다. 이 촌수는 어느 친척
이 자신과 어떤 관계에 있는지 명확하게 해준다는 점에서 다른 어느 문화에서도
찾아볼 수 없는 우리 고유의 제도이다.

　우리나라에서 촌수가 언제부터 시작되었는지 정확히 알 수 없으나 기록상으
로는 12세기 고려시대까지 소급되며, 보학(譜學)이 발달한 15세기에 접어들면서
친족 간에 촌수를 따지는 것이 활발해졌을 것으로 추정된다. 왜 '촌(寸)'이라 했는
지는 확실하지 않으나, '촌'이 '마디'라는 뜻이므로 대나무의 마디에 견주어 친족
관계의 가까운 정도를 나타내는 등급을 표시하는 수단으로 바뀌었을 것으로 생
각된다.

　촌수는 부모와 자식 간의 관계를 연결 고리로 해서 추적한다. 그중 짝수는 모
두 자신과 같은 항렬의 사람들(4촌·6촌·8촌)이고, 홀수는 모두 자신의 위 항렬이
나 아래 항렬의 사람들(3촌·5촌 아저씨, 5촌 조카·7촌)이다.

　일상생활에서 언급되는 촌수 중 가장 먼 촌수가 8촌인 점은 조상 제사의 관습

과 밀접한 관련을 맺고 있다. 가정에서 지내는 조상 제사는 고조까지 4대 봉사를 원칙으로 했다. 같은 고조의 자손으로 자신의 세대에 있는 8촌까지의 친족들은 조상 제사를 계기로 빈번한 접촉을 유지하지만, 이 범위를 넘어 혈연관계가 더 멀어지면 접촉의 기회도 줄어들고 대체로 더 이상 촌수를 따지지도 않게 된다.

촌수가 친소(親疏) 관계의 척도로는 효과적이지만, 이것이 어느 세대에 속하는 어떤 관계의 사람인지를 분명히 해주지는 않는다는 점에서 촌수가 친족 호칭으로 사용되는 예는 위에서와 같이 극히 한정되어 있다. 그 대신 우리의 친족 호칭에서는 조·숙·형·질·손 등의 세대를 표시하는 호칭과 종·재종·삼종 등의 친소 정도를 표시하는 접두어의 조합으로 발달했으며, 이는 중국의 영향으로 생겨났다.

환향녀가 화냥년으로

병자호란 때 청나라로 끌려갔던 여인들이 다시 조선으로 돌아왔을 때 그들을 '고향으로 돌아온 여자'라는 뜻의 환향녀(還鄕女)라고 불렀다. 청나라에 포로로 끌려간 인원은 60만 명가량인데 이 중 50만 명이 여성이었다고 한다. 따라서 이들이 귀국하자 엄청난 사회문제가 되었다.

사람들은 적지에서 고생한 이들을 따뜻하게 위로해주기는커녕 그들이 오랑캐들의 성노리개 노릇을 하다 왔다면서 몸을 더럽힌 계집이라고 손가락질을 했다. 병자호란 이전 임진왜란과 정유재란 때 일본에 포로로 잡혀갔던 여인들 역시 마찬가지였다.

가까스로 귀국한 환향녀들에게 남편들은 이혼을 요구했으나 선조와 인조는 이혼을 허락하지 않았다. 특히 인조는 이혼을 허락하지 않는 대신 첩을 두는 것을 허용하여 문제를 해결해보려고 했다.

이 무렵 우의정 장유(張維)의 며느리도 청나라에 끌려갔다가 돌아와 시부모로부터 이혼을 종용받았다. 처음에는 인조의 허락을 받지 못했지만, 장유가 죽은 후 시부모에게 불손하다는 다른 이유를 들어 결국 이혼시켰다고 한다.

환향녀가 이렇게 사회문제가 되자 인조는 청나라에서 돌아오는 여성들에게 "홍제원의 냇물(오늘날의 연신내)에서 목욕을 하고 돌아오면 그 죄를 묻지 않겠다."고 선언했다. 그러면서 환향녀들의 정조를 거론하는 자는 엄벌하겠다고 했다. 하지만 이들에 대한 핍박은 그치지 않았다. 특히 환향녀의 남편들은 왕명 때문에 이혼은 못했지만 첩을 두고 죽을 때까지 돌아보지 않는다거나 갖은 핑계를 대서 스스로 나가도록 유도했고, 시집을 가지 않은 처녀들은 자결하거나 문중을 더럽혔다는 이유로 쫓겨나는 등 수많은 환향녀들이 죽을 때까지 수모를 겪었다.

전쟁터에서 시체를 처리하기 위한 장례

죽은 사람을 장사 지내는 방법은 여러 가지이다. 지배자가 죽었을 때 종사자를 함께 묻는 순장을 비롯하여 매장, 화장, 풍장(風葬), 조장(鳥葬) 등이 그것이다.

상고시대에 화장은 일반적으로 행하던 장례법은 아니었다. 화장을 하면 사자(死者)와 생자(生者)의 연결이 완전히 단절된다는 신앙 때문에 일부 특수한 경우에만 행해졌다. 그 하나가 고승을 장사 지내는 경우였다.

전염병에 걸린 사람이 죽었을 때도 화장을 했다. 이는 병의 근원을 끊어 자손에게 전염시키지 않겠다는 믿음 때문이었다. 또 죽은 자의 영혼이 산 자에게 끼칠 재앙을 뿌리뽑기 위해 화장을 하기도 했다. 전쟁터에서 전사한 병사들도 화장을 했다. 운구가 불가능한 마당에 적에게 받을지도 모르는 수모를 피하기 위해서이다.

불교가 성했던 통일신라시대에 30대 문무왕은 화장하여 유골을 동해 앞바다에 뿌렸으니, 지금도 이곳을 대왕암이라 부른다. 34대 효성왕(재위 737~742)도 법류사에서 화장하여 유골을 동해에 뿌렸다. 51대 진성여왕 유골은 양서악에 뿌렸고, 52대 효공왕은 사자사 북쪽에서 화장하여 유골을 구지제(仇知堤) 동산 옆

문무대왕릉(대왕암)

에 묻었다. 53대 신덕왕(재위 912~917), 54대 경명왕(재위 917~924)도 화장했다. 진성여왕 이후 4대의 왕이 화장을 한 것을 보면 화장이 꽤 성행했던 것으로 추정된다.

고려시대에는 불교가 국교(國敎)인 만큼 장사를 지낼 때 승려를 비롯하여 백성들도 널리 화장을 했다. 이때의 화장은 시신을 태워 유골을 수습한 뒤 일정한 곳에 안치하는 절차를 거쳐 매장하는 방식이었다.

그러나 성리학을 공부한 신진 사대부가 중심이 되어 건국한 조선에서는 유교적 절차에 따른 장례를 치르도록 했다. 화장은 가르침을 받지 못한 아비 없는 자식들이나 하는 짓이라며 아예 금지하자는 상소가 있었으며, 성종 1년(1470)에는 화장이 계속 시행되고 있음을 지적하고 사헌부·감사·수령이 더욱 엄하게 금지할 것과, 이를 알고도 금하지 않으면 친족이나 이웃 주민까지 중죄를 주라는 명을 내렸다. 다만 승려의 주검이나 버려진 주검, 전사한 주검은 화장으로 장례를 행하는 것을 허용했다고 한다. 이처럼 조선시대에는 부모의 시신을 함부로 훼손해서는 안 된다는 유교 윤리에 따라 화장을 꺼리게 되면서 점차 사라지게 되었다.

바둑을 즐긴 고구려 사람, 바둑 금지령을 내린 세종대왕

바둑은 정적인 기호 활동에 속한다. 그런데 용맹스럽고 싸움을 좋아하는 동적인 고구려인들이 의외로 정적인 바둑을 즐겼다고 한다. 중국의 역사서인《구당서》에 "고구려인은 바둑과 투호놀이를 좋아한다."고 했고,《삼국사기》에는 바둑을 즐긴 백제의 개로왕이 고구려의 첩자 도림(道琳)에게 살해당했다는 내용이 기록되어 있다.

바둑은 문자가 생기기 이전인 4300여 년 전에 발생했다고 전해지지만 확실한 고증은 없다. 중국 하나라의 걸왕(桀王)이 석주(鳥冑)에게 명하여 만들었다고도 하고, 요임금과 순임금이 아들의 지혜를 계발해주기 위해 바둑의 오묘한 술수를 가르쳤다는 이야기도 있다. 또 바둑판의 구조가《주역》의 이치와 상통하므로 바둑의 기원이 주역의 발생과 때를 같이했으리라는 설도 있다.

바둑이 우리나라에 전해진 시기는 확실하지 않다. 그러나 요순시대에 바둑이 만들어졌다면 단군과 요순은 그 연대가 비슷하므로 이때에 우리나라에 전해졌으리라 추측된다. 우리나라에 전래된 바둑은 고구려인들이 좋아했으며, 백제인도 즐겼다. 통일신라에서는 당나라와 바둑으로 교류할 정도로 매우 성했다.

조선시대에는 놀기 좋아하는 왕자들이 바둑을 즐겼다. 그중에서도 세종의 셋째아들인 안평대군(安平大君)의 실력이 뛰어났다. 그는 서울 성북동 별장에서 옥바둑판에 금은 바둑돌로 바둑을 두면서 시간을 보냈다고 한다. 이에 세종은 바둑이 학문을 게을리하게 만든다 하여 금령(禁令)을 내리고 바둑 두는 사람을 잡아 가두게 했다. 그 뒤로 바둑은 은거하는 도인이나 낙향한 선비에 의해 명맥을 유지하면서 소일거리로 전락하게 되었다.

바둑과 더불어 널리 즐기는 놀이 중에 장기(將棋)가 있다. 옛 문헌을 보면 장기를 '상희(象戲)'라고 일컬었으나 조선 중기 이후의 문헌에는 '장기'라는 명칭이 보인다. 나무토막에 글씨를 쓰고 그것을 조각한 알[棋]로 적의 장(將, 王, 楚, 漢)을 꼼짝 못하게 포위하여 승패를 겨루는 까닭에 장기라는 명칭이 붙었다.

장기는 본디 인도의 승려들이 오랜 수도 생활 중에 잠깐 쉬는 틈을 타서 행하던 놀이로, 중국을 거쳐 우리나라에 전해졌다고 한다.

장기가 우리나라에 전래되어 정
착된 시기는 신라 말기에서 고려
초로 추측된다. 장기는 인도 장기·
중국 장기·일본 장기 등 각 나라
마다 약간씩 다르게 발전했고, 서
양으로 전해져 발전한 것이 체스
(chess)이다.

장기판과 알(오죽헌시립박물관)

조선시대의 패관문학서인《대동야승大東野乘》에는 "혁기(奕碁; 바둑), 장기, 쌍
륙 등은 잡기에 속한다. … 이런 유희는 소일하기 위한 것이나, 어떤 자는 너무
즐겨 의지를 상실하는 자도 있고 혹은 도박을 하여 재산을 손해 보는 자도 있
었다."라는 기록이 있어, 당시 바둑과 장기가 매우 성행했음을 알 수 있다.

기혼 남성의 상징물, 상투

'신체발부 수지부모(身體髮膚 受之父母)'는 몸과 머리털과 피부는 부모에게서 물
려받은 것이므로 손상해서는 안 된다는 말이다. 부모에게서 물려받은 머리털을
보존하는 전통적인 방식은 상투다. 상투는 장가든 남자가 머리털을 끌어 올려 정
수리 위에 틀어 감아 맨 것이다.

상투의 역사는 오래되었다.《삼국지》〈위지동이전〉에 "모자는 쓰지 않고 날상
투를 했다."는 기록으로 미루어 오래전부터 상투를 틀었음을 알 수 있고, 문헌뿐
아니라 고구려 고분벽화와 신라의 토용(土埇) 중에도 상투 튼 모습을 확인할 수
있다.

고려시대에도 상투를 틀었으나 몽골의 지배를 받을 때는 몽골의 풍습인 변발
(辮髮)을 해야 했다. 변발은 배원정책을 편 공민왕 때 폐지되었다. 이 상투가 오늘
날처럼 짧은 형태로 바뀐 것은 고종 32년(1895)에 을미개혁으로 단발령이 실시
되면서부터다.

옛날에는 오늘날과 같은 이발기구나 기술이 없었으므로 머리카락을 관리하는 방식으로 상투가 등장한 것으로 보인다. 상투를 틀면 여름철에는 매우 더웠을 것이다. 그래서 상투를 틀 때 통풍이 잘 되라고 정수리 주변의 옆머리 머리털 일부를 완전히 깎아내고 나머지 머리털을 틀어 올렸다. 이를 '백호 친다'라고 했다.

상투는 기혼 남성의 상징물이었다. 일단 상투를 틀면 어른으로 대접받았고, 나이를 더 먹었어도 상투를 틀지 못한 사람에게 반말하는 것이 가능했다. 그래서 나이 먹은 노총각들은 결혼과 상관없이 상투를 트는 '건상투'를 하는 경우도 있었다.

오뚝이, 꾹꾹이 등의 어린이 장난감

옛날의 어린이는 어떤 장난감으로 어떤 놀이를 했는지 살펴보자.

먼저 오늘날에도 즐기는 공기놀이가 있다. 밤톨만 한 돌 다섯 개 또는 여러 개를 땅바닥에 놓고, 일정한 규칙에 따라 집고 받는 놀이다. 주로 여자아이들이 하는 놀이다.

자치기도 즐겨하는 놀이였다. 작은 막대기와 큰 막대기를 각각 하나씩 준비하여 큰 막대기로 작은 막대기를 쳐서 멀리 나가는 편이 이기는 놀이다.

오뚝이도 있었다. 오뚝이는 밑을 무겁게 하여 아무렇게나 굴려도 오뚝오뚝 일어서는 장난감이다. 그래서 부도옹(不倒翁)이라고 불린다. 뻣뻣한 종이 따위로 속을 비게 한 후에 아랫부분에 무거운 쇠를 넣어 인형을 만들어 오늘날의 지점토 공예처럼 빚어서 만들었으리라 추정된다. 이러한 오뚝이 인형은 어린이도 많이 가지고 놀았지만 어른들에게는 세상살이에서 겪는 많은 어려움과 슬픔을 이겨낼 수 있도록 용기를 주는 장난감이기도 했다.

꾹꾹이는 종이로 새 모양을 만들어 예쁘게 색칠하고 꽁지에 피리를 만들어 입으로 불면 꾹꾹 비둘기 소리를 냈다고 한다. 보리나 밀을 이용하여 만들기도 했으며 버드나무 껍질을 이용하기도 했다. 채포곡(彩布穀)이라고도 한다.

줄넘기는 달리 도색희(跳索戱) 또는 차도차월(且跳且越)이라고도 했다. 임진왜란 때 조헌(趙憲)이 널리 보급시킨 놀이로 오늘날의 줄넘기와 똑같은 놀이다.

수벽치기는 손뼉으로 장단을 맞추어 노는 놀이다. 오늘날 마주 앉은 두 사람이 '푸른 하늘 은하수 하얀 쪽배에…'라는 노래를 부르며 손뼉을 마주 치면서 노는 놀이와 같다.

물장구는 초파일 무렵에 함지박에 물을 담고 크기가 다른 바가지를 엎어 띄우고, 막대기로 두드려 장단을 맞추며 노래하며 노는 놀이다.

꼬꼬마는 가벼운 거위 깃털에 색색이 물을 들여, 서너 개씩 한데 묶어 실 끝에 달고 다니면서 노는 기구이다. '꼬꼬마'는 '봉황'의 몽골말로, 옛날에 우리나라 군복의 전모 꼭지에 단 깃털 장식을 꼬꾸마리라고 했는데, 이 놀잇감에서 유래되었으리라 추정된다.

죽방울놀이는 나무로 장구처럼 복판을 잘록하게 깎아 두 개의 나뭇가지로 이은 줄에 올려놓아 좌우로 굴리다가, 때로는 높이 올렸다 받아서는 다시 돌리는 놀이다. 이와 달리 모래주머니 여러 개를 두 손으로 던져 잽싸게 번갈아 받는 놀이도 같은 이름으로 불렸다. 중국 문헌에는 '죽령'이라고 기록되어 있다.

굴렁쇠 돌리기는 나무로 만든 술통을 뉘어 굴리며 놀던 데서 유래한 놀이다. 대나무로 둥근 테를 만들어 Y자형의 막대 끝에 대고 굴리면서 달리는 놀이로, '둥글둥글 굴렁쇠야, 굴러굴러 어디 가니'라는 노래를 부르며 놀았다.

이 밖에 손목을 돌리면 양쪽에 달린 콩만 한 알이 북을 땡땡 두드리는 장난감인 땡땡이, 오늘날의 팔랑개비처럼 받쳐 들고 뛰어가면 뱅뱅 또는 도루래미도 있었다.

고구려의 혼수품은 수의

고구려에서는 결혼할 때 혼수품으로 빼놓지 않은 것이 수의(壽衣)였다. 왜 고구려인들은 수의를 준비했을까?

만주를 중심으로 한 고구려인들의 터전은 땅이 척박해서 벼농사를 짓기에는 적합하지 않았다. 그러므로 생활필수품은 죽음이 따르는 전쟁을 통해 얻어야만 했다. 이처럼 고구려인은 죽음을 목전에 두고 자주 전쟁을 치렀으므로 수의가 일상생활에 필요한 혼수품이 되었다.

행복하게 시작해야 할 신혼 살림에 죽음부터 생각하는 것은 얼른 납득이 가지 않지만, 전쟁을 수없이 치러야 할 고구려인들로서는 자연스러운 일이었다. 고구려에는 재미있는 결혼 관습도 있었으니 데릴사위제와 형사취수제가 그것이다.

데릴사위제는 양가 부모의 승낙을 받아 약혼이 성립되면 사윗감이 신부의 집의 본채 뒤에 작은 별채인 서옥(婿屋; 사위의 집)을 지어 기거하면서 결혼할 날을 기다린다. 드디어 결혼하는 날이 되면 신랑은 해질 무렵 신부 집 문 앞에 이르러 자기의 이름을 밝히고 절을 한 후, "아무쪼록 신부와 더불어 잘 수 있게 해주십시오."라고 청한다. 이때 마을 사람들은 재미있는 구경거리가 생겼다고 신부 집 앞에 모여든다.

마을 사람들에게 둘러싸인 신랑이 이렇게 두 번 세 번 신부와 잠자게 해달라는 청을 거듭하면, 신부의 부모는 신랑의 요청을 받아들이고, 마침내 신랑은 서옥에 들어가 신부와 첫날밤을 지내게 된다. 신랑이 가져온 돈과 폐백(幣帛)은 서옥 옆에 쌓아둔다. 결혼한 부부는 이 서옥에 살면서 아이를 낳고 그 아이가 다 자란 후에야 함께 남편의 집으로 돌아갈 수 있었으니 일종의 노력 봉사라 하겠다.

형사취수제(兄死取嫂制)는 형이 죽으면 형수를 동생이 취하여 아내로 삼는 제도이다. 이런 결혼 풍습은 고구려뿐만 아니라 부여나 흉노 등 북방 민족 사이에서 널리 나타나고 있다. 이 제도는 씨족사회에서 다른 씨족원이었던 여자가 남편이 죽으면 다른 씨족의 남자와 재혼하여 전 남편의 재산을 가지고 갈 경우, 씨족의 재산과 인적 손실이 생기는 것을 방지하기 위해 생겨난 것으로 보인다.

형사취수를 한 대표적 예로는 고국천왕(재위 179~197)의 부인인 우씨가 동생인 산상왕(재위 197~227)과 결혼한 것인데, 나중에 우씨가 죽은 후 전남편의 곁에 묻히는 관례를 깨고 산상왕 곁에 묻혔으므로 형사취수의 전통이 무너졌다고 할 수 있다.

개화기에 일본에서 전래된 화투

친구들이 모이면 으레 하는 오
락이 화투(花鬪)이다. 이 화투는
좁은 장소에서 심심풀이로 시간
을 보내기에 아주 적당한 놀이지
만 노력 없는 횡재나 우발적인
행운을 바라게 만드는 애물이기
도 하다.

화투

화투는 예부터 내려오던 민속놀이가 아니라 개화기에 일본에서 전래되었다고
한다. 구한말의 학자 황현(黃玹)의 《매천야록》에는 "골패와 투전이 갑오개혁 이후
에 금지되면서 일본이 서울과 각 항구에 화투국을 만들어 큰 놀이판을 벌인다."
라고 기록되어 있다. 이런 까닭에 일제강점기와 광복 후 몇 년 동안은 반일 감정
때문에 화투를 하지 않다가 오늘날에는 거의 대중화되다시피 했다.

화투는 16세기경 포르투갈 상인들이 일본에 전해준 48장의 '카르타 놀이딱지'
에서 비롯되었다. 이 놀이가 돈과 결부되어 도박으로 흘러 재산을 들어먹는 사람
이 많아지자 일본 정부에서는 대대적인 금령을 내리고 카드 수거 명령을 내렸다.
그러자 일본인들은 하트·다이아몬드·클로버·스페이드의 네 기호와 숫자를 본
떠, 춘하추동의 화조풍월(花鳥風月)로 바꿔 하나후다(はなふだ; 꽃딱지)라는 것을 만
들었다. 1년 열두 달을 본떠서 12패로 만들고, 1패를 4장으로 하여 48장을 만든
것이다. 이것이 19세기 말경에 대마도 상인들을 통해 우리나라에 들어와 급속히
일반에게 퍼졌다는 것이 정설이다.

화투가 전해지면서 이전까지 성행하던 도박인 '투전'이 변화하여 화투로 하는
'섰다' 놀이가 나타났다. 이것은 11월(오동을 상징)과 12월(비를 상징)을 제외한 40
장으로 1월을 1로, 2월은 2로 하고 10월(단풍을 상징)을 10으로 설정하여 1의 자
리 숫자가 높은 사람이 이기고, 단풍 2장을 가지면 장땡이라 하여 대우를 가장
좋게 하는 놀이다.

화투가 가정에서 환영을 받게 된 것은 '민화투'와 '뺑'이라는 놀이 때문이다. 이

것은 같은 패끼리, 즉 같은 달의 그림을 맞추어 패를 모은다든지 아니면 남을 죽이면서(?) 자기가 일어서는 말 그대로 '꽃전쟁'인 셈이다. 오늘날 화투 놀이 중 가장 많이 하는 것이 고스톱이다. 정상룰보다 싹쓸이 따위의 변칙룰이 많고 시대를 반영하는 룰이 생겨나는 등 짓궂고 고약한 놀이 문화이다.

화투놀이가 널리 행해지다 보니 관련 노래도 생겼다. 가장 대표적인 것으로는 고창 지방에서 유행하는 노래이다.

> 정월 송악에 백학이 울고, 이월 매조에 꾀꼬리 운다 / 삼월 사구라 북치는 소리, 천지 백파에 다 날아든다 / 사월 흑싸리 못 믿어서, 오월 난초가 만발했네 / 유월 목단에 나비 청해, 칠월 홍싸리 멧돼지 뛰고 / 팔월 공산에 달이 밝아 구월 국진에 국화주요 / 시월 단풍에 사슴이 울고, 오동 복판 거문고는 줄만 골라도 빙글뱅글 / 우중에 해님이 양산을 받고 동네방네 유람 갈까 / 다 돌았네 다 돌았네, 이백 사십으로 다 돌았네

출생의 계통을 표시한 성씨

성씨(姓氏)란 출생의 혈통을 나타내거나 한 혈통을 잇는 겨레붙이의 칭호를 말한다. 그럼 성(姓)과 씨(氏)는 어떻게 다를까?

중국 후한 때 학자 허신(許愼)이 편찬한 자전(字典)인 《설문해자說文解字》에 '성 인지소생야(姓人之所生也)'라고 정의했듯 성은 출생의 계통을 표시하는 것이다. 모계 시대에는 여계(女系)의 혈통을, 부계 시대에는 남계(男系)의 혈통을 나타내는 표시였다. 중국 노나라의 학자 좌구명(左丘明)이 쓴 《좌전左傳》에는 "천자가 제후(諸侯)를 봉할 때 그 조상의 출생지로써 성을 주었다."라고 한 것처럼, 각 개인의 성에 의하여 각자의 소속된 혈통을 분별할 수 있었다.

그러나 동일한 혈통을 가진 자가 여러 곳으로 흩어지게 될 때 각 지역에 분산된 일파를 나타내기 위한 표지가 필요했는데, 이것이 곧 씨다. 《좌전》에도 '조지

토이명지씨(胙之土 而命之氏)'라 한 바와 같이, 씨는 지명에 의하여 명명되었다. 씨는 분화된 혈통(성)의 지연(地緣)을 나타내는 표지인 것이 분명하므로 본원적 의미는 성의 분파(分派)를 뜻한다.

그러므로 성은 중국의 고전에서 말하는 혈통의 연원을 표시하는 것으로 우리의 성(姓)에 해당하며, 씨는 같은 성에서도 소유한 지역으로써 분별한 것이므로 우리의 본관(本貫)에 해당한다. 경주 김씨, 전주 이씨, 밀양 박씨 등의 '씨'자에는 존칭의 의미도 담겨 있지만 본관을 나타내는 의미가 포함되어 있다. 씨는 또한 조선시대 양반의 처(妻)에 대한 이름 대용의 경칭으로도 쓰였다.

우리 민족은 삼국시대부터 중국 문화의 영향을 받아 중국식을 모방한 한자 성을 사용하기 시작했다. 역사의 발전과 궤도를 같이하여 각 시대가 전환하는 고비마다 성씨 제도에 획기적인 변화가 이루어져 새로운 성이 생겨나기도 하고, 또 그럴 때마다 기존의 성이 분열하여 분관(分貫), 분파(分派) 작용을 했는가 하면 소멸되기도 하는 등 많은 변천을 거듭해왔다.

중국식 성씨 제도는 이미 삼국시대부터 왕실에 이어 귀족들에게 수용되었고, 고려 초기에는 한국적 성씨 체계가 본격적으로 정착되었다. 후삼국시대의 격심한 사회 변동에 따른 신분제의 재편성 과정에서 한반도를 통일하고 고려를 건국한 태조 왕건은 당대의 실질적인 지배 세력을 대표했던 전국의 호족을 출신지와 거주지 별로 나누어 각기 성과 본관을 하사했다. 이로써 우리나라의 성과 씨는 한층 늘어나게 되었다.

우리나라의 성은 몇 개나 될까?

조선시대에 성종의 명에 따라 노사신(盧思愼) 등이 편찬한 우리나라의 지리서인《동국여지승람東國輿地勝覽》에는 277개 성, 1908년에 간행한《증보문헌비고增補文獻備考》에는 496개 성으로 기록되어 있다. 광복 후 1960년 실시한 인구조사에서는 258개 성, 1985년에는 274개 성이었다. 통계청 자료에 따르면 2015년 현재 우리나라 성은 5582개, 이 중 인구 1000명 이상인 성은 153개, 5명 이상인 성은 533개이다.

가족의 호칭인 택호(宅號)

옛날에는 집의 이름, 곧 택호(宅號)를 지어 누구든지 언제 어디서든 쉽게 부르고 기억할 수 있는 호칭 문화가 발달했다. 아무개의 처가나 아무개 아들의 외가 마을이 어딘가 알면 그 가족들의 택호를 금방 떠올릴 수 있었다. 이러한 택호의 장점은 누구든 쉽게 지을 수 있고 명칭, 지칭, 호칭 등으로 자유롭게 쓰일 수 있어 편리하거니와 신분이나 직급에 따라 사람을 차별 없이 평등하게 일컫는다는 것이다.

예를 들면 어떤 사람이 양지로 장가를 들어 양지 처녀를 신부로 맞이하게 되면, 그 택호는 으레 아내의 친정 마을 이름을 따서 '양지'로 짓는다. 그러면 어른들은 그를 일러 '양지야' 하고 부르고 그 부인은 '양지댁'이라고 일컫는다. 젊은이들은 그를 두고 '양지 어른' 또는 '양지 아저씨'라고 일컫고, 어린이들은 '양지 할아버지'라고 일컫는다.

어른들이 그 자녀를 지칭할 때에도 "저 녀석이 양지 어른의 자제야."라고 말한다. 자녀들은 어른들에게 자신을 소개할 때 "저는 양지댁네의 맏아들입니다."라고 말한다. 심지어 마을 사람들은 양지 어른의 윗대를 일컬을 때에도 '양지 어른 부친' 또는 '양지 어른 조부'라고 택호를 중심으로 말한다. 따라서 가족들 가운데 누구든 택호 하나만 있으면 모든 가족이 그 택호를 통해서 지칭되고 호칭될 수 있었다.

또한 이 택호는 아무개의 처가와 아무개 부인의 친정을 확인시켜주는 동시에 그 자녀들의 외가가 어딘지도 알려주는 구실을 한다. 그러므로 이것은 우리나라 전통 사회가 부계 중심이라고 하지만 택호를 통해서 모계의 지연까지 알려주는 남녀평등을 보장하는 여성적 호칭이라고 하겠다.

아울러 남성의 지위에 상관없이 부인의 출신 지역에 따라 택호가 결정되므로 사회적 지위나 빈부 차이와 관계없이 집과 집을 민주적으로 평등하게 일컫는 호칭이라 할 수 있다.

전문적인 이야기꾼인 전기수(傳奇叟)

우리 할머니나 어머니가 들려주던 옛날이야기에는 다양한 인물들이 등장한다. 지배층의 관료, 거기에 붙어 사는 친족이나 비장(裨將), 비복(婢僕), 관아의 소인배, 호협적인 한량이나 건달패, 농촌에서 흘러들어온 빈민, 각양각색의 장사꾼이나 수공업자가 독자적으로 또는 서로 관련을 맺으면서 주인공이 되어 이야기를 엮어나간다.

어머니나 할머니 세대는 이런 이야기를 직접 책으로 보기도 했지만, 전국을 돌아다니며 청중들에게 이야기를 엮어내던 이야기꾼들한테서 듣기도 했다. 조선 순조 때 이희준(李羲準)이 지은 우리나라 고금(古今)의 기담집인 《계서야담溪西野談》과 같은 문헌이 전해오는 것으로 보아 많은 이야기꾼이 활동을 했음을 알 수 있다. 당시에는 글을 모르던 문맹이 많았거니와 책의 출판도 활발하지 못했으므로 이야기꾼은 사회에 꼭 필요한 사람들이었다. 더욱이 조선 후기에는 한글 소설이 많이 등장했으므로 이들의 활동은 더욱 활발했으리라 추정할 수 있다.

조선 후기의 이야기꾼에는 청중에게 소설을 낭독해주던 강독사(講讀師), 이야기를 노래로 구연하던 강창사(講唱師), 이야기를 재미있게 엮어내던 강담사(講談師)가 있었다. 이들은 자신이 직접 경험했거나 들었던 일들을 시장·약방·객점과 같은 시정 주변 또는 대갓집이나 부잣집 사랑방에서 재미나게 이야기해주고, 그 대가를 받아 살아가던 일종의 예술인으로 전기수(傳奇叟)라고도 했다.

조선 후기의 학자인 유재건(劉在建)이 지은 《이향견문록里鄕見聞錄》에는 "정조 때 김중진이라는 이는 늙기도 전에 이빨이 죄다 빠져서 사람들이 놀리느라 별명을 오이물음이라 붙여주었다. 익살과 이야기를 잘하여 세상 사람들의 마음과 세상 물정을 표현함에 있어 간절하고 정성스러우며 섬세하게 전해주었다. 더러 들어볼 만한 이야기가 많았다."고 언급하고 있으며, 영조와 정조 때 시인인 조수삼(趙秀三)의 《추재집秋齋集》에는 "이야기주머니[說囊] 김 옹은 이야기를 아주 잘하여 듣는 사람들은 누구 없이 포복절도했다. 그가 이야기의 실마리를 잡아 살을 붙이고 양념을 치며 착착 자유자재로 끌고 가는 재간은 참으로 귀신이 돕는 듯했다. 가위 익살의 일인자라 할 것이다. 그리고 가만히 그의 이야기를 들어보면 세상을 조롱하고 깨우치는 뜻이 담겼음을 알게 된다."고 언급한 것으로 보아 조선 후기에 이야기꾼들이 많이 등장한 것을 알 수 있다.

이들 이야기꾼들이 하던 이야기를 한문으로 기록한 짧은 형식의 글이 야담(野談)이다. 대표적인 야담집으로는 《청구야담靑邱野談》《계서야담》《동야휘집東野彙輯》이 있다. 이야기꾼들은 대체로 신분적으로 중간층이었으므로 이들은 지배층과 피지배층의 생활을 다양하게 경험하여 진실되고 솔직하게 표현할 수 있었다.

처서 이후 산에서 거풍하는 남자들

24절기의 열네 번째 절기인 처서(處暑)는 여름이 지나고 신선한 가을을 맞이하여 더위를 식힐 수 있다는 절기다. 뜨겁던 여름 햇살이 주춤하면서 바람이 선선해져 "처서가 지나면 모기도 입이 비뚤어진다."고 했다.

처서가 지나면 사람들이 하는 주요한 일 중 하나가 거풍(擧風)이다. 포쇄(曝曬)라고도 한다. 바람을 쐬고 햇볕에 말린다는 뜻이다. 그래서 농부는 곡식을 말리고, 부녀자는 옷을 말리고, 선비는 책을 말렸다. 〈농가월령가〉에도 "장마를 겪었으니 집 안을 돌아보아 곡식도 거풍하고 의복도 포쇄하소."라고 백성들에게 당부하고 있다.

기나긴 여름철의 장마와 고온다습한 날씨에 눅눅해져 곰팡이가 핀 옷가지와 책 등을 말리는 포쇄는 어쩌면 가을을 맞아들이는 의식이었던 셈이다.

그래서 처서가 지나면 산에 햇볕이 잘 들고 바람이 잘 통하는 곳에서는 장관이 펼쳐졌다. 여자들은 함부로 가까이할 수 없는 곳이면 어김없이 남자들이 모여 아랫도리를 벗어 생식기를 드러내놓았다. 햇볕에 생식기와 음낭 주변을 말리고 자연의 정기를 받아 양기를 모으기 위함이었다. 남자들의 거풍은 겨울이 끝나고 진달래꽃이 한창 피어날 때도 이루어졌다.

남편의 신분이 아내의 칭호 좌우

《예기》와 《주례》에 따르면, 왕은 왕후 외에 그다음 직급으로 부인 3명을 두었고, 제후는 부인 1명을 두었다. 즉 왕의 아내는 후(后), 제후의 아내는 부인(夫人), 대부의 아내는 유인(孺人), 사(士)의 아내는 부인(婦人), 서민의 아내는 처(妻)라고 했다. 제사를 지낼 때 '유인(孺人) 아무개'라고 적는 것은 대부의 아내를 가리키는 말에서 왔다. 이때의 왕은 천자(이후의 황제)를, 제후는 한나라 이후의 왕을 말한다.

주나라 이전에 황제(黃帝)는 4명의 비(妃)를 거느렸고, 순임금은 3명의 부인을 두었으며, 하나라를 세운 우왕(禹王)은 12명의 부인을 거느렸다고 한다. 이 하나라를 멸망시킨 상나라의 탕왕(湯王)은 12명에서 27명을 늘여 39명의 부인을 두었다.

우리나라에서 가장 많은 부인을 거느린 사람은 고려의 태조 왕건으로 《고려사》에 나와 있는 공식적인 부인만 29명이다.

전쟁터에서 끓여 먹던 청국장

전쟁이 났을 때 군사들은 어떻게 식사를 해결했을까? 전쟁터에서는 언제 적이 공격할지 모르기 때문에 되도록 빨리 식사를 해야만 했다.

힘을 많이 써야 하는 전쟁터에서 콩은 최고의 보양식이었다. 하지만 날콩은 혀끝을 찌르는 듯한 아린 맛 때문에 먹기 힘들었고, 그래서 전쟁터에서 쉽게 먹을 수 있도록 개발한 것이 바로 전국장(戰國醬)이다. 전시(戰時)에 먹기 위해 단기숙성시켜서 붙여진 이름이다. 우리나라에서 전국장을 처음 다룬 문헌은 홍만선이 쓴 《산림경제》로 제조법도 소개하고 있다.

전국장은 청국장(淸國醬)으로 불리기도 한다. 이렇게 불리게 된 연유는 병자호란 때 참전한 청국 병사들의 주된 식량이었던 데서 붙여진 이름이라고 한다. 영조 42년(1766)에 유중림(柳重臨)이 쓴 《증보산림경제》에는 청국장 제조법이 다음과 같이 기록되어 있다. "대두를 잘 씻어 삶아서 고석(볏짚)에 싸서 따뜻하게 3일간 두면 생진(生絲)이 난다."

차례(茶禮)

'차례(茶禮)'라는 어휘는 조상께 차를 정성껏 공양한다는 뜻으로 《삼국유사》 '표훈대덕조'에 처음으로 등장한다. 기록에 따르면 신라 경덕왕 때의 승려 충담사가 매년 설이나 추석에 미륵불에게 차공양을 올렸다고 한다. 이 기록을 근거로 충담사 이후 차례 문화가 퍼졌다고 본다.

차례는 고려시대에 이르러 널리 성행했다. 조선시대에도 명절에 차례를 지냈으나 임진왜란 등으로 경제가 피폐해지고 도공(陶工)들이 일본으로 잡혀가 다기(茶器)가 비싸지자, 백성들의 생활을 걱정해서 영조가 "귀하고 비싼 차 대신에 술이나 뜨거운 물, 즉 숭늉을 대신 쓰도록 하라."라는 명을 내린 후부터 차례에 술이 등장하게 되었다고 한다.

옛날 사람들의 교통수단

옛날에는 일반 백성이 이용할 수 있는 교통수단이 없었다. 그저 걸어다니는 것이 최선이었다. 가난해서 말이나 가마 같은 이동수단을 구할 수 없었던 것이다. 일반 백성이 말이나 가마를 탈 수 있는 기회는 혼례를 치를 때와 죽어서 상여로 묘지로 옮겨질 때뿐이었다. 지배층은 말과 가마를 이용했다.

우리나라에서는 선사시대부터 말을 기른 것으로 추정된다. 문헌에 따르면 부여, 고구려, 옥저 등에서 목장을 설치해서 마소와 돼지와 함께 길렀으며 이를 타고 다니는 것이 보편화되었다고 한다. 우리 조상은 기마민족으로서 일찍이 말과 매우 친숙했던 것이다. 조선시대에는 전국 각지의 주요 고을에 역(驛)을 설치하여 말을 항상 준비해두고 공무로 출장을 가는 관리에게 지급했다. 이때 관리가 지닌 마패에 그려진 말의 수효대로 말을 내주었다.

가마는 용도에 따라 여러 종류가 있었다.

연(輦)은 임금이 타던 가마로, 좌우와 앞에 주렴이 있고 헝겊을 비늘 모양으로 늘어뜨렸으며, 채 두 개가 상당히 길게 붙어 있다. 이것 말고도 왕이 타는 가마의 일종으로 가교(駕轎)가 있었다. 앞뒤로 말을 한 필씩 배치하고 안장 양쪽에 채끝을 걸어 매어 채가 흔들리지 않게 한 것이다. 가교에는 임금이 직접 타는 정가교(正駕轎)와 왕의 신변을 보호하기 위해 정가교의 앞에서 가는 빈 가교인 공가교(空駕轎)가 있다. 덩은 공주나 옹주가 타던 가마로 연과 비슷하다.

초헌(軺軒)은 종2품 이상의 벼슬아치가 타던 외바퀴 수레다. 긴 줏대에 외바퀴가 밑으로 달려 있고 앉는 데는 의자 비슷하며 위는 꾸미지 않았다. 오늘날 남아 있는 양반집의 대문턱 가운데에 틈이 있는 것은 초헌을 지나다니게 하기 위함이다. 남여(藍輿)는 의자 비슷하게 생긴 앉을 것 밑에 약간 긴 채 두 개를 꿰어 붙인 것으로 포장이나 덮개가 없는 작은 가마다. 삿갓가마(草轎)는 초상 중에 상제가 타던 가마로 가장자리에 흰 휘장을 두르고 위에 큰 삿갓을 덮은 것처럼 꾸몄다. 사인교(四人轎)는 민간에서 혼례 때에 신부를 태우고 운반하던 가마로 앞뒤에 각각 두 사람씩 모두 네 사람이 멘다.

가마는 물건의 운반에도 사용되었다.

교여(轎輿)는 사람이 타지 않고 물건을 운반하는 데 사용하던 가마다. 용정자(龍亭子)는 나라의 옥책(玉冊; 제왕이나 후비의 존호를 올릴 때에 그 덕을 기리는 글을 새긴 옥 조각을 엮어서 만든 책)이나 금보(金寶; 선대 왕이나 비에게 올리는 추상존호를 새긴 도장) 등 보배를 운반할 때 사용하던 가마다. 채여(彩輿)는 왕실에서 의식을 거행할 때 귀중한 물건을 실어 나르는 데에 사용하던 것으로 꽃무늬로 장식했다. 남여와 비슷하며 채가 달려서 앞뒤에서 멘다. 무개(無蓋)가자는 음식물을 실어 나르는 데 사용하던 들것으로 두 사람이 가마 메듯이 멘다. 말 뒤에 수레를 매단 마차도 물건을 운반하는 데 많이 쓰였다.

옛날의 숙박시설

우리나라 최초의 숙박시설은 신라 소지왕(재위 479~500) 9년(487)에 등장한 역(驛)이라고 할 수 있다. 이는 고려시대에 접어들면서 원(院)으로 분리되었으며, 공무로 지방에 출장을 가는 관리에게 숙식을 제공하고자 중요한 길목이나 인가가 드문 장소에 설치했다. 국가에서 운영 경비를 부담하여 무료로 이용할 수 있었으며, 관리인인 원주(院主)는 부근의 주민 중에서 선발했다. 원은 조선 초기에 한때 크게 번성했으나 사용자를 제한했기 때문에 후기에 접어들어서는 명맥만 유지하게 되었다.

원이 나라에서 관리하던 시설물이라면 객주와 여각, 주막 등은 개인이 운영하는 숙박시설이었다. 객주의 기원이나 유래는 확실하지 않지만 고려시대부터 있던 것으로 추측된다. 객주는 객상주인(客商主人)이라는 뜻으로 물상객주(物商客主)와 보행객주(步行客主)의 두 종류가 있다.

물상객주는 주로 상업과 금융기관의 역할을 했다. 주요 업무는 상품을 사고파는 것이지만 창고업, 위탁판매업, 운수업, 금융업 등과 함께 짐 주인의 편의를 위해 숙박업도 했다. 보행객주는 전문적으로 숙박업만 하는 곳으로 주막보다 여러 면에서 고급이어서 오늘날의 호텔급이라고 할 수 있다. 객주는 개항 후 서양 문물이 들어옴으로써 점차 쇠퇴해 1930년경에는 모습을 감추었다.

여각은 조선시대에 생겨난 여인숙으로 항구에서 해산물이나 농산물 매매를 중개하거나 위탁판매를 하면서 화물 주인을 상대로 숙박업을 겸했다. 나그네와 그들이 타고 다니는 말의 숙박 장소로 이용되기도 했다. 이들은 중앙의 권력자나 정치인에게 돈을 주고 허가증을 얻어서, 상선(商船)이 포구에 들어오면 거의 강제로 화물 주인을 자신의 여각에 묵게 하고 화물을 다른 곳으로 팔지 못하게 하는 방법으로 숙박료와 화물중개료를 강제로 빼앗기도 했다.

역사가 가장 오래된 숙박업소는 주막이다. 기록상으로 우리나라 최초의 주막은 신라시대 천관의 술집이다. 주막에서는 술과 밥을 팔았고 나그네에게 잠자리도 제공했다. 전국적으로 분포되어 있었으며, 주로 장시가 열리는 곳이나 역이 자리한 곳에 있었다. 대개 음식값 외에 숙박료를 따로 받지 않아 침구를 제공하

우리나라 마지막 주막인 예천 삼강주막

지 않았고, 한 방에서 10여 명이 신분에 관계없이 함께 잤다고 한다.

이 밖에 전국 각처의 부유한 집에서는 여행자에게 잠자리와 식사를 무료로 제공하는 경우가 많았다. 이런 집에서는 저녁이면 항상 식구들의 식사 말고도 서너 명은 더 먹을 수 있는 음식을 여유분으로 준비해놓고 오가는 손님에게 음식과 잠자리를 제공하곤 했다고 한다. 그런데 숙박자가 너무 오래 머물러 있으면 눈치를 주기 위해 반찬의 숫자를 줄이면 떠나야만 했다고 한다.

현대적인 숙박시설은 1880년대에 서양에서 여관이 들어오면서 시작되었고, 1910년 이후부터는 근대식 여관이 도시의 발달과 함께 번성하기 시작했다.

조상들의 바캉스

우리나라에서 피서나 휴양하기 좋은 곳에서 바캉스를 즐기기 시작한 것은 그리 오래되지 않았다. 본디 우리 민족은 정착 민족이므로 무더위를 앉은 채 이겨내는 정적인 피서를 해왔다. 그래서 이열치열(以熱治熱)이라는 말도 생겨났다.

옛날에는 이동 피서라고 해야 마을 계곡이나 뒷산으로 소풍을 가는 것이 고작이었다. 봄가을에 가족들을 이끌고 대규모로 금강산이나 묘향산 등 명승지로 꽃

구경이나 단풍놀이를 가는 것에 비하면 여름철의 피서 행렬은 별로 크지 않았던 것이다.

고려 명종 때의 학자 이인로가 지은 〈탁족부濯足賦〉를 보면 조상들이 즐긴 피서의 멋을 한껏 느낄 수 있다.

> 나물 먹고 배부르니 / 손으로 배를 문지르고 / 가냘픈 오사목 제껴 써 / 쨍그렁 용죽장 손에 짚고 / 돌 위에 앉아 / 두 다리 드러내고 발을 담근다
> 한 움큼 물을 입에 머금고 / 주옥을 뿜어내니 / 불같은 더위가 지나가네
> 먼지 묻은 갓끈 씻어내고 / 휘파람 불며 돌아오니 / 시냇바람 설렁설렁
> 여덟 자 대자리에 조각만 한 영목침 베고 / 꿈속에서 흰 갈매기와 희롱하니 / 좁쌀이야 있거나 말거나

정적 피서에 필요한 물건들은 부채, 땀받이, 고의적삼 등이다. 물론 일반 백성이 아닌 상류층의 피서용품들이다.

부채는 중국 춘추전국시대 이전부터 있었으니 우리나라에도 일찍부터 전해졌을 것이다. 고려 초기에는 접선(摺扇; 쥘부채)으로 개량해 가지고 다니기 편리하게 했다. 그래서 더위가 시작되는 음력 5월 단오에 주는 선물로 제일로 친 것이 바로 단오부채였다. 단오부채에는 좋은 글귀나 그림을 그려넣어 한껏 멋을 부리기도 했다.

땀받이는 땀을 받아내기 위해 입는 속옷이다. 고의적삼은 여름에 입는 홑바지와 저고리로, 까칠한 면이 피부에 닿아 시원한 느낌을 준다. 죽부인이라는 피서용품도 있었다. 대나무를 결대로 쪼개어 길고 둥글게 엮어 만든 기구로 이를 껴안고 자면 이불과 피부 사이에 틈이 생겨 바람이 들어와 시원했다. 그 이름을 '죽부인'이라고 의인화했듯이, 아버지가 쓰던 것은 아들이 쓰지 못하는 법도도 있었다. 이 밖에 마을 산야에서 쉽게 구할 수 있는 익모초의 즙을 내 그 쓰디쓴 맛을 보며 더위를 식히기도 했다.

일반 백성들은 낮에는 나무 그늘에서 낮잠을 즐긴다든지, 관리들의 부정부패를 탓하며 가혹한 더위와 비교하는 등 이야기를 나누며 더위를 피했다.

신분에 따라 신발도 달라

삼국시대에는 화(靴)와 이(履) 두 종류의 신을 신었다. 기록에 따르면 신라에서는 화(靴)를 '선'이라고 했는데, '선'은 이두의 대음이므로 삼국시대부터 신발을 신어왔음을 알 수 있다. 이러한 사실은 고구려 쌍영총 벽화나 《삼국사기》 '색복조(色服條)'에서 확인할 수 있다. 백제의 무령왕릉에서는 왕과 왕비가 신었던 신발이 발견되기도 했다.

화는 목이 긴 신으로 습기가 들어오는 것을 막고 추위를 피하기에 적당하여 북방 민족이 많이 착용하던 신이고, 이는 높이가 낮은 신으로 남방 민족의 신이다. 신라의 기록으로 보아 우리나라 고유의 신은 목이 긴 화였을 것으로 추측된다. 고려시대에는 화보다는 앞이 얕고 굽이 높은 모양의 이를 많이 신었다.

일반 백성들은 계절에 관계없이 사시사철 짚신을 신었고, 삼·닥나무·청올치·노끈·실 등으로 만든 미투리도 많이 신었다. 짚신은 초기에는 부들과 왕골로 만들었으나 훗날 볏짚을 사용했다. 운혜(雲鞋)도 일반 백성들이 신던 신으로 지금의 고무신과 비슷했다.

왕이나 지배층은 조복(朝服)이나 제복(祭服)에 맞게 검은 가죽으로 만든 목이 긴 흑피혜(黑皮鞋)를 신었다. 조선 말기에는 흑피혜 대신 목화(木靴)를 착용했다. 목화는 바닥은 나무나 가죽으로 만들고 신목은 천이나 가죽으로 겉을 씌우고 솔기에는 홍색 선(縇)을 두른 반장화 모양의 마른신으로 조복이나 공복을 입을 때 신었다. 구한말에는 왕도 평상복을 입을 때에는 가장자리에 헝겊이나 가죽을 대고 코와 뒤축에 흰 줄무늬를 새긴 마른신인 태사혜(太史鞋)를 신었다.

부잣집 노인들은 마른신인 발막신을 신었다. 상류층 여성들은 당혜(唐鞋)를 신었다. 안은 푹신하게 융을 쓰고 거죽에는 여러 가지 화려한 비단을 배열하였으며, 바닥에는 미끄럼을 방지하기 위해 징을 군데군데 박은 마른신이다. 궁녀들이 신는 신은 달리 궁혜(宮鞋)라고 불렀다. 땅이 질 때는 진신을 신었다. 물이 배지 못하게 들기름에 결은 가죽으로 만들었으며 바닥에는 징을 둘러 박았다.

일반적으로 비가 올 때는 굽이 높은 나막신을 신었다. 나막신은 가난한 양반들이 애용하던 신이기도 하다. 그래서 '남산골 딸깍발이'라는 말이 생겨나기도

짚신과 신골

했다. 가난한 양반들이 많이 살던 남산골에서 선비들이 상민처럼 짚신이나 미투리를 신기는 뭣하니까 비나 눈이 오지 않는 맑은 날에도 나막신을 자주 신었기 때문에 생겨난 말이라고 한다.

여러 종류의 혜와 짚신, 미투리, 나막신은 1894년 갑오개혁 이후 서양의 구두가 도입되고 1920년대부터 고무신이 등장함으로써 점차 사라졌다.

부여의 5부는 윷놀이의 기원

정월 초하루에 가장 많이 즐기는 놀이가 윷놀이다. 이 윷놀이는 언제부터 행해졌으며, 어디에서 그 기원을 찾을 수 있을까?

기원전 1세기경 부여족이 송화강 상류에 세운 부여는 5부족 연맹체로서 마가(馬加), 우가(牛加), 저가(猪加), 구가(狗加)의 네 부족장이 각각 자기 부족을 다스렸다. 중앙에는 왕이 다스리는 지역이 따로 있었다. 이때는 농경사회가 완전히 정착된 시기가 아니어서 다섯 가지 가축을 다섯 부족에게 나누어주어 그 가축들을 경쟁적으로 번식시키게 했다. 이 가축이 부족의 토템이었으므로 부족장의 이름도 여기서 비롯되었다. 그리고 각 부족이 기르는 가축이 토템신앙으로 정착되면서 생겨난 놀이가 바로 윷놀이다.

'도'는 돼지[猪], '개'는 개[狗], '걸(왕이 다스리던 중앙 부족에게 주던 가축인 갈)'은 양(羊), '윷'은 소[牛], '모'는 말[馬]을 상징한다. 이를 순서대로 배열해보면 돼지, 개, 양, 소, 말이 된다. 곧 동물의 달리는 속력과 관계가 있다. '도'는 한 발씩, '개'는 두 발씩, '걸'은 세 발씩, '윷'은 네 발씩, '모'는 다섯 발씩을 갈 수 있는 것에서 알 수 있다.

윷은 모양에 따라 장작윷과 밤윷으로 나뉘며 박달나무나 참나무처럼 단단한 나무로 만든다. 관서 지방과 관북 지방에서는 검정콩이나 팥알을 쪼개어 만든 콩윷으로 놀기도 한다.

섣달그믐 밤이나 설날에는 윷점을 쳐서 새해 운수를 알아보기도 했다. 마을 사람을 두 편으로 나누어 그 결과를 가지고 마을의 운수나 한 해의 풍흉을 점치거나, 개인이 윷을 놓아 나타난 숫자로 자신의 운수를 점쳤다.

우리만의 식사도구 숟가락

식사도구는 동남아시아 사람들의 손가락, 서양 사람들의 포크, 우리나라 사람들이 사용하는 숟가락과 젓가락 등 여러 종류가 있다. 가장 초보적인 단계는 손가락이고, 그다음이 음식을 자르는 나이프, 그다음이 음식을 찍거나 집어 나르는 포크와 젓가락, 가장 발달한 단계가 숟가락이라고 한다.

우리나라에서 가장 오래된 숟가락은 함경북도 나진 초도의 조개무지에서 출토된 골제품(骨制品)이다. 이곳은 청동기시대의 유적이므로 서기전 10세기경에 사용된 것으로 추측된다. 중국에서는 문헌상 《시경》에 숟가락에 관한 기록이 처음 보이며, 일본에서는 서기전 3세기경의 유적지에서 숟가락이 출토되었다.

우리나라에서는 백제 무령왕릉에서 동제 수저가 출토된 것으로 미루어 삼국시대에 숟가락과 젓가락을 함께 사용했음을 알 수 있다. 중국에서는 춘추전국시대(서기전 403~서기전 221)에 젓가락을 사용했다는 기록이 있는 것으로 보아 숟가락보다 늦게 사용했을 것으로 추측된다.

우리나라와 중국과 일본이 비슷한 시기에 숟가락과 젓가락을 사용하기 시작했지만 중국과 일본에서는 숟가락보다는 젓가락을 주로 사용하고 우리나라는 젓가락과 숟가락을 함께 사용한다. 이렇게 된 데에는 밥과 함께 국이나 찌개, 물김치 등 물기가 있는 음식을 먹는 우리의 식사 문화와 관련이 깊다.

수저의 재료는 주로 청동과 백통(구리와 니켈의 합금)이 쓰였으며 고급품은 은으로 만들었다. 모양은 시대에 따라 달라졌다. 고려 초기에는 숟가락 자루가 크

백제시대의 수저와 그릇(공주박물관)

게 휘어졌으며, 중기의 것은 자루 끝이 제비 꼬리 모양이다. 조선 초기에는 제비 꼬리 모양이 사라지고 휘어진 자루도 곧게 펴졌으며 숟가락 바닥도 나뭇잎 모양의 타원형으로 바뀌었다. 중기 이후에 숟가락 자루는 곧고 길고 두꺼워졌으며 숟가락 바닥도 곧게 바뀌었다. 젓가락은 오늘날처럼 집는 쪽이 점차 가늘어졌다.

수저에 장식을 넣기도 했다. 집안에 복이 깃들기를 기원하여 '복(福)'자나 '길(吉)'자를 넣었고, 꽃무늬를 넣기도 했다.

돌을 맞은 아기에게 개인용 수저를 선물로 주었고, 아이가 자라면 큰 것으로 바꾸어주었으며, 혼인을 한 신부는 혼수품으로 본인과 신랑의 밥그릇, 국그릇, 수저를 준비했다.

불을 나누는 한식

한식(寒食)은 동지로부터 105일째 되는 날로 4월 5일이나 6일쯤이다. 민간에서는 조상의 묘를 찾아 제사를 지내고 벌초를 하기도 한다. 지금은 그렇지 않지만 본디 이날은 불을 사용해서는 안 되는 날이었다.

《세종실록》 13년(1431) 2월 26일 기사에 따르면, 임금이 "한식은 찬밥을 먹는 까닭에 그렇게 부르는가. 한식에는 불을 쓰면 안 되는가." 하니, 정인지가 대답하기를 "옛 시에 이르기를, '푸른 연기 흩어져 오후 집으로 들어가네.' 하였사오니, 이는 반드시 불을 내려주는 걸 기다려서 불을 썼음을 의미하는 것입니다." 했다.

《동국세시기》에는 "청명(淸明)날 버드나무와 느릅나무를 비벼 새 불을 일으켜 임금에게 바친다. 임금은 이 불을 정승, 판서, 문무백관 360고을의 수령에게 나누어주었다. 수령들은 한식날에 다시 이 불을 백성에게 나누어주는데, 백성들은 묵은 불을 끄고 새 불이 오는 동안 새 밥을 지을 수 없어 찬밥을 먹는다고 해서 한식(寒食)인 것이다."라고 했다.

이렇게 팔도 각 고을에 나누어주는 불씨는 바람이나 물에 꺼지기 쉬우므로 뱀껍질이나 닭껍질로 만든 주머니로 싸서 보온력이 강한 은행이나 목화씨앗을 태운 재에 묻어 불씨통[藏火筒]에 담아서 보냈다. 민간에서도 불을 매우 귀하게 여겨 집 안의 불씨를 꺼뜨리지 않고 대대로 전하는 것을 자랑으로 여겼고 불씨를 지키지 못한 며느리는 쫓겨나기도 했다.

대부분 한식은 중국 춘추전국시대의 충신 개자추(介子推)가 산에 들어가 타 죽은 것을 애도하기 위해 불을 쓰지 않고 찬밥을 먹은 데서 유래했다고 알고 있으나 이는 중국의 고사일 뿐, 우리나라의 한식은 교통이 불편했던 조선시대에 묵은 불과 새 불을 교체하는 시간 사이에 생겨난 풍습이다.

귀족 음식인 잔치국수

누구나 부담 없이 먹을 수 있는 서민음식인 국수는 6·25전쟁 이전까지만 해도 매우 귀한 음식이었다. 요즘은 결혼식 피로연에 갈비탕을 비롯한 여러 가지 음식이 나오지만, 예전에는 국수가 혼인잔치의 대표 음식이었다. 길다란 면발처럼 두 사람이 장수하면서 백년해로하라는 뜻을 담고 있다. 그래서 흔히 언제 결혼할 거냐고 물을 때는 "언제 국수 먹여줄 거냐?"고 묻는다.

이처럼 국수가 혼례나 회갑연처럼 경사스러운 잔칫날에 먹는 특별한 음식이었기에 잔치국수라고 했다. 《고려도경》〈잡속편〉에 "밀가루 값이 비싸 경사 때가 아니면 먹지 못한다."고 기록돼 있는 것으로도 그 사실을 확인할 수 있다. 일반 서민들은 경사 때나 먹을 수 있으며, 귀족들이나 먹을 수 있는 귀한 음식인 것이다.

우리나라는 벼농사 중심의 농사를 지어 밀가루가 귀했으므로 주로 메밀가루로 국수를 만들어 먹었다. 그런데 이 메밀은 찰기가 없어 국수가락이 끊어져 길게 뽑을 수가 없었으니 밀국수와는 견줄 바가 아니었다. 가마솥에 끓인 시원하고 담백한 육수에 국수를 담고 실고추 등 고명을 얹어 먹는 그 맛은 어느 음식과도 비교할 수가 없다.

밀국수가 대중화된 건 일제강점기 이후이다. 일제가 우리 땅에서 생산한 쌀을 일본으로 가져가고 조선인의 주식으로 밀, 보리, 콩 등을 재배하게 한 것이다. 이어 6·25전쟁 때 미국에서 밀가루가 구호물자로 들어오고, 싼값에 밀가루가 수입되면서 밀국수는 아무 때나 먹을 수 있는 대중음식이 되었다.

약으로 사용된 설탕

설탕은 사탕수수나 사탕무를 원료로 하여 만든다. 수크로오스가 주성분이며 포도당, 엿당 등의 다른 단맛을 지니는 당류를 포함하기도 한다. 설탕의 역사는 아주 오래되어, 서기전 327년 알렉산드로스 대왕이 인도로 원정군을 보냈을 당시 사령관이었던 네아르코스 장군이 인도에서 발견했다고 한다.

설탕은 당나라나 일본과 왕래가 잦았던 삼국시대나 통일신라시대에 우리나라에 전래되었을 것으로 추측되나 확인할 수 있는 문헌 기록은 발견할 수 없다. 고려시대에 들어서 비로소 설탕에 관한 문헌 기록을 찾아볼 수 있다. 이인로가 지은 《파한집》에 고려 때의 승려 혜소가 임금에게 화엄경을 강론하고 얻은 돈으로 설탕 100덩어리를 사서 방 안에 쌓아두었다는 기록이 보인다. 처음 들어왔을 당시에는 약재로만 사용했으며 점차 일부 상류층의 기호품이 되었다.

우리나라에서 사탕무를 제당 원료로 사용한 것은 19세기 초부터이다. 그러나 오늘날에는 경제성이 없어 생산이 거의 중단된 상태이다.

사탕수수의 원산지는 인도이며 오늘날에는 인도를 비롯하여 카리브해 연안의 쿠바, 푸에르토리코, 멕시코, 브라질에서 큰 규모로 재배하고 있다.

신분에 따라 달랐던 임금에 대한 배례(拜禮)

절은 모든 예절의 기본으로서 머리와 몸을 굽혀 상대방에게 경의를 표시하는 행동이다. 공경하는 정도나 상황 및 대상에 따라 하는 방법이 다르다. 그중 큰절은 앉으면서 허리를 굽혀 머리를 조아리는 것으로 최고의 경의를 표할 때 하는 절이다.

백제시대에는 어른을 만나 인사를 할 때 땅에 손을 대고 큰절을 올렸다. 이는 백제인의 고유 관습으로 예의를 숭상했음을 알 수 있다. 반면 고구려인들은 오른쪽 손을 구부리고 왼발을 뒤로 빼며 약간 허리를 숙여서 인사했다. 전형적인 군례인데, 이는 전투적이고 무예를 숭상하는 고구려인들의 모습을 잘 보여준다.

큰절은 조선시대에 들어와 성리학의 영향으로 정형화되었다. 머리를 땅에 대며 하는 계수배(稽首拜), 머리로 땅을 두드리며 하는 돈수배(頓首拜), 양손을 땅에 대고 하는 공수배(拱手拜), 양손을 서로 치며 하는 진동배(振動拜), 일단 절하고 다시 이마를 땅에 대는 길배(吉拜), 보부상들이 하는 흉배(凶拜), 한 번 절하는 단배(單拜), 두 번 절하는 재배(再拜), 임금에게 하직할 때 하는 숙배(肅拜)의 9가지가 그것이다.

조선시대에는 또 신분에 따라 임금에게 절하는 방향이 달랐다. 관리들은 임금을 마주 보지 아니하고 동쪽이나 서쪽을 향해 절하는 곡배(曲拜)를, 일반 백성들은 임금을 바로 향하여 하는 직배(直拜)를 했다.

제사를 지낼 때는 남녀가 절하는 횟수가 달랐다. 음양론에 따르면 남자는 양의 기운을, 여자는 음의 기운을 타고났다. 양은 홀수, 음은 짝수에 해당한다. 또 이 승은 양, 저승은 음이다. 그리하여 남자는 평상시에 한 번 절하지만 제사를 지낼 때는 음에 해당하는 귀신에게 짝수인 두 번 절한다. 여자는 짝수인 음에 해당하 고 저승의 귀신 또한 짝수인 음에 속하므로 네 번 절한다.

역참제도에서 나온 말, 한참

'한참'이라는 말은 '시간이 상당히 지나는 동안'이라는 뜻으로 쓰인다. 이 말은 조선시대에 역참과 역참을 오가던 파발에서 나온 말이다. 역참에서는 중앙의 명 령을 빠른 시간 내에 지방에 전달하거나, 지방의 급한 일을 빠르게 중앙에 알리 기 위해 파발을 띄웠는데, 파발은 말을 이용하는 마발과 사람이 직접 다음 역참 으로 전달하는 보발이 있다. 마발을 이용할 경우 역참에서 지친 말을 교환했다. 보발인 경우 한 역참에서 다음 역참까지의 거리는 보통 30리(약 12킬로미터)였으 며 가는 데 걸리는 시간은 두 시간 삼십 분가량, 왕복하면 다섯 시간가량 걸렸다. 다섯 시간쯤 지나다 보니 옛날 사람들은 상당한 시간이 흐른 것으로 생각했다. 바로 이것이 '한참'이다. 공간 개념이 시간 개념으로 바뀐 경우라 하겠다.

농촌에서 일할 때 아침과 점심 중간이나 점심과 저녁 중간에 먹는 음식인 '새 참', 밤에 출출할 때 먹는 '밤참'도 역참에서 나온 말이다.

전화기로 삼년상 치른 순종

1876년 미국인 알렉산더 그레이엄 벨(Alexander Graham Bell)이 전화를 발명하면 서 통신 혁명을 가져왔다. 지금까지 새뮤얼 모스(Morse, Samuel) 발명한 복잡한 기 호로 이루어진 무선전신을 바꾸는 계기가 된 것이다.

우리나라에 전화기가 도입된 것은 1882년 청나라에 전기기술을 배우러 갔던 상운(尚雲)이 귀국하면서 갖고 온 것이 처음이지만 1896년에 가서야 실용화가 이루어졌다. 1902년 3월 20일 통신 업무를 관장하던 한성전화소가 서울과 인천 사이에 공중전화를 설치하면서, 나라에서 전화를 사용한 지 6년 만에 백성들도 전화를 쓰게 되었다. 공중전화를 설치하면서 한성전화소는 우리나라 최초의 전화 법령인 전문 2조의 '전화권정규정'

초기의 전화기

을 발표했다. 이에 따르면 전화통화료는 5분간 50전이고, 다른 사람이 전화를 하려고 기다릴 때에는 10분 이상 통화할 수 없었다. 한성전화소에서는 공중전화 사용자가 통화 중에 싸우거나 예절에 어긋난 농담을 할 때는 통화를 중단시켰다.

텔레폰(Telephone)의 한자음을 따 '덕진풍(德津風)'이라고 불린 당시의 전화기는 너비 50센티미터, 길이 90센티미터쯤 되는 붉은 판에 붙인 벽걸이식으로 송수화기가 분리되어 소화기관에 신호를 돌리는 손잡이와 딸딸이가 붙어 있었다.

한성전화소는 공중전화뿐만 아니라 양반집이나 부잣집을 다니며 전화 가입을 권장하기도 했지만 신문물을 곧 일본의 침략과 동일시하는 거부감 때문에 12명 남짓 가입했을 뿐이었다.

순종은 전화기를 이용하여 삼년상을 치르기도 했다. 부모가 세상을 떠나면 삼년상을 치르는 것이 상례였으나 임금인 처지로 그리 할 수가 없었던 순종은 아버지 고종이 1919년에 세상을 떠나자 아침마다 고종이 잠들어 있는 홍릉에 전화를 연결하여 곡(哭)을 했다고 한다.

우리나라 최초의 국제결혼

2000년 7300쌍에 불과하던 국제결혼 부부는 2003년 1만 9000쌍, 2018년에는 3만 1000건으로 눈덩이처럼 불어났으며 이들 사이에서 태어난 아이들도 그만큼

수로왕릉 납릉정문의 쌍어문(인도의 아요디아의 상징 무늬이다)

늘어났다. 하지만 이들에 대한 시선이 곱지 않자 전라북도 교육청은 2006년 공모를 실시하여 국제결혼 가정과 혼혈인을 포괄하는 명칭으로 '온누리안'을 발표하기도 했다. 이 용어는 온 세상을 뜻하는 순우리말 '온누리'에 영어에서 사람을 뜻하는 어미인 '-ian'을 붙인 합성어다.

우리 역사상 최초의 국제결혼은 김해 가야국의 시조인 수로왕과 인도 공주 허황옥(許黃玉)의 혼인이다. 《삼국유사》에 따르면 알에서 태어나 가야국을 세운 수로왕은 배를 타고 바다를 건너온 아유타국의 공주 허황옥을 왕비로 맞았다. 그녀가 정말 인도에서 왔는지는 확실하지 않지만, 배를 타고 왔다는 사실로 미루어 동남아시아나 남부아시아에서 온 외국인으로 추정된다. 두 사람은 슬하에 아들 열 명을 두었는데 둘째와 셋째가 어머니의 성을 따라 오늘날 김해허씨의 시조가 되었다.

당백전으로 방탄복 만들어

조선 후기에는 외세의 침입으로 많은 어려움을 겪었다. 유럽의 강대국이 동양으로 진출하면서 우리나라에도 손길을 뻗친 것이다.

고종 3년(1866)에 프랑스가 강화도에 침입한 병인양요가 일어났다. 프랑스 군대는 강화도를 거쳐 한강 양화진까지 진출했다. 한강까지 프랑스가 진출할 수 있었던 것은 바로 신식총 때문이었다. 문수산성에서 크게 패배한 조선은 크나큰 어려움에 맞닥뜨렸다. 세금을 운반하던 조운길의 중심지인 한강을 프랑스가 차지함으로써 재정상의 어려움을 겪게 되었던 것이다. 한강을 손에 넣은 프랑스는 통상을 요구하며 조선을 압박했지만 양헌수(梁憲洙)가 정족산성에서 프랑스군을 대파함으로써 겨우 어려움을 이겨냈다.

흥선대원군은 위력적인 신식총의 총탄을 막을 수 있는 방탄복을 만들도록 명을 내렸고, 해당 부서에서는 여러 가지 궁리 끝에 솜으로 방탄복을 만들었다. 빠른 속도로 회전하는 총탄에 솜이 엉겨붙어 막을 수 있다는 데 착안한 것이다.

고종 8년(1871) 미국의 군함 제너럴셔먼호가 강화해협에 침입한 신미양요가 일어나자 조선군은 솜으로 만든 방탄복을 입고 전투에 참가했고, 예상했던 대로 미군의 총탄은 조선군의 방탄복을 뚫지 못했다. 미군은 총탄을 맞고도 조선군들이 꿈쩍도 하지 않자 이상히 여겨 염탐을 한 끝에 그 이유를 알아냈다. 이에 미군은 곧바로 불로써 공격을 했고 작전은 주효했다. 솜 방탄복에 여지없이 불이 붙었고 당황한 조선군은 곧바로 바닷속으로 뛰어들었다. 이때의 상황을 목격한 미군 병사는 "하얀 목화꽃이 떨어지는 것 같다."고 묘사했다. 물에 뛰어든 조선군은 물을 잔뜩 머금어 무거워진 방탄복 때문에 물 밖으로 나오지 못하고 익사하고 말았다. 어려움을 겪던 조선군은 어재연(魚在淵)이 광성보에서 목숨을 잃으면서 힘써 싸운 끝에 미군을 물리쳤다.

솜 방탄복이 실패하자 흥선대원군은 다시 만들 것을 명령했다. 그러자 조정에서는 의논 끝에 화폐가치가 떨어져 유통을 금지하고 환수한 당백전을 활용해 방탄복을 만들었으나 너무 무거워 입고 활동할 수 없어서 실패했다.

이 같은 사실은 구한말의 정치가 윤치호(尹致昊)가 6~7세 무렵에 군부대신을 지낸 아버지 윤웅렬(尹雄烈)이 당백전으로 만든 갑옷을 집에서 보았다고 회고한 것으로 알 수 있다.

육체적 고통을 이겨내면 성인으로 대접

5월 셋째 월요일은 만 19세가 되는 사람을 대상으로 성인의 책임과 의무를 일깨워주고 자부심을 고취하기 위해 제정한 성년의 날이다.

우리나라에서 성년식을 행한 것은 고려 광종 16년(965)에 세자 유(伷)에게 원복(元服)을 입혔던 것이 시초라고 한다. 조선시대에는 《경국대전》에서 성년의 나이를 남자 15세, 여자 14세로 정하고 있으며, 각 가정에서는 이 나이가 된 남자는 상투를 틀고 여자는 쪽을 찌는 행사를 행했다.

과거 여러 나라의 사례를 보면 성년식은 지구력과 담력, 어려움도 참을 수 있는 인고력을 인정받기 위해 육체적으로 고통을 견뎌야만 했다. 예컨대 아프리카나 아메리카 대륙에서 성년이 되려면 5미터가 넘는 길 위에 불에 달군 숯을 늘어놓고 그 위를 걷게 한다.

우리나라도 예외는 아니었다.

삼한시대에 예비 성년들은 청년집회소에서 집단생활을 하면서 공공을 위한 노동과 국토방위 임무를 치르고서야 성년이 됐다. 즉 관청을 짓는 데 동원되어 등의 살가죽을 꿰뚫고 그 구멍에 새끼줄을 끼워 통나무를 끄는 육체적 고통을 이겨내야 성인 대접을 받을 수 있었다.

고려시대에는 개성 천마산에서 바위를 안고 돌면서 바위를 머리 위로 번쩍 들어야만 성인 대접을 해주었다고 한다. 조선시대에 안평대군은 백운대 정상 결단암 낭떠러지 벼랑바위 틈을 뛰어넘는 담력을 보여 성인이 되었다.

시골에서는 마을 어귀의 정자나무에 성년의 나이가 된 청소년을 매달아 돌린 후 땅 위에 내려놓았을 때 똑바로 서 있어야만 성인 대접을 했다.

고기를 먹지 않은 우리나라 사람들

햄버거의 발생지가 동양이라는 사실을 아는 사람은 많지 않다.

유목민족인 몽골족은 말을 타고 이동생활을 했는데 항상 고기를 말안장과 말 등 사이에 끼고 다녔다. 그러다 보니 자연스럽게 육포가 만들어졌다. 몽골족들은 일종의 부침개를 두 장 만들어 그 사이에 육포를 끼워넣어 먹었다. 이 풍습이 몽골이 동유럽에 건설한 킵차크한국을 통해 유럽에 전해져 햄버거로 발전했다는 설이 있다.

이처럼 유목민족들은 고기를 많이 먹었다. 날씨가 추운 고구려와 발해 사람들도 고기를 많이 먹었다. 특히 지방이 많은 돼지고기로 맥적을 만들어 먹었다. 중국 사람들이 양념을 하지 않고 고기를 구워 먹는 데 비하여, 고구려와 발해 사람들은 고기를 양념에 재웠다가 구워 먹었다.

이와 달리 남쪽에 위치한 백제와 신라 사람들은 육식을 금하는 불교의 영향으로 고기를 거의 먹지 않았다.

800년 가까이 고기를 먹지 않던 우리 민족이 다시 고기를 먹기 시작한 것은 몽골이 고려를 침입하면서부터이다. 몽골족에게 100년 가까이 지배를 받다 보니 일부 출세지향적인 고려인들 사이에 몽골의 풍속인 '몽고풍'이 유행했다.

몽고풍의 영향으로 그동안 먹지 않았던 고기도 즐겨 먹게 되었다. 그리고 그것은 고구려와 발해 사람들이 즐겨 먹던 맥적을 되살려냈다. 바로 설하멱(雪下覓)이 그것이다.

이 설하멱은 고기를 얇팍하게 저며 갖은양념을 하여 구워 먹는 너비아니로 발전했고, 이를 다시 발전시킨 것이 오늘날 세계에 내놓아도 손색없는 우리나라의 대표 음식인 불고기이다.

금연령

1492년 크리스토퍼 콜럼버스(Christopher Columbus)가 아메리카 대륙을 발견한 후 원주민들이 피우던 담배가 유럽에 전파되었다. 이 담배는 포르투갈 상인들에 의해 일본에 전해졌고, 임진왜란 때 우리나라에 전해졌다.

담배가 건강을 해치는 주범임을 모르는 사람은 없다. 이에 정부에서는 지속적으로 금연 캠페인을 펼치면서 금연지역을 선정하는 등 금연정책을 시행하고 있다. 옛날로 치면 금연령을 내린 셈이다.

임진왜란 때 우리나라에 전해진 담배는 처음에는 의약품으로 많이 쓰였다. 기생충 때문에 복통이 심하면 담배를 피워 진정시키고, 치통이 있을 때 담배 연기를 입안에 품어 진정시키며, 곤충에 물렸을 때 담뱃재를 물에 개어 바르기도 했다. 담(痰)을 치료하는 데도 효과가 있다고 여겼다. 이에 담배 피우는 풍습이 지위 고하를 막론하고 널리 퍼지게 되었으며 그에 따른 많은 부작용이 나타났다. 나라에서는 이러한 부작용을 막고자 금연령을 내렸다.

처음으로 금연령을 내린 것은 인조 때이다. 초가집은 화재에 매우 취약한데 바로 담뱃불 때문에 화재가 자주 일어나 백성들의 피해가 컸기 때문이다.

숙종 때도 금연령을 내렸다. 이때는 주로 군인들이 대상이었다. 군인들이 야간에 보초를 나갔을 때 담배를 피워 본의 아니게 적에게 아군의 위치를 알려주곤 했던 것이다.

정조 때는 관리들이 임금에게 상소를 올려, 백성들이 담배와 술을 즐겨 살림이 어려워지고 나라가 어지러워지니 금연령을 내려야 한다고 주장하였으나, 담배를 워낙 좋아하는 정조였기에 금주령만 내렸다.

1907년에 일본에 빌려 쓴 돈을 갚고자 벌인 국채보상운동 때도 일종의 금연령이 시행되었다. 이 운동이 시작되자 여자들은 비녀와 가락지 등을 내놓았고, 남자들은 금연과 금주로써 나라 빚을 갚는 데 앞장섰다. 그러나 이때의 금연령은 나라에서 내린 명령이 아니라 김광제와 서상돈이 대구에서 조직한 국채보상기성회의 권장사항이었다. 이를 지지한 《제국신문》《황성신문》《만세보》 등이 적극적으로 모금 운동을 벌였으나 통감부의 압력과 일진회의 방해로 중지하였다.

한편 광해군은 담배 연기를 싫어하여 담배를 피우지 못하게 했는데, 이를 계기로 나이가 많거나 자신보다 지위가 높은 사람 앞에서는 담배를 피우지 않는 관습이 생겨났다.

고구려 토속 음식인 된장

콩은 밭에서 나는 쇠고기라고 불릴 만큼 영양이 풍부하여 단백질, 무기질, 필수 아미노산 등이 함유되어 있다. 또한 스스로 질소 비료를 품고 생장하므로 척박한 토양에서 재배하기에 적합한 작물이다.

오늘날 웰빙 음식으로 동서양을 막론하고 각광받고 있는 우리나라 된장은 이미 고구려 때 만들어 먹었다. 하필 고구려에서 된장을 만들게 된 이유는 고구려의 영토인 만주를 비롯한 우리나라의 북부 지방이 바로 콩의 주산지이기 때문이다. 오늘날은 세계 콩 생산량의 70퍼센트 이상을 미국에서 생산하지만, 세계 2차대전 이전까지만 해도 만주를 비롯한 우리나라 북부 지방이 세계 콩 생산의 주류를 이루었다.

조선시대까지만 해도 콩은 식량이 부족한 시기에 식량을 대체할 수 있는 구황작물로 각광받았다. 나라에 큰 변란이 일어났을 때도 전투부대가 이동하기 전에 먼저 출발하는 것이 콩을 실은 수레였으니, 우리 조상들에게 콩이 얼마나 소중한 곡물이었는지 알 수 있다.

이렇게 영양이 풍부한 콩을 고구려 사람들은 오래도록 저장하면서 먹고자 된장을 만들게 되었다. 콩을 푹 삶아 메주를 쑤고 이것을 소금물에 우려낸 뒤 그 국물을 달여 간장을 담근다. 그리고 간장을 만들고 남은 메주를 으깨어 항아리에 담고 소금물을 부어 꾹꾹 눌러주고 뚜껑을 덮어준다. 그렇게 두 달 정도 볕을 쪼이다가 다시 닫아놓고 그다음 해부터 먹기 시작했다.

된장과 더불어 대표적인 발효 음식인 고추장은 임진왜란 때 고추가 전래되면서 만들어 먹었다.

옛날 사람들의 평균수명

사람이라면 누구나 아프지 않고 편안하게 오래 살기를 소망한다. 2017년 현재 우리나라 사람들의 평균수명은 83.6세이다. 경제적이나 의학적으로 우리나라보다 후진국인 북한은 66.9세로 대략 15년가량 차이가 난다.

고려시대 사람들의 평균수명은 어떨까? 한림대 김용선 교수는 저서 《고려금석문 연구》에서 상류층 묘지명 320여 개를 분석하여 고려시대 귀족들의 평균수명을 39.7세로 추정했다. 김 교수는 고려시대 34명의 왕들의 평균 수명은 42.3세, 승려는 70.2세였다고 설명했다.

그렇다면 조선시대 사람들의 평균수명은 얼마나 될까? 이를 정확히 알 수 있는 기록은 없다. 옛날에는 출생신고를 하기 전에 세상을 떠나는 아이들이 많았기 때문이다. 옛날에 어린아이는 홍역이나 천연두를 앓다가 사망하는 경우가 매우 많아서, 어린아이가 이제 건강하다고 생각될 때 출생신고를 해서 2~3년 늦춰지는 것이 다반사였다.

문헌을 통해 추측한 조선시대의 평균수명은 24세였다. 1900년대 들어서야 36세가 되었고, 1960년대에 52세로 늘었다. 미국도 20세기 초까지 평균수명이 48세였다. 이후 의술이 발달하면서 평균수명도 꾸준히 늘어나 2000년 이후에는 80세가 넘었다.

조선시대 평균수명을 정확하게 알 수 있는 지표는 바로 임금이다. 조선시대의 임금은 모두 27명이며 이들의 평균수명은 47세이다. 일반 백성들은 이보다 훨씬 짧았다. 이 중에서 가장 오래 산 왕은 83세에 승하한 영조였고, 가장 일찍 돌아간 왕은 17세의 단종이었다. 단종은 12세에 왕위에 올라 15세에 퇴위하고 17세에 사약을 받고 세상을 떠났다.

조선의 왕들은 수준 높은 의술 덕분에, 또 영양 좋은 보양식 덕분에 백성들보다 훨씬 오래 살았다. 그러나 이들은 너무 영양이 풍부한 음식을 먹다 보니 소갈증(오늘날의 당뇨병)에 걸리는 경우가 많았고, 많은 후궁들과의 염문 때문에 기가 쇠하여 일찍 사망한 경우도 있었다.

나라에서 노총각(?)과 노처녀(?)의 혼인을 지원

조선시대에는 혼인을 사람으로서 지켜야 할 중요한 절차로 여겼다.《주자가례朱子家禮》에 따르면 남자는 16세에서 30세, 여자는 14세에서 20세 사이에 혼인을 하도록 규정하고 있다. 나라에서는 경제적으로 어렵거나 다른 사유로 혼인을 못했을 때에는 혼수를 지원해주었다.

《세종실록》에 따르면, 세종 10년(1428)에 예조에서 보고하기를 "세종 8년(1426) 8월 17일 왕의 명령서에 양반의 딸로 부모를 모두 여의고 혼사를 주관할 사람이 없어 나이가 많아지도록 시집가지 못한 사람은 회계(會計)에 올려서 정부의 물건을 지급하라고 했습니다. 저희들이 생각해보니, 비록 부모 형제가 있으나 가난하여 혼수를 마련할 수 없어 때를 놓치는 사람도 간혹 있습니다. 청컨대 부모 형제의 있고 없음을 논하지 말고 그 집안의 높고 낮음과 빈곤의 여부를 가려서 나라 창고의 묵은 쌀을 주어 혼수를 마련하게 하고, 그 혼인한 여자들의 숫자와 아버지의 관직·성명 및 관청에서 준 혼수 비용의 액수를 서울은 한성부(漢城府)가, 지방은 감사(監司)가 매년 마감 때 기록하여 보고하게 하며, 그 내외 사촌 이상의 친척으로 함께 혼수를 마련하지 않는 사람과 혼수를 법에 따르지 않고 과다하게 사치한 사람은 한결같이《경제육전》에 의거하여 거듭 밝혀 사실을 자세히 밝혀 조사하소서." 하니 이에 따랐다고 한다.

향약에서도 혼수를 마련하지 못해 혼인을 못하는 사람에게 도움을 주었다. 우리나라에 향약이 보급된 것은 중종 때 조광조에 의해 송나라의 여씨향약(呂氏鄕約)을 본받아 실시한 것이 처음이다. 이후 이황이 고향인 안동 도산에 예안향약을, 율곡 이이(李珥)가 청주목사로 있을 때 실시한 서원향약으로 널리 보급되었다.

이이가 실시한 서원향약의 내용 중에 "나이가 장성한 처녀가 때를 놓쳐 시집가지 못한 사람은 관청에 보고하여 혼수감을 주게 하고, 약중(約中)에서도 또한 형편에 알맞게 보조를 한다."는 기록으로 이를 확인할 수 있다.

고상가옥에 산 가야의 귀족

열대기후 지역과 한대기후 지역에서는 고상가옥(高床家屋)을 짓고 살았다. 그런데 김해에 터를 잡았던 고대 가야에도 고상가옥이 존재했다. 이곳에서는 일반인이 아닌 귀족들이 주로 살았다고 한다.

《위지魏志》에 전하기를 "나무에 의지하여 목재를 쌓아 그 위에 살았는데 이를 간난이라 하며 간난의 크기는 가족의 수에 따른다."라고 했다.

《위지》에 전하는 대로 고상가옥을 복원한다면 나무 위에 집을 지은 동남아시아의 수상가옥에서 발전한 형태라고 할 수 있다. 동남아시아의 수상가옥은 습기와 홍수의 피해, 맹수의 공격을 막기 위함이었다. 그렇다면 가야의 귀족들은 왜 고상가옥이 필요했을까?

그것은 아마도 귀족들이 선민사상을 갖고 있었기 때문일 것이다. 더구나 낙동강 하류에 위치한 김해는 여름철에 많은 비와 이로 인한 홍수를 막기 위해 고상가옥이 필요했을 것이다.

김해에 복원된 고상가옥은 내부에서 음식을 조리할 수 있는 화덕이 있으며 연기나 김을 밖으로 배출하기 위한 환기구도 설치되어 있다. 어둠을 밝히는 등잔을 설치하기 위한 선반이 있어, 평소에는 물건을 얹어놓기도 했다.

고상가옥은 주거뿐만 아니라 창고로도 사용되었다. 김해는 바닷가에 위치하여 일본 및 낙랑과 무역이 활발한 지역이었다. 특히 철이 많이 생산되어, 이를 가공하는 기술이 뛰어났다. 이러한 철기제품은 일본과 낙랑으로 많이 수출되었다. 이 철기가 녹스는 것을 방지하기 위하여 고상가옥을 지어 창고로 활용한 것이다. 창고로 활용한 고상가옥은 환기시설이 없는 단순한 형태였을 것으로 추청된다.

경남 창원시 진해구 석동에서 출토된
4세기경 가야의 고상가옥

고상가옥은 문화가 발달하고 치수 사업의 발달로 홍수를 막을 수 있게 되면서 점차 지상가옥으로 변하게 되었다. 일반 백성들은 땅을 파고 바닥을 다지고 기둥을 안쪽으로 세워서 지붕을 만든 수혈가옥에서 생활하였는데, 그 모습이 마치 무덤처럼 보이는 것도 있었다.

팥장

콩으로 만든 된장은 체내의 지방을 분해하는 데 효과가 있으며 밭에서 나는 쇠고기라고 할 정도로 단백질이 풍부하다. 조선시대에는 된장과 더불어 팥으로 팥장을 만들어 먹었다.

조선 순조 9년(1809)에 빙허각 이씨가 편찬한 부녀자의 생활 지침서인《규합총서》에 보면 팥장을 만드는 법이 나와 있다.

팥을 반나절 물에 담근뒤 삶아 절구에 찧은 뒤, 찧은 팥에 밀가루를 섞어 작고 둥글게 메주를 쑤어 바람이 잘 통하는 곳에 한 달간 매달아두었다가 소금물에 3개월간 숙성시키면 완성된다. 이렇게 만든 팥장으로 찌개를 해 먹기도 하고 밥을 비벼 먹기도 했으며, 고추나 상추를 찍어서 먹기도 했다.

잡채 판서

잡채는 지금은 누구나 쉽게 먹을 수 있는 음식이지만 옛날에는 궁중에서나 먹을 수 있는 귀한 음식이었다. 이때의 잡채는 오늘날 우리가 먹는 잡채와 달리 당면을 넣지 않았고 여러 가지 나물을 섞어 만들었다.

잡채를 만들어 한 시대를 주름잡았던 인물이 있다.《광해군일기》에는 잡채를 만들어 호조판서가 된 이충(李沖)을 빗댄 작자 미상의 시가 등장한다.

처음에는 사삼각로의 권세가 중하더니, 잡채상서의 세력을 당할 자가 없구나.

전통 잡채와 현대식 잡채

이 시에서 '사삼각로'는 한효순(韓孝純)이요, '잡채상서'는 이충이다. 한효순은 광해군 때 이이첨(李爾瞻)과 함께 인목대비(仁穆大妃)를 서궁에 유폐시켰으며, 사삼(더덕)으로 밀전병을 만들어 광해군에게 바쳐 권력을 얻은 인물이다. 이충은 여러 가지 채소를 합쳐 만든 잡채를 만들어 바쳤는데 그 맛이 오묘하여, 광해군은 이충이 음식을 가져오기를 기다려 수저를 들 정도로 좋아했다고 한다.

광해군의 마음을 얻은 이충은 호조판서가 되어 막강한 권력을 휘둘렀다. 오늘날 우리가 먹고 있는 잡채의 원조가 바로 이충이 만든 잡채이다.

관련 기록으로는 1670년경에 발간된 《음식디미방》에 잡채에 대한 기록이 처음 보인다. 《원행을묘정리의궤》에도 정조가 을묘년(1795)에 현륭원에 행차할 때 잡채를 먹었다는 기록이 있다. 이때의 잡채는 당면이 들어가지 않았으며 갖가지 채소를 가늘게 썰어 무쳐 먹는 정도였다.

오늘날과 같은 당면은 중국에서 당면 제조 기술을 배운 일본인이 1912년에 평양에 공장을 세워 생산하기 시작했다. 1919년에는 우리나라 사람 양재하가 황해도 사리원에 당면 공장을 세우고 중국인을 고용해서 천연 동결 방법으로 대량으로 생산했다. 그러므로 당면이 들어간 잡채가 보편화된 것은 1920년 이후로 추정된다. 당면 잡채 관련 기록으로는 1924년에 이용기(李用基)가 지은 《조선무쌍신식요리제법》이 있다.

밸런타인데이

24절기의 하나인 경칩은 양력 3월 6일경으로, 겨울잠을 자던 동물들이 놀라 깨어나서 꿈틀거리기 시작하는 시기이다.

경칩에 잠에서 깨어난 개구리들은 웅덩이에 알을 까놓는데, 그 알을 먹으면 허리가 아프지 않고 몸이 건강해진다고 한다. 지역에 따라서는 도롱뇽 알을 먹기도 한다. 경칩에 흙일을 하면 집안과 개인에게 별일이 생기지 않는다고 해서 벽을 바르거나 담을 쌓기도 한다.

벽을 바르면 빈대가 없어진다고도 하고, 빈대가 심한 집에서는 방 네 귀퉁이 재를 탄 물그릇을 놓아두면 빈대가 없어진다는 속설이 전하기도 한다.

경칩은 젊은 남녀들이 손꼽아 기다리던 날이기도 했다. 이날 사랑하는 연인들은 은행을 예쁘게 포장하여 연인에게 건네며 사랑을 고백했다. 오늘날 밸런타인데이나 화이트데이에 초콜릿이나 사탕을 선물하며 사랑을 고백하는 것과 같은 풍속이다.

보쌈은 양반이 노비에게 내려준 음식

보쌈은 삶은 돼지고기를 썰어서 배춧속이나 보쌈김치 따위와 함께 배춧잎이나 상추에 싸서 먹는 음식이다. 기름기를 쏙 뺀 돼지고기는 맛이 담백하여 일본에서는 장수 식품으로 각광받고 있다.

다른 보쌈도 있다. 가난하여 혼기를 놓친 총각이 과부를 밤에 몰래 보에 싸서 데려와 부인으로 삼던 일도 보쌈이라고 한다. 이 보쌈은 재혼을 금기시하던 조선시대에 여자들이 새로운 세상을 맛보는 기회가 되기도 했다. 하지만 성리학자들의 눈에는 긍정적으로 보일 리 없었다. 이에 보쌈이라는 음식명은 함부로 사용해서는 안 되는 것이었다. 이런 까닭에 조선시대에 편찬한 음식 관련 서적에는 '보쌈'이라는 음식명은 보이지 않는다. 궁중음식을 모아놓은 《진찬의궤》나 조선 순

보쌈

조 때 빙허각 이씨가 지은 《규합총서》에도 보이지 않는다.

보쌈의 유래는 두 가지 설이 있다.

하나는 '개성 보김치'이다. 개성에서 나는 배추는 잎이 넓어 배춧잎을 겹쳐 꽃잎처럼 펼치고, 그 안에 흰색의 넓은 주맥을 포기째 넣는다. 그 위에 갖은양념과 고기를 얹어 만드는 것이 개성 보김치이다. 배춧잎 안에 넣은 주맥은 남자들이 먹고, 겉의 배춧잎은 여자들이 먹었다고 한다.

다른 하나는 양반들이 1년 동안 고생한 노비들에게 내려준 보쌈이다. 김장을 담글 때 양반들이 1년 동안 일하느라 고생한 노비들에게 돼지고기를 삶아 갓 담근 김장김치와 함께 제공한 데서 비롯되었다고 한다.

1900년에는 서울의 유명 음식점인 명월관에서 보쌈 메뉴를 처음 선보였다. 이후 조선시대에 성리학자들이 꺼려 하던 이름 없는 음식이 비로소 이름을 얻게 되고 국민들의 사랑을 받게 되었다.

아내의 머리카락으로 삼은 짚신

조선시대에는 부모로부터 받은 몸과 머리털과 피부는 함부로 손상시키지 않는 것이 효의 기본이라 여겼다. 그러나 《효경》의 가르침에 따라 특별한 경우에는 이를 지키지 않아도 되었다. 그중 하나가 여자가 자신의 머리카락을 잘라 짚신을 삼는 것이다. 여자가 머리카락을 잘라 짚신을 삼는 것은 두 가지 경우이다.

하나는 남편이 질병으로 고생할 때 빨리 낫기를 기원하기 위해서이다. 안동에서 발견된 '이응태의 묘'에서 출토된 짚신이 이를 말해준다. 남편에 대한 사랑을 적은 편지와 함께 출토된 짚신은 삼베줄기와 머리카락으로 만들었다. 또 하나의 경우는 보은의 뜻을 전하기 위해서이다.

동지에 부모님께 드리는 선물

옛날에는 난방시설이 시원치 않아 한겨울이면 방 안에 둔 걸레도 꽁꽁 얼 정도로 몹시 추웠다. 그래서 본격적인 겨울 추위가 시작되는 동지를 맞아 부모님들께 신과 버선을 선물했다.

동지가 지나 해가 길어짐에 따라 그림자가 세 치는 길어지는 이른바 '장지(長至)'가 되면 어르신들은 버선을 신고 밖으로 나가 해를 많이 쬐면 장수한다고 믿었다.

이러한 풍속은 중국 위나라의 황제인 문제(文

동지에 부모님께 선물하던 버선

帝)의 아우 조식(曹植)이 〈동지헌말송표多至獻襪頌表〉에서 "소신이 옛날 의전을 보니 국가에서 동짓날 신과 버선을 임금께 바치는 것은 장수와 복을 누리라는 것입니다."라고 한 기록으로도 알 수 있다. 그래서 동지에 부모님께 버선을 선물하는 것을 '동지헌말'이라고 했다.

동지에 행하는 또 다른 풍속도 있다. 조선시대 관상감에서는 '동문지보(同文之寶)'라는 어새(御璽)가 찍힌 달력을 관리들에게 나누어주었으며, 관리들은 이 달력을 친척들과 나누었다. 단오에 부채, 동지에 달력을 나누는 것을 아울러 '하선동력(夏扇冬曆)'이라고 한다.

돈 값어치를 충분히 하는 맛, 전어

해마다 10월이 되면 서해안 포구는 전어축제로 문전성시를 이룬다. 전어는 구이며 조림, 회 등으로 다양하게 먹을 수 있는 생선이다. 이 전어 굽는 냄새가 얼마나 좋은지 집 나간 며느리도 이 냄새를 맡고 돌아온다는 속설도 있다.

조선 후기의 실학자 서유구가 쓴 《난호어목지蘭湖漁牧志》와 《임원경제십육지》에 따르면 전어는 "서남해에서 난다. 등에는 가는 지느러미가 있어 꼬리까지 이른다."면서 "상인은 염장하여 서울에서 파는데 귀천(貴賤)이 모두 좋아한다."고 했다. 또 맛이 좋아 사는 사람이 돈을 생각하지 않기 때문에 '전어(錢魚)'라고 한다고 언급하고 있다.

여름 보양식이 장어라면 가을 보양식의 대표 음식이 전어라고 한다. 그런데 일본 사람들은 전어를 구울 때 나는 냄새가 시체를 화장할 때 나는 냄새와 같다고 먹지 않는다고 한다.

여자들에게 최고 인기 상품, 두 갈래 무

무는 십자화과의 한해살이풀 또는 두해살이풀로, 뿌리는 잎과 함께 식용하며 비타민·단백질의 함유량이 많아 약용하기도 한다. 또 깍두기, 무생채, 무짠지 등 여러 가지 반찬을 만들어 먹는다. 우리나라에서 이렇게 무를 다양하게 반찬으로 이용하는 데 비하여 서양에서는 주로 가난한 사람들이 먹는 형편없는 식재료로 취급되었다.

무는 지중해 연안이 원산지로, 서기전 2700년경에 건설한 이집트 피라미드 내부에 무에 대해 기록이 있는 것으로 보아 매우 오래전부터 재배한 것으로 추정된다.

중국에는 비단길을 통해 전해졌다. 《후한서》에는 장안을 외적이 포위했을 때 궁녀들이 무를 먹으며 끝까지 저항하여 '수절채'라고 불리며, 중국 삼국시대에

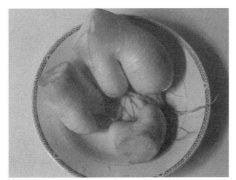

두 갈래 무

촉한의 제갈량(諸葛亮)이 무를 심어 군량으로 이용하여 '제갈채'라고도 불린다.

우리나라에는 삼국시대에 중국에서 전해졌으며 고려시대에 들어와 널리 재배되었다. 이규보가 지은 〈가포육영〉에 "무는 소금에 절여 겨울 동안 저장해놓고 먹는다."고 한 것으로 보아 이 사실을 알 수 있다.

우리나라 여인들은 아들을 낳기 위해 두 갈래로 갈라진 무를 몰래 가지고 있다가 먹었다고 한다. 이 때문에 무를 '다산채(多産菜)'라고도 한다. 오늘날 '무다리'는 여자를 비하하는 말이지만, 한시에서는 여자의 예쁜 팔을 무에 비유했다.

남편의 안녕을 비는 봄 쑥떡

쑥은 겨우내 추위를 견디고 봄에 싹을 틔우며, 4월에 채취한 어린 쑥은 우리의 입맛을 돋우는 소중한 식재료이다.

쑥에 관련된 재미있는 일화가 있다.

남편을 전쟁터에 보낸 여인이 남편이 무사히 돌아오기를 기원하는 마음을 담아 쑥으로 떡을 만들었다. 추운 겨울을 이겨내고 싹을 틔우는 쑥처럼 고난을 이겨내고 무사히 돌아오라는 뜻일 것이다. 막상 쑥떡을 만들고 보니 너무 밋밋한지라 쑥떡에 수레바퀴 무늬를 새겨넣었다. 전쟁에서 큰 공을 세우고 수레를 타고

수레바퀴 무늬를 새긴 쑥떡

귀향하는 남편을 생각했던 것이다.

결국 부인의 바람대로 남편은 전쟁에서 큰 공을 세우고 무사히 돌아왔고, 이 일은 온 나라로 퍼졌다. 그러자 남편을 전쟁터에 보낸 여인들 사이에서 쑥떡을 만들어 수레바퀴 무늬를 새기는 것이 유행했다. 나라의 온갖 궂은일을 도맡아야 했던 힘없는 백성들의 애환이 담긴 일화이다.

차례상의 삼색나물

차례상에 올리는 갖가지 음식 중에 삼색나물이 있다. 이 삼색나물은 백채(白菜)로 도라지, 갈채(褐菜)로 고사리, 청채(靑菜)로 시금치를 주로 사용한다. 이 삼색나물에는 대대손손이 한자리에 모여 화합한다는 깊은 뜻이 담겨 있다.

도라지는 흰색의 뿌리채소로 과거인 할아버지 이상의 조상을 뜻한다. 한자어인 '도아지(道我知)'의 발음이 돌아지→도라지로 변한 것이다. 도라지 대신에 무를 쓰기도 한다.

고사리는 갈색의 줄기채소로 현재인 아버지와 나와 아들을 연결하는 채소이다. 역시 한자어 '고사리(高事理)'에서 나온 이름이다. 잎이 나오는 모양이 마치 하늘로 기운이 뻗어가는 듯하여 차례 음식에서 빼놓을 수 없는 음식이다.

시금치는 푸른색의 잎채소로 미래인 손자 이후의 자손과 관련이 있다. 한자어 '시금도(時禁道)'가 변한 이름이다. 시금치 대신 애호박, 참나물, 미나리를 쓰기도 한다.

설날의 세뱃돈은 붓값과 책값

우리나라 최대 명절은 설날이다. 설날이면 아이들이 가장 기대하는 것은 바로 세뱃돈이다. 이 세뱃돈을 주고받는 풍속은 언제부터 시작되었을까?

우리나라에서 언제부터 설날 세뱃돈을 주고받았는지는 기록이 많지 않아 자세히 알 수 없다. 《서울 600년사》 등에는 전근대 시기엔 일반적으로 세배를 한 사람들에게 '돈'보다는 '덕담'과 '세찬(歲饌)'으로 대접했다는 기록이 있다.

설날에 임금이 나누어준 감귤

조선시대에는 신하들이 임금에게 신년하례(新年賀禮)를 올리면 제주도에서 진상한 감귤 네 개를 세찬으로 하사했다. 집으로 돌아온 신하들은 성은을 입은 소중한 귤을 가족들에게 나누어주었다고 한다.

《동국세시기》는 예부터 전해오는 우리나라의 연중행사나 풍속을 설명한 책으로, 설날에 덕담을 나누는 풍습은 자세하게 기록되어 있지만 세뱃돈에 관한 기록은 없다. 그러나 1925년에 간행된 최영년(崔永年)의 시집 《해동죽지》에는 '세배전(歲拜錢)' 또는 '세뱃값'이라는 표현이 나온다.

세뱃돈을 주고받는 풍속은 중국에서 전해졌다는 설이 있다.

중국에서는 예부터 설날 아침이면 세뱃돈인 압세전(壓歲錢)을 붉은 봉투인 홍포(紅包)에 넣어주는 풍습이 있었다. 중국인들은 붉은색을 행운의 색으로 여겼으므로 새해 첫날에 큰 행운을 가져다주기를 기원한 것이다.

일본에서 전해졌다는 설도 있다. 일본 에도시대에 도시 지역을 중심으로 '오토시다마(おとしだま)'라는 세뱃돈을 주던 풍습의 영향을 받았다는 설이다. 일본에서 세뱃돈이 전국적으로 퍼진 것은 1960년대 이후라고 한다.

중국의 영향을 받은 베트남에서도 행운을 가져다주는 붉은 봉투에 새 지폐를 담아주는 '리시'라는 풍습이 있다. (베트남에서는 세배는 하지 않는다.)

몽골에서는 아랫사람이 윗사람에게 세뱃돈을 드리면, 답례로 어른은 아랫사람에게 선물을 주는 풍습이 있다고 한다.

조선시대에는 일부 양반들 사이에서 세배를 하러 오는 아이들에게 떡이나 과일을 주다가, 복주머니를 차고 다니는 아이들에게 엽전을 주었다. 복주머니에 세뱃돈을 넣어줄 때는 '책값' '붓값'이라고 적어주면서 세뱃돈의 용도를 알려주었다.

우리나라에서 세뱃돈이 전국적으로 퍼진 것은 경제개발 계획이 시행되던 1970년대 이후였다.

최고급 장롱은 오동나무 장롱

옛날에는 장롱이 곧 부(富)의 상징이었다. 특히 나전칠기 장롱은 잘사는 사람들만이 가질 수 있는 사치품이었다.

본디 '장롱'은 장(欌)과 '농(籠)'을 아울러 이르는 말이다. 장(欌)은 여러 층으로 구분이 되어 있어도 층이 분리되지 않고 하나의 몸통으로 이루어진 것이며, 농(籠)은 같은 크기의 궤를 이 층 또는 삼 층으로 포개어 놓도록 된 가구이다.

옛 사람들은 딸이 태어나면 오동나무를 심는다고 했다. 딸을 출가시킬 때 장롱을 만들 나무가 필요했기 때문이다. 그런데 왜 하필 오동나무일까? 좀벌레를 막는 데 가장 효과적인 것이 바로 오동나무이기 때문이다.

'짐작'이 술과 관련 있는 말?

고려시대 도자기 중에는 유독 술병[酒甁]이 많다. 도자기 술병은 불투명하여 술이 얼마나 있는지 알 수가 없다. 느낌으로 어림잡아 술이 얼마나 있을까 생각할 수밖에 없다. 그래서 나온 말이 '짐작(斟酌)'이다. 사전에는 "사정이나 형편 따위를 어림잡아 헤아림."이라고 정의하고 있다.

보통 술잔에 술을 따를 때 술을 어느 정도 따를까 마음속으로 정한다. 바로 '작정(酌定)'이다. 일의 사정을 잘 헤아려 결정한다는 뜻이다.

상대에게 술을 권할 때는 상대의 주량을 헤아려 맞춰주어야 한다. 그렇지 않으면 술에 취해 술주정을 할 수도 있다. 그래서 나온 말이 바로 '참작(參酌)'이다. 이리저리 비추어보아서 알맞게 고려한다는 뜻이다.

하지에는 감자를 먹어

농업을 주업으로 하는 우리나라에서는 농사와 관련지어 자연 흐름을 24절기로 나누었다. 태양의 움직임을 담아 태양이 지나가는 길을 24점으로 나누어 그 점마다 이름을 붙인 것이다. 하지는 24절기 중 열 번째 절기로 망종과 소서 사이에 들며, 북반구에서는

감자

낮이 가장 길고 밤이 가장 짧다. 하지는 천문학적으로 1년 중 태양의 적위(赤緯)가 가장 커지는 시기로, 이때 우리나라는 정오에 태양의 높이도 가장 높고 일사시간과 일사량도 많다고 한다.

하지 무렵이면 감자 줄기가 메마르는데, 농부들은 감자를 캐어다 감자전이나 감자밥, 감자 옹심이 등을 만들어 먹었다. 이때 수확한 감자를 하지감자라고 한다. 감자는 알칼리 식품으로 비타민과 칼륨이 풍부하며, 소화를 돕고 다이어트에 효과가 있다.

특히 하지 무렵에는 가뭄이 잘 들어서, 예전에 농부들은 가뭄으로 큰 고통을 겪곤 했다. 나라에서는 국가적으로 기우제를 지냈으며, 각 마을에서도 기우제를 지냈다.

정월 대보름에 부스럼을 막기 위한 부럼 깨기

한 해를 시작하는 정월의 대보름 아침에는 일어나자마자 땅콩, 호두, 잣 등의 부럼을 깨물어 먹는다. 이런 것을 깨물면 한 해 동안 부스럼이 생기지 않는다고 한다. 옛날에는 보건위생이 엉망이다 보니 부스럼도 많이 생겼다.

이날 아침에는 오곡밥을 먹는다. 한 해의 풍년을 기원하는 마음에서 자신의 나이 수만큼 먹는다고 한다. 특히 자신의 집이 아닌 동네의 다른 집에서 먹어야 효과가 크다고 한다. 아침밥을 먹으면서 귀밝이술을 마신다. 이날 아침에 찬술을 마시면 귀가 밝아지고 귓병이 생기지 않으며 한 해 동안 좋은 소식을 듣게 된다고 한다.

정월 대보름 전날에는 쥐불놀이를 한다. 병충해를 방지하기 위해 논둑이나 밭둑에 불을 붙이고 돌아다니며 노는 놀이로, 특히 밤에 아이들이 기다란 막대기나 줄에 불을 달고 빙빙 돌리며 논다. 대보름 저녁에는 달맞이를 한다. 산이나 들에 나가 달이 뜨기를 기다려 맞이하는 일로, 달을 보고 소원을 빌기도 하고 달빛에 따라 1년 농사를 미리 점치기도 한다.

임진왜란 때 만들어진 파전

파전은 막걸리와 함께 먹으면 궁합이 딱 맞는 음식이다. 그런데 이 파전이 임진왜란 때문에 생겼다는 사실을 아는 사람은 드물다.

선조 25년(1592) 조선을 침략한 왜군은 정발(鄭撥)이 지키는 부산진을 함락하고 거칠 것 없이 동래성으로 진격했다. 동래부사 송상현(宋象賢)은 왜군이 성 가까이 접근하는 것을 막기 위해 마름쇠를 설치했다. 마름쇠는 끝이 송곳처럼 뾰족한 네 개의 발을 가진 쇠못으로, 밟으면 그대로 발등으로 뚫고 나올 정도로 위협적인 도구였다. 그러나 한번 드러나면 더 이상 효과가 없는 단점이 있다.

송상현이 설치한 마름쇠는 처음에는 효과가 있었지만, 이를 알아챈 왜군은 마름쇠 위에 널빤지를 깔고 성으로 접근했다.

동래성을 지키는 사람들은 일반 백성들과 군사들을 합쳐 3000여 명에 불과했다. 수적으로 불리했던 동래성에서는 남녀노소 할 것 없이 왜군을 맞아 싸웠다. 무기가 부족하자 건물의 기와를 동원했고, 기

마름쇠(전쟁기념관)

와가 떨어지자 파를 썰어 왜군의 눈을 향해 던졌다. 파는 오늘날로 치면 일종의 화학무기인 셈이다. 이 틈을 이용해 조선군은 왜군을 공격하기도 했지만 그것도 한계가 있었다. 결국 동래성은 함락되었고 동래부사 송상현을 비롯한 성안의 백성들은 죽임을 당했다.

이후 동래에서는 파를 이용하여 나라를 지키고자 한 동래 사람들을 기리기 위해 '동래파전'을 만들었고, 동래부사가 동래파전을 임금에게 진상하면서 이것이 전국적으로 퍼지게 되었다. 이 동래파전이 더욱 유행한 것은 6·25전쟁 이후 전국의 기생들이 동래로 모여들면서다.

'말띠 해 태어난 여성이 드세다'는 것은 일본의 속설

말띠 해에 태어난 여성은 드세며 사주가 좋지 않다는 속설이 있다. 그런데 이 속설은 일제강점기에 생겨난 것이다. 일본의 말띠 여성들 중 왕족이나 지배층의 딸 중에서 남편을 뛰어넘는 활약으로 남편의 자리를 위태롭게 하는 여성들이 많은 모양이었다. 그래서 일본에서는 말띠 여성들은 드세고 사주가 좋지 않다는 속설이 생겨났다. 이것이 일제강점기에 우리나라에 퍼진 것이다.

'암탉이 울면 집안이 망한다'는 속담도 사실 일제가 1895년에 일으킨 을미사변의 정당성을 알리기 위해 지어낸 것이다. 명성황후가 러시아·청·일본의 세력

명성황후

각축장에서 적절한 줄타기 외교로 조선을 지키려고 하자 일본은 명성황후를 제거하고자 했고, 그 명분으로 지어낸 것이 바로 '암탉이 울면 집안이 망한다'는 것이었다.

조선시대에는 일본과 달리 말띠 여성을 전혀 차별하지 않았다.

조선의 왕비 41명 중 성종의 계비인 정현왕후(貞顯王后)인 파평 윤씨, 인조의 정비인 인열왕후(仁烈王后)인 청주 한씨, 효종의 정비이자 현종의 어머니인 인선왕후(仁宣王后)인 덕수 장씨, 현종의 정비이자 숙종의 어머니인 명성왕후(明聖王后)인 청풍 김씨, 순종의 황후 순정효황후(純貞孝皇后)인 해평 윤씨 등이 말띠 해에 태어난 왕비들이다. 말띠 여성들을 차별했다면 5명이나 왕후가 될 수 없을 것이다.

특히 순정효황후는 1910년 국권이 피탈될 때 병풍 뒤에 숨어 어전회의를 엿듣고 있다가, 친일파들이 순종에게 합방 조약에 날인할 것을 강요하자 옥새를 치마 속에 감추었다가 백부인 윤덕영(尹德榮)에게 강제로 빼앗겼다는 일화가 있다.

석류꽃을 지칭한 홍일점

여름철에 활짝 피어 자태를 뽐내는 꽃 중에 석류꽃이 있다. 이 석류꽃을 달리 홍일점(紅一點)이라고 한다. 그 유래는 다음과 같다.

중국 당송팔대가 중 한 명인 왕안석(王安石)이 북송의 재상으로 있을 때였다.

어느 날 한림원의 정원을 산책하는데 석류가 눈에 띄었다. 여름이라 사방은 짙은 녹음인데 붉은 꽃이 피어 있으니 돋보였다.

시심(詩心)이 인 왕안석은 붓을 들었다.

석류꽃

짙푸른 녹엽 가운데 빨간 점 하나(萬綠葉中 紅一點)
봄 기운 느끼기엔 그것으로 족하네(動人春色 不須多)

오늘날 홍일점은 많은 남자 사이에 끼어 있는 한 사람의 여자를 비유적으로 이르는 말로 쓰이지만 원래는 왕안석의 〈영석류시詠石榴詩〉에서 유래한 말로 '푸른 잎 가운데 피어 있는 한 송이의 붉은 꽃'이라는 뜻이다.

조선시대에 발행한 기념주화, 별전

국가적으로나 국제적으로 뜻깊은 사건이나 행사가 있을 때면 이를 기념하여 특별히 주화를 만든다.

조선시대에도 별전이라는 기념주화를 만들었다. 상평통보를 주조할 때 사용되는 재료의 품질과 무게 등을 시험하기 위해 시주화로 만들기도 하고 왕실의 경사나 성곽의 낙성식을 기념하여 만들기도 했다.

별전에는 좋은 일을 기원하거나 나쁜 일을 피하는 뜻에서 수복강녕(壽福康寧), 태평만세(太平萬歲), 오군만년(吾君萬年), 길희(吉喜), 수부다남(壽富多男) 등의 문자를 새겼다 .문자 외에도 용·사슴·봉황 등의 길상 무늬, 매화·당초·배꽃·소나무 등의 식물 무늬, 박쥐·학·물고기·별·나비 등의 동물 무늬 등을 새겼다. 이 별전은 주로 왕실이나 사대부 가문에서 장식용으로 소장했다.

열쇠패(한국은행박물관). 여러 개의 별전을 엮어 열쇠패 모양으로 만든 것으로, 딸이 시집갈 때 혼수상자에 넣어 보내면 가구 등에 걸어 집안에 복이 들어오길 기원했다고 한다.

제 2 장

종교·예술 교육

오늘날과 다른 최초의 애국가

의식이나 행사가 있을 때 또는 방송을 시작할 때와 마칠 때 꼭 우리가 부르고 듣는 것이 〈애국가〉이다. '동해물과 백두산이…'로 시작하는 1절에서 '이 기상과 이 맘으로…'로 시작하는 4절까지 이루어진 이 〈애국가〉가 세 번째 국가라는 사실을 아는 사람은 드물다.

공식적인 국가가 아닌 나라 사랑의 정신을 일깨우는 노래로서의 애국가는 1894년 갑오개혁 이후 상당히 많았다. 그중에서 스코틀랜드의 민요인 〈올드 랭 사인〉 멜로디에 붙여 부르던 '애국가' 가사에 안익태(安益泰)가 곡을 붙인 〈애국가〉가 1948년 대한민국 정부 수립과 더불어 국가로 결정되어 지금에 이른다.

또 다른 애국가로는 1896년에 학부주사 이필균의 〈애국가〉, 인천 제물포 전경퇴의 〈애국가〉, 한명원의 〈애국가〉, 새문안교회 신도들이 지은 〈애국가〉, 정동 배재학당 문경호의 〈애국가〉 등이 있다. 대부분 1900년 이전에 지은 것으로 곡조를 알 수 없으며, 새문안교회의 〈애국가〉와 배재학당 학생들이 부른 〈애국가〉만 그 멜로디가 전한다.

1896년 독립문 정초식(定礎式) 때 배재학당 학생들이 부른 〈애국가〉도 〈올드 랭 사인〉 멜로디에 가사를 붙인 곡으로 '성자신손(聖子神孫) 오백 년은 우리 황실이요…'라는 가사로 시작한다. 후렴구인 '무궁화 삼천리 화려강산…'도 이때 처음으로 등장했다.

1897년부터 광무개혁을 진행하던 대한제국 정부가 국가의 필요성에 따라 1902년 8월 15일 제정·공포한 〈대한제국애국가〉가 최초의 공식적인 국가이다. '상데(上帝)는 우리 황데(黃帝)를 도우사…'로 시작되는 이 노래는 당시 군악대 대장인 프란츠 폰 에케르트(Franz von Eckert)가 작곡했다. 황실에 대한 충성이 주제인 〈대한제국애국가〉는 1904년 5월 각 학교에 배포되었으나 일본이 우리나라의 주권을 빼앗은 1910년 이후 더 이상 부를 수 없게 되었다.

3·1운동 이후에는 〈올드 랭 사인〉 멜로디에 '동해물과 백두산이…'를 붙인 〈애국가〉가 많이 불렸다. 이 곡은 우리나라의 독립운동과 관련된 여러 공식 행사에 빠짐 없이 불렸으며, 1948년 대한민국 정부가 수립되어 안익태가 지은 〈애

3 · 1운동 이후 일본의 사탕발림과
회유로 친일파가 된 윤치호

국가〉가 공식적인 국가로 채택되면서 없어지게 되었다.

안익태가 〈올드 랭 사인〉 멜로디에 가사를 붙인 애국가를 처음 접한 것은 3·1운동 때였는데, 가슴이 찡하도록 감명을 받은 한편 나라의 노래를 우리의 곡이 아닌 외국 곡에 맞춰 부르는 것에 크게 상심했다. 그리하여 1930년 미국으로 유학을 떠난 후에 음악 공부를 하는 틈틈이 40여 개 나라의 국가를 수집하면서 악상을 다듬어 1935년경 지금의 〈애국가〉를 완성했다. 안익태는 1936년 베를린 올림픽에 참가한 한국 선수단을 찾아가이 곡을 함께 불렀으며, 상해임시정부와 미국, 일본 등지의 교포들에게 악보를보내어 해외동포들 사이에서 서서히 불리기 시작했다.

1948년 정식으로 정부가 출범하면서 국가로 공식 결정된 안익태 작곡의 〈애국가〉는 모두 4절의 가사로 된 16마디 4분의 4박자 곡이다. 작사자가 누구인지확실하지 않아 윤치호, 안창호(安昌鎬), 민영환(閔泳煥) 등이 지었다는 설이 있다.최근에는 윤치호가 작사했다는 설이 더 신빙성이 높다고 알려져 있다.

옛날의 공소시효

공소시효란 어떤 범죄 사건이 일정한 기간의 경과로 형벌권이 소멸하는 제도로 형사 시효의 하나다. 공소시효가 완성되면 실체법상 형벌권이 소멸되므로 검사는 공소를 제기할 수 없게 되고 만약 공소 제기 후에 이러한 사실이 발견될 때는 실체적 소송 조건의 흠결(欠缺)을 이유로 면소(免訴)의 판결을 하게 된다. 공소시효 기간은 범죄의 경중에 따라 다소의 차이가 있으며 최대로 공소를 제기한 때부터 15년을 경과하면 공소시효가 완성된 것으로 본다.

옛날에 우리나라에서는 어떠했을까? 우리의 옛 법에 공소시효를 명시한 법은 없다. 다만 인과응보의 사상 아래 죄를 지은 사람은 언제든지 죄값을 치러야 하고, 공을 세운 사람은 시기가 아무리 흘러도 공을 인정해주는 신상필벌이 분명했다.

대표적인 예로 폐비 윤씨 사건을 들 수 있다. 성종 10년(1479)에 질투가 심한 성종의 비 윤씨를 왕비의 체모에 어긋난 행동을 했다고 하여 폐출했다가 이듬해(1480)에 사사(賜死)하는 일이 일어났다. 25년 후 연산군은 자신의 어머니가 폐비가 되어 사사되었다는 사실을 알고 이미 고인이 된 한명회(韓明澮), 정창손(鄭昌孫), 정여창(鄭汝昌), 남효온(南孝溫) 등을 부관참시했다. 또한 영조 때 경상관찰사였던 황인검(黃仁儉)은 남편의 무덤가에서 강간당하고 피살된 여인의 살해범을 30년 만에 잡아 사형에 처했다.

공소시효는 없었지만 사면(赦免)은 있었다. 사면은 죄수의 죄를 용서하여 여러 가지 형벌을 면제해주는 것으로 최고 통치권자의 고유 권한이라고 할 수 있다. 우리나라에서는 삼국시대부터 사면제도가 있었다. 옛날에는 군주의 덕을 강조하는 뜻에서 은사(恩赦)라고 하여, 국가적인 경사나 천재지변 때 단행되었다. 이를 통해 왕의 덕을 만천하에 알리는 효과를 기대했다.

단종은 노산군으로 강등되어 세조 3년(1457)에 영월에서 죽임을 당하고 평민으로 강등된 지 200여 년 후인 숙종 7년(1681)에 대군으로, 숙종 24년(1698)에 임금으로 복위되어 묘호(廟號)를 단종으로 받았다. 오늘날로 치면 일종의 사면·복권이라고 할 수 있으며, 옛날에는 공소시효가 없음을 확인할 수 있는 사례이다.

과거시험의 성적 평가

과거시험이 실시된 것은 고려의 4대 임금인 광종 때부터이지만 과거시험의 성적을 평가하는 기준이 확립된 것은 조선시대이다.

조선시대의 과거시험에는 진사과와 생원과가 있었다. 진사과는 문예를 겨루는 시험이고, 생원과는 사서오경 중에서 일정 부분의 글이나 단락을 지정하여 책을 덮고 외우게 한 다음, 그 뜻을 묻기도 하고 해석을 하게 하여 등급을 매겼다.

등급은 조선 초기에는 대통(大通), 통(通), 약통(略通), 조통(粗通), 불통(不通)의 다섯 등급으로 나누었다가 얼마 뒤에 통, 약, 조, 불의 네 등급으로 나누어 조선시대 말기까지 지속되었다. 세종 26년(1444) 예조에서 작성하여 임금의 재가를 받은 표본을 보면 다음과 같다.

대통은 구두(句讀)나 새김, 뜻의 해석이나 지취(旨趣; 어떤 일에 대한 깊은 맛. 또는 그 일에 깃들어 있는 묘한 뜻)들을 모두 분명하고 정확하게 풀이하고, 또 그 흐르는 문맥을 잘 파악하여 위를 아래와 대응시키는 능력이나 방법이 간곡하게 정성을 다하고 유창하여 그 책의 큰 뜻을 완전히 이해하고 그 말뜻의 깊이까지도 막힘 없이 해득한 경우를 가리킨다.

통은 구두도 분명하면서도 정확하고 새김이나 뜻의 해석이 하나도 막히거나 의심쩍은 곳이 없고, 뜻과 이치를 완전히 알아 큰 뜻을 완전히 통달한 경우를 가리킨다.

약통은 구두나 새김, 뜻의 해석을 모두 잘하고 큰 뜻도 대체로 통했다고는 하나 완전히 통달하지 못한 경우를 가리킨다.

조통은 구두나 새김, 뜻의 해석에 하나도 틀림이 없고 비록 강론(講論)을 완전히 통달했다고 할 수 없으나, 한 대문의 큰 뜻만은 잃지 않은 정도의 성적을 말한다.

불통은 구두, 새김, 뜻의 해석, 사리, 문맥들에 모두 불완전한 경우를 가리킨다.

낙방은 여러 과목에 대한 성적을 정함에 있어서 '불'이 하나라도 있으면 요즈음의 교육 용어로 과목 낙제에 해당된다. 이렇게 한 과목을 실수하여 전체를 망친 경우를 하나로 모두를 망쳤다고 하여 '일불살육통(一不殺六通)'이라 하면서 무척 애석하게 생각했다. 특기할 것은 옛날의 경전에는 하나의 원문에 대한 학설이 여러 가지로 다른 경우가 흔히 있는데, 이럴 경우 응시자의 해설이 시험관의 학설과 다르더라도 해석 요건을 갖추고 있으면, 시험관의 학설에 상관없이 전체 회의를 열어 그 점수를 결정했다.

봉미제도(封彌制度)도 있었다. 시험의 부정을 막기 위한 방법으로, 답안지인 시지(試紙) 오른편 끝에 자신의 성명, 생년월일, 주소 등을 쓰고 봉하는 제도이다. 이 답안지를 개봉할 때에는 여러 시관 중에서 특별히 아주 중립적인 사람을 봉미관으로 정하여 이 봉미관 앞에서 시지 하나하나를 철저히 점검하여 만의 하나라도 부정이 개입된 눈치가 보이면 철저히 조사하여 응분의 조처를 취했다.

오늘날의 신문인 조보(朝報)

우리나라 최초의 근대 신문은 고종 20년(1883)에 박문국에서 열흘에 한 번씩 관보(官報) 형식으로 펴낸 《한성순보》이다. 처음에는 국한문 혼용으로 발간하기로 계획했으나 수구파의 반대로 한문으로 인쇄했다.

우리나라 최초의 민간 신문은 1896년 독립협회에서 발간한 《독립신문》이다. 일반 대중에게 자유와 민권 사상을 알리기 위해 순 한글판과 함께 영자판도 발간했다. 1899년 독립협회의 해산과 더불어 폐간되었다.

조선시대에는 이러한 근대 신문이 발행되기 이전에도 나라에서 발간하는 관보인 《조보(朝報)》가 있었다. 이 《조보》야말로 우리나라 최초의 신문으로 '궁궐일보'라고 할 수 있다. '기별'이라고도 불렸던 《조보》는 사람이 직접 써서 만든 필사(筆寫) 신문이었다.

태조 때부터 춘추관(시정의 기록을 맡아보던 관아)의 사관으로 하여금 전날 저녁에서 그날 아침까지 반포된 국왕의 명령과 결재 사항, 견문록을 한문과 이두로 기록하도록 하여 각 관청에 보냈다. 이후 《조보》의 중요성이 점점 커지자 주무부처가 춘추관에서 왕의 비서실인 승정원으로 바뀌었고, 중앙 관청에만 보냈던 《조보》도 지방 관청과 양반층에게까지 확대되었다. 그러다 보니 '조보가 배달되었느냐'는 뜻인 "기별이 왔느냐?" "기별은 받았느냐?"는 등의 말이 다른 곳에 있는 사람에게 소식을 전한다는 뜻으로 바뀌어 쓰이게 되었다. 이 《조보》는 고종 31년(1894) 11월 21일 승정원이 폐지될 때까지 꾸준

《독립신문》(용인역사관)

히 발행되었다.

관보인 《조보》뿐만 아니라 민간에서 발행하는 일간 신문인 《조보》도 있었다. 선조 11년(1578) 관보를 본떠 당시 민간의 유지들이 창간한 것으로, 오늘날처럼 구독료를 받아 운영했으며 조정을 비롯한 각계각층의 독자를 확보했다. 그러나 발행한 지 얼마 되지 않아 임금이 "이것이 이웃 나라에 흘러 나가면 나라의 좋지 못한 것이 알려진다."며 신문을 폐간시켰으며, 신문 발행에 참여했던 사람들은 귀양을 보냈다. 그 때문인지 그 이후에 《독립신문》이 나올 때까지 민간 신문은 등장하지 않았다.

우리나라 최초의 근대적인 신문기자는 《서유견문》을 지은 유길준(俞吉濬)이며, 최초의 여기자는 1924년 조선일보사에 채용된 최은희(崔恩喜)이다.

임금에 대한 충보다는 부모님에 대한 효를 중요시

우리 조상들이 가장 중요하게 여긴 덕목은 바로 나라를 위하는 충(忠)과 부모를 섬기는 효(孝)이다. 그런데 나라가 위기를 맞이하면서 부모님이 돌아가시는 일을 함께 당한다면 우리 조상들은 어느 쪽을 더 중요하게 생각했을까? 이에 대한 답은 조선 선조 때의 성영(成泳)과 홍효사(洪孝思)의 사례를 통해 구할 수 있다.

성영이 부친상을 당해 벼슬에서 물러나 삼년상을 치르고 있을 때 임진왜란이 일어났다. 나라에서는 성영을 강원도 순찰사에 제수하여 왜군을 물리치도록 했다. 이에 성영은 즉시 전쟁터로 출전했다. 그러나 홍효사는 성영과 정반대의 길을 갔다.

성영이 순찰사로서 전쟁터에서 싸우고 있을 때였다. 한 무리의 피난민들이 지나갔다. 일반 백성들은 성영의 진영을 지나려면 말에서 내려야 했는데, 그중에 말을 타고 성영의 진중을 지나는 사람이 있었다. 이에 성영의 군사들이 무례하다며 말을 탄 사람을 성영에게 끌고 왔다. 성영은 그가 수령을 지낸 홍효사임을 알았다. 성영이 물었다.

"임금이 의주로 피난을 가시고 나라가 위급한데 백성을 버리고 피난을 가는 것이 합당한 일이오?"

이에 홍효사가 대답했다.

"나는 부친상을 당했소. 삼년상을 치르려면 집에 있어야만 되는데, 지금 왜군의 지배를 받게 되었소. 삼년상을 온전히 치르면서 효도를 다하기 위하여 신위를 모시고 피난을 가는 길이오."

후에 성영과 홍효사의 일화는 성리학자들 사이에 많은 논쟁을 불러일으켰다. 그런데 대부분의 성리학자들은 홍효사의 행실이 옳았다고 평가했다.

이처럼 충보다 효를 중시한 또 다른 사례가 있다. 경기도 여주의 유생 이인영(李麟榮)은 명성황후가 일본인들에게 시해당하자 을미의병을 일으켰다. 그러나 별다른 성과를 거두지 못했고, 경상북도 문경에 정착하여 농사를 지으며 생활했다.

1907년 대한제국 군대가 해산되자 이인영은 13도 창의총대장이 되어 전국의 의병을 지휘하며 서울로 진격했다. 그러나 이때 아버지가 세상을 떠났다는 소식을 들은 이인영이 군무를 군사장인 허위(許蔿)에게 맡기고 집으로 내려갔다. 이 때문에 의병부대는 조직력이 무너져 일본군에게 패했고, 의병들은 만주와 연해주로 이동하여 독립군으로 변신하게 되었다.

옛날의 대중가요

대중가요는 널리 대중들이 즐겨 부르는 노래이다. 그렇다면 옛날에도 대중가요가 있었을까?

먼저 삼국시대부터 살펴보자. 신라의 가요로는 흥덕왕(재위 826~836)이 지었다는 〈앵무가鸚鵡歌〉, 목주 땅에 사는 한 효녀가 지었다는 〈목주가木州歌〉, 기녀 천관이 김유신을 원망하여 지었다는 〈원사怨詞〉 등이 있다. 〈방아타령〉〈회소곡〉〈풍요〉 등의 노동요도 널리 불렸다.

백제에는 〈지리산가〉 〈정읍사〉 등의 가요가 있었다. 〈지리산가〉는 구례에 사는 한 여인이 왕의 유혹을 물리친다는 내용이며, 〈정읍사〉는 행상인의 아내가 남편이 도적에게 피해를 입을까 염려하는 마음을 담은 노래이다.

고려시대에는 서민들의 생활과 사고방식을 표현한 속요(俗謠; 고려가요)가 대표적인 대중가요다. 이것들은 대부분 구전(口傳)되었는데, 고려시대 서민들이 얼마나 널리 즐겨 불렀는지 짐작할 수 있다. 고려가요는 오늘날의 대중가요처럼 꾸밈없는 생활 감정이 그대로 표현되어 있다. 노래의 형식을 열두 달로 나누어 그 달그달의 자연과 풍습에 맞추어 님에 대한 열정을 노래한 〈동동動動〉과 대담하고 강렬한 남녀 간의 사랑을 표현한 〈쌍화점〉이 대표적이다.

조선시대의 대표적인 유행가는 민요다. 민요는 지배계층이 아닌 민중의 노래이다. 민요도 역시 고려가요처럼 문자로 기록된 것이 아닌 구전 가요이며 작사자나 작곡자 없이 저절로 만들어진 것으로 서민의 감정과 생활을 소박하게 표현하고 있어 매우 인간적이다.

따라서 농부나 나무꾼, 대장장이, 안방에 갇혀 있는 아낙네의 한이 자연스레 투영되었으며 양반에 대한 야유와 풍자도 담겨 있다. 이러한 민요는 오늘날의 유행가처럼 전파력이 무척 뛰어났을 것으로 추측할 수 있다. 우리나라의 가장 대표적인 민요는 〈아리랑〉이다.

옛날의 가수인 가자(歌者)

현대사회는 하루가 다르게 많은 분야가 분화되어가는 추세다. 대중문화도 예외는 아니어서 가요도 여러 분야로 나누어져 있으며, 이에 따라 가수들도 발라드 가수니, 트롯 가수니, 랩 가수니 하여 여러 부류가 있다. 그러나 서양의 고전음악을 하는 사람을 가수라고 부르지는 않는다. 특히 민요나 판소리 등 우리 전통음악을 하는 사람은 명창(名唱)이라고 하여 따로 분류한다.

옛날 사람들 중 가수로 불릴 만한 이들은 오늘날로 치면 우리 전통음악을 하는 사람이다. 그 가운데 '가자(歌者)'가 가장 대표적이다. 가자는 궁궐의 잔치에서 노래를 부르던 사람을 가리키는 말로 가사와 가곡에 능통한 사람으로 편성되었다. 이들은 모두 머리를 조화(造花)로 장식했고, 이 가운데 네 사람은 자줏빛 두건에 녹색 단령(團領) 차림으로 허리에 자줏빛 넓은 띠를 두르고 검은 신을 신고 나란히 서서 노래를 불렀다. 이들 뒤에서는 악공 두 사람이 거문고와 가야금을 가지고 선 채로 반주를 했다. 가자가 임금을 위한 어용가수라고 한다면, 일반 백성을 즐겁게 하는 가수로는 소리꾼과 광대가 있었다.

보통 곡조가 긴 노래[長歌] 가운데서 가려낸 일부를 가사라고 하는데, 이것은 양반 지배층의 노래였다. 평민들이 지어 부르던 노래는 잡소리 또는 잡가(雜歌)라고 하며, 이것을 부르며 놀던 사람들을 소리꾼이라 했다. 이들이 부르던 노래로 〈유산가〉〈제비가〉〈적벽가〉〈달거리〉〈산타령〉〈난봉가〉〈흥타령〉〈군밤타령〉〈아리랑타령〉〈영변가〉〈담바귀타령〉 등이 유행했고, 각 지방별로 〈육자배기〉〈수심가〉〈산유화〉〈미나리〉 등이 유행했다.

흔히 악기를 잘 다루거나 온갖 재주를 부리는 재인(才人)을 광대라고 하지만, 광대란 본디 오늘날의 대중가수와 같은 사람들이었다. 이들이 부르는 노래는 〈육자배기〉처럼 짧은 잡가도 있지만 대부분 책 한 권을 이룰 만큼 길어서, 어느 한 인물을 중심으로 희극성을 지닌 줄거리가 전개된다. 이를 흔히 판소리라고 한다. 조선 고종 때 신재효(申在孝)가 열두 마당으로 정리했으나, 현재는 〈춘향가〉〈심청가〉〈박타령〉〈토끼타령〉〈적벽가〉〈가루지기타령〉의 여섯 마당이 전해지고 있다.

옛날의 군악대

군대의 사기를 높이기 위해 설치된 악대를 군악대라 한다. 오늘날의 군악대는 관악기 위주로 편성되어 여기에 타악기를 곁들이며, 가끔 민속 악기나 현악기를 사용할 때도 있다. 인원수는 보통 25명에서 35명으로 구성되며 규모가 큰 군악대는 80명이 넘는 경우도 있다.

옛날에도 오늘날과 비슷한 군악대가 있었는데 주로 궁중의 연회, 임금이나 현관(縣官; 현의 우두머리인 현령과 현감을 통틀어 이르던 말)의 행차에 따르는 악대였다. 이들이 연주한 음악을 취타(吹打) 또는 군악(軍樂)이라고 했다. 행렬의 앞에 서는 악대를 취고수(吹鼓手)라 하고, 그 뒤에 서는 악대를 세악수(細樂手)라고 불렀다. 이를 전통으로 삼아 오늘날의 대취타가 태평소(胡笛), 나발, 북, 징 등으로 편성되었다.

궁중에 따로 배치한 취타수는 별도로 내취(內吹)라고 불렀으며, 계라(啓螺)라는 관원이 이들을 감독했다. 고종 4년(1867)에 펴낸 《육전조례》에 따르면 원내취는 40명, 겸내취는 44명가량으로 구성되었다. 내취들은 초립을 쓰고 붉거나 누런 색깔의 철릭을 입었다.

임금이 행차할 때는 임금이 타고 있는 승여(乘輿)의 앞뒤로 몇 명이 늘어서서 나가다가 계라의 지휘에 따라 행진풍의 음악을 연주했다. 이때에는 리듬을 규칙적으로 짚어주는 타악기군과 나발과 나각의 위엄 있는 소리가 어울려 규칙적이면서도 장쾌한 느낌을 주었다. 서양 사람들은 이 소리를 우주의 신비에 비유하고, 특히 하늘 높이 메아리치는 태평소의 가락을 인간사에 비유하기도 했다. 주로 연주된 곡은 〈여민락〉 〈유황곡〉 〈정동방곡〉 〈낙양춘〉 〈보허자〉 등이다.

소설과 시의 출판

인쇄술이 발명되기 이전의 책은 손으로 써서 만든 필사본이었다. 이러한 필사본만으로 수요를 충당하기 어렵게 되자 목판 인쇄술을 발명했다. 최초의 목판 인쇄본은 통일신라 경덕왕 10년(751)에 건립된 것으로 추정되는 불국사 삼층 석탑(석가탑)을 수리할 때 발견된 《무구정광대다라니경》이다.

고려시대에는 인쇄술이 더욱 발달했다. 불교의 힘을 빌려 거란의 침입을 막고자 간행했던 《초조대장경》을 비롯하여 의천(義天)의 《속장경》, 역시 몽골의 침입을 불교의 힘으로 막으려고 간행한 《팔만대장경》을 통해 알 수 있다.

불국사 삼층 석탑

목판 인쇄술뿐만 아니라 금속활자 기술도 개발되었다. 고려 고종 때인 1234년에서 1241년 사이에 간행된 것으로 추측되는 《상정고금예문》은 세계 최초의 금속활자본인데, 아쉽게도 현재 전하지 않는다.

고려 우왕 3년(1377)에 청주목의 흥덕사에서는 여러 문헌에서 선(禪)의 깨달음에 관한 내용을 뽑아 《직지심체요절》을 간행했다. 1972년 파리에서 열린 세계 도서의 해 기념 전시회에 출품되어 세계 최초의 금속활자본으로 공인받았으며, 현재 이 책의 하권이 프랑스 국립도서관에 소장되어 있다.

조선시대에는 인쇄 사업을 국책 사업으로 중시하여 고려시대에 설치되었던 서적포(書籍鋪)를 태조 2년(1393)에 서적원(書籍院)이란 이름으로 부활시켰다. 이를테면 서적원은 왕립 출판사인 셈이다. 인쇄소와 활자까지 갖춘 서적원은 오늘날과 같이 교정, 교열, 편집 업무까지 맡아보았다. 특히 고려시대와는 달리 개인이 책을 펴내는 사판본(私版本)도 있다. 국가에서 비용을 충당하여 출판하는 관판본(官版本)이 관계 관청이나 관계 공무원에게 무료로 배포되었던 것에 비해, 사판본은 출판 비용을 부담하는 사람이 학연이나 혈연 관계에 있는 사람들에게 무료로 나누어주었다.

조선 후기에는 매매를 목적으로 간행된 방각판(坊刻版)이 나왔다. 요즈음처럼 출판사의 상호는 사용하지 않았지만 출판지나 상호 비슷한 이름을 볼 수 있다. 예를 들어 서울의 야동(冶洞)·홍수동(紅樹洞) 등의 이름으로 나온 책이라든가, 지방의 완산(完山)·전주(全州) 등지에서 방각본으로 개판(改版)된 책을 들 수 있다. 이때 나온 출판물로는 서당의 학습용 서적이나 관혼상제에 필요한 예서, 서간문, 의학서, 《구운몽》《삼국지》《서유기》《춘향전》《심청전》 등의 소설류가 있다.

초등학교인 서당

옛날에도 나라에서 세운 초등교육기관이 있었을까? 기록을 살펴보면 나라에서 세운 초등교육기관은 없고, 고려시대에 사립 교육기관은 있었던 듯하다. 고려에 사신으로 왔던 송나라의 서긍이 지은 《고려도경》에 초등교육기관 관련 기록이 보인다. 그 내용은 "마을의 거리에는 경관(經館)과 서사(書社) 두세 채가 서로 마주보고 있으며, 이곳에서 민간의 미혼 자제들이 스승에게 경전을 배우고, 조금 성장하면 벗을 택하여 절에 가서 공부하고, 아래로는 조그만 아이들이 역시 향선생(鄉先生)에게 배운다."라고 되어 있으니, 경관과 서사가 조선시대의 서당처럼 아이들 교육을 담당하고 있음을 알 수 있다.

조선시대 들어 초등교육기관은 여러 이름으로 불리다가 효종 때 사학 규정을 정하면서 정식으로 서당이라는 명칭을 사용하게 되었다. 이 서당은 조선시대에 들어와서 더욱 많이 보급되었는데, 나라에서 설립이나 폐지에 아무런 규제도 하지 않았기 때문이다. 아이들을 가르치는 훈장은 학생 중 나이가 많거나 학력이 뛰어난 아이를 접장으로 뽑아 학도들을 통솔하도록 했다.

서당에서는 글자를 해독하고 독해력을 길러 기초 지식을 쌓을 수 있도록 읽기와 쓰기, 글짓기를 배웠다. 읽기의 경우 《천자문》을 시작으로 《동몽선습》《명심보감》《통감通鑑》을 배웠고, 훈장의 능력에 따라 《소학》《사기》 사서삼경도 배웠다. 쓰기는 해서·행서·초서를 익혔고, 글짓기의 경우는 작문과 오언절구를 익혔으나 규모가 작은 서당에서는 하지 않는 경우도 있었다.

등록금으로 돈을 받지 않았으므로 누구나 쉽게 서당에 들어갈 수 있었다. 글을 가르치고 배운다는 것은 신성하고 고상한 일이므로 돈을 주고받는 행위는 신성모독이라고 생각했기 때문이다. 다만 여름에 보리 한 말, 겨울에 쌀 한 말과 장작한 짐을 받았다. 학칙을 연이어 세 번 위반하면 벌곡(罰穀)을, 나머지 공부를 하는 학도에게는 따로 수고비를, 한 교과과정이 끝나면 떡과 곡식을 바치는 책씻이(오늘날의 책걸이와 성격이 같음)가 등록금이라고 할 수 있다.

우리나라 최초의 대학

이탈리아의 살레르노 대학(의학)과 볼로냐 대학(법학), 프랑스의 파리 대학은 12세기에 문을 연 유서 깊은 학교들이다. 처음에는 신학자가 교육을 담당하여, 유명한 신학자를 찾아서 학생들이 모여들어 대학이 시작되었다. 그렇다면 우리나라는 언제 대학을 세웠을까?

우리나라 최초의 대학은 고구려 소수림왕(재위 371~384) 2년(372)에 설치한 태학(太學)이다. 장수왕 때 평양으로 천도한 이후에는 각 지방에 교육을 담당하는 경당(扃堂)이 생겨났다. 오늘날로 치면 사립 교육기관인 셈이다. 백제는 학문이 높은 사람들에게 '박사'라는 칭호를 주어 교육을 담당하게 했으며, 신라에서는 청소년 교육단체인 화랑도가 교육기관 구실을 했다. 삼국통일 후 신라는 신문왕 2년(682)에 오늘날의 국립대학인 국학(國學)을, 발해는 주자감(冑子監)을 설치했다.

고려시대 최고의 국립 교육기관은 성종 11년(992)에 세운 국자감(國子監)이다. 국자학·태학·사문학·율학·서학·산학 따위의 전문 학과를 두었으며 학생은 1100여 명에 이르렀다. 국자감은 조선시대에 성균관(成均館)으로 이어졌다.

명륜당 현판

성균관 전경

옛날 학생들의 시위

조선시대에 성균관 유생들은 권당(捲堂)을 통해서 자신들의 뜻을 관철하고자 했다. 권당이란 제 주장이 관철되지 않았을 때 시위하느라고 일제히 관을 물러나던 일을 말한다. 성균관 유생들뿐 아니라 서당이나 승당, 사학(四學)에서 공부하던 학생들도 권당을 통해 자신들의 뜻을 관철하고자 했다.

단순히 교실을 비우는 권당 이외에 청맹(靑盲)권당과 호곡(號哭)권당도 있었다. 청맹권당은 수업을 받으면서 눈뜬장님처럼 행동하는 것이고, 호곡권당은 학생들이 궁궐 문 앞에서 함께 "아이고!아이고!" 하면서 통곡하는 것이다.

세종 30년(1448) 7월, 임금이 궁궐 안에 법당을 세우라고 명하자 성균관 유생들이 학생총회에서 토론을 거친 후에 유상해(兪尙諧)를 대표로 불당 역사를 정지할 것을 상소했다. 유상해의 상소에 세종이 거절의 뜻을 나타내자, 성균관 유생과 사학의 학생들은 동맹휴학을 선언하고 집으로 돌아갔다. 그러자 나라에서는 학생들 집으로 영의정 황희를 보내 설득한 끝에 정상 수업을 할 수 있었다.

유생들의 저항이 가장 거셌던 때는 중종 연간이었다. 개혁의 선봉인 조광조가 훈구파에 의해 쫓겨나자, 성균관 유생들은 상소문을 올려 조광조를 풀어줄 것을 요구했다. 중종이 이를 거절하자 궁궐 안으로 들어가려다가 이를 말리는 군졸들과 충돌이 일어나 부상자가 생기기도 했다.

국립4·19민주묘지

이러한 전통은 일제강점기에 독립운동으로 이어져 1919년 3·1운동과 1926년의 6·10만세운동, 1929년 광주학생운동의 원동력이 되었다. 8·15광복 후에는 독재와 불의에 항거하는 1960년의 4·19혁명과 1980년 5·18민주화운동으로 이어져 민주주의의 선봉이 되기도 했다.

시험을 치기 전 먹거나 붙인 엿

수능시험을 치르는 날이면 찰떡같이 붙기를 기원하며 수험장 문이나 기둥에 으레 엿이나 찹쌀떡을 붙인다. 또 잘 찍으라고 포크를, 잘 풀라고 휴지를 주기도 한다. 심지어 잘 풀리라고 실을 주거나 잘 보라고 거울을 주기도 한다. 또한 '가서 돼라'는 뜻에서 카스텔라를 선물하기도 한다.

옛날에도 엿을 먹거나 엿을 기둥에 붙이는 것은 오늘날과 다름없었다. 이러한 풍습이 전해지게 된 까닭은 다음의 전설 때문이다.

옛날 문경새재는 경상도에서 서울로 과거를 보러 가는 사람들이 지나는 길목이었다. 고개 정상에는 한 노파가 이들을 상대로 엿을 팔곤 했는데, 사람들이 무심히 지나치는 와중에 한 선비가 할머니가 파는 엿을 사 먹고 과거에 합격했다고 한다. 그 후로 과거를 보기 전에 엿을 먹거나 과거장 기둥에 엿을 붙이는 풍습이 생겼다고 한다.

다른 설도 있다. 과거를 보러 가던 선비들이 날이 저물어 하룻밤을 주막에 머물게 되면 서로 아내들이 밤을 새워 정성스럽게 만들어준 엿을 길게 늘여보았다. 이때 그 빛깔이 희면 흴수록 그 아내가 남편 뒷바라지를 잘한 것으로 여겼다. 그리하여 시험장에 엿이 등장하게 되었다는 것이다.

문경새재(한감자블로거 제공)

과거 합격자의 특전

관리들을 선발하는 국가시험은 통일신라시대 원성왕(재위 785~798) 때 실시한 독서출신과에서 비롯되었다. 그러나 이것은 진골의 반발로 제 기능을 발휘하지 못했고, 본격적인 관리 선발은 고려의 4대 왕인 광종 9년(958)에 처음 실시한 과거로 이루어졌다. 6대 성종 때부터 3년에 한 번씩 보는 식년시(式年試)가 원칙이었지만, 경사가 있을 때 보는 증광시(增廣試), 임금이 성균관 문묘에 참배할 때 보는 알성시(謁聖試) 등 특별 시험이 생겨났다.

과거가 시작되면 응시생은 시험문제를 보고 시권(試卷; 과거를 볼 때 글을 지어 올리던 종이)에 의견을 적어 제출하면 방방(放榜; 응시한 사람의 답안지를 채점하고 여러 번의 사정회를 거쳐 합격자를 발표하는 절차)을 거쳐 큰 종이에 합격자 명단을 써서 붙였다. 그런 다음 북을 치면서 "아무 동네 사는 아무개의 아들 누구, 나이는 몇 살, 장원 급제!"라고 큰 소리로 세 번 부르는데, 이것을 창방(唱榜)이라고 한다.

합격자는 문과를 기준으로 하여 첫째 등급인 갑과 3명을 비롯하여 을과 7명가량, 병과 28~33명까지 모두 40명이었다. 이들 중 문과나 무과(고려시대에는 실시되지 않았다)에 합격한 사람에게는 붉은 종이에 쓴 합격 증서인 홍패를 주고, 생원·진사에 합격한 사람은 흰 종이에 쓴 합격 증서인 백패를 주었다.

갑과 3명의 합격자 중 1등은 장원랑(壯元郎)으로 총대표이며, 2등은 방안(榜眼), 3등은 담화랑(擔花郎)이다. 이 중 담화랑은 3등임에도 영광스럽게 임금 앞에 나아가 급제자에게 줄 어사화를 한꺼번에 받아 합격자의 머리에 한 가지씩 꽂아주었다.

어사화는 길이가 90센티미터쯤 되는 가는 참대 두 오리를 푸른 종이로 감고 비틀어 꼬아서 다홍, 보라, 노랑의 세 가지 빛깔의 무궁화 꽃송이를 끼워 만든 것이다. 이것을 복두(幞頭) 뒤에 꽂고 길이 10센티미터쯤 되는 붉은 명주실로 잡아맨 다음, 다른 한 끝을 머리 위로 넘기어 그 실을 입에 물게 되어 있다.

과거에 급제한 사람은 신래(新來) 또는 신은(新恩)이라고 불렀다. 이들에게는 삼일유가(三日遊街)와 60일 휴가의 특전이 주어졌다. 삼일유가는 사흘 동안 과거에 응시해 합격할 수 있도록 도와준 사람들을 방문하는 것으로, 이때 나라에서 악대를 파견해 흥겨운 축하 연주를 해주었다.

고향이 지방인 신래는 과거에 합격하면 먼저 하인을 본가로 보내 급제 소식을 알린다. 그러면 본가에서는 도문잔치(과거에 급제한 사람이 집에 돌아와서 베풀던 잔치)를 준비하는데, 우선 길을 닦고 황토를 뿌리며 동네 앞에 임시로 홍살문을 만들었다. 신래가 도착하면 음악을 연주하여 환영해주고, 신래는 신래대로 홍패를 높이 쳐들고 마을에 들어와 제일 먼저 사당에 절을 올린 뒤 부모와 일가친척에게 인사하며 잔치를 즐겼다. 조정에서는 신래가 휴가를 즐기는 동안 이들에게 어떤 직책을 줄 것인지 의논했다.

족보를 만든 까닭

족보(族譜)는 같은 씨족의 시조로부터 족보 편찬 당시 자손까지의 계보를 기록한 책이다. 이때의 씨족은 성과 본관이 같은 부계 친족을 가리킨다. 다른 말로 종보(宗譜), 가보(家譜), 세보(世譜)라고도 한다. 서양에도 족보가 있기는 했지만 동양의 족보와 같은 것이라기보다 대체로 개인의 가계사(家系史)와 같은 것이다.

우리나라에 족보가 등장한 때는 고려시대이다. 처음에는 왕실의 계통을 기록하는 데서 시작되었으며, 후에 문벌귀족이 형성되면서 족보가 유행했다. 《고려사》에 따르면 한 동족 또는 분파 전체를 포함하지는 않지만 소규모의 가계를 기록한 계보가 고려시대 이래로 귀족사회에서 만들어졌음을 알 수 있다. 이 당시의 족보는 출판 사정이 열악했으므로 필사본으로 제작했다.

조선시대에는 국가의 통치이념인 유교와 붕당정치의 영향으로 혈연·학연·지연의 단결을 견고히 할 필요에서 족보가 더욱 유행했다. 조선 최초로 간행된 족보는 문화 유씨의 족보인 《영락보永樂譜》로, 세종 5년(1423)에 간행된 것으로 알려져 있지만 현재는 전하지 않는다. 현존하는 족보 중 가장 오래된 것은 성종 7년(1476)에 간행된 안동 권씨의 《성화보成化譜》이다.

안동 권씨의 족보인 《성화보》(복사본, 대전박물관)

조선시대의 족보는 일종의 혈연적 신분을 보장하는 장치였다. 고려시대와 달리 신분의 이동이 거의 없는 까닭에 신분적 폐쇄성이 있다 보니 족보 간행에 따른 폐단도 많이 발생했다. 양반이 그 후손에 이르기까지 대우를 받게 되자 족보를 위조했고, 또 족보 위조를 중개하는 일종의 사기꾼까지 등장했다. 신분적 폐쇄성 때문에 사회계급이 고정화됨으로써 지배층과 피지배층의 대립을 조장하는 면도 나타났다.

아무나 두드릴 수 없었던 신문고

조선시대에는 지식인은 상소(上疏)로, 일반 백성들은 신문고·상언·격쟁 등으로 임금에게 글이나 말을 전할 수 있었다. 그중에서 우리에게 가장 많이 알려진 것이 신문고이다. 신문고는 백성이 억울한 일을 하소연할 때 치게 하던 북으로 궁궐의 문루(門樓)에 달았다. 그러나 이 신문고는 아무 때나 칠 수 있는 것이 아니었다.

신문고는 한양에만 설치되어 있었다. 그러므로 억울한 일을 당했을 때 지방에 있는 사람은 관찰사에게, 한양에 있는 사람은 해당 관청에 글을 올리거나 직접 찾아가 억울함을 호소했던 것이다. 여기에서 해결이 안 될 때 비로소 자신의 억울한 내용을 담당 관리에게 말한 뒤 글로 적고 신청자의 이름과 주소를 확인하고 나서야 북을 칠 수 있었다.

더구나 신문고를 울려서 억울함을 호소할 수 있는 내용에도 제한을 두었다. 즉 중앙 관청의 하급 관리나 노비들이 그의 상관을 고발하는 경우, 지방의 향리나 백성들이 관찰사나 수령을 고발하는 경우, 남을 사주하여 고발하게 하는 경우는 신문고를 칠 수 없었다. 이 제한 사항을 신문고를 쳐서 고발하면 오히려 벌을 주었다.

신문고를 칠 수 있는 경우는 자손이 조상을, 아내가 남편을, 아우가 형을, 노비가 주인을 위하는 일과 지극히 원통한 일, 살인사건에 한정되었다. 그러므로 일반 백성들이 신문고를 치는 것은 하늘의 별따기만큼이나 어려워 제대로 시행되지 못했을 것으로 추정된다. 게다가 일반 백성보다는 양반들이 이용하는 횟수가 많았다고 하니, 지배층을 위한 제도이지 일반 백성에게 크게 도움을 주었던 제도라고 할 수 없다.

차라리 정조 때 많이 이루어지던 격쟁이 백성들의 의견을 지배층에게 전달하는 계기가 되었다. 격쟁은 꽹과리나 징 등의 악기를 쳐서 임금이나 관리의 시선을 끌어 자신의 억울함을 호소하는 것이다. 정조는 백성들의 격쟁을 많이 듣기 위해 왕릉에 66번이나 행차했고 해결해준 격쟁이 123건이었다.

신문고는 중국 송나라를 모방하여 태종 2년(1402)에 설치했으나 백성들의 의견을 듣겠다는 본래의 취지를 잃어버리자 연산군 때 폐지되었고, 영조 47년(1771)에 다시 설치했다.

일요일과 칠요일

우리나라에서 일요일제는 1895년 4월부터 시행되었다. 그렇다면 그 전에는 1년 내내 일만 했을까? 고려시대와 조선시대에도 오늘날과 똑같이 한 달에 다섯 번 정기 휴일이 있었다. 요즘처럼 일요일이 따로 없었지만 음력으로 매월 1일, 8일, 15일, 23일과 달을 가르는 절기(입춘, 경칩, 청명, 입하 등)가 드는 날이 정기 휴일이었다. 오늘날의 일요일인 셈이다.

그런데 이 절기가 드는 날은 태양력으로 계산하기 때문에 운이 좋으면 연휴가 되지만 그렇지 않으면 겹치게 되어, 관리들은 새해가 되면 서운관에 몰려가 연휴가 며칠이나 되는지 세어보기도 했다.

그런가 하면 국정 공휴일로 정해진 날도 따로 있었다. 정월에는 설날부터 7일,

자일(子日 ; 일진에 子가 들어가는 날)과 오일(午日 ; 일진에 午가 들어가는 날)에도 쉬었다. 대보름·단오·연등회 때는 3일 연휴였으며 추석에는 하루만 쉬었다. 관리들은 일식과 월식이 있는 날은 부정을 탄다 하여 공무를 보지 않았다. 일식과 월식은 서운관에서 계산해서 미리 알려주었다.

일주일은 왜 7일일까?

서양에서 일주일을 7일로 잡은 이유에 대해서는 많은 설이 있다. 그중에서도 초승달→반달→보름달→반달→하현달의 간격이 7일이라서 생겼다는 설과, 바빌로니아에서 '7'을 신성하게 여긴 데서 나왔다는 설이 유력하다. 망원경을 발명하기 전에는 천체에 태양, 달, 수성, 금성, 화성, 목성, 토성의 7개만 있다고 생각한 데서 나왔다는 설도 있다. 영어 요일명은 이들 행성의 이름과 게르만족의 신화에서 따왔다.

변사체를 검시해 사인을 밝힌 조선시대

죽은 원인이 분명하지 않은 변사체는 검시(檢屍)를 해서 사인을 규명한다. 인명 사건에 대한 검시가 공식적으로 이루어진 것은 조선 세종 때부터다. 가장 오래된 검시 기록은 세종 1년(1419) 2월에 형조에서 작성한 것이다. 세종 28년(1446) 4월에는 검시 양식을 정하여 형조에서 인쇄해 한성부와 각 도에 보냈다. 인명 사건이 발생했을 때는 시신이 발견된 곳에서 검증을 한 뒤, 검시 양식에 따라 사체 검안서를 만들어 재판과 관계 있는 중앙과 각 지방의 형률관들이 참고하도록 했다.

물론 법의학서도 있었다. 세종 20년(1448)에 《신주무원록新註無寃錄》을 간행했고, 영조 24년(1748)에는 《신주무원록》의 내용을 증보하고 애매한 부분을 바로잡은 《증수무원록》을 펴냈다. 정조 16년(1792)에는 본문에 한글로 토를 달고 각구절 끝에 국한문 혼용의 번역과 해설을 붙인 《증수무원록언해》를 간행했다. 특히 조선 초기에 간행한 《신주무원록》은 부모로부터 받은 몸을 함부로 훼손해서는 안 된다는 시각이 검시 과정에도 엄격히 반영되어 있다.

오랫동안 법의학의 지침서 역할을 했던 《증수무원록》은 갑오개혁(1894)과 광무개혁(1897) 때 서양식 법의학이 채택되면서 점차 사용하지 않게 되었다.

살인사건이 일어났을 때는 오작인(仵作人)이 검시를 맡아했다. 오작인은 먼저 살해된 사람의 상태를 그림으로 그린 시형도를 작성했다. 검시를 통해 증거를 잡은 오작인은 검안서를 작성하여 고을 수령이나 의금부에 제출했다.

검시를 할 때는 은을 이용하여 독극물 사용 여부를 밝혀냈다. 은에 독이 묻으면 검은색으로 변하는 원리를 이용한 것이다. 또 달걀 흰자위를 넣고 찐 나미(糯米; 찰벼, 찹쌀)를 시신의 입에 넣어 의심되는 독극물을 빨아들이게 한 뒤 이를 닭에게 먹여 중독 여부를 살피는 방법도 있었다. 검시는 대개 3번을 하는데, 서로 다른 고을 출신의 검시관 2명이 독립적으로 검시한 뒤 상급기관에서 최종 판정을 내렸다. 의견이 다를 경우에는 최다 6번까지 검시를 하였으며, 중요한 사안은 임금에게 직접 보고하기도 했다.

살해 도구가 은장도라면 다른 검시법을 사용하기도 했다. 은장도에 묻은 피를 깨끗이 닦아냈다고 해도 은장도를 불에 달구어 식초물을 뿌리면 그 흔적이 나타나는 원리를 이용한 방법이다.

암행어사뿐 아니라 공무 출장에 사용한 마패

고려는 통신수단으로 역참제와 파발제를 실시했다. 주요 지점에 역참을 두어 말을 기르게 했고, 중요한 소식이나 왕명을 전할 때에는 파발이 역참의 말을 타고 목적지까지 달려갔다. 이때 역참에 있는 말을 이용할 수 있는 이용권이 발급되었는데, 그것이 바로 마패다.

이 제도는 그대로 조선에 계승되었다. 세종 17년(1435)에는 새로 마패를 만들어 왕족, 관찰사, 수군절도사, 개성유수 등에게 발급하고 구패(舊牌)는 회수했다. 이 신패는 조선 말기까지 똑같은 형태를 유지했다. 지름 10센티미터쯤 되는 구리쇠로 만든 둥근 패 앞면에 연호 및 연월일과 '상서원인(尙書院印)'이라 새기고,

마패

뒷면에는 말을 새겨넣었다. 말의 수는 한 마리에서 열 마리까지 다양했으며, 이는 급마(給馬) 규정에 따라 지급되었다.

조선시대에는 성종 때까지 상당히 오랫동안 평화가 지속되었으며, 백성들은 살기가 좋았고 관리의 부정부패도 많지 않았다. 그러나 이후 지방관들의 부정부패가 심해지자 연산군 때 홍길동(洪吉童)이나 명종 때 임꺽정(林巨正) 등의 의적들이 나타나 백성들로부터 환영을 받았고, 이에 왕은 백성들의 실생활을 파악하고자 암행어사를 파견했던 것이다.

암행어사를 지방으로 보내는 것은 철저히 비밀이었다. 왕은 암행어사로 파견될 관리를 궁궐로 불러 아무런 설명 없이 봉서(封書)를 주었다. 봉서는 어사의 임명장이자 업무 지시서였다. 왕은 봉서를 주면서 "동대문 밖에서 볼 것이로되, 곧바로 시행하라!"는 어명을 내렸다.

이 봉서를 받은 사람은 동대문 밖에 나가 뜯어보아야 했으므로 봉투를 열어보고 나서야 비로소 자신이 갈 목적지와 수사 대상을 확인할 수 있었다. 바로 이때 암행어사가 의정부에서 별도로 지급받는 것 중에 마패가 있었던 것이다. 암행어사에게 지급되는 마패에는 세 가지 기능이 있었다. 역에 딸린 포졸들을 부릴 수 있는 권한, 암행어사의 신분을 확인해주는 기능, 암행어사의 인장 기능이 그것이다. 그러므로 암행어사의 마패는 부정한 관리를 처단하는 데 없어서는 안 되는 중요한 신분증이었다.

암행어사 제도는 고종 29년(1892)에 폐지되었으나 이시발, 박문수(朴文秀), 성이성(成以性)처럼 이름을 날린 암행어사의 활약상은 부패한 수령들을 처벌해주기를 바라는 백성들의 마음을 담은 영웅 이야기로 구전되기도 했다.

옛날의 신분증인 호패

만 17세가 되는 대한민국 국민은 주민등록증을 발급받는다. 주민등록증을 받음으로써 국가에 대한 의무와 국민으로서의 권리를 행사할 수 있게 되는 것이다.

오늘날에는 남녀 구분하지 않고 주민등록증을 발급하지만, 조선시대에는 16세 이상의 남자에게만 호패(號牌)라는 신분증명서를 발급했다.

호패제도는 중국 원나라에서 처음 실시했다. 고려 공민왕 3년(1354)에 이 제도를 받아들였으나 잘 시행되지 않다가 조선 태종 13년(1413) 9월에야 비로소 전국적으로 시행되었다.

호패제도의 목적은 호구를 통해 전체 인구를 파악하고, 직업과 계급을 분명히 하며, 신분을 증명하려는 것이었다. 그러나 가장 중요한 목적은 군역과 부역의 기준을 밝혀 유민(流民; 일정한 거처 없이 이리저리 떠돌아다니는 백성)을 방지하여 조세 수입을 증대시키기 위한 것이었다. 호패법에 따라 호패를 위조한 사람은 극형에 처하고 호패를 빌려준 사람은 곤장 100대를, 호패를 지니지 않았을 때는 곤장 50대를 쳤다.

세조 때는 호패청을 두어 사무를 전담하도록 했으며, 숙종 때는 쉽게 간직하고 위조를 방지할 겸 해서 호패 대신 종이로 지패(紙牌)를 만들기도 했으나 별 효과를 거두지 못했다. 《성종실록》에는 호패를 받은 사람 가운데 사실상 국역을 담당

호패

할 양민은 1~2할에 불과하다고 기록되어 있다.

호패는 왕실 사람들부터 천민에 이르기까지 16세 이상의 모든 남자가 지녀야 했는데, 양반들은 상아나 녹각 등으로, 평민들은 나무로 만들었다. 호패 크기는 길이 3치 7푼, 두께 2푼이었다.

호패에는 2품 이상은 관직·성명·거주지를, 5품 이하의 군관은 소속 부대·신장을, 잡색군(雜色軍; 생원·진사·향리·교생·장인·공사천 따위를 모아 형식적으로 조직한 예비역 군대)은 직역과 소속을, 일반 백성은 성명·거주지·얼굴빛·수염의 유무를 기록했다. 노비는 일반 서민의 기록 사항 외에 나이·신장·주인의 이름까지 적었다. 하층민일수록 규제가 심했던 것이다.

호패에 관한 업무는 한양은 한성부가, 지방은 관찰사와 수령이 관할했으며, 이정(理正)·통수(統首)·관령(管領)·감고(監考) 등이 실제 사무를 담당했다.

지급 방법은 각자가 호패에 기재할 사항을 종이에 적어 제출하면 2품 이상과 삼사(三司)의 관원들 것만 관청에서 만들어 지급했고, 그 외의 사람들은 각자가 만들어 관청에 가지고 가면 종이와 대조한 후에 도장을 찍고 발급해주었다.

오늘날 우리나라에서 사용하고 있는 주민등록증은 1962년 5월 10일에 제정된 '주민등록법'에 따라 해당 지역에 주민등록을 한 사람 가운데 만 17세 이상인 사람에게 해당 시장, 군수, 구청장이 발급한다.

조선의 전문직 여성인 의녀와 다모

조선시대의 의료기관으로는 의료 행정과 의학 교육을 맡아보던 전의감, 서민들을 위한 병원인 동서대비원, 빈민 치료기관인 제생원, 약국인 혜민국이 있었다.

물론 이 의료기관에서 일하는 의원들은 모두 남자였다. 남녀의 구분이 엄격하던 때이니만큼 여자가 아플 경우에는 문제가 생겼다. 진맥할 때 환자의 팔목에 헝겊을 걸치거나 가는 실을 묶어 맥의 진동을 느끼는 것으로는 제대로 질병을 알아내기 어려웠다. 아예 남자 의원에게 치료받기를 거부하고 스스로 죽음을 택하는 경우도 있었다.

이에 태종은 창고나 궁사에 소속된 어린 여자아이 수십 명을 뽑아 침술과 진맥법을 가르쳐 의녀(醫女)로서 제생원에서 일하게 했다. 그런데 이들을 가르치는 의원들이

조계사 부근의 전의감 터

남자였기에 양반집 규수들은 아예 참여를 하지 않으니, 주로 중인이나 하층민 출신 중에서 뽑았다.

세종 때는 한양에만 있던 이 의녀를 지방에도 두도록 했으며, 그 뒤로도 의녀의 필요성은 더욱 늘어나 임금들은 이들을 양성하는 데 많은 관심을 기울였다. 조선 최초의 전문직 여성인 셈이다.

의녀 외에 또 다른 전문직 여성인 다모(茶母)도 있었다. 다모는 일반 관아에서 차와 술대접 등의 잡일을 맡아 하던 관비인데, 연산군 때부터 지배층들이 혼인을 하면서 사치에 따른 문제점이 일어나자 혼수품 조사를 담당하게 되었다. 오늘날로 치면 경찰관의 임무가 부여된 것이다. 선조 22년(1589) '정여립 모반사건'이 일어났을 때 강견(姜涀)의 무고로 최영경(崔永慶)을 그의 집 안방에서 체포한 것도 다모였다.

다모는 키가 152센티미터가 넘어야 했고, 막걸리 세 사발을 단숨에 마실 수 있어야 하며, 쌀 닷 말은 번쩍 들어 멜 정도로 힘이 세야 될 수 있었다. 안방에 대한 조사가 주된 임무인 다모는 포도청과 형조, 의금부 등에 소속되었다. 반역과 관련된 정보가 들어오면 다모는 치마 속에다 2척쯤 되는 쇠도리깨와 포승줄을 지니고 가서, 죄가 분명하다고 생각되면 아무리 고관의 집이라도 도리깨로 들창문을 부수고 들어가 죄인을 묶어 의금부로 압송했다. 다모들이 실수로 도리깨를 잘못 휘둘러 사람을 죽이더라도 살인죄로 처벌받지 않고 귀양 가는 정도의 가벼운 벌을 받았다고 한다.

조선의 여인 부대

임진왜란에 관련된 기록을 보면, 동래 싸움 때 여자들도 기와를 왜군에게 던지며 대항했고, 행주산성 싸움에서도 돌멩이를 나르고 던지는 등 전투에 참가했다. 그런데 이러한 소극적인 참전이 아닌 본격적으로 전투에 참여한 여군이 있었다. 바로 삼각산 일대에서 활동한 밥할머니(성이 박씨였다고 한다)가 조직한 여인 부대였다.

이 여인 부대는 삼각산 일대 의병들에게 식량을 공급하고 밤에는 횃불을 들고 다니며 의병들의 이동 상황을 감추어주었다고 한다. 이들은 또 경기도 일대의 적진에 침투하여 적의 정세를 살피는 등 정탐 업무도 했다고 한다.

남원 싸움 때는 홍도라는 여인이 남장을 하고 활약을 한 후에 명나라 장군을 따라 중국으로 가기도 했다. 또한 주논개가 진주성에서 왜장을 끌어안고 남강으로 뛰어든 것도 일종의 전투 행위라고 할 수 있다.

논개가 왜장과 함께 순절한 남강의 의암

조선시대의 야동(冶動)

김홍도(金弘道)와 신윤복(申潤福)은 조선 후기를 대표하는 풍속화가이다. 김홍도가 서민들의 일상생활을 많이 그렸다면, 신윤복은 기녀·무속·술집을 소재로 한 풍속도를 많이 그렸다. 특히 신윤복은 오늘날의 '야동'이라고 할 만한 춘화(春畵)도 그렸다.

신윤복의 〈춘화 감상〉이라는 그림을 보면, 두 여자가 방 안에서 책을 보고 있다. 은밀하게 그림책을 보는 것이 야동을 보는 것이 틀림없다. 왼쪽 여자는 가체를 하고 저고리 깃과 고름 곁마기 끝동을 모두 자주색 천으로 댄 삼회장 저고리를 갖추어 입은 것으로 보아 양반집 여인임이 분명하다. 오른쪽 여자는 흰 치마저고리를 입었는데 저고리 깃과 옷고름, 곁마기 끝동마저 흰색이다. 아마 남편이 죽은 과부로 추정된다. 두 여자가 촛불을 밝힌 채 남녀가 엉켜 성관계를 하는 춘화를 보고 있는 모습이, 은밀하게 야동을 보는 오늘날과 다를 바 없다.

우리나라에서 춘화를 그리기 시작한 것은 조선 후기 무렵이며, 이전에는 중국에서 수입했다. 조선 후기의 실학자 이규경이 쓴 《오주연문장전산고》에 춘화에 대한 글이 기록되어 있다.

"일찍이 북경에서 온 그림책을 보았더니 그 속에 남자와 여자가 성관계를 하는 여러 모습을 그린 그림이 있었다. 또 진흙상으로 만든 조각을 상자 속에 넣고 기계장치를 조작해 움직이게 한 것도 있었다. 이름을 춘화도라 했는데, 사람의 성욕을 돋우게 한다 했다."

위의 기록에서 알 수 있듯이 북경에서는 춘화도뿐만 아니라 조각품도 수입되었다. 진흙으로 만든 남녀 인형을 상자 속에 넣고 기계장치를 해서 남녀가 성관계하듯 움직이게 만든 것이다. 이를 춘의(春意)라고 했다.

이와 관련한 일화가 있다.

조선 인조 때 명나라에서 사신으로 온 모문룡(毛文龍)이 인조에게 상아로 만든 춘의를 선물로 바쳤다. 상아로 남녀의 모습을 조각하고 기계를 이용하여 남녀관계를 동작하게 만든 것이다. 이를 본 신하들은 모문룡이 우리나라를 모욕하려는 것이라고 인조에게 건의했고, 인조는 이 춘의를 깨버렸다. 이때 신하들 중에 깨진 춘의를 몰래 가져간 사람이 있어 관직의 승진을 막아버리기도 했다.

이러한 사실로 미루어 우리나라에 본격적으로 춘화와 춘의가 전해진 것은 인조 이후일 것이다. 겉으로는 도덕적인 체하던 사대부가의 선비들이 춘화나 춘의 하나쯤은 갖고 있지 않았을까 생각이 든다. 19세기 중반에 유행한 풍물가사인 〈한양가〉 내용 중에 서울 광통교에 걸어놓고 파는 그림들을 죽 열거한 대목이 있는데 그중에 춘화도 등장한다.

천문과 관계있는 개천절 의식

10월 3일 개천절은 나라에서 공식 지정한 국경일로, 서기전 2333년 단군왕검이 이 땅에 나라를 새로 연 날이다. 본디 단군왕검이 나라를 새로 연 날은 음력 10월 3일인데 음력을 양력으로 환산하기 어렵다고 하여 1949년부터 양력 10월 3일로 바뀌었다. 행사의 규모도 고려시대나 조선시대에는 왕이 직접 참가하여 하늘에 제사를 지낼 만큼 컸다.

개천절 행사를 하는 제단은 대개 위는 둥글고 아랫부분은 네모진 모양이다. 태백산에 있는 천제단은 1991년 10월 23일 중요민속자료 제228호로 지정되었다. 높이 3미터, 둘레 27미터, 너비 8미터 규모로 태백산 1567미터 정상에 있다. 태백산의 천제단에서 윗부분이 원형인 것은 하늘을, 아랫부분의 네모진 모양은 땅을 상징한다.

하늘을 새로 연 날을 기념하는 개천절 행사에는 북두칠성을 상징하는 칠선녀가 등장하고 뭇 별을 상징하는 깃발을 꽂아놓는다. 이처럼 개천절 행사는 천문과 관계가 있다. 농업이 주된 사회였던 만큼 한 해의 농사가 잘되는 것이 중요했고, 한 해의 풍년은 바로 천문과 밀접한 관계가 있기 때문이다.

조선시대의 보석제도

보석 보증금을 받거나 보증인을 세우고 형사 피고인을 구류에서 풀어주는 제도를 보석(保釋)이라고 한다. 보석으로 석방되어도 구속영장의 효력은 그대로 존속하고, 다만 그 집행이 정지된다는 점에서 구속의 취소와 구별되고, 일정한 보증금을 조건으로 하는 점에서 단순한 구속의 집행정지와 다르다.

조선시대에도 죄인에 대한 보석제도가 있었다. 태조 때는 병을 얻은 유양(柳亮)이라는 사람을 병보석으로 풀어주어 정부 관리들이 격렬히 반대하고 나섰다. 태종 때는 사형수도 보석금의 일종인 속전(贖錢)을 받고 감형해주었으며, 세종 때는 기온의 갑자기 내려가 추운 겨울을 보낼 대책이 없어 죄인들을 석방하기도 했다.

세종 5년(1423)에는 보석제도를 폐지하기도 했지만 예외 규정을 두어, 문무 관리와 3품 이상의 아버지 덕분에 관리가 된 음서 출신의 자손들은 국가에 대한 모반, 임금에 대한 반역·반란의 도모, 악역(惡逆), 도를 어긴 부도(不道), 임금이나 웃어른을 공경하지 않은 대불경, 부모에 대한 불효, 형제·친구 간의 불화, 불의, 내란 등의 십악(十惡)에 속할 때, 법을 어기고 사람을 죽였을 때, 도둑이 훔친 물건을 받았을 때를 제외하고는 태형과 장형은 모두 보석으로 풀어주었다.

세종 7년(1425)에 제정된 보석금에 대한 규정을 보면, 귀양을 3년간 하면 동전 6000꿰미에 저화 3000장을, 장 600대에 귀양 3000리면 동전 9000꿰미에 저화 4500장을 보석금으로 내야 했다.

오늘날 국경일이나 대통령 취임식에 맞추어 사면·복권 조치가 이루어지는 것처럼, 옛날에도 천재지변이 일어나거나 국가에 경사가 있을 때는 죄인들을 석방했다.

용무늬로 만들어진 범종 고리

종은 오랜 옛날부터 동서양을 막론하고 때와 곳을 알리는 상징물이다. 시계를 사용하기 전까지 종은 시간과 일의 시작과 끝을 알려주었다. 종(鐘)은 쇠로 만들어 때리면 '동동' 소리가 나기 때문에, 뜻을 나타내는 '金'자와 소리를 나타내는 '童'자를 합쳐서 만든 형성자(形聲字)이다.

범종은 절에서 사용하는 사물(四物) 중 하나로 새벽과 저녁에 법고, 목어, 운판에 이어 28번 울린다. 웅장하게 시작된 범종 소리는 은은한 여운을 길게 남기며 시방세계에 두루 퍼져 모든 중생들의 어두운 마음을 밝히고, 탐욕과 분노와 어리석은 마음을 일깨운다.

범종은 고리 부분인 용뉴(龍鈕), 상대, 연곽(蓮廓), 당좌(撞座), 부조상, 하대로 구성되어 있다. 이 중에서 가장 눈길을 끄는 것이 바로 용뉴이다. 왜 하필 고리를 용 모양으로 만들었을까? 그것은 중국의 전설과 관련이 있다.

용에게는 아홉 아들이 있었다. 그중에 포뢰라는 아들이 있는데, 이 아이는 고래를 무척 무서워하여 고래가 나타나면 큰 소리로 울었다. 여기서 착안하여 넓고 은은하게 소리가 울려퍼지는 범종의 고리를 용 모양으로 만들었다고 한다. 용뉴는 곧 '용 모양의 고리'라는 뜻이다.

종을 치는 당목(撞木)은 종소리가 은은하면서 우렁차게 울리라고 고래 모양으로 만들었다. 지금도 일부 절에서는 고래 모양의 당목을 사용한다.

청룡사 동종(왼쪽)과 갑사 동종. 용뉴부에 두 마리의 용이 있다.

관리들의 점수를 매기는 포폄(褒貶)

한때 우리나라 교육공무원들이 근무 성적에서 좋은 점수를 받아 교감이나 교장으로 승진하기 위해 섬이나 벽지로 가겠다고 치열한 경쟁을 한 적이 있다. 고려시대에도 오늘날의 공무원 승진제도와 같은 규정이 있었으니 포폄(褒貶)이 그것이다. 이 때문에 관리들은 연말이 되면 바짝 긴장해야 했다.

고려시대에 포폄에 의한 인사행정 제도는 성종 8년(989)에 6품 이하의 관리에 적용하면서 확립되었다. 이후 현종 9년(1018) 연말 근무평가제도인 연종도력법(年終都歷法)이 시행되었고, 예종 즉위년(1105)에 지방관 평가제도인 수령전최법(守令殿最法)이 마련되었다. 공민왕 때는 근무 일수를 기준으로 한 도숙법(到宿法)이 수립되었고, 공양왕(재위 1389~1392) 때는 근무 월수를 기준으로 삼는 개월법(個月法)이 신설되었다. 포폄은 무엇보다도 지방관의 심사를 중요시하여, 논밭의 개간, 호구(戶口)의 증가, 부역의 균등, 사송(詞訟)의 간결, 도적의 근절 등 다섯 가지 면으로 성적을 판정하도록 했다.

조선시대에 들어와서는 태조 1년(1392)에 지방관의 성적을 다음의 4등급으로 나누어 평가했다. ① 최(最): 농지의 개간, 호구의 증가, 부역의 균등, 학교의 흥성, 사송의 간결. ② 선(善): 공정하고 청렴하며 부지런하고 겸손함. ③ 악(惡): 게으르고 난폭하며 욕심이 많음. ④ 전(殿): 농지의 황폐, 호구의 손실, 부역의 번잡, 학교의 폐지, 사송의 번잡.

이러한 기준은 그 뒤 다소 변화가 있지만 대원칙은 바뀌지 않았다. 관찰사가 매년 6월 15일과 12월 15일에 지방관의 실적을 왕에게 보고하면, 열 번의 포폄 시사에서 모두 '최' 등급을 받으면 1계급 승진, 두 번 '악' 등급을 받으면 좌천, 세 번 '악' 등급을 받으면 파직되었다.

중앙의 관리도 세종 이후에 소속 관아의 책임자나 당상관이 등급을 매겨 왕에게 올려 지방관과 같은 상벌을 내렸다. 감찰기관이었던 사헌부나 사간원의 관리들은 포폄에서 예외 대상이었다. 이러한 공무원 평가는 국가행정을 원활히 하고 안이한 근무태도를 바로잡는 기능을 하기도 했지만, 혈연에 의한 정실(情實) 인사가 행해지는 원인이 되기도 했다.

여기자는 결혼을 해야

《매일신보》는 1910년 8월 30일에 조선총독부의 기관지로 창간한 일간 신문이다. 일제의 한국 침략을 선동하는 역할을 했으며, 1945년 《서울신문》으로 이름을 바꾸었다.

《매일신보》에 여자 기자를 채용한다는 재미난 광고가 실렸다.

"…개화된 여성으로 현명하면서도 많은 지식을 알고 있는 20세에서 30세 가량의 고등보통학교 졸업 정도에 글재주에 취미가 있는 남편 있는 부인을 구함."

여자 기자를 구한다는 신문광고를 보고 많은 개화 여성들이 응모했을 것이다. 결국 이 광고를 보고 응모한 이각경(李珏瓊)이라는 여성이 우리나라 최초의 여자 기자로 채용되었다. 그녀는 1921년 1월 1일자 신문에 '조선 가정주부께'라는 계몽적인 논설을 자신의 이름으로 게재했는데, 아마 여 기자가 쓴 최초의 글일 것이다. 그녀는 이 논설에서 "우리 조선은 날과 달로 변하여가는 이 시대를 당하여 지난 시대의 범절만 지킬 수도 없고 또 나날이 달라가는 풍조를 다 숭상할 수도 없다."고 하면서 전통을 지키면서 변화해야 한다고 주장했다.

이각경 기자는 이름난 사람들을 찾아다니며 인터뷰를 많이 한 것으로 알려져 있다. 그녀는 주로 긴 치마를 입고 고무신을 신고 다녔다고 한다.

이 시기에 남편이 있는 기자를 모집한 것은 대부분의 기자들이 남자이다 보니 혹시 일어날지도 모를 남녀간의 불상사를 미연에 방지하고자 그랬을 것이다. 남편이 있는 여성이기에 다른 남자 기자들이 감히 접근하기 어려울 것이며, 인터뷰를 하더라도 별 문제가 생기지 않았을 것이다. 오늘날의 시각으로는 큰 문제가 아닌 것이 당시에는 사회적으로 크게 문제가 되었던 것이다.

옛날의 예능인

재인(才人)이나 광대, 사당패는 요즘으로 치면 직업적인 예능인이라고 할 수

흥선대원군에게 옥관자까지 받은 대표적인 사당인 바우덕이
(김호석 화백의 작품으로 이재운 선생이 쓴 《바우덕이》 표지이다.)

있다.

재인은 고려 땅으로 흘러들어온 몽골의 한 종족이 일정한 주거지 없이 떠돌아다니며 곡예와 노래와 춤으로 사람을 웃기며 생계를 이은 것에서 유래되었다. 이들은 천민으로서 관직에 오를 수 없었고 부역의 의무도 없었다. 시간이 나면 사냥을 하거나 간단한 수공업품을 만들어 팔아 생활하기도 하고 무당일을 직업으로 삼기도 하면서, 때로는 걸식을 하기도 하고 때로는 절도·방화·살인도 저질렀다. 고려 말에는 왜구로 가장하여 약탈을 일삼기도 했다.

조선시대에 들어와서 태종은 이와 같은 폐단을 없애고자 이들에게 토지를 주고 농사와 군역에 종사하게 했다 그러나 이들은 사회적인 천대와 냉대를 받으면서도 직업적인 예능인의 길을 걸었다. 잔칫집에서 흥겨움을 더해주는 노릇을 했으며 산대도감극(山臺都監劇) 배우로서 예능에 관여하면서 우리나라 남부와 북부의 문화를 연결해주는 문예 전파자 역할을 하기도 했다.

또 다른 예능인으로 사당패를 들 수 있다. 이들은 원래 불교도였으나 조선시대 들어 숭유억불정책 때문에 사회경제적으로 어려움에 빠지자 하층민의 술자리에서 노래와 춤으로 흥을 돋우기도 하고, 무리를 이루어 이 마을 저 마을을 떠돌아다니며 노래와 춤을 팔았으며, 때로는 윤락행위를 하여 규탄을 받기도 했다. 처음에 여자로만 구성되었으나 1900년대를 전후해서는 독신 남자들로만 구성된 남사당패가 등장했다.

궁정화가들의 집합처, 도화서

우리나라 사진의 역사는 100년이 조금 넘어서, 1880년대에 김용원(金鏞元)이 저동에 촬영국을 설치해 사진을 찍은 것이 처음이다. 그래서 사진이 나오기 이전에는 자기 모습을 남기려면 화가에게 그리게 하는 수밖에 없었다. 이것이 바로 초상화다.

초상화 가운데 특히 중요한 것이 왕의 초상화다. 왕의 초상화를 그리기 위해 고려시대와 조선시대에는 공식 관청을 두어 화가를 양성했다. 왕의 초상화는 어진(御眞)이라고 하는데 그 제작 과정은 크게 도사(圖寫), 추사(追寫), 모사(模寫)로 나뉜다. 도사는 왕이 살아 있을 때 왕의 얼굴을 직접 보면서 그리는 것, 추사는 왕이 승하한 뒤에 그리는 것이다. 모사는 이미 그려진 어진이 훼손되었거나 새로운 진전(眞殿; 조선시대 역대 임금의 초상을 보관하던 전각)에 봉안하게 될 경우 기존의 그림을 토대로 다시 그리는 것이다. 어진을 도사하거나 모사할 때에는 임시 관청인 도감(都監)을 설치했다.

《조선왕조실록》이나 《승정원일기》 등의 문헌에는 어진을 제작하는 과정과 이에 참여한 화가 등에 대해 자세히 기록되어 있다. 어진을 제작할 때는 도화서(圖畵署)의 화원 외에 전국에서 그림에 뛰어난 사람들을 모아 그중에서 화가를 선정했다. 당대의 가장 뛰어난 화가에게 왕의 얼굴을 그리게 했던 것이다.

태조의 어진(국보 317호)　　　영조의 어진(보물 932호)　　　영조의 연잉군 시절 초상(보물 1491호)

하지만 이렇게 복잡한 과정을 거쳐 그린 왕의 어진 가운데 오늘날까지 남아 있는 것은 그리 많지 않다. 이중 문화재로 지정된 것은 고종 9년(1872)에 다시 그려 현재 전주 경기전에 봉안되어 있는 태조의 어진(국보 317호), 광무 4년(1900)에 다시 옮겨 그린 영조의 어진(보물 932호), 영조의 연잉군 시절 초상(보물 1491호), 타다 남은 철종의 어진(보물 1492호) 등이다. 거의 모든 왕이 어진을 그리게 했지만 왜란과 호란으로 소실되었고, 대한민국 정부 수립 후에는 6·25전쟁으로 소실되었던 것이다.

어진은 당대 최고의 화가가 그렸다고는 하지만 실제로는 주로 도화서에 소속된 화가가 그렸다. 도화서는 고려시대에는 도화원이라고 했으며 조선 태조 1년(1392)에 도화서로 이름을 바꾸었다. 도화서의 가장 중요한 임무는 역대 왕의 어진과 진영(眞影), 개국공신의 초상을 그리고 것이었다. 따라서 도화서 화원들은 초상에 관해서만큼은 조선에서 제일이 되려고 노력했으며, 화원을 육성하기 위해 도화서에서 그림을 가르치기도 했다.

도화서 출신의 화원 중 유명한 인물로 안견(安堅), 정선(鄭敾), 김홍도, 신윤복 등이 있다. 당시 일반의 화가는 '그림쟁이'라 불리며 천대를 받았지만 이들 궁정 화가는 별제(別提), 교수(敎授), 선화(善畵), 선회(善繪) 등의 벼슬을 하면서 안정된 생활을 보장받았다.

규방 교육

과거에 여자들은 신분과 지위의 높고 낮음에 관계없이 남존여비 사상 때문에 매우 차별적인 교육을 받았다. 고구려의 태학과 경당, 신라의 국학, 고려의 국자감과 향교, 조선의 성균관과 서당 등 이 모든 교육기관이 남자만을 위해 존재했다.

그러므로 여자들의 교육은 주로 규방(閨房)에서 이루어졌다. 여자는 규방에서 남자의 심부름꾼이 되기 위한 교육, 즉 옷을 만들고 밥을 짓고 집안일을 하는 방법을 배우고, 열녀와 효부가 되는 데 필요한 교육을 받았다.

여자는 '남녀칠세부동석'이라는 엄격한 윤리관 때문에 일찍부터 남자와 어울릴 수 없었으며 바깥출입도 자유롭게 할 수 없었다. 외출을 할 때도 가마를 타거나 쓰개치마로 몸과 얼굴을 가리고 다녔으므로 비록 여성 교육기관이 있었다 하더라도 배우러 다니는 것은 상상도 할 수 없는 일이었다.

일부 양반집의 여자들은《삼강행실도》나《소학》을 읽기도 했지만 이는 매우 드문 경우였다. 우리나라 역사상 양반 출신의 여성 작가가 신사임당(申師任堂)과 허난설헌(許蘭雪軒)에 불과하다는 것이 이를 잘 증명하고 있다. 그러니 거의 모든 여성은 글을 모르는 문맹이거나 한글을 겨우 깨치는 정도였다. 한글을 암클, 안방글이라고 한 이유도 여기에 있다.

여자의 교육문제가 사회적인 관심의 대상이 된 것은 서구 사회보다 거의 100년이나 뒤진 19세기 말엽으로, 여자의 사회적 지위에 관한 관심이 높아짐과 아울러 여성 교육의 필요성이 제기되었다. 그러나 사회의 모든 분야에 남존여비 사상이 뿌리내린 터라 여성 교육기관을 설립하는 것은 쉬운 일이 아니었다.

결국 여성 교육기관 설립의 첫 삽을 뜬 것은 이 땅에 들어온 기독교 선교사들이었다. 고종 22년(1885) 우리나라에 온 미국인 선교사 메리 스크랜턴(Mary Scranton)이 이듬해에 우리나라 최초의 여학교를 설립했다.

학교 설립 당시에는 여성 교육을 기피하는 전통적인 관념과 서양인에 대한 배

이화학당(이화박물관)

타성 때문에 학생 확보가 어려워 단 한 명의 학생으로 개교했으나 이듬해 학생수가 일곱 명으로 늘어났다. 이에 명성황후가 '이화학당(梨花學堂)'이라는 교명을 내려주었다. 바로 오늘날의 이화여자대학교 전신이다. 이후로 진명학교·숙명학교·정신학교·배화학교 등의 여학교가 생겨났으며, 이때도 남자와 여자는 엄격히 분리되어 남녀 공학은 한 곳도 없었다.

수업시간에는 진풍경이 벌어졌다. 남녀의 구별을 엄격히 하던 시절이었으므로 남자 교사가 가르치는 데 어려움이 있었다. 특히 한문과 체육이 문제였다. 이에 교실에 칸막이를 한다든가 휘장을 쳐서 가르치기도 했다. 교사가 기침과 같은 신호를 보내면 학생들이 움직이기도 했다. 예를 들면 교실에 들어오기 전에 기침을 하면 학생들이 책상이나 운동장 쪽으로 시선을 돌리고, 칠판을 보라는 신호로 기침을 하면 학생들은 칠판을 바라보며 수업을 받았다. 다시 한 번 기침을 하면 학생들이 얼굴을 돌리고 교사는 수업을 마치고 교실을 나갔다.

학교에서 준 혼인증서

우리나라 최초의 여학교인 이화학당은 정동 부근에 있었다. 당시는 여자를 집 밖으로 내보낸다는 것 자체를 금기시하던 때였으며, 더군다나 외국인에게 딸아이를 맡겨 외국물이 든 공부를 시킨다는 것은 도저히 용납할 수 없는 일이었다. 그리하여 이화학당 설립자 메리 스크랜턴은 길에 나가서 직접 학생들을 모집해야만 했다.

이화학당 규정에는 재학 중이라도 혼기가 차면 학교에서 서둘러 적당한 신랑감을 물색하여 정혼을 주선하도록 되어 있었다. 이때 부모가 정혼을 승낙하면 학교에서는 신부가 가지고 갈 혼수 일체는 물론 시집에서 쓸 아주 작은 물건까지 구입해주었다.

그뿐만 아니라 결혼식 날에는 신부의 단장이며 예식 절차를 거들어줄 수모(手母)를 데려와 신부 화장에서부터 원삼 족두리로 예복을 갖추는 것까지 세심하게

이화학당 시절의 김점동. 서양 오랑캐가 아이의 눈을 뽑아 카메라 렌즈를 만들거나 팔아넘긴다는 풍문 때문에 메리 스크랜턴이 각서를 쓰고 입학할 수 있었다.(이화박물관)

신경을 썼다. 예식 준비가 끝나면 사모관대를 갖춘 신랑과 함께 정동교회에서 미국인 선교사 주례로 경건한 혼인식을 올렸다. 이때 학교에서는 졸업 전에 합당한 절차에 따라 결혼한 학생에게는 졸업장을 주는 대신 혼인증서를 주었다.

이런 절차에 따라 결혼한 대표적인 인물이 우리나라 최초의 여자 의사인 박에스더이다. 본명은 김점동으로 '에스더'는 세례명이고, '박'은 결혼한 뒤에 따른 남편의 성이다. 그녀는 일찍부터 개화한 아버지의 관심으로 이화학당에 들어갈 수가 있었다. 이화학당에 입학한 김점동은 남달리 영어 회화에 뛰어났고, 졸업할 무렵 이화학당 교장인 앨리스 아펜젤러(Alice Appenzeller) 목사에게 세례를 받았다.

박에스더는 뛰어난 영어 회화 솜씨를 인정받아 1890년부터 이화학당에서 의학을 가르치던 로제타 셔우드 홀(Rosetta Sherwood Hall)의 통역을 맡게 되었다. 박에스더의 총명함에 주목한 로제타 셔우드 홀은 그녀에게 미국으로 건너가 의학을 공부할 것을 권유했고 장학금까지 주선해주었다. 그러나 박에스더의 부모가 만리타국으로 처녀 혼자 유학을 보낼 수 없다며 반대하자 역시 의사였던 남편의 조수인 박유산과 혼인을 주선했다. 1895년 박스에더는 마침내 남편과 함께 미국 유학길에 올랐다.

학생들에게 생활비를 주는 학교

고종 13년(1876)에 군사력을 동원한 일본의 강압에 의하여 맺은 강화도조약에 따라 강제로 문호를 개방하면서 신문화가 수입되니, 이것을 소화하기 위하여 근대식 학교가 세워졌다. 고종 22년(1885) 우리나라 최초의 근대식 사립학교인 배재학당이 문을 열었고, 이듬해에는 최초의 사립 여학교인 이화학당이 개교했다. 같은 해에 나라에서 세운 최초의 근대식 학교인 육영공원도 문을 열었다.

당시에는 학교측에서 학생들을 먹이고 입히고 잠까지 재워주면서 생활비도 지급했다. 공립의학교의 경우 매월 6원의 생활비를 주었는데, 한 달 식비는 3원이며 연필과 공책은 별도로 주었고, 점심값과 담뱃값으로 매일 6전씩 주니 매월 3~4원씩 저축할 수 있었다. 그래서 떠돌아다니던 도부꾼들이 밑천이 떨어지면 학교에 입학하여 생활비를 받아 붓이며 종이 등을 사서 하루종일 팔러 다니다가 밤이 되면 슬그머니 기어 들어가서 잠자는 공부만 열심히 했다.

이렇게 학교에서 학생들에게 생활비를 지급한 것은 학생 구하기가 하늘의 별 따기만큼이나 어려웠기 때문이다. 그 이유는 서양인들이 어린애를 잡아다 눈알을 뽑아서 카메라 렌즈로 쓴다든지, 천연두 예방접종을 소젖으로 한다는데 소도 없으니 이는 틀림없이 여자를 잡아다 젖을 뽑은 것이라는 풍문이 돌았기 때문이다. 오죽하면 초창기 이화학당에서는 수구문 밖 염병막에서 다 죽어가는 여자아이를 데려다 가르쳤을까?

삼년상

부모가 돌아가시면 대개 49일 만에 탈상을 하는데, 이는 불교에서 나온 풍속이다. 불교에서는 사람이 죽으면 다음 생을 받을 때까지 49일 동안 중음(中陰)의 상태를 맞게 된다고 한다. 아주 선하거나 악한 사람은 이 상태를 거치지 않지만 대부분의 사람은 이 기간 동안 다음 생을 받을 연(緣)이 정해진다고 한다. 이에 따라 죽은 사람이 다음 번에 좋은 생을 받기를 바라는 뜻에서 죽은 날로부터 7일째마다 7회에 걸쳐서 49일 동안 천도재를 지내준다. 이를 사십구재라고 하며 보통 49일째 되는 날 탈상을 한다.

아주 오래전에는 삼년상을 치렀다. 삼년상 중에는 궤연(几筵)에 신주를 모시고 여막(廬幕)에 거처하면서 아침저녁으로 상식(上食)을 올리고, 초하루와 보름에 삭망전(朔望奠)을 지내며, 밖에 나가거나 돌아오면 영좌(靈座)에 나아가 아뢰어서 마치 살아 있는 이를 섬기듯이 했다고 한다.

삼국시대부터 삼년상을 치렀다는 기록이 있으나 일반 백성이 모두 그렇게 철저히 지키지는 않았다.

고려시대에는 부모의 거상을 백일 만에 벗는 게 상례였으나, 공민왕 6년(1357)에 이색의 건의에 따라 일반 백성들까지 삼년상을 치르게 했다. 그러나 이때도 철저히 시행되지 않았다.

조선시대에 들어와서도 양반 지배층은 대개 삼년상을 치렀으나 일반 백성은 여전히 제대로 따르지 않았다. 그러다가 중종 11년(1516)에 조광조가 유교적 정치개혁을 제기하면서 양반과 상민 모두 삼년상을 지키라는 명령이 내려졌다. 이로부터 차츰 삼년상이 우리나라 고유의 풍속으로 자리잡았다. 현종 때는 이 삼년상과 관련된 복상 문제로 붕당정치가 치열해지기도 했다.

조선의 마지막 임금인 순종은 아버지인 고종이 죽었을 때 3년 동안 매일 아침에 고종이 묻힌 홍릉에 전화를 걸어 곡(哭)을 했다고 한다. 먼저 내관이 송화기에 대고 홍릉으로 신호를 보내면 능지기가 수화기를 봉분 앞에 갖다대고, 이렇게 준비가 갖추어지면 순종이 곡을 시작했다.

과거시험 예상문제집

우리나라 과거제도의 시초는 신라 원성왕 4년(788)에 실시한 독서출신과이다. 국학에 설치하였으며 귀족의 자제에 한하여 상·중·하의 삼품으로 나누어 성적을 심사하고 결정하여 관리로 등용하던 제도이다. 왕권을 강화할 목적으로 실시했으나 귀족의 반대에 부딪혀 실패했다.

고려시대에 이르러 광종 9년(958)에 중국에서 온 쌍기(雙冀)의 건의로 본격적인 과거제도가 실시되어 조선시대로 이어졌는데, 고려시대와 조선시대는 약간의 차이가 있었다.

고려시대에는 제술과(진사과)·명경과·잡과를 두었는데 이 중 제술과를 가장 중시했다. 과거에는 양인 이상이면 응시할 수 있었으나 농민은 사실상 응시하기 어려웠다. 1년에 한 번씩 실시하다가 성종 때는 3년에 한 번씩, 현종 때는 2년에 한 번씩 실시했고, 그 후에는 1년 또는 2년에 한 번 실시했다.

조선시대에는 고려시대에 비해 과거의 중요성이 더욱 커졌으며 문과·무과·잡과로 나누어 실시했다. 문과는 생원과 진사를 뽑는 소과와 3차(초시·복시·전시)에 걸쳐 시험을 보는 대과로 나뉘었으며, 무과도 문과의 대과처럼 3차에 걸쳐 실시했다.

과거에는 수공업자, 상인, 무당, 승려, 노비, 서얼을 제외하고는 누구나 응시할 수 있었다. 3년마다 보는 정기 시험인 식년시가 원칙이었으나 태종 1년(1401)부터 나라에 큰 경사가 있을 때 보는 증광시를 실시했고, 세조 3년(1457)에는 별시를 실시했다. 이와 같은 과거제도는 갑오개혁 때 폐지되었다.

고려시대의 제술과와 조선시대의 진사과에서는 문예(文藝)를 시험했다. 시(詩), 여섯 글자로 한 글귀를 만들어 한시를 짓는 부(賦), 임금이나 충신의 공덕을 그리는 송(頌), 외교에 관한 글을 쓰는 표전(表箋), 나라의 어려운 일에 대한 대비책을 적는 대책(對策), 논설식으로 글을 적는 논(論) 등으로 시험을 보았다.

과거에 출제되는 문제는 매우 어려워서, 오늘날 수능시험에 대비한 쪽집게 예상문제집처럼 과거시험 예상문제집인 《초집(抄集)》이 있었다. 《초집》은 시를 모아놓은 과시(科詩), 표전 시험에 대비한 과표(科表), 좋은 글만을 모아놓은 선려(選儷)로 구성되었다.

일본의 영향으로 불길한 숫자가 된 '4'

숫자에 대한 미신은 세계 모든 나라에 있다.

서양에서는 예수가 마지막 만찬에서 자신을 배반하는 제자에 대해 언급했던 바, 그것이 열세 번째의 유다이기에 숫자 '13'을 부정적인 숫자로 기피하고 있으며, 13일도 매우 싫어한다.

우리나라 사람들은 숫자 '4'를 기피하는데 아이러니하게도 중국 사람들은 지나칠 정도로 이 숫자를 좋아한다. 한자 '四'의 모양이 사면체로서 동서남북의 방향을 알려주면서, 성벽을 튼튼히 쌓아놓은 것 같은 안정감을 주기 때문이라고 한다. 중국 사람들의 숫자 '4'에 대한 호감은 주위를 사방(四方), 온 세상을 사해(四海), 중국어의 성조를 사성(四聲), 이웃을 사린(四隣), 후손을 사예(四裔)라고 한 데서도 알 수 있다.

중국의 영향을 많이 받은 우리나라에서도 조선시대까지는 숫자 '4'를 기피하지 않았다. 한양 도성에 대문 네 개와 소문 네 개의 출입문을 두었고, 교육·문예를 담당하는 관청으로 성균관·교서관·숭문원·예문관의 사관(四館)을 두었으며, 중등교육기관도 동·서·남·중앙 네 군데에 설치했다. 또한 《조선왕조실록》을 보관하던 창고도 춘추관·충주·성주·전주의 네 군데에 보관했다.

이처럼 숫자 '4'에 대하여 별다른 기피 경향이 없었으나, 일제강점기에 일본 사람들이 '넉 사(四)'자가 '죽을 사(死)'자와 발음이 같다 하여 불길한 숫자로 기피하는 것에 영향을 받아 오늘날까지 이어지고 있는 것이다.

전체 인구의 3퍼센트에 지나지 않았던 양반

'양반'이라는 말은 점잖고 예의 바른 사람을 일컫는 말로 널리 쓰인다. 또한 나이 든 남자를 일컫는 일반 호칭으로도 쓰이고 있다. 그렇다면 양반은 어떤 사람을 지칭하는 것이며 언제부터 사용하기 시작했을까?

본디 양반은 고려와 조선의 지배층을 이루던 신분으로 문반과 무반을 포함한다. 이러한 관제상의 양반 개념은 양반 관료제를 처음으로 실시한 고려 초기부터 있었다. 훗날 문반과 무반은 조회(朝會)를 받을 때 남쪽을 향해 앉은 국왕에 대하여 동쪽에 서는 문반을 동반, 서쪽에 서는 무반을 서반이라고 부르기도 했다.

조선 초기만 해도 양반은 고려시대와 마찬가지로 문무반 관직자를 가리키는 말이었으나, 이후에는 '벼슬할 수 있는 신분'이라는 의미로 바뀌게 되었다. 조선 초기의 양반 계층은 전 인구의 3~4퍼센트에 지나지 않았다. 이 당시 양반은 사(士), 농(農), 공(工), 상(商) 가운데 '사'에 해당했다. 이들은 대개 유학을 직업 삼아 공부하면서 관리가 되고자 노력하는 지식층이었다.

양반들에게는 기득권이 많이 부여되었다. 높은 벼슬에 올라 권력을 잡을 수 있었으며, 조세 혜택을 받는 등 경제적인 이득도 많았다. 그러자 이들은 기득권을 계속 유지하면서 평민이나 천민과 차별화하기 위하여 가계별로 족보를 만들기 시작했다. 서자로 태어난 사람을 차별한 것도 양반의 숫자가 늘어나는 것을 막기 위한 방책이었다. 그러다 보니 자연히 조상의 가문과 혈통을 중시하게 되었던 것이다.

이러한 양반 개념은 조선 후기에 크게 변화했다. 납속(納粟; 나라의 재정난 타개와 구호 사업 등을 위해 곡물을 나라에 바치게 하고, 그 대가로 벼슬을 주거나 면천해주던 일), 공명첩(空名帖; 성명을 적지 않은 백지 임명장. 궁핍한 국가 재정을 보충하거나 빈민을 구제하기 위하여 국가에서 명예직을 팔아 이에 충당하려는 수단으로 사용되었다), 관직 매매, 족보 위조 등으로 양반의 수가 크게 증가한 것이다. 그 때문에 돈이 양반이라는 둥, 양반이면 다 같은 양반인 줄 아느냐는 둥 양반을 얕잡아보는 말이 나돌 정도였다.

양반의 수가 늘어남에 따라 양반의 종류도 점점 세분화되었다. 대가(大家), 세가(世家), 향반(鄕班), 잔반(殘班; 몰락 양반) 등이 그것이다. 나라에 공로가 없거나 벼슬을 하지 못한 양반은 제대로 대우를 받지 못했고, 조선 후기에는 잔반들이 민란을 주도하기도 했다. 또한 이들을 중심으로 동학과 서학이 널리 유행했다. 특히 잔반들이 평민이나 천민들에게 관직이나 족보를 팔아서 양반의 수가 급격히 늘어났다.

이 당시 양반이 어느 정도로 급격히 증가했는지는 다음 자료를 보면 알 수 있다.

일본 사람 시카다(四方博)가 실시한 대구부 호적 조사에 따르면, 1760년에 9.2퍼센트이던 양반 호(戶)가 1858년에는 70.3퍼센트로 늘어났다. 김영모(金泳謨)가

조사한 신분 변화의 자료를 보면, 1684년에 4.6퍼센트이던 양반 호가 1870년에는 0.8퍼센트로 감소한 데 비해 준양반 호는 14.8퍼센트에서 41.7퍼센트로 증가했다.

양반은 1894년 실시한 갑오개혁으로 신분제가 타파되면서 공식적으로는 사라졌지만, 그 관습은 1945년 광복이 될 때까지 계속 남아 있었다.

옛날의 삼심제

법을 어기면 재판을 받고 유죄 판결을 받으면 그 대가를 치러야 한다. 사회는 여러 종류의 인간이 더불어 살아가는 곳이다. 그러다 보니 사람마다 성격과 품행이 각기 달라서 충돌과 사고가 일어나기 마련이다. 이것을 미리 예방하고, 혹시 사고가 나더라도 재발을 막기 위하여 형벌제도가 필요하다. 그러므로 형벌제도는 사회가 존재할 때부터 생겼을 것이다.

현재 전하는 우리나라 최초의 법률은 고조선에서 시행한 '8조법금'으로서 일종의 보복법이다. '사람을 죽인 자는 사형에 처하고, 남을 다치게 한 자는 곡물로써 보상하며, 도둑질한 자는 그 주인의 노예가 되며, 용서를 받으려면 돈을 내놓아야 한다'는 내용이다. 오늘날 이슬람교 국가에서는 보복법을 시행하고 있는데 이 역시 고대국가의 유습이라고 할 수 있다.

삼국시대 형벌제도는 백제의 것만 《삼국사기》에 매우 간략하게 서술되어 있다. 반역자·살인자·퇴군자(退軍者)는 사형에 처하고, 공무원으로서 뇌물을 받거나 도둑질한 자는 세 배를 배상하게 하고 종신토록 관직에 등용하지 않았다. 일반 절도범은 두 배를 배상하게 하고 유배를 보냈다. 이것으로만 미루어보아도 그 당시의 형벌은 엄했으리라 추측할 수 있다.

고려시대는 당나라의 법을 본받았으므로 형벌에서도 당률을 본뜬 태(笞)·장(杖)·도(徒)·유(流)·사(死)의 오형제도가 확립되어 있었다. 이 오형제도는 조선시대에도 이어져 기본적인 형벌로 시행되었다.

조선시대에는 형벌을 가하는 권한이 태보다 가벼운 죄는 각 아문에 있었으며, 형조와 관찰사는 유보다 가벼운 죄를 처벌할 수 있었다. 그러나 유보다 무거운 죄는 상부의 지시를 받아야 했다.

일단 범인이 잡혀오면 고을 수령이 신문과 재판을 했다. 죄를 자백하지 않으면 고문도 했는데, 만약 고문을 하려면 의무적으로 관찰사에게 보고를 해야 했다. 고문 방법도 법으로 정해져 있었다. 몽둥이 끝으로 무릎 아래를 치되 정강이 아래를 쳐선 안 되며, 한 번 고문할 때 30대를 넘어서는 안 된다고 했지만 이는 원칙일 뿐이어서 잘 지켜지지 않았다.

이 밖에도 강도사건이나 역모죄를 저지른 중죄인의 주리를 트는 주뢰형(周牢刑), 태로써 죄인의 등을 때리는 태배형(笞背刑), 무릎 위에 판자를 깔고 그 위에 사람이 몇 명씩 올라가는 압슬형(壓膝刑), 죄인을 묶어놓고 여러 명이 장으로 아무데나 마구 때리는 난장(亂杖), 불에 달군 쇠로 몸을 지지는 낙형(烙刑) 등이 있었다. 죽을죄는 신중히 다루어서 삼심제를 적용했다. 삼심제는 먼저 의정부에 보고해 형조가 재심(再審)하고 나서 임금에게 보고한 뒤 의금부가 삼심(三審)을 하도록 하는 제도로 세종 때 제정되었다. 재판에 불복할 경우에는 사건의 내용에 따라 다른 관청이나 상부의 관청에 소송을 제기할 수도 있었다.

다섯 종류의 형벌은 각각 여러 가지로 세분되었고, 사형에는 목을 옭아매어 죽이는 교수형(絞首刑)과 목을 베는 참수형(斬首刑)이 있었다.

우리나라에서 가장 오래된 춤인 강강술래

강강술래 하면 우리는 흔히 충무공 이순신 장군이 임진왜란이 일어났을 때 개발해낸 춤으로 알고 있다. 그 유래는 이렇다. 이순신 장군이 우수영에 진을 치고 있을 때, 적군에 비하여 아군의 수가 매우 적었다. 그래서 이순신은 마을 부녀자들을 모아 남장을 하게 하고, 옥매산 허리를 빙빙 돌도록 했다. 바다에서 옥매산의 진영을 바라본 왜군은 조선군이 한없이 계속해서 행군하는 것으로 알고, 미리

강강술래

겁을 먹고 달아났고, 왜군이 군대의 행렬로 오해한 그것이 강강술래의 유래가 되었다는 것이다.

그러나 강강술래에 대한 기록은 이순신 장군의 《난중일기》에는 보이지 않는다. 강강술래는 이미 오래전부터 우리나라에 존재하던 춤이었다. 중국 역사서인 《삼국지》〈위지동이전〉에 보면 마한시대의 풍속 중 춤에 대한 기록이 있다. "마한에서는 10월에 추수를 하고 귀신을 모시는 굿판을 벌이는데, 수십 명이 서로 손을 잡고 땅을 굴러 밟으며 돌아대는데 몸을 구부렸다 젖혔다 하는 모습이 중국의 탁무(鐸舞)와 비슷하다." 오늘날의 강강술래와 똑같음을 알 수 있다.

우리나라의 주된 산업은 청동기시대 이래 벼농사이다. 철기가 보급되면서 발달한 벼농사는 한강 이남에 위치한 삼한 사회의 가장 중요한 산업이었다. 그리하여 파종제라고 할 5월 단오와 추수감사제인 10월 상달의 행사가 있었다.

가브리엘 버진의 《신성무용》에 따르면, 농경사회에서는 파종제가 끝나고 난 뒤 아이를 많이 출산한 아녀자들이 농토를 밟고 큰 원을 그리며 춤을 추면, 그해에 풍년이 든다는 풍습이 전한다고 했다. 그러므로 마한의 강강술래는 생산을 담당하는 여성의 생식력을 땅의 생산력과 연결한 마한 사람들의 사고방식에서 나온 것이라 할 수 있다. 가브리엘 버진의 주장은 우리나라에서 모내기할 때 아이를 많이 낳은 여자에게 많은 품삯을 주고 발을 논에 넣게 하는 풍속이 있는 것으로 미루어보아도 일리가 있다. 다산의 경험이 있는 여자의 생산력으로 그해 풍년이 들기를 기원한 것이다.

강강술래는 동서양의 춤이 합쳐진 무용(舞踊)이다. 손으로 추는 춤을 '무(舞)'라 하고, 발로 추는 춤을 '용(踊)'이라 할 수 있다. 그런데 한국 사람들의 춤은 발을 움직이지 않으면서 주로 손을 흔들며 춤을 춘다. 반면에 서양 사람들은 음악에 맞추어 발을 움직이며 춤을 춘다. 우리나라 사람들의 춤에는 기술이 필요한 반면에 서양 사람들의 춤은 힘이 넘친다. 강강술래는 기술과 힘이 합쳐진 춤이니 동서양의 춤이 결합된 춤이라고 할 수 있다.

일주일에 두 번씩 별식이 주어진 성균관 유생

조선시대 최고의 교육기관인 성균관은 기숙학교였다. 성균관 유생들에게는 5일에 두 번씩 별식이 제공되었다. 이 별식을 별미(別味)라고 한다. 매달 1일과 6일이 드는 날 아침에 대별미를, 매달 3일과 8일이 드는 날에는 소별미가 제공되었다. 대별미가 있는 날이면 성균관에서는 유생들의 의견을 물어서 식단을 마련했다. 소별미가 있는 날에는 생선으로 국을 끓이거나 구워서 유생들에게 제공했는데 그 양이 적어 유생들에게 크게 환영받지는 못한 모양이었다.

명절에도 별식을 제공했다. 명절 중에는 복날도 포함되어서, 초복에는 개고기를, 중복에는 참외 두 개, 말복에는 수박 한 통이 제공되었다고 한다. 영·정조 연간의 문신 윤기(尹愭)가 지은 〈반중잡영泮中雜詠〉에 따르면, 성균관 유생들은 초복의 개고기를 중복의 참외나 말복의 수박보다 더 낫다고 여겼다고 하니, 보신탕이 유생들에게 가장 인기가 있었던 듯하다.

〈반중잡영〉은 윤기가 성균관에 20년간 머물면서 성균관 유생들의 생활상을 다룬 220여 수의 시를 모은 책으로 윤기의 문집인 《무명자집無名子集》 권2에 수록되어 있다.

조선시대의 스승의 날

5월 15일은 스승의 날이다. 한글을 창제한 세종대왕이 우리 민족의 스승이라고 생각하여 5월 15일을 스승의 날로 정했다고 한다.

옛날에도 스승의 날은 있었다. 학교로 아이들의 스승을 찾아가는 데 눈치를 보는 오늘날과 달리 주위의 눈치를 보지 않고 자식을 가르치는 스승을 찾아보았다. 그날이 바로 유월 유두, 즉 음력으로 6월 15일이다.

조선시대 사립 초등교육기관인 서당의 개학일은 삼월 삼짇날, 학기를 마치는 날은 중양절인 9월 9일이다. 삼월 삼짇날과 9월 중양절의 가운데인 유월 유두에는 서당에 아이를 보낸 부모들이 떡이며 과자, 보리 등을 준비하여 서당에 찾아와 자식을 가르치는 스승에게 성의를 표시했다. 특별한 수업료가 없던 시절이었으므로 봉사하는 훈장에게 성의를 표시한 것이다. 이때 부모들은 자식을 올바르게 이끌어달라는 뜻을 담아 한 아름의 회초리를 만들어 서당 훈장에게 전달했다.

이렇게 스승을 찾아보는 유두일에는 맑은 개울에서 목욕을 하고, 특히 동쪽으로 흐르는 물에 머리를 감기도 했다. 동쪽으로 흐르는 물에 머리를 감는 것은 동쪽은 청이요, 양기가 가장 왕성한 곳이라는 믿음에서 나온 풍속이다. 깨끗한 물에 몸과 마음을 담가 더러움을 떨쳐버리고자 하는 조상들의 마음이 담겨 있는 것이다.

한편 유두 무렵은 햇과일이 나고 곡식이 여물어가는 시기이기도 하다. 그러므로 유두의 풍속에는 조상과 농사신에게 햇과일과 정갈한 음식을 올림으로써 안녕과 풍년을 기원하는 의미도 함께 담겨 있다.

과거를 위한 사교육 열풍

골품제도로 사회를 통제했던 신라시대에 6두품은 가장 불만이 컸다. 실력으로는 진골보다 더 뛰어났으나 골품이라는 제도의 틀 때문에 늘 17등급의 관등에서 6등급밖에 오르지 못했기 때문이다.

고려시대에 이르러 실력에 의한 관리 선발이 이루어졌다. 비록 과거를 거치지 않고 관리가 되는 음서제도가 있었지만, 과거야말로 출세를 보장받는 길이었다. 과거에 합격하면 성적에 따라 관품을 6단계까지 올려 받을 수 있으며, 이권이나 권력과 연관된 관직을 받을 수 있었다. 그리고 명문대가와 혼인도 할 수 있었으니, 권력과 경제력을 함께 차지할 수 있는 것이 바로 과거였다.

과거에 합격하기 위해서는 오늘날처럼 문제를 미리 족집게처럼 짚어주는 선생이 필요했다. 이들 선생들은 대개 관직에 있을 때 시험관으로 재직했던 사람들이었다. 이들은 관직에서 물러나서는 학교를 세워 후학들을 교육했고, 명망 높은 이가 세운 학교에는 많은 학생들이 몰려들었다. 오늘날 좋은 대학에 들어가기 위해 어렸을 때부터 과외를 하는 것과 마찬가지인 것이다.

대표적인 사교육 기관은 고려 전기의 문신 최충(崔沖)이 세운 문헌공도를 비롯한 12공도, 조선시대 성리학자들이 선현들을 제사하면서 양반 자제들을 교육하기 위해 세웠던 서원을 들 수 있다.

나라에서는 사교육 열풍에 맞서 공교육 기관에 다니는 학생들에게 장학금을 준다든지 능력에 따른 수준별 교육을 하는 등 공교육을 활성화하기 위한 정책을 펼쳤지만, 실력에서 앞섰던 사학 12공도나 서원을 따를 수는 없었다.

수험생을 둔 부모가 하지 말아야 할 것

과거 급제를 목표로 열심히 공부한 고려시대나 조선시대 선비들에게도 금기사항은 있었다. 특히 부모나 가족이 해서는 안 되는 다섯 가지 사항이 있으니 이를 오불심요(五不心要)라고 한다.

첫째, 과거를 치를 선비에게 간밤의 꿈을 물으면 안 되었다. 나쁜 꿈이면 부담을 가질 것이며, 좋은 꿈이면 자신에게 행운이 있다고 믿어 긴장을 늦추기 때문이다.

둘째, 부처 등 신(神)에게 시험을 잘 보게 해달라고 빌면 안 되었다. 신에게 의지하고픈 마음이 당사자에게 부담을 준다고 여겼기 때문이다.

셋째, 과거를 치르는 당일에는 평상시와 다른 옷을 입거나 다른 음식을 먹지 말아야 했다. 평상시 공부하던 생체 리듬이 깨지면 시험을 치를 때 악영향을 줄 수 있기 때문이다.

넷째, 과거시험에서 사용할 붓과 벼루를 새것으로 바꾸지 말아야 했다. 평상시 사용하던 것을 사용해야만 마음의 안정을 찾을 수 있다는 것이다.

다섯째, 부모형제가 시험장 밖에서 기다리지 말아야 했다. 가족들이 밖에서 기다리고 있다고 생각하면 마음은 급해지고 평상심을 유지하기가 힘들다는 것이다.

또 과거를 보기 전날에 부모들이 꽃이 우수수 떨어지는 낙화몽(洛花夢)을 꾸었다면, 이는 과거에 낙방하는 것이 아니라 급제하여 영광의 자리를 차지하여 임금의 명령을 받은 어린이가 꽃가루를 뿌려주는 것으로 해몽했다.

옛날의 성교육

옛날에도 '야동'이 있었으니 춘화(春畵)가 바로 그것이다. 춘화는 대개 생활이 어려운 화원들이 기방 등의 요청을 받거나 바람기 있는 선비들의 요청으로 그려주는 경우가 많았다. 이 춘화는 은밀하게 거래되었고, 춘화를 손에 넣은 이들은 이불 속에서 비밀리에 혼자 보았다.

혼인을 앞두고는 성교육도 이루어졌다. 남자는 친척이나 외척의 삼촌뻘 되는 사람들에게 교육을 받았다. 아들을 생산할 수 있는 부부관계에 대한 내용이 주를 이루었다. 바람 부는 날에 부부관계를 맺으면 아기가 태어나도 병이 많으며, 초하루인 삭일(朔日)에 부부관계를 맺으면 임신 중에 아기가 아프고, 천둥 벼락이 치는 날에 부부관계를 맺으면 아기를 생산하는 날에 어머니와 아기가 함께 죽으며, 월식날의 부부관계는 잉태가 안 되며, 술에 취하여 이루어지는 부부관계로 태어난 아기는 단명하며, 날이 밝아올 때 한 부부관계로 태어난 아기는 겁이 많다고 했다. 그리하여 혼인을 앞둔 남자들은 다음과 같은 문구를 외워야만 했다.

> 야전반합 상수현명(夜前半合 上壽賢命; 밤의 전반에 부부관계는 태어나는 아기의 수명이 길고 현명하고)
> 야후반합 중수총명(夜後半合 中壽聰明; 후반의 부부관계는 보통 수명에 총명하며)
> 계명합 하수극부모(鷄鳴合 下壽尅父母; 닭울음 소리가 날 무렵의 부부관계는 수명이 짧고 부모에게 반항한다)

그리고 똑똑하고 목숨이 긴 아기를 낳을 수 있는 날에 부부관계를 하도록 귀숙일(歸宿日)을 정하여, 정월에는 "아육구장(1-6-9-10) 아둘새(11-12-14) 아새구(21-24-29)라." 하는 식으로 외우게 했다. 부부관계의 정도를 알기 위해서는 여성의 은밀한 곳까지도 알아야 한다며 한시로 가르치기도 했다.

동리도화하처심(洞裏桃花何處深; 동굴 속 복숭아꽃은 얼마 깊이에 피는가)

각래일촌이분심(却來一寸二分深; 들어갔다 나와보니 겨우 한치 두푼의 깊이로구나)

한치 두푼의 깊이에 씨를 뿌려야 온전히 내린다는 것이다.

조선시대의 피임법

우리 조상들은 아이를 잉태하면 낙태는 생각지도 않았다. 아이들은 제 먹을 것은 타고난다고 여겼기 때문이다. 반면에 기녀들은 달랐다. 그녀들은 몸이 곧 재산이니 아이를 낳는다는 것은 생각할 수도 없었다. 그리하여 임신을 피하는 방법을 찾았을 것이다.

민간에 널리 알려진 피임법으로는 비단실이나 특수하게 만든 창호지를 자궁 안에 넣었다가 관계가 끝난 후에 빼내는 방법이 있었다. 오늘날 자궁 안에 넣는 피임용구인 '루프'와 비슷한 원리라고 할 수 있다. 그러나 이 방법만으로는 확실하게 피임을 하기는 어려웠을 것이며 창호지나 비단을 소독하지 않은 상태였으므로 염증과 같은 부작용도 있었을 것이다. 그래서 가임기를 피해 성관계를 하거나 질외 사정으로 임신을 피하기도 했을 것이다.

주술적인 방법도 있었다. 성관계를 한 뒤 곧바로 일곱 내지 아홉 걸음을 팔짝 뛰어다니면 임신을 피할 수 있다거나, 남의 집 세 곳의 문턱 나무나 도둑의 지팡이를 갈아 먹으면 낙태가 된다고 믿기도 했다.

조선시대는 특히 태교를 중요하게 여겨, 임신부의 마음이 불안할 때는 유산을 시키기도 했다. 이때 물 두 잔에 누룩 반 잔 정도를 넣고 달여 한 잔 분량이 되었을 때 찌꺼기는 버리고 세 번에 걸쳐 나누어 먹으면 유산에 효과가 있다고 했다. 높은 곳에서 일부러 뛰어내린다거나, 행동을 크게 하여 몸에 무리를 준다거나, 식물 줄기나 막대기를 자궁에 삽입하는 방법도 있었다. 수은이 들어간 독한 약재를 먹고 유산을 시키려다가 오히려 불임이 되는 경우도 있었다.

과거시험에서 커닝하기

조선시대에 시행된 과거는 세월이 지나면서 응시자가 늘어나, 적서(嫡庶) 차별의 제한을 두었지만 여전히 응시자는 많았다. 숙종 때에 성균관에서 과거를 치를 때 6~7명의 응시자가 짓밟혀 죽는가 하면, 정조 24년(1800)에 실시한 과거에서는 참가자가 10만 3579명에, 받아들인 시권(試券)만도 3만 2664장에 이를 정도로 경쟁이 치열했다.

이처럼 관리 되기가 하늘의 별따기만큼이나 어려웠던 터라 현장에서는 다음과 같은 갖가지 방법으로 커닝이 빈번하게 이루어졌다.

① 의영고(義盈庫): 정답을 쓴 종이를 콧속에 숨기는 행위. ② 협서(挾書): 정답을 적은 작은 종이를 붓대 끝에 숨기는 행위. ③ 혁제(赫蹄): 시험관과 응시자가 서로 짜고 결탁하는 행위. 이것을 막기 위해 명경과에서 치르는 사서오경 암송 시험에서는 응시자와 시험관을 분리시키는 장막을 쳤다. 오늘날의 대입 예체능 시험과 같다고 하겠다. 또한 역서(易書)라 하여, 시험관이 응시자의 글씨를 알아보지 못하도록 서리가 붉은 글씨로 다시 쓰기도 했다. ④ 절과(節科): 시험을 치르기 전 실력 있는 사람과 공모하거나 매수하여 합격자의 답안지에 자신의 이름을 바꾸어 붙이는 행위. 옆에 앉은 사람과 시험지를 바꾸었을 경우에는 환권(換券)이라고도 함. ⑤ 차술(借述): 남의 답안을 베끼거나 대리시험을 보는 행위. ⑥ 이석(移席): 시험 보는 동안 차를 마시거나 소변을 보기 위해 단 한 번 허락되는 이석을 이용해 다른 사람의 자리에 옮겨 앉는 행위. 제 자리가 아닌 남의 빈 자리에 옮겨 앉

는 것은 참월(攬越)이라고 함. 응시자 간의 간격은 사방 6자 간격이었다. ⑦ 낙지(落紙): 답안지나 초고지(草稿紙)를 짐짓 땅바닥에 떨어뜨려 답안을 보이게 하는 행위. ⑧ 설화(說話): 옆사람과 은밀히 말을 나누는 행위. ⑨ 고반(顧盼): 눈동자를 굴려 사방팔방을 둘러보아 남의 답안을 훔쳐보는 행위. ⑩ 음아(吟哦): 입속에서 우물우물 중얼거리는 행위로, 특히 시운(詩韻)을 잡을 때 많은 암시를 주거나 상대방을 혼란스럽게 했다.

이에 나라에서는 책이나 문서를 지니고 과장에 들어오면 3~6년간 과거에 응시할 자격을 박탈하고, 다른 사람의 답안지를 몰래 보다 들키면 곤장 100대와 징역 3년의 강경한 조치를 취했다. 조선 헌종 10년(1844)에 한산거사가 지은 가사인 〈한양가〉에는 과장에서 과거 보는 장면이 재미있게 묘사되어 있다.

현제판 밑 설포장에 말뚝 박고 우산 치고 / 휘장 치고 등을 꽂고 수종군이 늘어서서 / 접마다 지키면서 엄포가 사나울사 / 그 외의 약한 선비 장원봉 기슭이며 / 궁장 밑 생강밭에 잠복 치고 앉았으니 / 등불이 조요하니 사월팔일 모양이다 / 어악이 일어나며 모대한 한시네가 / 어제를 고아들고 현제판 임하여서 / 홍마삭 끈을 매어 일시에 올려다니 / 만장 중 선비들이 붓을 들고 달아난다 / 각각 제첩 찾아가서 책행담 열어놓고 / 해제를 생각하여 풍우같이 지어내니 / 글하는 거벽들은 귀귀히 읊어내고 / 글씨 쓰는 사수들은 시각을 못 머문다 / 글씨 없는 선비 수종군 모양으로 / 공석에도 못 앉고 글 한 장을 애걸한다

과거에서 생겨난 용어 '관광'과 '압권'

관광(觀光): 과거를 보러 감. 또는 그런 길이나 과정을 일컫는 말이었다. 오늘날에는 다른 지방이나 나라의 풍경이나 문물 따위를 유람하는 것으로 바뀌었다.

압권(壓卷): 답안지를 채점할 때 장원(壯元)에 해당하는 답안지를 다른 답안지

과거시험 답안지(용인역사관)

맨 위에 올려놓는 것을 이르는 말이다. 오늘날에는 가장 훌륭한 작품이나 장면, 가장 흥미진진한 상황 등을 가리킬 때 쓰인다.

취재(取材): 조선시대 예조에서 보는 과거보다 낮은 시험으로 이조, 병조, 예조에서 각각 실시했다. 선발 시험뿐만 아니라 특정 관직의 후보가 될 수 있는 자격을 주는 경우, 성적 우수자에게 관직을 주는 경우, 승급 시험이나 기술 연마를 장려하기 위한 규정으로도 적용되었다.

그러나 15세기 후반 이후로 관직이 부족하고 인사가 적체되자 사실상 녹봉 지급자를 선정하는 방식으로 바뀌었다. 16세기 이후 없어졌다. 현재는 언론 기사나 작품의 재료를 얻는다는 의미로 바뀌었다.

출신(出身): 벼슬길에 처음 나서는 사람 또는 과거 급제자라는 뜻이다. 과거에 급제한 사람과 그렇지 못한 사람을 구별하여 말할 때나, 과거에 급제하고 벼슬에 나간 사람과 나가지 못한 사람을 구별할 때 쓰인다. 특히 무과에 급제하고 아직 벼슬을 하지 못한 사람을 가리킨다. 오늘날에는 출생 당시 가정이 속해 있던 신분이나 지역적 소속 관계 또는 학교, 직업 등의 사회적 이력 관계를 의미하는 말로 사용된다.

탁방(坼榜)내다: 과거에 급제한 사람의 이름을 게시판에 내다 붙이는 것을 뜻한다. 이 탁방을 붙이면 이로써 과거의 모든 절차가 끝난 것이다. 오늘날에는 주로 중장년층 사이에서 어떤 일을 끝냈을 때 비유적으로 이르는 말로 쓰인다.

조선시대 이름난 집안의 조건, 불천위 사당

조선시대에 명문가로 인정받기 위한 조건 가운데 하나가 불천위(不遷位; 큰 공훈이 있어 영원히 사당에 모시기를 나라에서 허락한 신위) 조상이 집안에 있느냐의 여부였다. 본디 제사는 4대 봉사, 즉 고조·증조·조부·아버지의 신주를 집안의 사당에 모셔 지내며, 5대조부터는 묘를 직접 찾아 올리는 묘제를 지낸다. 그런데 공적이 크거나 도덕이 높은 조상의 신위는 나라에서 허락하면 집안에 부조묘(不祧廟)를 두어 제사를 지낸다.

이처럼 4대가 넘어가도 옮기지 않는 조상의 제사가 바로 불천위이고, 이 불천위를 모신 사당이 부조묘인 것이다. 특히 나라의 허락을 받아 불천위를 모시는 것은 대단한 가문의 영광이었으며, 명문가로 인정을 받는 조건이었다. 나아가 불천위가 있어야 종가(宗家)도 될 수 있었다.

불천위는 학문과 덕행이 널리 알려진 선비들도 해당되었지만, 대부분은 나라가 위기에 빠졌을 때 자신을 돌보지 않고 희생하여 구국에 앞장선 사람들이었다. 예컨대 임진왜란 때 왜군과 싸우다가 두 아들과 함께 전사한 제봉 고경명(高敬命)의 집안을 들 수 있다.

고경명은 60세의 나이에 호남의 의병 6000명을 이끌고 싸우다 조헌(趙憲)과 함께 금산에서 왜군을 맞아 싸우다 전사했다. 이때 둘째아들 고인후(高因厚)도 전사했고, 큰아들 고종후(高從厚)는 아버지와 동생의 죽음 이후에 2차 진주성 싸움에서 전사했다. 전쟁이 끝난 뒤 나라에서는 이들 삼부자를 불천위로 지정하여 영원히 기리도록 했다.

사내아이의 배냇머리로 붓을 만들어

조선시대 선비들은 문방사우(종이, 붓, 먹, 벼루의 네 가지 문방구)를 친구로 삼았다. 선비들은 먹의 향내를 맡으며 난을 치고 글씨를 쓰는 것이 것을 큰 즐거움

으로 여겼다. 문방사우 중 붓은 글씨를 쓰거나 그림을 그릴 때 사용하는 필기구
이다.

언제부터 붓을 사용했는지 구체적인 기록은 없으나 갑골문자가 생긴 뒤에 사
용한 것으로 추측된다. 현재 전하는 가장 오래된 붓은 1954년 중국 장사(長沙)고
분에서 발견된 전국시대의 붓이다. 이 붓은 총 길이가 21센티미터로 붓대는 대
나무, 붓털은 토끼털을 사용했다.

현재 전하는 우리나라 최고(最古)의 붓은 1988년 경남 의창군 다호리고분에서
출토된 다섯 자루의 붓이다. 길이 23센티미터가량에 손잡이는 칠기로 되어 있으
며, 서기전 1세기경의 것으로 추정되는 삼국시대 생활용품 70여 점과 함께 출토
되었다.

붓털은 흰 염소털, 족제비 꼬리털, 노루 앞가슴털, 닭의 목털, 말털, 이리털,
쥐, 볏짚 등으로 만들었다. 붓 중에 특이한 것은 배냇머리로 만든 태모필(胎母筆)
이다. 태모는 출생한 후 한 번도 깎지 않은 갓난아이의 머리털인데 보통 6~9개
월 정도 지나면 잘라준다. 이 태모로 붓을 만들면 태아의 머리가 좋아지고 학문
에 힘써 과거에 합격한다는 속설이 있다. 붓대에는 장수(長壽)를 상징하는 학을
그려 가훈을 쓴 액자에 넣어 훗날 아이에게 선물했다.

옛날의 책방

우리나라 출판의 역사는 오래되었으나 그에 비해 책을 사고파는 서점은 늦게
생겨났다. 서점이 등장하기 이전에는 서쾌(書儈) 또는 책거간(冊居間)이 서점 역할
을 했다. 우리나라에 서점이 언제부터 존재했는지는 정확히 알 수 없다. 다만 세
종 17년(1435) 허조(許稠)가 올린 계(啓)의 내용 중에 "책 값 대신 쌀이나 콩으로
《소학집성》을 교환하는 것이 좋겠다."라는 기록, 세조 3년(1457)에 "승정원에서
교서관에 있는 오경(五經)을 팔게 했다."라는 기록으로 미루어 책을 사고팔았음을
짐작할 수 있을 뿐이다.

조선시대에는 중종 24년(1529)까지 민간에는 서점이 한 군데도 없었다. 관영 서점인 교서관 한 곳에서만 출판하여 판매하는 책으로는 그 수요를 충족할 수 없었으므로 민영 서점을 설립하려는 시도가 있었으나 결실을 보지 못했다.

이렇게 서점의 설립이 어려웠던 이유는 유교 사회의 귀족 문화적 성격과 연관이 있으며, 책이란 사고파는 것이라는 인식보다는 관청에서 필요해서 출판하여 대가 없이 나누어주는 것이라는 그릇된 생각과, 책을 일부 특권층에게만 필요한 것으로 보는 데 그 원인이 있었다.

민영 서점이 언제 생겨났는지는 정확히 알 수 없다.《고사촬요攷事撮要》권말의 간기(刊記)에 '선조 9년(만력 4년, 1576) 7월'에 발행했다면서 "수표교 아래 북쪽자리 수문 입구에 있는 하한수(河漢水)의 집에서 인쇄했으니 사고 싶은 사람은 찾아오라."고 새긴 것으로 보아 이 무렵에는 민영 서점이 있었음을 알 수 있다.

개항 후에는 신문화의 유입과 함께 박문국에서 일본으로부터 신식 인쇄기를 수입하여 책을 찍어냈고, 우리나라 최초의 근대식 민간 인쇄소인 광인사(廣印社)가 문을 연 이후 민간 출판사가 잇달아 설립되어, 독립정신을 드높이고 민족정신을 일깨우기 위한 책을 출판했다. 당시 대표적인 서점으로는 고제홍(高濟弘)의 회동서관을 비롯하여 김기현(金基鉉)의 대동서시, 지송욱(池松旭)의 중앙서관, 김상만(金相萬)의 광학서포 등을 들 수 있다. 대개 서점과 출판사를 겸했으나 전문 출판사가 하나둘 설립되기 시작하면서 서점 본연의 업무로 돌아가게 되었다.

우리나라 최초의 순교자

이차돈은 신라 법흥왕 때의 승려로 불교 공인에 결정적인 역할을 했다.《삼국유사》에 따르면, 왕이 절을 세우겠다고 하자 많은 신하들이 반대하니, 이차돈이 나서서 "나라를 위하여 몸을 죽임은 신하의 큰 절개이오며 임금을 위하여 목숨을 바침은 백성의 바른 의리입니다. 거짓으로 말씀을 전했다고 하여 신을 형벌하여 머리를 베시면, 만민이 모두 굴복하고 감히 왕명을 어기지 못할 것입니다."라

이차돈 순교비(국립경주박물관)

고 아뢰니, 왕이 처음에는 거절하다가 후에 이차돈의 말에 따랐다고 한다. 왕의 명으로 옥리가 이차돈의 목을 베니 하얀 젖이 한 길이나 솟아났다고 한다.

이것은 무엇을 말하려는 것일까?

단순히 《삼국유사》에 전하는 설화의 한 부분이라고 할 수만은 없다. 왜냐하면 신라가 일어난 지역은 삼한의 진한 땅이었다. 삼한에는 제사장인 천군이 있었고, 이 천군이 사는 소도는 외부인이 함부로 접근할 수 없는 신성 지역으로, 심지어 죄인일지라도 이곳에 들어오면 체포할 수 없을 정도로 전통신앙에 대한 백성들의 신뢰가 깊었다.

그러나 법흥왕은 기존 제사장의 권한을 축소하고 왕권을 강화하기 위해서는 외래 종교인 불교를 받아들일 필요가 있었다. 이에 이차돈이 왕을 위해 희생양이 됨으로써 왕권 강화의 디딤돌을 놓은 것이다. 그의 목을 베었을 때 전통신앙을 상징하는 빨간색이 아닌 흰색 피가 솟았다는 것은 전통신앙을 무너뜨리고 불교가 국민의 정신을 통일하는 새로운 종교로 등장하게 되었음을 상징한다.

무형극장

극장은 무대와 객석을 갖춘 특정한 건물로 무대에서 상연되는 연극, 오페라, 무용 등을 감상하는 곳이다. 극장의 형태는 야외에 설치한 무형극장(無形劇場), 호화로운 로비와 대식당·매점 등의 부대시설을 갖춘 근대적 건축양식의 극장, 원시시대로 되돌아간 듯한 느낌을 주는 스트리트 시어터(street theater)와 천막극장 등 다양하다.

세계에서 가장 오래된 극장은 서기전 5세기~서기전 4세기경에 고대 그리스에 있었던 '앰피시어터(Amphitheater; 원형공연장)라는 것이 정설이다. 이것은 언덕과 오목한 곳을 이용한 원형 또는 반원형의 돌확이나 막자사발 모양을 한 야외 극장이었다.

우리나라에서는 서민들에게 탈춤이나 꼭두각시놀음을 보여주던 남사당패가 이곳저곳 떠돌아다니면서 적당한 곳에 포장을 쳤다가 떠날 때 거두어가는 무형 극장을 만들어 활동했다.

꼭두각시놀음을 노는 무대는 3미터 안팎의 기둥 4개를 세우고 120센티미터 정도의 높이에 설치한 공중 무대로, 무대에서 관객을 바라보는 쪽만 가로 250센티미터, 세로 70센티미터 정도 개방하고 나머지 3면은 포장으로 둘러쳤다. 이 무대 위에 여러 가지 인형을 번갈아 내세우며 무대 뒤에서 조종하고 그 인형의 동작에 맞추어 조종자가 말을 하면서 관객을 즐겁게 했다. 포장과 객석이 극장이었던 셈이다.

고려시대부터 조선시대까지 성행했던 가면극으로 산대(山臺)놀이가 있다. 이것도 동네의 한길이나 빈터에 대를 높이 쌓고 그 위에서 연극 등을 할 수 있게 차린 임시 무대로, 산기슭이나 그 근처에서 할 때는 그 높은 자리를 그대로 이용하기도 했다. 일종의 야외 극장이라고 할 수 있다.

광무 6년(1902)에는 우리나라 최초의 옥내 극장이자 국립극장인 협률사(協律

협률사(국립극장박물관)

원각사 터 표지석

社)가 문을 열었다. 고종 임금 즉위 40년을 경축하기 위해 서대문구 신문로 새문안교회 터에 있던 황실 건물 봉상시(奉常寺)의 일부를 터서 만든 2층 500석 규모의 상설극장이다. 로마의 콜로세움을 본뜬 원형극장으로 무대, 층단식 삼방 관람석, 인막(引幕; 가로닫이 막), 준비실을 갖추었다.

당시에는 극장이란 용어 대신 희대(戲臺)라 했으며, 궁내부 소속의 협률사가 이를 관장했다. 그런데 경축식을 거행하려던 때에 콜레라가 유행해 의식이 연기되는 바람에 협률사는 광대들의 판소리와 기생들의 각종 가무(歌舞)를 상연하는 일반 오락기관으로 개방되어 1906년 봄까지 우리나라 최초로 영업 극장 역할을 하게 되었다.

그 뒤 1908년 이인직(李人稙)이 협률사 자리에 신연극을 상연할 목적으로 2000여 명을 수용할 수 있는 원각사(圓覺社)를 창설하여 연극 〈은세계〉를 공연했다.

초등학교보다 수준 높은 서당의 교재

오늘날의 사립 초등학교인 서당에서는 과연 어떤 책으로 공부를 했을까? 초등학교 1학년 교과서와 서당의 교과서 수준을 비교하면 어느 쪽이 높을까?

초등학교 1학년 아이들이 한글과 아라비아 숫자의 기본을 배우는 데 비하여, 서당에서는 곧바로 《천자문》을 통해 최고급 수준의 철학과 우주론부터 배우기 시작했다. 《천자문》이 끝나면 대개 《추구推句》나 《계몽편啓蒙篇》으로 들어갔다. 《추구》는 역사상 전하는 좋은 문장 중에서 가려 뽑은 오언절구 시집으로 문장력과 정서 함양, 사고력 발달 및 문학의 이해를 돕는 책이다. 《계몽편》은 산문을 익히기 위한 입문서로 논리력을 키우는 책이다. 수편(首篇), 천편(天篇), 지편(地篇),

《백수문》(대전박물관).
'백수문'은 '천자문'의 다른 말로, 고종 때의 척신 민응식이
외손 송희용의 입학을 기념하여 직접 써준 책이다.

물편(物篇), 인편(人篇)의 다섯 편으로 구성되어
있다.

그다음 단계로 배우는 과목은 《사자소학四
字小學》이다. 이것은 송나라 때 유자징(劉子澄)
이 주희(朱熹)의 가르침을 받아 아동용 교훈서로 지은 《소학》을 좀 더 어린 아동용
으로 간추린 '콘사이스 소학'쯤 된다. "사자소학 이상의 어린이용 도덕 교과서는
없다."고 할 정도로 인성교육에 아주 적합한 책이다. 이 과정이 끝나면 《소학》으
로 곧바로 들어간다.

《소학》을 끝내면 《동몽선습童蒙先習》과 《격몽요결擊蒙要訣》이나 《명심보감明心
寶鑑》을 배운다. 《동몽선습》은 중종 때 박세무(朴世茂)가 지은 책으로 '오륜'의 내
용을 요약하여 간결하게 서술하고 중국과 우리나라의 역대 세계(世系)를 수록한
것으로, 아이들이 외우기 쉽고 덕행을 함양하는 데 도움이 되는 책이다. 《격몽요
결》은 율곡 이이가 사람이 살아가면서 올바로 사는 법, 조상 숭배법 등을 교육하
기 위해 지은 책이다. 《명심보감》은 성현들의 말을 모은 책으로 아이들의 인격
수양을 위한 한문 교양서이다.

이러한 과정을 마치고 나면 아이들의 나이는 대개 16~17세 정도가 된다. 그리
하여 '15세에 학문에 뜻을 둔다'는 《논어》의 가르침에 따라, 서당을 마치면 오늘
날의 중등학교라 할 수 있는 사학(四學; 사부학당)이나 향교에 진학했다.

고구려시대에 벌써 도서관이(?)

우리나라 기록에서 확인할 수 있는 최초의 도서관은 고구려의 경당이라고
한다. 고구려 소수림왕 2년(372)에 우리나라 최초의 국립 교육기관인 태학이 설

립되었으며, 이와는 별도로 사설 교육기관인 경당에서는 서민의 자제를 모아 독서와 궁술을 익히게 하였고, 동시에 서적을 수집하여 여러 사람이 이용할 수 있도록 하는 등 일종의 도서관 구실을 했다.

백제에서도 근초고왕 30년(375)에 고흥(高興)이 역사서인 《서기書記》를 편찬했던 만큼 도서관이 있었으리라 추정되지만 확인할 수는 없다. 다만 기록상으로 풍전역(豊田驛) 동쪽에 '책암(冊巖)'이라 불리는 곳이 있어서 그 당시의 장서처였을 가능성을 보여주고 있다.

신라는 고구려나 백제보다 유학이나 불교의 전래가 늦어 학문의 진흥이 뒤지기는 했으나, 7세기 후반에 삼국을 통일한 후 찬란한 문화를 꽃피웠다. 이두와 향가의 보급과 경서(經書)의 훈독(訓讀)으로 독자적인 서적의 간행이 이루어졌고, 당나라에서 천문·역학 등 다양한 서적이 수입되었으므로 이러한 서적을 보관하는 장서처가 있었으리라 추정된다. 그러나 관련 유적이나 기록은 남아 있지 않다.

고려시대에는 교육 체제와 과거제도의 정비로 문고와 장서처의 건립이 함께 이루어졌다. 성종 9년(990)에 세운 수서원(修書院)은 특히 서적의 수입·보존·정리 및 활용에 관한 업무를 관장했던 기관으로 근대적 의미의 도서관 기능을 담당했다고 볼 수 있다. 이 밖에 왕실 문고인 비서성(秘書省)·청연각(靑燕閣)·보문각(寶文閣), 관영 문고인 사고(史庫), 교육 문고인 국자감의 서적포(書籍鋪) 그리고 개인 문고가 있었다.

조선시대에는 세종 때의 집현전, 성종 때의 홍문관, 정조 때의 규장각 등의 왕실 도서관과 국립대학인 성균관에 설치된 학교 도서관인 존경각(尊經閣)이 있었다. 특히 존경각은 본격적인 학교 도서관의 효시라 할 수 있다.

1906년에 개화의 선구자였던 이범구(李範九), 이근상(李根湘), 윤치호 등이 도서관 설립 운동을 펴기는 했으나 실패했고, 1910년 우리나라 최초의 도서관인 도서관구락부가 일본인들에 의해 설립되었다.

당나귀 바람

치맛바람이란 여자의 극성스러운 활동을 비유적으로 가리키는 말로, 글자대로 풀이하면 치마를 입고 움직여서 생기는 서슬 또는 옷을 정식으로 갖춰 입지 않고 치마저고리 정도만 걸치고 나서는 여인의 차림새를 뜻한다. 이는 여인이 치맛바람을 일으키며 설친다는 평범한 어원에서 비롯한 것이지만, 일종의 유행어가 됨으로써 주목의 대상으로 부각되었다.

바람직하지 못한 여성들의 극성맞은 행위로 지목받은 치맛바람으로는 초·중등학교에서의 자모회를 중심으로 일으키는 치맛바람, 계 모임이나 각종 투기의 치맛바람, 향락 행위와 관련된 치맛바람이 있다.

이러한 양상은 6·25전쟁과 휴전 후의 혼란한 사회환경 속에서 서양 문물의 직수입에 자극받아 싹트기 시작했으며, '치맛바람'이 유행어가 된 것은 1960년대 이후 1970년대에 이르는 고도 경제성장기와 궤를 같이한다.

학교에서의 치맛바람은 자모들의 학교 출입, 교사 초대, 돈봉투 주기 등의 행위로 교육자를 부패시키는 요인의 하나로 작용하고, 자녀에게는 지나치게 자기중심적이고 오만하며 과대망상이 되거나, 반대로 나약하고 의존적이며 열등감에 시달리게 만드는 부정적인 영향을 미친다.

옛날에는 여성들의 외부 출입이 엄격히 제한되었으므로 치맛바람은 상상할 수도 없었다. 대신 남자들이 일으키는 당나귀 바람이 있었다. 당나귀가 행세깨나 하는 사람의 중요한 교통수단이어서 이런 이름이 붙여졌다. 즉 학생들의 아버지, 할아버지, 형들이 당나귀를 타고 서당으로 찾아가 훈장과 여러 문제를 상담하고 대접도 했던 것이다.

기술 유학생

우리나라 유학(留學)의 역사는 매우 오래되었다. 옛날에는 주로 우리보다 선진

국이었던 중국으로 유학을 많이 갔으며, 특히 남북국시대 신라와 발해에서는 많은 학자와 승려들이 당나라로 유학을 갔다.

신라에서는 제대로 대접을 못 받는 6두품 출신이 유학을 많이 갔는데, 이들 중 당에서 실시한 빈공과에 합격한 사람이 김운경(金雲卿) 이하 58명이나 되었다. 빈공과에 응시하려면 당의 국자감에서 10년간 수학해야 했으므로 오랜 기간 동안 유학 생활을 했다. 승려 중에는 의상(義湘)이 당나라에 건너가 화엄을 공부하고 돌아왔으며, 혜초(慧超)는 중국을 거쳐 인도에까지 갔다 돌아와《왕오천축국전》을 저술했다.

고려시대와 조선시대에도 많은 이들이 중국으로 유학을 떠났는데 주로 유교와 불교를 공부하기 위해서였다. 전통적으로 기술을 천시한 우리나라에서는 기술을 배우러 외국으로 유학을 가는 것은 불가능한 일이었다.

그런데 1876년 개항 이후 서양의 근대적인 과학기술을 배우려면 유학이 필수적이었다. 이에 1881년 김윤식(金允植)을 대표로 한 영선사가 한국 최초의 기술유학생 69명을 인솔하여 시대의 긴박한 사명을 띠고 청나라에 있는 천진기지창으로 유학길에 나섰다.

이보다 앞서 유학생 파견 전에 우리나라는 통리기무아문을 두고 군기 제조, 기계 수입·제작, 선박 제조·수입, 기술 수용에 필요한 외국어 교육 등을 실시했다. 그러나 유학생 선발에서부터 지원자를 채우기에 급급한 나머지 수학 능력의 평가도 허술했고, 지원자들도 건강상의 문제 등으로 유학을 포기하는 등 시작부터 많은 문제점을 지니고 있었다.

1882년 천진기지창에서 본격적인 수업은 시작되었지만 근대과학에 무지한 정부는 유학생의 전공분야조차 정해줄 수 없었고, 전공 선택 시험에서 기준 미달로 평가되거나 한두 달 사이에 낙제한 학생들이 속출하여 제대로 공부를 한 유학생은 20명뿐이었다.

그나마 외국어를 포함해 전기 기술, 무기 기술, 화약 제조 등의 신문물과 과학을 접한 우리나라 최초의 근대 기술 유학생은 그해 임오군란이 일어나 나라가 혼란스럽자 학업의 열의를 잃고 조기 귀국을 해야만 했다.

돌아온 유학생 중 몇 명이 전신 분야에서 활약했지만 우리나라의 사정이 혼란스러웠고, 유학생의 출신 성분이 중인이나 그 이하의 계층이어서 습득한 기술을 이용할 제도적 장치가 마련되지 못하여 이들의 능력을 효과적으로 활용하지 못했다.

최초의 영세자는 여성

임진왜란이 일어났을 때 우리 조상들은 개돼지처럼 일본에 포로로 잡혀갔다. 그 수가 얼마인지는 정확하지 않지만 대개 5만 명이라 한다.

이렇게 끌려간 사람들은 대개 나가사키나 히라도섬 항구에서 포르투갈 노예 상인들에게 팔려갔다. 포르투갈 상인들은 이들을 배에 싣고 동남아시아 각지와 인도 등지의 노예시장에 가서 많은 이윤을 남기고 팔아넘겼다. 요행히 다시 고국땅을 밟은 사람도 몇 명 있으나, 대다수는 영영 소식 없이 사라졌다. 일본에 와 있던 서양 신부들이 이런 참혹한 실태를 보다 못해 끌려간 조선인 일부를 사서 해방시키거나 신학교에 입학시킨 경우도 있었으나, 그 숫자는 극히 일부에 지나지 않았다. 그들을 제외한 조선인들은 그대로 일본에 남아야 했고, 주리아도 그 중 한 사람이었다.

주리아는 3~5세쯤 고니시 유키나가[小西行長] 부대에 붙들렸다. 그가 주둔한 평양(또는 순천)에서 전쟁 때 부모를 잃고 홀로 남게 되었을 때 독실한 천주교 신자였던 고니시 유키나가의 눈에 띄어 그의 부인에게 선물로 보내졌다. 주리아는 고니시의 활동 무대이며 저택이 있는 오사카로 갔다. 고니시의 부인 유스티나(영세명) 또한 독실한 천주교 신자로, 두 사람은 당시로서는 흔치 않은 일부일처제를 유지했고 주리아를 양녀로 입양했다. 주리아는 이런 집안 분위기 속에서 독실한 신자로 성장해갔다.

그러나 유복한 가정 분위기는 오래가지 못했다. 도요토미 히데요시[豊臣秀吉]가 죽은 뒤 그의 아들 도요토미 히데요리[豊臣秀賴]와 도쿠가와 이에야스[德川家康] 간에 싸움이 벌어졌을 때, 고니시는 히데요리를 지지했고 싸움은 도쿠가와의 승리로 끝나, 고니시는 참수형을 당하고 그 집안도 풍비박산 났다.

이후 주리아는 도쿠가와 부인의 시녀로 일했다. 도쿠가와는 주리아의 아름다움에 반해 자기 사람으로 만들려고 시도했으나 번번히 실패했다. 주리아는 지독한 박해 속에서도 하느님이 자신의 유일한 구원이라는 신념으로 오히려 도쿠가와를 감동시켜 사형을 면하고 이즈오섬[伊豆大島]으로 귀양을 가게 되었다. 배를 타러 항구로 가는 도중에도 도쿠가와가 가마를 내주는 배려를 했으나 맨발로 험한 길을 걸어 피가 낭자했다고 한다.

주리아의 신앙심에 감동한 도쿠가와는 그녀를 고즈섬[神津島]으로 옮겨 일생을 살도록 했다. 이곳에서 주리아는 육지에 있는 신부와 꾸준히 편지를 주고받으며 신앙생활을 이어갔고 마을 주민들에게 천주교를 전파하다가 1651년 세상을 떠났다. 1972년에 주리아는 380년 만에 한 줌의 흙으로 고국에 돌아와 영원히 잠들게 되었다.

조선시대 최고의 베스트셀러

조선시대 최고의 베스트셀러는 《정감록鄭鑑錄》이다. 《정감록》은 조선 중기 이후 민간에 성행한 예언서이자 신앙서로 풍수지리설과 도교사상 등이 혼합되어 있다. 정확한 저자의 이름과 원본은 발견되지 않았다.

이 책의 내용은 조선의 조상인 이심(李沁)과 조선 멸망 후 일어설 정씨의 조상인 정감(鄭鑑)이 금강산에 마주 앉아 대화를 나누는 형식을 빌려 전개되는데, 조선 이후의 흥망 대세를 예언하여 역성혁명 사상을 담고 있다. 비록 허무맹랑한 유언비어성 괴서(怪書)지만 샤머니즘 못지않은 민간신앙으로 자리잡으면서 일반 백성들에게 미치는 영향력이 매우 컸다.

연산군 이래의 국정의 문란, 임진왜란과 병자호란, 당쟁 속에서 희망을 잃은 백성들에게 이씨가 멸망해도 다음엔 정씨가 있고 그다음엔 조씨와 범씨가 있어 백성을 구원할 것이라는 희망을 불어넣음으로써, 백성들에게 용기를 주고 민족의 생명력은 불변할 것이라는 위안을 준 것이다. 또한 《정감록》은 왕조에 반대하는 반체제 세력의 민심을 조성함으로써 일반 백성들의 정치의식과 사회의식이 크게 성장할 수 있는 바탕이 되기도 했다.

그러나 종교를 맹신하는 사람들이 사리분별력이 떨어지듯이 일부 어리석은 백성들이 이 책의 예언에 따라 이리저리 떠돌아다니고, 십승지지(十勝之地; 경북 풍기의 금계촌, 경북 봉화의 춘양, 충북 보은 속리산 밑 증정 근처, 경북 운봉 두류산, 경북 예천의 금당동 북쪽, 충남 공주의 유구·마곡, 강원 영월의 정동 상류, 전북 무주의 무풍동, 전북 부안의 호암 밑 변산 동쪽, 경북 성주의 가야산 남쪽 만수동)로 피난처를 구하러 가거나 주색으로 가세를 탕진하여 불행에 빠지는 부작용도 나타났다.

조선 명종 때 토정 이지함(李之菡)이 지은 도참서인 《토정비결》은 여성들에게 인기가 있었다.

탈을 쓰고 탈춤을 추는 까닭

신라의 처용무(處容舞)는 궁중의 연희 때와 세밑에 역귀를 쫓는 의식 뒤에 추던 향악의 춤으로, 우리나라 탈춤의 기원이라고 할 수 있다. 이 처용무는 고려를 거쳐 조선으로 전승되었다.

탈춤이 발달한 것은 조선 후기 들어서이다. 이 시기의 탈춤은 명절이나 특별한 날에 풍년을 비는 마을굿의 형태를 띠었으며, 여기서 더 나아가 양반계급과 파계승의 위선을 풍자하는 내용으로 발전했다. 농사일에 지친 마을 사람들과 함께 풍년을 기원하며 놀고 즐기면서 자연스럽게 지주에 대한 비판으로 이야기가 바뀌게 된 것이다. 여기에 덧붙여 농민은 새 세상에 대한 희망도 함께 이야기하게 되었다.

그러나 양반탈을 쓰고 위선적인 양반을 풍자하는 역을 맡았던 광대가 소리 소문 없이 사라지는 일이 잦았다. 본래 마을굿에서 탈을 쓰는 것은 나쁜 귀신을 쫓아내 풍년과 안녕을 빌기 위함이었다. 시대가 발전함에 따라 탈춤에 담아내는 내용도 다양해지면서 그에 따라 갖가지 탈이 탄생했고, 특히 양반탈은 지배층에게 쌓였던 억울함과 불만을 마음껏 이야기할 수 있는 수단이었다.

농민들은 풍자 가득한 탈춤을 보면서 양반계급도 별 볼일 없다는 것을 자각하게 되었고, 이는 사회 지배층의 부정부패를 해결하려는 민중의 자각운동인 민란으로 발전하게 되었다.

영혼불멸 사상

선사시대 구석기인들은 사냥이나 신변 보호를 위해 주술의 힘에 의지했고, 신석기인들은 우주 만물이 제각기 영혼을 가지고 있다고 믿어 그 영혼을 숭배하는 애니미즘(animism) 사상을 갖고 있었다. 이들은 자연물과 함께 인간도 영혼을 가지고 있으며, 그 영혼은 없어지지 않는다는 영혼불멸 사상을 믿었다. 그래서 죽은 사람의 시체를 지하에 매장하거나 그 주위에 돌을 둘러서 보호하고, 머리를 해가 떠오르는 동쪽으로 두거나 살았을 때 쓰던 물건들을 함께 묻어주기도 했다.

시대가 발달함에 따라 부족 또는 씨족과 특정한 자연물이 친근한 관계가 있다고 믿는 토테미즘(totemism)이 나타났다. 이것은 한 부족 집단이 그들의 조상과 보호신인 토템을 공유한다고 생각하여, 토템을 상징하는 동물을 죽이거나 먹는 일을 금지(taboo)하는 풍속이다. 가령 신라의 시조인 박혁거세의 박씨족은 말[馬]을, 경주 김씨의 시조인 김알지와 알영의 김씨족은 닭을 각각 그들의 토템으로 생각했다. 삼국시대 후반에는 왕권이 강화되면서 왕족이나 귀족들뿐만 아니라 일반 백성들도 건국과 관련된 왕실의 시조신들을 숭배했다.

《삼국사기》에 따르면, 당나라가 집중적으로 공격했던 요동성에 고구려의 시조인 주몽의 사당이 있었다. 계루부(고구려 5부의 하나. 소노부 다음으로 세력이 컸다)가 왕권을 장악한 뒤 계루부 왕실의 조상신을 국가적으로 믿고 제사를 지냈던 것이다. 《삼국사기》에는 또 백제의 2대 다루왕(재위 28~77)이 동명성왕(주몽)의 묘에 참배했다는 기록이 나온다. 동명성왕이 고구려의 시조이지만 부여 계통의 영향을 받은 만주나 백제국에서도 시조신으로 숭배했기 때문이다.

신라에서는 2대 남해왕(재위 4~24) 때 혁거세의 묘를 세워 제사를 지내기 시작했고, 6세기 초 지증왕 때는 시조의 탄생지에 신궁을 세우고 제사를 지냈다. 물론 지배층인 귀족들도 왕족과 뿌리가 같다는 점에서 조상신에 대한 신앙심이 깊었다고 할 수 있다. 하지만 일반 백성들 역시 자신들의 조상보다 훨씬 더 큰 위력을 가진 왕실의 조상들에게 쉽게 신앙심을 가졌던 것으로 추측된다.

더 나아가 태양을 신격화하는 태양숭배 사상이 나타났다. 이 세계가 3층으로 이루어져 상층의 광명계에는 빛과 더운 기운의 태양이 최고 주재신으로서 여러 아들과 많은 선신들을 데리고 있고, 하층인 암흑계에는 '귓것(귀신)'이라는 악성의 정령이 들어 있으며, 그 중간에 인간 세상이 있다고 생각했다.

또 이 세상에는 본래 나라와 임금은 없고 사람끼리 서로 무리져 살았는데, 하계로부터 악의 세력이 나와서 세상을 더럽히고 성가시게 굴어 어지럽기 그지없었다. 이에 하느님의 아들 가운데 한 명이 인간 세상을 바로잡기 위해 아버지에게 능력을 받아 인간으로 내려왔다. 그는 악의 세력을 휩쓸어버리고 하늘의 법으로써 세상을 평안하게 다스리다가 인간 세상에서 아들을 낳아 세상 다스리는 소임을 맡기고 도로 하늘로 돌아갔다는 것이다.

그 결과 태양으로 대표되는 선신이 악신을 계속하여 막을 필요가 생겨났다. 선신은 자신을 대신하여 주술사들에게 이러한 역할을 맡김으로써 주술사들이 악신을 쫓아내는 제의(祭儀)를 행하도록 했다. 부여의 영고, 고구려의 동맹, 동예의 무천 등과 같은 행사가 바로 그것이며, 삼한의 천군이 대표적인 주술사이다. 천군은 곧 오늘날의 성직자와 같은 신성한 존재였으며 그가 사는 소도는 신성한 지역이었다.

주술사는 샤머니즘과 관련이 있다. 샤머니즘은 인간과 신을 연결하여 인간 세상의 문제를 해결해주는 역할을 했고, 오늘날까지도 영향을 미치고 있다. 예컨대 《삼국사기》에, 고국천왕의 왕비 우씨가 고국천왕이 죽은 뒤 남편의 동생인 산상왕과 재혼하자, 죽은 고국천왕이 무당의 입을 빌려 화를 내며 비통해하는 이야기가 나온다. 이 기록으로 미루어보더라도 당시의 샤머니즘의 위력은 매우 컸음을 알 수 있다.

이 시대의 또 다른 신앙으로는 점복(占卜)을 들 수 있다. 부여에서는 전쟁을 치를 때면 제의를 행했는데, 소를 죽여 발굽이 벌어지면 흉하고 합쳐지면 길한 것으로 생각했다. 신라에는 화랑도와 밀접한 관련이 있는 풍류도(風流道)와 같은 전통 종교도 있었다.

이 같은 우리나라 고유의 신앙은 고구려 소수림왕 2년(372)에 불교를 받아들임으로써 더 이상 발전하지 못했다. 그러나 사찰의 산신당과 칠성각의 형태로 오늘날까지 이어져오고 있다.

서당 졸업 후 진학 현황

서당은 지금의 초등학교와 같은 교육기관이다. 오늘날 초등학교를 졸업하면 중학교에 진학하듯이, 옛날에는 서당을 졸업하면 지방의 학생은 향교로, 서울의 학생은 사부학당으로 진학했다.

향교는 지방에 있는 관립 교육기관이다. 지금도 지방에 가면 조선시대의 향교가 많이 남아 있다. 향교는 언제 처음 설립되었을까?

고려 인종 5년(1127) 3월에 "여러 주(州)는 학교를 세워 널리 교도하라."는 조서를 내렸다는 《고려사》의 기록으로 미루어 이때부터 향교를 설립하기 시작한 듯하다. 향교에는 공자를 모신 사당인 문묘, 학생들이 유학을 배우고 연구하는 명륜당, 학생들의 숙소인 동재와 서재 등이 있었다.

이러한 기능은 조선시대 향교에도 그대로 계승되었다. 《경국대전》 따르면 학생의 정원은 부(府)·목(牧) 90명, 도호부 70명, 군(郡) 50명, 현(縣) 30명이었으며 교수(教授)와 훈도(訓導) 각 1명과 교예(校隸)를 두었다. 향교의 입학 자격은 양반의 자제 또는 향리로서 16세 이상이 원칙이었으나, 16세 이하가 입학하기도 했다.

교육과정은 《소학》과 사서오경이 주를 이루었고 《근사록》 등이 추가되기도 했다. 향교의 모든 교육활동을 평가하는 책임은 수령과 관찰사가 맡고 있었는데, 여기에는 학생들의 성적 평가도 포함되었다. 수령은 학생의 일과와 학습 결과를

양지향교

매월 말에 관찰사에게 보고하고, 관찰사는 시험을 치러 학생을 평가함과 동시에 교사의 근무도 평가했다. 학생들은 수업료를 내지 않았으며, 향교의 운영 경비는 국왕이 하사한 학전(學田)과 지방의 유지가 희사한 기부금으로 사들인 땅과 어장, 산림 등에서 거둔 세금으로 충당했다.

그러나 조선 중기 서원이 생겨나면서 향교는 쇠퇴의 길을 걷기 시작하여, 이후 교육기관의 기능을 잃어버리고 선현을 모시는 문묘의 기능만 남아 현재에 이른다.

한편 서울에 설립된 사부학당은 고려시대의 오부학당에서 발전한 것이다.《고려사》에 "원종 2년(1261) 3월에 동서학당을 설치하고 별감과 교학, 교도를 파견했다."고 기록되어 있는 것으로 보아 고려 후기에 설립되었음을 알 수 있다. 그러나 이것은 강화도에 설립된 것이고, 개경에는 원종 13년(1272)에 세워졌다. 공양왕 3년(1391)에는 정몽주(鄭夢周)의 건의로 동·서·남·북·중의 오부학당을 세웠다. 학당은 향교와 달리 문묘의 기능은 없었고 학생을 교육하는 기능만 있었다.

고려시대의 오부학당은 조선시대에 계승되어, 세종 때 이르러 사부학당으로 정비되었다. 이 사부학당은 달리 사학(四學)이라고 했다. 교육 내용은 향교와 동일했다. 학생 정원은 100명이며 입학 자격은 10세 이상의 양반과 서민의 남자

아이로 제한했으며, 교수 2명과 훈도 2명을 두었는데 주로 성균관 직원이 겸임했다. 수업료는 향교와 마찬가지로 무료였으므로 나라에서 교육비 조달을 위해 학전을 지급했다. 학생들은 5일마다 시험을 치렀으며, 매월 시험도 치렀다. 1년 동안의 성적은 왕에게 보고되었다고 한다. 향교나 사부학당의 학생 중 우수한 학생에게는 생원과와 진사과의 복시(覆試)에 응시할 자격이 주어졌다.

사부학당에 입학하는 학생 수가 정원보다 적었다는 기록으로 미루어 교육활동은 다소 부진했던 것으로 보인다. 임진왜란 때 불에 탄 학당 건물을 다시 지었으나 학생 수가 줄어듦에 따라 유명무실해졌다.

조선시대의 수능

조선시대 대학인 성균관에서는 유생을 어떻게 선발했을까? 조선에서 하나밖에 없는 대학인 만큼 많은 유생을 선발할 수 없어서, 식년[式年; 자(子), 묘(卯), 오(午), 유(酉) 따위의 간지가 들어 있는 해. 3년마다 한 번씩 돌아온다]에 한 번씩만 입학시험을 실시했다.

조선시대의 수능시험은 소과복시(小科覆試)라고 불렀다. 이것은 소과의 제2단계 시험에 해당하는 것으로, 다른 이름으로는 회시(會試)·감시복시(監試覆試)·생진복시(生進覆試)라고도 했다. 식년 2월이 되면 예조에서 소과초시 합격자를 서울로 불러모아 공개 시험을 치렀다. 여기서 합격한 사람에게는 백패(白牌)를 나누어 주었으며, 본인이 희망할 경우에는 성균관에 입학할 수 있었다.

성균관은 고려의 국자감을 이어받아 태조 7년(1398)에 지금의 명륜동에 건립되었다. 두 번에 걸친 화재로 건물이 불에 타서 그 원형은 사라졌고, 지금의 성균관 건물은 선조 34년(1601)에 대성전을 새로 짓기 시작하여 5년에 걸쳐 완공한 것이다.

성균관에는 유생을 교육하고 학문을 강의하는 강의실인 명륜당과 유생들의 기숙사인 동재와 서재, 공자를 배향하는 대성전, 공자의 제자 및 역대의 대유학자를 배향하는 동무(東廡)와 서무(西廡)가 있었다.

성균관에는 오늘날의 총장에 해당하는 지관사(知館事; 홍문관 또는 예문관 대제학이 겸임하던 직책)를 비롯해 모두 39명의 교직원이 근무했다. 입학 정원은 소과 복시에 합격한 200명이었다. 일단 과거에 합격하면 선비로서 사회적 명예를 얻고 지위를 인정받았다. 하급 관리로 나갈 자격도 생겨 곧바로 '취직'을 할 수도 있었다. 이들은 모두 국비 장학생이었으므로 학비와 숙식비는 면제되었다. 그러다 보니 경비가 많이 들어 영조 때는 정원을 120명으로 줄이고, 재정 사정이 나빴던 조선 말기에는 100명으로 줄이기도 했다.

성균관의 강의 과목은 사서오경이 주를 이루었으며 노장사상과 불교에 관련된 책은 금서목록에 올라 있어서 절대로 읽을 수 없었다. 교과과정은 《대학》이 1개월, 《중용》이 2개월, 《논어》와 《맹자》가 각 4개월, 《시경》《서경》《춘추》가 각 6개월, 《주역》과 《예기》가 각 7개월이었다.

성적의 평가는 대통(大通), 통(通), 약통(略通), 조통(粗通)의 4단계로 이루어졌다. 대통은 아주 잘 이해한다는 뜻이고, 통은 잘 이해하는 정도를 가리키며, 약통은 대략 알고 있다는 뜻이며, 가장 낮은 평가인 조통은 제대로 알지 못한다는 것이다. 따라서 평가 결과가 조통으로 나오면 벌을 받아야 했다.

유생들의 실력을 평가하는 시험은 학년말 고사, 월말 고사, 순말(旬末) 고사, 일일 고사의 네 가지가 있었다. 학년말 고사는 매년 3월 3일과 9월 9일에 실시했다. 이 밖에 의(疑)·의(義)·논(論)을 매달 초순에 실시했으며, 부(賦)·표(表)·송(頌)·명(銘)·잠(箴)은 중순에, 대책(對策)이나 기(記)는 하순에 실시했다. 해서(楷書) 등 서법(書法)도 공부했다.

옛날의 영재교육

중국 송나라에서는 신동을 일찍 등용시키는 신동과가 있어, 가늘게 쪼갠 대나무로 엮어 만든 통 속에 가두어 책만 보게 하면서 세상 돌아가는 것을 모르는 바보로 만들었다. 그래서 나온 말이 '죽롱신동(竹籠神童)'이다.

조선시대에 영재교육에 특히 관심이 많았던 임금은 세종이다. 조선 전기의 문신이자 의학자인 임원준(任元濬)이 어린 시절에 신동으로 이름을 날리자 세종은 둘째 형인 효령대군의 별장으로 그를 불렀다.

"옛 사람은 일곱 걸음 걷는 동안에 시를 짓는다 했는데 네가 옛 사람을 따를 수 있겠는가?" 하고 '봄구름'이라는 시제(詩題)를 내렸다.

이에 임원준은 곧 다음과 같이 써내려갔고, 세종은 칭찬해 마지않았다. 그리고 얼마 되지 않아 동반직(東班)의 벼슬을 내렸다.

> 화창한 삼춘 날씨에
> 멀고 먼 만리 구름이로다
> 바람은 천길이나 헤치고
> 햇빛에 오화가 문채나네
> 상서로운 빛은 옥전에 어리었고
> 서기는 금문을 옹위하네
> 용을 따르게 될 날을 기다려
> 장맛비가 되어 성군을 보좌하리라

김시습(金時習)은 다섯 살에 《중용》과 《대학》에 통달했다. 그가 신동이라는 소문을 들은 세종은 김시습을 불러 "동자의 배움은 백학(白鶴)이 청송 끝에 춤추는 것 같다."는 시구에 대구(對句)를 지으라고 했다. 이에 김시습은 "성주의 덕은 황룡이 벽해에서 꿈틀거림과 같도다." 라고 지어 바치니 세종이 크게 칭찬하며 선물을 주었다고 한다.

임원준은 22세에 세종의 부름을 받고 벼슬길에 나가 승승장구하다가 아들인 임사홍(任士洪)과 함께 중종반정 때 죽임을 당했다. 김시습은 세조가 단종을 폐위하자 승려가 되어 방랑생활을 하며 절개를 지켰으며, 우리나라 최초의 한문소설인 《금오신화》를 지었다.

조선시대의 영재교육은 대개 가정에서 이루어졌다. 3세에 시를 지은 이이는 어머니 신사임당(申師任堂)에 의해 조기교육을 받았고, 효종 때 중농학파 실학자인 유형원(柳馨遠)은 고모부인 김세겸의 지도로 이미 7세에 《서경》을, 8세에는 《경서》를, 9세에는 《주역》을, 10세에는 백가서를 읽었다. 500여 권에 이르는 많은 저서를 남긴 실학자 정약용은 외조부인 윤두서(尹斗緖)와 매형인 이승훈(李承薰)의 영향을 받아 대학자가 되었다.

어른들만의 피규어

너나없이 컴퓨터 게임을 즐기는 요즘이다. 우리 조상들은 무엇을 하며 여가를 즐겼을까?

개화기 서울에 와 있던 미국인들이 펴낸 《코리아 리뷰》라는 영문 잡지에 '이상한 대물통'이란 글이 실린 적이 있었다.

종로 바닥에서 팔고 있는 이 대물통 밑바닥에는 작은 구멍이 있으나 물을 담아도 새어나오지 않았다. 그런데 물의 양이 80퍼센트가 넘으면 바닥의 작은 구멍으로 물이 새어나오는 이상한 물통이었다. 바로 사이폰 현상(대기 압력과 액체 압력의 작용에 의하여 액체를 유출시키는 현상) 때문이다.

이 대물통은 우리 조상들이 오래전부터 즐기던 성인용 장난감이다. 항상 가까이 두면서 분수에 넘치는 언행을 삼가기 위한 장난감인 것이다.

오뚝이도 성인들이 즐기던 장난감이었다. 작은 표주박 밑바닥에 쇠붙이를 붙여 쓰러지면 일어서는 오뚝이는 험한 세상살이에서 만나는 시련과 어려움을 이겨내고자 하는 뜻이 담겨 있다.

오늘날에는 저금통으로 많이 쓰이는 벙어리통도 성인용 장난감이었다. 붕당정치가 격화되어 세상이 어지러우니 세상일에 대해 듣지도 보지도 말라는 뜻이 담겨 있다. 손님이 오면 벙어리통을 가운데 놓고 세상일에 대한 언행을 삼갈 것을 알리곤 했다.

형벌에서 나온 말인 '도무지'

'도저히 어쩔 도리가 없는'이라는 뜻을 가진 '도무지'는 조선시대에 사사로이 행해졌던 형벌인 도모지(塗貌紙)에서 비롯되었다. 물을 묻힌 한지를 얼굴에 여러 겹으로 착착 발라놓으면 종이의 물기가 말라감에 따라 서서히 숨을 못 쉬어 죽게 되는 형벌이다.

기록을 살펴보자. 1860년 경신박해 때 체포된 오치문이란 사람이 울산 장대로 압송된 뒤 도무지형으로 죽었다. 천주교 기록에 따르면 "순교 당시 그는 얼굴을 한지로 덮은 채 물을 뿌림으로써 숨이 막혀 죽게 하는 백지사형(도모지형)을 받았는데, 무의식 중에 혀를 내밀어 물 묻은 한지를 뚫자 군사들이 그 구멍을 막아 질식시켰다고 전한다."고 한다.

이보다 늦은 기록으로는 1866년 12월 8일 남한산성에서 순교한 천주교인들에게 광주유수가 도배형 또는 도모지라고 부르던 백지사형을 집행했다는 기록이 있다.

또 황현이 고종 1년(1864)부터 융희 4년(1910)까지의 역사를 기록한《매천야록》에 "대원군 시대에 포도청의 형졸들이 살인하기에 염증을 느껴 백지 한 장을 죄수의 얼굴에 붙이고 물을 뿌리면 죄수의 숨이 막혀 죽곤 했는데 이를 '도모지'라 한다."는 기록이 있다.

얼굴에 물을 묻힌 종이를 붙여 숨을 쉴 수 없어 어쩔 수 없이 죽음을 맞이하였으므로 '도저히 어떻게 해볼 도리가 없는'이라는 뜻이 된 듯하다.

임진왜란으로 사라진 분청사기 기술

우리들은 한국사 시간에 우리나라 도자기가 고려시대의 상감청자에서 조선 초기의 분청사기, 조선 후기의 청화백자로 이어졌다고 배웠다. 그런데 도자기 하면 상감청자와 청화백자를 생각할 뿐 분청사기를 우리나라의 대표적인 도자기라고 생각하는 사람은 드물다.

하지만 미술사학자 최순우(崔淳雨)는 일찍이 분청사기의 아름다움을 다음과 같이 표현했다.

분청사기를 보면서 가끔 느끼는 가슴 밑창부터 후련해지는 멋과 아름다움은 우리 도자기 역사뿐만 아니라 동양 도자기 역사상에서도 무엇으로도 바꿀 수 없는 색다른 아름다움으로써 도자기의 아름다움을 추구하는 세계적인 시각에 새로운 눈복(眼福)을 누리게 해주고 있다. 때로는 지지리 못생긴 듯싶으면서도 바로 보면 비길 곳이 없는 태연하고도 자연스러운 둥근 맛, 그리고 때로는 무지한 듯하면서도 양식이 은근하게 숨을 쉬고 있는 신선한 매력, 그 속에서 우리는 늘 이 분청사기가 지니는 '잘생긴' 얼굴을 바라보는 것이다.

회흑색 태토(바탕흙)에 백토(白土)로 분을 발라 다시 구워낸 분청사기는 상감청자가 쇠퇴하기 시작하면서 나타나 청화백자가 나타나기까지 300여 년간 왕실과 일반 백성들이 사용했다. 고려 말 몽골의 침입으로 정치와 사회가 혼란에 빠지고 더하여 왜구가 침입하여, 전남의 강진요와 부안요 등에서 상감청자를 생산할 수 없게 되자 새로운 그릇에 대한 필요에서 분청사기가 탄생하게 되었다.

분청사기가 전성기를 이룬 것은 조선 세종 때로 그릇의 질이나 형태, 무늬의 종류, 무늬를 넣은 기법 등이 세련되면서 절정을 이루었다. 하지만 임진왜란으로 분청사기를 만드는 도공들이 일본으로 잡혀가면서 명맥이 끊어졌고, 더구나 나라에서 직접 운영하는 광주요에서 청화백자를 만들면서 쇠퇴했다.

잊힌 분청사기를 재발견한 사람은 일본인이었다. 일제강점기에 분청사기의 아름다움에 주목한 일본인들은 마구 수집하여 일본으로 가져가 미시마[三島]라는 이름을 붙였다. 이를 안타깝게 여긴 고미술학자 고유섭(高裕燮)이 '회흑색 태토(회청)에 백토로 마무리한(분

분청인화매병(경기도자박물관)

장) 사기'라는 뜻에서 분장회청사기라 명명한 뒤로 널리 알려지게 되었다.

쌍영총과 석굴암

우리나라를 대표하는 문화재이자 1995년 12월 불국사와 더불어 유네스코 세계문화유산으로 등재된 석굴암의 기원을 고구려의 고분인 雙楹塚(쌍영총(雙楹塚)에서 찾을 수가 있다.

쌍영총은 평안남도 남포시 용강군 용강읍에 있는 고구려 때의 고분으로, 전실의 남벽 중앙에 달린 널길, 방형의 앞방, 앞방과 널방 사이의 통로, 방형에 가까운 널방으로 이루어진 두방무덤이다.

쌍영총으로 불리는 이유는 통로 좌우에 아름다운 팔각 돌기둥이 하나씩 세워져 있기 때문이다. 조성된 시기는 고구려 장수왕이 평양으로 천도한 427년 이후이며, 벽화에서 불교의 영향을 받았음을 알 수 있다. 바로 무덤의 주인과 함께한 승려의 모습과 천장에 그려진 연꽃무늬 벽화가 그것이다. 하지만 당시 불교가 그리 큰 영향을 미치지는 못한 듯하다. 무덤의 주인보다도 승려가 작게 그려진 것으로 추측할 수 있다.

석굴암 전경

신라 경덕왕 10년(751)에 김대성(金大城)이 조성하기 시작해 혜공왕 10년(774)에 완성한 석굴암은 쌍영총의 구조와 유사한 점이 많다. 쌍영총처럼 석굴암 석굴의 구조는 입구인 직사각형의 전실(前室)과 원형의 주실(主室)이 복도 역할을 하는 통로로 연결되어 있다. 쌍영총의 입구에 있는 두 개의 기둥처럼 석굴암의 입구에도 두 개의 기둥이 서 있다. 또 쌍영총 천장에 그려진 연꽃무늬처럼 석굴암 천장에도 그림이 그려져 있다.

　아마도 삼국을 통일한 신라가 석굴암을 만들 때 고구려 기술자가 함께 참여해 법고창신(法古創新; 옛것을 본받아 새로운 것을 창조한다는 뜻)의 정신으로 만들지 않았을까 추측해본다.

함부로 사용할 수 없었던 호칭인 '선생'

　옛날에는 선생(先生)이라는 호칭을 함부로 사용하지 못했다. 선생은 성현의 도를 전하고, 학업을 가르쳐주며, 의혹을 풀어주는 사람을 일컫는다. 우리나라 문헌에서 최초로 선생으로 불린 인물로는 강수선생(强首先生)과 백결선생(百結先生)이다. 강수(强首)는 외교문서에 능한 6두품 출신의 학자로 임금의 자문에 응했던 인물이었기에, 백결(百結)은 검소하고 따뜻한 인품을 지녀 많은 사람들로부터 존경을 받았기 때문이다.

　고려 중기 이후부터는 좀 더 범위가 넓어져서 학문이 뛰어나거나 절개 있는 사람,　과거시험에 관계되는 시험관인 좌주(座主), 자신에게 학문을 가르쳐준 스승 등을 선생이라 칭했다. 그러나 조선시대에는 선생이라는 칭호를 붙이기가 어려워졌다.

　고려 말기에 도입된 성리학이 국가의 통치이념으로 자리잡으면서 생활에 깊숙이 파고 들었기 때문이다. 그리하여 학문과 인덕을 두루 갖춘 사람이 아니면 함부로 선생이라 칭할 수가 없었다. 문묘에 배향된 대학자 퇴계 이황은 선생이라는 호칭이 자기에게는 과분하다 하여 묘비를 '퇴도만은진성이공지묘(退陶晚隱

眞城李公之墓)'로 할 것을 유언으로 남기기도 했으며, 실제로 묘비에 이렇게 적혀 있다.

그러던 것이 일제강점기에 선생이라는 호칭이 두루 사용되면서 원래의 의미가 퇴색되어, 현재는 학생을 가르치는 사람, 학예가 뛰어난 사람, 어떤 일에 경험이 많거나 잘 아는 사람을 높여 이르거나 성(姓)이나 직함 따위에 붙여 남을 높여 이르는 말로 쓰인다.

댓글

조선시대는 임금의 권한을 견제하기 위한 여러 기관들이 있었다. 그중에 대표적인 기관이 삼사(三司)이다. 삼사는 임금의 잘못을 지적하여 바로잡는 사간원, 임금의 물음에 응하며 경연을 하는 홍문관, 관리들의 잘잘못을 지적하는 사헌부를 아울러 이르는 말이다.

삼사의 활동은 오늘날의 언론이라고 할 수 있다. 그러므로 조선시대만큼 언론이 왕성했던 때는 흔치 않다. 조선의 언론은 왕권을 견제함으로써 왕권을 강화하는 데 결정적 역할을 했다.

우리 조상들은 언론이라는 말 대신 '간(諫)'이라는 용어를 삼국시대부터 사용해왔다. 간쟁(諫諍)으로도 불린 '간'은 윗사람이나 임금에게 옳지 못하거나 잘못한 일을 고치도록 말한다는 뜻이다. 간쟁에는 전례나 고사를 들어 정중한 형식을 갖춰 간하는 규간(規諫), 단도직입적으로 하는 직간(直諫), 돌려서 말하는 휼간(譎諫), 죽음으로 간하는 시간(屍諫) 등이 있었다. 《조선왕조실록》에 기록된 간쟁의 유형 중 가장 많이 등장하는 것은 역시 규간이다.

조선시대에 민심을 전하는 방법으로 상소나 차자, 장계, 신문고, 격쟁, 방 등 다양한 형태가 있었다. 이것을 받은 임금은 가벼이 여기지 않고 답을 하거나 공론으로 생각하여 정책에 반영했다. 임금이나 관리들이 답을 해주는 것은 오늘날 인터넷에 오른 글에 대한 '댓글'과 같다고 할 수 있다. 사발통문도 많이 사용했다.

사발통문은 호소문이나 격문을 쓸 때 주모자가 누구인지 알지 못하도록 참여한 사람들의 이름을 사발 모양으로 둥글게 돌려 적은 글이다.

우리 조상들이 댓글로 많이 사용한 것은 낙서(落書)이다. 일본 에도시대에 힘없는 백성들이 불만을 적은 쪽지를 길거리에 슬쩍 떨어뜨리는 오토미부시[落文]'에서 비롯되었다.

조선시대에도 이와 비슷한 것이 있었다. 억울한 일을 당하거나 폭로할 일이 있으면 넓적한 돌에 내용을 적어 보부상들이 지나다니는 길에 슬쩍 놓아두었고, 보부상들은 그 내용을 읽고 다른 마을에 전파하거나 자기가 알고 있는 새로운 사실을 덧붙여 적어넣기도 했다. 그런 만큼 거기에는 당시의 사회상이 담기기도 했다. 이를 글돌[書石]이라고 하는데, 읽어본 사람이 글돌을 제자리에 엎어놓지 않으면 횡사(橫死)한다고 여겼다. 바로 댓글 문화의 전형이다.

크리스트교의 전래는 신라시대에

우리나라에 크리스트교가 알려진 것은 실학자 이수광이 《지봉유설》에서 명나라에서 포교를 하던 마테오 리치(Matteo Ricci)가 쓴 《천주실의》를 소개하면서부터다. 이 당시에는 크리스트교를 종교가 아닌 학문으로 받아들여 서학(西學)이라

《천주실의》 한글번역본

했다. 나라에서도 서학의 연구에 대하여 그다지 간섭하지 않았다.

크리스트교를 종교로 받아들이게 된 것은 정조 때의 학자 이승훈이 정조 7년(1783) 베이징에서 우리나라 사람으로는 최초로 세례를 받은 것이 계기였다. 그리고 60여 년 후인 헌종 11년(1845)에 김대건(金大建)이 우리나라 최초로 신부 서품을 받으면서 본격화되었다. 그러므로 우리나라에 크리스트교가 전래된 것은 길게 보면 400년에서 짧게는 150년 정도 되었다.

그러나 통일신라시대에 이미 크리스트교가 전래되었다는 주장도 있다. 1956년 경주 불국사에서 통일신라시대의 돌십자가와 철제 십자문 장식, 성모 마리아상이 출토되었기 때문이다. 당시 당나라에는 크리스트교의 한 파인 네스토리우스교(경교)가 유행했고, 당나라와 신라는 교류가 활발하였으므로 신라에도 전해졌을 거라고 추정하는 것이다.

네스토리우스교는 예수의 신성보다 인성적인 측면을 더욱 강조해, 순수한 인간으로서 예수의 인성에 더 큰 비중을 두었다. 이 때문에 네스토리우스교는 이단으로 낙인찍혀 유럽이 아닌 동쪽으로 전파되었다. 페르시아와 인도, 중앙아시아를 거쳐 635년 당 태종 때 처음 중국에 들어오는데, 그 특유의 매력 때문에 짧은 시간에 정식으로 공인되어 250년간 수만 명의 신도를 확보하게 되었다.

당나라와 활발히 교류한 통일신라는 물론 발해에서도 기독교 유물이 발견되었다. 발해의 솔빈부 아브리코스 절터에서 십자가가 출토되었고, 한때 수도였던 동경 용원부(지금의 훈춘)에서는 목에 십자가를 걸고 있는 협시보살상이 발견되었다.

문헌에서도 네스토리우스교의 영향을 확인할 수 있다.

《삼국유사》에 보면 7세기 말의 고승 혜통(慧通)이 "마귀와 외도(外道)를 모두 서울에서 멀리했다."라는 기사가 나오는데, 여기서 '외도'란 불교 이외의 다른 종교를 뜻하며, 경교일 가능성이 높다. 《삼국유사》에는 《구약성서》의 내용과 유사한 부분도 있다. 예를 들면 "사량리에 있는 알영정 가에 계룡(鷄龍)이 나타나 왼쪽 갈비에서 어린 계집애를 낳았다."는 전설은 〈창세기〉에서 "하나님이 아담의 갈빗대로 여자를 만들었다."는 내용과 비슷하다.

그러므로 불국사에서 출토된 돌십자가를 기준으로 하면, 경덕왕 10년(751)에 불국사를 크게 중창했으므로 이때쯤 크리스트교가 전래되었다고 추측할 수 있다.

고려시대에는 몽골에 인질로 잡혀간 왕순과 왕전이 크리스트교와 인연이 닿기도 했다. 당시 교황인 이노켄티우스 4세가 몽골의 3대 황제인 귀위크 칸 대관식에 수도승 조반니 카르피니(Giovanni de Piano Carpini)를 특사로 파견했고, 그곳에는 고려의 왕족인 왕순과 왕전도 참석했던 것이다.

스님은 장인(匠人)

조선시대에는 유교를 숭상하고 불교를 억압하는 숭유억불정책으로 일관했다. 세종과 세조, 명종의 모후인 문정왕후의 영향으로 불교가 번성한 적도 있었지만, 불교를 억압하는 정책은 바뀌지 않았다. 승려들은 도성 사대문 안으로 들어오기도 힘들었으며, 사찰들도 산속으로 밀려나야만 했다.

하지만 산속에 사찰을 새로 짓자니 어려움이 이만저만이 아니었다. 많은 돈이 필요했지만 시주하는 사람은 없었고, 돈이 없다 보니 사찰을 지을 인부를 구하기가 하늘의 별따기였다. 하는 수 없이 승려들이 나서서 사찰을 지어야만 했다. 기와장이가 되어야 했고, 목수가 되어야 했으며, 단청도 하면서 탱화도 그려야만 했다.

이 모든 것은 전문가, 즉 장인만이 할 수 있는 작업이었다. 그러므로 조선시대의 승려 대부분은 하나 이상의 기술을 익힌 장인이었다. 예컨대 500년 조선의 역사에서 탱화를 그리는 승려만 2400명이나 있었다고 한다.

승려들만을 위한 시장인 승시(僧市)

고려시대에는 스님들만의 시장인 승시(僧市)가 성행했다. 승시는 사찰이 있는 지역의 특산물을 사찰 마당에 펼쳐놓아 다른 사찰에서 온 승려들이 필요한 물건을 바꿔 가는 물물교환장소였다. 승려들은 자신이 주석하던 사찰의 대표 물품과 다른 사찰의 물품을 서로 교환하면서 정보도 교환했다.

그러나 불교를 억압하고 유교를 통치이념으로 삼았던 조선시대에 들어와 점차 쇠퇴해, 대구 팔공산 부근의 승시만 명맥을 유지하다가 오늘날에는 거의 열리지 못했다.

이처럼 조선 초기까지 면면히 이어져 오다가 맥이 끊어져 문헌으로만 전해져오던 승시가 2010년 대구 팔공산 동화사에서 '팔공산 산중장터'로 재현되었다. 2019년 현재 10회를 맞기까지 초의선사가 머물며 차를 보급한 해남 대흥사의 제다, 영산재로 유명한 서울 봉원사의 지화(紙華), 의성 고운사의 청국장, 고창 선운사의 소금, 보은 법주사의 장아찌, 영천 은해사의 전통염색, 광주 신광사의 한지공예, 대구 동화사의 전통등 등 전국 사찰의 특산품을 선보였다. 아마도 조선시대까지 이어오던 승시도 이와 같았을 것이다.

휴대용 불상인 연가칠년명금동여래입상

국보 제119호인 연가칠년명금동여래입상은 고구려와 관련된 글이 새겨져 있는 불상이면서도 신라 땅인 경상남도 의령에서 발견되었다. 문화재청 소개에 따르면 다음과 같다.

광배 뒷면에 남아 있는 글에 따르면, 평양 동사(東寺)의 승려들이 천불(千佛)을 만들어 세상에 널리 퍼뜨리고자 만들었던 불상 가운데 29번째 것으로, 전체 높이는 16.2센티미터이다.

머리는 삼국시대 불상으로는 유례가 드물게 작은 소라 모양의 머리칼을 붙여놓았으며, 정수리 부근에는 큼직한 상투 모양의 머리(육계)가 있다.

얼굴은 비교적 작은데, 살이 빠져 길쭉한 가운데 미소를 풍기고 있다. 오른손은 앞으로 들어 손바닥을 정면으로 향하고 있으며, 왼손은 허리 부분에서 손바닥이

정면을 향하게 하여 아래로 내리고 있다. 왼
손의 세 번째와 네 번째 손가락을 구부리고
있는 모습은 삼국시대 불상에서 나타나는
특징적인 모습이다.

유난히 두꺼운 옷에 싸인 신체는 굴곡의 표
현이 없지만, 전체적인 체구와 약간 보이는
어깨의 골격 등에서 강인한 힘을 느끼게 한
다. 새의 날개깃 모양의 옷자락은 좌우로 힘
차게 뻗쳐 있는데, 날카롭고 힘있는 모습이
중국 북위 이래의 양식을 보여준다.

불상과 함께 붙여서 만든 광배는 앞면에 거

연가칠년명금동여래입상

칠게 소용돌이치는 듯한 불꽃무늬가 선으로 새겨져 있다. 광배의 일부분이 손상
되었으나 도금까지도 완전히 남아 있는 희귀한 불상으로, 광배 뒷면에 남아 있
는 글과 강렬한 느낌을 주는 표현 방법 등으로 볼 때 6세기 후반의 대표적인 고
구려 불상으로 보인다.

연가칠년명금동여래입상은 아마도 휴대용 불상이었을 것이다. 사찰에서는 이
처럼 작은 불상은 대개 1000개씩 모셔놓았다. 승려들은 이 불상들을 몸에 모시
고 다니면서 백성들에게 불교를 포교하고 즉석에서 법회를 하는 데 사용했던 것
이다. 이를 바탕으로 추정해보면 고구려의 불상인 연가칠년명금동여래입상이
신라 땅인 의령에서 발견된 것도 설명이 된다. 삼국시대였지만 불교를 포교하는
데는 국경이 없었을 것이다.

불교신자들은 왜 합장을 할까?

불교도들은 소원을 빌거나 부처에게 경배할 때 합장을 한다. 그들 중 합장을

하는 이유를 아는 사람은 드물다. 합장은 아직 피지 못한 연꽃을 상징한다. 그러 므로 깨달음의 세계에 이르지 못했음을 뜻한다. 깨달음의 세계에 이르기 위해 자 기 자신을 이기고 다른 사람들에게 이익을 주기 위한 자리이타를 베풀어야 하는 것이다.

부처의 의자인 연화대나 범종의 당좌(종을 칠 때에 망치가 늘 닿는 자리)를 보면 연꽃이 활짝 피어 있다. 바로 해탈의 경지에 이른 부처이기에 활짝 피어 있는 연 화대에 앉아 있는 것이다. 당좌도 마찬가지 이유에서 활짝 핀 연꽃을 새겼다.

불교에서 온 말인 '현관'

삼국시대에 전래된 불교는 고려시대에 꽃을 피웠다가 조선시대에 들어와 쇠 퇴하면서 많은 불교 문화재가 성리학자들에 의해서 파괴되었다.

불가(佛家)에서는 강원(講院)과 선원(禪院)에서 승려들을 교육했다. 선종에서는 수행할 때 참선을 중요시하여 좌선방(坐禪房)이라고도 한다. 이곳은 교육기간이 정해져 있지 않으며, 강원 수료자가 들어가 스스로 공부하는 불교계의 가장 높은 단계의 평생교육기관이다.

승려들은 자율적인 수행을 하는 대신 파계나 나태한 행위는 일절 금지되며 대 중이 규약한 규칙을 엄하게 지켜야 하는데, 이를 '대중청규(大衆淸規)'라고 한다. 스스로 진리를 탐구하는 중에 의심이 생기면 방장실에 들어가 질문하여 의심을 풀었다.

방장(方丈)은 선종에서 특히 중요하게 여겨서 사찰의 주지가 머물던 방을 지 칭하기도 하고, 주지를 높여 부르는 말이기도 하다. 방장은 원래 사방이 1장 크 기의 방을 뜻한다. 《유마경維摩經》에 따르면, 유마거사(維摩居士)가 병이 들자 3만 2000명이 병문안을 왔는데, 그들을 모두 자신이 거처하던 방에 들였다고 한다. 이 고사에서 유래하여, 방장은 유마거사가 머물던 간소한 방이라는 뜻에서 성 인(聖人)이 거처하는 방을 의미하게 되었고, 주지를 높여 부르는 말로 쓰이게 되었다.

　현재 우리나라 조계종에는 해인사의 해인총림, 송광사의 조계총림, 통도사의 영취총림, 수덕사의 덕숭총림 등에만 방장이 있다.

　방장이 거처하는 방 앞은 현관(玄關)이라 한다. 그러므로 항상 청결하면서 정리 정돈이 잘 되어 있고, 위엄이 나타나는 곳이라 하겠다. 세월이 흐르면서 이 말이 민간으로 흘러들어와, 부자들이 자신들의 집 앞을 나타내는 말로 쓰다가 지금은 건물의 출입문이나 건물에 붙이어 따로 달아낸 문간을 가리키는 말이 되었다.

수덕사 대웅전

해인총림이 있는 해인사 대적광전

불교에서 유래한 고참과 신참

우리가 쓰고 있는 말들 가운데 불교에서 유래된 말들이 많다. 군대에서 많이 사용하는 '고참'과 '신참'이라는 말도 참선을 하는 승려들 사이에서 쓰던 말이다. 법랍(法臘; 승려가 된 뒤로부터 치는 나이)이 높아 참선 공부를 많이 한 승려를 고참, 이보다 법랍이 짧은 승려를 신참이라 했다.

여자 승려와 관련된 말도 있다. 출가한 여자 승려를 비구니(比丘尼), 수행이 미숙한 어린 여자 승려를 사미니(沙彌尼)라고 한다. 이 '니(尼)'는 보통 여성을 가리키는 말로 사용되어 우리나라에서는 할머니, 어머니, 언니 등에서 그 흔적을 찾을 수 있다.

제 3 장

과학·기술
천문·의학

태아의 성 감별

예부터 우리나라 사람들은 혼인을 한 후에 조상들에게 자신의 의무를 표시하는 방법 가운데 하나가 자손을 낳는 것이었다. 그중에서도 가계를 계승해줄 아들을 낳는 것을 조상들에게 보은하는 것으로 생각했다. 조선 중기 이후에는 성리학이 정착되면서 아들에게 가계의 계승이나 제사 등이 우선적으로 이어지면서 아들을 선호하는 사상은 더욱 심해져만 갔다.

그리하여 며느리나 아내를 고를 때 '삼십무자상(三十無子像)'이라는 기준을 적용하기도 했다. 이를테면 허리가 가늘어 자궁이 좁은 여자, 머리칼이 검지 않고 노랗거나 붉은 여자, 미간을 찡그렸을 때 도장무늬가 새겨지는 여자 등은 아들을 낳지 못한다고 여겨서 꺼렸다.

혼인을 한 후에도 귀숙일을 정하여 남편과 잠자리를 하는 날을 가렸다. 이를테면 정월은 '1일, 6일, 9일, 10일, 11일, 12일, 14일, 21일, 24일, 29일'이 좋은 날이었다. 나이가 홀수인 여자는 아들을 낳고 싶으면 홀수 달에, 짝수인 여자가 딸을 낳고 싶으면 짝수 달에 합방을 해야만 했다. 또 자궁에 좌우로 구멍이 나 있는데, 좌혈로 정자가 들어가면 아들이 되고, 우혈로 들어가면 딸이 된다고 믿었다. 그래서 왼쪽을 아래로 하여 눕는 습관을 들여야 했다.

임신을 하고 난 뒤에도 아들을 낳기 위한 노력은 계속되었다. 활줄을 석 달간 배에다 감고 자거나, 수탉의 깃털을 뽑아 임신한 여자가 깔고 자는 요 속에 넣거나, 금이나 은으로 작은 도끼를 만들어 임신한 여자의 베개 속에 넣으면 아들을 낳는다고 믿었다.

태아의 성을 감별하는 방법도 다양했다. 8월 한가위에 송편을 빚을 때 바늘을 넣고 빚어, 임신부가 그 송편을 씹어 바늘귀가 나오면 딸, 바늘 끝이 나오면 아들이라고도 했다. 미역을 사서 왼손으로 들면 아들, 오른손으로 들면 딸이라고 했다. 걸어가는 임신부를 뒤에서 불렀을 때 왼쪽으로 돌아보면 아들, 오른쪽으로 돌아보면 딸이라 했다. 임신한 지 석 달 후에 왼쪽 배가 아프면 아들, 오른쪽 배가 아프면 딸이라고 했다. 임신부의 왼손이 부으면 아들, 오른손이 부으면 딸이라고 했다. 왼쪽은 아들이요 오른쪽은 딸이었던 것이다.

억울하게 죽은 귀신 때문에 생기는 질병

옛사람들은 무엇 때문에 병에 걸린다고 생각했을까? 요즘은 병의 원인을 규명하고 그에 알맞은 약을 처방하는 것이 너무도 당연하지만, 옛사람들의 생각은 오늘날과 사뭇 달랐다.

관리들에게 괴롭힘을 당하다 억울하게 죽은 사람의 넋이 떠돌아다니면서 전염병을 옮긴다고 생각하기도 했고, 자손들이 조상의 제사를 지내지 않으면 조상의 원혼이 여기저기 떠돌면서 병을 일으킨다고 믿었다. 나아가 하늘의 뜻을 임금이나 백성들이 거스르면 하늘이 노해서 병이 생긴다고도 여겼다.

이렇게 생긴 병을 옛사람들은 어떻게 치료했을까? 단군신화에서 그 실마리를 찾을 수 있다.

환인(桓因)의 아들 환웅(桓雄)이 태백산 신단수 아래로 무리 3000명을 이끌고 내려와 신시(神市)를 세워 나라를 다스릴 때, 사람이 되고 싶은 호랑이와 곰에게 마늘과 쑥을 주면서 100일 동안 동굴에서 지내라고 했다는 대목이 그것이다.

마늘과 쑥은 오래전부터 우리 조상들이 사용하던 상비약이었다. 마늘은 결핵이나 감기 같은 기관지질환 치료에 좋고, 쑥은 복통과 고열을 진정시키고 지혈에도 효과가 있다. 이러한 토종 의학은 신라가 삼국을 통일하면서 사라지고 중국의 의학이 판을 쳤다. 결국 신토불이와는 거리가 있었던 것이다.

중국의 의학을 그대로 쓰던 우리나라의 의학이 많이 발전한 것은 조선시대에 들어오면서부터이다. 도성에는 하수도 시설을 갖추고 공공 복지시설을 마련했다. 나환자는 따로 모아서 치료했으며, 왕실 전용 의료기관인 전의감을 비롯하여 중앙 병원인 제생원과 동서대비원, 혜민국이 설립되었다. 1406년에는 남자 의관에게 치료받는 것을 부끄러워하는 여자 환자가 치료받을 시기를 놓쳐 죽음에 이르는 경우가 늘어나자 여자 의관을 교육하기 위해 전의감에 여자를 받아들였다. 그러나 한편에서는 무당굿으로 병을 물리치려는 행태는 여전했다.

조선의 의학은 선조 때의 허준(許浚)과 고종 때의 이제마(李濟馬)에 의해 획기적으로 발전했다. 허준이 펴낸 《동의보감》은 동양에서 가장 우수한 의학서의 하나로 평가되며, 수백 종의 우리나라 약재 이름이 한글로 적혀 있다. 이제마는 질병뿐만 아니라 사람의 체질에 따라 각기 치료법을 달리해야 한다는 사상의학의 시조로서, 그의 사상의학을 집대성한 《동의수세보원》을 펴냈다.

군사 장비로 사용된 연(鳶)

연은 종이에 대가지를 가로세로 또는 모로 엇걸리게 붙이고, 실로 벌여 매는 줄인 벌이줄을 매어 공중에 날리는 장난감이다. 이 연날리기는 세계 각국에 광범위하게 분포되어 있으며, 특히 한국·일본·중국 등 동양 삼국에서 많이 하고 있다.

연의 역사는 매우 오래되었다. 서기전 400년경 고대 그리스의 알투스가 처음 만들었다는 기록이 있으며, 중국에서는 송나라의 고승(高丞)이 편찬한 《사물기원 事物記原》에 따르면, 서기전 200년경 한신(韓信)이 군사적인 목적으로 연을 만들었다고 한다.

우리나라에서도 삼국시대에 연을 무기로 이용했다. 《삼국사기》의 기록을 보자. 신라 28대 진덕여왕 1년(647)에 비담(比曇)과 염종(廉宗)이 반란을 일으키자 김유신이 토벌에 나섰다. 어느 날 하늘에서 별똥별이 김유신이 이끄는 신라군 쪽으로 떨어지자 군사들이 동요하면서 사기가 떨어졌다. 이에 김유신은 꾀를 내어 큰 연을 만들어 밤에 남몰래 불을 붙여 공중에 높이 띄우고, 군사들에게 전날 떨어진 별이 다시 하늘로 올라갔으니 여왕이 크게 승리할 것이라 선전했다. 이후에 백성들은 안정을 되찾고 군사들도 사기가 왕성해져서 싸움에 크게 이겼다고 한다. 삼국시대에는 군사작전뿐만 아니라 통신수단으로도 사용했다.

고려 말기의 명장 최영(崔瑩)은

방패연(용산공예관)

몽골군을 공격할 때 큰 연을 만들어 불을 붙여 날려 보내 적의 진지를 불살랐다고 한다.

군사용과 통신용으로 사용하던 연이 장난감으로 널리 보급된 것은 조선 영조 때이다. 영조가 백성들의 연날리기를 즐겨 구경하고 장려했고, 이때부터 연이 민간에 널리 전파되었다.

이러한 연날리기는 대개 정월 초하루부터 보름날까지 하며, 보름날에는 액막이용으로 연줄을 모두 풀어 연을 하늘 높이 날려 보내어 한 해의 건강과 안녕을 빌기도 했다.

실존 인물인 홍길동

탐관오리들의 재물을 훔쳐다가 가난한 사람을 도와주는 의로운 도적을 의적(義賊)이라고 한다.

조선시대에는 3대 의적이 있었다. 연산군 때의 홍길동, 명종 때의 임꺽정, 숙종 때의 장길산(張吉山)이 그들이다.

우리는 홍길동 하면 광해군 때의 문신 허균이 쓴 소설 《홍길동전》의 주인공을 생각한다. 허균이 이 소설을 쓴 것은 자신이 정실의 자식과 첩실의 자식을 차별하였기에 모든 사람은 평등하다는 메시지를 전하기 위해서였다.

소설에서 홍길동은 왕으로부터 상을 받으면서 율도국이라는 나라를 건설하여

《홍길동전》(강릉시립박물관)

백성들이 살기 좋은 천국을 만든다. 그러나 연산군 때의 홍길동은 충청도를 중심으로 경기도와 한양 도성에 신출귀몰하면서 탐관오리를 단죄하다가 연산군 6년(1500)에 붙잡혀 귀양을 갔고, 그 이후로는 행

적을 알 수 없다. 소설에서처럼 정말로 오늘날의 오키나와 부근으로 가서 율도국을 세운 것은 아닐까? 지금도 오키나와에서는 홍길동과 비슷한 사람을 신으로 모시는 행사가 있다고 하니, 소설 속의 홍길동과 같은 사람은 아닐는지.

그로부터 60년 후에 임꺽정이 등장하여 탐관오리들에게 시달려 웃을 일 없는 백성들에게 웃음을 찾아주었다. 황해도와 경기도 일대에서 탐관오리를 죽이고 그 재물을 빼앗아 빈민에게 나누어주면서 백성들의 지지를 받았으나 명종 17년 (1562) 토포사에게 붙잡혀 죽었다.

숙종 때의 의적 장길산은 광대 출신으로 황해도와 평안도에서 활동했다. 숙종은 장길산에 대하여 "극적(劇賊) 장길산은 날래고 사납기가 견줄 데가 없다. 여러 도로 왕래하여 그 무리들이 번성한데, 벌써 10년이 지났으나 아직 잡지 못하고 있다. 지난번 양덕(陽德)에서 군사를 징발하여 체포하려고 포위하였지만 끝내 잡지 못하였으니, 역시 그 음흉함을 알 만하다."고 했다. 실제 장길산은 끝내 잡히지 않고 종적을 감추었다.

2000년 전부터 사용한 나침반과 의학용으로 사용한 자석

나침반은 종이, 화약, 목판 인쇄술과 함께 동양의 4대 발명품이다. 우리나라 낙랑고분에서 출토된 식점천지반(式占天地盤)은 일종의 나침반으로 이미 2000년 전에 나침반을 사용했음을 알려주고 있다. 하늘을 나타내는 원과 땅을 나타내는 네모난 판으로 만든 식반 위에 하늘의 기본적인 별자리인 28수, 8괘, 12지, 8간과 북두칠성을 그려넣고 자석으로 만든 숟가락으로 방향을 가리키도록 되어 있다. 하지만 이 식점천지반은 방향 탐지가 아니라 점을 보는 데 사용했다.

식점천지반에서 진화한 것이 윤도(輪圖)이다. 가운데에 지남침이 꽂혀 있으며, 24겹이나 5겹 정도의 동심원이 그려져 있다. 동심원으로는 운수를 알아보는 점을 치기도 했다. 윤도는 조선시대에 서해를 항해할 때 사용하기도 했으며, 지관이나 점술가들이 가지고 다니면서 묏자리나 집터를 잡는 데 사용했다. 선조 33

식점천지반. 일본 후쿠오카박물관에 소장된 것을 복제한 것이다.(실학박물관)

년(1600)에 선조의 왕비인 의인왕후 박씨가 죽었을 때, 능을 조성하는 데 방향을 탐지하는 윤도를 이용하기도 했다.

허준의 《동의보감》에는 나침반에 쓰이는 자석을 '지남석'이라고 하면서 일종의 약품으로 소개했다.

기상관측대인 첨성대와 서운관

옛날에는 일상생활이 날씨에 의해 크게 좌우되었으므로 자연현상에 매우 민감했다. 옛사람들은 하늘의 뜻에 따라 날씨가 변한다고 생각했으며, 천재지변은 하늘이 내린 벌이라고 믿었다. 그러므로 천재지변을 피하려면 하늘에 기도를 드리는 수밖에 없다고 믿어 기우제(祈雨祭)나 기청제(祈請祭)를 지냈다.

옛날에는 어떤 방법으로 날씨를 예측했을까?

신라시대에는 천문 기상관측대인 첨성대를 통해 날씨를 관측했다. 한때 세간에서는 첨성대를 천문대라는 둥 제사를 지내는 제단이라는 둥 논란이 있었다. 아직도 첨성대를 제단이라고 주장하는 사람들은, 삼한시대의 소도에 설치된 것이라든가 불교의 수미산을 본떠 만든 것이라고 주장하고 있다. 그러나 첨성대의 구조를 보면 이러한 주장을 반박할 만한 충분한 근거를 찾을 수 있다.

첨성대는 몸체 27단에 맨 위의 정자석(井字石)을 포함해 모두 28단으로, 이는

| 경주 첨성대 | 서울시 종로구 원서동에 있는 관상감 터 |

기본 별자리수를 뜻한다. 여기에 기단석을 합치면 29단으로, 이는 한 달의 길이가 된다. 몸체 남쪽 중앙에는 네모난 창이 있고 그 위아래로 각각 12단이니, 이는 1년 12달과 하루 12시간(십이간지 시간)을 가리킨다. 또한 이를 합치면 24단으로, 24절기를 가리킨다고 볼 수 있다. 그리고 첨성대를 만들 때 사용한 돌의 수는 360여 개로 1년의 날수가 된다. 따라서 첨성대는 천문 기상관측대 역할을 했음을 알 수 있다. 첨성대는 현재 동양에서 가장 오래된 관측대로 국보 제31호이다.

고려시대와 조선 초기에는 서운관에서 날씨와 천문 관련 일을 맡아보았고, 세종 7년(1425)에는 관상감으로 개칭하여 천문·역법·측우·날씨 관측의 일을 맡아보게 했다.

그러나 농사를 짓는 백성들은 자연현상에 의존해 날씨를 예측하는 수밖에 없었다. 개구리가 울면 비가 오고, 개구리가 처마밑으로 들어오면 장마가 질 것을 예측했다. 개구리가 높은 가지에 오르면 비가 올 것을 알았고, 해가 떨어지자마자 울음소리를 멈추면 이튿날 서리가 내릴 것을 알았다. 또한 저녁에 개구리 울음소리가 빨리 멎을수록 그 멎는 속도에 따라 기온이 내려갈 것을 예상했으며, 깊은 동면을 준비하면 추운 겨울을, 얕은 동면을 준비하면 따뜻한 겨울을 예상했다. 이 밖에 달무리가 지는 것이나 미친 아낙네의 발광을 보고 비가 내릴 것을 미리 알기도 했다. 또한 무 껍질이 두꺼우면 그해 겨울이 춥다고도 했다.

한편 국가 기밀에 속하는 일은 역학(易學)으로 천기(天氣)를 보는 방법이 있었는데, 그 자세한 내용은 전하지 않는다. 지금도 역학자 중에는 주역으로 천기를 계산하는 사람이 있다고 한다.

앙부일구와 자격루

예부터 사람들은 물시계나 해시계로 시간을 측정했다. 우리나라에서 물시계에 관한 기록이 처음으로 보이는 문헌은 《삼국사기》이다. 기록에 따르면 신라 성덕왕(재위 702~737) 17년(718)에 시간을 측정하는 누각전(漏刻典)을 설치하고 박사 6명과 사(史) 1명을 두었다.

조선시대에는 과학기술이 획기적으로 발전하여, 세종 16년(1434)에는 해시계인 앙부일구(仰俯日晷)을 만들어 시간을 측정하게 되었다.

앙부일영(仰俯日影)이라고도 하는 이 시계는 공을 반으로 잘라놓은 반구형 안쪽에 24절기를 나타내는 눈금을 새기고 북극을 가리키는 바늘을 꽂아, 그 바늘의 그림자가 가리키는 눈금을 보고 그때그때 시각을 알 수 있게 만들었다. 나라에서는 서울 종로에 앙부일구 2개를 설치해 지나다니는 백성들이 수시로 볼 수 있도록 했다. 그런데 해시계는 밤이나 날씨가 흐리거나 비가 올 때는 시간을 측정할 수 없는 단점이 있었다. 이에 세종은 물시계인 자격루(自擊漏)를 만들었다.

'스스로 울리는 물시계'란 뜻을 가지고 있듯이, 3개의 물항아리와 2개의 원통형 청동 물받이로 구성되어, 항아리에 물이 가득 차면 살대가 올라가 격발장치를 건드리면 나무인형이 시보장치를 움직인다. 나무인형 둘레에는 12신을 두어 자시(子時)부터 해시(亥時)까지 알렸다.

앙부일구(실학박물관)

자격루

자격루는 경회루 남쪽에 설치되어 있었는데, 여기에서 시간을 알리면 경복궁 정문의 문지기에게 이어지고, 이것을 종루에서 다시 받아 종을 쳐서 시간을 알려 주었다.

조선 중기 현종 10년(1669)에는 송이영(宋以穎)이 혼천시계를 만들기도 했다. 전통 시계장치에 서양식 자명종 원리를 응용해 만든 일종의 추시계이다. 추의 무게로 여러 개의 톱니바퀴를 움직여 필요한 수만큼 종을 울려 시간을 알도록 했으며, 시간뿐만 아니라 해와 달의 움직임, 24절기 등 천체의 움직임도 알 수 있도록 했다.

서양식 자명종은 인조 9년(1631) 명나라에 사신으로 갔던 정두원(鄭斗源)이 귀국할 때 홍이포·천리경 등과 함께 들여온 것이 처음인데, 이후 사신으로 갔던 많은 사람들이 자명종을 들여오면서 그에 대한 연구도 활발해졌다.

아라비아 숫자를 대신한 산가지

유럽의 수학이 우리나라에 들어온 것은 조선 말기였으며, 그 전에는 주로 중국식 수학을 배웠다. 중국은 고대문명 발상지로 '글자의 나라'라고 불리지만, 수학의 발달은 우리나라와 마찬가지로 매우 저조했다. 고대 중국의 교육 과목인 육예(六藝)의 순서를 보면 알 수 있듯이 예(禮), 악(樂), 사(射), 어(御), 서(書), 수(數)의 순으로 수학은 맨 끝이었다. 주로 윤리, 도덕에 관한 학문을 연마하는 일에 더욱 많은 노력을 기울였던 것이다.

그럼에도 중국 수학에는 한 가지 주목할 만한 사실이 있다. 2200여 년 전에 이미 음악과 수를 연관 지은 책을 펴낸 것이다. 진(秦)나라 때 여불위(呂不韋)가 편찬한 《여씨춘추呂氏春秋》가 그것이다. 이 밖에 산수에 관한 책으로는 서기전 200년경부터 사용한 고전 수학서 10종인 산경십서(算經十書)가 있었다.

당시 수를 나타내는 방법은 자를 기준으로 하는 명수법(命數法)이었다. 명수법의 단위로는 문(文)·척(尺)·재(才)·분(分)·리(厘)가 있었으며, 이 단위로 소수를 나

타내기도 했다. 그러나 한 숫자만으로는 계산하기가 불편해 산가지라는 나뭇개
비를 사용했는데, 그 용례는 다음과 같다.

		||	|||	||||	|||||	T	TT	TTT	TTTT
1	2	3	4	5	6	7	8	9
_	=	≡	≣	≣	⊥	⊥	⊥	≟
10	20	30	40	50	60	70	80	90

예를 들어 3647은 |||T||||TT 이라고 표현했으며, 36047은 |||T·||||TT 이라고 표
현했다.

이 산가지는 《주역》에서 괘(卦)로도 사용했다. 이러한 점괘의 풀이와 함께 수
학의 일부분으로 발전했다고도 할 수 있다.

우리나라에서도 다른 학문과 마찬가지로 고대 중국의 영향을 받아 중국의 셈
목과 산목에 의한 계산법을 오래도록 사용해왔을 것으로 추측된다. 5~6세기 무
렵 중국에서 들여온 수학과 관계가 깊은 역학(易學)과 역법(易法)이 널리 퍼졌으며,
후에 중국의 산경십서와 《산학계몽算學啓蒙》으로 그 명맥을 이어왔다.

조선 말기에 이르러서야 기독교 선교사들에 의해 유럽 수학이 도입되었다. 아
라비아 숫자도 이때 처음 쓰기 시작했다. 원래 아라비아 숫자는 인도에서 시작되
었으나 아라비아인이 유럽에 전했으므로 이런 이름을 갖게 되었다. 인도에서 시
작되었으므로 인도 숫자라고도 한다.

옛날의 통신 방법

전화나 전신이 없던 옛날에는 봉수를 이용해 급한 소식을 전했다. 봉수는 낮
에는 연기로, 밤에는 불빛으로 신호를 하여 변방의 긴급한 사항을 중앙에 알리는
제도였다. 봉수제도는 삼국시대부터 그 기능을 발휘했다. 《삼국사기》에 따르면,
"백제 온조왕 10년에 왕이 친히 군대를 거느리고 봉현(烽峴)에서 말갈족을 격파

했다."고 했다. '봉현'이 어디인지는 알 수 없으나 봉수대를 설치한 언덕이 아닐까 추정한다.

봉수제도는 고려시대에 더욱 강화되었다. 이민족의 침입이 잦았던 만큼 이를 미리 중앙에 알려야 대처할 수 있었기 때문이다. 의종 3년(1149)에 서북면 병마사 조진약(曹晉若)의 제의로 실시된 봉수는 이민족의 침입을 막는 데 중요한 역할을 했다.

조선시대에 들어와서는 세종 때에 봉수법이 마련되고 성종 때 완비되었다. 평시에는 횃불을 한 개, 적이 나타나면 두 개, 적이 국경에 접근하면 세 개, 국경을 넘어오면 네 개, 적과 전투가 벌어지면 다섯 개를 올렸다. 기상이 나빠 봉수로 연락하기 힘들 때는 봉수대를 관리하는 봉군(烽軍, 연대지기)이 직접 말을 타고 연락을 하기도 했다.

변방 국경에서 서울까지 봉수가 도착하는 데는 열두 시간쯤 걸렸다. 부산에서 연기로 신호를 보낸 봉수가 서울의 목멱산(오늘날의 남산)에 이르면 날이 어두워져 봉화로 바뀌었다고 한다. 봉수가 서울로 올라오는 길은 다섯 군데였는데, 북쪽에서는 함경도와 평안도에서 출발하는 길이, 남쪽에서는 동남 해안과 서남 해안에서 출발하는 길 등이 있었다. 이 길은 전국을 돌아 서울에 이르도록 되어 있었다.

봉수대는 그 지방의 군지휘관이나 수령이 관리하여, 매일 담당자로부터 보고를 받았다. 서울에서는 병조가 관리하여 목멱산의 경봉수대(京烽燧臺)를 지켜보면

화성 봉수대

서 왕의 비서기관인 승정원에 매일 아침 보고했으며, 비상시에는 밤중에라도 보고를 해야 했다.

전국적으로 630개가량이 설치된 봉수대는 20~40리 간격으로 시야가 확 트인 산봉우리에 설치했다. 높이는 3미터가량이고, 밑면은 사각형으로 널찍하며 위로 가면서 좁아지고, 불을 때는 아궁이는 밑에 있었다. 성종 6년(1475) 5월에는 모든 봉수에 반드시 연통(煙筒)을 만들어 바람이 불어도 연기가 흐트러지지 않도록 했다.

또한 국경지대에 설치된 봉수대는 높이 7.7미터, 둘레 21미터의 대를 쌓고, 대 주위에 폭 9미터 정도의 공간을 두고 그 바깥에 적의 침입을 막기 위하여 깊이 3미터, 폭 3미터 정도의 정사각형 참호를 파고, 다시 그 바깥에는 폭 3미터 정도의 지대에 위를 뾰족하게 깎은 나무를 꽂았다. 그러나 내륙 봉수대는 적의 침입 위험이 없었으므로 높은 대와 참호 등은 설치하지 않았다.

봉군은 다른 군역에 종사하지 않으며 오직 망보는 일에만 종사했다. 마을에서 멀리 떨어진 외딴 곳에 근무했으니, 오늘날 등대지기만큼 외로운 직업이었다. 이들은 불이나 연기가 꺼지면 곤장 100대를 맞고 유배를 가야 했으며, 통신을 게을리하거나 거짓 봉화를 올리면 참형을 당했다.

이들은 바람이 불어도 연기가 흩어지지 않고 곧게 올라가도록 하기 위해 이리나 여우의 똥을 모아 연기를 피웠다. 이리나 여우는 동물 뼈까지 먹기 때문에 배설물에도 뼈가 섞여 나오는데 이것을 연기를 짙게 하는 솔잎과 함께 태우면 연기가 곧게 올라갔다고 한다.

백성들은 봉수대의 연기가 매일 하나만 피어오르기를 바라면서 생업에 종사했다.

조선시대의 로켓, 신기전

로켓은 연료를 폭발시켜 다량의 가스를 분사하여 그 반동으로 추진되는 비행

체이다. 문헌으로 확인할 수 있는 가장 오래된 로켓형 화기는 1232년에 중국에서 개발된 비화창(飛火槍)이다. 말 그대로 '날아다니는 불의 창'이라는 뜻이다. 이 기술은 인도나 아라비아를 거쳐 150년 후에는 유럽에 전해졌고, 특히 이탈리아에서는 '쏘아 올리는 불꽃'을 뜻하는 로케타(rocchetta)라 불리어 오늘날의 로켓의 어원이 되었다.

로켓을 쏘아 올리는 연료는 화약이었다. 우리나라에서는 고려 우왕 때 최무선이 처음 화약을 발명했다. 화약은 중국에서 처음 발명했으며, 제조법은 일급 비밀이어서 다른 나라 사람들이 그 비법을 알아내기가 어려웠다. 최무선은 국제무역항인 벽란도를 오가며 무역을 하던 원나라 상인을 통해 염초(焰硝) 제조법을 배우고, 여러 번 실패를 거듭한 끝에 화약을 만드는 데 성공했다. 그리고 세계에서 네 번째로 주화(走火; 달리는 불)라는 로켓형 화기를 만들어낸 것이다. 설계도가 없는 중국의 비화창에 비하여 주화는 설계도가 있어, 조선시대에는 이를 바탕으로 더욱 진화된 로켓형 화기를 만들 수 있었다.

조선시대에 들어 세종의 아들인 문종의 책임하에 신기전(神機箭)이 개발되었다. 성능과 종류에 따라 대(大)신기전, 중신기전, 소신기전, 산화(散華)신기전이 있다.

대신기전은 길이가 5.58미터이며 사정거리는 1킬로미터를 넘었다. 화약을 넣은 원통형 종이통을 앞부분에 장착하여 엔진 역할을 하게 했다. 종이통 아랫부분에 분사 구멍을 뚫어 화약에 불을 붙였을 때 가스가 밖으로 분출되면서 로켓이 스스로 날아가게 했다. 여진족의 침입을 막기 위해 북쪽 국경 지역에 90개의 신기전을 실전 배치했다고 한다.

중신기전과 소신기전은 사정거리가 각각 150미터와 100미터로 추정되는데, 소신기전은 폭발물 대신 수십 개의 화살을 넣어 일반 화살보다 위력이 컸다. 문종 1년(1451) 2월에는 문종의 셋째 동생인 임영대군(臨瀛大君)이 문종의 명으로 화차(火車)를 개발하여 중신기전을 한 번에 백 발을 발사할 수 있었다.

신기전은 임진왜란 때 권율(權慄) 장군이 행주산성 싸움에서 왜적을 물리치는 데 크게 공헌하는 등 실제 전투에 이용되었다.

현대의 과학기술로도 풀 수 없는 에밀레종의 제작 기술

　신라 35대 경덕왕은 봉덕사에 구리 12만 근을 들여 큰 범종을 만들어 매달 것을 명령했다. 부왕인 성덕왕의 명복을 빌고자, 간사하고 나쁜 마음을 벗어던지고 자비롭고 깨끗한 마음이 일어나는 신비한 종을 만들도록 한 것이다.

　그러나 기술자들이 공을 들여 만든 종은 번번이 종에 금이 가고 소리가 유려하지 못했다. 이렇게 실패를 거듭하는 동안 경덕왕은 세상을 떠났고, 혜공왕 7년(771)에 이르러서야 비로소 완성되었다. 이것이 국보 제29호인 성덕대왕신종이다.

　혜공왕도 처음에는 원하는 종을 만드는 데 실패를 거듭했다. 이때 일관(日官; 하늘의 변화로써 나라나 인간의 길흉을 예언하는 관리)이 "이 신종이 완성되려면 속세의 때가 묻지 않은 어린아이의 희생이 따라야 합니다."라고 말했다.

　이 소식을 들은 한 승려가 "작년에 어느 마을의 한 여인이 자기는 시주할 것이라고는 어린아이밖에 없다고 했으니, 그 아이를 희생시킵시다."고 제의했다. 이에 종을 만드는 관리들이 찬성하여 군사를 시켜 여인의 아이를 강제로 빼앗아 가마솥 쇳물 속에 집어넣었다.

성덕대왕신종(진천종박물관, 복제품)

　마침내 종의 몸체가 완성되고 비천상과 연꽃무늬를 새겨도 금이 가거나 구멍 뚫린 곳이 하나도 없었다. 완성된 종을 치니 '에밀레' 하고 울리는 그 소리가 마치 그 어미를 찾는 소리인 듯했다. 그래서 이 성덕대왕신종을 일상적으로 에밀레종이라고도 한다.

　성덕대왕신종은 우리나라에 남아 있는 종 가운데 가장 큰 종으로 아름다운 비천상과 연꽃무늬가 새겨진 신라시대의 공예품 중 최대의 걸작품이다.

　이 성덕대왕신종의 기술 가운데 현대

기술로도 해결하지 못한 것이 있다. 성덕대왕신종의 무게는 약 22톤이다. 현대의 과학기술로 이만한 무게를 유지하려면 종을 거는 쇠막대기의 굵기가 15센티미터는 되어야 한다. 하지만 성덕대왕신종의 쇠막대기는 9센티미터에 불과하다. 현대의 과학기술이 1300년 전의 기술을 따라가지 못한다는 얘기다.

쇠막대기는 여러 금속을 합금해서 넓고 기다란 판을 만든 후 망치로 두드리면서 빨래를 짜듯이 비틀어 말아 만든 와이어(wire) 형태로 힘이 하나로 합칠 수 있게 만들어졌다. 1975년에 국립경주박물관을 새로 짓고 이곳으로 성덕대왕신종을 이전하면서 이렇게 만들어진 쇠막대기를 버리고 다른 것으로 바꾸려다가 쓰레기통을 다시 뒤져 찾는 소동까지 빚어졌다.

그럼 정말 에밀레종을 만들 때 어린아이를 넣었을까? 오늘날에도 이 문제에 대한 논쟁이 끊이지 않고 있다. 어린아이를 쇳물에 넣었다고 생각하는 사람들은 뼛속에 들어 있는 인(P) 성분이 합금에 중요한 작용을 했다는 것이다. 이에 반대하는 사람들은 22톤의 쇳물에 어린아이의 몸에서 나온 인 성분은 효과가 없으며, 아이를 쇳물에 넣었다는 이야기는 단지 나라에서 백성을 수탈한 단면을 보여주는 것이라고 주장하고 있다.

옛날의 냉장고

냉장고가 없던 조선시대에 궁궐에서는 여름에도 얼음을 사용했을까?

궁궐에서는 평양 대동강 근처의 마을에서 진상한 얼음을 보관했다가 1년 내내 썼다. 평양 사람들은 겨울이 따뜻하면 울상이었다고 한다. 나라에 얼음을 바쳐야 하는데, 얼음이 얼지 않거나 비록 얼음이 얼었다 하더라도 얼음을 뜨다 보면 녹기 일쑤였기 때문이다. 여기에서 겨울에 자연적으로 만들어진 얼음을 저장했다가 썼다는 사실을 알 수 있다.

이 얼음을 여름에 사용하기 위해서는 보관 창고가 필요했을 것이다. 지금 서울 동네 이름 중에 용산구 서빙고동이 있는데, 여기가 바로 얼음 저장 창고가 설

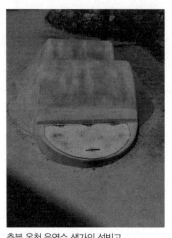

충북 옥천 육영수 생가의 석빙고

치되었던 곳이다. 이곳에는 모두 8개의 얼음 창고가 있었으며 왕실 주방과 고위관리들에게 나누어주는 용도로 쓰였다. 서빙고 말고도 지금의 성동구 옥수동인 한강 하류 두모포에 얼음 창고가 하나 더 있었다. 이곳에서는 나라에서 행하는 제사에 쓸 얼음을 보관했다.

얼음 창고는 조선시대보다 훨씬 앞선 신라 시대에도 있었다. 현재 보물 제66호인 경주 석빙고(石氷庫)는 조선 영조 때 조성된 것이지만, 《삼국사기》에는 처음으로 얼음을 사용한 것이 신라 지증왕 때의 일이라고 기록되어 있다. 그러니 경주 석빙고는 이미 신라시대에도 얼음을 저장하는 용도로 사용했으리라 추측된다. 특히 신라는 우리나라 남부에 위치한 만큼 더위가 심해 얼음을 저장하는 시설이 필요했을 것이다. 그러므로 영조 때 만들었다는 기록은 시설을 보수하고 작성한 것이라고 생각할 수 있다. 신라와 함께 고구려와 백제도 얼음을 사용했다는 기록이 있다. 고려시대에는 잔치에 얼음 덩어리로 만든 조각품을 사용했다는 기록이 있는 것으로 보아 석빙고와 같은 얼음 창고가 존재했을 것이다.

옛날에 얼음 창고는 단열 재료가 발달하지 않았으므로 온도 변화가 적으면서도 저장과 반출이 쉽도록 반지하 구조로 만들었다. 조선 초기까지는 땅을 일정 깊이로 파고 기둥을 세워 대들보를 얹고 서까래를 걸친 목조 구조였다. 그러나 목조로 만든 얼음 창고는 매년 고쳐야 하는 번거로움 때문에 조선 후기에 이르러서는 석조로 바뀌게 되었다. 오늘날까지 석빙고가 남아 있는 지역은 경주를 비롯해 안동, 창녕, 청도, 현풍, 영산, 북한의 해주 등인데 주로 영조 때 만들었거나 시설을 보수한 것들이다.

석빙고는 20세기에도 사용되었다. 충북 옥천의 육영수 생가에 있는 석빙고는 땅속을 광처럼 파내고 그 위를 시멘트로 덮어씌운 것으로 보아, 냉장고가 등장하기 전까지 사용한 것으로 보인다.

고인돌의 50톤 덮개돌을 어떻게 옮겼을까?

고인돌은 신석기시대부터 청동기시대에 걸쳐 조성된 거석기념물이다. 돌멘 (dolmen) 또는 탱석(撑石)이라고도 한다. 돌멘은 프랑스 브르타뉴 지방의 말로서 '돌(dol)'은 상(床)이나 테이블, 멘(men)은 암석을 의미한다.

고인돌은 주로 한국, 만주 등지에 분포되어 있다. 우리나라의 고인돌은 부족장의 무덤으로 한반도 전역에 분포되어 있으며, 화순·고창·강화의 고인돌은 유네스코 세계문화유산으로 지정되어 있다.

우리나라의 고인돌은 축조 형식에 따라 남방식과 북방식으로 구분된다. 남방식은 돌관이나 옹관을 매장하고 그 위에 5~6개의 돌로 개석(蓋石; 덮개돌)을 고여놓은 것인데, 이 남방식의 특징은 석실이 지하에 있다는 점이다. 이 석실에 시체를 묻고 간석기나 토기 따위의 부장품을 묻었다. 북방식은 장방형의 판석(板石) 4~5개를 지상에 세워서 석실을 만들고 그 위에 대형 덮개돌을 덮은 것이다.

그런데 덮개돌은 길이가 3~5미터, 폭이 2~4미터 안팎으로 무게가 무려 50톤이나 된다. 이 정도 무게의 돌이라면 과연 그것을 어떻게 옮겼을지 의문이 들지 않을 수 없다.

첫째, 많은 사람을 동원해 만들었다고 추측해볼 수 있다. 한 사람이 100킬로그램을 소화해낸다고 해도 무려 500명의 장정이 필요하다는 계산이 나온다. 실제 고인돌 제작에도 500명가량의 장정이 동원되었다. 그 옛날 이렇게 수많은 사람을 동원하기는 결코 쉬운 일이 아니었다. 그러므로 주인은 많은 사람을 동원할 수 있는 권력을 지녔음에 틀림없다. 죽은 권력자의 지위를 물려받은 후계자는 고인돌을 만드는 것 자체가 목적이었다기보다는 고인돌을 만드는 과정을 통해 자신의 권력을 백성들에게 보여줌으로써 백성들의 충성을 받고자 했던 것이다.

둘째, 좀 더 쉽게 덮개돌을 옮기기 위해 겨울철에 얼음이 얼거나 눈이

화순의 고인돌

와 미끄러울 때를 이용하는 방법이다. 아무래도 땅이 미끄러우면 많은 힘을 들이지 않고도 덮개돌을 옮길 수 있기 때문이다. 그런데 한 가지 문제는 사람은 겨울에만 죽는 것이 아니라는 점이다. 아마 이 기간에는 가매장을 해두었다가 추운 겨울이 오면 정식으로 매장했을 것이다.

셋째, 덮개돌 밑에 통나무를 끼워 이동하는 방법이다. 이 방법은 계절에 관계없이 활용할 수 있었다. 여기에 덮개돌을 받칠 기둥돌의 높이에 맞춰 경사지게 흙을 쌓으면 쉽게 덮개돌을 이동할 수 있을 것이다. 이들 고인돌이 구릉이나 야산에 많은 것은 돌이 주로 구릉이나 야산에 있기 때문일 것이다.

관리가 되려면 구구단은 필수

옛사람들은 중국 위나라의 유휘(劉徽)가 263년에 주석을 붙여 펴낸 《구장산술九章算術》이라는 산법 책으로 수학을 공부했다. 이 책에서는 면적을 구하는 법, 더하기와 빼기와 나누기 등 아홉 가지 산술 법식이 나와 있다. 옛사람들은 수학을 산학 또는 철술이라고 불렀다.

그중에서도 수학의 기본이라고 할 구구단은 삼국시대부터 널리 퍼져 있었다. 구구단을 외울 때는 '一一如一, 一二如二, 二三如六' 식의 노래 형식으로 외웠다. 나눗셈, 덧셈, 뺄셈도 노래 형식으로 외웠다. 조선의 4대 왕 세종은 관리로 하여금 구구단을 의무적으로 외우도록 했다. 현재와 같은 형식의 구구단은 1907년 대한예수교가 발행한 수학 교과서인 《산학신편算學新編》에 처음 등장했다. 한글 전용에 전면 가로쓰기 형식의 책으로, 12단까지 나와 있는 점이 오늘날과 다르다.

숙종 39년(1713)에 청나라와 우리나라의 학자들이 "지름이 10척(3.3미터)인 원에 오각형이 있다면 한 변의 길이는?"이라는 문제로 수학경시대회를 열어 우리나라 학자들이 이긴 경우도 있다.

또한 관리들이나 학자들은 술을 마시면서 다음과 같이 수학에 관련된 한시를 짓기도 했다.

> 독한 술을 한 병 마시면 세 명이 취하고
> 순한 술을 세 병 마시면 한 명이 취하네
> 순한 술과 독한 술을 합해서 열아홉 병이 있는데
> 서른세 명이 마시고 모두 취했네
> 순한 술 독한 술을 각각 얼마씩 마신 셈인가

우리나라에서는 아주 오래전부터 무덤이나 집을 지을 때에 '피타고라스 정리'와 똑같은 '구고현(勾股弦)의 정리'를 계산에 활용했다. 신라시대의 불국사와 석굴암과 첨성대, 조선시대의 거북선도 이 공식을 적용하여 만든 것이다.

피타고라스의 정리는 직각삼각형의 빗변을 한 변으로 하는 정사각형의 면적은, 다른 두 변을 각각 한 변으로 하는 두 개의 정사각형의 면적의 합과 같다는 정리이다.

고대 이집트에서는 나일강이 자주 넘치자, 이를 막기 위한 강둑을 쌓기 위해 기하학이 발전했고, 피타고라스는 이를 계기로 피타고라스의 정리를 발견함으로써 수학 발전의 획기적인 디딤돌을 놓았다.

이러한 서양의 피타고라스 정리와 다를 바 없는 구고현의 정리를 동양에서는 그보다 더 빠르거나 적어도 같은 시대부터 사용했다. 고대 동양 수학의 대표적인 교재인 《구장산술》의 마지막 아홉 번째 장인 '구고(句股)'에서 따온 이름이다.

'구고'는 직각삼각형에 관한 여러 가지 문제 풀이가 나오는 장이다. 직각을 낀 두 변 가운데 짧은 변이 구(勾), 긴 변이 고(股), 나머지 빗변을 현(弦)이라고 했다. 첫 문제는 "구 3자, 고 4자일 때 현은 몇 자인가?"인데 정답은 '5자'라고 되어 있다. 그리고 "구와 고를 각각 제곱하여 합한 다음 그 제곱근을 얻으면 된다."라고 풀이까지 자세히 설명하고 있다. 이 구고현의 정리를 우리 조상들은 무덤이나 저수지를 만들거나 궁궐을 건설할 때 사용했다.

이후 우리나라 최초의 근대 신문인 《한성순보》에 피타고라스의 정리가 소개되면서, 구고현의 정리가 피타고라스 정리가 되어버렸다.

환경오염 방지시설인 물챙이

옛날에 환경오염이라는 용어는 없었다. 산업혁명 이후에 급속한 산업화 과정에서 석유와 석탄을 사용하면서 환경오염이 뒤따르게 되었던 것이다.

옛날에는 자연도 생명을 가진 객체로 받아들여 더럽히지 말아야 한다고 생각했다. 자연을 깨끗이 보존하고 절약해서 이용해야만 부엌을 관장하는 '조왕신'이 복을 주어 좋은 일이 생기고, 그렇지 않으면 좋지 않은 일들이 생긴다고 여겼다.

이러한 믿음은 인간으로 하여금 물을 아껴 쓰고, 물을 더럽히지 않으려고 노력하게 만들었다. 이는 "세숫물을 많이 쓰면 물에 빠져 죽는다." "세숫물을 많이 쓰면 저승 가서 물을 구하지 못한다."는 속담에도 잘 나타나 있다. 물을 함부로 낭비하지 말라는 경고의 뜻이다.

물을 많이 쓰면 쓸수록 그만큼 물이 흘러가는 개천은 더러워지므로 이를 방지하기 위한 속담도 생겨났다. "머리카락이 개천물에 떠내려가면 재수 없다."거나 "개울에서 손톱을 깎으면 자기와 똑같은 사람이 나타난다."는 속담은 세수나 목욕 등 신체를 닦은 물은 개천으로 흘러 저절로 깨끗해지지만, 머리카락이나 손톱은 오랜 시간이 지나야 썩어서 없어지기에 조심하라는 뜻에서 나온 속담인 것이다.

수질오염을 막기 위한 실질적인 정화 장치도 있었다. 바로 '물챙이'가 그것이다.

물챙이는 '물+창(窓)'의 합성어로 싸리나무 줄기를 창살처럼 엮어서 개울에 가로질러 놓고 오물이 걸리도록 한 장치이다. 물챙이는 곡우 무렵에 마을과 마을 사이나 마을의 끝을 지나는 개천에 설치했다. 그러면 물챙이 틈으로 물은 흘러나가고 나뭇가지며 쓰레기들은 걸려서 수질오염을 막을 수 있었다. 나뭇가지와 쓰레기는 수시로 건져올려 말려서 땔감으로 쓰고, 타고 남은 재는 논밭에 뿌려 거름으로 사용했다. 아직도 시골 마을에는 물챙이여울, 물챙이방죽, 물챙이다리 등의 지명이 남아 있다.

혜성은 반란의 예고편

흔히 어떤 분야에서 갑자기 뛰어나게 드러나는 것을 비유하여 "혜성(彗星)처럼 나타났다."는 표현을 쓴다. 혜성은 빛이 나는 긴 꼬리를 끌며 태양을 초점으로 하여 포물선이나 타원의 궤도를 그리며 운행하는 천체를 말한다.

영국의 천문학자 에드먼드 핼리(Edmund Halley)는 오랜 연구 끝에 주기적으로 나타나는 혜성이 있음을 발견하고, 자기가 관측한 1682년의 혜성이 1531년과 1607년에 나타났던 것이 분명하다고 결론을 내렸다. 그리고 이 혜성은 76년의 주기를 가졌으므로 1758년에 다시 나타나리라 예언했으며, 그의 예언대로 1758년에 다시 나타났다. 이 혜성은 핼리가 처음으로 그 궤도와 궤도 주기를 계산한 데서 핼리혜성이라 일컬었다. 이 핼리혜성의 발견은 혜성이 불길한 징조라는 인식을 깨뜨리는 계기가 되었다.

고대사회에서는 동서양을 막론하고 혜성이 갑작스럽게 나타났다가 사라지는 특성 때문에 불길한 재앙의 징조로 여겼고, 이러한 인식은 오래도록 지속되었다. 혜성의 출몰은 기존의 왕조가 무너지고 새로운 왕조가 나타난다거나 백성들의 반란이 일어날 불길한 조짐으로 여겼고, 앞으로 일어날 불행을 알려주는 하늘의 계시가 틀림없다고 여겼던 것이다.

이러한 예는 우리나라 역사에서도 쉽사리 찾아볼 수 있다.

신라에서는 탈해왕이 죽기 직전에 혜성이 나타났다. 고구려 보장왕(재위 642~668) 27년(668)에 혜성이 나타났는데, 얼마 뒤에 나당연합군에 의해 망했다. 고려 헌종(재위 1094~1095) 1년(1095)에 혜성이 나타났고, 헌종은 열한 살의 나이에 삼촌에게 쫓겨났다가 2년 뒤에 죽었다.

조선시대에도 혜성의 출현은 여전히 불길한 징조였다.

세조 2년(1456)에 발생한 단종복위사건과 관련하여 성삼문(成三問)과 하위지(河緯地)를 문초할 때 "천변의 일을 기회 삼아서 반란을 도모했는가?"라고 물었더니, 이에 성삼문은 "혜성이 나타났기에 참소하는 사람이 나타날까 오히려 염려했다."고 대답한 기록이 있다. 결국 사육신의 계획은 실패로 끝났으며 이들은 온갖 고문을 당한 끝에 살해되었다.

현종 5년(1664)에 긴 꼬리를 가진 혜성이 나타났을 때 현종이 신하들을 불러 다음과 같이 말했다. "혜성이 밤마다 나타나 사라지지 않고 있으니 이는 나라의 근심거리다. 이로써 하늘이 우리에게 엄한 경계를 하는 것이니 혜성이 사라질 때까지 경들은 몸가짐을 단정히 하며, 밥상의 반찬을 한 가지씩 줄이며, 호의호식을 금하라."

신라의 향가 중에도 혜성을 주제로 한 〈혜성가彗星歌〉가 있다. 《삼국유사》에 이 노래의 유래가 다음과 같이 기록되어 있다.

한번은 화랑 세 명이 금강산에 놀러 가려는데 갑자기 혜성이 나타나 심성(心星; 불을 상징하는 별)을 침입하는 것이 아닌가. 그들은 그런 불길한 징조 때문에 그들의 예정된 여행을 취소하려 했다. 그때 승려 융천사(融天師)가 노래를 지어 부르니 혜성은 즉시 사라졌고, 때마침 침략을 꾀하던 왜군도 제 나라로 물러가 도리어 복이 되었다.

삼국시대의 태풍 관측

우리나라는 계절풍기후 지대이다. 여름에는 남동풍이, 겨울에는 북서풍이 분다. 특히 여름의 남동풍은 태풍과 함께 나타나 많은 피해를 준다.

농경사회인 우리나라에서는 삼국시대부터 태풍을 관측하고 연구했다. 당시에는 태풍(颱風)을 대풍(大風)이라고 했으며, 그 강도에 따라 나무가 뽑히거나 부러지는 절목(折木), 지붕의 기왓장이 날아다니는 비와(飛瓦), 길바닥의 돌멩이가 날아 구르는 주석(走石), 사람이 나뭇가지에 얹혀 죽는 강사(僵死)로 분류했다. 삼국시대에 대풍에 대한 기록은 고구려가 4회, 백제가 4회, 신라가 24회였다.

고려시대에는 "태조 15년(932) 5월에 서경(평양)에 대풍이 불어와 관사가 무너지고 기와가 날아갔다."는 기록에서부터 "공양왕 3년(1391) 8월에 전라도와 양광도에 대풍이 불어 나무가 뽑혔다."는 기록에 이르기까지 459년 동안 135회에 달하는 관측 기록이 있다.

조선시대에 들어와서는 정확한 풍향을 관측하기 위해 오늘날의 풍향계에 해당하는 풍향죽(風向竹)을 설치했다. 세종 때부터는 풍향죽에 깃발을 달아 바람에 날리는 깃발의 방향으로 풍향을 측정했다. 방향은 모두 24향으로 나누어 표시하고 이를 바탕으로 종합적인 기상예보도 했을 것으로 추정된다.

문헌을 살펴보면 조선시대에는 "태종 12년(1412)에 대풍이 있어 나무가 뽑혔다."는 기록을 처음으로 "영조 15년(1739) 6월에 대풍이 남쪽에서 불어와 나무가 꺾이고 기와가 날았는데, 바람은 충청에서 일어나 서변(西邊)에 이르러 극심했다."는 기록 등 모두 21회의 대풍이 발생했음을 확인할 수 있다.

그런데 조선시대에는 대풍에 대한 기록뿐만 아니라 강원도에서 태백산맥을 경계로 하여 나타나는 높새바람에 대한 기록도 있다. 성종 때 강희맹(姜希孟)이 펴낸 농서인 《금양잡록衿陽雜錄》에 따르면 "조선 땅은 동쪽과 남쪽이 바다에 접하고, 서쪽은 넓다. 동과 북은 모두 산이고, 서와 남은 모두 들판이다. 바다를 거쳐 불어오는 바람은 따뜻해서 쉽게 구름과 비가 되어 식물을 자라게 한다. 바람이 산을 넘어 불어오는 것은 차다. 그러므로 그것은 식물에 해를 끼친다."라고 기록되어 있다.

태풍이란 말이 처음 등장한 것은 1906년 일본 중앙기상대에서 펴낸 《기상요람氣象要覽》이다. 그 이전까지는 일본에서도 '폭풍우'란 말을 써왔으며, 중국에서는 구풍(颶風)·풍태(風颱)라고 했다.

김만중의 지구구형설

옛날 사람들은 하늘과 땅이 어떤 모양이라고 생각했을까?

고구려시대의 무덤인 쌍영총과 무용총, 각저총 등에는 천장을 둥글게 만들고 거기에 별자리를 몇 개 그려넣은 천장화가 있으며, 백제 문화의 영향을 많이 받았던 고대 일본에도 이와 비슷한 무덤이 있다. 이것은 하늘은 둥글고 땅은 평평하다는 고대 세계의 우주관을 표현한 것이라고 할 수 있다.

우리의 조상들은 중국의 영향으로 개천설(蓋天說)이라 하여, 하늘은 둥근 뚜껑으로 되어 있고 그 아래에 평평한 땅이 있다는 우주관을 가지고 있었다. 이러한 생각은 나중에 '하늘은 둥글고 땅은 모나다'는 천원지방설(天圓地方說)로 발전하게 되었고, 이는 최근까지도 우리 조상들의 우주관을 지배하고 있었다.

고대 그리스의 철학자 아낙시만드로스(Anaximandros)는 지구가 원통형의 구조물이라고 생각했다. 서기전 610년에 태어난 그는 '자연철학의 아버지'로 불리는 탈레스(Thales)의 제자였다. 탈레스는 지금의 소아시아 지방에 살면서 지중해를 넘나들며 장사를 했고, 여기저기 여행하면서 많은 지혜와 지식을 얻었다. 특히 남쪽 이집트에 갔을 때와 북쪽의 그리스 지방을 여행할 때, 별들의 모양이 상당히 다르다는 사실을 눈여겨보게 되었다. 남쪽에서 보이는 하늘과 북쪽에서 보이는 하늘이 서로 다르다는 사실을 설명하려면 지구가 둥글다고 생각해야만 가능했다. 그러므로 탈레스의 영향을 받은 아낙시만드로스가 지구가 둥글다는 생각을 하게 된 것이다.

그 뒤 15세기에 이탈리아의 천문학자이자 지리학자인 파올로 달 포초 토스카넬리(Paolo dal Pozzo Toscanelli)가 구체적으로 지구구형설을 주장했으며, 포르투갈의 탐험가 페르디난트 마젤란(Ferdinand Magellan)이 최초로 세계일주에 성공함으로써 이를 증명했다.

우리나라에서 처음으로 지구가 둥글다고 주장한 사람은 소설 《구운몽》을 쓴 김만중(金萬重)이다. 김만중은 숙종이 인현왕후를 폐위하려는 것에 반대하다가 거제도로 유배를 당하기도 했다. 그는 당시 사람들이 지구에 거꾸로 매달려 있다는 느낌을 가져 아래로 떨어질 것을 걱정하고 있을 때, 그들을 '우물 안 개구리' '여름 벌레 같은 소견'이라 비웃으며 그것은 쓸데없는 걱정이라고 말했다고 한다.

땅이 둥글다는 것은 세계의 중심이 지구에 있고, 지구 둘레의 어느 곳에서나 똑같은 무게로 땅 위를 구르며 살게 된다는 것이다. 그러므로 김만중의 이러한 사상은 당시 중화사상에 젖어 있던 사람들에게 우리나라도 중심이 될 수 있다고 인식시켜 중화사상을 조금이라도 벗어던지도록 이끌었다고 할 수 있다. 영조 때의 실학자 홍대용(洪大容)은 지구가 돈다는 지전설(地轉說)을 주장했다.

한반도에서의 지진과 화산 폭발

조선 영조 때 홍봉한(洪鳳漢) 등이 엮은 《동국문헌비고東國文獻備考》를 보면 큰 지진에 관한 기록이 나온다. 신라 유리왕(재위 24~57) 11년(34)에 경주에서 땅이 갈라지면서 물길이 치솟았던 사건을 시작으로 조선의 고종 35년(1898)까지 지진이 1900여 차례나 발생했다고 한다.

이 가운데 최대 피해 기록은 신라 혜공왕 15년(779)에 일어난 지진으로, 경주의 집들이 무너져 깔려 죽은 사람이 100명에 이르렀다고 한다.

고려 충선왕 3년(1310) 지진이 났을 때는 수령궁에 있는 용상(龍牀)이 반으로 갈라졌으며, 물이 치솟고 담장이 무너져 행인이 깔려 죽는 피해를 입었다.

조선 태조 때부터 철종 때까지 25대 472년 동안의 역사적 사실을 편년체로 쓴 사서인 《조선왕조실록》에는 1500건이 넘는 지진 기록이 있다. 《중종실록》 중종 13년(1518) 5월 15일 기사를 보자.

"유시에 세 차례 크게 지진이 있었다. 그 소리가 마치 성난 우레 소리처럼 커서 인마(人馬)가 모두 피하고, 담장과 성첩이 무너지고 떨어져 도성 안 사람들이 모두 놀라 당황하여 어쩔 줄을 모르고 밤새도록 노숙하며 제 집으로 들어가지 못하니, 노인들은 모두 옛날에는 없던 일이라 했다. 팔도가 다 마찬가지였다."라고 기록하고 있다.

지진이 일어날 때면 사람들은 세상이 끝날 것이라면서 술과 음식으로 시간을 보냈고, 재산을 날리는 사람도 많았다고 한다. 말세라고 할 정도로 큰 지진이었던 듯하다.

지진과 함께 발생하는 것이 화산 폭발이다.

북쪽에 있는 백두산, 제주도 한라산, 울릉도 성산봉이 모두 화산이다. 이 화산들은 지금은 활동을 멈춘 상태이지만 300년 전까지만 해도 폭발을 했다는 기록이 전한다.

제주도의 한라산은 고려 목종(재위 997~1009) 5년(1002)과 10년(1007)에 화산이 폭발했다고 한다.

조선 현종 때는 백두산이 폭발했다. 현종 9년(1668) 함경도에 재가 뿌렸다는 상소에 대해 좌의정 허적(許積)에게 물으니, 임금에게 보고하기를 "동쪽 하늘이 갈라졌는데, 빛이 붉은 거울과 같았습니다. 다음 날에도 붉은 기운이 돌았습니다."라고 했다. 재가 뿌리고 붉은 기운이 돈 것은 분명 화산이 폭발한 것으로 생각된다.

숙종 28년(1702)에는 백두산의 마지막 화산 폭발이 있었다. 《숙종실록》 숙종 28년 5월 20일 기사를 보면 "오시(午時)에 천지가 갑자기 어두워지더니, 때때로 붉고 노란 불길이 먹구름과 더불어 솟아나는데 유황 냄새가 코를 막고 마치 술 속에 들어 있는 듯 뜨거운 열을 감당할 길이 없었다."고 한다. 4경(새벽 2~4시)쯤에 이르러서야 멎었는데, 아침에 일어나보니 "온 들판이 울퉁불퉁 숯밭처럼 되어 마치 조개를 굽는 불판 같았다."며 화산 폭발의 참상을 기록하고 있다.

지진이나 화산 폭발과 같은 천재지변이 일어나면 임금과 고을의 수령은 반찬의 가짓수를 줄이고 술과 가무를 삼갔으며 죄수를 방면하는 등 선행을 베풀고 행동을 주의해 하늘의 노여움을 풀고자 했다.

달력에서 함께 사용한 음력과 양력

역법은 고대사회의 과학 가운데 가장 발달했던 분야로 그만큼 매우 복잡했다. 동양에서 역법이 발달한 것은, 천문이나 역법은 황제나 임금만이 할 수 있다는 권위의식 때문이었다. 반면 서양에서는 달에 대한 두려움과 잘못된 믿음으로 계절에만 맞는 역법을 만들어 썼다.

동양에서는 달의 운동(음력)에 날짜를 맞추고 계절의 변화는 24절기(양력)에 맞춘 이중 구조로 된 독특한 역법을 발전시켰다. 이것을 태음태양력이라고 한다. 여기서 '태음'은 으뜸가는 음(陰), 곧 달을 뜻하고, '태양'은 해를 가리킨다.

그런데 음력을 기준으로 삼은 이유는 무엇일까?

그때로서는 너무도 당연한 일이다. 지금처럼 온갖 조명이 밤을 낮처럼 밝혀주는 세상에서는 달의 모양이 어떻든 신경 쓰지 않지만, 옛날에는 달의 모양에 따라 그날 밤의 일이 크게 달라질 수도 있기 때문이다. 달이 밝은 밤이라면 혹시 가까운 곳에 볼일을 보러 갈 수도 있고 들일을 마무리할 수도 있겠지만, 초하루 밤이라면 아예 그럴 엄두를 낼 수도 없을 것이다. 또 바닷가에 사는 어부들로서는 바닷물이 언제 얼마나 들어오는지 알기 위해서도 음력을 쓰는 것이 편리했다.

음력의 기본단위는 1삭망월(朔望月; 보름달이 된 때부터 다음 보름달이 될 때까지의 시간)로, 29.5306일이다. 실제로는 작은달인 29일과 큰달인 30일을 교대로 써서 평균 29.5일을 한 달 길이로 하는 셈이다. 태음년은 354일로서 이는 태양년 365.2422일보다 약 11일이 짧다. 따라서 음력을 그대로 사용하는 경우에 1년에 약 11일이 짧다. 따라서 3년이면 약 한 달, 9년이면 한 계절이 어긋나게 된다. 즉 음력의 날짜로는 여름이지만 양력 날짜로는 봄인 것이다.

이것을 조정하기 위해 음력에서는 가끔 윤달(閏月)을 넣어서 계절과 음력 날짜가 맞도록 조절했다. 예부터 잘 알려진 방법은 19년 동안 7개 윤달을 삽입하는 19년 7윤년법이다. 그 이유는 19태음년에 7개의 윤달을 끼우면 19×12+7=235 삭망월, 여기에 1삭망월의 일수를 곱하면 235×29.5306=6939.6일로, 19태양년=365.2422×19=6939.6일과 같아져 양력과 음력의 날짜수가 같아지기 때문이다. 이처럼 윤달을 끼워서 계절과 일치시킨 달력을 태음태양력이라고 하는데 현재 우리나라에서 쓰는 역법이다.

이처럼 음력은 계절과 맞지 않으므로 계절을 세분한 24절기가 쓰인다. 이는 계절을 24등분한 셈인데 황도(黃道; 지구에서 보아 태양이 지구를 중심으로 운행하는 것으로 보이는 천구상의 큰 원)에 따라 춘분 때 태양이 자리하는 점인 춘분점을 0°로 하여 15° 간격으로 지나는 점들이 24절기에 태양이 지나는 자리가 된다. 24절기는 결국 양력 1년을 24등분한 것이므로 각 절기의 날짜는 대략 15일 간격으로 해마다 거의 같은 날짜가 된다.

우리나라에 양력이 도입된 것은 조선 말기로, 고종 32년(1895) 왕이 조칙을 내려 그해의 음력 11월 17일을 1896년 양력 1월 1일로 고치면서 이후 양력이 널리 쓰이기 시작했다. 그 때문인지 요즈음 사람들은 음력이라면 으레 미신에서 나왔겠거니 생각하는 듯하다. 그렇게 생각하는 것도 무리는 아니어서, 흔히 《토정비결》을 보거나 사주팔자를 짚어볼 때 음력을 사용하니까 말이다.

사주팔자를 볼 때 음력을 기준으로 삼는 것은 만세력을 이용해 태양력을 환산하기 위한 것일 뿐이다. 즉 음력 날짜를 다시 태양력으로 바꾸는 것이다. 예를 들어 양력 2월 4일 입춘일의 입춘 시각이 되어야만 비로소 1월 1일이라고 판단하는 것이다. 그것이 음력으로 지난해 말일이든 새해 며칠이든 상관하지 않는다. 따라서 사주를 음력으로 본다고 생각하는 것은 역법을 잘 모르고 하는 말이다. 요즈음에는 사주를 볼 때 음력이든 양력이든 어떤 정보를 주어도 상관없다. 태양력을 계산하는 컴퓨터 프로그램이 나오고 보는 방법도 간편해졌기 때문이다.

지금까지 서술한 대로 우리 조상들이 써온 음력, 이른바 태음태양력은 미신이기는커녕 우리의 생활과 밀접한 가장 합리적이며 과학적인 역법이다. 우리는 지금 양력을 쓰고 있지만 그것은 서양문명이 세계를 주도하기 때문일 뿐이며 우리의 생활 주기와는 일치하지 않는 역법이다. 양력 1월 1일이라는 것이 천문학적으로도, 음력으로도, 양력으로도 아무런 의미가 없기 때문이다.

옛날의 조명

요즘이야 전기 덕분에 밤에도 대낮처럼 별 문제없이 활동할 수 있지만, 옛날에는 밤에 불을 밝히는 기구가 마땅치 않아 행동에 제약이 많았다. 고작해야 나무를 비비거나 부싯돌로 일으킨 불을 송진이 많이 엉긴 관솔에 붙인 관솔불로 어둠을 밝혔을 뿐이다. 여기서 좀 더 발전한 것이 등잔과 초이다.

등잔을 언제부터 사용했는지 확실하게 근원을 밝히기는 어렵지만, 삼국시대의 유물 중에 다양한 형태의 등잔이 있는 것으로 미루어 그 이전부터 사용해왔음을 알 수 있다. 신라시대의 등잔으로는 토기로 된 다등식와등(多燈式瓦燈), 백제시대의 것으로는 무령왕릉에서 출토된 백자등잔, 고려시대의 등잔으로는 옥등잔 등이 있다. 조선시대의 대표적인 등잔은 백자등잔이다. 이 백자등잔은 나무나 철 또는 놋으로 만든 등잔걸이에 걸어 멋을 부리기도 했다.

등잔은 불을 밝히는 데만 쓰인 것이 아니라 신앙생활에도 응용되었다. 통일신

등잔의 높이를 조절할 수 있는 등잔걸이와 밤거리를 다닐 때 들고 다니던 조족등(서울교육박물관)

라에서 고려로 이어진 연등회와 팔관회 등의 행사에서 등잔에 불을 밝히고 소원을 빌었던 것이다.

등잔의 연료로는 각종 기름을 썼다. 쇠기름, 돼지기름, 정어리 기름, 참기름, 콩기름, 아주까리기름, 호마기름 등의 다양한 동식물성 기름을 사용했으며, 특히 제사에는 식물성 기름을 주로 사용했다.

1876년경에 일본에서 석유가 수입되면서 심지꽂이가 따로 붙은 사기 등잔이 대량으로 보급되었다. 또한 심지를 두 개 또는 그 이상으로 하여 조도를 높일 수 있는 쌍심지도 이 즈음에 나왔다.

등잔과 더불어 또 다른 조명기구인 초가 언제 등장했는지는 그 기원이 분명하지 않다. 아주 오랜 옛날부터 밀랍으로 불을 밝힌 것으로 알려져 있으며, 폼페이나 그리스의 유적, 중국의 분묘에서 청동 촛대가 발견된 것으로 보아 서기전 3세기에는 이미 초가 존재했을 것으로 추측된다.

우리나라에서는 통일신라 이전에는 초를 사용했다는 기록이 없고, 경주의 안압지에서 촛대와 초가 출토된 것으로 미루어 통일신라시대부터 사용하기 시작한 것으로 추측된다. 고려시대에도 초는 귀한 물건이어서 대부분 횃불을 사용했으며, 궁중에서는 홍대초와 용초를 사용했다. 조선시대에 이르러 산업 경제가 발달함에 따라 중기 이후에는 다양한 초가 개발되었다. 후기에는 궁궐에 다섯 개의 촛대로 이루어진 오봉 촛대가 등장했고, 서민층에서도 등잔과 함께 조명기구 역할을 톡톡히 했다.

유기농법의 농업

토지의 생산력을 유지하거나 더욱 많은 수확물을 얻으려면 토양을 잘 관리하고 거름을 주어 비옥하게 해야 하는데, 이러한 목적으로 사용하는 재료를 비료라고 한다.

오늘날과 같은 화학비료는 1840년 독일의 화학자 유스투스 폰 리비히(Justus von Liebig)가 무기영양설(無機營養說)을 체계화해 광물질이 식물에게 필요한 양분이라는 사실을 입증함으로써 생산이 가능하게 되었다.

우리나라에서는 신석기시대에 농사를 짓기 시작했고, 청동기시대에 벼농사를 하면서 본격적인 농경생활이 이루어졌다. 초기에는 비료에 대한 인식이 없어 다만 지력(地力)을 높이기 위해 서양의 삼포식 경작과 같이 휴경지, 춘경지, 추경지를 나누어 경작했다. 그러다가 수확의 증가를 꾀하면서부터 비료를 사용하게 되었다.

옛날에 사용했던 비료는 퇴비와 인분, 구비(厩肥; 외양간에서 쳐낸 두엄) 따위의 천연비료였다. 퇴비는 짚이나 풀, 낙엽 등을 썩혀 만든다. 여기에 물이나 인분, 구비 등을 끼얹으면 썩는 속도가 빨라지며 좋은 품질의 비료가 된다. 퇴비를 만들 때는 비에 비료 성분이 유실되는 것을 막기 위해 퇴비 위에 간단한 움막을 쳤다.

우리나라에서 인분을 비료로 이용한 것은 조선 후기부터다. 이전까지는 인분을 그냥 버린 듯하다. 조선 정조 때의 북학파 실학자 박지원(朴趾源)이 《열하일기》에서, "중국에서는 인분을 농사에 이용하여 농작물의 생산에 크게 이바지하는데, 우리나라에서는 이를 그냥 버리니 안타깝다."라고 기록한 것으로 미루어 박지원이 활동한 이후에야 비로소 인분을 비료로 사용했다고 추정된다.

그러나 인분은 농작물에 직접 사용하면 성분이 독하여 피해를 입기 쉬웠으므로 퇴비에 첨가하거나 땔감을 태우고 난 재에 혼합하여 사용했다.

구비는 외양간에서 나오는 가축의 배설물이나 짚 따위를 발효시켜 만든 외양간 거름이다. 구비는 가축을 사육

박지원의 《열하일기》

하면서 생겼으므로, 신석기시대 이후부터 사용했으리라 추측된다.

화학비료가 지력을 떨어뜨리고 환경을 오염시키는 데 비해, 퇴비·인분·구비 등의 천연비료는 지력을 키운다. 흙의 보수성(保水性)을 증가시키면서 흙의 물리성을 좋게 하고 유기물이 풍부해 토양 내 미생물을 증가시키는 등 좋은 영향을 미친다. 작물 생장에도 지속적인 도움을 주어, 오늘날 천연비료를 이용한 유기농법이 주목받고 있다.

민간요법으로 사용된 인분

민간요법은 우리 민족이 오랜 세월 동안 생활하면서 경험한 것을 바탕으로 그 효험을 얻어낸 치료법이다. 그 바탕이 되는 사상은 '이 산에서 병을 얻었다면 그 치료약도 반드시 이 산의 어딘가에 있다'는 것이다.

이러한 사실은 동물이 본능적으로 더 잘 터득하고 있다. 총상을 입은 노루나 멧돼지는 결코 산마루 너머로 달아나지 않는다. 상처가 심해서가 아니다. 부근에 물이나 약초가 있기 때문이다. 그래서 포수들은 동물이 도망간 부근을 수색하여 동물을 잡곤 한다. 예컨대 말라리아 치료에 특효약인 키니네의 원료인 기나나무가 많이 나는 지역은 바로 말라리아가 많이 발생하는 곳이라는 사실과 같은 이치다.

일찍부터 이 같은 이치를 터득한 옛사람들은 생활 주변에서 병의 치료제를 구

했다. 오이·무·오리 피를 해독제로 썼고, 기침감기에는 연근과 생강을 달여 먹었다. 또한 쑥은 소독에서부터 위장병 치료에 이르기까지 여러 병에 두루 썼으며, 쑥과 비슷하게 생긴 익모초는 땀을 많이 흘리거나 더위에 약한 사람에게 효과가 있었다. 쥐손이풀은 삼국시대부터 설사약으로 널리 사용했다.

이 밖에도 기발하고 엉뚱하다 싶은 민간요법들이 많다.

《동의보감》〈탕액편〉 '인부(人部)'를 보면 인체의 일부를 약으로 쓴다는 내용도 있다. 예를 들어, 대소변이 막히고 부스럼이 날 때는 빗질하면서 빠진 머리털을 볶아서 가루를 내어 마시기도 하고 환부에 바르기도 했다. 이 머리털은 맛이 달다고 한다. 갓난아이의 태발(胎髮)은 여러 모로 귀하게 쓰였다. 수염도 약이 되었는데, 부스럼이 심할 때 붙이고 있으면 금방 나았다고 한다.

오줌도 민간에서 널리 쓰인 약이었다. 오줌의 성질은 짜고 독이 없어서 심장과 허파를 윤활하게 하고 어지러운 증세를 치료하며, 눈을 밝게 하고 기침을 치료한다고 했다. 오늘날에도 체내의 호르몬들이 오줌으로 배출되는 원리를 이용해 임신 테스트 등의 여러가지 검사를 한다. 민간에서는 자신의 오줌으로 병을 치료하는 요료법(尿療法)에 관심을 쏟는 사람들이 늘어나고 있다.

똥도 민간에서 널리 쓰인 약재였다. 마른똥을 물에 담가 즙을 마시면 열병으로 미쳐 날뛰는 증상이 가라앉고 모든 독을 풀어준다고 했다. 여자보다는 남자의 똥이 더 좋다고 한다. 똥을 말려서 탕에 섞어 마시거나 불에 태워 가루를 내어 물에 타서 마시면 열을 내릴 수 있다고도 했다.

적조현상

적조(赤潮)는 식물성 플랑크톤, 특히 와편모조류가 대량으로 번식하여 바닷물이 붉게 물들어 보이는 현상이다. 일단 적조가 생기기 시작하면 바닷물의 표면을 덮어버려 바닷속 산소가 부족해지고 물고기와 조개류가 모두 죽어 죽음의 바다로 변한다.

적조는 《구약성서》에 나올 만큼 오랜 자연현상이다. 문헌상 우리나라에서 맨 처음 나타난 적조는 신라의 아달라왕(재위 154~184) 8년(161)이다. 《삼국사기》 《고려사》《조선왕조실록》 등을 분석해보면 신라의 시조 박혁거세 이후 조선 성종 3년(1472)에 이르는 1529년 동안 모두 21회의 적조현상이 나타났다고 한다.

가장 많이 발생한 바다는 진해만을 포함한 동남해 지역이다. 《조선왕조실록》을 보면, 태종 3년(1403) 8월과 10월에 경남 기장, 고성, 거제 연안, 진해만 일대에서 바닷물이 붉은색으로 변하면서 물고기가 떼죽음당했다는 기록이 있고, 태종 12년(1412)에는 순천 연안에서, 세종 5년(1423)에는 거제도 연안에서, 1928년에는 마산 앞바다에서 바닷물이 붉게 변하여 물고기가 죽었다는 기록이 있다. 특히 태종 13년(1413) 8월 20일에서 9월 2일까지 동남해 지역에 나타났던 적조현상은 가장 큰 피해를 주었다고 한다.

과거에는 적조가 자연현상이 아니라 통치자의 잘못으로 나타나는 천재(天災)라고 믿었지만 지금은 누구라도 환경오염이 원인임을 안다.

국립수산과학원 적조정보시스템에 따르면, 적조를 없애기 위해 약품 살포에 의한 화학적 방법, 초음파 등을 이용한 물리적 방법, 천적을 이용한 생물학적 방법 등 여러 가지 연구 개발이 이루어지고 있다고 한다. 현재까지 개발된 여러 가지 방제 제품 중에 황토가 가장 친환경적인 물질로 해양생태계에 거의 해를 끼치지 않는다고 한다.

고종의 성묘를 위해 만들어진 전차

우리나라 최초의 전차는 경인철도 공사를 위해 인천에 와 살던 미국인 기사 콜브랜(H. Collbran)이 가설했다. 그 과정은 이러하다. 콜브랜이 고종에게 제안하기를, 1년에 두 번 명성황후가 묻힌 청량리 홍릉에 행차하려면 종로의 건물 중 일부를 부숴야 하고 비용도 10만 원가량 들어 백성들의 부담이 큰데, 전차를 놓으면 이를 해결할 수 있다고 했다. 성묘하러 갈 때 전차를 이용하면 백성들의 불편함도 줄일뿐더러 훨씬 빠르게 이동할 수 있다는 것이다. 고종은 그의 제안을 받아들였다.

고종의 허락을 받은 콜브랜은 1898년 2월 1일 동업자 보스트윅(H. R. Bostwick)과 함께 한미전기회사를 세워 전차·전등·전화의 독점권을 행사하기로 대한제국 정부와 계약을 맺었다.

이에 따라 1898년 10월 18일~12월 25일에 서대문~청량리 구간의 1단계 공사가 완공되었다. 이어서 1899년 5월 4일 동대문~경희궁~흥화문 구간의 첫 운행에 성공하였으며, 5월 20일부터 정상 운행에 들어갔다. 경인철도가 개통되기 4개월 전이었다.

그러나 별다른 교통법규도 마련되지 않았고 전차의 속도에 대한 개념도 없어서, 사람들이 전차에 치어 다치거나 죽는 불상사도 생겼다. 이에 사람들이 익숙할 때까지는 시속 8킬로미터를 넘지 못하게 했으며, 나중에도 시속 24킬로미터를 넘지 못하게 했다.

당시 서울에는 1894년에 처음 도입한 인력거와 그 이듬해 들여온 자전거가 약간 있을 뿐이어서, 신기한 '탈것'인 전차는 폭발적인 인기를 끌었다. 정류장은 따로 없었고 손님이 손만 들면 정차해 태웠다.

이용 승객이 급속히 늘어나자 같은 해 전차노선은 종로에서 남대문으로, 이듬해인 1900년에는 구용산(지금의 원효로4가)까지 연장되었다. 1909년 경영권이 일

전차(경희궁 앞)

본으로 넘어가, 일제강점기에는 부산과 평양에도 전차 노선이 신설되어 가장 중요한 시내 교통수단이 되었다. 8·15광복 후 버스가 등장하면서 도로 중앙을 지나는 전차가 교통의 흐름에 큰 지장을 준다는 주장이 꾸준히 제기되어, 1969년 선로가 완전 철거되었다.

고종과 순종이 성묘 갈 때 이용했던 전차는 양반 한량들이 기생과 데이트를 하는 데 이용되기도 했다. 초기의 전차는 상등칸과 하등칸이 있었다. 엽전 1전5푼을 내는 하등칸은 최소한의 안전장치 외에는 사방이 트여 겨울에는 차가운 바람을 맞으며 추위에 떨어야만 했다. 하지만 3전5푼을 내는 상등칸은 유리 창문이 있어 바람을 피하고 창밖 풍경을 감상할 수 있었으니, 한량들이 상등칸 승차권을 구입해 기생에게 데이트를 신청하면 기생들은 서슴없이 따라나섰다고 한다.

봄비는 '일비'

우리 조상들은 계절에 따라 비를 달리 불렀다.

옛날에는 저수지와 관개시설이 부족했으므로 물이 매우 중요했다. 농민들은 곧 닥쳐올 모내기에 대비해 물을 담아두어야만 했으므로, 봄비가 내리면 논둑에 가래질을 하느라 무척 바빴던 것이다. 그래서 봄비는 '일비'라고 했다.

여름에 내리는 비는 '잠비'라고 했다. 농번기인 여름철에 그나마 쉴 수 있는 시간이 바로 비가 내리는 동안이었다. 일에 지친 농민들이 단잠을 잘 수 있는 시간을 주는 비였던 것이다.

가을에 내리는 비는 '떡비'라고 했다. 추수가 끝난 뒤 비가 내리면 추수한 곡식으로 떡을 만들어 이웃과 나눠 먹으면서 한 해 동안의 노고를 서로 위로했다.

겨울에 내리는 비는 '술비'라고 했다. 농번기가 끝나고 한가한 겨울날에 비가 내리면 친구들과 어울려 술을 권커니 잣거니 하면서 낭만을 즐긴 듯하다.

농사의 풍흉을 점치는 '망종 보기'

24절기 중 아홉 번째 절기가 6월 5일 망종(芒種)이다. 수염이 있는 까끄라기(芒) 곡식의 종자(種)인 보리를 수확하고 논에 모를 옮겨심기에 적당한 절기이다. "보리는 익어서 먹게 되고, 볏모는 자라서 심게 되니 망종이오." "보리는 망종 전에 베라." 따위의 농사 관련 속담이 많은 이유다.

영호남의 농촌에서는 이모작을 하였기에 보리를 수확하고 모내기를 하느라 이맘때가 가장 바빴다. 그래서 "망종엔 발등에 오줌 싼다."라는 말이 나올 정도로 일손이 부족했다.

망종에는 '보리 그스름'과 '망종 보기' 풍속이 있었다.

'보리 그스름'은 호남 지방의 풍속으로, 아직 남아 있는 풋보리를 베어다 불에 그슬려 먹으면 이듬해 보리농사가 풍년이 든다고 믿었다. 또한 그슬린 보리를 밤이슬에 맞혀 먹으면 건강해진다고도 했다. '망종 보기'는 망종이 빠른 날짜에 오는지 늦게 오는지에 따라 그해 농사의 풍흉을 점치는 것이다. 호남, 충남, 제주도에서는 망종날 하늘에서 천둥이 요란하게 치면 흉년이 든다고 했다.

그런데 망종에서 현충일이 유래되었다.

우리 역사상 전쟁에서 희생된 군인들을 위해 처음으로 나라에서 제사를 지낸

강감찬 장군

것은 고려 현종 15년(1024)이었다. 현종 10년(1019) 강감찬(姜邯贊) 장군이 이끄는 고려군이 귀주대첩으로 거란군을 물리친 뒤, 6년이 지나 나라가 어느 정도 안정되자 현종은 거란과 3차 전쟁에서 전사한 군인들을 추모하기 위해 망종인 6월 6일에 제사를 지냈다. 1956년 6·25전쟁 희생자를 기리기 위해 현충일을 제정할 당시 이 역사 기록에 근거해 이날을 현충일로 정했다고 한다.

또한 망종에는 여제(厲祭)를 지냈다. 여제는 나라에 역질이 돌 때에 여귀(厲鬼; 못된 돌림병으로 죽은 사람의 귀신)에게 지내던 제사이다. 봄철에는 청명에, 가을철에는 7월 보름에, 겨울철에는 10월 초하루에 지냈는데, 청명에는 주로 조상들의 산소를 돌보느라 망종에 제사를 지냈다.

시대의 고민덩어리, 황사

황사는 고비 사막이나 타클라마칸 사막에서 모래가 바람에 의해 날아오는 현상이다. 문헌을 살펴보면 삼국시대에도 황사현상이 있었다.

《삼국사기》에 따르면, 신라 8대 아달라왕 21년(174) 하늘에서 흙비가 내렸고, 진평왕 49년(627) 큰 바람이 불고 흙비가 내렸다. 혜공왕 6년(770) 과 문성왕 12년(850)에도 흙비가 내렸다. 백제 근구수왕 5년(379)에는 하루 종일 흙비가 내렸고, 무왕 7년(606)에는 서울에 흙비가 내렸다.

당시 백성들은 황사현상을 나랏님이 정치를 잘못해서 하늘이 내리는 경고와 징벌이라고 생각했다. 임금은 황사현상을 자신이 정치를 잘못한 부덕의 소치로 생각해 반찬의 가짓수를 줄이고 술도 삼가는 등 몸가짐을 바로했다. 억울하게 옥살이를 하는 사람이 있는지 조사해 석방하기도 했다.

고려시대와 조선시대에도 황사에 대한 기록이 있다. 고려 현종 때 흙안개가 4일 동안 지속되고, 공민왕 때는 7일 동안 눈뜨고 다닐 수 없을 정도로 황사가 심했다. 조선시대에는 인조 5년(1627)에 하늘에서 흙비가 내려 풀잎이 붉게 되었다는 기록을 비롯해 모두 105건(114일간)의 황사가 나타났다고 한다.

황사는 오래전부터 발생했지만, 지구온난화로 기후가 건조해지면서 더욱 자주 발생하고 그 정도도 더욱 심해졌다. 더구나 중국이 산업사회로 발전하면서 황사에 사람에게 해로운 중금속이 섞여 날아와 민감한 문제로 떠오르고 있다. '황사'라는 용어는 1954년 기상청에서 처음 사용했다.

제 4 장

제도 · 법률

조선시대의 군의관인 심약

고려시대에 의술을 담당한 관청으로는 동서대비원과 혜민국이 있다. 동서대비원은 개경의 동쪽과 서쪽에 설치되어 서민의 치료를 맡았으며, 혜민국은 서민들에게 의약품을 공급하던 관청이었다.

조선시대에는 궁중에서 의약에 관한 일을 맡아보던 관청인 전의감, 의약과 서민의 치료를 맡아보던 혜민서가 있었다. 이곳에 소속된 관리 중 심약(審藥)은 평소에는 궁중에 바치는 약재를 조사하기 위해 8도에 파견되는 종9품의 벼슬아치인데, 전쟁이 일어나면 각 군에 소속되어 부상당한 군인의 치료를 담당했다. 이들은 비상약으로 소화제, 대자석(代赭石; 갑옷에 물을 들이거나 부상 부위를 치료하는 약), 악회(惡灰; 부상 부위를 치료하는 약), 자연동(自然銅; 뼈가 부러졌을 때 가루를 물에 타 복용하는 약), 연화(鉛華; 화상이나 총상을 치료하는 약) 등을 지니고 다니며 환자를 치료했다.

심약은 구한말에 조호장(調護長)으로 계승되어, 군대와 육군위생원에 소속되어 군인들의 질병 치료를 담당했다.

성곽에 웬 대나무

우리 조상들의 지혜를 확인할 수 있는 것 중 하나가 성곽 주변에 대나무를 심은 것이다. 대나무는 물을 잘 머금어 여름철 폭우로 땅이 물러져 성곽이 무너지는 것을 막을 수 있기 때문이다.

성곽 주변에 대나무를 심은 또 다른 이유는 유사시에 무기로 사용하기 위함이다. 옛날의 대표적인 무기는 바로 활과 화살인데, 그것을 만드는 가장 중요한 재료가 대나무였다. 또한 대나무로 만든 창은 백병전에 매우 유용한 무기였다. 민간에서는 울타리로 대나무를 심어 호랑이를 비롯한 동물들의 침입을 막기도 했다.

이 밖에 댓잎을 김칫독에 넣으면 발효를 더디게 해 오랫동안 김치맛을 유지할 수 있으며, 대나무의 어린 순인 죽순은 영양성분이 풍부해 다양한 요리에 활용된다.

조선시대의 소방서, 금화도감

화재가 무섭기는 예나 지금이나 마찬가지였던 듯하다. 우리나라에서 화재를 예방하기 위한 제도는 멀리 삼국시대까지 거슬러 올라간다. 신라 진평왕 18년 (596) 영흥사에 불이 나자 왕이 친히 이재민을 위문하고 구제했다. 오늘날처럼 소방을 담당하는 독립된 행정관청이 있는 것은 아니지만 화재가 매우 불행한 사고인 만큼 나라에서 구휼한 것으로 추정된다.

조선시대에는 남산에 화기(火氣)가 있다는 풍수사상의 영향으로 화재에 철저하게 대비했다. 한양 도성의 남쪽 문인 숭례문의 현판 글씨를 세로로 쓴 것도 화기를 막기 위함이었다. 한양을 건설할 때는 인접한 집과 집 사이에 화재를 예방하는 방화벽을 설치하고, 요소마다 우물을 파고 소화기기를 설치해 화재를 예방하고자 했다. 궁궐에는 방화수를 담아두는 '드므'라는 커다란 물독을 배치했다.

세종 때는 소방 업무를 전문적으로 맡아보는 관청도 설치했다.

세종 8년(1426) 2월에 한양에 큰 화재가 일어난 것을 계기로 화재 예방을 위해 오늘날의 소방서인 금화도감을 설치했다가 같은 해에 수성금화도감으로 개편했고, 세종 13년(1431) 5월에는 화재와 관련된 금화군의 행동수칙을 마련했다. 세조 6년(1460) 5월 수성금화도감을 폐지함에 따라 금화군을 한성부에 편입시켰다가, 세조 13년(1467) 12월에는 사용원에서 발생한 화재를 계기로 금화군을 멸화군으로 개편했다. 성종 12년(1481) 금화도감을 다시 창설하자는 건의에 따라 수성금화도감이 부활했으며, 같은 해에 수성금화사로 격상되었다. 인조 15년 (1637) 3월 이조에서 금화사가 가장 쓸데없는 관청이니 완전히 혁파해야 한다는 건의에 따라 금화사는 폐지되었다. 그리고 1894년 갑오개혁 이후 경찰기구에서 소방 업무를 분담하게 되었다.

모내기의 금지

우리나라에서 벼농사를 짓기 시작한 것은 청동기시대이다. 고려 말기 이전까지는 볍씨를 논에 직파(直播)해 농사를 지었다. 이 농법은 저수지가 발달하지 않은 환경에서 가뭄에도 유리했다.

고려 후기에 도입되었을 것으로 추정되는 이앙법(移秧法)은 모판에서 모를 길러 논에 옮겨심기하는 농법이다. 우리나라에 이앙법이 도입된 사실은 《세종실록》에 '이앙법이 오래전에 전해온 것'이라는 내용이나, 고려 공민왕 때의 문신인 백문보(白文寶)가 이앙법에 대해 말한 적이 있는 점으로 미루어 알 수 있다.

그런데 조선시대에는 이앙법을 법으로 금지한 적도 있었다. 모내기를 하려면 물이 있어야 하는데, 날씨가 가물면 모내기를 할 수 없어 많은 피해를 입었기 때문이다. 그래서 경상도 일부 지역을 제외하고는 이앙법이 쓰이지 않았다.

전국적으로 이앙법이 실시된 것은 임진왜란 이후이다. 이앙법의 보급으로 각지에서는 〈이앙가〉가 유행하기도 했다. 다음은 경상도 기장 지역에 전해오는 이 노래의 일부분이다.

1. 아침나절에
마당같은 이 논자리 장구판만 남았구나 / 판이사 있다마는 어느 장부 장구떠리
전나라 댓잎은 이슬 받아 스러졌네 / 맹앗대 후아잡고 이슬 털러 가자스라

2. 점심나절에
서울이라 남정자야 점심참이 더디 온다 / 미나리야 수금채야 밧본다고 더디온다
서울이라 앙대밭에 금비둘기 알을 낳아 / 그 알 한 개 주었든들 금년 가게 내 할거로

서울이라 멍이 없어 죽절 비녀로 다리를 놓아 / 그 다리로 건너가니 정절 쿵쿵 소리난다

찔레꽃은 장개가고 석루꽃은 상각가네 / 만 인간아 웃지 마라 씨동자 하나 보러 가네

구월이라 국화꽃은 구름 속에 피어나네 / 미나리야 세필꽃은 가지가지 은빛이네

3. 저녁나절에

서울 갔던 선부님요 우리 선부 오시던가 / 오기사 온다마는 칠성판에 실려 온다

해 다 지고 저문 날에 어떤 행상 떠나오노 / 이태백이 본처 죽고 이별행상 떠나온다

해 다 지고 저문 날에 산골 마주 연기나네 / 우리 할미 어디 가고 저녁할 줄 모르는고

이앙법의 실시가 급속히 확산된 것은 이 농법으로 지주들이 큰 이익을 봤기 때문이다. 넓은 농토를 경작하는 지주들은 일손이 부족했다. 특히 벼농사에서 가장 어려운 것이 바로 벼포기 사이에 나는 풀을 없애는 문제였다. 그런데 모내기는 벼포기와 포기 사이가 넓어 잡초를 제거하기 쉬워 일손을 줄이는 효과가 있었다. 더불어 이앙법의 발달로 생산량이 증가함으로써 많은 지주들이 이앙법으로 농사를 짓게 되었다.

그러나 이앙법이 확대되면서 소작농들은 농사지을 땅이 없어져 실업자가 되었다. 결국 이앙법은 부농이 나타나는 계기가 되었고 농촌 사회의 분화를 촉진시켰다. 그리하여 소작농들은 화전민이 되거나 도둑의 무리가 되어 각종 사회문제를 일으켰다.

탈해왕은 대장장이의 아들

신라의 4대 왕 탈해왕은 다파나국(탐라국)의 왕과 여인국(女人國)의 왕녀 사이에

서 알로 태어나 버림을 받고 궤짝에 담겨 바다에 버려졌다. 그 궤짝이 아진포구에 다다랐을 때 아진의선(阿珍義先)이라는 노파가 까치 소리를 듣고 나아가 궤짝을 열어보니 아이가 있었다. 노파는 까치 때문에 얻은 아이라 하여 '까치 작(鵲)'자에서 '석(昔)'자를 떼어 성으로 삼고, 알을 깨뜨리고 나왔으므로 이름을 탈해(脫解)하고 했다.

탈해가 성인이 되어 자기가 살 집터를 찾고 있었는데 멀리 경주 벌판에 반달처럼 생긴 언덕이 보여 가서 보니 이미 호공(瓠公)이라는 사람이 살고 있었다. 이에 탈해는 그 집을 빼앗기 위해 그날 밤 몰래 호공의 집 둘레에 숫돌과 숯 부스러기를 묻어놓고는, 몇 달 뒤에 그 집이 자신의 집이라며 돌려달라고 했다. 탈해는 호공이 거절하자 소송을 걸어, 이 집은 대장장이였던 조상들이 살던 집인데 잠시 이웃 고을에 나간 동안 다른 사람이 빼앗아 살고 있는 것이라며, 집 주변 땅을 파보면 확인할 수 있을 것이라고 주장했다.

탈해의 말대로 땅을 파보니, 과연 숫돌과 숯이 나왔으므로 이에 그 집은 탈해의 차지가 되었다.

이 과정에서 탈해를 눈여겨본 신라의 왕 남해왕은, 그가 지혜 있는 사람임을 간파하고 자신의 딸을 아내로 삼게 하니 이 여인이 아니부인(阿尼夫人)이다. 이후 탈해는 정사에 참여했으며 유리왕의 뒤를 이어 왕위에 올랐다.

이 신화는 《삼국유사》와 《삼국사기》에 기록되어 있다. 문헌에 기록된 다른 신화의 주인공들이 선민사상에 바탕을 둔 존재인 데 비하여 탈해는 대장장이라는 매우 미천한 신분이다. 대장장이의 아들이 어떻게 왕이 될 수 있었을까?

고대국가의 특징 중 하나는 정복국가라는 점이다. 정복국가의 조건 중 가장 중요한 것은 철제 무기를 갖추는 것이다. 이 신화에서 알 수 있는 것은, 탈해가 철제 무기를 사용하는 군사력과 정치적 힘을 과시하고 있다는 점이다. 남해왕은 탈해의 힘에 두려움을 느껴 그를 사위로 삼았고, 그로써 석씨가 신라의 성골 3대성 중 하나가 될 수 있었으며, 유리왕의 뒤를 이어 신라의 4대 왕으로 즉위할 수 있었던 것이다.

동이(東夷)는 오랑캐

중국 사람은 자기 민족이 세계 문명의 중심이라는 중화사상을 지녀왔다. 그래서 나라 이름도 '가운데 중(中)'과 '나라 국(國)'을 썼다. 그러다 보니 다른 나라나 민족은 전부 오랑캐라고 여겼다. 동쪽에 있는 우리나라는 동이(東夷), 남쪽에 있는 민족은 남만(南蠻), 북방의 민족은 북적(北狄), 서쪽에 있는 민족은 서융(西戎)으로 낮잡아 일렀다.

우리 민족을 가리키는 동이는 동쪽의 오랑캐라는 뜻으로, '이(夷)'자를 파자(破字; 한자를 부수 단위로 작게 나누어 뜻을 새김)하면 '大弓', 즉 큰 활이 된다. 그러므로 동이는 '동쪽의 큰 화살을 쓰는 민족'임을 뜻한다.

우리 민족은 예부터 무술에 뛰어났다. 그중에서도 활쏘기는 가장 대표적인 무술이었다. 중국의 한족(漢族)은 일찍부터 양쯔강 주변에서 농경생활을 했지만, 우리 민족은 기마민족으로서 요동벌을 누비고 다녔다. 고구려를 건국한 동명성왕(東明成王)의 이름 주몽(朱蒙)도 부여어로 '활을 잘 쏘는 사람'이라는 뜻이므로, 우리 민족은 오래전부터 활과 인연을 맺어왔음을 알 수 있다.

이 밖에도 중국에서는 우리나라를 청구(靑丘), 동국(東國), 해동(海東), 대동(大東) 등으로 칭했다.

청구는 동쪽 바다 밖에 있는 신선이 사는 세계이자, 동쪽에 있는 우리나라를 주관하는 별자리이므로 우리나라를 일러 청구라고 했다. 또 세계의 중심인 중국의 동쪽에 있어서 동국, 발해의 동쪽에 있는 나라이므로 해동이라고 했다. 대동은 동방의 큰 나라라는 뜻으로, 존경하는 의미를 담은 이름이다.

몽골족은 우리나라를 '아름답다'는 뜻을 지닌 '솔롱곳'이라고 했다. 이것은 몽골족들이 우리나라의 여인과 어린이들이 입는 색동저고리의 아름다움에 빠졌기 때문이라고 한다. 그리고 만주족은 '솔호'라고 불렀는데, 이는 '신라'의 음이 변하여 된 말이다. 나중에는 몽골족이나 만주족이 '조선'이라는 말을 그대로 옮겨 '초한'이라고 부르기도 했다.

개방형 교도소

고조선에는 '8조법금'으로 죄인을 다스렸으며 이들을 가두는 감옥도 있었다. 이 당시 감옥의 형태는 알 수 없으나, 현재 경주에 남아 있는 신라시대의 감옥 터는 원형으로 만들어져 있다.

조선시대에는 죄인들이 머무르는 감옥의 위생에 임금이 꽤 신경 썼음을《조선왕조실록》을 통해 알 수 있다.

태조 4년(1395) 2월 24일에 천재지변으로 서울과 지방의 감옥에 갇혀 있는 죄수 중 두 가지 이상의 죄를 짓지 아니한 죄수를 모두 석방하면서, 임금은 도평의사사에 "서울과 지방의 감옥이 더럽고 수리하지 아니하여, 무더위와 모진 추위에 병이 들어 비명에 죽게 되니, 내 심히 민망히 여긴다. 그곳 관리로 하여금 때때로 돌아보고 깨끗하게 하도록 하라."고 명했다.

영조 10년(1734) 3월 26일에 영조는 "감옥을 깨끗이 쓰게 하는 것은 옛날의 예법이나 예절에도 있다. 더구나 근래에는 죄인을 심문하지 않는 달이 없어 감옥를 깨끗이 쓸 때가 없었으나, 지금은 죄수들을 심문하는 일이 이미 완료되었으니, 해당 관청으로 하여금 즉시 깨끗이 쓸게 함으로써 감옥을 깨끗하게 하는 뜻을 보이게 하라."고 명했다.

조선시대의 대표적인 감옥은 서린옥(瑞麟獄)이다. 서린옥이 주로 평민들을 가두는 감옥이라면 양반들을 가두는 감옥은 의금옥(義禁獄)이다. 서린옥은 오늘날 동아일보사 뒤쪽에 있었으며, 의금옥은 보신각 근처에 있었다.

서린옥에 갇힌 죄인들에게 적용하는 형벌은 죄의 가볍고 무거움과 복역 태도에 따라 5단계로 나누었다. 가장 무거운 죄를 지은 자는 목에 칼(枷)을 씌웠으며, 그다음으로 중한 죄인에게는 발에 무거운 족쇄를 채웠다. 3단계는 나무로 만든 족쇄인 차꼬를 양발에 채우는 양체(兩鈦), 2단계는 한 발에만 차꼬를 채우는 편체(片鈦)였다. 차꼬를 차고는 감옥 안에서 걸어다닐 수 있었다. 1단계는 아무것도 채우지 않았다.

감옥에서 성실하게 복역하는 모범수에게는 특등 징역이 주어졌다. 특등 징역의 경우 감옥 밖으로 나갈 수도 있는 특전이 주어졌다. 특히 죄수들의 식량을 자급자족하고 옥졸들의 살림을 도와준다는 구실로 특등 징역 죄수들에게 짚신을 삼게 했는데, 이들이 만든 짚신은 촘촘하고 질겨서 혜전(鞋廛; 신을 파는 가게)에서 인기가 있었다. 죄수들은 자신들이 삼은 짚신을 아침에 감옥 밖으로 나가 팔고, 저녁에 짚신을 삼을 짚이나 삼, 왕골 따위의 재료를 사들고 돌아오면서 술을 마시기도 했다. 술에 취한 죄수들은 옥문 앞에 이르러 "이리 오너라!" 하고 큰 소리를 치다가 처벌을 받기도 했다. 부지런한 죄수들은 짚신을 많이 만들어 팔아 많은 돈을 모아서 출소하기도 했다.

오늘날처럼 높은 담으로 둘러싸여 햇볕이 들어오지 않는 감옥은 일제강점기에 만들어졌다.

일본은 헤이그밀사사건을 빌미로 고종황제를 폐위하고 순종황제를 즉위시켰다. 이에 우리 민족은 일본의 처사에 항의하는 정미의병을 일으켰고, 일본은 의병들을 마구잡이로 잡아들였다. 그런데 기존의 감옥으로는 그 많은 수감자들을 가두기에 역부족이었다. 그래서 만들어진 것이 바로 일제 침략의 상징이자 독립운동 탄압의 온상인 서대문형무소이다. 사방으로 밀폐되어 햇빛이라곤 도무지 볼 수 없는 열악한 환경에서 우리 독립투사들은 거의 병에 걸려 출옥하기 일쑤였다.

엄하게 처벌한 간통죄

간통의 역사는 매우 길다. 아마도 인류의 역사와 함께 있었을 것이다. 성경 구절에 나오는 "네 이웃의 아내를 탐하지 말라."는 경구는 인류의 역사가 시작할 때부터 간통이 문제가 되었음을 말해주고 있다.

우리나라도 고조선 때부터 간통죄 관련 기록이 있고, 간통한 부인을 남편의 노예로 삼았다는 백제의 기록들도 있으며, 조선시대는 무려 1775건의 간통 관련 기록이 있다.

조선시대에는 임금에 반역을 저지르는 모반죄, 남의 물건을 위협해서 빼앗는 강도죄, 간통죄, 사람을 죽이는 살인죄, 남의 재물을 속여서 빼앗은 죄, 절도죄를 중한 범죄로 다루었다. 그중 《조선왕조실록》에 나와 있는 간통죄 관련 처벌을 보면, 곤장 100대에서 최고 사형까지 처벌했다. 다음의 기록을 보면 간통죄를 매우 엄하게 처벌했음을 알 수 있다.

태종 6년(1406) 윤7월 8일에 전 청주부사 박희무(朴希茂)가 내침장고의 제거(提擧)가 되었을 때 몰래 창고의 여종 성덕(成德)을 숙직소에서 간통했는데, 그 남편 모지(毛知)가 잡아서 구타하고 그의 잠옷을 빼앗아 갔다. 동료가 이 일을 사헌부에 고발하니, 사헌부에서 박희무를 조사한 후 탄핵하여 귀양을 보냈다.

세종 11년(1429) 6월 16일에 형조에서, 마전현 사람 정귀수(鄭貴壽)가 계모인 지장(地藏)과 간음했으니 참형에 처해야 한다는 계를 올림에 따라 왕이 그대로 따랐다. 세종 28년(1446) 10월 19일에는 이정근(李貞根)은 금성대군의 첩을, 이영근(李寧根)은 임영대군의 첩을 간통해 각기 곤장 100대를 집행했다. 두 사람은 모두 판중추원사를 지낸 이명덕(李明德)의 아들이다.

현종 12년(1671) 5월 11일 삼성죄인(의정부, 의금부, 사헌부의 추국을 받은 죄인)인 가산의 노비 김돌(金突)과 양녀 옥장(玉將)을 간통죄로 처형했다.

고종 44년(1907) 1월 30일 법부대신 이하영(李夏榮)이 아뢰기를, "죄를 용서할 때 육범(六犯)에 대해서는 본래 특별히 정한 법 조례가 없습니다. 모반죄, 간통죄, 강도죄, 살인죄, 남의 재물을 속여서 빼앗은 죄, 절도죄를 육범으로 인정하고 시행한 전례가 있는가 하면, 반란죄, 살인죄, 강도죄, 절도죄, 강간죄, 외국인과 결탁하여 인정과 이치를 크게 해친 죄를 육범으로 인정하고 시행한 전례도 있으니, 하나로 적시해서 거행하기 어렵습니다. 앞으로 종전의 규례를 서로 참작하여 모반죄, 강도죄, 살인죄, 강간죄, 협박과 기만으로 남의 재물을 약탈한 죄, 절도죄를 육범으로 규정하고 정식으로 삼아 공경히 준수해서 시행하게 하는 것이 어떻겠습니까?" 하니, 왕이 허락했다.

조선시대는 삼강오륜의 윤리가 지배한 사회였지만 남녀간의 문제는 엄한 윤리도덕으로도 어찌 할 수 없었던 듯하다. 그 때문에 간통죄를 육범의 하나로 취급해 엄하게 처벌했을 것이다.

임기 마친 수령에게 주던 전별품

고려시대에는 전국을 5도 양계와 경기로 크게 나누고, 각 도에는 하위 행정단위로 군현(郡縣)을 두었다. 군현에는 수령이 파견되었다. 그러나 모든 군현에 수령이 파견된 것은 아니었다. 수령이 파견된 군현을 주현(主縣), 그렇지 않은 현은 속현(屬縣)이라고 했다.

수령이 주현을 떠날 때 고을 백성들은 그동안 고을을 다스리느라 고생을 했다며 전별품으로 말 7마리를 선사했다. 그러나 모든 수령이 선정을 베푼 것은 아니어서, 백성들이 선정을 베풀지도 않은 수령에게 비싼 말을 선사하는 것은 고통을 주는 가렴주구(苛斂誅求)였다.

이러한 관행이 없어지게 된 것은 최석(崔碩) 때문이었다. 고려 충렬왕 때 승평 부사(승평은 오늘날의 순천)였던 최석이 임기를 마치고 개경으로 떠날 때 고을 백성들이 말 7마리를 선사했다. 최석이 그동안 선정을 베풀었으므로 백성들은 그가 떠나는 것을 무척 아쉬워했다. 최석이 말을 받지 않으려고 했으나 고을 백성들의 성화에 못 이겨 말 7마리에 짐을 싣고 개경으로 향했다.

개경에 도착한 최석은 기증받은 말 7마리와 망아지 한 마리를 보태어 8마리를 다시 돌려보냈다. 개경으로 가는 도중 한 마리가 새끼를 낳았는데, 그 새끼는 승평에서 임신을 했으므로 함께 보내주었던 것이다. 이 일을 계기로 이런 관행이 없어졌고, 승평의 백성들은 청백리 최석의 덕을 기리고 존경의 마음을 담아 팔마비(八馬碑)를 세웠다.

조선 중종 때 송흠(宋欽)은 지방 수령으로 부임할 때 신영(新迎)하는 말을 그와 아내와 어머니가 탈 3마리로 제한했다. 이에 사람들은 그를 '삼마태수(三馬太守)'라고 불렀다고 한다.

송흠은 청렴하기가 이를 데 없어, 노모 말고는 처자와 노복은 간신히 굶주림과 추위를 면할 정도로 궁핍한 생활을 했다. 오죽했으면 임기를 마치고 임지를 떠날 때는 집에 한 섬의 곡식도 없었다고 한다.

한강을 건널 때의 운임

서울을 가로질러 흐르는 한강에 놓인 다리는 모두 31개이다. 이들 다리가 놓인 곳은 조선시대에 나루가 있어 한강을 건너는 사람들로 붐비던 곳이었다. 이들 나루 중 광진·노도·한강진·마포·두모포·양화진은 큰길과 연결된 큰 나루였고, 삼전도·청담·동작 등은 작은 나루에 속했다. 광진에는 광진대교, 노도(지금의 노량진)에는 한강대교, 한강진에는 한남대교, 마포에는 마포대교, 두모포(지금의 옥수동)에는 동호대교, 양화진에는 양화대교가 놓여 오늘날에도 중요한 교통로 구실을 톡톡히 하고 있다.

한강에 이렇게 많은 나루가 생긴 것은 한강이 흐르는 한양이 조선의 도읍이 되었기 때문이다. 남한강과 강원도의 세곡을 운반하는 중요한 수로였으며, 서해안을 따라 올라온 경상도와 전라도의 세곡이 한강을 타고 한양으로 올라왔으므로 많은 나루가 생길 수밖에 없었다. 삼각산이 한양의 북쪽을 막는 방어선이라면 한강은 한양의 남쪽을 막는 방어선으로 건너기 편리한 곳이나 강폭이 좁은 곳에 나루가 생겨났던 것이다.

큰길과 연결된 나루는 나라에서 직접 관리했다. 나라에서는 이곳에 나룻배와 사공을 배치했고, 사공은 나라에서 내려준 일정한 토지로 생계를 꾸려가는 대신 나룻배를 이용하는 사람들에게 이용료를 받지 않았다.

그러나 병자호란 이후 사공에게 지급된 토지를 세도가들이 모두 거두어가자, 사공들은 의욕을 잃어 배를 만들거나 수리하는 일에 소홀했다. 그리하여 효종은 나루의 사공들에게 병자년 이전의 토지를 다시 찾아주고 나룻배를 책임지고 갖추도록 했다. 나라에서 많은 신경을 썼지만 천민 신분인 사공들은 구박당하기 일쑤였고, 그러니 이들에겐 서비스 정신이 있을 리 없었다.

하지만 개인이 돈을 받고 한강을 건네주는 사선(私船)은 서비스가 좋았다. 《세종실록》에 따르면, 사선은 가볍고 빨라 쉽게 건널 수 있지만 뱃삯이 비싸 백성들이 이용하기 어려웠다고 한다.

한강 이외의 강에서는 마을마다 나룻배를 마련하고 사공을 두어 운영했다. 마을에서는 사공에게 봄과 가을에 뱃삯을 한꺼번에 주었다.

조선시대에 벼슬할 수 있는 나이

조선시대는 분수나 본분을 지키는 풍조 때문에 사농공상(士農工商)을 매우 엄격히 구분했다. 사(士)에 해당하는 선비는 벼슬길에 나서는 것을 목표로 학문을 갈고 닦는 데 힘썼다. 이들은 벼슬을 하는 나이는 40세 전후한 때가 이상적이라고 생각했으며, 그 이전에는 문(文)·사(史)·철(哲)의 인문 지식을 쌓는 데 매진할 것을 강조했다. 공자도 40세에 벼슬길에 들어서라고 했다.

하지만 실제로 양반 자제들이 벼슬길에 나서는 때는 10대나 20대부터였다. 공신이나 전·현직 고관의 자제들은 과거시험과 상관없이 음서제도를 통해 7품 이하의 관직을 받았기 때문이다. 1품 벼슬을 하는 자의 자제의 경우 7품에 해당하는 관직이 주어졌다.

나라에서는 법적으로 관직에 오를 수 있는 나이에 제한을 두었다. 건국 초기에는 벼슬을 시작하는 나이를 25세로 했다가 18세로 제한했고 이후 20세로 고정했다. 20세에 관례(冠禮)를 치르면서 어른으로 대접한 것도 이런 이유 때문이다.

조선시대에도 배경은 출세의 중요한 수단이 되었다. 과거 급제자가 성적이 좋으면서 전통 있는 가문의 자제라면 원래 받을 수 있는 등급에서 몇 등급을 올려주곤 했다. 다른 급제자에 비해 고속 승진을 한 것이다. 나아가 이들은 출세가 보장되는 자리인 청요직(淸要職)에 오를 수 있었다. 청요직은 비록 품계는 높지 않으나 임금의 잘못을 간(諫)할 수 있는 사간원이나 임금의 자문기관인 홍문관, 관리들의 비행을 감시하는 사헌부 등의 직책이다. 청요직의 관리들은 특별한 흠이 없는 한 판서나 정승까지 오를 수가 있었다.

우리나라의 명약인 우황청심원

우황청심원은 뇌질환, 중풍성 질환, 심장성 질환, 신경성 질환을 다스리는 우리나라 고유의 상비약이다.

영조 41년(1765) 서양 과학에 관심이 많았던 홍대용은 서장관으로 청나라에 가는 숙부 홍억(洪檍)의 자제군관 자격으로 따라갔다. 북경에 도착한 그는 흠천감의 우두머리인 흠천감정으로 있는 독일인 선교사 아우구스트 폰 할러슈타인(August von Hallerstein, 중국 이름은 유송령)을 만나고자 했다.

그러나 할러슈타인은 이전에 자신을 만나러 왔던 조선 사람들이 성당에 침을 뱉으며 시끄럽게 굴었다는 이유로 거절했다. 이에 홍대용은 중국 사람들이 갖고 싶어하는 조선종이 두 다발과 조선의 명약 청심원을 예물로 보냈고, 결국 면담을 허락받았다. 흠천감으로 할러슈타인을 만나러 갔을 때도 문지기가 들여보내지 않자, 청심환 한 알을 뇌물로 주니 무사히 들어갈 수 있었다.

이처럼 청심원과 조선종이는 중국에 갈 때 반드시 챙겨 가는 필수품이었다. 국경이나 성문을 지키는 병사들에게 조선종이나 청심원을 건네면 무사통과였기 때문이다. 조선 중기의 문신 이이명(李頤命)은 중국 어디를 가든 청심원만 주면 모든 것이 통한다고 했다.

우황청심원의 원조가 중국이라고 알고 있는 사람들도 있다. 그러나 이는 사실과 다르다. 청나라 강희제 때 펴낸 어휘집인《패문운부(佩文韻府)》에 청심원이라는 단어는 보이지 않고, 세계에서 가장 정확하고 방대한 한자사전의 하나로 평가받는 모로하시 데쓰지[諸橋轍次]의《한화대사전》이나 9만 어휘가 수록된 세계 최대 규모의《중한대사전》에도 청심원이라는 단어는 없다. 다만 중국 명나라의 이시진이 지은《본초강목》에 이 단어가 나오기는 하는데, 우황을 넣어 만든 우리나라의 제조법과 달리 꽈리를 찧어 만든 보약일 뿐이다.

그러면 청심원을 언급한 우리나라 문헌을 살펴보자.

세조 6년(1460) 전의감의 궁중의였던 임원준이 쓴《창진집瘡疹集》, 광해군 5년(1613)에 간행한 허준의《동의보감》, 영조 때 간행한《언해납약증치방諺解臘藥症治方》에 우황청심원과 관련된 글이 기록되어 있다. 특히《언해납약증치방》에는 우황청

우황청심원

심원을 비롯한 37개의 약 목록과 효과 및 금기사항까지 기록되어 있다.

이처럼 명백히 청심원은 우리나라 고유의 명약임에도, 사대사상에 물든 낡은 사고방식이 외제 선호 사상으로 바뀌어, 많은 사람들이 우리 우황청심원의 모조품인 중국의 청심환을 선호하니 안타까운 일이다.

자연이 먼저 알아차린 나라의 변란

예부터 나라에 변란이 일어날 때는 자연이 먼저 알아차렸다.

경남 밀양시에 있는 표충사비는 나라에 어려움이 있을 때마다 땀을 흘렸다. 1894년 갑오개혁 7일 전에 62리터의 땀을 흘린 것을 처음으로 1910년 국권피탈, 1919년 3·1운동, 1950년 6·25전쟁, 1961년 5·16군사정변, 1994년 성수대교 붕괴 등 나라에 큰일이 있을 때마다 땀을 흘렸다.

강화군 정족산 전등사에 있는 은행나무가 열매를 맺지 않고 울어대는 해가 있다고 한다. 그때마다 나라에 큰 위기가 왔다고 하니, 바로 고종 3년(1866)에 일어난 병인양요와 고종 12년(1875)에 일어난 운요호사건이 그것이다.

정족산에 있는 정족산성 남문 왼쪽 옆에 있는 반쯤 썩어 문드러진 느티나무도 신통력을 지녔다고 한다. 나라에 큰 위기가 닥쳤을 때 울어서 자명목(自鳴木)으로 불리는 이 나무는 병인양요가 일어나기 전날 저녁에 밤새워 울었고, 프랑스 함대가 병인양요에서 패배한 뒤에 돌아가면서 외규장각의 문화재를 약탈할 때도 내내 울었다고 한다.

21대 왕 영조 이금(李昑)이 어린 시절 살았던 통의동에 백송이 있었는데, 나무 밑동이 회백색에서 은백색으로 변하더니 이금이 왕위에 올랐다고 한다. 순조의 세자인 익종의 비(妃) 조대비의 친정이 있던 재동에도 백송이 있었다. 흥선대원군 이하응(李昰應)이 재동에서 조영하(趙寧夏)와 더불어 아들인 이명복을 임금으로 세우려는 거사를 꾀할 때, 이 백송의 아랫부분이 밝게 희어지자 흥선대원군은 성공을 확신했다고 한다. 이 백송은 1910년 국권피탈 후에 성장을 멈추었다가 1945

년 광복이 되자 다시 성장하기 시작했다고 한다.

경북 영주의 옛 행정구역인 순흥부(順興俯)는 세조 4년(1458) 단종의 복위를 위한 모반사건이 발생해 부가 폐지되고 영주와 봉화로 나뉘게 되었다. 이때 이 지역에서는 "은행나무가 다시 살아나면 순흥이 회복되고, 순흥이 회복되면 노산(단종)이 회복된다."는 노래가 유행했다고 한다. 과연 225년 뒤인 숙종 9년(1683) 순흥골 동쪽에서 은행나무가 저절로 자라더니 순흥의 읍호가 부활하고, 숙종 24년(1698)에는 노산군을 복위시켜야 한다는 신규(申奎)의 상소를 받아들여 왕은 노산군에게 단종이라는 묘호를 추존했다.

전라남도 강진 초락도에 있는 700년 된 느티나무는 국권피탈 때 밤새워 울었으며, 광복이 되던 해에는 웃었다고 한다.

광혜원을 설립한 이유

수술은 치료를 목적으로 피부나 점막 또는 그 밖의 조직을 절개하여 시행하는 외과적인 치료 행위이다.

의학은 바로 이 외과적인 수술부터 시작되었다고 할 수 있다. 아마 체내에 들어간 이물이나 체내에 발생한 고름 따위를 제거한 것이 최초였을 것이다. 19세기 말 자바섬 트리닐 부근에서 발견된 화석인류인 자바원인의 뼈에 곪은 곳을 절개한 흔적이 있는 것으로도 이를 추정할 수 있다.

수렵과 어로에 종사하던 원시시대의 인류는 갖가지 외상으로 고생했을 것이 자명하다. 이때부터 무녀(巫女)나 제사장들에 의해 비과학적인 외과 치료가 행해졌다. 당시의 수술기구로는 칼, 가위, 핀셋, 봉합 바늘 등이 있었다.

우리나라에서는 신체의 각 부분은 부모에게서 받은 것이니 함부로 칼을 대거나 손상해서는 안 된다는 사상에서 외과 수술은 행해지지 않았다. 주로 약물과 침으로 치료했으며, 가벼운 피부 외상이라든지 총상, 독화살에 맞았을 때 외과 수술이 이루어졌다. 이때 산초를 이용하여 부분 마취를 한 후 반달형 칼이나 끌,

망치로 상처 부위를 도려내어 치료한 후 뽕나무에서 뽑은 실을 꿴 바늘로 마무리했다.

특히 중환자의 경우는 체온을 유지하기 위해 소의 배를 갈라 환자를 그 안에 넣어 보온을 시키면서 수술을 행하기도 했다. 수술도구는 뜨거운 물이나 불로 소독했다. 이러한 수술은 고려시대부터 이루어졌다.

최초의 근대적인 외과 수술은 미국인 선교사 호러스 알렌(Horace Newton Allen)이 갑신정변 때 부상당한 민영익(閔泳翼)을 수술한 것이다. 이러한 공으로 알렌은 고종의 신임을 얻었고, 그의 건의로 한국 최초의 근대식 국립병원이자 교육기관인 광혜원(13일 만에 제중원으로 바뀜)이 설립되었다. 알렌은 이곳에서 의사로 일하면서 교수로서 학생들을 가르쳤다.

세계 최초의 우량계인 측우기

우리나라는 예로부터 벼농사가 주된 산업이었으므로 비가 온 뒤 강우량을 측정하는 것은 매우 중요했다.

측우기는 세종 23년(1441) 8월 호조에서 우량계 설치를 건의함으로써 개발에 착수해, 이듬해 5월에 완성해 한양과 각 도의 군현에 설치했다. 세종은 이때 측우에 관한 제도도 새로 제정해, 서운관에서 측우기의 우량을 측량해 기록하게 했고, 지방에도 각 관가의 뜰에 측우기를 설치해 수령이 직접 우량을 측정하고 기록하게 했다. 이때의 측우기는 안지름 14.7센티미터, 높이 약 30센티미터의 원통형이었다.

측우기로 강유량을 측정하기 이전에는 각 지역의 강우량을 알아내고 통계를 내기가 매우 불편했다. 비가 내리면 흙속 깊이 몇 치까지 빗물이 스며들었는지 일일이 조사해봐야 하는데, 이때 흙의 마르고 젖은 정도가 일정치 않아 강우량을 정확히 알아낼 수 없었던 것이다. 이러한 단점을 한꺼번에 해결한 기구가 바로 측우기이다.

세종 때 만든 측우기는 세계 최초의 우량계로서 과학사에서 큰 의미를 지닌다. 서양에서는 1639년에 이탈리아의 베네데토 카스텔리(Benedeto Castelli)가 처음으로 측우기로 강우량을 측정했다. 우리나라에서는 1442년부터 측우기로 강우량을 측정했으니 서양보다 200여 년이나 앞선다.

측우기

조선시대에 관상감에서 작성한 기상 관측 기록인《풍운기風雲記》를 보면, 비 오는 강도에 따라 미우(微雨)·세우(細雨)·소우(少雨)·하우(夏雨)·쇄우(瑣雨)·취우(翠雨)·대우(大雨)·폭우(暴雨)의 8단계로 나누어 기록했으며 여기에 비가 땅속에 스민 정도까지 측정했으니, 우리나라의 우량 관측 기록이 얼마나 세밀했는지 알 수 있다.

우량을 측정한 것은 모두 농사와 관계가 있으며 농본정책의 결과라고 할 수 있다. 벼농사에는 물이 절대적으로 필요했으므로 물을 충분히 확보해야 했고, 그러기 위해 비가 오면 강우량을 측정하고 그 데이터를 분석해 제방을 쌓고, 규모를 정하여 저수지를 축조했던 것이다.

《세종실록》23년 4월 29일(양력 1441년 5월 19일) 기사에, "근년 이래로 세자가 가뭄을 근심하여, 비가 올 때마다 젖어 들어간 푼수(分數)를 땅을 파고 보았었다. 그러나 적확하게 비가 온 푼수를 알지 못하였으므로, 구리를 부어 그릇을 만들고는 궁중에 두어 빗물이 그릇에 고인 푼수를 실험하였는데, 이제 이 물건이 만일 하늘에서 내렸다면 하필 이 그릇에 내렸겠는가."라는 대목이 나온다.

많은 사람들이 장영실(蔣英實)이 측우기를 발명했다고 알고 있지만, 이 기록을 보면 당시 세자였던 문종이 주도적으로 만들었음을 알 수 있다. 1957년 대한민국 상공부는 위의 기록에 근거해, 5월 19일을 측우기를 발명한 날로 보고 이날을 '발명의 날'로 제정했다. 측우기가 우리나라의 대표적인 발명품임을 선언한 것이다. '발명의 날'은 2019년 현재 54회를 맞았다.

십간십이지의 의미

십간십이지(十干十二支)는 역법에서 쓰이는 주기이다. 십간은 포괄하는 수효가 모두 열이어서 이렇게 이르는데 갑(甲)·을(乙)·병(丙)·정(丁)·무(戊)·기(己)·경(庚)·신(申)·임(任)·계(癸)로 표현한다. 이 십간은 하늘의 기운을 나타내는 글자이므로 천간(天干)이라고도 한다.

십이지는 십간과 더불어 은나라 때부터 널리 쓰였다. 이 십이지는 그 수효가 열둘인 데서 나온 것으로 자(子)·축(丑)·인(寅)·묘(卯)·진(辰)·사(巳)·오(午)·미(未)·신(申)·유(酉)·술(戌)·해(亥)가 그것이다. 열둘이라는 수를 택한 기원에 대해서는 자세히 알 수 없으나 1년이 열두 달인 데서 온 듯하다. 이 수는 2, 4, 6으로 나누어 떨어지므로 다루기가 매우 흥미롭고 변화무쌍한 수이기도 하다.

십이지는 땅의 기운을 나타내는 글자이므로 지지(地支)라고도 하는데, 여기에도 음양과 오행이 결부되어 있다. 구체적으로 자·인·진·오·신·술은 양이고, 축·묘·사·미·유·해는 음이다. 또 축·진·미·술은 토(土), 인·묘는 목(木), 사·오는 화(火), 신·유는 금(金), 해·자는 수(水)에 해당한다.

십이지는 동물과도 결합되어 자는 쥐, 축은 소, 인은 범, 묘는 토끼, 진은 용, 사는 뱀, 오는 말, 신은 원숭이, 유는 닭, 술은 개, 해는 돼지로 표현된다. 따라서 해년(亥年)에 태어난 사람은 돼지띠이고, 축년(丑年)에 태어난 사람은 소띠가 된다.

이 밖에도 십이지는 액월(厄月), 방위, 시각 등 여러 방면에 이용되고 있다. 이를테면 집터나 묏자리를 정할 때는 '자좌오향(子坐午向)'을 원칙으로 한다. 여기서 자(子)는 북쪽을, 오(午)는 남쪽 방위를 나타내므로 북쪽을 등지고 남쪽을 바라보는 방향으로 정해야 한다는 것이다.

정오(正午)니 자정(子正)이니, 십이지를 시간과 결부시켜 쓰는 것은 우리에게 너무도 익숙하다. 정오는 오정(午正)과 같은 말로 낮 12시를 뜻하며, 자정은 밤 12시다. 현행의 시제(時制)와 결합시키려면 각 지시(支時)를 초시(初時)와 정시(正時)로 갈라야 한다. 예를 들면 오시는 낮 11시부터이고 오정은 낮 12시부터 한 시간 동안이며, 자초는 밤 23시부터이고 자정은 밤 0시부터 한 시간 동안이다.

십간과 십이지를 결합하면 60개의 간지(干支)가 형성된다. 이것을 60갑자, 육갑 등으로 부른다. 이들 60간지는 해마다 한 개씩 배당하여 세차(歲次)라 하고, 다 달에 배당하여 월건(月建)이라 하며, 나날에 배당하여 일진(日辰)이라 한다. 옛날부 터 61세 생일에는 회갑잔치를 하는 풍습이 있는데, 이 회갑(回甲) 또는 환갑(還甲) 이라는 말은 출생한 해의 간지와 똑같은 간지를 가진 해가 돌아왔다는 뜻이다.

간지는 음양오행설과 결합되어 사람의 성질, 나날의 길흉과 신수(身數), 재수 등을 판단하는 수단으로도 쓰인다.

서양보다 앞서 만든 비행기

인간은 오랜 옛날부터 하늘을 나는 꿈을 꾸었다.

이미 1000년경에 베네딕트회의 수도사 한 명이 몸에 날개를 달고 탑에서 뛰어 내리다가 두 다리가 부러지는 사고를 쳤다. 르네상스시대 최고의 천재 레오나르 도 다빈치는 오늘날의 헬리콥터 날개와 비슷한 회전날개 모형도를 그렸다. 새처 럼 날고 싶은 욕망이 이 그림을 그린 원동력이 되었을 것이다.

세계 최초의 비행은 1903년 12월 라이트 형제에 의해 이루어졌다. 이들 형제 는 비행기를 만들어 각각 12초와 59초를 날면서 동력비행기의 시대를 열었다.

중국 서진(西晉)의 학자 황보밀(皇甫謐)이 지은 《제왕세기》에 따르면, 기굉(奇肱)의 백성들은 팔은 하나고 눈이 세 개인데, 어떤 사람이 하늘을 나는 비거(飛車)를 만들어 4만 리를 날았다는 전설이 전 해온다고 했다.

우리나라에서는 임진왜란 때 발명가 정평구(鄭 平九)가 비거를 만들어 진주성 싸움에서 사용했다 고 한다. 조선 영조 때의 실학자 신경준(申景濬) 의 시문집인 《여암전서旅菴全書》〈거제책車制策〉

비거를 타고 있는 기굉국 사람. 팔은 하나고 눈은 세 개이다.

에 따르면, 1593년 제2차 진주성 싸움에서 왜군에게 패하자 정평구가 비거를 만들어 친척들을 태우고 30리까지 피난시켰다고 한다. 라이트 형제의 비행기보다 300년 앞선 시기다.

이규경의 《오주연문장전산고》〈비거변증설飛車辨證說〉에는, 비거의 원리를 "원주에 사는 한 선비가 4인승의 비거를 만들었는데, 생김새는 커다란 고니나 기러기 같았다. 가죽으로 주름지게 만들어 배를 두드리면 바람을 일으켜 떠오르게 하며, 날개가 돛처럼 바람을 갈라 하늘로 날아 오른다."라고 설명했다.

세계적인 도자기 기술과 활자 기술이 전승되지 않은 이유

일본에서 사쓰마 도기로 유명한 한국계 도예가문 심수관가(沈壽官家)는 임진왜란 때 일본으로 끌려간 도공의 후손들이 대를 이어 조상의 업을 이어받아 도자기를 만들고 있다.

일본에서는 이처럼 몇 대를 계속 이어오면서 가업을 계승·발전시키는 사례를 흔히 볼 수 있다. 일본에서도 사농공상의 신분 차별이 있었지만, 기술을 중요시하여 최고의 기술자에게는 장인(匠人)이라는 칭호를 주었다. 이에 일본인들은 무사가 되지 못할 바에는 차라리 장인의 칭호를 받는 것이 소망이었고, 당대에서 이루지 못하면 자손이 부모의 뜻을 계승하여 장인의 칭호를 얻어 가문을 빛내고자 했다.

일본인들이 이처럼 장인의 칭호를 받고 싶어 한 것은, 장인 선발시험에서 뽑히면 우리나라의 과거 급제자처럼 대우를 해주고 벌이도 늘어났으며 평생동안 일자리가 보장되는 등 여러 혜택이 주어졌기 때문이다. 기술직을 매우 천하게 여겼던 우리나라와는 사뭇 다른 현실이다.

우리나라는 지배층만을 위한 나라였다. 농민을 비롯한 피지배층들은 오직 지배층이 편리하게 살기 위한 편의를 제공하는 수단이었다. 백성들은 없는 살림에 지배층의 편의를 위해 조세, 공납, 부역의 의무를 져야만 했다. 아무리 열심히 일해도 나라와 지주에게 수탈을 당하니 먹고살기가 힘겨울 수밖에 없었다. 그들은 지긋지긋한 가난이 자식들에게 대물림되지 않기를 바랐고, 자신들이 가진 기술은 지배층의 수탈의 대상이 될 뿐이라는 생각에, 자식들에게 기술을 전수하는 것을 꺼렸다. 이러한 사실을 보여주는 극단적인 이야기가 다음과 같이 전해온다.

종이는 중국에서 발명했지만 중국보다 품질이 뛰어난 종이를 만든 나라는 우리나라였다. 오죽하면 중국에서는 돌아가신 부모님의 제삿날에 조선종이로 지방(紙榜)을 쓰면 효자라고 했을까? 이 종이 중 대표적인 것이 황해도 멸악산의 한 사찰에서 만든 선화지(仙花紙)이다. 선화지가 중국에 알려질 정도로 유명해지자 관청과 양반들은 너나없이 선화지를 만들어달라고 요구했고, 기술자는 밀려드는 요구를 감당할 수 없었다. 하지만 그들이 기술자의 사정을 봐줄 리 만무했다. 기술자를 인격적으로 대우했을 리도 없다. 결국 기술자는 참을 수 없는 고통이 뒤따르자 자신의 손을 잘랐고, 선화지를 만드는 기술은 맥이 끊기게 되었다.

우리나라에서 기술자들이 기술 전수를 꺼렸던 또 다른 요인은 기술자들에 대한 차별과 푸대접이었다. 도자기를 만드는 기술자를 도공이 아닌 '사기장이'로, 건축 공사에서 벽에 흙을 바르는 기술자를 토공(土工)이 아닌 '미장이'로 낮잡아 불렀다. 현실이 이러하니 자식에게 기술을 전수하는 것은 차별과 냉대의 아픔을 함께 전해주는 것이라 여겨 꺼렸고, 당연히 그 명맥은 끊어지게 되었다.

한강에 놓인 배다리

한강을 가로지르는 한강대교는 일제강점기인 1917년에 건설되었다. 이후 여러 차례 보수와 증축을 거쳐 1981년에 지금의 모습을 갖추었으며, 서울 용산구 한강로와 동작구 본동을 잇고 있다.

옛날에도 한강에 다리가 있었을까?

우리 조상들은 토목기술이 뛰어났지만 한강에 다리를 놓는 것은 꺼렸다. 그 다리가 외적의 침략 통로로 이용될지도 모른다는 염려 때문이었다. 그래서 필요한 경우에 가교(假橋)를 설치했다가 해체하는 방편을 썼다. 가교는 임금이 강 이남으로 행차할 때 설치했는데, 임금이 한번 행차하면 그 규모가 대단해서 가히 장관이었다.

조선시대 왕의 행차 중 가장 규모가 컸던 것은 정조 19년(1795) 윤2월 9일에 정조가 어머니인 혜경궁 홍씨의 회갑연을 위해 아버지 장조(莊祖; 사도세자)가 묻혀 있는 융릉(경기도 화성시 안녕동에 있다)으로 행차할 때였다. 2000명의 인원과 1400마리의 말이 동원된 이 행렬은 무려 10리나 이어졌다. 선두 행렬이 숭례문에 다다라서야 후미가 창덕궁을 출발할 정도였다고 한다. 이렇게 규모가 큰 행차였으므로 배로 건너는 것은 상상도 할 수 없는 일이었다.

이 능행을 위해 한강에 배다리[舟橋]를 놓는 일을 맡아보던 주교사(舟橋司)에서는 배다리를 놓는 데 총력을 기울였다. 배다리는 작은 배를 한 줄로 여러 척 띄워놓고 그 위에 널판을 건너질러 깔아 임시로 만든 다리이다.

이 배다리를 놓기 위해 한 달 남짓 동안 수백 척의 배가 강제로 동원되었으며, 자연히 한강의 조운(漕運; 현물로 받아들인 각 지방의 조세를 서울까지 배로 운반하던 일)과 정기 수운이 중단되었다. 따라서 이를 생업으로 하는 사람들의 원망이 대단했다. 이들의 원망이 다음의 〈한강아리랑〉에 잘 나타나 있다.

강원도 뗏목 장수 / 뗏목 빼앗기고 울고 가고 / 전라도 알곡 장수 / 통배 빼앗기고 울고 가고 / 삼개 객주 발 뻗고 울고 / 노나루 색주가들은 / 머리 잘라 판다

정조가 융릉으로 행차할 때 놓은 배다리는 기술면에서 현대식 배다리에 조금도 뒤지지 않았다. 배다리를 설치할 때 가장 중요한 것은 다리를 놓는 위치인데, 이때 가장 먼저 고려해야 할 사항이 강폭과 물의 흐름, 밀물과 썰물 때의 수위 차이였다. 이런 조건을 참고해 가장 적당한 위치로 꼽힌 곳이 지금의 한강대교 자리다. 강폭이 340미터인 이곳에 폭 9미터인 대형 선박 38척이 동원되었으며, 다리의 폭은 7미터로 말 다섯 필이 나란히 지나가도 될 정도였다.

강 중앙은 물살이 빨랐으므로 큰 배를 설치하고 가장자리로 갈수록 점차 크기가 작은 배를 순서대로 배치하여 완만한 아치형의 다리를 완성했다. 그 광경이

참으로 장관이어서 배다리가 설치되면 강가에는 구경꾼들이 장사진을 이루었다고 한다.

맨 가장자리에 배치된 배는 쇠사슬로 강둑에 연결했으며 배 양쪽에 닻을 내려 센 물살이나 조수에 대비했다. 배와 배는 가로 기둥 다섯 개와 나무못을 이용해 연결했고, 배 위에는 세로로 널판을 깔아 바닥을 평평하게 하여 건너기 편하게 했다. 배다리를 설치하는 데는 보통 15일이 걸렸다.

이 배다리를 설치하는 과정은, 조선 헌종 10년(1844)에 한산거사가 지은 가사 〈한양가〉 중 '주교' 부분에 잘 묘사되어 있다.

배 위에 장송 깔고 장 속에 박송 깔고 / 그 위에 황토 깔고 좌우에 난간 짜고 / 팔뚝 같은 쇠사슬로 뱃머리를 걸어 매고 / 양 끝에 홍전문과 한가운데 홍전문에 / 홍기를 높이 꽂고 / 좌우의 뱃사공은 청의청건 남전대에 / 오색기 손에 들고 십리 주교 벌렸으니 / 천승군왕 유의로다

소는 노동과 재산 축적의 수단

소가 우리들의 삶과 함께하기 시작한 것은 1800~2000년 전이다. 김해패총에서도 서기전 100년경의 것으로 보이는 소의 유골이 발견된 바 있다.

소는 처음에 시체를 나르는 데 이용했다. 우리나라에서 제일 먼저 달구지를 만들어 소의 힘을 이용한 나라는 고구려였다. 한편 부여에서는 전쟁을 하기 전에 소를 잡아서 그 발톱의 상태로 길흉을 점치는 풍습이 있어, 소의 발톱이 벌어지면 흉조, 합쳐지면 길조로 여겼다고 한다.

농업은 신석기시대 이후 우리나라의 주된 산업이다. 채집과 어로, 수렵으로 삶을 영위하던 구석기시대를 마감하고 신석기시대에 들어서는 농경생활을 하게 되었다. 처음에 호미로 밭을 갈다가 돌쟁기를 만들어 농사에 이용함으로써 식량 생산에 커다란 변화를 가져왔다.

삼한에서는 쌀을 식량으로 이용할 만큼 벼농사가 발달했다. 이 시대에 농업이 발달한 사실은 당시에 쌓았던 김제의 벽골제, 제천의 의림지, 상주의 공검지, 밀양의 수산제 등의 저수지로 알 수 있다. 이렇게 농업이 발달한 것은 철제 농기구가 보급되었기 때문이다. 즉 따비(풀뿌리를 뽑거나 밭을 가는 데 쓰는 농기구)를 개량한 쟁기가 개발되어, 땅을 깊이 갈게 되어 생산력이 높아진 것이다.

소는 매우 귀중한 가축이어서 그 소유 정도가 부유함을 나타내는 척도가 되었다. 나라에서는 남의 소를 죽이거나 손상을 입힌 사람을 노비로 삼는 벌을 주는 등 백성들의 재산으로 보호해주었다. 소에 전염병이 돌면 사람이 밭갈이를 대신했으며 소의 도살을 금지했다. 신라에서는 지증왕 3년(502) 국가적인 차원에서 우경(牛耕)을 적극적으로 장려했다.

조선시대에 세조는 목장을 많이 만들고 우경을 장려했으며, 《양우법養牛法》을 펴내 소의 이용과 증식을 적극적으로 장려했다.

한편 젖소는 고려 말 충렬왕 때부터 기르기 시작한 것으로 추측되며, 이때부터 우유를 마시기 시작했다. 나라에서는 국가 상설기관인 유우소(乳牛所)를 설치해 우유와 낙소(酪酥; 말린 연유의 일종)를 만들어 왕실에 공급하도록 했다. 유우소는 조선시대로 이어져 존속하다가 세종 때 폐지되었으나 우유는 여전히 왕실에 올리는 귀한 식품이었다. 중종 때의 문신 성희안(成希顔)이 계(啓)를 올려 "우유는 귀중한 영양제이자 약제로서 왕실에서만 이용한 식품이다."라고 한 것으로 보아 그 사실을 알 수 있다.

조선시대에도 UFO가 있었다

제2차 세계대전 이후 항공 우주공학이 발전하면서 UFO에 대한 관심이 높아졌다. 1947년 미국인 케네스 아널드(Kenneth Arnold)가 이상한 비행물체를 목격했는데, 많은 기자들이 이 목격담을 기사화함으로써 미국 전역으로 퍼져 나갔다. 미 공군은 이 사건을 조사하기 시작하면서 UFO라는 용어를 처음으로 사용했다.

미국 공군에서는 1948년부터 1969년까지 약 20년간 극비로 UFO를 조사하여 프로젝트 블루북(Project Blue Book)이라는 자료집을 만들기도 했다.

우리나라에서는 6·25전쟁 중 미 공군 조종사들이 한반도 상공에서 UFO를 목격했다는 기록이 있다. 100여 명의 미군 조종사, 육군, 지상 레이더 요원, 해군들이 50여 차례 UFO를 목격했으며, 특히 1950년 9월에서 1954년 겨울까지 빈번하게 나타났다. 우리나라 사람이 목격한 가장 대표적인 UFO는 1973년 4월 13일 낮 12시 23분 충남 보령군의 한 시골 초등학교에서 목격된 은백색과 회색의 중간쯤으로 보이는 타원형 물체이다.

각종 기록을 살펴보면 UFO는 옛날에도 나타났다. 서양의 경우 고대 이집트의 문서에 UFO가 기록되어 있다는 설(說)부터 중세 벽화에 UFO가 묘사되었다는 주장까지 의견이 분분하지만, 가장 흥미로운 것은 6세기경 마야족이 건설한 멕시코 팔렝케 유적에서 발견된 그림이다. 파칼 왕의 석관 덮개에 새겨진 그림이 그것인데, 사람들은 UFO가 이륙하는 장면이라고도 하고, UFO 설계도거나 UFO 조종실 모습이라고도 한다. 그러나 역사학자들은 고대의 신화나 특이한 그림과 거대한 건축물이나 모형은 대부분이 별자리와 태양에 대한 천문학을 표현한 것들이라고 보고 있다.

우리나라에서도 UFO라고 추정할 수 있는 많은 기록이 있다. 이긍익의 《연려실기술》만 살펴보아도, "태조 7년(1398) 11월 무자일에 유성이 낮에 나타났는데, 크기가 병(瓶)만 했다." "세조 2년(1456) 5월 무인일 낮에 모양이 주먹 같고 꼬리가 한 발 남짓한 긴 유성이 나타났다." "연산군 9년(1503) 12월 갑오일에 유성이 나타났는데 꼬리의 길이가 한 발가량 되었고, 빛은 희고 소리가 길었다." "중종 14년(1519) 11월 을사일에 동복현에 한 필의 베폭만 한 흰 기체가 하늘에 나타나… 길이가 세 발가량 되었다." "중종 38년(1543) 6월 갑술일 새벽에 유성이 나타났는데… 모양은 동이[盆] 같은데 꼬리의 길이가 8~9척이나 되며 빛이 붉었다." 등의 기록이 있다.

물론 이때는 UFO라는 용어가 없었으므로 유성이나 혜성으로 표현했다.

기상 오보는 바로 처벌

첨단과학이 매우 발달한 오늘날에도 기상청의 기상 예보는 종종 틀려 비난을 받기도 한다.

조선시대에는 날씨나 기상을 잘못 예측하면 비난 정도가 아니라 곧바로 처벌을 받았다. 이때는 일식(日食)을 천재지변으로 생각해, 날씨보다는 일식을 관찰하는 데 신경을 썼다.

일식은 태양을 상징하는 임금이 빛을 잃었음을 의미하는 것이다. 임금이 빛을 잃는다는 것은 곧 백성들의 통치자로서의 권력을 잃는다는 것을 뜻한다. 그러므로 백성들은 임금이 정치를 잘못했거나 부정한 일을 저질렀으니, 이를 하늘이 경고하는 것이라고 생각했다. 임금은 자신의 잘못을 하늘에 고하는 제천의식을 거행하기도 했다.

나라에서는 천문·지리·기후 관측 등을 맡아보는 관상감에 일월식 추산관(推算官)이라는 관리를 두어 미리 일식을 관측하게 했다. 일식이 있을 것이라고 일월식 추산관이 말하면 나라에서는 그날을 임시 공휴일로 지정해 나랏일을 일시적으로 중단했다. 태양이 빛을 잃었으니 임금이 정상적으로 정치를 할 수 없다는 잘못된 믿음의 결과일 것이다.

그런데 일식을 잘못 예보하면 그 관리는 처벌을 받았다. 《태조실록》 태조 7년(1398) 4월 17일 기사에 간관 박신(朴信) 등이 올린 상소에서 이를 확인할 수 있다. "겸서운주부 김서(金恕)가 월식을 예상하여 예조에 보고했으나 끝내 월식이 일어나지 않았습니다. 서는 직책이 추보를 전문으로 하면서, 이제 하늘의 움직임을 보는 것을 혼동하여 나라 사람들을 속였사오니 징계하지 않을 수 없습니다. 원하옵건대, 관상감에서는 해임하고 법에 의하여 죄를 묻게 하소서."

그러나 세종은 일식 예보가 맞지 않는 것은 관상감 관리의 잘못이 아니라 명나라의 천문 관측을 그대로 따른 결과임을 알고 있었다. 그래서 세종 14년(1432) 1월 4일 사헌부에서 "관상감에서 원일에 일식이 있을 거라고 했으나 일식이 일어나지 않았으니, 이것은 관측이 정밀하지 않은 것입니다. 청컨대 죄를 내리십시오." 하니, 임금이 "중국에서도 또한 정월 원일에 마땅히 일식이 있을 것이라고 말했다 하니, 이것은 관측을 잘못한 죄는 아니다. 각 도의 보고서와 명나라 정부에 들어간 사신이 돌아오기를 기다려서 다시 의논하게 하라."는 명을 내렸다.

세종은 조선의 역대 왕 중에 과학기술에 특히 관심을 두어, 천문대인 간의대를 설치하고 혼천의와 앙부일구 등 천문 관측기구를 만들어 우리나라 천문 관측 기술을 한 단계 발전시켰다. 그 결과 역서인《칠정산》내외편을 펴내어 세계적인 수준의 역법을 집대성할 수 있었다.

그러나 그 뒤에도 천문을 잘못 관측한 관리는 처벌을 면치 못했다. 성종 19년 (1488) 11월 17일에 우부승지 경준(慶俊)이 아뢰기를, "지난밤은 월식인데 때가 지나도 월식하지 않았으니, 청컨대 관상감 추산관을 국문하게 하소서." 하니, 임금이 명령하기를 "그대로 따르라. 그리고 다시 자세히 다져보게 하라." 했다.

이처럼 추산관은 천문을 잘못 관측할 경우 처벌을 받았지만 '하늘을 읽는 관리'인지라 그 권력은 막강했다. 천문을 미리 관측해 임금에게 보고해서 대책을 강구해야만 임금에 대한 백성들의 충성심을 유지할 수 있었기 때문이다.

날씨 관측은 보통 하루에 6번 이루어졌다. 그중 대표적인 날씨는《승정원일기》에 기록했으며, 매일매일 관측한 결과는《조보》에 적어 관청이나 백성들에게 알려 농사를 짓는다거나 행사를 할 때 도움이 되도록 했다.

관상감에서는 일식과 월식뿐 아니라 혜성도 관찰했다. 특히 천문 관측일지인《성변등록》에는 영조 35년(1759)에 나타난 핼리혜성에 대해 상세히 기록되어 있는데 핼리혜성의 이동 경로, 꼬리 길이, 모양, 색깔까지 그림으로 상세히 묘사하고 있어 세계적으로도 소중한 자료로 평가받고 있다.

우리나라에서 근대적인 천문 관측은 광무 8년(1904)에 시작되었다. 이해에 제물포 응봉산에 우리나라 최초의 근대식 관측소인 인천관측소가 문을 열었고, 이어 부산·목포·원산·용암포에도 관측소를 설치했다. 인천관측소의 초대 소장으로 파견된 기상학자 와다 유지[和田雄治]는 우리나라의 측우기를 세계에 소개하는 한편, 우리나라 관측 기록을 연구하여 학계에 널리 알렸다. 인천관측소는 1949년 8월 18일에 서울로 옮겨 국립중앙관상대(지금의 기상청)로 바뀌었다.

유리 대신 기름종이로 만든 세계 최초의 온실

조선시대에도 오늘날처럼 계절과 관계없이 꽃이며 채소를 키웠을까? 답은 '그렇다'이다. 대궐 안에 있는 정원의 꽃과 과실나무 따위의 관리를 맡아보던 장원서에서 온실을 만들어 임금의 수라상에 올릴 채소와 약재로 쓸 재료를 재배했다.

그러면 온실은 어떻게 만들었을까? 조선 전기의 의관 전순의(全循義)가 지은 요리책 《산가요록山家要錄》에 그 비밀이 나와 있다. 이 책에 따르면, 당시의 온실은 삼면을 벽으로 쌓아 막고 남쪽으로 창을 내었으며 창문에는 기름종이를 바르고 바닥에는 구들을 놓았다. 낮에는 창으로 들어오는 햇볕으로 보온을 하고, 밤이나 추운 날에는 구들을 데워 보온을 한 것이다. 특히 흙벽은 습도를 자동으로 조절해주고 기름종이는 내부 온도를 잘 유지해주면서 외부의 비바람을 막아줄 정도로 견고했다.

《성종실록》에, 장원서에서 영산홍을 성종에게 바치자 성종이 자연의 이치를 거스른 것이라고 하여 올리지 못하도록 하교했다거나, 동지와 입춘에 꽃을 올리니 대비전에만 올리라고 했다는 기록으로도 온실이 존재했음을 알 수 있다. 《연산군일기》에도 겨울철에 흙집에서 시금치를 길렀다는 내용이 있다.

전순의가 《산가요록》을 쓴 시기는 1450년을 전후한 시기로 추정된다. 그런데 서양에서 온실이 등장한 것이 1600년대이므로, 우리나라의 온실이 대략 150년 앞선다.

수의사 역할도 했던 일관(日官)

옛날에는 애완동물로 주로 매를 많이 키웠고, 소나 말을 귀하게 여겼다. 과연 이 동물들을 치료하는 수의사가 있었을까?

사람들은 이들 동물들이 아픈 것을 자연계의 이변으로 받아들였다. 곧 동물의 질병이 나라의 길흉과도 관련 있다고 여긴 것이다. 특히 소나 말은 전쟁이나 농사에 없어서는 안 되는 가축이었으므로 질병을 치료하는 데 관심이 많았고 질병을 담당하는 관청도 있었다.

가축을 치료하고 질병을 예방하는 수의학은 삼국시대부터 존재한 것으로 보인다.《삼국사기》에 기록된 백제의 관제 중에 마부(馬部)가 있던 점이나, 고구려의 승려 혜자(惠慈)가 영양왕 때 일본에 말을 치료하는 술법을 전했다는 기록으로 미루어 짐작할 수 있다.

고려시대에는 가축 기르기가 일반 백성들 사이에 널리 퍼지면서 수의학이 더욱 발전했다. 궁중의 수레와 말을 관리하는 태복시(太僕寺; 명칭이 사복시와 번갈아 여러 번 바뀌었다)에서 가축의 질병을 치료했으며, 이 기관은 조선시대의 사복시(司僕寺)로 계승되었다. 정종 1년(1399)에는 수의학서인《신편집성우마의방新編集成牛馬醫方》을 펴냈는데, 송·원대의 관련 서적을 참고하고 선진들의 경험을 수집하여 고려시대의 수의학 전통 지식을 이은 책이다.

고려와 조선시대에는 이와는 별도로 말의 질병을 예방할 목적으로 말의 수호신으로 불리는 별인 방성[房星; 28수의 넷째 별자리에 있는 별들. 마조(馬祖)라고도 한다]에 마조제를 지내기도 했다. 제사를 지내기 위해 만든 단을 마조단이라 했다.

조선시대에는 여진과 왜구에 대한 방비와 농본정책에 따른 필요로 말과 소의 중요성이 더욱 커졌다. 병조의 사복시에 수의가 배치되어 소와 말의 질병 치료를 담당했다. 특히 말의 질병을 주로 맡아서 그 명칭을 마의(馬醫)라고도 했다.《경국대전》에 따르면, 사복시에는 경관직 외에 잡직으로 종6품에서 종9품까지 마의 10명을 두었다. 그리고 체아직(遞兒職; 현직을 떠난 관리에게 계속해 녹봉을 주려고 만든 벼슬)을 두고 관련 서적 등을 가르치도록 했다.

조선시대의 수의학이 발전한 것은 광해군 때 활약한 이서(李曙)의 영향이 크다. 이서는 세종대왕의 둘째 아들인 효령대군의 후손으로 성리학의 영향으로 기술학을 천시하던 시대에 말에 관련된《마경언해》를 저술해 조선의 수의학을 한 단계 올려놓았다. 이 밖에도《우마양저염역병치료방》《상마경》《마경초집언해》《마의방》《원형마료집》등의 수의학 책이 편찬되었다.

또한 고려시대 이래 매를 날려 꿩을 잡는 사냥의 풍속이 지배층 사이에 널리 퍼져, 고려 후기의 문신 이조년(李兆年)의《응골방》에 이어, 조선시대 안평대군의 《고본응골방》, 이염(李濂)의《신증응골방》등 매에 관련된 서적이 편찬되었다.

한련초로 머리 물들여

옛날 사람들도 대머리가 되지 않으면서 검은 머리를 유지하고 싶어 했다. 오늘날의 염모제나 발모제만은 못해도, 옛날 사람들은 한련초를 이용해 머리칼을 염색했다.《수진양로서》라는 옛 책에는, "일흔 살이 넘은 납합이라는 사람의 머리카락과 수염이 항상 검었기에, 사람들이 그 연유를 물었다. 납합은 한련초와 깻묵, 누에똥 등을 떡 모양으로 만들어 말려 이를 태워 아침저녁으로 이를 닦고 따뜻한 물로 양치질을 하니 머리카락과 수염이 검게 되었다고 알려주었다."는 기록이 있다.

한련초는 국화과의 한해살이풀로 동아시아를 비롯한 우리나라 중부와 남부 지방의 논이나 개울가, 습기가 많은 곳에서 자란다. 예장초(鱧腸草), 묵한련(墨旱蓮), 묵두초(墨頭草), 묵초(墨草), 묵채(墨菜) 등의 이름으로 불리기도 한다. 예장초의 '예장'은 까만 빛깔이 나는 물고기를 가리키는 말이고, 이름에 '먹 묵(墨)'자가 들

한련초

어간 것은 이 풀의 줄기에 상처를 내면 먹처럼 까만 즙이 나오기 때문이다. 한련초를 꺾어서 나온 까만 즙을 물에 타서 머리를 감거나, 줄기나 잎을 물에 담갔다가 손으로 비비면 까맣게 바뀌므로 한련초를 달인 물로 머리를 감았다.

세종 때 편찬된 의학백과사전인 《의방유취》에 따르면 한련초와 참기름, 우유, 감초로 만든 청련고를 반 년 동안 먹으면 흰 머리털과 몸의 털이 검어지고 머리털이 새로 나오는데, 효과가 매우 좋다고 한다. 《향약집성방》에는 맛은 달고 시며 성질이 평하고 독이 없으면서 수염과 머리털을 자라게 한다고 했다. 광해군 때 허준이 저술한 《동의보감》에도 줄기를 자르면 즙이 나와서 조금 있으면 까맣게 변하기 때문에 머리칼과 수염을 물들이는 데 쓴다고 기록되어 있다.

한련초는 염색약으로 쓰였을 뿐만 아니라 당시에는 남자들의 양기를 보충하는 데도 많이 쓰였다.

오등작제도

공(公)·후(後)·백(伯)·자(子)·남(男)의 오등작제는 보통 서양의 제도이며, 우리나라에서는 1910년 이후에 일제에 협조한 친일파에게 수여하던 작위로 생각하기 쉽다. 그러나 이것은 잘못 알고 있는 것이다.

작위는 나라에 공이 있는 사람의 신분을 높이기 위해 수여하던 명예의 칭호로, 곧 귀족계급을 나타내던 칭호이다. 중국에서는 북주·당·송 등 역대 왕조에서 실시했고, 우리나라에서는 삼국시대에 중국에서 삼국의 왕에게 관작을 내릴 때 아울러 주기도 했다.

이것이 제도화된 것은 고려시대다. 고려 초기부터 사용한 예가 있기는 하지만 제도로 정비된 것은 문종 때이다. 《고려사》〈백관지〉에 따르면, 문종 때 공·후·백·자·남의 5등을 근거로 국공(國公)·군공(郡公)·현후(顯候)·현백(顯伯)·개국자(開國子)·현남(顯男)의 6등급의 작위를 주었고, 그 작위에 해당하는 식읍을 주었으나 충렬왕 이후 폐지되었다. 국공은 식읍 3000호에 정2품, 군공은 식읍 2000

호에 종2품, 현후는 식읍 1000호에 정5품, 현백은 식읍 700호에 정5품, 개국자는 식읍 500호에 정5품, 현남은 식읍 300호에 종5품이었다. 그 후 공민왕 5년(1356)부터 공·후·백·자·남으로 나누어 수여하다가 공민왕 21년(1372)에 폐지되었다.

이처럼 채택과 폐지가 거듭된 것은 작위 수여에 일정한 기준이 없어 혼란을 일으켰기 때문이다. 이런 폐단을 없애기 위해 국가 유공자를 군(君)으로 봉하고 식읍 대신 국가에서 일률적으로 녹(祿)을 주는 제도가 점차 정착되었다.

조선 초기에는 고려시대의 오등작제를 답습하다가 부원군·군 등의 봉군제도로 바뀌었다. 1910년 국권피탈 이후에는 일제가 조선을 일제에 팔아넘기는 데 적극적으로 앞장선 박영효에게 후작, 이완용(李完用)에게 백작, 송병준(宋秉畯)과 윤덕영에게 자작 작위를 내린 바 있다.

지금도 영국에서는 이 제도가 시행되어, 1992년 철의 재상인 마거릿 대처(Margaret Hilda Thatcher)가 남작 작위를 수여받았다. 영국 의회의 상원의원은 작위를 가져야 될 수 있다.

옛날 관제에서 비롯된 여러 가지 말

알나리깔나리

알나리는 나이가 어리고 키 작은 사람이 벼슬을 했을 때 농으로 이르는 말이었으며, 깔나리는 별 뜻 없이 운율을 맞추기 위해 붙인 말이다. 오늘날에는 아이들이 남을 놀릴 때 하는 말이다.

박사(博士)

옛 관직의 하나로 교수의 임무를 맡아보던 벼슬이었다. 백제 때는 《시경》《서경》《역경》《예기》《춘추》에 능통한 학자를 오경박사로 칭했으며, 고구려 때는 태학에 박사를 두었다. 신라 때는 국학에, 고려 때는 국자감에, 조선시대에는 성균관·홍문관·규장각·승문원에 각각 박사를 두었다.

오늘날에는 학문적으로 우수한 성과를 올린 사람에게 주는 학위나 그것을 취득한 사람을 가리키는 호칭으로 바뀌었다. 때로는 진짜 학위를 받지 않았지만 어떤 분야에 대해 널리 알고 있는 사람을 비유하는 말로도 쓰인다.

보모(保姆)

궁중에서 왕세자를 가르치고 보육하던 궁녀를 말한다. '보(保)'는 '사람인변(亻)'에 '어리석을 매(呆)'가 합쳐진 글자로, 사람이 어린아이를 포대기로 둘러 등에 업고 있는 모양을 나타낸 것이다. 모(姆)는 여자 스승을 뜻한다. 오늘날에는 유치원 교사나 아동 복지시설 종사자를 일컫는 말로 쓰인다.

보필(輔弼)

본디 관리를 가리키는 말이었다. 임금을 모시는 신하가 어디에 서 있느냐에 따라 부르는 이름이 따로 있었으니, 앞에서 모시는 신하를 의(疑), 뒤에서 모시는 신하를 승(丞), 왼쪽의 신하를 보(輔), 오른쪽 신하를 필(弼)이라고 했다. 그중에서도 임금 양옆에서 모시는 신하의 역할을 가장 중하게 여겨 좌우의 신하를 아울러 보필이라고 했다. 오늘날에는 윗사람을 돕는다는 뜻으로 쓰인다.

감투

감투는 탕건 비슷한, 턱이 없이 민틋하게 만들어 머리에 쓰는 의관의 일종이다. 벼슬하는 사람만 쓰고 평민은 쓰지 못했다. 오늘날에는 벼슬이나 직위를 속되게 이르는 말로 쓰인다.

국수(國手)

임금의 병을 고치던 의사를 의국수(醫國手)라 했는데, 줄여서 국수라고 부르기도 했다. 곧 국수는 이름난 명의를 뜻하는 말이었다. 오늘날에는 명의를 지칭하기보다는 바둑이나 장기 실력이 나라에서 으뜸인 사람을 가리키는 말로 바뀌어 쓰인다.

떼어놓은 당상

당상관 벼슬을 떼어 따로 놓았다는 뜻으로, 여기서 당상관은 정3품 이상의 벼슬을 가리키는 말이다. 흔히들 경품이나 경매를 통해 어떤 것을 얻는 것을 이르는 '따다'라는 말을 연상해서 '따놓은 당상'으로 많이 쓰고 있지만 '떼어놓은 당상'이 맞는 말이다.

오늘날에는 어떤 일이 확실하여 조금도 틀림없이 계획된 대로 진행될 것임을 믿는 말, 또는 어떤 일이나 자리를 자기가 꼭 차지할 것이 틀림없음을 일컫는 말로 쓰인다.

봉사(奉事)

조선시대에 지금의 천문대에 해당하는 관상감, 교도소인 전옥서, 통역원인 사역원 등에 둔 종8품 벼슬이다. 이 자리에 맹인들이 주로 기용되었기 때문에, 벼슬의 한 직책이던 이 말이 맹인을 낮잡아 이르는 말이 되었다.

사대부(士大夫)

숭록대부, 정헌대부 하는 식으로 '대부(大夫)'라는 작호가 붙는 종4품 이상의 관리를 가리키는 말이다. '영감'이 정3품 이상의 벼슬아치를 이르는 말에서 나이가 지긋한 할아버지를 가리키는 말로 바뀌었듯이 이 말도 문무 양반을 일컫는 일반적인 호칭으로 쓰이고 있다.

샌님

'생원님'이 줄어서 된 말로, 생원은 원래 과거에서 소과인 생원과에 합격한 사람을 일컫는 말이었다. 이 말이 후대에 내려오면서 나이 많은 사람을 대접하는 존칭으로 쓰였다. 생원은 대개 공부도 많이 하고 행실도 점잖기 때문에 그같이 점잖은 사람을 가리켜 '생원님'이라고 불렀다. 오늘날에는 숫기가 없고 조용하며 사교성이 없는 성격의 남자를 가리키는 말로 변했다.

선달

문과나 무과에 급제했으면서도 벼슬하지 않은 사람을 가리키는 말로, 선달의 대표적인 사람으로는 닭을 봉(鳳)이라 우겨서 '봉이'라는 별호를 얻은 봉이 김선달이 있다. 선달의 높임말은 '선다님'이다. 그러나 후대로 내려오면서 과거 급제 여부와 상관없이 벼슬하지 않은 성인 남자들을 가리키는 말로 쓰였다.

형(兄)

고구려 때 벼슬 이름에 쓰이던 호칭으로, 지금의 국무총리에 해당하는 태대형(太大兄), 장관급에 해당하는 대형(大兄), 차관급에 해당하는 소형(小兄) 등이 있었다. 중국 청나라 때 양장거(梁章矩)가 쓴 《칭위록稱謂錄》에 따르면, 고려시대에는 장관을 형(兄)이라고 불렀다.

이것이 동기간이나 같은 항렬에서 나이가 많은 사람을 부르는 호칭으로 바뀌었고, 요즘 들어서는 꼭 동기간이 아니라 할지라도 나이가 비슷한 친구 사이에 상대방을 공대해 부르는 호칭으로 널리 쓰인다.

관청 용어에서 비롯된 여러 가지 말

퇴짜(退字)

조선시대에는 조정으로 올려보내는 물건들을 일일이 점검했다. 이때 물건의 질이 낮아 도저히 위로 올려보낼 수 없으면 그 물건에 '퇴(退)'자를 찍거나 써서 다시 물리게 했다. 그렇게 해서 돌려보낸 물건을 가리켜 '퇴짜 놓았다'고 했다.

오늘날에는 어느 정도 수준에 이르지 못하거나 마음에 들지 않아 거부당하는 것을 일컫는 말로서, 사람이나 물건에 두루 쓰인다. 물리치는 쪽에서는 '퇴짜를 놓다'라고 하고, 물리침을 당하는 쪽에서는 '퇴짜를 맞다'라고 한다.

낙점(落點)

조선시대 관리를 임명할 때 나온 용어로, 2품 이상의 대관을 선임할 때 후보자 세 사람을 적어 왕에게 추천하면, 왕이 그중 가장 적임자라고 생각하는 사람의 이름 위에 점을 찍어 뽑는 일을 가리키는 말이다. 오늘날에는 경쟁 상대가 여럿 있는 중에 어떤 직책에 임명되거나 당선되는 경우를 가리킨다.

기별(奇別, 寄別)

조선시대 임금의 명령을 들이고 내는 일을 맡아보는 승정원에서는 그 전날 처리한 일을 적어 매일 아침마다 널리 반포한 관보(官報)이다. 이것을 기별이라고 했고, 기별을 담은 종이를 기별지라고 불렀다. 그러므로 어떤 일이 확실히 결정된 것을 확인하려면 기별지를 받아야 알 수 있었다.

기별지가 반포되면 애타게 기다리던 일의 성사 여부를 알 수 있었으므로 그때서야 사람들은 기쁨과 안도의 숨을 쉴 수 있었다. 오늘날에는 '소식을 전하다' 혹은 '소식을 전하는 통지나 전화' 등을 가리키는 말로 바뀌었다.

술래

조선시대에 도둑이나 화재 따위를 경계하기 위해 궁중과 사대문 안을 순시하던 순라(巡邏)에서 비롯된 말이다. 순라는 오늘날의 경찰에 해당한다. 오늘날은 '술래잡기' 놀이에서 숨은 아이를 찾아내는 임무를 당한 아이를 가리켜 술래라 하는데, 조선시대에 순라군이 숨어 있는 도둑을 잡았던 데에서 비롯된 것으로 추정된다.

제수(除授)

조선시대의 관가 용어인 이 말은 '거둘 제(除)'와 '줄 수(授)'라는 서로 상반되는 글자가 합쳐진 말이다. 글자 그대로 내렸던 관직을 거두어들일 때나 새로운 관직을 내리는 일을 가리키는 말이다. 또는 추천의 절차를 따르지 않고 임금이 직접 벼슬을 내리는 일을 가리킨다. 대부분의 사람들이 관직을 내리는 한 가지 의미로만 알고 있는 경우가 많아 여기 실었다.

조회(朝會)

모든 벼슬아치들이 정전에 모여 임금에게 문안드리고 정사(政事)를 아뢰던 일을 가리키는 말이었다. 지금은 학교나 관청, 회사 등에서 업무를 시작하기 전에 구성원이 한자리에 모여 일과나 목표에 대해 얘기하는 아침 모임으로 바뀌었다.

표리(表裏)

조선시대에 벼슬아치들은 설날에도 나랏일로 바빴다. 이날 의정대신은 문무백관을 거느리고 임금에게 새해의 문안을 드리고, 신년을 축하하는 전문(箋文)과 표리(表裏)를 바쳤다. 표리는 시골에서 만든 희고 거친 무명의 겉감과 안감을 말한다. 여기에는 조야(朝野)가 검소한 생활을 소중히 여긴다는 뜻과 가난한 백성의 어려움을 되새긴다는 뜻이 담겨 있다. 그러나 백성의 어려움을 헤아린다는 것은 말뿐이었다. 임금은 물론 고관대작들은 단 한 번도 그런 허름한 옷을 입은 적은 없었다. 아마도 여기서 말과 행동이 같지 않을 때 '표리가 부동하다'는 말이 나온 것으로 추정된다.

여든 살이면 무조건 관직을 내려

예나 지금이나 사람들은 무병장수를 소망하고, 거기에 더하여 이름을 떨치고 집안을 일으키기를 꿈꾼다.

조선시대에는 평균수명이 50세를 넘지 못했으므로, 60갑자의 '갑'으로 돌아오는 61세인 환갑에는 잔치를 성대하게 치렀다. 또한 나이 많은 노인들에게는 존경하는 뜻에서 벼슬을 내렸다.

조선시대 최고의 법전인 《경국대전》에 "나이 여든 살 이상이 되면 양민이나 천민을 막론하고 벼슬을 내리며, 원래 관리였던 양반들은 한 등급을 높여 벼슬을 내린다. 단 당상관(조선시대에 정3품 이상의 벼슬을 통틀어 이르는 말) 이상은 왕의 특별한 명령에 따라 벼슬을 내린다."라고 기록되어 있다.

《세종실록》에는, 세종 17년(1435) 왕이 명령을 내리기를 "백 살 된 노인에게는 쌀 10석을 주고, 또 감사로 하여금 연달아 술과 고기를 주게 하라."는 기록이 있는 것으로 미루어 이 제도는 세종 때 실시되었음을 알 수 있다. 비록 이름뿐인 관직이지만 오래 산 노인들에게 벼슬을 내림으로써 백성들이 공경하고 예우하게끔 했던 것이다.

옛날의 서머타임제

조선시대의 관리들은 해가 긴 봄부터 가을까지의 출근 시간과 겨울의 출근 시간이 달랐다. 요즈음의 '서머타임제'를 실시한 것이다. 해가 긴 봄부터 가을까지는 오전 5시에서 7시 사이인 묘시(卯時)까지 출근했고, 오후 5시에서 7시 사이인 유시(酉時)에 퇴근했다. 요즘 시각으로는 대략 오전 6시에서 오후 6시까지 12시간 정도 근무한 것이다. 해가 짧은 겨울에는 출근은 묘시에서 진시(辰時; 오전 7시에서 9시 사이)로 늦춰졌고, 퇴근은 유시에서 신시(申時; 오후 3시에서 5시 사이)로 당겨져 약 8시간 근무했다.

대마도는 조선 땅

울릉도 동남쪽으로 87킬로미터가량 떨어진 곳에 있는 독도는 신라의 지증왕이래 우리나라의 영토였다. 여러 문헌을 보면 독도뿐만 아니라 대마도도 우리의 영토였음을 알 수 있다.

《삼국사기》나 대마도의 역사서인 《대주편년략對州編年略》에는 신라가 대마도를 지배한 사실을 밝히는 등 대마도가 신라의 영향권 안에 있었다는 기록이 있다. 조선 전기의 학자 어숙권(魚叔權)이 지은 《패관잡기》에도 "대마도는 옛날에는 우리 계림(鷄林; 신라의 다른 이름)에 속해 있었는데, 언제 일본인들이 차지했는지 알 수 없다."고 기록되어 있어, 과거에 대마도가 신라의 영토였음을 분명히 밝히고 있다. 즉 제주도에 있던 탐라국이 백제에 조공을 바치는 속국이었듯이, 대마도도 신라 이래로 우리나라에 조공을 바쳐왔던 속국이라고 할 수 있다.

고려 말기와 조선 초기에는 대마도의 왜구들이 우리나라 해안을 노략질하자 세 차례에 걸쳐 대마도 정벌에 나섰다. 1차는 고려 창왕 1년(1389)에 박위(朴葳)가, 2차는 조선 태조 5년(1396)에 김사형(金士衡)이, 3차는 세종 1년(1419)에 이종무(李從茂)가 정벌에 나섰다. 특히 3차 정벌 이후에는 대마도주가 경상도의 일부로 복속하기를 청하면서 조공을 바칠 것을 약속했다. 이후 대마도주의 요구에 따라 세종 8년(1426) 삼포를 개항해 무역을 허락함으로써 당분간 평화로운 관계가 이어졌다.

당시 왜구의 노략질로 피해가 막심하자 조정에서는 그들을 회유하기 위해 벼슬을 내렸는데, 이들을 수직왜인(受職倭人)이라 했다. 이들은 정치적 지위를 인정받고 경제적 도움을 받았으며 왜구의 움직임을 보고하거나 조선과 대마도와의 외교가 잘 이루어질 수 있도록 하는 등 우리나라에 적극적으로 협조했다.

임진왜란 당시 도요토미 히데요시가 조선을 침략한 부하 장수들에게 명령해 작성한 〈팔도총도〉에는 대마도가 조선의 영토로 표기되어 있다.

일본은 대대로 대마도를 통치한 종씨(宗氏) 가문이 일본의 성씨라며, 이것을 근거로 대마도가 오래전부터 일본 영토라고 주장해왔다. 그러나 영조 16년(1740) 동래부사 박사창(朴師昌)이 편찬한 《동래부지》에는 "대마도주는 옛적 계림에 예속돼 있었으나 어느 때 왜인이 점거했는지는 알 수 없다. … 세상에 전하기를 대마도주 종씨는 그 선조가 원래 우리나라 송씨(宋氏)로, 대마도에 들어가서 성을 종씨로 바꾸고 대대로 도주가 됐다."는 기록과 함께, 초대 대마도주인 종중상(宗重尙)을 부산에 있는 화지산에 장사 지냈다고 기록돼 있다.

그러던 것이 1854년 미국에 의해 강제로 개항을 한 일본은 메이지 유신 이후 대마도주를 폐하고 일본의 영토로 편입시킨 것이다.

잡색군과 예비군

조선시대에는 잡색군(雜色軍)이 오늘날의 예비군 역할을 했다.

생원·진사·품관(品官)·교생(校生) 등 지방의 힘있는 사람들, 향리, 공사천(公私
賤) 등의 역(役)을 가진 사람들은 평상시에는 병역의 의무가 없었으나, 유사시에
대비해 잡색군에 편입되어 있었다. 잡색군은 중앙에 번상(番上; 지방의 군사를 골
라 뽑아 서울의 군영으로 보내는 일)도 하지 않았거니와 매달 한 번 각 진(鎭)에서 진
법 연습을 하는 것도 면제되었다. 세조 13년(1467)에는 한양에 잡색군 제도를 두
기도 했으나 활발히 운영되지는 못했다.

잡색군은 1948년 대한민국 정부 수립 이후 생업에 종사하면서 정규군에 편입
할 수 있는 호국군으로 계승되었다. 이듬해 8월에 병역법이 공포됨에 따라 호국
군이 해체되었고, 그해 11월 초에 예비군 성격을 띤 청년방위대가 편성되기 시
작해 1950년 5월 말에 전국적인 조직으로 완성되었다. 같은 해 12월에는 전시
에 신속하게 병력을 동원하기 위해 예비군 성격의 국민방위군을 편성했으나 일
부 장교들의 부정부패 사건이 터지자 1951년 국회 결의에 따라 해산되었다가,
1968년에 예비군이 창설되어 오늘에 이른다.

서재필 박사가 만든 식목일

지금은 아니지만 2005년도까지 4월 5일 식목일은 공휴일이었다. 4월 5일이
식목일로 지정된 것은 신라가 한반도에 야욕을 가졌던 당나라의 세력을 몰아낸
문무왕 17년(677) 음력 2월 25일이었거나, 조선시대 성종 24년(1493) 음력 3월
10일에 임금이 동대문 밖 선농단에서 제사를 지내고 친히 농사를 시작한 날에서
유래했다고 한다.

실제 식목일은 언제부터 시작되었을까?

구한말 갑신정변이 실패한 뒤 일본을 거쳐 미국으로 건너갔던 서재필(徐載弼)

은 1896년 귀국하여 《독립신문》을 간행했다. 그는 미국과 비교하여 우리나라 산천에 나무가 없다는 것을 새삼 인식하게 되었다. 당시 우리나라에서는 산에서 나무를 베어 땔감으로 많이 사용했으므로 민둥산이 많았던 것이다. 이에 서재필은 1897년 4월 5일을 식목일로 지정하여 나무를 심도록 계몽운동을 펼쳤다고 한다. 이 사실은 서재필이 국내외 신문과 잡지 등에 영문으로 발표한 각종 글을 모은 《My Days In Korea》 중 'The New Korea'라는 글에서 확인할 수 있다.

일제강점기에 조선총독부는 4월 3일을 식목일로 정하여 식수 행사를 거행했다. 8·15광복 후에는 1946년 미군정이 공식적인 식목일을 정하고 이듬해 4월 5일 서울 사직공원에서 제1회 행사를 가졌다. 대한민국 정부가 수립된 후 1949년에 공휴일로 지정되었고, 1960년에 잠시 폐지되었다가 이듬해 공휴일로 부활되어 2005년까지 지속되었다.

가짜 뉴스의 제공자

가짜뉴스를 퍼뜨리면 처벌을 받듯 조선시대에는 민심을 동요시키는 유언비어를 퍼뜨린 사람을 처벌했다. 선조 29년(1596) 4월 10일에 비변사가 "근일 민심이 동요되어 원근이 소란합니다. 경성에서까지도 모두 이고 지고 대기하는데, 무뢰배들은 그 사이에 유언비어를 조작하여 민심을 놀라게 합니다. 바라건대 한성부로 하여금 방(榜)을 걸어 주지시키게 하고 금후 유언비어를 퍼뜨려 대중을 현혹하는 자는 법률에 의해 치죄하소서."라고 왕에게 아뢰니, 왕이 그에 따랐다.

인조 2년(1624) 3월에 포도대장이 "근일에 한 상인이 신(神)에 접했다고 자칭하면서 여염을 두루 다니며 요사한 말을 떠들어대어 사람들에게 성을 나가기를 권하자, 지나는 곳마다 남녀가 모여 구경하고 모두 의혹하였습니다. 그런데 어제 연평부원군 이귀(李貴)의 군관 정인(鄭仁) 등에게 잡혔기에 즉시 엄하게 형신하였더니 바보짓도 하고 미친 듯이 하며 괴이하고 허망한 말이 입에서 끊이지 않았습니다. 효시하여 요사한 말로 여러 사람을 현혹한 죄를 바루어 도성의 인심을 진정시키도록 명하소서." 라고 건의하니, 인조가 이에 따랐다.

정조 때에는 유언비어를 퍼뜨린 사람을 처형하기도 했다. 노염(盧琰)이란 자가 종로에 "왜선이 동래에 와서 정박했는데, 무기를 가득 실었다."라는 글을 붙였다. 사람들이 임진왜란과 같은 변란이 있을까 두려워하자 훈련대장 이경무(李敬懋)가 붙잡아 효시하여 다른 사람들에게 교훈을 줘야 한다고 주장하니, 정조가 이에 따랐다.

한말의 대표적인 유언비어는 지석영(池錫永)이 종두법을 보급할 무렵에 퍼진 유언비어이다. 당시로서는 치명적인 질병이었던 천연두를 예방할 목적으로 지석영이 일본에서 배워온 종두법을 실시하려고 할 때, 백성들 사이에는 소 고름을 접종해 조선인을 해쳐서 일본의 침략을 유리하게 하려는 불순한 의도가 있다는 유언비어가 퍼져 어려움을 겪었다.

이처럼 나라에서는 유언비어를 퍼뜨린 사람을 매우 강력하게 처벌했다. 전쟁이 일어나거나 전염병이 유행한다는 유언비어가 퍼지면 백성들의 혼란이 가중되고 민심이 흉흉해져 걷잡을 수 없는 사태로 발전할 수 있기 때문이다.

금주령

금주령의 역사는 매우 오래되었다. 《삼국사기》에 따르면, 백제 다루왕 11년(38) "가을에 곡식이 익지 않자 백성들에게 술을 빚는 것을 금했다."고 한다. 2000여 년 전에 이미 금주령을 내린 바가 있는 것이다.

고려시대에도 가뭄으로 흉년이 들 우려가 있자 충숙왕과 충목왕, 공민왕 때 금주령을 내렸다. 술을 통제함으로써 화폐경제를 활성화하고 쌀의 소비를 막기 위함이었다.

조선시대에는 더욱 자주 금주령을 내렸다. 《조선왕조실록》을 분석해보면 금주령에 관련된 기록만 175건이나 된다. 세종 18년(1436) 4월 17일에 사헌부에서 아뢰기를, "근년에는 곡식이 풍년이 들지 않아 민생이 염려되니, 한양과 지방에 술을 쓰는 것을 금하여 낭비를 덜게 하소서." 하니, 임금이 말하기를, "마땅히 금주를 해야 하나, 취하도록 마시지 않는 자와 약으로 먹는 자는 함부로 마시는 사람들을 함께 묶어 죄를 묻지 말고, 자세히 정상(情狀)의 경중을 살펴서 죄를 묻되, 그 정상이 가긍한 자는 석방하라." 했다.

중종 2년(1507) 윤1월 20일 "금주령이 내렸는데도 외간에서 취하도록 마시고 방자하여 거리낌이 없으니, 엄금하게 하라." 하교했고, 관리들에게 '술의 폐해에 대해 논하라'라는 과제를 내리기도 했다. 중종 32년(1537) 4월 15일에는 사헌부에서 금주령을 내리도록 건의하기도 했으니, "지금 가뭄 기운이 매우 심하니, 무릇 노쇠한 사람이 약으로 먹는 것과 혼인이나 제사 이외에는 한 병의 술을 가지는 것도 일체 금하기 바랍니다." 하니, 중종이 그대로 실시하라고 했다.

영조 9년(1733) 1월 10일에는 도성의 쌀값이 뛰면서 품귀현상을 빚자 금주령을 내렸다. 비국당상 김동필이, 이 곡식을 소비시키는 것으로 술보다 더 심한 것이 없으니 엄중하게 금지할 것을 청하자, 임금이 그대로 따른 것이다. 영조 31년(1755) 9월 14일에 임금이 하교하기를, "다시 생각해보니 향촌의 탁주는 바로 서울에서 가장 맛있는 술이니, 위로 종묘에 고하고 아래로 반포한 후에는 한결같이 해야 마땅하다. 제사·연례·호궤와 농주는 모두 예주로 허락하되 탁주와 보리술은 일체로 엄금하라." 했다. 이때에 여러 신하들이 임금의 명령을 칭송했다.

조선시대에도 이전 시대와 마찬가지로 자연재해로 인한 흉년으로 쌀이 부족하거나, 술 때문에 사람의 도리에서 벗어나는 일이 많을 때 금주령을 내렸다.

금주령을 어기는 사람은 엄하게 처벌했다. 영조 40년(1764) 5월 3일에는, 과천에 술이 있다 하여 그 지방관과 도신을 귀양 가게 했고, 또 강화부의 상인 중에 위반한 자가 있으므로 강화유수 정실(鄭實)을 파직했으며, 지방관인 양천현감 박명양(朴鳴陽)을 귀양 보내고, 이를 발견한 선전관 이보한(李普漢)은 승진시켜 양천현감에 특별히 임명했다. 또 영광의 뱃사람이 경강에서 술을 마셨다 하여 영광군수 윤면동(尹冕東)을 남쪽 연변에 귀양 보냈다.

그러나 금주령을 위반해 처벌받는 사람들은 주로 피지배층의 서민들이었다. 술의 주 소비층은 양반이었음에도 옛날이나 오늘날이나 '유전무죄 무전유죄'인 모양이다.

오늘날보다 더 많은 지원을 받은 장애인

조선시대에는 환과고독(鰥寡孤獨), 즉 늙어서 아내 없는 사람, 늙어서 남편 없는 사람, 어려서 어버이 없는 사람, 늙어서 자식 없는 사람들을 나라에서 법으로 정해 지원했다. 먼저 이들은 가족이 책임을 지도록 했다. 가족에 문제가 있어 더 이상 책임을 질 수 없으면 그 이웃이나 친척 등 마을공동체에서 지원해주도록 했다.

장애인을 대상으로 하는 지원 정책도 이어졌다.

먼저 갈 곳 없는 장애인들을 위해 명통사(明通寺)를 세워 이곳에서 거주하도록 했다. 《세조실록》 세조 3년(1457) 9월 16일 기사에는, 이곳에 거주하는 사람에 대해, "몸에 남아 있는 질병과 병세가 지독하여 잘 낫지 않는 병 때문에 더욱 의탁할 곳이 없는 자와 맹인을 위해서는 이미 명통사를 설립했고, 농아(聾啞)와 다리를 저는 무리 등은 한성부로 하여금 널리 책임지고 맡아줄 곳을 찾고, 동서 활인원에서 후히 구휼하되, 매 절계(節季)마다 아뢰도록 하라. 이 사항을 해당 관사에 알리도록 하라."고 했다. 명통사를 세워 장애인을 책임지도록 한 것이다.

조선시대에 시각장애인들은 점술, 독경(讀經), 악기 연주 등으로 생업을 이어갔으며, 나라에서는 이들에게 장애 정도에 따라 벼슬도 내렸다. 그 예를 보자.

《세종실록》 세종 17년(1435) 5월 8일에 예조에서 아뢰기를, "향악(鄕樂)·당악(唐樂)의 맹인을 악공의 예에 따라 1년 만에 서로 교대하여 직책을 받게 하소서." 하니, 임금이 그대로 따랐다. 세종 20년(1438) 3월 27일 기사에는 "맹인 성귀수(成龜壽)를 부사직으로 삼으니, 귀수는 곧 공신 창녕부원군 성석린(成石璘)의 손자이다. 석린의 막내아들 성발도(成發道)는 아들도 없이 죽었고, 맏아들 성지도(成志道)는 살았으나 눈이 멀었는데, 그의 아들 귀수도 또한 눈이 멀었던 까닭으로 석린이 죽었으나 후사가 되지 못했는데, 이때에 와서 귀수가 아들을 낳자 임금이 듣고 관직이 없음을 가엾게 여겨 특히 제수하였던 것이다."라고 했다. 양반에게는 높은 관직도 내린 것이다.

청각장애인에게도 벼슬을 내렸다. 영조 때의 실학자로 일찍이 신분제 폐지를 주장했던 유수원(柳壽垣)은 청각장애인으로 여러 지방의 수령을 지냈으며, 이러한 경력에서 얻은 경험을 바탕으로 관제 개편과 신분제 철폐 및 교육 기회 균등을 주장한 《우서迂書》를 펴냈다.

세종 때 척추장애가 있는 허조(許稠)는 우의정과 좌의정을 지냈으며, 숙종 때 우의정을 지

유수원의 《우서》(실학박물관)

낸 윤지완(尹趾完)은 한쪽 다리를 절단한 지체장애인이었다. 영조와 정조 때 활동한 화가 최북(崔北)도 시각장애인이었다.

이처럼 조선시대에는 신체장애가 벼슬하는 데 아무런 지장을 주지 않았으며, 백성들의 장애에 대해서는 나라에서 특별히 관심을 기울였다. 하지만 일제강점기를 거치면서 장애인에 대한 사회 인식이 왜곡되면서 이들에 대한 차별이 심화되었다.

토지를 사고팔 때 거래 사유를 적어야 계약 가능

오늘날 토지를 비롯한 부동산을 거래할 때 계약서에는 매도인과 매수인의 신상정보를 적고, 계약 일시와 계약금 및 중도금, 잔금을 주는 날짜를 쓰고, 부동산 중개인을 보증인으로 세우면 계약서에 더 이상 기입할 것은 없다. 하지만 조선시대에는 토지를 거래할 때 계약서에 반드시 거래 사유를 적어야 했다.

조선을 창업한 이성계는 위화도 회군을 통해 정치적 권력을 잡은 뒤 경제권을 확보하기 위해 토지개혁을 실시해 모든 토지를 국유화했다. 양반이나 관리에게는 조세를 받을 권리만 주어졌다. 물론 공신전 등 상속이 가능한 토지는 사유지였지만, 이들 토지를 매매할 때는 다음과 같은 특별한 사유가 있어야 했다. 《세종실록》 세종 6년(1424) 기사에 따르면, 나라에서 인정하는 특별한 사유는 부모의 장례를 치를 비용이 없거나, 많은 빚을 갚거나, 빈곤하여 생계를 이어갈 길이 막

막한 경우이다. 이러한 사유를 매매 계약서에 거래 사유로 적어야만 나라에서 사적인 매매를 허가해주었던 것이다.

매매가 이루어지면 입안(立案)을 해야만 했다. 입안은 매매 사실을 관청으로부터 공증받은 공문서를 말한다. 조선시대에 입안은 거래가 이루어진 후 100일 이내에 해야 하며, 토지와 가옥의 매매 계약을 취소할 때는 15일 이내에 해야만 했다.

그러나 임진왜란과 병자호란을 겪으면서 나라의 경제 상황이 악화되고 토지가 줄어들자, 매매계약서의 거래 사유도 나라에서 인정한 '특별한 사유'가 아닌 '요용소치(要用所致; 쓸 곳이 있어서)'라는 식으로 두루뭉술하게 적게 되었다. 1897년 시작된 광무개혁 때 실시한 양전사업으로 근대적인 매매계약이 이루어지면서 입안은 지계(地契) 또는 가계(家契)의 형태로 바뀌었다.

민정문서

우리나라에서 호구조사를 처음 실시한 시기는 삼국시대까지 거슬러 올라간다. 《삼국지》〈위지동이전〉에, "고구려와 백제에서는 가구를 조사하는데, 매번 몇 명의 사람이 사는지를 알아보았다."라는 기록으로 그 사실을 알 수 있다.

통일신라시대에는 서원경(오늘날의 충청북도 청주시에 설치했던 행정구역)에서 작성된 민정문서(民政文書)를 통해 호구조사가 이루어졌음을 알 수 있다. 민정문서는 일본 나라시에 있는 도다이지[東大寺] 쇼소인[正倉院]에 보관돼 있던 통일신라시대의 토지문서로, 신라촌락문서·신라장적(新羅帳籍)·정창원 신라장적 등으로도 불린다.

민정문서 작성 시기는 정확하게 확인할 수 없으나 학계에서는 경덕왕 14년(755), 헌덕왕(재위 809~826) 7년(815), 또는 헌강왕(재위 875~886) 1년(875) 등으로 추정하고 있다. 민정문서에는 서원경의 관할지인 어떤 마을과 그 근처에 있는 사해점촌(沙害漸村)·살하지촌(薩下知村) 그리고 이름을 알 수 없는 어떤 마을 등 4

개의 촌락을 대상으로 마을 이름, 마을의 지리적 구분, 호구(戶口), 우마(牛馬), 토지, 뽕나무·호두나무·잣나무 등을 그 수의 증감에 따라 자세히 기록되어 있다. 이것은 오늘날처럼 호주(戶主)를 중심으로 기록한 것이 아니라 단순히 나라에서 조세와 군역, 부역을 거두어들이기 위한 호구조사의 성격을 띤 것이다. 인구수 변동 내용이 3년의 차이가 있는 점으로 미루어 3년마다 호구조사가 이루어진 것으로 보인다.

고려시대에는 상민의 호적인 경우에는 주현관이 매년 호구조사를 하여 호부에 보고했다. 이 호적에는 16세를 정년으로 국역을 부담하고 60세를 노인으로 분류해 국역을 면제하는 사항이 기록되어 있다. 따라서 이 상민의 호적은 양천(良賤)의 변별과 요역과 부세를 정확히 하여 징병과 부역에 참고하기 위해 작성한 문서였음을 알 수 있다.

조선시대에는 호구단자를 만들어 각 호마다 가장의 주소·직업·성명·나이·본관·사조(四祖), 처의 성씨·나이·본관·사조, 동거 자녀의 나이·본관, 노비와 품팔이꾼의 나이 등을 기록했으나, 여전히 호주라는 명칭은 등장하지 않았다.

호주라는 명칭은 건양 1년(1896) 9월에 시행된 '호구조사규칙'에서 처음 사용되었다. 호주제 폐지 반대론자들은 이것을 근거로 호주제가 우리나라의 전통적인 가족 형태라고 주장해왔다.

반면 호주제 폐지론자들은 1909년 3월 제정된 '민적법(民籍法)'과 '민적법집행심득(民籍法執行心得)'에서 처음으로 가족관계를 호주권의 관점에서 파악했다고 보고, 호주제가 일제의 잔재라며 폐지를 주장해왔다.

1923년 7월 제정된 '조선호적령'에 따라 법원에서 호적 업무를 관장하게 되었고, 광복 후에도 이를 바탕으로 '법원조직법'이 만들어져 법원이 호적에 관한 사무를 맡아해왔다.

2005년 2월 헌법재판소가 호주제에 관해 헌법불합치 결정을 내림에 따라 3월에 호주제 폐지를 골간으로 하는 민법 개정안이 국회를 통과했고, 2008년 1월 호주제는 역사 속으로 사라졌다.

임진왜란에 참전한 흑인 용병

요즘 우리나라 프로 스포츠구단에서 활약하는 선수들 중에는 외국인이 많다. 이들을 일컬어 흔히 용병(傭兵)이라고 한다.

조선시대에 임진왜란이 일어났을 때도 외국에서 용병이 온 적이 있었다. 임진왜란이 한창이던 때에 일본은 조선에 원병을 보냈던 명나라와의 휴전 협상이 성과 없이 끝나자, 선조 30년(1597) 정유재란을 일으켰다. 조선은 또다시 명나라에 원병을 요청했고, 이듬해 드디어 흑인 용병이 조선에 들어왔다.

조선의 화가 김수운(金守雲)이 그린 〈천조장사전별도天朝將士餞別圖〉에서 그 흑인 용병의 모습을 확인할 수 있다. 당시 명나라 장수 팽신고(彭信古)는 선조에게 색다른 병사를 소개하겠다면서, "그들은 파랑국(오늘날의 포르투갈) 사람으로 바다 셋을 건너야 그곳에 이르는데, 조선과는 15만여 리나 떨어져 있는 곳에서 온 귀한 전투병입니다."라고 아뢰었다. 그는 또 이들이 조총과 여러 가지 무예에 뛰어나며 특히 바닷속에서 한참을 머물 수 있어 왜군의 배를 공격하는 데 많은 활약을 할 것이라고 말했다.

《선조실록》 선조 31년(1598) 5월 기사에는, 흑인 용병의 모습을 한마디로 해귀(海鬼)라고 표현하면서 다음과 같이 묘사했다.

"노란 눈동자에 얼굴빛은 검고 사지와 온몸도 모두 검다. 턱수염과 머리카락은 곱슬이고 검은 양모처럼 짧게 꼬부라졌다. 이마는 대머리가 벗겨졌는데 한 필이나 되는 누른 비단을 반도(蟠桃; 3000년마다 한 번씩 열매가 열린다는 선경에 있는 복숭아)의 형상처럼 서려 머리 위에 올려놓았다. 바다 밑에 잠수하여 적의 배를 공격할 수 있고 또 며칠 동안 물속에 있으면서 물속 생물을 잡아먹을 줄 안다."

유성룡(柳成龍)의 시문집 《서애집西厓集》에는 그들의 몸집이 워낙 커서 말을 타지 못하고 수레를 타고 전쟁터로 이동했다고 기록되어 있다.

흑인 용병들이 참전했을 때는 전쟁의 막바지였다. 왜군들은 순천과 남해, 울산과 부산을 중심으로 왜성을 쌓고 저항했다. 이때 흑인 용병은 제독한토관병어왜총병관인 유정(劉綎)의 지휘를 받고 있었는데, 이들의 활약은 거의 없었던 듯하다.

이익은 《성호사설》에서, "유정은 경주에서 왜군를 공격할 때 단 한 번의 공을 세우지도 못했습니다. 도대체 무엇 때문에 해귀를 시켜 물속으로 들어가 왜선의 밑을 뚫어 배가 가라앉도록 하지 않았는지 이해할 수가 없습니다."라며, 유정의 태도를 비판하고 있다. 이익의 말을 따르면, 유정은 이들의 재주를 제대로 활용하지 못하고 패했다는 것이다.

통행금지 실시

1945년부터 시행되었던 통행금지가 1982년 1월 6일 폐지되었다. 그 이전까지는 자정이 넘어 통행하는 사람은 경찰이 경찰서나 파출소로 연행해 신분이 확인되면 새벽 4시가 되어야 집으로 돌아갈 수 있었다. 이곳에서 밤을 지내기 싫은 사람들은 여인숙이나 여관을 찾아들기도 했다. 심지어 경찰과 쫓고 쫓기는 추격전을 펼치다가 불상사를 당하는 사람도 있었다.

조선시대에는 인정(人定)이라는 통행금지가 있었다. 삼국시대나 통일신라시대에도 이 제도가 시행되었는지 알 수 없으나, 고려시대에는 《고려사》 권53에 "충혜왕 3년(1332) 정월부터 종루의 종을 쳐도 울지 않는다."라고 한 것으로 미루어 이 같은 제도가 있었던 것으로 추정되나 그 내용은 확실하지 않다. 그러므로 인정제도는 조선시대에 제도적 장치가 완성된 것으로 보인다.

《태조실록》 태조 7년(1398) 4월 4일 기사에 따르면, 개국공신 권근(權近)이 명을 받아 종명(鐘銘)을 지었는데 그 서문은 이러하다. "새 왕조의 개국이라는 큰 공과 대업을 후세에 전하고, 아름다운 종소리를 들을 때마다 후세 사람들의 이목을 깨우치게 하며, 넓은 도시와 큰 고을에서 새벽과 저녁에 종을 쳐서 쉬는 시각을 엄하게 하니 종의 용도가 다양하다."

종을 거는 종루(鐘樓)는 서울의 한복판인 현재의 종로와 남대문로가 교차하는 네거리에 설치했다. 매일 밤 10시에 종을 28번 쳐서 통행을 금지하는 인정을 알리고 성문을 닫았고, 매일 새벽 4시에 종을 33번 쳐서 통행금지를 해제하는 파루

(罷漏)을 알리고 성문을 열었다. 인정에 28번, 파루에 33번 종을 울리는 것은 불교의 교리와 관계 있다. 인정은 우주의 일월성신 28수에 고하기 위하여 28번을 치는 것이고, 파루는 제석천이 이끄는 하늘의 33천에 고해 그날의 국태민안을 기원한 것이다.

인정의 목적은 범죄를 예방하기 위한 치안 유지이므로 인정 이후에 통행하다가 적발되면 경수소(警守所)에 구금되었다. 이튿날 곤장을 때렸는데 형량은 10도(度)에서 30도까지 어긴 시각에 따라 달랐다. 도성 안에 큰 화재가 났을 때도 종을 쳐서 모든 사람들에게 알렸다.

공신녹권과 공신상훈교서

훈장은 국가에 공로가 뚜렷한 사람의 공적을 치하하고자 국가에서 수여하는 표장(標章)이다. 훈장의 기원은 서기 전후에 로마에서 군인, 우승자, 시인에게 수여한 것이다. 그러나 일반적으로는 11세기 십자군 원정 때 종교기사단에게 수여한 것에 기원을 둔다.

표장 대신에 우리나라에서는 신라시대부터 훈공(勳功)을 나타내는 이름과 호를 등급을 나누어주기 시작했다. 공신에게 영예로운 작위와 토지와 노비 등을 지급하고, 그 자손들에게도 음직(蔭職; 과거를 거치지 않고 조상의 덕으로 얻는 벼슬)을 주었다.

고려 초기에는 공신도감에서 공신들의 공적과 상을 주는 규정을 기록한 녹권(錄券)을 발급했다. 말기에 이르러 중흥공신(中興功臣)에게는 녹권 이외에 각 공신의 공적과 상훈을 개별적으로 기록한 교서(敎書)를 주었다. 녹권을 다른 말로 공신축(功臣軸) 또는 철권(鐵券)이라고도 한다.

조선시대에는 태조 1년(1392)에 개국공신을 시작으로 영조 4년(1728)에 분무공신(奮武功臣; 이인좌의 난을 다스린 공로로 열다섯 사람에게 상으로 준 훈명)에 이르기까지 28종의 공신이 있었다. 훈장 관련 사무는 공신도감, 충훈부, 녹훈도감

등에서 관장했다. 공신에게는 상훈 문서인 공신녹권이나 공신상훈교서가 주어졌다.

일단 공신이 되면 당사자는 물론이거니와 가문의 명예가 높아지고 재산과 지위가 생기니, 국정이 혼란한 시대에는 훈장이 남발되기도 했다. 이에 뜻있는 관료들은 훈장의 수여를 자제할 것을 상소하기도 했다. 일례로, 광해군 15년(1623)에 일으킨 인조반정 이후 인조의 장인인 한준겸(韓俊謙)은 "광해군 때 내리는 훈장이 분별 없고 지나쳐 나라를 잃는 지경에까지 이르렀으니, 지금은 마땅히 그때의 일하고는 거꾸로 하여 은상을 절제해야 한다."고 충고했다.

훈장을 주는 이유가 이치에 맞지 않을 때는 거절하는 관료도 있었다. 예컨대 사육신의 한 사람인 집현전학사 하위지(河緯地)는 《역대병요歷代兵要》를 편찬한 공으로 편찬 총재관인 수양대군으로부터 한 품작 특진하는 일종의 훈장을 수여받았으나 이를 거절하기도 했다. 임금이 어린데 대군이 훈장을 미끼로 조정의 신하에게 추파를 던지는 것은 부당하며, 신하들도 종실의 추파에 좌우되지 말아야 한다는 것이 거절의 명분이었다.

벼슬과 토지와 노비, 금 등을 상으로 내리던 훈장제도는 광무 4년(1900) 훈장조례가 공포됨에 따라 오늘날처럼 표장으로 바뀌었다.

우리나라만의 연호 사용

현재 국제적으로 통용되고 있는 연대 표기는 서기(西紀)이다. 이것은 예수가 태어난 해를 기준으로 삼은 서양식 연대 표기법이다. 우리나라에서는 사실상 단군이 태어난 해를 기준으로 하는 단기(檀紀)로 연대를 표기해야 마땅하지만 그렇지 않은 것이 현실이다.

과거에는 한나라에서 서기전 140년 한나라 무제가 건원(建元)이라는 연호를 사용한 이래, 우리나라에서는 제후는 연호를 사용하지 못한다는 사대주의 사상으로 인해 중국의 연호를 그대로 사용했다.

그러나 독자적인 연호를 사용한 적도 많이 있다. 391년 고구려의 광개토대왕은 왕위에 즉위하자 우리나라 최초로 영락(永樂)이라는 연호를 제정한 바 있으나, 문헌상으로는 이후의 왕들도 연호를 사용했는지 확실하지 않다.

신라에서는 법흥왕 23년(536)에 건원이라는 연호를 제정한 이래 진흥왕, 진평왕, 선덕여왕, 진덕여왕 때까지 독자적인 연호를 사용했으나 진덕여왕 3년(649)에 당나라 태종이 신라에서 연호를 따로 사용함은 부당하다고 하여, 다음 해부터는 당 고종의 연호인 영휘(永徽)를 사용했다. 헌덕왕 14년(822)에는 김헌창(金憲昌)이 반란을 일으켜 장안국을 세우고 연호를 경원(慶元)이라 했다. 발해에서는 무왕(武王) 이후 역대 왕들이 독자적인 연호를 사용했다. 후고구려를 세운 궁예(弓裔)는 국호를 마진으로 고치고 연호를 무태(武泰)라고 했으며, 이후 국호를 태봉으로 고쳐 왕건에게 멸망하기까지 모두 4개의 연호를 사용했다.

고려를 건국한 태조 왕건은 천수(天授)라는 연호를 사용했고, 4대 왕 광종은 광덕(光德)·준풍(峻豊) 2개의 연호를 사용했다.

조선시대에는 개국 초부터 실리적 사대외교를 추구하다 보니 자주적인 연호를 쓰지 못하다가, 고종 32년(1895)에 실시된 을미개혁으로 이듬해 비로소 건양(建陽)이라는 연호를 사용했다. 고종 34년(1897)에는 대한제국을 선포하면서 후한을 중흥시킨 광무제(光武帝)를 연상하여, 연호를 광무로 정했다. 우리나라에서 역대 왕들이 사용한 연호는 다음 표와 같다.

연호	국명	왕명	연대
건원(建元)	신라	법흥왕	536~550
개국(開國)	″	진흥왕	551~567
대창(大昌)	″	″	568~571
홍제(鴻濟)	″	″	572~583
건복(建福)	″	진평왕	584~633
인평(仁平)	″	선덕여왕	634~646
태화(太和)	″	진덕여왕	647~650
경원(慶元)	정안	김헌창	822

무태(武泰)	마진	궁예	904~905
성책(聖冊)	〃	〃	905~910
수덕만세(水德萬歲)	태봉	〃	911~913
정개(政開)	〃	〃	914~917
천수(天授)	고려	태조	918~933
광덕(光德)	〃	광종	950~951
건양(建陽)	조선	고종	1896~1897
광무(光武)	대한제국	〃	1897~1907
융희(隆熙)	〃	순종	1907~1910

옛날에도 변호사가 있었을까

변호사는 일정한 법적 자격을 가지고 의뢰자를 위하여 민사소송과 형사소송에 관해 활동하며 그 밖의 법률에 관한 업무에 종사하는 사람이다. 그럼 옛날에도 변호사가 있었을까?

조선시대에는 거래나 소송은 모두 문서를 작성하여 행했다. 그런데 당시에는 글을 아는 사람이 전 국민의 5퍼센트 정도인데다 문서의 형식이 매우 복잡해, 소송 당사자는 관아 주변에서 소송을 유도하는 것을 직업으로 하는 자를 고용해 대리소송을 했다. 이를 고용대송(雇傭代訟)이라고 한다. 그런데 이 고용대송 때문에 여러 가지 문제가 발생하자 성종 9년(1478) 8월에 제도적로 고용대송을 금지했다.

고용대송의 일을 맡아 하는 사람을 외지부(外知部)라고도 했다. 관리가 아니면서 소송을 관리하는 사람이라 하여 외지부라 했다. 이들 외지부는 고용대송을 하는 과정에서 불법을 저질러 처벌을 받기도 했다.

정조 연간에 하의도 주민인 윤세민은 영의정 홍낙성(洪樂性)의 부정을 고발하려고 했으나, 까막눈인지라 소송에 필요한 서류를 쓸 수가 없었다. 이에 당대 최고의 외지부였던 박성배에게 부탁을 했다.

하의도는 본디 임진왜란 직후 내륙에서 이주한 주민들이 황무지를 개간하고 갯벌을 간척해 농사를 지으며 살아가던 곳이었다. 그런데 인조 1년(1623) 임금은 정명공주에게 이곳의 땅을 하사했고, 정명공주가 당대의 세도가인 풍산 홍씨 집안의 홍주원(洪柱元)과 혼인한 것을 계기로 풍산 홍씨 일가는 대대로 하의도의 주민을 착취해왔다.

그러나 홍주원의 6대손 홍낙성이 정조의 각별한 신임을 받고 있는 터라 누구도 대항할 수 없었다. 이에 윤세민이 박성배에게 제안하기를, 소송에서 이기면 자신들이 경작하는 토지의 반을 준다는 조건으로 대리소송에 나서게 했다. 결국 정조는 하의도 주민의 손을 들어주었다. 하지만 하의도 주민들은 박성배가 외지부로서 위법을 저질렀다는 이유로 땅을 돌려받을 수 없었다.

광무 9년(1905) 5월에 편찬·공포된 《형법대전》에 따라 외지부에 대한 제재가 완화되어 사실대로 소송을 교도하거나 소장(訴狀)을 작성하는 것을 직업으로 하는 사람이 생겨났다. 이것이 변호사 제도의 계기가 되었다.

그러므로 고용대송인이나 외지부는 오늘날의 변호사처럼 변론을 하여 피의자가 경감된 처벌을 받거나 무죄가 되도록 하는 것과는 다르지만, 재판을 받을 수 있도록 사전에 준비를 해주는 법률적 대리인이라는 점에서 변호사와 그 맥이 통한다고 하겠다. 오늘날에는 변호사가 촉망받는 직업이지만 옛날에는 율과(律科) 출신으로, 신분적으로는 중인이었다.

1905년 11월 8일 법률 제5호로 '변호사법'이, 같은 달 17일에 법무령 제3호로 '변호사 시험규칙'이 공포되어 비로소 우리나라에 '변호사'라는 명칭이 공식적으로 쓰이게 되었다. 1906년에 법무령 제4호 '변호사 등록규칙'에 따라 홍재기(洪在祺)·이면우(李冕宇)·정명섭(鄭明燮)이 각각 1·2·3호의 인가증을 수여받아 최초로 변호사 등록을 했다. 1922년에는 변호사 시험에 합격한 자에 한하여 영업을 할 수 있도록 했다.

관리의 탄핵

대한민국 역사상 처음으로 지난 2004년 국회에서 노무현 대통령 탄핵을 의결했고, 2017년에는 박근혜 대통령이 탄핵되었다. 옛날에도 탄핵이 있었을까?

조선시대에는 삼사(三司), 즉 왕이 임명한 관리들의 잘잘못을 따지는 사헌부와 사간원, 왕의 잘못을 바로 잡아주는 홍문관이 왕권을 견제하는 역할을 했다.

사헌부와 사간원의 관리들이 관리들의 잘못을 지적하는 일을 대론(臺論) 또는 대탄(臺彈)이라고 한다. 이들은 탄핵을 통해서 관리들의 기강을 확립하기 위해 부정을 저지르거나 법을 어긴 자의 죄를 묻고 그 직위에서 물러나도록 했다. 많은 관리를 한꺼번에 탄핵한 경우도 있다. 선조 11년(1578)에 신진사류(新進士類)가 주동이 된 동인이 집권 세력인 서인을 한꺼번에 탄핵한 사건이 그것이다.

그러나 사실에 대한 확인 절차나 뚜렷한 근거 없이 소문에만 의지하는 풍문 탄핵도 종종 이루어졌다. 이는 나중에 정적을 제거하는 수단으로 악용되는 등 많은 폐단을 가져왔다. 탄핵을 받은 관리는 지위고하를 막론하고 직무 수행이 중지되고, 다시 직무를 보기 위해서는 제수의 절차를 거쳐야 하는 만큼 정치 경력에 치명적인 흠이 되었다.

조선 후기에 이루어진 대표적인 탄핵 사례로는 사도세자의 사건이 있다. 사도세자의 장인 영의정 홍봉한(洪鳳漢)이 크게 세력을 떨치자, 홍계희(洪啓禧)와 윤급(尹汲) 등은 그를 몰아내고자 사위인 사도세자를 탄핵했다. 이에 크게 노한 영조는 사도세자에게 자결을 명했으나 듣지 않자 뒤주에 가두었고, 사도세자는 결국 8일 만에 숨을 거두었다.

백성은 지배층에 봉사하는 존재

고려시대와 조선시대의 조세제도는 어떻게 운영되었을까? 당시에는 지금처럼 모든 사람이 세금을 내는 것이 아니라 지배층을 제외한 농민, 장인, 상인들만이 과세 대상이었다. 이 가운데 농민이 전체의 90퍼센트를 차지했으니, 농민이 세금의 대부분을 부담했던 것이다.

과세의 근거는 중국 당나라 때 완성된 조용조(租庸調)의 원칙이 적용되었으며, 시대에 따라 조금씩 다르게 운영되었다.

조(租)는 토지에 부과하는 전세(田稅)이다. 고려시대에는 국가에서 나눠준 토지를 경작할 경우에는 토지의 비옥한 정도에 따라 3등급으로 나누어 생산량의 1/10을, 개인 사유지를 경작할 경우에는 2/5~1/2을 세금 겸 해서 토지 소유자에게 주었다. 이 제도는 조선 세종 때 이르러 연분9등법과 전분6등법으로 정착되었다. 연분9등법은 그해의 풍흉에 따라, 전분6등법은 땅의 질에 따라 세금을 부과하는 것이다.

전분6등법은 1결의 수확량으로 구분한 것이기 때문에 면적이 같아도 내는 세액이 달랐고, 연분9등법은 농사의 풍흉에 따라 지역 단위로 상상년에서 하하년까지 아홉 등급으로 나누어, 토지 1결당 세액을 최고 스무 말에서 최하 네 말까지 부과했다.

그러나 이 제도는 관리의 사적인 욕심이 개입될 위험이 높았다. 실제로도 관리들이 부정을 저지르면서 애초에 의도한 대로 추진되지 않았다. 그 때문에 임진왜란 후 효종 때는 전세를 개혁해 영정법(永定法)을 실시했다. 전분6등법은 그대로 둔 채 연분9등법을 폐지하여 풍흉에 관계없이 일률적으로 1결당 미곡 4두로 고정한 제도이다.

용(庸)은 백성들에게 역역(力役)을 부과하거나 그 대신 물건으로 받는 제도로, 역역은 잡역(雜役)과 군역(軍役)으로 나누었다. 세금을 현금이나 현물로 거두지 않고 단지 노동력으로 징수한 것이 오늘날과 다른 점이라고 할 수 있다. 당시에는 국가에서 필요한 건물이나 성을 짓거나 도로를 닦는 토목공사를 할 때 현금이나 현물로 세금을 거둘 경우 문제가 있었기 때문에 생겨난 제도다. 세금을 내야 하는 평민의 입장에서도 현금이나 현물로 내는 것이 부담스러웠으므로 역의 노동력 부과는 옛말대로 '누이 좋고 매부 좋은 격'이었다.

역의 대상은 16세 이상 60세까지의 정남(丁男)이었다. 공정하게 역을 부과하기 위해서는 호구를 정확히 파악할 필요성이 있었으므로, 조선시대 태종 때는 호패법을 실시하기도 했고, 숙종 때는 다섯 가구를 한 통씩 묶은 호적제도인 오가작통법(五家作統法)을 실시하기도 했다.

이렇게 제도를 보완했는데도 역은 여러 가지 불합리한 요소와 관리의 부정으로 효과를 거두지 못했다. 특히 관리들의 부정은 극에 달해서 족징(族徵; 군포세를 내지 못하는 사람이 있는 경우에 그 일가붙이에게 대신 물리던 일), 인징(鄰徵; 군역을 이행해야 할 사람이 죽거나 도망하여 군포를 받지 못하게 되었을 경우에 이를 그 이웃에게 물리던 일), 백골징포(白骨徵布; 죽은 사람의 이름을 군적과 세금 대장에 올려놓고 군포를 받던 일), 황구첨정(黃口簽丁; 어린아이를 군적에 올려 군포를 징수하던 일) 등의 수탈을 일삼았다.

영조는 이를 시정하기 위해 균역법(均役法; 종래에 1년에 내던 군포 2필을 1필로 줄이는 대신, 부족분을 왕가나 권력자가 징수하던 염세·선박세·어장세를 나라에서 거둬들이는 제도)을 시행했으나 효과를 거두지 못했고, 고종 때 흥선대원군이 호포제(戶布制; 군포를 호포로 고쳐서 양반과 평민이 똑같이 부담하게 한 제도)를 실시함으로써 역의 부담이 골고루 이루어졌다.

조(調)는 가구에 부과해 지방의 특산물을 거둬들인 제도이다. 이는 자작농이 농업과 수공업으로 얻는 생산물의 일부를 납부하면 각 지방별로 모아 중앙으로 보내는 조세제도다. 그 종류는 매우 다양해, 곡물이나 해산물은 물론 생활에 필요한 물품뿐만 아니라 얼음이나 송충이까지도 거둬들였다. 그런 만큼 수납과 운반, 보관이 여의치 않아 납세자들에게 많은 어려움을 안겨주었다. 예를 들어 겨울이 따뜻하면 평양 사람과 화성 사람이 울었다고 한다. 겨울이 따뜻하면 평양 사람들은 평양의 특산물인 얼음을 보관하고 운반하기 어려워 울었고, 화성에서는 사도세자의 무덤인 융릉에 송충이가 들끓어 융릉 주변에 사는 사람들이 큰 고통을 겪어 울었다. 게다가 실무 관리들의 부정과 부패는 백성들을 더욱 힘들게 했다.

관리들의 부정부패를 방지하기 위해 임진왜란 이후부터 대동법(大同法)을 시행해 여러 가지 공물을 대동미(大同米), 대동포(大同布), 대동전(大同錢)으로 납부하게 했다. 이에 따라 국가가 필요로 하는 물건을 전문적으로 진상하는 상인이 등장하니 이들이 곧 공인(貢人)이다. 그러나 이렇게 제도를 개혁했는데도 농민의 부담은 줄어들지 않았다. 백성을 나라의 주인으로 여긴 것이 아니라 지배층에 봉사하는 존재로 생각했기 때문이다.

관기의 임무

기녀(妓女)는 춤과 노래로 나라에서 개최하는 여러 연회나 유흥 행사에서 흥을 돋우는 일을 직업으로 하던 여자로, 여기(女妓)·여악(女樂)·기생(妓生)이라고도 한다.

기녀가 언제부터 존재했는지 정확히 알 수는 없지만 《주서周書》와 《수서隨書》 등의 기록에 고구려에 남편 없이 떠돌아 다니는 유녀(遊女)가 있었다거나, 《삼국사기》에 김유신과 천관녀에 대한 일화가 나오는 것으로 보아 일찍부터 기녀가 있었을 것으로 추측된다.

관아에 소속된 관기(官妓)가 등장한 것은, 고려 광종 때 노비안검법이 제정되고 기녀가 관아에 소속되어 여악을 담당하면서다.

조선시대의 관기는 주로 여악과 의침(醫針)을 담당했다. 의료를 행하는 기녀를 약방기생, 상방(尙房; 임금의 의복과 궁내의 일용품, 보물 따위의 관리를 맡아보던 관아)에서 침선(針線; 바느질)을 담당하는 기녀는 상방기생이라고 불렀다. 그러나 관기의 주된 임무는 연회나 행사에서 노래하고 춤을 추거나, 거문고·가야금 등의 악기를 다루는 일이었다.

관기는 관찰사 아래에는 50여 명 정도가 있었고, 수령 아래에는 보통 15~30명이 소속되어 있었다. 이들 관기는 나이가 15세에 이르면 기안(妓案)에 이름이 오르고 고을 관아의 교방에 들어가 책임자인 행수의 감독 아래 기녀로서의 자질을 익혔다. 특히 서울 장악원에 소속된 기녀는 지방의 관기에 비해 뛰어난 재능을 보였다.

관기는 일반 기생과 마찬가지로 신분은 천인이었으나 큰머리에 금은을 장식하고 비단옷을 입는 등 양반집 부녀자처럼 사치가 가능했다. 이들은 원칙적으로 묘시(卯時)에 출근하고 유시(酉時)에 퇴근했으며 겨울철에는 진시(辰時)에 출근하고 신시(申時)에 퇴근했다. 아침 조회에는 꼭 참석해야 하는 불문율이 있었다. 그러나 실제로는 관리들의 부름에 응해야 하는 그들에게 일정한 퇴근시간이 있을 수 없었다고 한다.

관기는 관아에 소속되었으므로 일정한 봉급도 받았다. 현미 두 가마에 좁쌀한 가마, 콩 한 가마, 베 한 필, 종이돈 한 장을 계절이 바뀌는 3·6·9·12월의 14일에 받았으며 겨울 봉급은 다른 계절에 비해 훨씬 적었다. 종9품의 관리인 경우 겨울에는 현미 두 가마에 콩 한 가마만 받았다고 한다.

관기는 조선 말기까지 존속했으며, 관기가 낳은 딸은 수모법(隨母法)에 따라 어머니의 신역(身役)을 이어받았다.

서양보다 앞서 실시한 여론조사

여론조사는 선거뿐만 아니라 사회성원이 각종 사회적 문제나 정책·쟁점 등에 대한 견해나 태도, 의향 등을 밝히려는 목적에서 행하는 사회 조사이다. 역사적으로 기록된 최초의 여론조사는 1824년 미국에서 대통령 선거를 앞두고 실시한 여론조사이다.

그러나 우리나라에서는 400여 년이나 앞선 조선시대에 세종이 여론조사를 실시한 바 있다. 당시 조선은 농지 면적이 고려 말기의 70만 결(1결은 약 3000평)에서 170만 결로 늘어났다. 게다가 고려 말기부터 실시된 이앙법의 보급으로 수확량이 크게 늘어나 토지 1결당 300두였던 것이 1200두로 무려 네 배나 증가했다. 이에 세금제도의 개선이 필요했다.

그러나 세종의 뜻은 고위 관리들이 반대에 부딪혔다. 예나 지금이나 세금을 많이 내는 것은 싫었던 모양이다. 더구나 이들은 신고하지 않은 토지를 상당히 많이 소유하고 있었다. 새로운 세금제도가 실시되면 토지조사를 실시할 것이고, 이에 따라 세금 부담도 자연히 늘어날 것이기 때문이다.

그러자 세종은 뜻을 관철하기 위해 백성들의 의견을 묻기로 했다. 여론조사를 실시한 것이다. 여론조사는 세종 12년(1430) 3월에 시작해 8월에야 마무리되었다. 총 17만 명에게 의견을 물어, 9만 8000명이 찬성하고 7만 4000명이 반대하는 결과가 나왔다. 57퍼센트가 찬성한 것이다.

여론조사의 결과에 힘입어 세종은 고위 관리들의 반대에도 불구하고 새로운 세금제도를 실시할 수 있었다. 세종이 실시하려던 세금제도는 그해 풍흉에 따라서 세금에 차등을 두는 연분9등법과 땅의 질에 따라 세금을 거두는 전분6등법이었다.

상관이나 윗사람을 함부로 고소하면 위법

성리학적 사고에 바탕을 둔 생활이 정착된 조선시대는 수분지풍(守分之風)이 강조된 사회였다. 자신의 신분에 맞게 직업이나 말과 행동을 해야 한다는 것으로, 상하관계를 중시한 성리학적 사고방식의 결과였다.

이러한 상하관계를 깨뜨리지 않기 위해서는 아랫사람이나 천한 사람이 상관이나 윗사람을 함부로 고소하는 것을 허용하지 않았다. 이를 허용한다면 성리학적 상하관계가 무너지기 때문이다. 그래서 부모를 고소하거나 신고하는 자식은 처벌했으며, 부모가 저지른 잘못을 알고도 신고하지 않아도 처벌받지 않았다.

이 같은 사실은 《속형전續刑典》에서 확인할 수 있다.

"관청의 하급 관리나 서리의 무리들이 관원을 고발하거나, 품관·이민(吏民)들이 수령이나 감사를 고발한 것이 임금에 대한 반역과 관계되거나 불법으로 살인한 경우가 아니면 받아들이지 않고, 오히려 곤장 100대를 때리고 3000리 유배죄로 다스린다. 그런데 만약 자신의 억울한 일로 고소했을 경우에는 고발장을 접수한 다음 분간해서 처리한다."

이 법령은 수령들의 권한을 강화하면서 조선의 건국에 반대하여 낙향한 사림세력의 힘을 약화시키기 위한 수단으로 활용되기도 했고, 수령들의 부정부패가 늘어나는 부작용을 낳기도 했다.

여군이 있었던 가야

세계에서 가장 긴 강은 남아메리카를 흐르는 아마존강이다. '아마존'이라는 이름은 16세기경 에스파냐의 탐험가인 프란시스코 데 오레야나(Francisco de Orellana)가 아마존강 유역에 이르러 원주민과 싸움을 벌이던 중 여자들도 전투에 참가하자 그리스·로마 신화에 나오는 여전사 집단인 아마조네스를 연상해 붙인 이름이라고 한다.

그리스·로마 신화에 따르면, 아마조네스는 남자를 포로로 잡아와 관계해 자식을 얻었는데, 남자아이가 태어나면 다른 부족에게 주거나 살해했고 여자아이만 길렀다. 이들은 활을 쏘거나 창을 던질 때 방해가 되지 않도록 한쪽 유방을 도려냈는데 이 때문에 '젖이 없다'는 뜻의 아마존으로 불렸다.

우리나라에도 1세기에 성립해 6세기까지 존속했던 가야에 아마존과 같은 여전사가 있었다. 경남 김해 대성동고분군에서 발견된 세 구의 인골을 분석한 결과 모두 20~30대의 여성으로 밝혀졌다. 보다 정밀한 분석에 따르면 이들의 다리 근육은 보통 여성보다 훨씬 발달해 있음이 드러났다. 게다가 이들의 머리맡에는 수많은 철제 투구 조각이 나왔다. 이들이 평범한 여성이 아니라 전사임을 알려주는 증거들이다.

가야에서는 왜 전투에 여전사를 동원했던 것일까?

399년 신라의 내물왕은 왜구가 침범하자 고구려에 도움을 요청했다. 내물왕의 요청을 받은 광개토대왕은 5만의 군사를 이끌고 신라 땅으로 내려가 쳐들어온 왜구를 물리쳤다. 왜구를 물리치고 난 광개토대왕은 평소에 백제와 동맹을 맺고 고구려와 신라를 괴롭히던 가야의 세력을 약화시키고자 왜구를 물리친 여세를 몰아 가야의 맹주인 금관가야를 공격했다.

가야는 철기 문화가 발달한 지역으로, 강력한 철제 무기로 무장한 나라였다. 그러나 5만의 고구려 군사를 맞아 싸우기에는 역부족이었다. 결국 금관가야는 광개토대왕에게 패배하여 가야의 주도권은 대가야로 넘어가게 되었다.

금관가야는 신라와 고구려와 각축을 벌이는 소용돌이 속에서 부족한 병력을 보충하기 위해 철을 왜(倭)에 수출했고 그 대가로 왜로부터 용병을 제공받았다.

왜의 병력을 끌어들일 만큼 절박했던 금관가야로서는 나라를 부흥시키기 위해 군사들이 더욱 많이 필요했고, 여자들도 무장을 해야 할 상황이었을 거라고 추정할 수 있다. 그 와중에 고구려의 공격을 받은 것이다. 이 여전사들은 쇠퇴해가는 금관가야의 부흥을 꿈꾸며 무장을 하고 나섰을 것이다. 그리고 금관가야의 왕이 세상을 떠나자 관습에 따라 임금을 호위하던 여전사 중 일부를 순장했을 것으로 추측된다.

제 5 장

경제생활

조선시대의 어음

　동양에서 어음은 송나라에서 처음 사용하기 시작했다. 이때에 사용된 어음은 교자(交子), 회자(會子), 전인(錢引) 등이었다.

　우리나라에서는 조선시대에 어음이 사용되었다. 조선 후기에 들어 대동법의 실시로 공인이 등장하고, 이로 인해 상품 교환경제가 활발하게 이루어지는 등 상공업의 발전이 두드러진 결과였다. 우리나라의 고유한 어음은 어험(於驗) 또는 음표(音票)라고 했다. 상평통보가 교환수단으로 널리 유통된 이후부터 신용을 본위로 하는 송상(宋商; 개성상인) 사이에서 쓰기 시작했고, 이후 객주에서 발행하여 본격적으로 통용되었다.

　어음 첫머리에는 '당문(當文)' 또는 '당전(當錢)'이라고 적었는데, 이것은 반드시 지급하겠다는 뜻이다. 중앙에는 '출문(出文)' 또는 '출전(出錢) ○○냥'이나 '출급(出級)' 또는 '출차(出次)'라고 적었다. 출문 또는 출전은 얼마만큼의 금액에 해당한다는 것을 나타내고, 출급 또는 출차는 지급하겠다는 뜻이다.

　어음 끝에는 발행한 상점의 도장을 찍어 지급인을 표시했다. 매월 5일, 10일, 15일, 20일, 25일, 30일은 '파수일'로서 상인 간에 거래한 어음을 교환하는 날이었다. 이때 약정 금액을 지불하지 못하면 다음 파수일까지 5퍼센트의 이자를 가산해 보상을 했으며, 그 어음을 세 번 파수가 지나도 보상을 못하면 어음의 발행인은 어음 사용이 불허되었다. 그리고 십여 파수가 지나도 지불하지 못하면 채권자들이 모여 판셈(빚진 사람이 돈을 빌려준 사람들에게 자기 재산의 전부를 내놓아 나누어 가지도록 함)을 했다. 이는 오늘날처럼 약정 기일에 돈이 들어오지 않으면 부도 처리하는 것과는 차이가 있다.

　이러한 어음과는 다른 사금파리 어음도 있었다.

　문자를 모르는 사람들이 거래할 때 상호간에 사기조각을 톡 쳐서 갈라진 것을 한 쪽씩 보관

어음(실학박물관)

했다가, 그 조각이 부합하여 꼭 맞으면 돈을 지불하던 어음이었다. 글을 모르는 서울의 무역상이 지방으로 가서 물품을 구입하려다가 돈이 부족하면 인편에 사금파리 어음을 서울에 있는 전주(錢主)에게 보냈다. 전주는 호조에 돈을 예납하고 받은 척문(尺文; 세금 따위를 받고 내주던 영수증)을 보낼 때 많이 사용했다. 사금파리 어음에는 1000냥짜리, 100냥짜리, 50냥짜리로 각각 정한 것이 있었다.

1876년 개항 이후에는 어음이 종래보다 훨씬 더 많이 통용되었는데, 신용도가 높아 우리나라는 물론 중국과 일본에까지 통용되었다. 1906년에는 '수형조례(手形條例)'가 발표됨에 따라 제도적으로 고유한 어음이 폐지되고 근대적인 어음이 도입되었다.

노비의 매매 가격

노비(奴婢)는 사내종(奴)과 계집종(婢)을 아울러 이르는 말이다. 신석기시대까지는 평등한 사회였으므로 노비가 존재하지 않았으며, 사회가 발전함에 따라 권력이 한 곳으로 집중되면서 노비가 생겨나기 시작했다.

우리나라 노비에 관한 최초의 기록은 《한서》〈지리지〉에 나온다. 여기에 소개된 고조선의 '8조법금' 중 "남의 물건을 훔치면 그 주인의 노예가 되는 것이 원칙인데…."라는 내용이 그것이다. 《삼국지》〈위지동이전〉에도 부여와 고구려에서는 "살인자는 사형에 처하고 그 가족은 노비가 된다."고 기록되어 있다. 이로 보아 고조선과 부여, 고구려에는 이미 노비가 존재했음을 알 수 있다. 백제의 계백 장군이 황산벌 싸움에 출전할 때 패전을 예감하고 적국의 노비가 되는 것을 막기 위해 자기 가족을 죽였다는 기록이 있다.

고려시대에는 노비의 수가 증가하자 광종 7년(956)에 노비안검법을 시행해 노비를 해방시키기도 했다. 그러나 왕권 강화의 일환으로 마련된 노비안검법의 시행으로 인적·물적 손해를 본 귀족들은 자신들이 잃은 이권을 되찾기 위해 끈질기게 반발했다. 결국 성종 6년(987)에 노비환천법을 실시해 해방시킨 노비들을 잡아들여 노비로 되돌려놓고 말았다.

고려시대의 노비에는 국가기관에 근무하던 공노비와 공신들에게 준 사노비, 사찰에 소속된 사원노비(寺院奴婢)가 있었다. 이들 중 전쟁에 나가 공을 세우거나 주인을 대신해 3년 동안 묘지를 관리하면 노비에서 해방시켜주기도 했다. 그렇지만 노비 신분이 세습되고 반역자의 가족이 늘어나고 가난한 사람을 파는 행위가 성행해 노비 숫자는 계속 증가했다.

조선시대의 노비제도도 고려시대와 비슷했다. 소유자에 따라 공노비와 사노비로 나누어졌으며 그에 따라 직업도 예속도, 사회적 지위 등에서 약간씩 차이가 났다.

공노비는 국가기관에 소속되어 각종 잡역이나 수공업에 종사하거나 신공(身貢)을 바쳤다. 사노비는 개인에게 소속되어 있었으므로 주인한테 강한 예속을 받았다. 가사 노동은 주로 가내노비가, 농사는 외거노비가 맡았다. 그러나 주인과 멀리 떨어져 살던 외거노비는 주인에 대한 의무가 공물을 바치는 것밖에 없었으므로 다른 노비들보다 조금 자유로운 편이었다.

노비는 인격을 가진 존재가 아니라 가옥이나 토지, 소나 말처럼 재산의 하나일 뿐이었다. 따라서 다른 물적 재산처럼 매매, 상속, 저당, 증여가 가능했다. 주인은 노비의 생사여탈권도 갖고 있어 관청의 허락만 받으면 노비를 죽일 수도 있었다.

《경국대전》에 따르면, 매매한 노비를 무르려면 매매한 날로부터 15일 안에 해야 하고, 100일 안에 관청에 신고해 증명서를 발급받아야 했다. 이처럼 노비가 소나 말과 동일시되었음은 '우마매매한(牛馬賣買限)'과 동일한 조항에서 취급된 것으로 알 수 있다.

노비의 가격은 노비제가 문란해진 고려 말에는 소나 말의 값만도 못해, 말 한 필의 값이 노비 두세 명 값에 해당했다. 태조 7년(1398)의 기록을 보면 당시 노비 가격은 오승포(五升布) 150필인 데 비해 말 한 필의 가격은 400~500필이었다. 그러나 이때에도 15세에서 40세까지의 장년 노비의 값은 지화 4000장으로, 15세 이하 50세 이상의 3000장 값보다 비쌌으며 상등마(上等馬) 값과 비슷했다.

게다가 노비를 '말하는 동물'로 여겨, 동물이 어미만 알고 아비는 모른다는 것을 근거로 종모법을 만들기도 했다. 즉 양반 아버지와 노비 어머니 사이에서 태어난 자식은 어미의 신분을 따라 노비가 되어야 했다. 이러한 비인간적인 노비제는 순조 1년(1801)에 시행된 공노비 해방과 고종 31년(1894)에 실시한 갑오개혁 때 군국기무처에서 신분제를 폐지함으로써 사라졌다.

서명 대신 그려넣은 좌촌

조선의 양반들은 토지나 노비 등을 사고팔 때 직접 나서지 않았다. 주인의 명을 받은 하인이 이를 대신했는데, 이때 하인이 가지고 가는 거래 문서를 패지(牌旨)라고 한다. 패지에는 매매를 위임받은 하인의 이름, 매매 사유, 매매 물건, 해당 물건을 적절한 가격에 팔아오라는 내용 등을 구체적으로 적고, 마지막에 문서의 작성 날짜와 문서 발급자의 이름과 서명을 기재했다.

하인은 패지에 적힌 자기 이름에 도장을 대신해 왼손 가운뎃손가락 첫째와 둘째 마디 사이의 길이를 재어 그림으로 그려넣었다. 왼손을 사용했으므로 좌촌(左寸)이라고도 했다. 여자의 경우는 손바닥의 외형을 그려넣었다.

형법 법전에 따르면, 죄수에게 죄를 물을 때도 이 좌촌을 만들어두었다고 한다. 그러므로 좌촌은 오늘날의 지문이라고 할 수 있다.

개성상인의 활약

개성에는 고려시대와 조선시대에 커다란 세력권을 이룰 정도로 상인들이 많았다. 그 이유를 밝히려면 고려를 건국한 태조 왕건이 송악(개성의 옛 이름)에서 일어난 신흥 호족의 후예라는 점을 주목해야 한다.

그의 조상은 대대로 당나라와 무역을 해서 부를 축적함과 아울러 막강한 해상 세력을 이루었다. 이 해상 세력은 송악을 중심으로 황해도 일부와 강화도 및 한강 하류 일대에서 기세를 떨쳤다. 송악의 해상 세력은 왕건이 나라를 세우는 데 커다란 힘이 되었을 뿐만 아니라 고려가 송나라, 대식국, 왜와 무역을 하는 데도 크게 기여했다.

이 당시 제일의 국제무역항은 예성강 입구의 벽란도였다. 자연히 이곳에서 그리 멀지 않은 송악도 벽란도와 함께 번창하게 되었다. 외국 사신과 상인들의 빈번한 왕래로 공무역은 물론 밀무역도 번창해 송악은 상업도시의 면모를 갖추어 나갔다.

또한 개국 초부터 설치한 시전(市廛)에서는 국내 상거래뿐만 아니라 외국과의 교역도 활발히 이루어졌다. 일찍부터 고도의 상술을 터득한 개성상인들이 이러한 상업 활동의 주역을 담당한 것은 당연한 일이었다.

조선이 도읍을 한양으로 옮긴 후에도 개성의 선전(縇廛; 비단을 팔던 가게), 백목전(白木廛; 무명을 팔던 가게), 청포전(靑布廛; 화포, 청포 따위와 담요, 담모자, 모직물 따위를 전문으로 팔던 가게. 바늘과 고약, 사탕 등도 거래했다), 어과전(魚果廛; 생선과 과일을 팔던 가게)의 4대전과 일반 시전은 한양의 육의전 등에 맞서며 꾸준히 발전을 거듭했다.

이들은 피혁이나 지물 등을 구입해 중국에 직접 수출하고, 중국에서는 바늘·모자·말총·채련피(采蓮皮; 당나귀 가죽)·백삼승(白三升; 흰 무명)·궤자(가마테) 등을 수입했다. 이들이 수입한 물건들은 양반 지배층뿐만 아니라 일반 서민들도 즐겨 사용했다.

이 당시 개성상인 중에는 사대부 계층을 비롯한 지식인 출신들이 있었다. 이들은 조선왕조로부터 소외당한 아픔을 상업의 합리적 경영이나 상술 개발 등에 쏟아 부어, 이탈리아의 복식부기보다 200~300년 앞선 사개부기(四介簿記)를 사용했다. 개성상인들은 소유와 경영

사개부기 복제본(실학박물관)

을 분리하여 전문경영인인 차인(差人)을 두었다. 차인이 되려면 10년간 엄격한 수련을 받아야 했고, 일정한 수련기간을 견디고 차인으로 인정되면 대우가 달라졌으며, 몇 년만 일하면 자립할 수 있을 정도로 급료도 올랐다. 또한 보증인만 내세우면 대출인의 신용도에 따라 금리를 차등 적용해 대출해주는 시변제(時邊制)도 실시했다.

고려시대에 무역의 전성기를 보낸 개성상인들은 조선시대에 와서는 공무역을 중심으로 한 대외 교역에 밀려 큰 타격을 받았지만 전국 상업계를 연결하는 행상 조직으로 이를 극복해나갔다. 이들은 조선 초기부터 상업 기반을 확고히 다져나가는 한편, 근면과 성실, 높은 지식을 바탕으로 수완을 발휘해 한양의 상인들과 쌍벽을 이루었다.

조선 중기 이후 상품과 화폐경제의 발달에 따라 개성은 전국 제일의 상업도시로 발전했다. 지방에 객주와 여각이 생겨나자 상권을 전국적으로 확대하고 조직화하여 송방(松房)이라는 지점을 전국 주요 상업 중심지에 설치했다.

송방 또는 개성상인이라는 명칭은 이때부터 전국적으로 알려졌다. 특히 송방은 전국의 포목 상권을 장악하고 있어서 이들에 의해 포목 값이 오르내릴 정도였다. 이들은 또 도고(都賈; 물건을 혼자 맡아서 파는 일)로 독점 상업을 함으로써 상업 자본을 축적할 수 있었다.

18세기에 이르러 개성상인은 청나라로 가는 사신단 일행으로 위장해 청나라에 가서 그곳 상인들과 은과 인삼 등을 밀무역하기도 했다. 개성상인은 삼포(蔘圃)에서 인삼을 재배하기 이전부터 자연삼을 사서 이를 일본에 수출하고, 은을 들여와 다시 중국에 수출하는 방법으로 큰 이익을 얻기도 했다. 개성상인은 이렇게 축적한 자본으로 인삼 재배와 가공업, 광산 등에 투자했다.

개성상인은 다른 어느 것보다도 나라에서 교역을 금지한 홍삼을 비밀리에 만들어 밀무역을 통해 많은 돈을 저축할 수 있었다. 이렇게 축적한 자본은 국내 최대의 토착 민간 자본으로 성장해 개항 후 외국 자본의 침입에 대항하는 가장 강한 민간 자본으로 떠올랐다. 일제의 감시와 탄압에도 철저한 상인정신과 장사 수완, 근면함으로 무장하고 일본의 자본이 개성에 얼씬도 못하게 했다.

조선시대의 토지거래허가제

조선시대에는 토지나 노비 등을 매매할 때 입안(立案)을 해야 했다. 이것은 일정한 형식을 갖춘 신청서를 관청에 제출해 최종적인 공인을 얻는 절차를 밟는 것이다. 입안을 받는 절차는, 토지를 사는 사람이 옛 토지문서와 새로 만든 토지문서를 입안 신청서와 함께 관청에 제출하면, 관청에서는 이를 검토해 토지 거래 허가 여부를 신청서에 기입하여 되돌려준다. 그러면 토지를 판 사람과 산 사람 그리고 증인이 매매 사실을 확인하는 진술서를 써서 관청에 제출하면 토지 거래 허가서가 발급되었다.

옛날의 주식, 고본

조선 중기에 대동법 시행으로 나라에 물품을 전문적으로 납품하던 공인이 등장해 상공업이 발달하면서, 오늘날의 주식과 같은 고본(股本)이 생겨났고 이에 따른 시장도 형성되었다.

'고(股)'는 인체의 일부분인 넓적다리만을 뜻하다가 인체뿐만 아니라 사물의 일부분을 나타내는 말로 쓰였다. 이 때문에 옛날 중국에서는 본대에서 떨어져 나온 작은 부대를 고라고 했으며, 경제의 한 부분인 주식도 고라고 했다.

오늘날 증권회사에서 주식을 사고파는 일을 중개하듯이 옛날에는 고본객주가 주식을 사고파는 일을 중개했는데, 이들은 본래의 업무보다 고본을 담보로 돈을 빌려주는 대출 업무에 치중했다.

고본 중에서 가장 비싼 것은 복전고(福錢股)였다. 누군가 이 고본을 담보로 돈을 대출받아 크게 성공했다는 소문이 나서 최고 30배까지 오른 주식이다. 그래서 복을 가져다줄 거라는 믿음에서 '복전고'라고 불렀다.

옛날에도 투자 유망 주식과 수익이 좋은 주식이 있었던 모양이다. 투자 유망 주식은 암고본, 수익이 좋은 주식은 수고본이라고 했다. 이익배당금을 나누어주는 주식도 있었다. 바로 계(契)에서 유래된 주식이다. 특히 돈을 모아 이자를 늘려주는 식리계와 금융계는 계표(契票)라는 주식을 나누어주고, 이익금을 계표 수에 따라 분배했다. 종업원지주제도 있었다. 식리계와 금융계가 발전한 동사(同事)에서는 출자자뿐만 아니라 그 업체에서 일하는 사무원이나 심부름꾼에게도 고본을 나누어주었다.

구한말에 우리나라 사람들 대부분은 주식에 관심이 없었다. 주식을 가지고 있으면 오히려 더 많은 돈을 내야 하는 줄 알고 공짜로 주식을 주어도 받지 않는 경우도 있었다. 한호농공은행을 설립할 때 주식을 팔아 자본금을 마련하려고 했으나 아무도 주식을 사지 않자 지방의 유지들에게 강매하기도 했다. 이때 개성의 인삼부자도 끼어 있었다. 인삼부자는 주식을 사람들에게 나누어주려고 했으나 받으려는 사람이 없자, 주식 한 장에 인삼 한 근을 얹어주면서 맡겼다고 한다.

고금리 대출은 처벌 대상

은행에서 돈을 빌릴 수 없는 사람들은 사채업자에게 돈을 빌려 쓸 수밖에 없다. 하지만 1년에 200~300퍼센트의 이자를 물어야 하기 때문에 많은 사람들이 빌린 돈보다 몇 십 배가 많은 돈을 갚느라 어려움을 겪는다.

그러나 조선시대에 이러한 사채업자들이 있었다면 당장 고을 관아로 끌려가 처벌을 받았을 것이다. 조선 최고의 법전인 《경국대전》에 따르면, 1년에 원금의 50퍼센트가 넘는 이자를 받는 사람은 잡아다가 곤장 80대를 쳤다.

조선 후기 들어 경제 상황이 어려워지자 금리 규정은 더욱 엄격해졌다. 영조 때 편찬한 《속대전》에는, 1년에 원금의 20퍼센트 이상을 받는 사람은 곤장 80대를 치고 2년간의 유배형에, 갑리(甲利; 고리대금업자들이 본전에 곱쳐서 받는 높은 변리)로 돈을 꿔주어 원금의 두 배 이자를 받는 사람은 곤장 100대를 치고 10년간의 유배형에 처한다고 규정하고 있다.

고금리에 대한 규제는 있었지만 저금리에 대한 규제는 없었다. 의변(義邊)이라고 불리는 채무는 서로 믿거나 잘 아는 사람 사이에 이루어지는 거래인데, 보통 1년에 10퍼센트를 넘지 않는 것이 불문율이었다. 이를 도덕금리(道德金利)라고 했다.

조선시대 은행의 역할을 했던 환전객주는 주로 왕실이나 왕족, 권세가들의 돈을 대신 관리하면서 이자를 늘려주는 대행업자이다. 이들에게 돈을 맡기는 사람들 중에는 기생들도 있었다. 현업에서 물러난 퇴기(退妓)들 중에는 수만 금을 맡기는 경우도 있었다고 한다.

'땡전 한 푼 없다'에서의 땡전은 당백전

흥선대원군은 임진왜란 때 불타버린 경복궁을 중건하면서 재정난을 겪자 이를 해결하기 위해 당백전(當百錢)을 발행했다. 고종 3년(1866) 11월부터 6개월간 약 1600만 냥이 발행되었는데, 법정 가치는 상평통보의 100배였지만 실제 가치는 이에 크게 못 미쳐 화폐 가치의 폭락을 가져왔다.

당백전 발행 초기인 1866년 12월경에는 쌀 1섬의 가격이 7~8냥에 지나지 않

경복궁 근정전

았으나, 1~2년 사이에 약 6배로 폭등하면서 인플레이션이 발생하게 되었다. 재정을 확보하기 위해 발행한 당백전이 오히려 경제 혼란을 가져오게 되었던 것이다. 이처럼 극심한 인플레이션을 유발했던 당백전은 당전에서 땅전으로, 다시 땡전으로 발음이 변했다. '땡전 한 푼 없다'고 할 때의 바로 그 땡전이 당백전인 것이다.

화폐위조범은 중죄인

우리나라 화폐의 역사는 매우 오래되어, 고조선시대에 이미 화폐를 사용했다. 이는 고조선 때 시행된 '8조법금' 중 "도둑질한 자는 노비로 삼는데, 만약 용서를 받으려면 많은 돈을 내야 한다."는 내용으로도 확인할 수 있다. 마한과 진한, 동옥저에서는 동전을 사용했다는 기록이 있으나 확실한 근거는 없다.

삼국시대에는 문헌상으로 화폐를 사용한 흔적은 찾을 수 없다. 신라에서 금은과 무문전 등을 사용하기도 했지만 이것은 물물교환이 이루어졌던 원시 자연경제 체제에서 사용된 자연발생적 교환수단으로, 실제 사용하는 것을 전제로 한 물품화폐와 같다고 할 수 있다.

우리나라에 본격적으로 화폐가 등장한 것은 고려시대이다.

성종 15년(996)에 발행한 철전인 건원중보가 목종 5년(1002)까지 유통되었고, 숙종 6년(1101)에는 대각국사 의천(義天)의 건의로 은병(銀甁)을 만들어 유통시켰다. 은병은 최하 쌀 10가마에서 최고 50가마에 해당하는 높은 가치를 지닌 화폐였으나, 가치가 지나치게 높아 민간에서 유통이 활성화되지 못했다. 이것을 대신할 화폐로 지폐인 저화가 등장하였으나 이 또한 본격적으로 유통되지 못했다. 고려시대에는 이 밖에 해동통보, 해동중보, 삼한통보, 삼한중보, 동국통보, 동국중보 등이 발행되었지만 경제 규모가 자급자족 경제 수준이어서 화폐의 유통이 활발하게 이루어지지 않았다.

조선 초기에는 고려시대에 사용하던 저화를 계속 사용하는 한편, 조선통보와 전폐(箭幣)를 발행했다. 인조 11년(1633)에는 상평통보를 발행했다. 초기에는 유통이 활발하지 못했으나 숙종 이후에 널리 사용됨에 따라, 교환수단이자 돈을 늘리기 위한 수단으로 널리 유통되었다. 이에 가짜 화폐가 유통되기도 했다. 숙종 22년(1696) 판서를 지낸 이경회의 손자며느리가 개인적으로 화폐를 만들다가 붙잡혔고, 함께 만들던 사람은 교수형에 처해졌다.

돈행이 아니라 은행

은행은 돈을 맡기는 금융기관이다. 그런데 왜 돈행이 아니라 은행일까? 철기시대 이후 화폐의 주종을 이루던 것은 은(銀)이었다. 이 때문에 은본위제도가 널리 자리를 잡게 되었고, 은 자체가 화폐와 동일시되어 돈행이 아닌 은행이 되었다고 한다.

옛날 금융의 대표적인 형태는 고리대금이다. 고리대금이 발생한 원인으로는 과중한 세금의 부담을 들 수 있다. 전근대사회에서 고리대금은 소농민, 수공업자, 노비 등의 잉여생산물을 수탈하는 수단으로 이용되었다.

우리나라에서는 고려시대부터 고리대금이 성했다. 자비를 행해야 할 승려가 사찰의 돈과 곡식을 장리(長利; 돈이나 곡식을 꾸어주고, 받을 때에는 한 해 이자로 본디 곡식의 절반 이상을 받는 변리)로 놓아 백성들을 괴롭혔다. 사찰뿐 아니라 공공기관, 왕실, 관료들이 공공연히 고리대금을 놓았고, 심지어는 국가에서 빈민 구제를 목적으로 설치했던 의창과 흑창, 상평창에서도 고리대금 행위를 했다.

은행 업무를 했던 또 다른 곳으로 전당포와 객주를 들 수 있다.

전당포는 물건을 담보로 돈을 빌려주어 이익을 취하는 곳이다. 우리나라 문헌 기록에서 '전당'이라는 용어가 보이는 것은 고려시대부터다. 이때는 인신(人身)을 채무의 담보로 하여 생계의 수단으로 이용했다. 이에 나라에서는 인신의 전당에 의한 대차 관계를 방지하기 위하여 충렬왕 34년(1308), 충숙왕 5년(1318), 공민왕 1년(1352)에 각각 인신의 전당에 대한 금령을 반포했다. 그러므로 이때부터 인신의 전당에서 물품의 전당으로 바뀌었으리라 추정된다.

조선 후기에는 근대적이고 전업적인 전당업이 발생했다. 전당포가 발전하는 계기가 된 것은 갑오개혁이었다. 당시 군국기무처의 개혁안이나 홍범 14조 개혁안의 대부분이 전당업 발달의 전제조건이어서, 종래의 대금업자와 상공업자의 겸업이나 부업이었던 전당업이 분리하여 독립하는 경향을 띄게 된 것이다. 1898년 11월에는 전당업에 관한 법규가 처음으로 제정되었다.

객주는 기원이나 유래는 확실하지 않지만 고려시대부터 존재했으리라고 추정된다. 객주에는 물상객주와 보행객주가 있는데, 물상객주가 금융기관의 역할을 했다. 이들은 입체(立替), 대부(貸付), 어음 발행, 인수, 환표(換票) 발행, 예금 등의 금융 업무를 담당하여 자본을 축적함으로써 개항 후 새로운 자본가 계급을 형성했다.

돈을 맡겨두는 곳도 있었다. 대개 전재가(廛在家)에 맡겼으며, 큰돈은 가장 큰 재가인 선전재가(縇廛在家)나 백목전재가(白木廛在家)에 맡겼다. 이때에 이자는 없었으며, 재가에서 그 돈으로 장사를 하여 이문을 많이 남기면 물품을 선사했다. 돈을 맡기면 재가에서는 유치표를 써준다. 예를 들면 액면 중간에 '선전재가조(縇廛在家組)' 도장을 찍고 액면 중간을 분할하여 오른쪽 반분은 재가에서, 왼쪽 반분은 돈을 맡긴 사람이 보관했다.

이들 사문서에는 붉은 인주를 쓰지 않고 솜에다 먹물을 놓고 치유(雉油)를 부어 찍었으므로 빛깔이 누르스름했다. 도장은 정방형에 전서로 'ㅇㅇ廛在家之組'라고 양각했고, 수결(手決)을 할 때는 성만 쓰고 이름은 쓰지 않았다.

돈을 내어줄 때 써주는 출금표에는 예금한 사람의 도장을 액면에 찍는다. 이것도 유치표와 같이 액면 중간을 분할하여 왼쪽은 재가에 두고 오른쪽은 지참인이 가져다가 전주(錢主)에게 준다. 출금표를 받은 사람은 그 수표가 정확한 것인지 전주에게 물어본 뒤에 돈을 내주었다. 이때 돈에 대한 숫자는 본자(本字)를 쓰지 않고 별자를 사용했다. 즉, 일(壹), 이(貳), 삼(參), 사(肆), 오(伍), 육(陸), 칠(柒), 팔(捌), 구(玖), 십(拾), 백(佰), 천(仟)으로 썼고 만(萬)은 본자를 썼다.

우리나라에 근대적 은행제도가 도입된 것은 1878년 부산에 일본 제일은행이 들어오면서부터다. 이때부터 민족자본에 기반한 은행이 설립되어 1897년에 한

성은행(지금의 조흥은행), 1899년에 대한천일은행(지금의 상업은행) 등이 문을 열었고, 1909년 10월에는 우리나라 최초의 중앙은행인 한국은행이 설립되었다.

기업 부도, 판셈

옛날에는 부도를 판셈이라 했다. 오늘날과 다른 점은, 부도가 났을 때 채무가 많으면 채권자가 법원에 고소하여 파산선고를 하고 지정된 청산인(淸算人)이 채무자를 소집하지만, 예전에는 전인(廛人)이 부도를 냈을 때 채무가 많으면 채권자들이 회합하여, 그 전의 물품과 전주(廛主)의 자산을 모아놓고 전부 평가하여 채무의 액면대로 등분하여 배분한다는 것이다.

그런데 이렇게 부도를 낸 사람이 버젓이 다음 날부터 다시 사업을 하거나 특별한 일에 종사해도, 이를 문제삼는 사람이 없었으며 거래도 자유롭게 했다. 그러므로 잇속이 많은 상인들 중에는 재산을 도피하거나 은닉하고 나서 일부러 부도를 내는 경우도 많았다. 36번의 부도를 낸 사람이 실제로 수천 석을 추수하고, 큰 점포를 경영하는 경우도 있었다.

노비의 봉급

노비도 직업으로 인정받아 봉급을 받을 수 있었으나 대우는 그리 좋은 편이 아니어서, 고려 때 최충헌(崔忠獻)의 사노비인 만적(滿積)과 전주의 관노들이 신분해방과 개혁을 내세우며 반란을 일으키기도 했다.

노비 중에서도 일반적으로 사노비보다 공노비의 권세가 높았다. 어떤 때는 양민보다 오히려 권세가 높아 큰소리치며 사는 경우도 있었다. 노비는 공노비건 사노비건 혼인해서 가족을 거느릴 수 있었다. 공노비는 부역과 공납의 의무를 지고 있었지만 대부분 독립적으로 생활해 자유로운 편이었고, 사노비는 대부분 주인과 함께 생활했다.

공노비 중 특정한 관아에서 잡다한 노역에 종사하는 공역노비가 있었는데, 이들은 국가로부터 일정한 급료를 받아 독자적인 가계를 꾸려나갈 수 있었다. 10여 세의 소년 시절부터 일을 해야 했지만 60세가 되면 그런 의무에서 벗어날 수 있었다. 이들 공역노비는 평생 동안 주인에 매여 살아야 하는 사노비에 비해 조금 형편이 나았던 것이다.

1894년 갑오개혁으로 노비들은 제도의 멍에에서는 벗어났지만 경제적인 기반이 없어 품을 팔아서 생계를 유지하는 등 한동안 하층민 생활을 이어나갔다.

그림으로 나타낸 상호

길가에 즐비한 수많은 간판 중에는 고유한 우리말을 살려 쓴 간판이 있다. 옛날에도 상호를 글자로 표시했을지 궁금해진다.

과거 한양에는 대문 앞에 하얗게 칠한 조그만 쪽박을 걸어놓은 집이 있었다. 살며시 문짝을 열고 보면 거기에 풀을 쑤어 바가지로 똑똑 떠서 물에 담가 놓은 그릇이 있었다. 집집마다 바느질을 하자면 으레 붙임풀이 필요했고, 그것을 사러 간 사람은 주인을 찾을 것도 없이 동전 한 닢을 물 속에 넣고 한 모를 똑 떠서 가져오면 되었다. 그러니까 문 앞에 걸어놓은 쪽박이 간판이자 상호인 셈이다.

다른 종류의 상가에서도 이처럼 물건을 걸어놓고 간판이나 상호로 삼는 경우가 많았다. 용수(간장이나 술 등을 거를 때 쓰는 용구. 술독 안에 용수를 박아넣고 그 안에 괴어드는 맑은 술을 떠낸다)를 장대 끝에 꽂아 세우면 술집이다. 냉면집의 국수발, 무당집의 하얀 깃대와 까만 깃대는 지금도 쓰이고 있다. 호랑이가 장죽으로 담배 피우는 그림을 그려 건 곳도 있었는데, 아주 어수룩하여 싸게 판다는 뜻이다. 포목전은 사모관대와 원삼 족두리로 신랑과 신부를 표시했다. 색주가는 홍등(紅燈)을 걸어 색주가임을 알렸다. 그래서 지금도 흔히 색주가를 홍등가라고 한다.

전매 특권과 국역(國役) 부담의 의무를 진 한양의 육의전은 노랑 바탕에 빨강 테두리의 깃발에 검정색으로 글씨를 써서 상호를 나타냈다.

옛날의 공익 복권인 십층계

복권은 추첨을 통하여 큰 배당금을 받는 채권으로 인간의 기대심리를 충족시켜 많은 사람들을 유혹한다. 사행심을 조장한다는 비판을 받지만 복권의 인기는 더욱 높아지고 있다.

복권은 로마제국의 1대 황제 아우구스투스(Augustus) 때 시작되었다. 그는 귀족이나 관리를 초청해 잔치를 베풀고는 음식값을 받고 계산서를 내면 추첨하여 값비싼 상품을 나누어주곤 했다. 네로(Nero) 황제 때는 복권 발행이 본격적으로 이루어졌다. 이 복권은 로마의 도시를 건설할 자금을 마련하기 위해 발행되었고, 땅·노예·선박 등이 제공되었다. 서로마제국이 멸망할 즈음에는 황제가 돈을 마련할 목적으로 발행하던 복권이 귀족들의 퇴폐 오락용으로 전락해 결국 나라가 멸망하는 계기가 되었다.

그 뒤 복권은 16세기에 이탈리아와 영국에서 다시 등장했다. 국가 재정 확충, 항구의 건설, 교회의 개축이나 증축, 병원 설립 등의 명분으로 발행되었으며, 복권 당첨금은 노예·말·대저택·보석·장신구 등이었으므로 도박성이 거의 없었다. 그러므로 이 당시의 복권은 공공의 이익을 위한 공익 복권이라고 할 수 있다.

공익 복권은 미국에서도 발행되었다. 컬럼비아 대학, 뉴저지 대학, 예일 대학, 하버드 대학, 프린스턴 대학 등의 유명 대학들이 복권 발행의 수익금으로 세워진 학교들이다.

동양에서는 중국 진나라 때 만리장성 축조 비용과 국방비를 마련하기 위해 '키노(Keno)'라고 하는 복권을 발행하기도 했다.

우리나라에는 서양의 공익 복권과 같은 십층계(十層契)가 있었다. 절이나 학교

건립 비용, 학교 운영자금, 제사 비용, 활터 운영자금 따위를 마련하기 위해 복채를 팔아 그 금액의 일부로 당첨금을 삼는 반(半) 복권의 형태를 띠었다.

작백계(作百契) 또는 잡백계(雜百契)라는 일종의 사익 복권도 있었다. 일련번호가 적힌 복권을 100명이나 1000명 단위로 팔고 추첨하는 방식으로, 당첨자를 정하여 전체 판매액의 80퍼센트를 지급하고 20퍼센트는 복권을 발행한 사람이 가졌다.

삼십육계(三十六計)는 서른여섯 명 단위로 모든 사물의 유래나 기원을 적은 연기지(緣起紙)를 서른여섯 명에게 팔아, 맞히는 사람에게 자신이 건 돈의 서른 배를 상금으로 주는 복권이다. 이 복권 때문에 망하는 집이 속출하자 나라에서는 이를 금지하는 명령을 내리기도 했다.

산통계(算筒契)는 상자 속에 각 계원들의 이름을 적은 공을 집어넣고 그 상자를 돌려서 밖으로 나오는 공에 따라 당첨을 결정하는 복권으로 오늘날의 추첨 방식과 비슷하다.

오늘날의 즉석복권과 같은 십인계(十人契)도 있었다. 바가지 열 개를 둥글게 오려 1에서 10까지 숫자를 적어 대통 안에 넣어 흔든 뒤, 그중 한 개를 꺼내어 그 숫자에 돈을 건 사람이 그 판에 걸린 돈을 모두 갖는 방식이다.

우리나라 최초의 근대적 복권은 1947년 12월에 런던 올림픽에 참가하는 선수들을 후원하기 위해 발행된 올림픽 후원권이다. 지금의 주택복권은 1988년 서울 올림픽을 위해 발행한 올림픽복권에서 이름을 바꾼 것이다.

행상의 면허증

여자가 쓰는 화장품, 바느질 기구, 패물 따위와 생활에 필요한 물건을 팔러 다니는 행상을 방물장수라 했다. 주로 노파들이 이 행상에 나섰으므로 아파(牙婆)라고도 했다. 이들은 주로 머리에 물건을 이고 다니면서 장사를 하기 때문에 보상(褓商)이라 했고, 남자들은 주로 등에 물건을 지고 다녀서 부상(負商)이라고 했다.

우리나라 행상의 역사는 오래되었다. 백제 때의 가요 〈정읍사〉에는 행상을 나간 남편이 무사히 돌아오기를 기다리는 간절한 아내의 심정이 잘 나타나 있다.

달님이시여 / 높이높이 돋으시어 / 멀리멀리 비춰주소서 / 시장에 가 계신가요 / 위험한 곳을 디딜까 두렵습니다 / 어느 곳에서나 놓으십시오 / 당신 가시는 곳에 저물까 두렵습니다

조선시대의 행상들은 국가에 세금을 내야 하고 면허증을 받아야 했다. 《경국대전》'호전 잡세조'의 규정에 따르면, 행상에게는 여행허가증을 발급해주고 세금을 거두었으며, 육상(陸商)은 매월 저화 8장을, 수상(水商)은 대선(大船)이 100장, 중선이 50장, 소선이 30장의 저화를 내야 했다. 성리학에서 물질적 생산이 없는 상업을 천시한데다가 행상이 지나치게 많아지는 것을 억제하기 위해 취한 조치였다.

일반 백성들도 행상을 천시하기는 마찬가지였다. 오늘날의 3D 업종처럼 힘들고 위험한 직업이었기 때문이다. 행상들이 갖고 다니는 돈과 물건은 도적들의 표적이 되어 목숨을 빼앗기기도 했다. 보부상들이 조합을 만들어 보호하려고 했던 것도 바로 도적들의 공격에서 자신들을 지키고자 했던 자구책이었다.

수입대체 상품인 상감청자

후삼국을 통일한 태조 왕건은 호족들을 포섭할 필요에서 혼인정책을 펴나갔다. 혼인정책과 과거제도, 과거를 거치지 않고 관리가 될 수 있는 음서제, 관리가 죽은 후에도 후손들에게 상속되는 공음전으로 말미암아 고려에는 문벌귀족이라는 새로운 계층이 등장했다. 이들 귀족들은 정치·경제적으로 안정된 삶을 영위하면서 남들에게 과시할 필요를 느꼈고, 자기(瓷器)는 그 필요를 충족해주는 최적의 물건이었다. 당시 자기의 본고장은 송나라였다. 송나라에서 생산되는 자

기의 가격은 만만치 않아서, 종류에 따라 차이는 있지만 비싼 것은 쌀 50가마가 넘는 값을 치러야 하는 사치품이었다.

고려 조정은 나라의 부가 송나라로 흘러나가는 것을 막을 필요가 있었다. 이에 국산 자기 개발을 국가적인 사업으로 장려해 기술을 얻고자 했다. 그러나 자기를 만드는 데는 흙을 고르는 문제, 1300도의 열에 견딜 수 있는 유약을 개발하는 문제, 색깔을 낼 수 있는 철분을 만드는 문제 등 많은 어려움이 뒤따랐다. 이러한 문제들을 해결하고 비로소 개발에 성공한 자기가 비취색을 띠는 상감청자였다.

이렇게 탄생한 고려의 자기는 당시로서는 첨단기술이 적용된 발명품이었다. 이는 16세기 말까지 세계에서 청자나 백자를 생산할 수 있는 나라가 조선, 중국, 베트남 이 세 나라밖에 없었다는 사실로도 알 수 있다. 일본의 도자기가 급격하게 발전한 것도 임진왜란 때 포로로 붙잡아간 도공들 덕분이었다. 유럽에서는 자기 기술을 알아내기 위해 관련 기술자나 과학자를 감옥에 가두기도 했다.

소송료로 지불했던 질지(作紙)

징세 사무에 필요한 종이 값을 충당하기 위해 관이 수수료 명목으로 거두는 종이 혹은 종이 값을 '질지(作紙)'라고 한다. 한자의 독음은 '작지'이지만 '질지'라고 읽는다. 이 질지는 재판의 소송료로도 쓰였다.

《세종실록》세종 16년(1434) 2월 26일자 기사에 "한성부에서 잡물을 추징하여 돌려주고 질지(作紙)를 납부하라고 독촉하는데, 그 값이 추징해 돌려준 수량과 같다."는 내용에 더하여, 관부에서 송사를 처리할 때 쓴 지필(紙筆) 값을 승소한 자에게서 거두는데, 이를 질지라고 한다는 설명을 덧붙인 것으로 미루어 재판을 행한 소송료임을 알 수 있다.

오늘날 관공서에 가서 재판에 필요한 서류나 각종 민원서류를 신청할 때 인지(印紙)를 붙이듯이 수수료인 질지를 납부했던 것이다. 성종 때에는 종이를 관청에서 쓰는 경비의 대가로 지불했다고 하니 화폐의 기능까지 한 듯하다.

이때 지불하는 종이 한 장의 크기는 대략 가로 48센티미터, 세로 42센티미터였다. 기와집 한 칸의 소유권을 다투는 재판에서 이기면 소송료는 질지 두 권, 매매에 대한 공증은 질지 한 권이었다. 초가집 한 칸의 경우는 이기면 한 권, 매매에 대한 공증은 반 권이었다. 종이 한 권은 스무 장이며, 소송료는 스무 권을 넘지 못하게 했다. 이를 어기는 사람이 많아지자 영조는 이를 금하는 규정을 두기도 했다.

소금을 차지해 동아시아를 지배한 고구려

소금은 인간의 생명을 유지하는 데 없어서는 안 될 생활필수품이어서 동서양을 막론하고 귀하게 여겼다. 중국에서는 소금으로 화폐를 만들어 사용했으며, 고대 로마에서는 병사들의 급여를 소금으로 지급했다. 오늘날 영어로 급여를 뜻하는 '샐러리(salary)'는 바로 이 소금 지불을 뜻하는 라틴어 '살라리움(salarium)'에서 유래한 단어이다.

유럽에서 도시가 발달한 곳은 대개 소금을 생산할 수 있는 지중해 연안의 건조한 해안 지역이었으며, 에스파냐 등에서 도로를 만든 목적도 소금을 수송하기 위함이었다. 도시국가가 발달한 이탈리아의 항구도시 베네치아와 제노바는 '파르마산 치즈'에 쓰이는 소금을 차지하기 위해 전쟁을 벌이기도 했다.

아메리카 대륙의 잉카 제국, 아스테카 왕국, 마야 제국에서는 소금이 곧 권력의 상징이었다. 중국 한나라 무제는 소금과 철을 오직 국가에서만 사고팔게 하는 전매제를 실시하여 국가 재정을 확보하기도 했다.

근대에도 소금은 여전히 중요했다. 1776년에 일어난 미국 독립혁명을 더 확대시킨 것은 영국이 식민지에 취한 소금 봉쇄조치였다. 1789년에 일어난 프랑스대혁명을 더 확대시킨 것도 소금 때문이었다.

고구려가 동아시아 패권을 장악할 수 있었던 물적 토대도 바로 소금과 말, 질 좋은 철이었다. 그중에서도 소금을 으뜸으로 칠 수 있다. 고구려가 동아시아의 패권을 장악한 것은 19대 광개토대왕 때부터이다. 요하 서쪽의 소금산을 차지해 소금을 대량생산함으로써, 중국과 일본 등에 수출하여 많은 이익을 얻었다. 이렇게 얻은 부를 바탕으로 질 좋은 철제 무기를 만들고 군사력을 키워 강력한 고구려를 건설할 수 있었던 것이다.

조선시대에는 태조 때 소금의 국가 전매를 폐지하고 사적인 생산을 허용한 이후, 끊임없이 소금 전매제 시행에 대한 논란이 이어졌다. 소금은 현대에 들어와서도 국가 재정의 기본을 이루었다. 일제강점기에는 전쟁에 쓸 화학·군수산업의 원재료를 공급하기 위해 1942년 소금 생산을 전매제로 일방적으로 바꾸었으며, 소금 전매제도는 그들의 배를 불리는 수단으로 악용되었다.

주판셈

주판셈은 주판(珠板)을 이용해 더하기와 빼기, 곱하기와 나누기를 하는 셈법이다. 주판은 수판(數板) 또는 산판(算板)이라고도 한다.

주판셈의 원시적인 형태는 3000~4000년 전 메소포타미아에서 모래나 분말로 덮인 간단한 판자의 표면을 여러 개의 행(行)으로 구분하여 이것을 자리로 삼고, 이 자리에 선이나 기호를 써서 계산했던 것으로 추측된다. 후에 이 판자를 D. E. 스미스가 '토사주판(dust abacus)'이라고 명명했다. 약 2500년 전의 이집트, 그리스, 로마 등에서는 판자 위에 여러 개의 줄을 긋고, 그 줄 위에 바둑돌을 놓는 선주판(線珠板, line abacus)을 이용해 계산을 했다. 줄은 자릿수를 나타내며, 한 줄 위에 바둑돌을 여러 개 놓을 수 있는 것이, 오늘날의 주판과 다른 점이다. 이와 함께 서기전 3세기부터 서기전 4세기경까지 판자에 홈을 파고 그 위에 바둑돌을 놓고 움직이는 홈주판(groved abacus)도 있었다.

주판이 중국에서 유럽으로 전래되었다는 설이 있으나 근거는 없다. 주판에 대한 가장 오래된 중국의 문헌은 후한의 수학자 서악(徐岳)이 쓴 《수술기유數術記遺》이다. 이 책에 '주산(珠算)'이라는 용어가 나오는데, 그 형태는 홈주판과 비슷하고 계산법은 로마에서 행한 것과 같다.

우리나라에 주판이 도입된 시기는 확실히 알 수 없으나 16세기 말에 중국 명나라의 수학자 정대위(程大位)가 펴낸 《산법통종算法統宗》이 수입되면서 일부 식자층에서 관심을 기울이기 시작한 것으로 보인다. 주판은 1열에 알이 7개였으며, 위의 2개는 5를, 아래의 5개는 각각 1을 나타내도록 되어 있다. 지금처럼 윗알이 1개이고 아래알이 5개인 것은, 우리나라에서 일본에 전해져 고친 것이다. 셈법은 중국의 방법을 그대로 사용했다.

주판이 도입되기 전에는 지름 약 0.3센티미터, 길이 20센티미터의 대나무 토막을 이용한 죽산(竹算)을 사용했다. 조선 후기의 수학자인 최석정(崔錫鼎)은 그의 저서 《구수략九數略》에 "근세에 와서 중국 관사(官司)나 시장에서 모두 주판셈을 사용하고 죽산을 폐했으므로, 우리나라에서도 그 영향을 받고 있으나 사용이 번거로워 재래의 산목에 못 미친다."고 적고 있다. 이와 같은 사정은 조선 말기에 이르러서도 변함이 없었다. 당시에 출간된 것으로 보이는 수학책인 《주학신편籌學新篇》에도 주판 구조에 대한 설명뿐 정작 주판셈에 대해서는 아무런 언급도 하지 않았던 것이다.

한편 우리나라에서 주판셈이 활발히 보급된 것은 1920년에 조선총독부 내에 조선주산보급회가 설립되어 주판셈 보급에 힘을 기울인 후부터다. 오늘날은 비록 전자계산기나 컴퓨터의 보급으로 점차 주판 사용이 줄어들었지만, 옛날에는 중요한 계산 수단이었다.

시전상인과 허시

통일신라시대 경주에는 동시·서시·남시 등 세 곳에 상설시장이 있어 필요한 물건을 구입할 수 있었다. 고려시대에는 나라의 허가를 받은 시전상인이 행상(行商)과 해상(海商)이 수송한 물자를 개성에서 거래했으며, 지방에서는 허시(墟市, 향시)가 열렸다. 그러나 이 같은 시장은 자급자족 경제에 바탕을 두어 유통구조가

수원의 시전을 재현한 모습(화성박물관)

발달하지 못했던 까닭에 조선 전기까지는 활성화되지 못했다.

조선시대에 한양에는 육의전을 비롯한 시전이 설치되어 있었다. 이들은 나라로부터 자신들이 취급하는 물품을 난전에서 함부로 팔지 못하게 단속하는 금난전권을 부여받았다. 나라에서는 이들에게 금난전권을 부여하는 대신 일정한 세금을 부담시켜 국가 재정을 확보하고자 했다.

그러나 금난전권이 화폐경제의 발전을 가로막고 시전의 문제점이 드러나 이를 없애야 한다는 여론이 높아지자, 정조 때 육의전을 제외한 시전의 특권을 폐지함으로써 상공업이 활기를 띠게 되었다.

장시(場市)는 고려시대에 모습을 보이기 시작하여 조선시대에 전성기를 이루었다. 장시는 매일 큰 규모로 열리는 상설시와 아침저녁으로 열리는 조석시, 일정 기간을 두고 열리는 정기시로 나뉜다. 정기시는 2일장, 3일장, 5일장, 10일장, 15일장, 연시(年市) 등이 있었으나 가장 보편적인 것은 한 달에 여섯 번 열리는 5일장이었다. 서울 근교에는 상설시인 송파장이 유명했고, 지방에서는 정기시가 열림으로써 지역마다 하나의 교역권을 형성하게 되었고 보부상이 순회 행상을 했다.

관리의 봉급

옛날에도 매달 봉급이 지급되었을까?

《삼국사기》에 따르면, 신라에서는 왕권이 약할 때는 식읍(食邑)이나 녹읍(祿邑)을 주었다. 이는 토지뿐만이 아니라 그 토지를 경작할 노비까지 주는 것이니 오늘날의 공무원과 비교해볼 때 매우 높은 수준의 대우라고 할 수 있다. 녹읍이나 식읍은 정복 국가에서 전해내려오는 풍속으로, 전쟁에서 승리한 장수에게 정복한 땅의 일부분과 그곳에 사는 정복민의 일부분을 노비로 하사한 것에서 비롯되었다. 이후 점차 왕권이 강화되면서 노비를 제외한 토지만 지급했으니, 신라시대 신문왕 7년(687)에 시행한 관료전(官僚田)이 그것이다. 그러나 신라 말기에 왕권이 약화되면서 녹읍과 식읍이 부활했다.

고려시대에는 태조 23년(940)에 공신들에게 그 공로에 따라 역분전(役分田)을 나누어주었다. 국가체제가 정비되는 경종 1년(976)에는 관리의 등급에 따라 토지와 임야를 봉급으로 지급하는 전시과(田柴科)를 제정했으며, 이는 문종 30년(1076)에 완비했다. 그러나 무신이 집권한 뒤부터 토지제도가 매우 문란해졌다가, 이성계가 위화도 회군으로 집권한 후 실시한 과전법(科田法)으로 정비되었다.

과전법은 조선 초기 양반 관료 사회의 경제 기반을 이루었으나 퇴직자에게도 지급해 낭비가 많았으므로 지급할 토지가 부족해 재정비가 필요했다. 이에 세조 12년(1466)에 현직 관리에게만 토지를 지급하는 직전법(職田法)을 실시하게 되었다.

점차 관리의 수가 증가함에 따라 토지가 부족해서 직전법이 제대로 시행되지 못하자 성종 때 나라에서 조세를 거두어 관리에게 지급하는 관수관급제(官需官給制)를 시행했다. 토지 대신 쌀, 보리, 명주, 베, 돈 따위를 1년이나 계절에 따라 지급하는 녹봉제로 바뀐 것이다. 녹봉에는 중앙의 관원에게 국고(國庫)에서 주던 관록(官祿)과 지방의 관원에게 그 지방 수입에서 주던 관향(官餉)이 있었다.

숙종 27년(1701)에는 녹봉을 지급하는 주기가 바뀌어, 매월을 기준으로 하되 전월에 미리 지급했다. 녹봉으로 지급한 물건은 쌀, 현미, 콩, 밀·명주, 정포(正布), 저화 등이었다. 후기에 이르러는 저화와 정포의 지급을 중단했다.

고종 32년(1895)에는 책임관은 1등에서 4등까지, 주임관은 1등에서 6등까지, 관임관은 1등에서 8등까지 모두 18등으로 나누어 녹봉을 지급했다.

서원에서 고리대금업을?

조선시대의 관학은 중등교육기관인 향교와 사부학당, 대학교인 성균관이 있었다. 조선 중기에는 지방에 오늘날의 사립대학과 같은 서원이 설립되었다. 서원의 시초는 중종 38년(1543) 풍기군수 주세붕(周世鵬)이 성리학을 처음 도입한 안향(安珦)을 배향하기 위해 경상북도 영주시 백운동에 세운 백운동서원이다. 명종 5년(1550)에는 풍기군수로 부임한 이황이 경상도 관찰사에게 건의하여 임금으로부터 '소수서원(紹修書院)'이라는 현판을 하사받으며 사액서원이 되었다. 사액서원이 되면 나라에서 토지와 노비를 지급해주어 서원을 운영하는 데 필요한 재원을 마련할 수 있었고, 학생들은 군역을 면제받았다.

그 후 서원은 급격히 늘어나 흥선대원군 때는 전국에 1000여 개나 되었다. 서원이 우후죽순처럼 생겨나면서 사액을 받지 못한 서원은 재원이 부족해지자 고리대금업에 뛰어들기도 했다. 이에 흥선대원군은 양반의 횡포를 막고 국가 재정도 확보하고자 87개의 주요 서원만 남기고 서원 철폐를 단행했다.

한 서원이 소장한 고문서인 《자매명문自賣明文》에 기록된 이야기를 보면 그 실태를 잘 알 수 있다.

한순재라는 사람이 서원에 딸린 계집종과 혼인을 했다. 가난한 살림에 하루하루 살아내기가 힘겨웠던 그는 어쩔 수 없이 서원의 고리대를 얻었다. 그러나 항상 빠듯한 살림살이에 빚을 갚기는커녕 비싼 이자만 계속 늘어 빚은 눈덩이처럼 불어났고, 농사마저 흉년이 겹치자 끼니조차 잇기 어려웠다. 이런 절박한 상황에서 한순재는 서원에 자신의 몸을 팔아 빚을 갚기로 했다. 몸을 판다는 것은 곧 서원의 종이 된다는 뜻이다. 1767년 9월 매매계약서에 서명했을 때 그의 손에 쥐어진 돈은 단돈 12냥이었다. 이후로 한순재는 신체의 자유를 빼앗긴 채 정신적, 육체적으로 피곤한 서원의 종으로 평생을 살아야만 했을 것이다.

고려시대에 절에 주었던 양조권

고려를 건국한 태조 왕건은 지방의 사찰과 협력 관계에 있던 많은 호족들을 제압하는 것이 큰 문제였다. 왕건이 생각해낸 것은, 호족의 힘을 약화시키는 한편 불교를 통해 흐트러진 민심을 하나로 통합시키는 수단으로 불교를 장려하는 정책을 펴나갔다. 또한 호족과 협력하는 사찰을 자신의 편으로 끌어들이면서 재정적인 문제를 해결해주기 위해 술을 만들어 팔 수 있는 양조권을 주었다.

절에서는 좀 더 많이 팔기 위해 특색 있는 술을 개발하는 데 힘을 기울였고, 그 결과 절에 재정적인 안정을 가져다주었다. 그러나 세월이 흐르면서 불교는 타락의 길로 빠지게 되었고, 이는 고려 멸망의 한 원인이 되었다. 조선 건국의 주역인 신진사대부들은 성리학을 통치이념으로 삼으면서 타락의 온상으로 여긴 불교를 억압했다. 이후 사찰의 양조법은 절에 불공을 드리러 다니던 부녀자들에게 전해져 종가집마다 독특한 가양주로 전해지게 되었다.

최초의 은행 대출자의 담보는 당나귀

우리나라 최초의 근대적 민간 은행은 1897년(광무 1) 김종한(金宗漢)과 이보응(李普應)이 설립한 한성은행이다. 바로 신한은행에 합병된 조흥은행의 전신이다.

은행이 처음 문을 열었을 당시에는 손님이 없었다. 대출받으려고 온 첫 손님은 대구에 사는 상인이었다. 대구 상인은 대구에서 비싸게 팔리는 종이가 서울에서는 싸게 팔리는 것을 보고는 그 종이를 사다가 대구에서 팔고자 했다. 그러나 수

중에 돈이 부족하자 한성은행을 찾아 돈을 대출받으려고 한 것이다.

그러자 한성은행에서는 담보를 요구했고, 대구 상인은 자신이 타고 온 당나귀를 담보로 제공했다. 대구 상인은 무사히 돈을 대출받아 서울에서 볼 일을 끝내고 대구로 내려갔다. 한성은행에서는 상인이 나중에 당나귀를 찾으러 올 때까지 지극정성으로 당나귀를 돌봐야 했다.

제6장

정치·군사
외교

광해군은 최고의 외교전략가

조선시대 27명의 왕계표를 보면 묘호(왕이 죽은 후에 왕의 업적에 따라 붙여주는 호칭)가 없는 왕이 두 명 있다. 10대 연산군과 15대 광해군이다. 연산군은 무오사화와 갑자사화를 일으켜 많은 선비들을 죽이고 폭정을 일삼는 등 왕위에서 쫓겨날 만한 이유가 충분하지만, 광해군은 달리 볼 필요가 있다. 임진왜란 중에는 분조(分朝; 임시로 의주의 행재소에 기거하던 선조의 원조정과 별도로 두었던 조정)의 책임자로 맹활약했고, 임진왜란 이후에는 부국강병의 기틀을 다진 왕인 것이다.

광해군은 임진왜란이 일어나자 함경도와 전라도 등지에서 의병을 모집해 왜군과 맞서 싸웠고, 군량을 마련하는 데 힘썼다. 그리고 바로 이 시기에 세자에 책봉되었다. 그러나 세자가 된 광해군 앞에는 두 가지 문제가 기다리고 있었다.

첫째, 그가 선조의 둘째아들이라는 점이었다. 그의 형 임해군(臨海君)이 성질이 난폭해 백성들의 지지를 받지 못했고, 결국 세자의 자리는 백성들의 지지를 받은 광해군에게로 돌아간 것이다. 당시 영의정이자 도체찰사로서 전쟁의 총지휘자였던 유성룡은 《서애집》에 "선조가 피난을 가자 서울 사람들이 여러 왕자의 궁을 모두 불태웠지만, 광해군의 궁만은 태우지 않았다."고 기록한 것으로 알 수 있다. 둘째, 선조의 계비인 인목대비 김씨가 영창대군(永昌大君)을 낳음으로써 후궁의 소생인 광해군의 왕위 계승을 반대하는 사람들이 나타난 것이다.

전쟁이 끝난 후 선조가 영창대군을 세자로 책봉하고자 했으나 뜻을 이루지 못하고 죽자, 결국 광해군이 대북파의 지지를 받아 1608년 왕위에 올랐다. 그러나 대북파의 농간으로 즉위 이듬해에 임해군을 유배 보냈다가 살해했고, 광해군 5년(1613) 대북파의 영수 이이첨(李爾瞻)의 무고로 영창대군을 서인으로 강등했다가 이듬해 살해했다. 이는 서인(西人)들의 반발을 불러일으켰고 결국 인조반정으로 폐위되었다.

광해군은 즉위 후 폐위되기까지 국내외적으로 나라를 안정시키고자 노력했다. 당시 농민에게 큰 부담을 주었던 방납의 폐해를 시정하기 위해, 공물을 쌀로 통일해 납부하는 대동법을 경기도에 시험적으로 실시했다. 임진왜란으로 폐허가 된 도성을 재건하기 위해 불에 탄 창덕궁을 중건하고 경덕궁(경희궁)과 인경궁을 짓는 등 궁궐 조성에 힘썼다. 또한 성곽과 무기의 수리, 호패법의 실시 등 여러 분야에서 많은 업적을 남겼다.

이 무렵 중국에서는 새로운 지배 세력으로 등장한 후금이 명나라를 침입했고, 명나라는 조선에 구원군을 요청했다. 광해군은 1만 3000명의 병사를 명나라에 파병하면서 총사령관인 강홍립(姜弘立)으로 하여금 의도적으로 후금에 투항해 싸울 의사가 없음을 전하게 함으로써 두 나라 사이에서 절묘한 외교 솜씨를 발휘했다. 인조반정으로 왕위에 오른 인조가 시대의 흐름을 읽지 못하고 명나라에 대한 사대외교만을 고집함으로써 정묘호란과 병자호란이 일어났으니 광해군의 외교전략이 맞았다고 할 수 있다.

삼국시대가 아닌 가야까지 사국시대

중학교 한국사 교과서에는 '가야'에 관한 설명이 3페이지에 불과하다. 김해의 금관가야와 고령의 대가야가 존속했던 기간이 무려 500년이 넘는데 왜 이렇게 설명이 턱없이 짧을까?

《한국민족문화대백과사전》에는 '신라가 건국한 서기전 57년부터 고구려가 멸망한 668년까지의 약 700년간'을 삼국시대라고 규정하고 있다. 이 논리라면 가야는 서기 42년에 건국해 562년에 신라에 망했으니 삼국시대 700년 기간 중 520년 동안이나 존속했던 엄연한 독립국가였다. 그 영토 또한 백제와 신라에 못지않았다.

고려 건국 뒤 경주 출신의 학자 김부식(金富軾)은 《삼국사기》를 저술하면서, 신라를 삼국의 정통 국가로 보고 모든 역사를 신라 중심으로 서술했다. 그러다 보니 신라가 병합한 가야를 신라 역사의 한 흐름으로만 보았던 것이다. 물론 이를 사대사관이니 뭐니 하고 김부식을 나무랄 수만은 없다. 왕조시대에는 역사를 서술할 때 민족이나 영토 개념이 아니라 오로지 왕실과 왕가를 중심으로 모든 사실을 해석하고 풀이했기 때문이다. 그러므로 민족과 영토를 중시하는 오늘날의 역사관과 충돌하는 것은 당연하다.

예를 들어 조선시대만 해도 여진족 추장 누르하치가 여진 땅을 조선의 영토로 편입하고 자신에게 그 지역을 다스리는 조선의 관직을 내려달라고 부탁한 적이 있었으나 조선은 그 요청을 묵살했다. 여진 땅은 척박해서 농사가 잘 되지 않아 거두어들일 세금이 없었기 때문이다. 즉 영토 가치를 제대로 인정하지 않았던 것이다.

가야에 관한 기록은 《삼국유사》〈기이편〉 '5가야' 부분과 《가락국기》 외에는 없다. 《삼국유사》에는 5가야의 나라 이름이, 《가락국기》에는 수로왕의 탄생과 즉위, 가야의 건국, 수로왕과 허황후의 결혼, 제도의 정비, 문무왕이 수로왕의 제사를 모신다는 내용이 기록되어 있다. 고구려, 백제, 신라만큼 다양한 기록이 존재하지 않는 것이다. 또 다른 세 나라에 비해 발견되는 유물이 적으니 거기서 알아낼 수 있는 정보도 빈약하다.

사정이 이러하니 교과서에도 가야에 관한 서술이 적을 수밖에 없고, 역사학자들은 사국시대가 아닌 삼국시대로 규정했을 것이다. 그러나 고대국가가 성립되던 초기에는 오히려 가야가 신라보다 강했으리라 추측할 수 있다.

신라는 소백산맥에 가로막혀 외부와의 접촉이 거의 없던 까닭에 4세기 후반인 내물왕 때 이르러 비로소 국가의 기틀을 마련했다. 그러나 가야는 변한시대부터 풍부한 철을 바탕으로 철기 문화를 꽃피웠고, 바다 건너 왜의 고대국가 형성에 결정적인 영향을 주었다. 특히 철제 투구와 갑옷, 큰 칼, 전투용 말을 보호하기 위한 말 투구, 말 갑옷 등은 당시 가야가 얼마나 높은 수준의 군사력을 가졌는지 잘 보여준다.

가야는 영남 지방과 남해안 일부에 자리잡고 있던 6가야(금관가야, 아라가야, 고령가야, 대가야, 성산가야, 소가야) 연맹체로, 그중 김해 지방에 있던 금관가야와 고령 지방의 대가야가 가장 큰 세력을 이루었다. 그러나 6가야는 통합을 이루지 못해 강력한 고대국가를 형성하지 못하고 금관가야는 법흥왕 때, 대가야는 진흥왕 때 멸망함으로써 520년간의 역사를 마감하고 만다.

지금까지 살펴본 바에 따르면, 가야는 실체를 밝힐 수 있는 자료가 부족하고 연맹국가라는 한계 때문에 고대국가의 주류에서 비켜나 있었지만, 신라와 왜의 고대국가 형성에 매우 큰 영향을 미친 만큼 삼국시대를 사국시대로 규정해야 할 것이다. 지속적으로 가야의 유물이 발견되고 있는 만큼 그 실체에 한 걸음 더 다가갈 수 있을 것으로 생각된다.

신라가 아라비아인의 영원한 이상향

통일신라시대에는 벽란도와 함께 울산항이 국제무역항으로서 아라비아와의 무역이 활발히 이루어졌다. 신라의 대표적 향가인 〈처용가〉의 주인공 처용도 아라비아인일 가능성이 높다고 한다. 10세기 초의 이슬람 문헌에는, 신라를 다녀간 아라비아인들이 그곳을 이상향으로 생각했다고 기록되어 있다.

당시에 신라는 중국 해안의 맞은편에 위치한 조그마한 나라로 알려져 있었다. 무역을 하러 왔던 아라비아인들은 울산항 부근에 머물렀다. 그들에게 울산항은 경주에서 가깝고 공기가 맑고 물이 깨끗했으며 토지가 비옥해 농사짓기에 적합했다. 나아가 고향인 아라비아와의 무역을 통해 많은 돈도 벌 수 있었다.

아라비아인들의 얼굴은 눈이 깊고 콧망울이 넓으며 수염의 숱이 많은 것이 특징이다. 처용 가면도 아라비아인의 얼굴과 비슷하다. 이는 처용 가면뿐 아니라 경주의 고분에서 출토된 유물에서도 찾아볼 수 있다. 1987년 경주시 황성동고분에서는 토기와 함께 많은 토용(土俑)이 출토되었다. 토용은 순장할 때 사람 대신으로 무덤 속에 함께 묻던, 흙으로 만든 인형이다. 그중에는 우리나라 사람과는 사뭇 다른 모습의 인형이 섞여 있었다. 바로 아라비아인일 것이다. 경상북도 경주시 외동읍 괘릉리에 있는 괘릉(경주 원성왕릉)에도 아라비아인으로 추정되는 석인상이 서 있다.

아라비아인 상인들이 가져온 물건은 관옥과 곡옥, 가지 모양 구슬 등 여러 가지 형태의 장식품과 함께 유리 제품인 팔찌, 병, 술잔 등이었다. 이 유물들은 경주 부근의 금관총, 금령총, 서봉총, 천마총 등에서 많이 발견되었다.

아라비아인들은 고려시대에도 자주 왕래했다. 국제무역항 벽란도를 통해 들어온 아라비아 상인들에 의해 'KOREA'라는 이름이 세계에 알려졌으며, 현종 15년 (1024)에는 아라비아 상인들이 공물을 바쳤다는 기록도 있다. 오늘날 덕수 장씨의 시조로 알려진 장순룡(張舜龍)은 충렬왕 즉위년인 1274년 충렬왕의 왕비인 장목왕후를 따라온 아라비아인으로서 고려에 귀화해 고려 여인과 혼인했다.

조선시대에는 아라비아인을 회회인(回回人)이라고 했다. 이들은 우리 민족이 하기 힘든 일들에 종사하는 대신 나라로부터 봉급과 머물 집을 받았다.

수양제의 백만 대군이 패한 까닭은

지금으로부터 1300여 년 전인 서기 612년에 수나라의 황제 양제(煬帝)는 113만 3800명의 대군을 거느리고 고구려에 침입했다. 단재 신채호(申采浩)가 지은 《을지문덕전》을 보면, 이 병력에 대한 설명이 비교적 자세히 나와 있다. 군함 300척, 병거(兵車) 5만 대, 병사 113만 3800명, 군량 수송자는 그 숫자의 두 배에 이르렀다고 하므로 통칭 200만 대군이라고 했다. 200만 대군이 출발할 때 그 깃발이 1000리까지 뻗쳐 있었으며, 각 방면의 사령관은 당시 제1급 명장들이었다고 한다.

양제 5년(609) 당시 수나라의 인구는 890만여 호에 4600만 명이었다. 이 정도라면 200만 명 동원이 불가능한 건 아니지만, 나라의 온 힘을 쏟아부은 것임에 틀림없다. 결국 수나라는 전쟁을 시작한 지 38년 만에 멸망하고 말았다.

수나라는 왜 고구려를 침략해야만 했을까?

5세기경 고구려는 한반도 및 요동, 만주에 걸친 대제국을 건설해 삼국 중 주도적인 위치를 차지하고 있었다. 그러나 6세기 후반에 남쪽에서는 신라에 밀려 한강 유역을 상실했고, 북쪽에서는 남북조시대의 분열을 통일한 수나라와 대치하게 되었다. 한강 유역을 차지한 신라가 수나라와 직접적인 외교관계를 맺음으로써 그때까지 맺어왔던 고구려와 수나라의 친선 관계가 무너지게 되었던 것이다.

위기의식을 느낀 고구려는 중국 대륙을 통일한 수나라가 동쪽으로 영역을 확장할 것으로 예상하여, 영양왕 때 말갈족과 연합해 전략상의 요지인 수나라의 요서 지방을 공격했다. 이에 분노한 수나라 황제 문제(文帝)가 수륙 30만 대군을 동원해 고구려를 공격했지만, 육군은 큰 홍수와 질병을 만났고 수군은 서해상에서 폭풍을 만나 헛되이 퇴군하지 않을 수 없었다.

문제의 뒤를 이은 양제는 고구려가 수나라를 견제하기 위해 돌궐족과 연맹하자, 고구려 정벌의 필요성을 느끼게 되어 113만 대군을 출동시킨 것이다.

수나라의 공격을 받은 고구려는 요동성에서 수의 대군과 교전했다. 전황이 교착 상태에 빠지자 조급해진 양제는 평양을 직접 공격할 계획을 세워 압록강 서쪽에 군대를 집결시켰다. 이 계략을 간파한 고구려의 명장 을지문덕(乙支文德)은 유도 작전을 벌여 평양성 외곽 30리 지점까지 적군을 유인했다.

이때 을지문덕은 수나라 장수 우중문(于仲文)에게 오언시 〈여수장우중문시〉를 지어 보내고, 영양왕의 조견(朝見)을 거짓으로 내세워 별동부대 철수를 요구하자, 적군은 순순히 철수하기 시작했다. 을지문덕 장군은 이때를 놓치지 않고 군사를 출동시켜 사방을 에워싸고 공격하니 적군은 도망가기에만 급급했다. 살수(薩水; 청천강)에 이르러 수나라군이 강을 반쯤 건넜을 때 고구려군이 수나라군의 후미를 맹공격하니 적장 신세웅(申世雄)마저 죽었으며, 살아 돌아간 군사는 2700명에 불과했다. 결국 양제는 싸울 의욕을 잃고 7월 25일 완전히 퇴각하고 말았다.

양제는 중국 땅이 넓고 인구가 많은 만큼 백만 대군을 동원하기 쉽다는 이점만을 생각했지, 군사가 많으면 전선이 길어져서 군량 공급이 어려울 것이라는 점을 간과했다. 이 때문에 그 많은 군대를 동원하고도 뜻을 이루지 못하고 헛되이 돌아갔다. 끝내 수나라는 고구려에게 참패한 것에서 비롯된 공포심으로 민심이 떠나 곧 멸망하고 말았다.

백제 근초고왕은 해외 식민지 건설

백제의 13대 왕 근초고왕(일명 초고왕)은 비류왕(재위 304~344)의 둘째 아들로

근초고왕의 무덤으로 추정되는 석촌동 고분

태어나 346년에 왕위에 오른 뒤 369년에 마한과 대방을 병합하고, 371년에는 고구려를 공격해 고국원왕을 전사하게 했다. 이 시기는 백제의 전성기로 경기와 충청, 전라도·강원도·황해도의 일부를 차지했다. 근초고왕은 정복전쟁으로 고대국가의 기틀을 마련하는 한편, 중국의 남조 문화를 수입해 왕인(王人)과 아직기(阿直岐)로 하여금 백제의 문화를 일본에 전하게 했으며, 박사인 고흥(高興)에게 백제의 국사(國史)인 《서기書記》를 편찬하게 했다.

중국의 《송서宋書》〈백제전〉에는 "백제는 본래 고구려와 함께 동쪽 1000여 리 지점에 있었는데 고구려가 요동을 점령하자 백제는 요서를 점령하고 진평군 진령현에 그 관리소를 두었다."고 기록되어 있다. 《양서梁書》〈백제전〉에도 "백제가 고구려에 대응하기 위해 요서와 진평이라는 두 군을 차지한 뒤 그것을 백제군이라 했다."고 기록되어 있다. 송나라 사마광(司馬光)이 펴낸 역사서인 《자치통감》에는 "전연의 수도에 강제로 옮겨진 고구려와 백제의 사람들이 너무 많아서 걱정된다."고 기록되어 있다.

이때 백제는 거대한 해상 세력권을 형성했으며 이를 통해 많은 이익을 취했다. 이 해상 세력권은 우리 민족이 외국에 진출해 개척한 식민지라고 할 수 있다.

식민지는 다른 나라에 예속되어 국가로서의 주권을 상실한 나라로, 정치적으로는 종속국이 되고, 경제적으로는 식민지 본국에 착취당했다. 이 같은 착취 식민지는 산업혁명 이후에 나타나는 식민지로, 물건의 대량생산에 따른 원료 공급지와 상품 시장이 필요했기 때문이다.

그러나 백제가 개척한 요서와 산동, 일본의 규슈는 유럽 열강들이 취했던 착취 식민지와는 사뭇 다르다. 당시는 모두 이주 식민지로서 본국의 사회를 그대로 이주시키는 형태였다.

근초고왕 때 형성된 이러한 식민지는 백제와 일본의 문화 발전에 크게 기여했다. 불교가 식민지의 해상로를 따라 백제와 일본에 전해져 왕권 강화의 바탕이 되었으며, 군사적인 기반을 확고히 하는 데도 크게 이바지했다. 그러나 근초고왕이 죽고 곧이어 고구려가 평양으로 천도하면서 남진정책을 펴자 백제는 점차 쇠퇴하게 되었고 해상 세력권도 잃게 되었다.

해외에 군대를 보낸 고려와 조선

우리나라에서 외국에 군대를 파견한 때는 고려 후기이니 그 역사가 오래되었다고 하겠다.

고려를 지배하게 된 원나라는 사신을 보내 일본에도 항복을 요구했다. 그러나 가마쿠라 막부가 이를 거절하자, 원나라 세조 쿠빌라이는 일본 정복을 위한 계획을 세웠다.

원나라는 고려를 일본 정복을 위한 전진기지로 삼으면서 정벌에 필요한 전함을 건조할 것을 요구했다. 원나라의 요구를 거절할 수가 없었던 고려는 원종 15년(1274) 1월에 전함을 건조하기 시작해 총 900척의 전함을 완성했다. 이 배에는 몽골군 2만 5000명, 고려군 8000명, 사공 6700명 등 총 4만 여 명이 승선했다.

이해 10월 여몽연합군 1차 원정군은 마산의 합포를 떠나 일본에 이르러 일본열도 곳곳에서 승전을 거듭했지만 큰 폭풍을 만나 200여 척의 배가 침몰하는 타격을 입었다. 결국 원정군은 돌아올 수밖에 없었다.

1차 원정에 실패한 원나라는 2차 원정군을 편성했다. 충렬왕 7년(1281)에 남송인 10만 명, 고려군 2만 5000명을 태운 전함 3500척이 합포를 출발했다. 그러나 원정군은 60일 동안 일본열도 곳곳을 공격하다가 일본 상륙을 눈앞에 두고 또다시 거센 태풍을 만나 물러나야만 했다. 일본인들은 이를 신풍(神風)이라고 칭하면서, 일본을 지켜줬다고 주장한다.

몽골의 일본 정벌은 고려 백성들에게 말할 수 없는 고통을 주었다. 얼마나 많은 고려인들이 희생되었던지, 1차 원정이 끝난 후에 논에서는 젊은 사람을 찾을 수가 없고 산에는 나무가 없었다고 한다.

조선시대에도 명나라가 조선에 군대 파병을 요청했다. 임진왜란 때 명나라의 도움으로 일본을 물리쳤던 광해군은 그들의 요구를 거절할 수가 없었다. 쇠락하는 명나라와 중국을 지배하려는 후금 사이에서 중립외교를 펼치던 광해군은 1만 3000명의 군사를 이끌고 명나라로 가는 총대장 강홍립에게 후금에 항복하라는 밀명을 내렸다.

이에 강홍립은 광해군의 명령에 따라 후금에 항복했으나, 명나라에 대한 의리를 생각하던 김응하(金應河)는 강홍립의 명령에 불복하면서 휘하 3000명의 군사를 지휘하며 버드나무를 방패삼아 싸우다가 끝내 전사했다. 사람들은 김응하가 방패를 삼은 버드나무를 '장군버들'이라고 불렀으며, 중국을 오가는 사신들은 장군버들을 지날 때면 제사를 지냈다.

효종 때도 두 차례 해외 파병이 이루어졌다. 나선정벌이 그것이다. 효종 5년(1654)에 변급(邊岌)을 총대장으로 152명의 명사수를 파병해 만주 흑룡강을 건너오던 러시아 함대를 100여 리나 쫓아가 물리쳤다. 이후 효종 9년(1658)에는 200명의 조총수를 보내 러시아의 스테파노프 사령관을 비롯한 270명을 전사시키고 10여 척의 배를 파괴하는 등 크게 이겼다.

대한민국 건국 후에는 미국의 요청으로 1965년에 베트남에 군대를 파병해 큰 전과를 올렸으나, 지금도 많은 참전 군인들이 미국이 밀림에 뿌린 고엽제 때문에 후유증으로 고생하고 있다. 베트남 파병은 돈에 팔려가는 용병이라 하여 국민의 반대가 컸던 군대 파견이었다. 최근에는 쿠웨이트와 소말리아, 르완다, 동티모르, 이라크에 의료진과 공병대를 파견한 바 있다.

서자 차별은 모자라는 벼슬자리 때문

조선 태종 13년(1413) 서얼금고법이 제정되었다. 이 법은 첩의 자식 및 그 자손을 차별하던 규정으로, 서자는 과거를 치르거나 벼슬에 오르지 못하도록 했다. 이 제도는 중국에도 없고 고려에도 없던, 조선에만 있던 유별난 제도였다.

이 서얼금고법은 조선 건국의 일등공신이지만 나중에는 경쟁 관계로 돌아선 이방원(李芳遠)과 정도전(鄭道傳)의 갈등으로 생긴 법이라고 한다.

두 사람이 싸움을 벌이게 된 동기는 태조가 정도전을 비롯한 공신들의 제안으로 이방원의 배다른 동생인 이방석(李芳碩)을 세자로 삼은 일이었다. 이에 격분한 이방원은 왕자의 난을 일으켜 정도전을 비롯한 반대파를 제거하고자 했다. 그러기 위해서는 적당한 명분이 필요했다. 정도전을 제거할 명분을 찾던 이방원은 그가 서자라는 사실을 염두에 두고 그의 손발을 묶어버리고자 서얼금고법을 만들었던 것이다. 그러나 이 제도는 조선 초기만 해도 강력하게 실시되지 않아 연산군 때의 간신 유자광(柳子光)은 서자이면서도 일등공신 대우를 받았다.

시대가 흐름에 따라 양반의 숫자가 늘어나 한정된 관직에 비해 유자격자가 많아지자 서얼금고법은 힘을 발휘하기 시작했다. 여기에 불만을 품은 서자들은 반란을 꾀하거나 중인 벼슬을 받기도 했다.

예를 들어 광해군 때 '칠서지옥(七庶之獄)'의 주인공들과 《동의보감》을 지은 허준을 들 수 있다. 칠서지옥은 서양갑(徐羊甲)을 비롯한 일곱 명의 서자가 허균과 더불어 현실 개혁을 내세우며 일으킨 사건이었다. 혹은 이이첨이 경쟁 관계에 있는 허균을 축출하기 위해 조작한 사건이라는 설도 있다.

영·정조 때에는 서자들의 반발을 가라앉히고 그들의 능력도 살리고자 서얼금고법을 폐지하고자 했으나, 양반 기득권층의 반발로 실패하고 말았다. 특히 정조가 서자 출신인 이덕무(李德懋), 박제가(朴齊家) 등의 학자들을 등용해 아끼자 반대파들이 왕을 살해했다는 설도 전한다.

이 서얼금고법은 1894년 갑오개혁 실시 후에야 폐지되었다.

사대정책은 당당한 외교정책

'사대(事大)'라는 말을 뜻 그대로 보자면, 강한 나라 사람을 붙좇아 섬기는 것을 말한다. 따라서 큰 것, 큰 힘에 전적으로 의지하려는 나약한 마음이 밑바탕에 깔려 있다고 하겠다. 이런 마음이라면 무력에 그대로 굴복해버리고, 독자성도 없이 권위에 매달리고 맹목적으로 따르기 마련이다.

그렇다면 우리 조상도 이렇게 큰 것, 큰 힘에 굴복해 독자성 없이 비굴하게 살아왔을까? 우리 역사의 두드러진 특징은 외세의 압력에 거세게 저항했다는 점이다. 고구려는 중국의 침략으로부터 한반도를 보호해주는 방파제 노릇을 했다. 전 세계를 집어삼켰던 몽골에 대해서도 우리처럼 끈질기게 저항한 나라는 거의 없다. 임진왜란 때도 온 백성이 일어나 왜적에 대항해 결국 그들을 물리치는 저력을 발휘했다.

조선의 외교정책은 한마디로 사대교린정책이다. 사대는 중국에 대한 외교책이었으며, 교린은 일본 및 여진에 대한 외교책이었다. 중국처럼 강하고 큰 나라는 받들어 섬기고 일본이나 여진 등의 이웃 나라와는 대등한 입장에서 사귀어 국가의 안정을 도모한다는 외교정책이다.

조선에서 사대교린이 언제부터 대외 용어로 함께 쓰이기 시작했는지 정확히 알 수 없으나 《경국대전》에 따르면, 승문원을 사대교린의 문서를 관장하는 관서라고 했다.

중국은 진(秦)나라 때부터 세계 질서가 천명을 받은 천자와 신하들의 위계질서로 형성된다고 보았다. 나아가 이러한 군신의 상하 관계는 중국과 그 주변 국가 간에도 적용되었다. 따라서 중국은 주변 국가의 왕들을 책봉하는 권한을 휘둘렀으며, 주변 국가들은 조공을 바쳐야 했다.

한편 교린의 내용을 보면, 먼저 일본을 대상으로 왜구 방지를 위한 평화적 회유책이었다. 조선은 개국 초부터 대일 교섭을 통하여 고려 말 이후 조선의 연안뿐 아니라 내륙까지 침입해 노략질을 일삼던 왜구의 금지를 요구했고, 일본도 조선 정부의 요구에 응하는 한편 조선과의 통교를 위해 사신을 파견했다. 여진에 대한 교린도 국경지대에서 노략질을 하지 못하도록 달래는 회유책이었다. 교린정책은 일종의 회유책이었으나 이것이 실패했을 때는 무력 정벌을 병행했다. 여진에 대한 4군 6진의 개척이나 일본에 대한 대마도 정벌은 그 대표적인 것이다.

조선의 사대정책은 현실적인 힘의 역학관계를 인정하는 실리적인 외교정책일 뿐 노예근성에서 비롯된 것은 아니었다. 국력이 약한 현실을 직시하고 전술적으로 사대정책을 취했던 것이다. 그러나 지배층 중에는 강대국에 의지해 기득권을 보장받으려 한 자도 없지 않았다. 자신들의 기득권을 지키고자 앞장서서 굴욕적인 외교정책을 편 이들도 많았던 것이다.

이러한 정치적 사대주의보다 더욱 심각한 것은 정신적 사대주의였다. 중국 것은 모두 훌륭하고 좋은 것으로 받아들이고, 우리 것은 무턱대고 하대하는 풍조가 있었던 것이다. 그리고 이런 경향은 사회 지배층에서 더 심하게 나타났다.

외국어 몰입교육을 실시한 조선

조선시대에 필요했던 외국어는 중국어, 몽골어, 여진어, 일본어, 위구르어, 유구어(琉球語; 유구는 오늘날의 오키나와)의 여섯 개였다. 외국어의 번역 및 통역을 맡아보던 관아는 사역원으로, 고려 말에 통문관을 고친 것이다. 사역원은 번역 및 통역을 담당하는 것 외에도 외국어 교육기관이기도 했다. 지금의 종로구 적선동과 도렴동에 걸쳐 있었는데 총 552칸 규모에 대청(大廳), 상사당상청(常仕堂上廳), 한학전함청(漢學前銜廳), 몽학청, 왜학청, 청학청 등 30여 개 청이 늘어서 있었다. 마치 종합 외국어대학과도 같다고 할 수 있다.

이곳에는 대개 중인들이 많이 지원했으며 지원자가 많아서 경쟁이 치열했다. 역관이 되면 사무역을 통해 많은 부를 축적할 수 있었기 때문이다. 사역원의 입학 조건은 까다로웠다. 지원자가 사조단자(四祖單子; 부, 조부, 증조부, 외조부의 명단)와 참상관 이상 2명과 교회(教誨; 사역원 관리) 1명의 신원보증서를 제출하면 15명의 심사위원이 서류를 심사했다. 지원자는 이 심사에서 추천을 받은 뒤 다시 입학시험을 치러 합격해야 비로소 사역원에 입학할 수 있었다. 조선 숙종 때

역관 김지남(金指南)과 그의 아들 김경문(金慶門)이 지은 《통문관지》에 따르면, "항통(缸筒; 비밀투표함)을 넘어뜨려 3매듭(結) 이상이면 입속(入屬)을 거부한다."고 했다. 즉 15명 중 3명 이상이 반대하면 입학이 거부되었다.

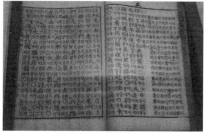
조선시대 사역원에서 간행한 중국어 교재인
《노걸대신석언해》(청계천박물관)

사역원에 입학하면 고난의 길이 펼쳐졌다. 학생들은 강의는 물론 모든 대화를 자기가 전공한 외국어로만 해야 했고, 수시로 원시(院試)와 고강시(考講試)를 치러야만 했다. 원시는 두 사람이 자신이 전공한 외국어로 대화하고 강의를 하는 것으로, 각 계절의 가운데 달인 2·5·8·11월과 각 계절의 마지막 달인 3·6·9·12월에 실시했다. 고강시는 뒤돌아서 교재를 보지 않고 외우는 배강(背講)과 사서(四書)와 《춘추》를 보면서 풀이하는 임강(臨講)을 보았으며, 네 계절이 시작되는 첫 달 초하루에 실시했다. 고강시를 통과하면 외무고시인 취재시(取才試)와 역과시(譯科試)에 응시할 수 있었다. 역과는 회화, 강독, 사자(寫字; 작문), 번역의 네 과목을 보았다.

고려시대에 처음 편찬되어 조선시대까지 전해진 외국어 학습서 가운데는 《노걸대》《박통사》가 있다. 저자를 알 수 없는 이 책들은 모두 중국어 학습 교재로 여관에 묵을 때, 식당에서 음식을 주문할 때, 물건을 사고팔 때 등 중국과 무역을 하는 데 필요한 내용으로 구성되어 있다. 세종 5년(1423) 사역원은 《노걸대》《박통사》 외에도 《전후한前後漢》《직해효경》 등의 외국어 교재 출판을 왕에게 간청하기도 했다.

철을 차지하려고 고구려를 침입한 당나라 태종

중국을 통일한 수나라는 4차례에 걸쳐 고구려를 침공했다가, 살수에서 을지문덕 장군에게 대패한 뒤 국력을 회복하지 못하고 618년 당나라의 고조 이연(李淵)

에게 멸망했다.

이연의 뒤를 이어 즉위한 당 태종 이세민은 각종 제도를 정비하고 외치에도 큰 업적을 이뤄 나라의 기틀을 다졌다. 평화로운 세월이 계속되자 당 태종은 새로운 '일'을 찾아나서게 된다. 정복전쟁이 바로 그것이다. 대륙에 인접한 약소민족들은 이미 평정한 터라, 당 태종의 눈길은 자연히 동쪽의 끝나라 고구려로 향했다.

고구려 보장왕 4년(645), 당나라 태종은 신하들의 만류에도 불구하고 고구려의 연개소문(淵蓋蘇文)을 응징하고 수나라 군사들의 한을 풀어준다는 구실로 군사를 일으켰다. 그러나 고구려는 만만한 나라가 아니었다. 일찍이 수양제도 수백만의 군사를 동원해 고구려를 침공했지만, 결과는 그 파멸로 끝나고 말았다.

당 태종은 친히 대군을 이끌고 고구려 정벌에 나섰지만 결과는 완전한 실패였다. 당나라 정벌군은 양만춘(楊萬春) 장군이 지휘하는 안시성을 1년간이나 공격했지만 함락하지 못하고 전전긍긍했다. 그 사이에 겨울이 닥쳐왔고 군사들의 사기는 땅에 떨어졌다. 당 태종은 어쩔 수 없이 군사를 돌리는 수밖에 없었다. 이후 당 태종은 퇴각하면서 얻은 병에 오래도록 시달리다가 649년 세상을 떠났다.

당 태종에게 아픔을 준 고구려 원정은 겉으로 드러난 것처럼 단지 고구려의 연개소문을 응징하고 수나라 군사들의 한을 풀어준다는 명분으로 이루어진 것은 아니었다. 당 태종의 속내는 고구려의 철을 손에 넣는 것이었다. 그는 주변국을 정복하면서 드넓은 지역을 통치하게 되자 많은 군사들을 무장시키고 필요한 식량을 생산하기 위한 농기구를 만들 철이 필요했고, 철이 많이 생산되는 고구려의 요동과 만주 지역이 무척 탐났던 것이다.

간도는 우리 땅

원래 간도(間島)는 두만강과 토문강 사이에 있는 지역으로, 길림성을 중심으로 요녕성을 포함한 장백산맥 일대의 서간도와 두만강 북부의 북간도를 아우르는 지역이다. 우리가 흔히 알고 있는 간도는 두만강과 마주한 간도 지방의 동부, 즉

북간도로 지금의 연변조선족자치주에 해당한다.

간도의 지명 유래는 두 가지가 전해온다.

조선과 청나라 사이에 놓인 섬과 같은 지역이란 뜻에서 간도가 되었다는 설과, 조선 말기에 나라에서 지나치게 세금을 많이 거두는 것에 지친 북부 지방의 농민들이 견디다 못해 두만강을 건너가 황무지를 개척하기 시작했는데, 그때 황무지를 개간한 조선 농민들이 이곳을 두만강 옆의 섬으로 본 데서 옆섬 또는 간도라고 부르게 되었다는 설이 그것이다.

간도는 원래 고구려와 발해의 영토였으나 발해가 멸망한 후 청나라가 건국될 때까지 여진족이 터를 잡고 살았다. 조선시대에 북쪽의 경계선이 분명치 않아 오랫동안 버려져 있던 이곳에 조선 사람들이 많이 이주하자, 숙종 3년(1677)에 청나라는 이곳이 그들 조상의 발상지라며 만주족 이외의 민족이 사는 것을 금하는 봉금령을 내렸다. 이에 청나라와 조선은 여러 차례 회담을 가진 끝에 숙종 38년(1712)에 국경을 조사하고 두 나라의 경계를 표시하기 위해 백두산정계비를 세웠다.

정계비에는 '압록강과 토문강을 경계로 한다'는 글을 새겼는데, 이 글 중 '토문강'이 문제가 되었다. 조선은 토문강을 송화강으로, 청나라는 두만강으로 각각 다르게 받아들인 것이다. 이후 이 문제를 매듭짓고자 끊임없는 논쟁과 교섭이 이루어졌고, 고종 때는 간도가 조선의 영토라는 우리측 주장에 청나라에서 반대할 이유를 찾지 못하고 회담을 거부했으니, 이는 곧 간도가 우리 땅임을 인정하는 셈이 되었다.

러일전쟁 후 을사조약으로 우리나라의 외교권을 빼앗은 일본은 처음에는 간도 용정에 파출소를 설치하는 등 우리의 땅임을 인정하더니, 융희 3년(1909) 9월 만주 진출을 꾀하며 청나라와 간도협약을 맺어, 만주 진출의 중요한 철도인 안봉선을 건설하는 조건으로 간도를 청나라에 마음대로 내주었다.

간도는 일제강점기에도 우리 민족의 터전이자 독립운동의 근거지였다. 현재 이곳은 현재 중국의 자치주 중 하나인 연변조선족자치주로, 주민 3분의 1 이상이 조선족이다.

중국의 동북공정

우리는 발해에 대해 얼마나 알고 있을까?

아마도 발해는 '고구려 부흥운동의 결과 성립된 나라이며, 발해를 세운 대조영(大祚榮)은 고구려의 장수 출신이고, 발해의 지배층은 고구려 사람'이라는 정도일 것이다. 이것은 발해의 유물과 유적이 거의 남아 있지 않고, 연구할 역사 자료도 거의 없기 때문에 발해사 연구가 활발하지 못했던 결과이다.

우리는 당연히 발해가 우리 역사 한 부분을 담당한 주역으로 알고 있다. 그러나 중국은 자기 나라의 역사라고 주장하고, 러시아와 일본은 말갈의 역사라고 주장하고 있다. 중국은 당나라 때 대조영을 발해왕으로 임명한 것을 근거로 발해가 당나라의 지배를 받았으며, 당나라 문화의 영향을 받았기 때문에 중국의 지방정권에 해당한다고 주장하는 것이다. 그러나 비록 발해가 당나라 문화의 영향을 받았다 해도 고구려 문화를 바탕으로 한 독자적 문화를 형성했고, 정치제도 또한 당의 3성 6부를 본떴으나 전혀 다른 구조를 이루고 있으므로 중국의 지방정권이었다는 주장은 모든 것을 중국 중심으로 보려는 그들의 시각일 뿐이다.

러시아와 일본은 《구당서》에 "대조영은 고구려와 다르다."라는 대목을 근거로 고구려와 동일한 민족이 아닌 속말 말갈족이라고 주장하면서, 발해사는 말갈의 역사라고 강조하고 있다. 그러나 '고구려와 다른 민족'이라는 그 짧은 문장을 근거로 무조건 말갈족이라고 해석하는 것은 잘못된 것이다. 당시 말갈족과 고구려인은 같은 언어를 쓰고 같은 생활권에서 살았던 같은 민족이라는 생각을 가지고 있었다. 더구나 고구려가 건국된 서기전 37년부터 고구려가 멸망한 668년까지 약 705년간 같이 생활했던 만큼 다른 민족이라고 구분 지을 이유가 없다.

더 크게 보았을 때 말갈족의 후예인 여진족이 세운 금나라, 만주족이 세운 청나라, 거란족이 세운 요나라도 우리 역사의 일부로 여겨야 하지 않을까. 《삼국유사》에 "고구려의 옛 장수 대조영은 … 말갈과 다른 종족…."이라 한 것이나, 발해가 일본에 보낸 국서에서 "고구려의 옛 땅을 되찾고 … 고구려 국왕 대흠무…."라 한 것으로 미루어 우리 민족의 역사임이 분명하다.

결국 멸망한 발해의 뒤를 이어 계승한 나라가 없었고, 그 역사를 기록한 나라도 없다는 사실이 여러 나라가 자기 나라에 유리한 해석을 하게 만든 원인이 되었다. 우리나라에서는 조선 후기에 실학에 대한 연구가 본격적으로 이루어지면서 발해에 대한 관심도 높아져, 정조 때의 실학자 유득공(柳得恭)은 《발해고渤海考》를 저술해 발해의 역사를 조명하기도 했다. 그러나 중국을 중심으로 했던 역사관에서 발해의 위치는 아주 작을 수밖에 없었다.

우리나라를 서양에 소개한 최초의 문헌,《하멜표류기》

조선 17대 효종 4년(1653) 1월에 동인도회사 소속의 상선 스페르베르호가 네덜란드를 출발해, 같은 해 6월 자카르타, 7월 타이완에 이르고, 거기서 다시 일본의 나가사키로 항해하던 중 폭풍우에 밀려 8월 15일 제주도 부근에서 난파당했다. 선원 64명 중 28명은 익사하고, 헨드릭 하멜 이하 36명이 표류하다가 제주도에 닿아 관원에게 체포되었는데, 하멜을 제외한 35명은 전혀 배우지 못한 하류층 선원이었다.

이들은 훈련도감에서 전술을 가르치던 얀 야너스 벨테브레이(an Janes Weltevree; 우리나라 이름은 박연. 1628년에 표류하다 제주도에 상륙해 조선에 귀화했다)의 지휘 아래 훈련도감의 포수로 임명되었으나, 경제적으로 매우 어려워 배에 있던 사슴 가죽을 환급받아 이것으로 오두막과 의복 등을 마련했다고 한다.

현종 6년(1665) 이들은 청나라 사신의 행렬에 뛰어들어 자신들의 존재를 알리고 구원을 호소했으나 뜻을 이루지 못했고, 이 일로 하멜 일행은 한양에서 추방되어 전라도 병영으로 이속되었다. 지방에서의 생활은 더욱 어려웠다. 때로는 군사훈련을 받기도 하고, 풀뽑기 같은 막일도 했으며, 흉년에는 구걸을 하거나 승려들의 도움을 받아 연명하기도 했다. 그 뒤 이들은 몇 명씩 무리를 지어 조선 전국을 유랑했다.

조선 사람들에게 푸른 눈의 서양 사람들은 신기한 구경거리였다. 조소와 감시 속에서 고향이 그리워 미칠 지경이었던 하멜은 마침내 결단을 내려 생사를 건 탈출을 시도했다. 현종 7년(1666) 9월 5일 하멜 이하 8명은 우여곡절 끝에 엄중한 감시를 뚫고 가까스로 작은 배를 이용하여 조선을 탈출했다. 그리고 일본 나가사키에 도착해 고국 사람들과 재회의 기쁨을 맛보니, 무려 13년 28일이라는 긴 세월이 지난 후였다. 하멜은 귀국 후《하멜표류기》를 저술하여 그동안의 사정을 기록한 기행문을 남겼다.

《하멜표류기》는 조선의 지리·풍토·산물·경치·군사·풍속·교육·무역 등에 관해 실제로 저자가 보고 들은 바를 자세히 기록한 귀중한 자료로, 우리나라를 서양에 소개한 최초의 문헌이다.

신라의 장보고는 국제무역의 개척자

옛사람들은 중국의 선진 문화를 받아들이기 위해서는 한강을 통해 황해(서해)를 거쳐 중국으로 가야만 했다. 그래서 예로부터 고구려, 백제, 신라는 한강을 차지하기 위해 치열한 각축전을 벌였다. 이처럼 바다는 중요한 교통로이자 해상무역로이지만 우리 조상들은 바다를 그다지 중요하게 여기지 않았던 듯하다.

통일신라의 장군 장보고는 일찍이 바다의 중요성에 주목해 해상권 개척에 나섰다. 9세기경 일본의 승려 엔닌[圓仁]이 저술한 중국 여행기《입당구법순례행기 入唐求法巡禮行記》에 따르면, 신라는 동양 삼국 중 조선술이 가장 뛰어나고 항해술이 발달해 황해·동지나해·대한해협의 해상권을 장악했다고 한다. 이것은 신라에 장보고라는 인물이 있었기 때문에 가능했다.

장보고는 완도에 설치한 청해진에 근거를 두고 일본과 당나라로 통하는 해상권을 장악해, 에드윈 올드파더 라이샤워(Edwin Oldfather Reischauer) 교수가 말한 대로 '해양 상업제국의 무역왕(The Trade Prince of the Marine Commercial Empire)'으로 군림했다. 황해와 동지나해, 대한해협은 한국의 실크로드 역할을 했던 것이다.

장보고가 이처럼 막강한 청해진을 설치한 이유는 무엇일까?

그의 부모가 누구인지, 어디서 태어났는지는 알 수 없으나, 확실한 것은 그가

완도 청해진 유적

당나라에 건너가 무령군소장이 되어 활동하다가 귀국했다는 사실이다. 《삼국사기》에 따르면, 그는 귀국한 뒤 흥덕왕에게 "중국의 어디를 가든지 우리나라 사람들을 노비로 삼고 있습니다. 청해에 군사기지를 설치해 해적들이 사람을 약취하여 서쪽으로 끌어가지 않게 조치를 취해주시기 바라나이다." 하고 주청하니, 왕이 장보고에게 군사 1만 명을 주어 완도에 청해진을 설치하도록 명을 내렸다. 그 뒤로 해상에서 인신매매가 없어졌다고 한다.

이렇듯 독자적인 해상권을 장악한 장보고는 신라 말기의 대표적인 지방 세력으로 발전했다. 그는 신라 왕실의 왕위쟁탈전에도 관여해, 민애왕(재위 838~839) 일파를 격파하고 김우징(金祐徵; 신라 45대 신무왕. 재위 839~839)을 왕위에 올리는 데 크게 공헌했다.

그러나 신라 조정에서는 독자적인 자치정권이나 다름없는데다가 국왕까지도 바꿀 수 있는 막강한 힘을 지닌 장보고에 대한 두려움을 갖기 시작했다. 결국 신라 조정은 장보고의 친구인 염장(閻長)을 파견해 그를 살해하고 청해진을 폐쇄시키니, 신라는 장보고 시절의 화려했던 해상권을 다시는 되찾지 못한 채 멸망으로 치닫고 만다.

개혁적인 승려들의 모임, 땡추

'땡추'라는 말이 있다. 흔히 주색을 즐기고 고기를 마음대로 먹는 가짜 중을 말하는 것으로 알려져 있다. 그러나 땡추의 어원을 살펴보면 그렇게 낮잡아 볼 일이 아니다. 땡추의 어원은 '당취(黨聚)'이다. 당취는 고려시대에 몽골의 압제에서 벗어나고자 개혁을 추진했던 공민왕이 신돈(辛旽)에게 도움을 요청해 개혁을 꿈꾸는 승려들을 규합한 모임이다. 즉 고려 왕실에 흐르는 더러운 몽골의 피와 몽골에 아부해온 관료들을 모두 제거하고 순수한 고려를 일으키자는 공민왕의 뜻에 따라, 각 도에서 1명씩 모두 7명의 승려를 규합해 신돈이 만든 개혁 단체였다.

당시 고려 조정은 친원파가 득세하고 있었으므로, 이들은 신변 안전을 위해 승려에게는 금기시된 술 마시고 고기 먹는 행동을 함으로써 서로를 확인하는 신표(信標)로 삼았다. 이들의 행동수칙은 철저하게 지켜져 오늘날 국어사전에서조차 당취에 대한 설명은 아예 없으며, 단지 땡추를 '중답지 못한 중을 낮잡아 이르는 말'이라고 풀이하고 있다.

개혁의 중심 인물이었던 신돈은 전민변정도감을 설치해 부호들이 권세로 빼앗은 토지를 원래 소유자에게 돌려주고, 노비로서 자유민이 되려는 자들을 해방시켰으며, 국가 재정을 정리하는 등 개혁을 실시해 민심을 얻었다. 그러나 급진적인 개혁은 상층 계급의 반감을 샀고, 그 자신도 왕의 신임을 받자 점차 오만해지고 방탕한 행동을 하므로 상층 계급에서 배척운동이 일어났다.

공민왕 18년(1369) 신돈은 풍수도참설로 왕을 유혹해 도읍을 충주로 옮기고자 했으나 왕과 대신들의 반대로 실패하고, 왕의 신임을 잃자 역모를 꾸미다가 발각되어 수원에 유배된 후 공민왕 20년(1371)에 처형되었다.

그 뒤 당취의 개혁적인 성향은 점점 변질되었다. 조선시대에 들어와 숭유배불 정책으로 승려의 지위가 땅에 떨어지고, 성종 이후 도승(度僧; 관에서 도첩을 받은 승려)과 승과제도가 폐지되자 민역(民役)과 병역을 피하려는 자, 고아, 과부 등이 절에 들어가 승려가 되었으므로 무자격 승려가 많아졌다.

수행에 크게 관심이 없었던 이들은 당파를 만들어 그들의 세력을 키웠다. 10명 또는 20명씩 패를 지어 다니면서 수행승이나 학승(學僧)을 괴롭히는가 하면,

식량과 의복 등속의 물자를 마음대로 가져다가 먹고 입었으며, 승려들을 모아놓고 참회를 시킨다면서 매질도 했다. 땡추는 일종의 부랑집단으로 전락해 전국적인 조직을 갖추고 통일된 행동을 했으며, 곤란한 일을 당했을 때는 서로 도와주고, 조직원이 봉변을 당하면 반드시 복수를 했다고 한다.

원래 '개혁을 추진하는 승려들의 모임'인 당취가 조선시대 들어 불교를 탄압하는 사회 분위기에 변질되어 부랑집단인 땡추로 전락해버린 것이다.

일본과의 무역마찰로 일어난 임진왜란

우리나라 중계무역의 역사는 매우 오래되었다. 고조선이 한반도 남부 지역과 중국과의 사이에서 중계무역을 한 것 때문에 한나라의 침입을 받게 되었으니, 이것으로 미루어 알 수 있다.

조선시대에는 일본과 명나라 사이에서 중계무역을 했다. 일본으로부터 남방산 소목(蘇木), 후추, 일본산 구리·납·은 등을 사들였고, 명나라로부터 비단·면포·도자기류를 수입했다. 상인은 일본산 은과 구리를 압록강변의 의주로 운반해 중국으로 수출했고, 중국에서 들여온 생사(生絲)와 고급 견직물은 부산의 왜관에서 일본으로 수출했다.

그런데 조선에서 일본으로 수출하는 비단뿐만 아니라 면포와 곡물도 주요 수출품이었다. 수출에 대한 대가는 구리로 받았다. 그러나 일본에서 지불할 수 있는 구리의 양은 한정되어 있었으므로 부족할 수밖에 없었다. 일본은 정상적인 무역으로는 적자를 보완하기 어렵게 되자 을묘왜변과 삼포왜란 등의 난을 일으켜 해안을 침범해 노략질을 일삼았다. 이에 조선에서는 일본과의 무역을 규제했고, 명나라에서는 조공무역을 중지시켰다. 일종의 무역규제인 셈이었다.

일본은 무역적자를 겪는 상황에서 조선과 명나라의 무역규제로 고립을 당하니 경제 사정은 더욱 어려워졌다. 이것을 타개하기 위해 일본은 해안 지역에서 노략질을 멈추는 조건으로 조공무역 재개와 무역규제 해제를 요구했고, 두 나라는 협상에 들어갔다. 그러는 외중에 명나라를 정복해 경제문제를 해결함과 아울러 전국을 통일하려는 야망을 불태우던 도요토미 히데요시가 무사들의 관심을 해외로 돌리고자 임진왜란을 일으켰다. 한 사람의 무모함이 평화적인 무역협상을 무역전쟁으로 바꾸는 계기가 되었다.

대외 관계에서 쓰인 공식 언어

우리나라는 예부터 중국, 일본, 여진족, 거란족 등과 대외 관계를 맺어왔으므로 통역인이 필요했다. 그런데 통역인이 엉뚱하게 통역하는 일이 종종 발생하자 고려시대에는 통역관을 양성하고 외국어 번역과 통역을 맡아보는 통문관(고려 말에 사역원으로 고쳤다)을 설치했다. 학생들은 주로 중국어·여진어·몽골어·일본어를 공부했으며, 역과에 급제하면 종7품에서 종9품의 벼슬을 받고 각 관청에 임시직으로 배치되어 통역 임무를 맡았다.

조선시대에는 외교를 맺은 여러 나라 중에서도 중국이 차지하는 비중이 가장 높아 중국어를 배우려는 열기가 높았으며, 후기에는 후금의 언어인 여진어를 배우려는 사람이 많았다. 원나라의 지배를 받았던 고려 후기에 몽골어에 대한 관심이 높았던 것처럼 중국어나 여진어를 익혀 중국인(또는 여진인)에게 인정을 받아 출세하려는 욕구 때문이었다.

그러나 중국을 제외한 다른 민족을 야만족으로 천시하는 풍조 때문에 역과에서 중국어 외에 다른 언어를 전공한 합격자는 중국어 전공자의 6분의 1에 불과했다. 즉 역과 총 선발 인원 19명 중 중국어 전공자를 13명 뽑았으며 장원 또한 중국어 전공자에게 돌아갔다. 나머지 여진어, 일본어, 몽골어는 각각 2명 선발했다.

당시 국제무대에서는 외국 사신이 우리나라에 오면 우리나라 말로 통역했고 우리나라 사신이 다른 나라로 가면 그 나라 말을 사용하는 것이 관례였다. 그러나 중국만큼은 예외였다. 중국 중심의 사대사상에 젖어 있던 터라 중국에서나 우리나라에서나 오로지 중국어만을 사용했던 것이다.

이들 통역관은 외국어 통역뿐만 아니라 선진 문물의 도입에도 첨병 역할을 했다. 중국에 파견되어 과학기술을 공부하고, 서양 문물을 우리나라에 들여오는 데 큰 몫을 했던 것이다. 그 대표적인 인물이 조선 후기의 역관이자 화가인 오경석(吳慶錫)이다.

그는 북경을 왕래하면서 세계정세에 대한 새로운 지식을 많이 흡수해 다른 이들에게 개화사상을 고취했고, 박규수(朴珪壽)·유대치(劉大致)와 함께 개화파를 형성해 조선이 국제무대로 나가야 할 필요성을 역설했다. 그가 중국에서 들여온 《해국도지海國圖誌》는 세계정세를 국내에 소개하는 중요한 자료가 되었다. 그의 영향을 받은 박영효, 김옥균, 홍영식 등은 개화당을 조직해 갑신정변을 주도했다.

붕당정치는 오늘날의 정당정치

본디 '당(黨)'은 중국 주나라에서 500호를 가리키는 말이었다. 이때는 향당(鄕黨)이란 말을 썼다. 그런데 이와는 달리 현대적인 정당(政黨)의 의미는 '정치적 의견을 같이하는 사람들의 집합체'라는 뜻이다. 그러므로 정당원은 사상이나 이념, 정책 등을 같이하는 사람들이라고 할 수 있다.

우리나라에서도 조선시대에 접어들면서 붕당(朋黨)이 형성되었다. 붕당이란 이해(利害)나 주의(主義) 따위를 함께하는 사람끼리 뭉친 정치적 동아리라고 할 수 있다.

붕당이 일어난 배경은 이러하다.

선조 5년(1572) 김효원(金孝元)은 이조전랑으로 천거되었으나 심의겸(沈義謙)이 반대해 거부당했다가 선조 7년(1574)에 결국 이조전랑이 되었다. 이듬해에는 심의겸의 동생인 심충겸(沈忠謙)이 이조전랑에 천거되었을 때 김효원이 이에 반대해 이발(李潑)을 천거하면서 심의겸과의 반목이 심해졌다. 이조전랑은 본디 정랑과 좌랑을 아울러 이르는 말로, 내외 관원을 천거하고 전형(銓衡)하는 데 가장 많은 권한을 가지고 있어 이렇게 이른다. 비록 정5품과 정6품의 품계였지만 삼사의 관리를 추천할 수 있는 자리였기에 서로 견제했던 것이다. 김효원의 집이 궁궐에서 동쪽에 있어 따르는 무리를 동인, 심의겸의 집은 궁궐의 서쪽에 있어 따르는 무리를 서인이라고 불렀다. 두 사람의 반목이 붕당이 생겨나는 계기가 된 것이다.

선조 때는 동인이 집권을 했다. 그러나 정여립 모반사건이 일어나자 동인은 이황의 제자를 중심으로 한 남인과, 조식의 제자를 중심으로 한 북인으로 나누어졌다. 북인은 광해군 때 정권을 잡아 실리적인 중립 외교정책을 추진하면서 임진왜란 후의 나라를 안정시키려고 노력했다. 하지만 후금과 명나라 사이를 동등하게 대우하는 정책에 반대한 서인이 인조반정을 일으키면서 서인이 집권하게 되었다.

서인의 집권으로 북인에 눌려 지내온 남인들이 정권에 참여할 기회가 주어졌다. 비록 소수였지만 남인들은 서인과 함께 정권에 참여해 중립외교가 아닌 친명배금 외교를 펼쳐나갔다. 정묘호란과 병자호란을 겪으면서 정권에 큰 타격을 받았지만 인조의 지원으로 큰 위기는 없었다. 사이좋게 정권을 이끌던 서인과 남인 사이에 분열이 생긴 계기는 효종의 죽음이었다. 효종은 인조의 둘째 아들로 왕위에 올랐었다. 맏아들이 죽으면 어머니도 아들과 똑같이 상복을 입었지만 둘째 아들부터는 경우가 달랐다.

효종 10년(1659) 효종이 죽자 인조의 계비인 자의대비의 상복 착용 문제로 예송(例送) 논쟁이 불거졌다. 송준길(宋浚吉)과 송시열(宋時烈) 등 서인은 효종이 큰아들이 아니라는 이유로 1년설을, 허목(許穆)을 비롯한 남인은 3년설을 주장하면서 대립했다. 이를 '기해예송'이라고 한다. 현종 15년(1674)에는 효종의 비인 인선왕후가 죽자 서인은 9개월을, 남인은 1년을 주장해 남인의 의견이 채택되었다. 이를 '갑인예송'이라고 한다. 두 차례의 예송을 거치면서 서인과 남인은 치열하게 대립했고, 현종은 왕권을 강화하기 위해 붕당의 대립을 이용했다.

붕당의 대립이 다시 시작된 것은 숙종 6년(1680) 때였다. 남인 출신의 영의정 허적(許積)이 궁중의 천막을 마음대로 사용했다가 남인들 모두가 처벌을 받게 되었다. 이때 같은 서인이면서 송시열을 중심으로 한 세력은 강경한 처벌을 주장했고, 윤증(尹拯)을 중심으로 한 세력은 관대한 처벌을 주장했다. 이 논쟁으로 인해 서인은 나이 많은 송시열을 중심으로 한 노론(老論)과, 나이 어린 윤증을 중심으로 한 소론(少論)으로 분열되었다. 이를 '경신대출척'이라고 한다.

영조 38년(1762) 임오년 5월에 영조가 사도세자를 뒤주에 가두어 굶어 죽게 한 임오옥(壬午獄)이 발생하자, 당시 정권을 잡고 있던 노론은 세자를 동정하는 시파(時派)와 세자의 죽음을 당연하게 여기는 벽파(僻派)로 갈라졌다. 이에 따라 붕당정치는 더욱 심화되었다. 정조 때는 시파가 득세하고 벽파가 물러갔으나, 순조 때는 벽파가 정권을 잡았다.

위에 언급한 세 가지의 사건은 모두 지배층에 관련된 것으로서 일반 백성과는 상관없는 문제였다. 다시 말해 성리학의 형식적인 면이 지나치게 명분과 의리를 내세워 융합하지 못했기 때문에 일어난 것이다. 그러나 이것은 겉으로 드러난 모습이고 실제로는 국가 정책을 결정하는 데 각기 다른 주장과 의견을 활발하게 내놓아 장점을 수렴하는 쪽으로 나아간 사례가 훨씬 많았다.

정권을 잡은 붕당은 언제나 그렇지 못한 다른 붕당의 견제를 받았다. 반대 당에게 약점을 잡히지 않으려고 부정부패가 거의 없었던 것이다. 다시 말해 붕당정치는 공도(公道)와 공론(公論)을 존중하는 사림의 정치이념에 바탕을 둔 것으로, 관료들의 정치 비판 기능이 커지고 개인의 의견보다 공론이 정치를 주도하게 되어 부패가 그만큼 줄어들 수 있었던 것이다. 이 같은 사실은 순조 이후의 일당독재가 있기 전까지는 민란이 발생하지 않은 사실로도 증명이 된다. 이런 면에서 볼 때 오늘날의 여당과 이를 견제하는 야당의 관계로 보아도 될 것이다. 붕당의 폐해라고 지적되는 것들도 대변인들의 상스러운 욕설로 범벅이 되는 요즈음의 정당 싸움에 비하면 오히려 깨끗했다.

물론 붕당정치에도 감투 싸움과 권력 다툼이 있었다. 그러나 정당의 존립 목적이 정권 창출이라는 측면에서 보면 이는 매우 자연스러운 일이었다. 또한 일부 도당(徒黨)이니 해서 비판을 받은 붕당도 있지만 요즘 무조건 출신 지역만 따지는 지역 당보다는 훨씬 더 일반적이고 보편적인 정치이념을 가지고 있었다.

붕당정치를 감투 싸움이라고 본 이익은 《곽우록藿憂錄》에 이렇게 기록했다.

이익의 《곽우록》(실학박물관)

"붕당은 싸움에서 생기고, 싸움은 이해관계에서 생긴다. 이해관계가 절실하면 붕당이 깊어지고, 이해관계가 오래될수록 붕당이 견고해지는 것은 당연한 형세이다. 이렇게 되는 이유는 무엇인가? 지금 열 사람이 함께 굶주리고 있는데 한 그릇의 밥을 같이 먹게 되면 그 밥을 다 먹기도 전에 싸움이 일어날 것이다. … 조정의 붕당도 어찌 이와 다를 것이 있겠는가? … 대개 과거를 자주 보아 인재를 너무 많이 뽑았고, 총애하고 미워함이 치우쳐서 승진과 퇴직이 일정하지 못했기 때문이다. … 이 밖에도 벼슬에 드는 길이 어지럽게 많으니, 이것이 이른바 관직은 적은데 써야 할 사람이 많아서 모두 조처할 수 없다는 것이다."

미륵신앙이 깃든 매향(埋香)

바닷가에 '침향'이라는 나무가 떠오르면 주변에 사는 사람들이 횡재를 했다. 이 침향을 사찰에서 비싼 가격에 사들였기 때문이다. 침향은 수백 년 전 조상들이 향나무를 바다와 개천이 만나는 지점에 묻어놓은 결과물이다. 여기에는 이 향나무가 수백 년 뒤에 물 위로 떠올라 피지배층들에게 구원의 손길을 준다는 미륵신앙이 깃들어 있다.

침향은 신라시대부터 있었다. 《삼국유사》에 따르면, 침향을 이용하여 사리함이나 불상인 '만불산'을 만들었고, 《고려사》에는 의종 때 침향목으로 관음상을 만들었다는 기록이 있다. 이로 미루어 침향은 불상을 만드는 재료임을 알 수 있다. 조선시대에는 용뇌와 함께 고급 약재로 취급되었다.

침향이 만들어지도록 향나무를 바다와 개천이 만나는 지점에 묻는 것을 매향(埋香)이라고 한다. 후세에 자신들을 구원한다는 미륵신앙의 결과인지는 몰라도 침향이 많은 사람들에게 복을 가져다주는 존재임에는 틀림없다.

매향을 하고 나면 사람들이 잘 볼 수 없는 곳에 있는 자연석이나 암석에 투박한 글씨로 비문을 새겼다. 현재 고성 삼일포(1309), 사천(1387), 충남 해미(1427), 암태도, 전남 해남 마산면 맹진리의 속칭 장군바위(1406), 영암 엄길리(1344), 영광 법성포(1371, 1410), 장흥 덕암(1434), 충남 당진, 경남 삼천포 등에 매향비가 있다.

그런데 매향비가 발견되는 곳의 공통점이 있다. 바로 고려 말기와 조선 초기에 왜구의 침입이 빈번했던 곳이라는 점이다. 고려 말기에 최영이 홍산에서, 이성계는 황산에서 각각 왜구를 물리쳤으며, 최무선은 화약을 만들어 관음포에서 왜구를 물리치기도 했다. 창왕 때 박위는 왜구의 소굴인 대마도까지 정벌하기도 했다. 왜구의 침입은 끊이지 않고 조선시대까지 이어졌다. 이에 세종 때 다시 이종무가 대마도를 정복하는 한편, 회유책으로 부산포·제포·염포를 개항해 왜구가 우리나라에서 무역하는 것을 허용하기도 했다.

왜구가 침입하면 피해는 고스란히 백성들의 몫이었다. 그리하여 이들 지역에 사는 백성들은 현실의 고통과 불안으로부터 구원받고자 하는 염원을 담아 매향을 했다고 볼 수 있다. 몽골의 침입을 막기 위해 지배층이 팔만대장경에 염원을 담았듯이 일반 백성들은 매향을 통해 미륵의 구원을 염원했다.

태극기의 탄생

우리 민족과 함께 숨 쉬어온 정신적 상징인 태극 문양은 삼국시대부터 사용되었다. 삼국시대 이래 조선시대에 이르기까지 임금은 곧 국가였으므로 조선시대에는 왕을 상징하는 어기(御旗)에 태극 문양을 사용했다.

임진왜란 때도 깃발에 태극 문양이 사용됐다. 종군화가가 그린 태극 문양 깃발은 가운데 태극을 중심으로 사방에 구름 문양을 둘렀다. 아마 명나라의 군선과 구별하기 위해서였을 것이다. 프랑스의 성루이 성당에는 병인양요(1866) 때 프랑스군이 노획해 간 것으로 추정되는 태극 문양의 삼각기가 발견되었다. 1725년 3월에 거행된 영조의 책봉례에 참석하기 위해 청나라에서 파견한 사신단이 책봉례를 치르고 중국에 되돌아가기까지 과정을 그린 화첩인 〈봉사도奉使圖〉에도 태극 깃발이 그려져 있다.

구한말의 정치가 김홍집(金弘集)은 고종 19년(1882) 5월 미국과 조미수호통상조약을 맺을 때 조인식에 사용할 국기를 지정해달라는 미국 공사 로버트 슈펠트(Robert W. Shufeldt)의 요청을 받고 역관 이응준에게 국기를 그리게 했다. 이에 향교나 서원의 대문 등에 전통적으로 그려넣었던 태극 문양에 착안해 국기 중앙에 태극 문양을 그려넣었는데, 적색은 태양으로서 존귀함을 상징하고 청색은 남성으로서 희망을 상징하는 것을 염두에두었다고 한다. 둘레에는 조선의 팔도를 상징하는 팔괘를 배치했다. 같은 해 음력 8월에는 일본에 사절단으로 가던 박영효가 배 안에서 태극기를 조선의 국기로 정식 사용했다. 이듬해 음력 1월 고종은 태극 4괘가 그려진 태극기를 조선의 국기로 공포했으나 세칙은 규정하지 않았다. 일제강점기에는 공식적으로 태극기를 사용할 수 없었으나 독립운동의 상징이 되었다.

광복 이후 태극의 크기와 4괘의 두께가 몇 차례 바뀌었다가 1949년 10월 15일 문교부고시 제2호로 태극의 크기와 4괘의 배치가 오늘날과 같이 확정되었고, 1997년 10월 25일 총무처고시 제1997-61호로 태극기 표준색도를 지정해 오늘에 이른다. 4괘의 건(乾, ☰)은 하늘과 봄과 동쪽을, 곤(坤, ☷)은 땅과 여름과 서쪽을, 감(坎, ☵)은 해와 가을과 남쪽을, 이(離, ☲)는 달과 겨울과 북쪽을 뜻한다. 이렇게 태극기에는 우리나라가 곧 세계의 중심이라는 자부심이 깔려 있다.

삼국시대에 시작된 지역 대립의 역사

지역감정은 언제쯤 나타났을까?

1990년 한 여론기관이 조사한 바에 따르면, 박정희(朴正熙) 정권 때라고 응답한 사람이 38.2퍼센트, 조선시대 13.2퍼센트, 이승만(李承晩) 정권 9.6퍼센트, 광복부터 건국까지 5.9퍼센트, 삼국시대 3퍼센트, 고려시대 4.7퍼센트였다.

지역감정의 역사를 단정적으로 말할 수 없지만, 우리 사회에 만연한 지역주의 의식과 편견은 어느 시대건 권력을 독점하거나 과점하려는 정치인에 의해 일어났으리라 추정된다.

오늘날 영남과 호남의 대립은 삼국시대 나제동맹의 결렬 때문이라 추정된다. 5세기에 고구려 장수왕이 남진 정책을 펴자, 433년 백제의 비유왕(재위 427~455)과 신라의 눌지왕(재위 417~458)이 나제동맹을 체결했고, 485년에는 백제의 동성왕(재위 479~501)과 신라의 소지왕이 혼인동맹을 맺어 종전의 동맹체제를 더욱 강화했다. 551년 백제의 성왕(재위 523~554)과 신라의 진흥왕이 대규모 북진을 시작해 한강 하류 지역을 회복했다. 그러나 진흥왕의 배신으로 120여 년간 지속된 나제동맹은 깨지고, 이것이 영·호남의 대립으로 이어졌다고 추측된다.

당나라의 힘을 빌려 백제를 멸망시킨 신라는 백제의 왕족과 귀족 등을 당나라로 끌고 감으로써 적대 감정을 더욱 악화시켰다. 게다가 백제 지역에 대한 신라 정부의 차별정책이 통일 후에도 이어져, 백제계가 가진 고유 성씨인 부여·사·연·협·해·진·국·옥·백 등을 신라인의 성씨로 바꾸도록 강요함으로써 적대감은 더욱 커졌을 것이다.

고려시대에도 차별정책은 이어졌다. 태조 왕건이 유언으로 남긴 '훈요십조' 중 8조에는 백제 땅에 사는 사람들에 대한 노골적인 차별이 담겨 있다.

차령산맥 이남과 금강 이남 지역은 산의 모양과 지세가 함께 거꾸로 달리니 인심도 또한 그러하므로, 그 고을 사람이 정치에 참여하거나 왕족과 혼인하여 국정을 잡으면 원한을 품고 반란을 꾀하거나, 말을 간교하게 하여 권세를 농간하고 정사를 어지럽게 하므로, 비록 양민이라 할지라도 마땅히 벼슬자리에 두어 일을 보게 하지 말지어다.

이는 신라 말기에 유행한 풍수도참설의 영향과 견훤 등 후백제인에 대한 왕건의 개인적인 감정이 차별정책을 더욱 가속시킨 것으로 볼 수 있다.

이중환의 《택리지》(실학박물관)

조선시대에 접어들어 전기에는 함경도와 평안도 출신에 대한 관직 등용의 제한이 있었고, 선조 22년 (1589)에 일어난 정여립 모반사건으로 호남은 반역향으로 낙인찍히면서 관직 등용의 제한이 호남 지방으로 확대되었다. 정약용은 위의 세 지방뿐만이 아닌 황해도, 개성, 강화, 관동 등의 지역을 차별했다고 비판하기도 했다.

이러한 특정 지역에 대한 차별은 이중환의 《택리지》에서 지역민에 대한 편견으로 나타나고 있다. 이 책에서 각 도의 인심을 묘사한 대목을 보면, "평안도는 인심이 순후하며, 경상도는 풍속이 진실하고, 함경도는 굳세고 사나우며, 황해도는 사납고 모질며, 강원도는 어리석고, 전라도는 오직 간사함을 숭상하여 나쁜 데에 쉽게 움직이며, 경기도는 재물이 보잘것없고, 충청도는 오로지 세도와 이재만 쫓는다."는 것이다. 그러나 이것은 이중환의 주관적인 생각이라기보다는 당시 정치인의 보편적인 생각이었을 것이다.

여유로운 충청도 사람들의 성격

언제부터 충청도 사람들의 말과 행동이 여유로웠을까? 그 연원을 찾으려면 삼국시대로 거슬러 올라가야 한다.

삼국시대에 충청도는 백제, 고구려, 신라가 차지하기 위해 각축을 벌였던 지역이다. 후고구려, 신라, 후백제가 경합하던 후삼국시대에도 다르지 않았다. 상황이 이러하니 섣불리 어느 한 나라 편을 들었다가는 자칫 목숨을 잃는 경우도 있었다. 그래서 말과 행동을 여유롭게 하면서 판세를 관망한 뒤에 어느 한편에 끼어들었다. 그러다 보니 말과 행동이 여유로워졌다고 한다.

이런 역사적 배경 말고도 지형을 원인으로 꼽는 경우도 있다. 충청도는 동고서저형의 한반도 지형에서 산세가 저물어가는 곳이다. 충청도의 산은 대부분 뾰족한 봉우리보다는 둥그스름한 봉우리가 정상을 이루고 있다. 모나지 않은 이러한 지형이 충청도 사람들의 두루뭉술한 성격을 형성하는 데 영향을 미쳤다는 것이다.

반면에 삼국이 각축을 벌였던 또 다른 곳인 경기도에 살던 사람들은 충청도 사람들과 사뭇 달랐다. 경기도는 한강을 끼고 있어 인적·물적 자원이 풍부하면서 중국의 선진 문화를 받아들이기에 가장 좋은 위치이다. 그러니 삼국은 서로 이곳을 차지하고자 했다. 이런 이유로 경기도 사람들은 눈치가 빠르고 계산적으로 행동하게 되었다고 한다.

우리나라의 승리로 끝난 임진왜란

임진왜란은 조선이 건국한 지 200년 만에 일어난 전쟁이다. 임진왜란이 일어나기 전에 여러 가지 징후를 보였으나 오랫동안 평화를 유지해온 조선에서는 전혀 신경 쓰지 않았고, 전쟁이 일어난 후에는 붕당에 의한 국론 분열로 더욱 어려움을 겪게 되었다.

일본의 과대망상으로 일어난 임진왜란은 1592년부터 1598년까지 7년 동안 계속되었다. 초반에는 일본이 우세하다가 중반에는 소강상태에 들었으며, 종반에는 도요토미 히데요시의 죽음으로 쫓겨가는 일본군에게 철퇴를 내리는 큰 승리를 거두었다. 그러나 일본이 승기를 잡았던 초반에도 일본군이 부산에서 서울로 진격하는 기간, 즉 부산진 전투, 동래성 싸움, 이일(李鎰)과 신립(申砬)의 패배 후에는 우리나라가 전세를 뒤집었다.

초반 열세의 배경으로는 일본군의 조총에 대한 부적응과 국방 대비책의 부진, 장수들의 전략 부족을 들 수 있다. 더욱이 신립의 탄금대 전투가 패배로 끝나자, 선조는 백성들의 생사는 아랑곳하지 않고 혼자 줄행랑을 쳐버리니 백성들의 사

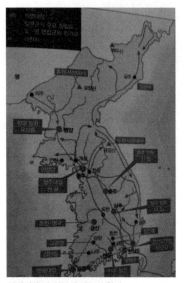

임진왜란 때 의병과 관군의 활약

기는 땅에 떨어지게 되었다.

일본의 전략도 차질을 빚었다. 자국에서는 도읍을 정복하면 항복을 의미하는데, 조선은 그렇지 않은데다가 온 국민이 벌떼처럼 일어서니 많은 문제에 부닥치게 되었다. 이런 와중에 이순신과 원균(元均)이 남해안에서 왜군의 진입과 군량 수송을 차단하니, 일본군의 사기는 떨어진 반면 조선군의 사기는 올라가게 되었다.

더욱이 전국 각지에서 의병이 떨쳐 일어났다. 의령의 곽재우(郭再祐), 수원의 김천일(金千鎰), 광주의 김덕령(金德齡), 담양의 고경명(高敬命), 금산의 조헌(趙憲), 길주의 정문부(鄭文孚) 등이 고을의 백성과 협력하여 때로는 유격전을 전개하기도 하고 때로는 백병전을 벌였다.

일본군은 식량 부족과 추위로 어려움을 겪는 와중에 의병의 기습으로 곤경에 처하자 승기를 조선에 넘겨주는 척하면서 계책을 썼다. 그것은 다름아닌 휴전 협상이다. 그러나 어처구니없게도 이것은 조선을 제외한 일본과 명나라의 휴전 협상이었다. 일본은 이 협상에서 명나라에 '명나라의 황녀를 왜왕의 후궁으로 줄 것, 무역을 재개할 것, 조선 8도 중 4도를 할양할 것, 조선 왕자와 신하들을 인질로 보낼 것' 등의 무리한 요구를 하니 협상은 결렬이 되었고, 소강상태에 빠졌던 전쟁은 일본의 침략 재개로 다시 발발하니, 곧 정유재란이다.

정유재란이 일어났을 당시 조선에서는 힘의 대결이 벌어져 이순신이 쫓겨나고 원균이 등장했는데, 그의 부대가 칠천량해전에서 패하자 한때 승기가 일본에 기우는 듯했다. 그러나 선조가 이순신을 다시 등용함으로써 명량과 노량에서 일본군을 격퇴하고, 도요토미 히데요시의 죽음으로 전쟁은 우리나라의 승리로 끝났다.

징병제의 시초, 경당

현존하는 문헌 중에서 우리나라 최초의 사학인 경당을 언급한 문헌은 없다. 최초의 관학인 태학에 대해서도 《삼국사기》에 "소수림왕 2년(372)에 태학을 세워 자제를 교육시켰다."라는 기록 외에는 없다. 그러나 점제현신사비, 관구검기공비, 광개토왕비 등에 기록된 내용을 분석해보면 일찍부터 한자를 사용했으며 일종의 교육기관이 있었을 것으로 추측할 수 있다.

그러나 4세기 말 이후 5세기에 이르는 고구려의 정치 상황은 교육이라는 비군사적인 영역에 주력할 때가 아니었다. 더욱이 철저한 계급사회인 고구려가 평민들에게도 교육의 문호를 개방했다는 것은 쉽게 납득이 가지 않는 점이다. 그러나 경당의 성격을 교육적인 면보다는 군사적인 차원의 문제로 생각하면 그 실마리를 찾을 수 있다.

평민층의 미혼 남자를 모아 경학(經學)과 문학, 무예를 가르친 것으로 미루어 정복사업을 원활히 하는 데 기반이 되는 군사훈련 기관으로 파악할 수 있을 것이다. 신라의 화랑도도 이와 성격이 비슷하다. 이는 현재 우리나라에서 시행하고 있는 국민개병제의 시초라고 할 수 있다.

고구려는 경당과 같은 군사제도로 병력의 확보가 가능했고 이것은 정복전쟁에서 승리를 가져다주었다. 또한 한문과 유학의 이해는 국민의 지식 함양과 계몽에도 큰 보탬이 되었다.

위만조선이 중국의 식민지?

사마천이 지은 《사기》 '조선전'에 위만(衛滿)에 대해 다음과 같이 기록되어 있다.

조선 임금 만(滿)이라는 자는 옛날 연나라 사람이다. 연나라가 전성할 때로부터 일찍이 진번과 조선을 침략해 자기 나라에 붙이고 관리를 두고 국경을 방비했다. 진이 연을 멸하자 요동 밖 변경을 자기 땅에 붙였으나, 한(漢)이 일어나자 지방이 멀어 지킬 수 없기 때문에 다시 요동의 옛날 성을 수리하여 패수(浿水; 지금의 압록강)에 이르러 경계를 삼아 연에 붙였다. 연왕 노관이 반역을 저질러 흉노로 돌아가자 위만은 도망해서 무리 1000여 명을 모아 가지고 북상투를 하고 오랑캐의 옷을 입은 채 동쪽으로 달아나 국경을 지나서 패수를 건넜다.

이리하여 진나라의 옛날 빈터인 상하장에서 살았다.

여기에서 그는 진번과 조선, 그리고 오랑캐 및 옛날 연과 제에서 도망한 자들을 자기에게 붙여 왕 노릇을 하고 왕검에 도읍을 정했다.

이 기록에 따르면 위만은 중국에서 이주했고, 고조선이 중국 이주민의 지배를 받은 것으로 생각하기가 쉽다. 그러나 위만이 살던 지역은 한때 고조선의 세력권이었다가 연나라의 침략으로 빼앗긴 지역으로, 이곳에 살던 많은 사람들은 원래 고조선 주민일 가능성이 많다. 실제로 위만이 망명했을 때 고조선의 준왕(準王)이 그에게 망명을 허락하고 곧이어 박사 관직까지 내려줄 정도로 신뢰했다는 것은 고조선 주민일 가능성을 더욱 강력하게 뒷받침한다.

또한 망명할 당시에 머리에 상투를 하고 고조선 사람들이 입는 옷을 입었다는 사실은 그가 고조선인이라는 방증이다. 만약에 위만이 연나라 사람이라면 고조선의 왕이 된 후에 국호를 바꾸었어야 하는데 그렇지 않았고, 통치 계급이 중국인이 아닌 토착민 출신이 많다는 것은 식민지가 아닌 독립된 나라임을 알려주는 주는 증거라 할 수 있다.

옛날 군인 봉급

과거의 군사제도는 그 시기에 따라 차이가 있다. 고대의 군사는 집단적인 족병(族兵)과 모집병으로 국가에 대한 의무로서의 군역은 성립되지 않았던 것으로 보인다. 그러나 그 당시의 여러 가지 상황으로 미루어 평상시에는 농사를 짓다가 유사시에는 군인으로 출정하여 군역을 지는 형태였을 것으로 추측된다.

부족국가에서 고대국가로 발전하기 시작한 서기전 4세기부터는 신분이 다양해지면서 역(役)을 지는 형태도 달라지기 시작해, 점차 일부의 선택된 사람들만이 군역의 의무를 지게 되었다. 신분계층의 분화를 토대로 하여 현역으로서 군역을 지는 사람과 이를 돕는 하호(下戶)가 존재함으로써 사회조직과 군사조직이 분리되는 현상이 나타났던 것이다.

삼국시대에 이르면 계급 분화가 더욱 뚜렷해져, 중앙과 지방의 군대 구성원에 관한 지위와 국방에 관한 군역에도 차이가 났다. 그 당시의 사람들은 군역을 의무보다는 나라에 충성할 수 있는 영광스러운 권리로 생각했다.

고려는 10세기 말기인 성종 때 중앙집권적인 귀족정치의 틀을 마련하고 군사제도를 정비해 중앙에는 2군 6위, 지방에는 주현군과 상비군을 편성했다. 중앙군은 군호(軍戶)에 편입되었는데, 일단 군호에 들어가면 귀족이나 향리, 농민과는 별도로 독자적인 호적인 군적에 등재되었으며, 군역을 지는 대가로 군인전을 지급받았다. 이들은 원래 농민이었으나 군역이 세습됨으로써 특정한 사회 신분이 되었다. 군적에 오르지 못한 일반 농민들 중 16세 이상의 남자들은 지방군에 포함되었으며, 별도의 봉급은 지급되지 않았다.

조선시대에 오면 세조 때 완성된 5위와 진관체제는 여러 신분을 망라하여 구성되었으나, 군역의 의무가 있는 사람들이 기본이었다. 즉 16세에서 60세의 양인 정남은 군역의 의무가 있었으며, 주류는 양인 농민이었다.

그러나 양인 농민이 모두 현역으로 근무하면 농사지을 노동력이 부족해 경제에 큰 지장을 초래하므로, 신체가 건강한 사람을 정군(正軍)으로 편제하고, 여기에서 제외된 사람은 봉족(奉足)이라 하여 정군을 뒷받침했다. 보통 정군 하나에 봉족을 몇 명 배치했다.

봉족제도는 세조 때 보법(保法)으로 바뀌어, 하층 양반 및 평민이 속했던 갑사(甲士)는 네 명의 보인(保人)을 배정받았고, 평민이 속했던 기정병(騎正兵)은 세 명의 보인을 배정받아 군역을 맡았으며, 보인은 이들에게 한 달에 면포 1필씩을 군역의 대가로 지급하여 병역의 의무를 대신했다. 세조 때에 80만 명에서 100만 명이 군역을 졌는데, 이 가운데 정병이 30만, 보인이 60만 정도였다.

조선 후기에는 1년에 군포 2필을 내면 군역을 면제받았다. 영조 때는 균역법을 실시해 군포를 1필로 감하고 부족분은 왕족이나 귀족들이 거두어들이던 염세, 선박세, 어장세를 국가에서 거둬들였다. 흥선대원군 때는 양반에게도 호포(戶布)를 징수했다.

군포로 군역을 면제받는 자가 늘어나 군사의 수가 부족해지자 일부 모병제를 실시하기도 했다. 지원자는 쌀 다섯 말 정도의 무게인 들돌을 번쩍 들어 옮기고 50센티미터 정도의 높이를 뛰어넘는 시험을 통과해야 했다. 이들에게는 관리의 봉급 체계에 준해 봉급이 지급되었다.

대통령의 상징인 봉황

예부터 중국에서는 용이, 우리나라에서는 봉황이 왕의 상징이었다. 이것을 두고 사대주의의 표현으로 조선시대에 용보다 낮은 지위를 상징하는 봉황을 쓰게 되었다고 생각하는 사람이 많다. 하지만 우리 민족은 오래전부터 봉황을 왕의 상징으로 썼다.

봉황을 상징으로 쓴 것은 상상 속의 봉황이 열 가지 덕을 갖추었기 때문이다. 앞모습은 기러기를 닮아 임금과 신하의 의리를 상징하며, 뒷모습은 기린으로 어진 임금을 상징한다. 턱은 제비를 닮아 하늘의 뜻을 전달하고, 입부리는 닭을 닮아 어둠을 몰아내고 광명을 불러옴을 상징한다. 목은 뱀을 닮아 풍년과 다산을 뜻하고, 꼬리는 물고기 꼬리를 닮았으니, 물고기가 떼 지어 다니니 수많은 군사를 이끄는 병권(兵權)을 상징한다. 이마는 황새를 닮아 결백 장수함을 상징하고, 등은 거북의 등으로 재앙을 막고 앞일을 예견함을 상징한다.

이러한 좋은 점을 가졌기에 임금의 상징으로 쓰여 궁궐 용어 중 봉황과 관련된 것이 많다. 이를테면 왕궁을 봉궐(鳳闕), 임금이 타는 가마를 봉여(鳳輿), 궁중에 있는 못을 봉지(鳳池)라고 한다.

앞일을 미리 알려주기 때문일
까, 임진왜란이 일어났을 때는 경
복궁에 봉황을 닮은 새가 북쪽으로
날아가는 시늉을 하며 구슬피 울
었다고 한다. 선조가 왜군의 침입
을 피해 북쪽으로 피난 가라는 암
시였을 것이다.

창경궁 월대의 봉황

이처럼 상서로운 새이기에 오늘
날에도 대통령의 상징으로 쓰이는 것이다.

그런데 언제부터 봉황이 용을 사용하는 국가보다 지위가 낮은 것으로 생각했
을까? 명나라가 황제의 상징으로 용을 사용하면서 황제를 모시는 주변의 제후와
왕들이 봉황을 사용하면서부터이다. 이 때문에 조선시대에는 궁궐 천장에 용 그
림을 그리지 못하다가, 광무개혁을 하면서 고종이 황제즉위식을 한 후에 경복궁
근정전의 천장과 용상 뒤의 봉황 그림을 용 그림으로 바꾸기도 했다.

광복 후에는 고대부터 우리 민족 통치권자의 상징인 봉황을 대통령 상징으로
쓰고 있다.

최초의 사회주의 경제학자 정약용

서양에서 카를 마르크스에 의해 공산주의가 정립되기 이전에 조선에서는 이
미 정약용이 사회주의 경제이론을 주장했다. 그 기원은 그가 주장한 토지제도인
여전제(閭田制)에서 찾을 수 있다.

여전제는 자연적 지세를 경계로 정해 이 경계 안에 포함된 토지와 약 30가구
를 1여(閭)의 기본단위로 설정한 농민의 협동농장 또는 협업농장을 만든다는 사
회주의적 토지제도이다. 즉 전국의 토지를 국유화하여 여민으로 하여금 이를 공
동 경작케 하고 이를 통해서 그들을 경제적으로 평등화하려는 것이었다.

정약용

정약용이 여전제를 구상한 것은 토지가 양반 사족(士族)들에게 집중되어 농민들이 남의 토지를 경작하는 소작인으로 전락해버리는 현실을 개혁하기 위해서였다. 여전제의 대전제는 생산수단에 대한 일체의 사적 소유를 허용치 않고 모든 토지를 국유화하면서 이를 여 단위로 분배하는 것이다. 여기서는 지주적 토지 소유는 물론이고 자작농의 소규모 토지 사유도 없다. 따라서 소작제도와 토지의 매매도 없다.

사회주의 경제와 다른 점은 여 안에서 생산은 공동으로 하지만 생산물은 가족단위로 분배한다는 점이다. 생산물의 분배 기준은 생산에 참여한 노동량에 따라 결정한다. 즉 가을이 되면 수확한 생산물을 여 중의 공회당에 모두 갖다놓고, 먼저 나라에 바치는 공세와 여장(閭長)의 급여를 공제한 다음, 그 나머지를 여장이 여민의 노동량을 기록한 장부에 따라 분배하는 것이다.

제 **7** 장

궁중 생활

사치를 위해 장사에 나선 고려 왕실

고려의 왕권은 의종(재위 1146~1170) 이후 무신들이 정권을 장악하면서 약해졌다. 무신정권이 붕괴된 후 왕실은 침탈당했던 경제 기반을 회복하고자 했지만, 원나라에 예속되어 있었기에 뜻을 이루기가 어려웠다. 이러한 가운데 왕은 사적인 경제 기반을 확충하기 위해 노력했다.

특히 충혜왕은 국내 상업과 원과의 무역을 통해 국가 재정을 확보하는 한편, 보흥고(寶興庫)와 내승(內乘) 등의 기관을 설치하여 이를 자신의 경제 기반으로 삼았다. 《고려사》에 따르면, 충혜왕 3년(1342) 2월 무오일에 왕이 의성창과 덕천고, 보흥고에서 베 4만 8000필을 내어 저자에 점포를 차렸다고 한다. 3월 병신일에는 남궁신(南宮信)을 파견하여 베 2만 필과 금은, 초(鈔)를 가지고 가서 유주와 연주에서 매매하게 했다. 이듬해 9월 병술일 밤에 상인들을 시켜 내탕(內帑)에 있는 물품을 가지고 원에 가서 팔게 하면서 그에게 장군 벼슬을 주었다.

충혜왕은 성격이 호협하고 주색을 좋아해 놀이와 사냥에 탐닉했고 부화방탕하여 절도가 없었으며, 남의 처첩이 아름답다는 소문만 들으면 친소와 귀천을 가리지 않고 모두 후궁으로 데려온 것이 100명이 넘었고, 재물의 이익에는 털끝만한 것에도 이해를 따져 항상 경영을 일삼았으며, 간악한 소인들이 다투어 계책을 꾸미며 남의 토지와 노비를 강탈하여 모두 보흥고에 소속시키고 좋은 말은 내구에 몰아넣었다.

회회족(아라비아인) 집에 베를 주어 그 이자를 받아들였고 송아지고기를 날마다 15근씩 진상하게 했다. 새 궁전을 건축하는 공사장에는 깃발을 꽂고 북을 울리면서 몸소 담장에 올라가 공사를 감독했고, 궁궐이 준공되자 각 도에서 칠을 거두어들였으며, 단청의 안료를 수송하는 데 기한에 늦으면 몇 곡의 베를 벌로 받았다.

관리들은 이것을 기회로 간악한 짓을 하고, 백성들은 근심하고 원망했으며, 간악한 소인배들은 제 세상을 만났고, 충직한 사람들은 배척을 당하여, 바른말을 하면 반드시 살육당하기 때문에 사람마다 벌받을까 두려워 감히 감언하는 자가 없었다.

이러한 내용으로 보아 무신정권이 끝나고 원의 간섭기에 접어들 무렵에 무신들의 간섭을 받던 왕은 자유를 만끽하면서 온갖 호화로운 생활을 했으며, 그 결과 국가 재정이 파탄에 이르자 왕실에서는 보흥고를 설치해 수탈을 일삼았으며 내승에 있던 인마(人馬)를 마음대로 사고팔아, 거기에서 나오는 이익금을 자신의 사치 생활에 사용했던 것이다. 이러한 폐단이 계속되자 그 뒤를 이은 충목왕은 즉위하자마자 보흥고와 내승, 응방을 폐지했다.

왕위에 오르지 못한 왕의 아버지, 대원군

대원군(大院君)은 조선시대에 임금이 대를 이을 자손이 없어, 임금의 친척 가운데 왕위를 이은 임금의 친아버지에게 주던 벼슬이다. 선조의 아버지 덕흥군을 덕흥대원군이라 추존한 데서 비롯되었으며, 인조의 아버지 정원대원군, 철종의 아버지 전계대원군, 고종의 아버지 흥선대원군 등 모두 4명의 대원군이 존재했다. 이 중 살아생전 대원군 벼슬을 받은 사람은 흥선대원군 이하응이 유일하다.

이 밖에 조선시대에 왕위에 오르지 못한 왕의 아버지는 4명이 있으며, 모두 왕으로 추존되었다. 즉 성종의 아버지는 덕종으로, 인조의 아버지는 원종으로, 정조의 아버지는 장조로, 헌종의 아버지는 익종으로 추존되었다.

흥선대원군 이하응의 초상

고려시대는 어떻게 불렀을까?

고려시대는 변화가 심했던 조선시대와는 달리 대개 정상적으로 왕위가 이어졌다. 임금의 자리에 오르지 못한 왕의 아버지는 3명으로 6대 성종의 아버지는 대종으로, 8대 현종의 아버지는 안종으로 추존되었다. 마지막 왕인 34대 공양왕의 아버지는 추존되지 못하고 정원부원군으로 남아 있다.

고구려를 살펴보면 6대 태조왕의 아버지 재사(再思), 15대 미천왕의 아버지 돌고(咄固), 21대 문자왕의 아버지 조다(助多)는 고추가(古鄒加) 벼슬을 지냈다. 이로 미루어 고구려는 왕위에 오르지 못한 신왕의 아버지에게 고추가라는 지위가 주어진 듯하다.

백제에는 왕위에 오르지 못한 신왕의 아버지는 24대 동성왕의 아버지인 곤지(昆支)로, 육좌평 가운데 으뜸 벼슬인 내신좌평을 지냈다. 지위가 높은 왕족에게는 대개 길사(吉師)의 벼슬이 주어졌다고 하므로 곤지도 여기에 해당되리라 추정할 수 있다.

신라에는 박·석·김의 3성(姓)이 번갈아 왕위를 잇다 보니 왕위에 오르지 못한 신왕의 아버지는 20명이나 된다. 이들 신왕의 아버지를 비롯하여 장인, 외할아버지, 어머니의 동생, 여왕의 남편 등에게 갈문왕(葛文王)의 칭호를 내렸다.

왕권을 상징하던 물건

중국에서는 천단(天壇)에서 옥새가 전달되고 왕의 이름이 정해지면 하늘에 알렸으며, 하늘의 뜻이 전달되면 왕위에 올랐다. 조선시대에는 궁궐 정전의 정문에서 남향으로 제단을 세우고 옥새를 인수하는 것으로 왕위에 오르는 의식을 치렀다. 이들 옥새는 왕이 되는 것이 하늘의 명령에 따른 것이라는 생각과 신성사상에서 비롯된 것으로, 왕권을 상징하는 신기(神器)라 하겠다. 이렇게 왕권을 상징하는 신기는 우리나라의 각 시대에 나타나고 있다.

고구려의 신기는 신검(神劍)이었다. 이것이 신기가 된 것은, 유리왕이 아버지 동명성왕이 감춰 놓은 신검을 찾아 아버지와 아들의 관계임을 입증했기 때문이다.

백제금동용봉봉래산향로 복제품
(백제역사문화관)

백제의 신기는 용봉향로였다. 부여 능산리고분 근처에서 발견된 이 향로는 봉황이 여의주를 목에 끼고 날개를 활짝 펼쳐 날아가는 모습으로, 받침대는 마치 용이 살아 움직이는 듯한 모양이다. 고대 중국에서 왕통을 상징하는 신기였다는 기록이 전하는 것으로 보아 이것 역시 신기로 생각할 수가 있다.

신라의 신기로는 천사옥대, 금척(金尺), 만파식적(萬波息笛)이 있다. 천사옥대는 황룡사 장륙존상, 황룡사 9층탑과 함께 신라의 3대 보물 중 하나다. 진평왕 1년(579)에 천사가 궁궐에 내려와 옥대를 왕에게 전하고 올라간 뒤 교묘(郊廟)의 큰 제사 때는 으레 왕이 이 띠를 띠었다고 한다. 장식한 띳돈이 62개이며 신라가 망할 때 경순왕이 고려 태조에게 전했다고 한다.

금척은 신라의 시조 박혁거세가 꿈에 신인(神人)으로부터 받았다는 전설상의 보물이다. 신인이 이것을 내주며 이르기를 "이 금척은 왕위의 신표이니 길이 자손에게 전할 것이며, 만일 백성 중에 병으로 고통받는 자가 있으면 이 자로 재어 치유하라."고 했다. 그 후 왕실 대대로 이 금척을 전하던 중에 이 소문이 당나라 황제에게 알려져 금척을 바치라고 하자 땅속에 파묻었는데, 그 뒤 다시는 찾지 못했고 신라는 멸망했다고 한다.

만파식적은 신문왕이 아버지 문무왕을 위해 감은사를 지은 뒤 용으로부터 받았다는 피리로, 이것을 불면 나라의 모든 근심 걱정이 모두 사라졌다고 한다.

고려시대에는 용린(龍鱗)이 있었다. 이것이 신기가 된 이유는 태조 왕건의 할아버지 작제건(作帝建)과 관계 있다. 작제건이 하루는 중국 상인을 따라 장삿배에 올랐다. 마침 그때 비바람이 일어 배가 위험하자, 중국인이 작제건의 탓으로 돌려 그를 바다에 내던졌다. 바다에 빠진 작제건은 용궁으로 가서 용왕의 딸인 자문의와 결혼한 뒤에 개성으로 와 아들을 낳으니, 이가 곧 왕건의 아버지인 용건(龍建)이다. 그런데 용건의 겨드랑이에는 큰 비늘이 있었고, 그 이후 공양왕까지 34명의 임금 겨드랑이에는 비늘이 있었으므로 용린을 신기로 삼았던 것이다.

조선시대 왕의 상징은 옥새이다. 옥으로 만든 임금의 도장은 옥새, 금으로 만든 도장은 보(寶)로 구별하나, 일반적으로는 두 가지를 총칭하여 옥새라고 한다. 역대 왕들은 국새를 대신해 옥새를 사용했다. 이는 왕은 곧 국가라는 사상에서 나온 것으로, 왕위 계승을 할 때도 옥새를 전해 받아야 정당성을 인정받았다. 철종의 죽음이 임박하자 순조의 세자인 익종의 비 조대비가 옥새를 먼저 가져와 흥선대원군의 아들인 명복에게 전해준 것도 그 때문이다.

왕의 묘호인 '조'와 '종'의 의미

옛날의 왕들은 부모가 지어준 이름을 쓸 기회가 거의 없었다. 왕자 시절에는 나리로 불렸고, 세자나 태자가 되면 저하나 전하로, 임금이 된 뒤에는 전하나 폐하 또는 상감마마로 불렸다. 저하나 전하는 대국으로 여겼던 중국에 비해 우리나라를 낮춰 부르던 호칭이다. 그러나 고려시대나 조선 말기에는 우리나라에서도 폐하라는 호칭을 쓰기도 했다.

임금이 자신의 이름을 쓸 때는 외국에 보내는 문서에 수결(오늘날의 사인)을 할 때뿐이었다. 물론 이름을 불릴 기회도 없었다. 임금이 죽으면 그 공을 기려 종묘에 위패를 모시기 위해 묘호를 지었는데, 이 묘호가 본명보다 훨씬 많이 쓰였다.

묘호는 중국에서 시작되었다. 왕조의 창시자는 태조(太祖) 또는 고조(高祖)라 하며, 그와 비슷한 공을 남긴 임금은 태종이라 했다. 왕조가 끊어질 위험에서 나라를 구한 임금에게는 태조와 마찬가지로 '조'를 썼는데, 대개 세조(世祖)라는 묘호를 올렸다. 조선의 수양대군 세조와 원나라의 쿠빌라이 세조가 이에 해당한다.

조선시대의 경우를 보자. 세종(世宗)은 백성을 위한 정책을 많이 실시해 안정된 국가 체제를 유지한 점을, 성종(成宗)은 조선의 모든 제도를 확립해 국가의 기틀을 완성한 점을 고려해 정한 묘호이다. 그러나 묘호를 짓는 과정에서 후대 임금의 격노로 고치는 경우도 있었다.

예를 들면 조선 16대 임금인 인조(仁祖)는 청나라로부터 두 번의 침략(정묘호란, 병자호란)을 받았고, 국내적으로는 이괄의 난을 겪고 아들과 손자까지 죽음에 이르도록 해, 처음에는 신하들이 열조(烈祖)라는 묘호를 지어 올렸다. 그러나 효종이 반대하면서 크게 노하자 '열(烈)'자가 '인(仁)'자로 바뀌게 된 것이다.

조선의 역대 왕의 묘호를 보면 태조·정종·태종·세종·문종·단종·세조…의 순서대로 나가는데, 묘호 뒤의 조(祖)와 종(宗)은 어떻게 다른지 궁금할 것이다.

조선의 임금 27명 중 '조'자 임금은 7명, '종'자 임금은 18명이다. 재위 기간에 외적의 침입을 받거나 국가적으로 변란을 겪었으면 '조'를 붙였고, 재위 기간에 태평성대를 누리며 별다른 무리 없이 왕위를 이은 임금에게는 '종'을 붙였다. 예컨대 선조와 인조 때는 임진왜란과 병자호란이라는 외적의 침입을 겪었으며, 세종은 한글을 창제하는 등 백성의 생활을 안정시켰다. 즉 '조'는 왕조를 처음 열거나 나라를 크게 발전시킨 왕에게, '종'은 평화롭게 대를 이어 나라를 다스린 왕에게 붙였다.

그렇다면 조선의 임금들은 '종'과 '조' 중 어느 쪽을 더 좋아했을까?

단정할 수는 없지만 대개 '조'를 선호한 듯하다. 임금에게 아첨하기 위해 '조'를 붙이거나 '종'에서 '조'로 바꾸는 경우가 있었기 때문이다. 순조는 손자인 헌종과 안동 김씨에게 아첨하기 위해 붙여진 묘호이며, 영조와 정조의 원래 묘호는 영종과 정종이었지만 고종 때 영조와 정조로 바꾸었다.

'조'도 '종'도 아닌 임금의 호칭

조선시대 모든 왕의 묘호에 '조'나 '종'을 붙였던 건 아니다. 왕위에 오른 적이 없는데도 묘호와 시호를 받은 사람이 있는 반면, 왕위에 올랐으면서도 묘호를 받지 못한 사람도 있다.

성종이 태자 시절에 죽은 아버지 덕종(德宗), 인조의 아버지 원종(元宗), 정조의 아버지 장조(莊祖), 순조의 아들 익종(翼宗) 등은 임금을 지낸 적이 없는데도 어엿하게 묘호가 있다. 묘호가 왕가의 신위를 모시는 종묘에서 사용하는 이름이고, 세자 시절에 죽은 경우에는 종묘에 배향하는 것을 원칙으로 했기 때문이다.

그러나 연산군이나 광해군처럼 왕위에 있다가 폐위된 임금은 묘호나 시호를 부여하지 않고 '군(君)' 칭호를 붙였다. 따라서 종묘에 배향하지도 못했다. 한 집안으로 보자면, 불효자이고 패륜아나 마찬가지이기 때문에 왕가의 신위를 모시는 종묘에는 들어갈 수 없었던 것이다. 게다가 왕실의 역사를 기록한 《조선왕조실록》에서도 제외되어 제호도 《연산군일기》와 《광해군일기》이다.

고려시대 임금 묘호에 '충'이 들어간 이유

고려시대 철통같던 무인정권은 몽골이라는 외부세력의 압력으로 몰락했다. 고려 왕실은 정권을 되찾기는 했지만 몽골의 간섭에 시달려야 했다. 원종 11년 (1270) 왕이 몽골에 항복하고 삼별초의 해산을 명하자, 삼별초는 개경 환도를 몽골에 대한 굴욕이라고 주장하면서 배중손(裵仲孫)의 지휘 아래 난을 일으켰다. 이에 원종(재위 1259~1274)은 몽골에 원병을 요청해 삼별초의 난을 진압했고, 이때부터 고려는 100년간 몽골의 지배를 받게 된 것이다. 몽골은 1271년 국호를 '원(元)'으로 바꾸었다.

이렇게 원나라의 지배를 받던 100년 동안에 '충(忠)'자를 묘호로 쓰는 기현상이 발생했다. 왕이 죽으면 묘호를 지어 종묘에 바치는데, 이 묘호를 원나라에서 지어 보낸 것이다. 그러다 보니 무례하게도 원나라에 충성한 임금이라는 뜻으로 '충'자를 머리에 붙였다. 그래서 원종이 받은 충경부터 충렬, 충선, 충숙, 충혜, 충목, 충정까지 굴욕적인 묘호를 쓰게 되었다. 충경의 경우는 다행히 원나라에서 강제로 묘호를 주기 전에 이미 원종이라는 묘호를 정해 올린 상태였기 때문에 사후에 이 묘호를 쓰는 것을 면했다.

충정왕(재위 1349~1351)의 뒤를 이어 즉위한 공민왕은 원나라의 속박에서 벗어나 자주 고려를 세우고자 노력해 이들 6명의 왕에게 다시 시호를 올렸다. 그런데도 조선은 고려를 폄하하기 위해 계속 원나라에서 내린 묘호를 썼다. 이제라도 바로잡아 충렬왕은 경왕[景王; 이하 모두 가운데에 '효(孝)'자가 붙는데, 이것은 조선시대 왕들도 대부분 받는 시호의 한 글자였으므로 생략한 것임], 충선왕은 선왕(宣王), 충숙왕은 의왕(懿王), 충혜왕은 현왕(獻王), 충목왕은 현왕(顯王), 충정왕은 저왕(眠王;

충정왕은 쫓겨나 독살당함으로써 공민왕에게 시호를 받지 못했으므로 그 뒤의 우왕, 창왕처럼 본명을 붙여 저왕이라고 함)이라고 불러야 한다.

임금의 똥이 꽃이래?

궁중에서 사용하는 용어는 일반 민가에서 사용하는 용어와 다른 특수한 용어가 많았다. 이렇게 궁중에서만 쓰는 말을 궁중어 또는 궁정어라고 했다. 어느 나라든 왕궁은 그 나라 문화의 중심이어서 한 나라의 표준적인 말이 통용되었지만 상당수의 어휘와 표현법은 일반 민가와 차단된 상태에서 전혀 다르게 나타났다.

우리나라 궁중어는 크게 세 가지로 분류된다. 고유어와 한자어, 몽골어 계통의 차용어(借用語)가 그것이다.

먼저 고유어 계통을 살펴보자. 머리는 '마리', 민가는 '밧집', 다리미는 '대루리', 소화제는 '소화반'이라고 했다. 이를테면 "머리를 빗겨드리다."는 "마리를 아뢰다."로, "소화제를 주십시오."는 "소화반 하나만 물어주옵소서."라고 표현했다.

일반 민가에서 쓰는 말이 특수한 뜻으로 사용되기도 했다. 예를 들면 아니꼽다(마음에 끌리지 않다), 상(常)없다(버릇없다), 미안하다(서운하다), 두굿겁다(기쁘다) 등이 있다. 이 밖에 조치(국물을 바특하게 만든 찌개나 찜), 건개(건건이, 반찬), 장과(장아찌), 송송이(깍두기), 조리개(장조림), 봉지(왕이나 왕비의 바지), 소고의(왕비의 저고리), 단늬의(왕비의 속치마), 기수(이불), 기수잇(이불잇), 프디(요) 등 일반에서 쓰는 말과는 사뭇 다른 말들이 많았다.

둘째, 한자어로 표기한 경우이다. 소식[기별(奇別) 또는 조보(朝報)]이나 가지[가자(茄子)]처럼 고유어를 한자어로 표현하는 경우도 있고, 권위와 품위를 드러내기 위한 한자어도 있었다. 의궤(儀軌; 궁중 행사의 기록), 치사(致詞; 왕에게 드리는 축하문), 입시(入侍), 나인(內人) 등이 그것이다.

왕이나 왕비의 신체 부분, 의복, 배설물, 행동 등에 관한 어휘도 주로 한자어였다. 용안(龍顔; 왕의 얼굴), 성체(聖體; 왕의 신체), 어수(御手; 왕의 손), 어진(御眞; 왕의 초상화), 안정(眼精; 눈), 구순(口脣; 입), 액상(額上; 이마), 수조(手爪; 손톱), 수지(手指; 손가락), 각부(脚部; 왕이나 왕비의 다리), 비수(鼻水; 콧물), 한우(汗雨; 땀), 후수(後水; 뒷물), 혈(血; 피), 안수(眼水; 눈물), 매화(梅花; 대변), 통기(通氣; 방귀), 보경(寶經; 월경), 어하다(御--; 행동하다), 감하다(鑑--; 보다), 법복(法服; 예복), 족건(足巾; 버선), 부정한 곳(不淨--; 화장실) 등이 대표적이다.

셋째, 차용어를 사용한 경우이다. 우리가 흔히 쓰고 있는 '수라'가 가장 대표적이다. 이는 임금의 진지를 가리키는 말인데, 중세 몽골어의 탕(湯)을 의미하는 '술런'에서 온 것으로 보인다. 원나라의 지배를 받던 고려시대에 태자들이 원나라에 볼모로 잡혀갔다가 돌아와서 왕위에 올랐는데, 이때 들어온 것으로 추측된다. 한자로 '水喇'라고 표기하지만 단지 '수라'라는 발음을 한자로 옮긴 것일 뿐 별다른 뜻은 없다. '마마(媽媽)' 또한 같은 경우이다. 원나라 공주가 고려로 시집 오면서 들어온 말로 조선시대에 왕족에게만 쓰는 칭호로 정착되어 '~마마'처럼 쓰이게 되었다. 이 밖에 수건(手巾)을 '수긴'으로 부르기도 했다.

내시의 거세

내시(內侍)는 궁녀와 함께 궁궐 안의 온갖 잡일을 맡아보는 사람들이다. 달리 환관이라고도 하는데, 정식 명칭은 내시이다.

내시는 중국 은나라 때 강족을 사로잡아 남자의 생식기를 자른 후 궁궐에서 일하게 한 데서 비롯되었다고 한다. 우리나라에서는 9세기 신라의 흥덕왕 때 내시가 있었다는 기록이 있다. 고려시대에는 어릴 때 개에게 생식기를 물린 자를 뽑아 내시로 일하게 했다고 한다.

처음에 내시는 별다른 힘이 없었지만 세월이 흐르면서 권세가 점점 커지게 되었다. 흔히 정치적인 힘은 최고권력자와의 거리에 비례한다고 한다. 내시는 늘 왕의 곁에 있었기 때문에 왕의 속마음을 훤히 알고 있었고, 이것을 이용해 여러 가지 일에 간섭하고 끼어들면서 권세를 키워나갔던 것이다.

고려시대에는 내시의 권세가 매우 커서 스스로 자신의 생식기를 잘라내어 내시가 되려는 사람들도 많았다. 《고려사》 열전에 보면, 뜻밖의 행운을 기다리는 사람들이 아들이나 동생을 궁궐로 들여보내기 위해 생식기를 자르는 일이 많았음을 확인할 수 있다.

내시가 세력을 얻어 영향력이 컸던 때는 고려 18대 왕 의종 때이다. 이때 정함(鄭諴)이라는 내시는 행랑채만 200여 칸 되는 큰 집에 살면서 사치스러운 생활을 했으며, 백선연(白善淵)이라는 내시도 권력을 미끼로 횡포를 부렸다. 내시의 관직도 처음에는 7품 이상 올라갈 수 없었으나 나중에는 정2품까지 오를 수 있을 정도로 힘이 강해졌다고 한다. 그러나 원나라의 침략을 받기 시작하면서 내시의 힘도 점차 약해졌다. 조선시대까지 이어졌던 내시 제도는 국권피탈 두 해 전인 1908년에 폐지되었다.

내시가 되기 위해서는 시험을 통과해야 했다. 내시는 항상 왕을 가까이서 모시는 만큼 입이 무거워야 했으므로 무엇보다도 참을성을 중요시했다. 응시자를 나무에 매달아보거나, 물을 먹여보거나, 땅에 눕히고 코에 모래를 넣어 문질러보기도 하는 등 여러 가지 고통을 가해 참을성을 시험했다. 이때 신음소리를 내지 말아야 합격할 수 있었다.

내시 시험에 합격하면 대궐 안의 지리부터 익혀야 했다. 특히 왕을 가까이에서 모시는 내시일수록 궁궐의 비밀스러운 길을 잘 알아야만 했다. 국가에 난리가 났을 때 왕을 모시고 무사히 궁궐을 빠져나가야 하기 때문이다. 그래서 난리가 났을 때 도망치는 훈련을 하기도 했다.

내시들은 일반 관리들처럼 궁궐 밖에서 가족과 함께 마을을 이루어 살면서 궁궐로 출퇴근했다. 내시들이 모여 살던 곳은 경복궁과 가까운 곳으로, 지금의 효자동 부근이다.

내시들의 근무 형태는 크게 장번과 출입번으로 나뉘었다. 출근 시간은 일반 관리들과 똑같아서 봄~가을과 겨울의 출근 시간이 달랐다. 해가 긴 봄부터 가을까지는 오전 5시에서 7시 사이에 출근했으며, 퇴근은 오후 5시에서 7시 사이에 했다. 오늘날의 시각으로는 대략 오전 6시에 출근해 오후 6시에 퇴근했으니까, 12시간 정도 근무한 셈이다. 해가 짧은 겨울에는 오전 7시에서 9시 사이에 출근했고, 오후 3시에서 5시 사이에 퇴근했다.

내시들은 내시부에 소속되었다. 조선시대의 내시부 건물은 경복궁 바로 옆에 있는 준수방에 있었다. 이와는 별도로 궁궐 안에는 내시들이 머무는 내반원이 있었다. 내반원은 왕의 시중을 들고 보살피는 것을 좀 더 효과적으로 하기 위해 왕이 업무를 보는 편전과 가까운 곳에 두었다.

내시들은 처첩을 거느렸을 뿐만 아니라 대를 잇기 위해 양자를 들이기도 했다. 보통 한두 명을 입양했지만 재산이 많거나 권세 있는 내시는 네댓 명의 양자를 들이기도 했으며, 양녀를 들이기도 했다. 양자나 양녀를 들일 때는 집안의 내력, 경제력, 교육 수준 등을 따져서 입양 여부를 결정했다. 이처럼 내시는 결혼도 하고 양자나 양녀도 들이는 등 여느 가정과 똑같은 생활을 했다.

《경국대전》에는 내시부의 조직과 임무가 비교적 자세히 기록되어 있다. 첫 번째 임무는 왕과 왕비 등이 먹는 음식을 감독하는 일이다. 두 번째 임무는 왕의 명령을 관리나 왕족에게 전달하는 일이다. 세 번째 임무는 궁궐을 수비하기 위해 문을 지키는 일이다. 네 번째 임무는 궁궐 안을 청소하는 일이다.

그러나 이것은 일반적으로 내시들이 하는 일을 규정한 것일 뿐이고, 실제로는 궁중의 제사는 물론 왕실의 재산 관리, 궁궐의 각종 공사, 궁녀의 감독 등 궁궐 내의 크고 작은 수많은 일들을 담당했다.

화성 건설의 DVD

조선 22대 왕 정조는 자신이나 나라와 관계되는 일들을 기록하기 좋아했다. 《존현각일기尊賢閣日記》는 그가 세손 시절 영조의 대리청정을 둘러싼 정국을 기록한 책으로, 별도의 판본으로 간행되지는 않고, 정조 1년(1777) 교서관에서 간행한 《명의록明義錄》 앞머리에 실려 있다.

즉위 후에도 일기 쓰기는 계속되었다. 정조 5년(1781)에 규장각 관리들에게 자신이 일기를 쓰고 있다는 사실을 알렸으며, 정조 9년(1785)에는 규장각 관리로

《화성성역의궤》(화성박물관)

하여금 《승정원일기》에 왕명의 출납과 각종 행정 사무, 의례적 사항을 적는 것과는 별도로, 궁궐의 일과 나라 안팎의 일을 일기를 쓰는 습관을 밝혀 기록하라고 명령했다. 임금이 하루를 반성하면서 기록한 일기라고 하여 《일성록日省錄》이라고 했다. 이 책 또한 《존현각일기》로부터 시작된다.

정조는 또 자신의 일을 기록으로 남기면서 중요한 의식은 그림으로 남기도록 했다. 정조 19년(1795) 윤2월 어머니인 혜경궁 홍씨의 회갑을 맞이하여 수원성과 화산 현륭원으로 행차할 때 그 일련의 과정을 일목요연하게 그림으로 기록한 《화성능행도병華城陵幸圖屛》과 《원행을묘정리의궤》는 오늘날의 DVD처럼 당시의 역사와 의상, 의식 절차가 자세하게 나와 있다.

정조 때 제작한 최고의 DVD는 《화성성역의궤華城城役儀軌》라고 할 수 있다. 화성을 축조할 때 성을 쌓는 기술, 설계, 물자와 경비, 성을 쌓을 때 사용한 각종 기계의 그림과 설명이 수록되어 있어 당시 건축기술과 과학 수준을 이해하는 데 중요한 자료이다.

《화성성역의궤》에서 흥미로운 것은, 성을 쌓을 때 부역에 나온 백성들의 이름이 낱낱이 기록되어 있다는 점이다. 이 기록을 보면 당시 부역에 나온 이들 대부분이 한자 이름을 가지고 있지 않았음을 알 수 있다. 신체 특징을 바탕으로 한 이름들이 대부분이기 때문이다. 즉 키가 큰 사람들의 이름은 박큰노미(朴大老味)·최큰노미로, 키가 작은 사람들은 김자근노미(金者斤老味)·임자근노미·임소남(林小男)·김작은복(金者斤福)·구작은쇠(具者斤金)로, 강아지처럼 생긴 사람은 엄강아지나 방삽사리로, 망아지처럼 잘 달리는 사람은 최망아지, 눈이 튀어나온 사람은 이부엉이라고 기록했다. 정조의 홍익인간 사상이 잘 드러난 대목이라고 할 수 있다.

도리도리 짝짜꿍은 왕족의 교육 방식

아이들 교육에 관련해서 단군 이래 전해오는 가르침이 있다. 단동10훈(檀童十訓)이 그것으로, 아기를 얼르는 짝짜꿍, 도리도리, 섬마섬마, 죔죔 등이 여기에서 비롯되었다. 조선시대 왕족들은 아이들이 세상의 이치를 알고 자연과 함께하기를 바라는 마음에서 육아법으로 단동10훈을 활용했다.

단동10훈 1훈은 각궁(覺躬), 곧 까꿍이다. 내마음대로 세상이 만들어지니 정신을 바짝 차리라는 뜻이다.

2훈은 도리도리(道理道理)이다. 머리를 좌우로 흔들면서 하늘의 도리로 생긴 천지만물처럼 자연의 섭리를 잊지 말라는 인생 지침이다.

3훈은 작작궁작작궁(作作弓作作弓), 곧 짝짜꿍짝짜꿍이다. 짝짜꿍은 태극을 뜻하므로 음양의 결합을 말한다. 그러므로 이 모든 이치를 깨닫고 박수치면서 즐겁게 지내라는 교훈이다.

4훈은 지암지암(持闇持闇), 곧 죔죔이다. 두 손을 쥐었다 폈다 하면서 내 것을 찾으면서도 남에게 양보할 줄 아는 미덕을 가지라는 교훈이다.

5훈은 서마서마(西摩西摩), 곧 섬마섬마이다. 아이를 손바닥 위에 올려놓고 '따!따!따!' 하면서 세우는 것으로 홀로서기를 가르치는 것이다.

6훈은 업비업비(業非業非), 곧어비어비이다. 아이가 위험한 행동이나 해서는 안되는 짓을 할 때 '어비'라고 말한다. 곧 커서 나쁜 행동이나 사람의 도리에 벗어나는 행동을 하지 말라는 뜻이다.

7훈은 아함아함(亞含亞含)이다. '말 한마디로 천냥 빚을 갚는다'는 속담이 있다. 모든 일은 말이 화근이 되어 일어나므로 말을 조심하라는 뜻에서 '아함아함' 하며 손바닥으로 입을 막는 시늉을 하는 것이다.

8훈은 지나아비활활의(支娜阿備活活議), 곧 질라래비훨훨이다. 마음이 건강해야 몸도 건강하다고 했다. 아이의 양팔을 잡고 '질라래비훨훨' 말하면서 나비처럼 훨훨 춤을 춘다. 육체가 건강하라는 뜻이다.

9훈은 불아불아(弗亞弗亞), 즉 부라부라이다. 불(弗)은 기운이 하늘에서 땅으로, 아(亞)는 기운이 땅에서 하늘로 올라가는 모습이다. 어린아이에게 두 다리를 번갈아 오르내리도록 하라는 뜻으로 아이의 허리춤을 잡고 좌우로 흔들어주면서 '부라부라'를 말해준다. 아이가 스스로 자신을 존중하면서 노력하여 으뜸으로 자라라는 뜻이다.

10훈은 시상시상(詩想詩想)이다. 아이를 앉혀놓고 앞뒤로 흔들면서 '시상시상'이라고 말해준다. 사람의 몸과 마음과 기운은 각각 땅과 태극과 하늘에서 받았으므로 사람은 작은 우주이다. 그러니 자신을 작은 우주로 생각하여 조심하며 모든 일을 긍정적으로 생각하라는 뜻이다.

조선시대 내명부의 등급

조선은 왕뿐만 아니라 양반들도 여러 명의 부인을 둘 수 있는 일부다처제 사회였다. 특히 궁궐에 있는 모든 궁녀는 왕의 여자였으므로, 왕은 마음에 드는 궁녀는 언제든지 후궁으로 삼을 수 있었다. 궁녀의 입장에서 이것을 '승은(承恩)을 입었다'고 한다. 왕의 혈통을 이을 은혜를 입었다는 뜻이다.

궁녀가 승은을 입고 자녀를 낳지 못하면 일정한 일 없이 왕의 곁에 있는 특별상궁으로 남지만, 자녀를 낳으면 종4품 숙원 품계를 받았다. 내명부에 속한 왕의 후궁 중 최하위이지만 하는 일은 왕의 아내 역할뿐이어서, 다른 궁녀들의 선망의 대상이 되었다. 이들에게는 당호(堂號)를 내렸고 그 품계에 따라 월급이 지급되었다. 따라서 궁녀를 부리면서 독립된 생계를 영위할 수 있었다.

다음은 덕수궁에 살던 고종의 후궁들에게 지급된 1926년 3월분 급여 명세서이다.

품계	당호	급료	비고
귀인	복령당	580원	덕혜옹주를 낳음
귀인	광화당	480원	왕자 이육을 낳음
귀인	보현당	280원	왕자 이우를 낳음

귀인	영보당	200원	완화군 이선을 낳음
귀인	내안당	200원	옹주를 낳음
귀인	김옥기	115원	순종이 삼축당 당호를 내림

덕혜옹주는 고종이 회갑 되던 해 얻은 고명딸이라 아주 귀하게 여겼던 까닭에, 그 어머니에 대한 대우가 왕자를 낳은 다른 후궁보다 월등하게 높았다. 마지막 귀인인 김옥기(金玉基)는 왕의 자녀를 낳지 못한 까닭에 고종 생전에는 당호도 귀인 작호도 받지 못했다. 후궁의 품계를 보면 소원(昭媛)은 정4품, 숙용(淑容)은 종3품, 소용(昭容)은 정3품, 숙의(淑儀)는 종2품, 소의(昭儀)는 정2품, 귀인(貴人)은 종1품이다. 그리고 원빈(原嬪; 임금의 정실) 중 간택을 거쳐 정식으로 맞이한 후궁은 등급이 없으며, 간택을 거치지 않은 궁녀 출신의 후궁에게는 정1품의 품계가 주어졌다.

후궁들은 왕의 사랑을 독차지하기 위해 눈에 보이지 않는 싸움을 벌였고, 왕비나 세자빈에게 왕자가 없을 경우에는 자신의 소생을 왕위에 앉히기 위해 치열한 암투가 벌어졌다.

그러므로 겉으로 보기에는 평화스러울 것 같은 내명부에서 상상을 초월할 정도로 사랑과 권력 쟁탈전이 치열해 어느 왕대이건 간에 심심치 않게 '궁중의 저주 사건' '어린 왕자녀들이 너무나 많이 일찍 죽는 사건' '후궁의 갑작스런 죽음' 등 의심스러운 일이 자주 일어났다.

예를 들면 22대 정조의 장남인 문효세자(文孝世子)는 의빈 성씨의 소생으로, 5세 되는 정조 10년(1786) 5월에 기이하게 즉사했고, 같은 해 9월에는 의빈 성씨가 만삭의 몸으로 갑자기 죽는 일이 일어났다. 이에 정조가 "그 병상이 기이하고 괴상하다."고 한 것은 궁중의 이러한 풍토를 반증하는 것이라고 할 수 있다.

임금은 모든 궁녀들의 남편

궁녀는 왕족을 제외한 궁중의 모든 여인을 이르는 말인데, 크게 상궁과 나인으로 분류한다. 삼국시대나 통일신라시대에는 궁녀에 대한 기록이 보이지 않지만 고려시대 2대 혜종 때부터 관련 기록이 보이고, 조선시대에는 매우 구체적인 기록이 보인다.

조선시대의 궁녀는 신분이 너무 천하지 않으면서 조상 중에 반역자가 없는 집안에서 선출되었다. 궁궐에 들어가려면 연줄이 있어야 했고, 그렇지 않더라도 상궁들의 추천을 받으면 들어가기 쉬웠다. 대개 4~5세부터 궁궐에 들어가 죽을 때까지 살아야 했다.

일단 궁녀로 선발되면 왕이 사가(私家)에서의 모든 일을 잊으라는 뜻에서 친히 이름을 지어주었다. 그래서 궁녀들은 일청(一淸), 경운(景雲), 소선(素仙) 등 옛 여성답지 않게 멋드러진 이름을 갖게 되었다. 나중에 이러한 풍습이 민간에 퍼져 기생들의 이름에 쓰였다.

7~8세가 되면 궁중의 법도와 학문, 글씨를 익혔다. 궁에 들어와 15년이 되거나 나이 18세가 되면 관례를 치르고 정식 나인이 되었다. 이들의 관례는 성년식과 결혼식을 겸하는 것이지만 남편 없는 결혼식이었다. 마음속으로야 누구나 왕을 남편으로 꿈꾸었지만 그것은 하늘의 별따기일 뿐 한숨과 벗하여 사는 경우가 더 많았다. 이때 사가에서 음식을 준비해 나누어 먹기도 했다.

이들 궁인의 보수는 한 달에 백미 3말쯤이었으며, 이 밖에 1년에 명주 1필과 무명 1필, 솜 1근이 지급되었다. 여름철에는 베, 모시 등이 지급되었다. 화폐가 발행된 후로는 월급제가 실시되었다.

관례를 치른 후 다시 15년이 지나 35~36세가 되면 정5품의 상궁이 되었다. 그러나 예외도 있어서 왕의 후궁이 되면 20대에도 상궁이 되었다. 상궁이 되면서부터 중인 계급인 아전에서 신분이 조금 상승했던 것이다. 상궁에게는 일반 궁녀와 달리 왕이 임명장인 상궁봉첩(尙宮奉帖)을 수여했다. 이들에게는 하급 궁녀가 딸렸고 월급도 크게 올랐다. 또한 궁에서 생활하는 데 필요한 물자가 지급되었고 나라에 경사가 있을 때는 따로 상도 내렸다.

궁녀들은 왕·왕비·세자가 거처하는 곳에 근무하며 하루 두 번 교대했고, 그 밖의 처소는 격일제로 근무했다. 근무를 하지 않을 때는 노리개끈이나 주머니끈을 꼬는 다회치기를 하거나, 매듭짓기·독서·글씨쓰기·투호놀이·윷놀이 등으로 시간을 보냈다. 궁녀들은 그들 나름의 암호로 의사소통을 하기도 했다. 모음은 그냥 쓰고 자음을 'ㄱ'은 一, 'ㄴ'은 二로 표시하는 식인데, 예를 들어 '김내시는 대머리'를 암호로 표시하면 '五l 二대 七l 三l 丁l 三l 五l 四l'가 되었다.

궁녀의 생활은 종신이어서 한번 궁에 들어가면 죽을병에 걸려야 궁에서 나올 수 있었다. 병이 들어 죽음을 목전에 두었다면 죽기 전 무조건 궁궐 밖으로 나가야 했다. 왕족 이외에는 궁궐 안에서 죽을 수 없다는 법도 때문이다.

한편 매우 드물기는 하지만 왕의 허락을 얻어 혼인하는 경우도 있었다. 일단 궁녀를 아내로 취하고자 하는 사람은 먼저 곤장 100대를 맞아야 했다. 관아에서 죄인 때리듯 세게 때리면 곤장 100대로 초주검이 되겠지만, 이것은 다만 왕의 여자를 넘본 죄를 다스린다는 상징적인 행위였을 것이다. 궁궐에 기거하는 궁녀의 수는 왕과 왕비, 대비가 각 100명의 궁녀를 거느릴 수 있었고, 세자가 60명, 세자빈이 40명, 세손이 50명, 세손빈이 30명을 거느릴 수 있었으니 그 밖에 별궁까지 합치면 적을 때는 300명에서 많을 때는 800명까지 있었다고 한다.

이들 궁녀의 가장 큰 소망은 왕의 눈에 띄어 승은을 입어 왕자를 임신하는 것이다. 이렇게 궁녀들의 생활은 고달프기 짝이 없었기 때문에 딸을 궁으로 보낸 부모는 늘 가슴 아파했다고 한다. 그래서 양반집 딸들은 궁으로 들어가는 것을 원치 않았다고 한다. 한번 들어가면 영원히 나오지 못할뿐더러 왕의 승은을 입기 전에는 평생 혼자 살아야 하는 고통이 따랐기 때문이다.

왕이나 왕비의 목욕

궁궐에는 오늘날과 같은 욕실이 따로 없었다. 그러면 귀하신 몸인 왕과 왕비는 어디에서 목욕을 했을까? 왕이 생활하는 곳에 딸린 조그만 방이 왕의 전용 세면실이다. 방바닥에 넓은 기름종이를 깔고 그 위에 큰 함지박을 놓았다. 일종의 욕조인 셈이다. 수백 년 된 통나무를 파서 만든 이 함지박은 임금이 몸이 잠길 정도로 어마어마하게 컸다.

창덕궁의 현대식 욕실

임금이 세수를 할 때는, 궁녀가 이 함지박에 더운물을 붓고 옆에 찬물을 갖다놓으며, 팥비누와 곱고 부드러운 무명 수건을 준비하면 임금의 유모가 임금을 모시고 와서 씻겨드렸다. 임금의 옥체는 아무나 손댈 수 없기에 유모만이 그 일을 할 수 있었으며, 유모가 죽었을 때는 보모상궁이 이 일을 대신했다.

왕비도 친정에서 따라 들어온 유모와 궁녀가 씻겨드렸는데, 왕비든 궁녀든 조선시대 귀한 여인들은 절대로 완전히 벗고 씻지 않았다. 목욕할 때는 반드시 엷은 비단이나 모시로 몸을 감싸고 욕조에 들어갔다.

금혼령

조선시대에는 세자가 열 살 정도 되면 세자빈을 간택했다. 간택의 첫 절차는 결혼에 알맞은 나이인 13~17세 되는 팔도의 모든 처녀들에게 금혼령을 내리는 것이었다. 다만 전주 이씨, 본관과는 관계없는 이씨, 대왕대비와 같은 성씨로 5촌 이내, 왕대비와 6촌 이내의 처녀는 대상에서 제외되었다. 일단 금혼령이 내려지면 위 조건 외의 조선 팔도의 모든 처녀는 예비 세자빈이 되는 것이며, 이를 어길 경우에는 벌을 받았다.

간택은 세 번에 걸쳐 이루어졌다. 팔도의 감사가 30명을 선발하면 그중 7명을 뽑았고, 마지막 간택에 오르는 자는 그중 3명이었다. 어려운 절차를 거쳐 뽑힌 세자빈은 안국동이나 어의동에 있는 별궁에 들어가 궁중의 법도와 왕비나 세자빈이 갖추어야 할 여러 가지 법도를 배웠다. 그런데 모든 규수가 세자빈이 되기를 바란 것은 아니었다. 나라가 혼란스러울 때는 가문이 멸문의 화를 당할 수도 있기 때문이다.

조선 16대 임금인 인조의 아들 소현세자(昭顯世子)의 세자빈 간택에 얽힌 일화가 좋은 예이다. 삼간택에 오른 후보들이 궁궐로 들어가 왕실에서 내린 음식을 먹을 때였다. 왕과 왕비는 이들이 음식을 먹는 모습을 살펴 간택 점수에 반영했다. 이들 중 권씨 소녀는 젓가락을 두고도 손가락으로 음식을 집어 먹는가 하면, 미친 사람처럼 히죽히죽 웃는 등 괴이한 행동을 하여 왕의 눈밖에 났고, 결국 간택에서 떨어졌다. 그런데 소녀는 궁궐을 나와서는 멀쩡했으니, 나중에 인조가 그 말을 듣고 "내가 그 아이의 꾀에 넘어갔구나." 하며 무릎을 쳤다고 한다. 실제 소현세자는 세자빈, 아들과 함께 죽임을 당했다. 이 규수는 이미 소현세자의 비참한 운명을 알고 있었던 것이다.

또 돈이 많이 드는 것도 간택에 참여하기를 꺼리는 이유 중 하나였다. 관리들이 중간에서 돈을 요구하거나 처녀와 몸종까지도 몸치장을 해야 하며 가마를 빌리는 데 돈이 많이 들었기 때문이다. 그 때문에 금혼령이 내린다는 정보를 들은 집에서는 어린 딸을 혼인시키는가 하면 심지어 피부병으로 가장하기 위해 독초를 바르기까지 했다.

농민들에게 모범을 보이던 친경과 친잠례

조선시대에 국가 정책의 기본 방침은 사상적으로는 숭유억불정책, 외교는 사대교린정책, 산업은 농본정책이었다. 정책적으로 농업을 장려했으므로 임금은 적전(籍田; 임금이 몸소 농민을 두고 농사를 짓던 논밭)에서 친경(親耕; 임금이 농업을 장려하기 위하여 적전에 나와 몸소 농사를 짓던 일)을 하여 모범을 보였고, 왕비는 친잠례(親蠶禮; 양잠을 장려하기 위해 왕비가 직접 누에를 치는 궁중 의식)를 행했다.

조선시대 친잠에 관한 기록은 태종 11년(1411)부터 보이나, 본격적으로 이루어진 것은 성종 2년(1471) 궁궐 후원에 선잠단을 쌓으면서부터다. 왕비는 매년 3월 누에의 신으로 알려진 서릉씨의 위패를 모시고 제사를 지낸 뒤, 이 제단의 남쪽에 뽕나무를 심어 세자빈과 함께 직접 뽕잎을 따 누에를 먹였고, 누에고치를 거둬 명주실을 뽑았다.

기록에 따르면 고려시대 성종 2년(983)부터 적전이 있었으며, 조선시대에는 법으로 규정하여 임금이 경작하는 것을 원칙으로 하되, 부근의 농민들 중에서 차출해 3명이 1결을 경작하게 했다. 동원된 농민은 요역을 면제받았으며, 수확한 곡식은 정전법(井田法; 땅을 '井'자 모양으로 9등분하여 가운데서 수확한 것은 나라에 바치고 나머지는 경작자가 가졌다)에 따라 나라에 바쳐 제사에 사용하게 했다. 그러므로 친경과 친잠례는 임금과 왕비가 농민들에게 모범을 보이기 위해 농사와 양잠을 직접 한다는 상징성을 띠었다.

임금은 적전에 파종하기 전에 동대문 밖에 있는 선농단에서 제사를 지냈다. 선농단은 사방 4미터쯤 되는 석축단으로, 태조 이성계가 한양에 도읍을 정한 뒤 제사를 지내고 친히 밭을 갈아 농사의 소중함을 백성에게 알린 곳이다.

조선의 9대 임금 성종은 선농단에 나가 태조 이래의 농사 시범을 보인 뒤 미리 준비해둔 쌀과 기장으로 밥을 짓고 소를 잡아 국을 끓이게 했는데, 이렇게 끓인 희생 쇠고기국을 구경꾼 가운데 50세 이상의 노인을 불러 먹였다. 이 쇠고기국을 선농탕이라 했으며, 오늘날의 설렁탕의 기원이 되었다고 한다.

설렁탕에 대한 또 다른 설도 있다. 고기를 맹물에 끓이는 몽골의 조리법이 우리나라에 들어와 설렁탕이 되었다는 설이다. 《몽어유해蒙語類解》에는 고기 삶은 물인 공탕(空湯)을 몽골어로 '슈루'라고 한다고 기록되어 있고, 《방언집석方言集釋》에는 공탕을 한나라에서는 '콩탕', 청나라에서는 '실러', 몽골에서는 '슐루'라고 했다고 기록되어 있다. 이 실러 또는 슐루가 설렁탕이 되었다는 것이다.

조선의 왕릉

조선시대에 왕의 죽음을 훙(薨)이라고 한다. 왕이 훙하면 궁궐의 지붕에서 피리성을 불어 백성들에게 알리고, 궁중에서는 임시 관아인 빈전도감·국장도감·

산릉도감을 설치하고 장례 준비를 했다.

　빈전도감은 장례일까지의 염습(殮襲)·성빈(成殯)·성복(成服) 등의 일을 맡았고, 국장도감에서는 장의에 필요한 재궁(梓宮)·거여(車輿)·책보(冊寶)·복완(服玩)·능지(陵誌)·명기(名器)·길흉·의장(儀仗)·포연(鋪筵)·제기(祭器)·제전(祭奠)·반우(返虞) 등의 의식과 절차를 관장했다. 산릉도감에서는 현궁(玄宮)·정자각·비각·재실 등 봉분 조성과 부대시설에 관한 일을 맡았다.

　이 일련의 과정은 3개월에서 6개월가량 걸렸다고 한다. 이 기간 동안 왕의 시신은 어떻게 했을까?

　시신은 시간이 지나면서 부패하기 마련이다. 당시에는 방부제가 없었으므로 빈전(殯殿; 상여가 나갈 때까지 왕이나 왕비의 관을 모시던 전각)을 설치해 그곳에 가매장을 했다. 빈전 안에서는 선왕의 가까운 왕족이 지키며 문상을 받았으며, 선왕을 모셨던 궁녀가 밖에서 함께 지키며 심부름을 했다. 왕은 왕비와 함께 아침저녁으로 상식(上食)을 올리면서 곡을 했다.

　택지는 상지관이 풍수지리설에 따라 명당을 찾고, 왕이 친히 나가 지세를 관망하기도 했다. 명당에 유택을 정하는데, 그중에서도 지맥이 닿아 생기가 집중되는 혈(穴)에 관을 묻고 봉분을 조성했다.

　능은 좌향으로 하며, 능 뒤쪽에는 산이 있고 송림을 배경으로 동·서·북 3면으

조선을 건국한 태조가 묻힌 건원릉

로 곡장(曲墻; 무덤 뒤에 둘러쌓은 나지막한 담)을 두르고 곡장 안에 봉분을 만들었다. 봉분 아랫부분은 12방위를 담당하는 십이지신상을 해당 방위에 맞게 양각한 병풍석을 둘렀다. 이는 모든 방위의 외침으로부터 왕릉을 보호하기 위한 것이다.

병풍석이 감싸는 봉분의 주위는 세 부분으로 된 난간석을 둘렀고, 난간석 바깥쪽으로는 석호(石虎) 4기와 석양(石羊) 4기를 밖을 향하여 배치했다. 석호는 능을 지키는 수호신이고, 석양은 사악한 것을 피하고 명복을 비는 뜻을 담고 있다. 봉분 바로 앞에는 상석(床石)을 놓았고, 상석 아래에는 귀면(鬼面)을 새긴 고석(鼓石)을 괴었다. 귀면은 몹시 사악한 것을 경계하는 의미이다.

상석 좌우에는 망주석(望柱石) 한 쌍을 세웠고, 망주석의 한 단계 아래에는 장명등(長明燈)을, 장명등 좌우에는 석마를 대동한 문인석 한 쌍을, 그 아래에는 역시 석마를 대동한 무인석 한 쌍을 세웠다. 왕이 위험에 빠지면 언제든지 신속히 대처할 자세로 서 있다.

봉분에서 무인석까지는 거의 평평하지만 무인석부터 정자각까지는 심하게 경사가 졌는데 이를 사초지(莎草地)라고 한다. 정(丁)자 모양을 한 정자각은 제향을 하는 건물이다. 정자각 뒤 서쪽에는 제향 후에 축문을 태워 묻는 네모난 석함을 배치했다. 신도비(神道碑)도 세워 왕의 업적을 기렸는데, 문종 이후에는 이를 세우지 않았다고 한다.

정자각 정면으로는 참도(參道)를 깔았고, 참도가 시작되는 곳임을 알리는 홍살문을 세웠다. 홍살문 밖 능역에는 재실이 있는데 여기에는 능의 수호 관리인 참봉이 상주했다.

이렇게 왕의 시신을 매장한 뒤에는 위패를 혼전(魂殿)에 모시고 3년이 지난 후에 종묘에 모시는데 이를 '천이(遷移)'라고 한다.

태묘

탯줄은 모체의 태반과 태아의 배꼽을 이어주는 관으로 제대(臍帶)라고도 한다.

민간에서는 이 탯줄을 왕겨 등
땔감 속에 넣어 마당에서 태우는데
모두 탈 때까지 이 장소를 떠나지
않았다. 이것을 간질병이나 정신병
에 특효약이라 여겨 훔쳐가기도 했
기 때문이다.

창경궁에 있는 성종의 태실

그러나 임금과 왕자, 공주 등 왕
손의 태(胎)는 전국에 산재해 있는
명당을 골라 안장하고 왕릉 못지않게 신성시하며 보살폈다. 이를 태실(胎室) 또는
태봉(胎封)이라고 했다. 왕실에서 아기가 태어나면 태실도감을 설치하고 사흘 후
에 세태(洗胎; 태씻이)를 한다. 100번을 씻은 그 태를 흰 항아리 바닥에 동전 한 닢
을 깔고 담는다. 그러고는 남색 비단으로 항아리를 봉하고 붉은 끈으로 단단히
맨 뒤 이 속항아리를 보다 큰 겉항아리에 담는다. 부딪침을 완화하기 위해 겉항
아리와 속항아리의 틈새를 감당(甘糖) 한 근으로 밀봉한다. 태를 묻을 태봉이 정
해지면 태를 묻는 안태(安胎)를 하는데, 안태사를 비롯한 30~40명의 고관들이 군
악대를 앞세우고 성대하게 의식을 베풀고 대석(臺石), 전석(磚石), 우상석(禑裳石),
개첨석(蓋檐石) 등의 석물로써 화려하게 장식했다.

이렇게 태실을 중요시한 것은 왕실의 번영과 왕손의 안녕을 가져다주고, 나아
가 국가의 운명까지 좌우할 수 있다는 사상 때문이다. 그래서 이 태실이 한 고을
에 생기면 이 고을의 격이 한 등급 오르는가 하면, 태실 관리를 소홀히 했거나 태
봉산에 산불이 나면 그 고을 수령을 좌천시켰다.

그런데 태실의 내용물을 어떤 방식으로든 복용하면 그 태실의 주인공처럼 사
내아이를 낳는다거나, 태실의 주력(呪力)을 입으면 과거에 급제한다는 속설 때문
에 수난을 당하기도 했다. 일제강점기인 1929년 일본인들은 충남 금산군 태봉산
에 있는 태조의 태실을 비롯해 전국 곳곳에 있는 역대 임금의 태실 22기, 대군·
세자·공주 등의 태실 32기, 총 54기의 태실을 한데 모아 서삼릉에 안치했다. 우
리 민족의 정기를 끊고 빼어난 백자 태항아리 등 태실의 유물을 반출하기 위해서
였다.

임금의 이름자는 함부로 쓰면 안 돼

우리나라에서는 예부터 임금의 이름에 쓴 글자는 일반 백성이 쓰지 않는 풍속이 있었다. 이를 어느 정도 철저히 지켰는지 고려시대에 있었던 일화를 보자.

당시 예천에 흔섬(昕暹)이란 사람이 있었다. 그런데 공교롭게도 29대 왕인 충목왕의 이름이 왕흔(王昕)이었다. 그러자 나라에서 흔섬에게 흔이라는 성 대신 권씨 성을 쓰게 했다. 아버지 흔승단(昕昇旦)이 안동 권씨 권백서(權佰諝)의 사위이므로 어머니의 성을 좇아 권씨로 고치게 한 것이다.

이렇게 임금을 비롯해 조상과 성인의 이름, 국호, 연호에 쓰인 글자는 사용하지 않는 것을 피휘(避諱)라고 한다. 특히 왕이 생전에 쓰던 이름을 쓰지 않는 것을 국휘(國諱)라고 한다. 여기서 '휘(諱)'자는 피한다는 뜻인데, 나중에는 임금이 살아생전에 쓰던 이름 그 자체를 '휘'라 일컫게 되었다.

피휘의 기원은 중국 진(秦)나라이다. 이때는 죽은 이가 생전에 쓰던 이름자를 피하는 피휘뿐만 아니라 생휘(生諱; 살아 있는 동안에 이름을 피하는 일)도 있어, 진시황의 이름인 정(政)을 '정(正)'으로 대신 표기하기도 했다.

피휘의 방법은 음이 같은 다른 글자로 대신하는 대자(代字), 아예 이름을 바꾸는 개자(改字), 이름자에서 해당되는 글자를 빼는 결자(缺字), 해당 이름자에서 획이나 부수를 빼 대신 표기하는 결획(缺劃) 등이 있다. 휘 때문에 관직 이름이나 땅이름, 물건의 이름이 바뀌거나 없어진 경우도 허다했다.

이 휘법이 우리나라에 언제 들어왔는지는 분명하지 않으나 삼국시대의 금석문이나 문헌에서 피휘하거나 결획한 사례를 쉽게 찾아볼 수 있다.

신라 문무왕릉비에는 비를 세운 날짜가 '갑오일경진건비(卄五日景辰建碑)'라고되어 있고, 신라 진성여왕 때 세운 숭복사 비문에는 '보력경오춘(寶曆景午春)'이라고 되어 있는데, 이 두 비문에 나오는 경진(景辰)과 경오(景午)는 본디 병진(丙辰)과병오(丙午)이다. 당나라 고조의 아버지 이름인 병(昞)과 음이 같은 '병(丙)'자를 피하기 위해 '경(景)'자로 바꾼 것이다. 하동 쌍계사 진감선사탑비의 비문에 새겨진 민(愍)이나 민(泯)은 본디 '민(民)'자로 쓰는 것이 맞으나, 당나라 태종의 이름인 세민(世民)의 '민(民)'자를 피하기 위해 대신 쓴 글자이다.

우리나라에서는 고려 이전에는 왕의 휘를 피한 예를 찾아볼 수 없다. 그때까지는 왕권이 강력하게 확립되지 못한 까닭인 듯하다. 더욱이 신라의 경우에는 임금의 묘호와 휘와 자(字)의 구분이 불분명한 것으로 보아 휘의 개념도 별로 없었던 것 같다.

그러나 고려시대의 금석문에는 왕의 이름을 피한 사례를 찾아볼 수 있다. 봉암사 정진대사원오탑비에 새겨진 비문에 '상령문호양반우승관(上領文虎兩班又僧官)'이라는 구절이 있다. 여기서 문호양반은 문무(文武) 양반을 가리키는 것으로, 무(武)를 써야 할 자리에 무를 상징하는 '호(虎)'자를 쓴 것이다. 이는 혜종의 휘인 '무(武)'자를 피하기 위해서였다.

이러한 상황에서 일반 백성이 왕의 이름과 같은 글자를 쓴다는 것은 왕권에 대한 도전이며 권위에 대한 반발이었다. 왕의 이름을 지을 때는 가능한 한 자주 쓰지 않는 어려운 글자를 썼다. 일반 백성들이 이름을 지을 때 불편함을 덜어주려는 배려였다. 예를 들어 조선의 태조 이성계는 임금이 된 뒤에는 이름을 단(旦)으로 고쳤으며, 선조는 원래 이름이 균(鈞)이었으나 일반 백성들의 이름자에 많이 쓰는 글자인지라 연(昖)으로 바꾸었다.

피휘의 대상은 세월이 갈수록 폭이 넓어져, 임금뿐만 아니라 일반 백성이 자기 조상의 이름자를 피하는 풍습까지 생겨났다. 그래서 조상의 이름자가 든 벼슬자리에 취임하는 것을 거부하는 일도 있었다.

세종 때 유계문(柳季聞)이라는 선비가 있었다. 벼슬자리에 나아가 경기관찰사를 제수받자 그는 펄쩍 뛰면서 그 벼슬을 받을 수 없다고 했다. 그의 아버지 이름자인 유관(柳觀)의 '관(觀)'자가 벼슬 이름인 관찰사(觀察使)의 '관'자와 같아서 아버지에게 누를 끼친다는 이유였다. 아들이 이렇게 나오자 그의 아버지가 스스로 이름을 유관(柳寬)으로 바꾸었다. 그런 뒤에야 유계문은 경기관찰사에 부임했다고 한다.

글을 읽을 때도 최소한 5대조 조상까지의 이름자가 글에 나오면 그 글자는 소리 내어 읽지 않았고, 심한 경우에는 그 글자 대신 '에고' 하며 곡으로 대신했다고도 한다.

공문서에도 조상의 이름자에 쓰인 글자를 써야 할 경우에는 그 글자를 써야 할 자리에 '諱'라고 쓰는 것이 관례였다. 다른 사람이 보면 무슨 뜻인지 몰라도 문서를 작성한 본인은 알기 때문일 것이다. 고집 센 선비는 공문서에 자기 조상의 이름자가 하나라도 들어 있으면 아예 결재도 하지 않았다고 한다.

전하와 폐하

폐(陛)는 궁궐로 오르는 섬돌을 뜻한다. 옛날에는 섬돌에 황제가 서 있었고, 그 아래에 신하들이 서 있었던 모양이다. 그래서 섬돌 아래에 있는 신하가 황제를 부를 때 일단 '폐하(陛下)'라고 하여 할 말이 있음을 전했다. 즉 폐하는 섬돌 아래 좀 쳐다보라는 뜻이다. 현대의 호칭이 대부분 상대방을 높이는 형식인 데 반해 옛사람들이 쓰던 호칭은 자신을 낮추는 형식이었다.

폐하는 황제뿐 아니라 황후와 황태후에 대한 공대말로, 고려시대에 몽골의 침입을 받기 전까지만 하더라도 이 호칭을 사용했으며 왕위를 계승할 왕자도 태자라고 불렀다. 그러나 몽골의 영향을 받으면서 궁궐에서 사용하는 용어들이 한 단계 격하되어 폐하는 전하(殿下)로, 태자는 세자(世子)로 칭하게 되었다.

조선시대에는 몽골의 지배에서 벗어나기는 했으나 이러한 용어들은 여전히 사용되었다. 오히려 명에 대한 사대정책의 일환으로 거의 굳어지기에 이르렀다.

그러면 전하는 무슨 뜻일까? 임금이 정사를 보는 전각 아래라는 뜻이다. 즉 임금을 올려다보는 사람이 서 있는 자리를 가리키는 말이었다. 이 말 역시 자신을 낮춤으로써 상대방을 높이는 존칭이다.

중국의 《사물기원》을 보면, 전하는 본디 황태자를 부르는 호칭으로만 쓰였음을 알 수 있다. 그러나 조선시대에는 왕과 왕비, 왕족을 가리키는 말로 널리 쓰였다. 세자도 한 등급 낮추어 저하(低下)라고 불렀다. 고종 34년(1897)에 대한제국이 공포됨으로써 왕을 황제라고 칭하면서 폐하라는 호칭도 되살아났다. 이와 더불어 왕세자도 태자로 불리게 되었다.

매화틀과 매화용기

매화틀

조선의 왕들은 이동식 변기에 대변을 보았는데, 이 변기를 매화틀 또는 매우틀이라고 불렀다. 이 매화틀의 구조는 오늘날 어린아이의 좌변기와 비슷하다. 'e'자모양에 높이는 30센티미터 정도로, 빨간 우단으로 나무틀 위를 쌌으며 나무틀밑에 구리 그릇을 놓아 거기에 대변을 받았다.

왕은 대변을 본 뒤에 뒤처리를 비단으로 했다는 이야기가 있으나 왕실 생활이검소했던 것으로 미루어 이는 잘못 전해진 것으로 추측된다. 오히려 벼슬아치 집에서 몇 배 더 사치를 하여 나라에서 금하기도 했다.

궁중에는 매화틀만을 전문적으로 취급하는 복이나인이 있어, 미리 볏짚을 잘게 썰어 매화틀 속에 뿌려서 왕에게 가져갔다. 왕이 그 위에 일을 보고 나면, 측근 나인이 이를 전의감에 보냈다. 그러면 전의(典醫)는 변의 농도와 색깔 등을 살피고 심지어 맛까지 보면서 왕의 건강 상태를 점검했다. 왕의 매화틀은 모두 세개가 있었고, 왕비와 왕대비는 두 개씩 사용했다.

1917년 11월 창덕궁 대조전에 불이 나서 다시 재건할 때 신식 세면실과 목욕실을 설치하면서 매화틀은 밤에만 쓰이게 되었다. 화장실을 궁중어로 '측간(廁間)' '급한 데' '부정(不淨)한 데' '작은집'이라 했는데, 궁인들이 쓰는 화장실은 멀리 떨어져 있어 모여서 함께 가곤 했다고 한다. 을미개혁(1895) 이후 단발령이 실시될때 궁인들이 밤에 측간에 갔다가 머리를 잘리고 오는 일이 생기자 측간을 '도깨비 소행'이라 부르기도 했다.

조선시대 임금에게 많았던 부스럼과 피부병

조선의 4대 임금 세종은 피부병으로 고생해서 온천을 자주 찾았다. 세조도 피부병을 고치기 위해 맑은 계곡이 있는 오대산 상원사와 속리산 법주사를 찾기도했다. 상원사에 들렀을 때는 계곡에서 목욕을 할 때 문수동자가 나타나 세조의 등을 밀어주었다는 전설이 전해오는데, 상원사에 있는 목조문수동자좌상의 복장유물에서 세조의 둘째 딸인 의숙공주 부부가 1466년에 문수동자상을 문수사에 봉안했다는 기록이 나와 이 전설을 뒷받침하고 있다. 복장유물 중 세조의 것으로 추정되는 명주 적삼에 붉은색과 누런색 얼룩이 있는 것으로 미루어 세조가 피부병을 앓았다는 것을 추측할 수 있다.

세조가 피부병을 고치기 위해 속리산을 찾았을 때, 길가의 소나무가 늘어진 가지를 스스로 들어올려 세조가 탄 가마가 쉽사리 통과했다고 한다. 이에 세조는 이 소나무에 정2품 벼슬을 내렸고, 이곳에 머무는 동안 신병에 차도가 있자 법주사에 10리가 넘는 땅을 하사했다고 한다.

법주사는 다른 사찰과 달리 당간지주가 절 입구에 있지 않고 10리쯤 떨어져 있다. 세조가 하사한 10리 땅의 영역을 표시하기 위한 것이다. 이 당간지주는 세조가 은덕을 입어 구원을 받은 돌이라 뜻에서 은구석(恩救石)이라고 명명했다는 일화가 전해 내려온다.

상원사 문수전

성종의 아버지인 덕종도 피부병으로 고생하다가 요절했고, 정조 또한 부스럼으로 고생하다가 이를 잘못 치료하여 승하했다.

이처럼 임금이 피부병이나 부스럼으로 고생한 이유는 무엇일까?

무엇보다도 정신적인 스트레스 때문일 것이다. 임금의 자리를 지키기 위한 스트레스, 자신을 위협하는 반대 세력, 각종 국내외 문제를 해결해야 하는 스트레스 때문에 단 하루도 편히 지낼 수 없었을 것이다. 게다가 임금은 지엄한 자리이다 보니 격식과 품위를 지켜야만 했다. 일반 백성처럼 옷을 가볍게 입거나 벗을 수도 없었다. 주위에서 임금을 지켜보는 시선은 또 얼마나 많던가? 이 모든 것이 스트레스로 작용해 몸의 병으로 나타난 것은 아닐까?

추녀 밑에 설치한 부시

지엄한 임금이 사는 궁궐 추녀 밑에 제비가 집을 지었다면 어떤 문제가 생길까? 아마 세 가지 문제가 생길 것이다.

첫째, 제비의 분비물 때문에 궁궐의 추녀는 물론 추녀 아래쪽까지 지저분해질 것이다. 더구나 새들의 분비물 성분 중에는 위엄을 자랑하는 궁궐의 단청을 바래게 하는 성분이 있다. 단청을 오래도록 유지하기 위해서도 추녀 밑에는 제비집을 짓지 못하게 해야만 했다.

둘째, 지엄한 임금이 사는 궁궐의 추녀 밑에 제비집이 있다면 볼썽사나울 것이다. 어찌 제비 같은 미물이 지엄한 임금과 함께 살 수 있을까?

셋째, 제비가 있으면 제비를 잡아먹으려고 뱀이 드나들 것이다. 제비가 집을 짓는 것은 자신이 살기 위한 목적도 있지만 알을 낳아 부화하기 위함이다. 그 제비 알에 눈독을 들이는 것이 바로 뱀이다. 뱀 때문에 위엄과 품위를 보여야 할 궁궐에서 살생이 일어난다면 궁궐의 신성함과 권위가 깨진다는 믿음이 있었으므로 이를 피해야 했다.

이러한 이유로 궁궐 추녀 밑에는 부시(罘罳)를 설치했다. 부시는 새가 앉지 못하게 하기 위해 전각의 처마에 둘러치는 철망이다. 또는 삼지창 모양의 장식을 공포의 출목이나 익공, 지붕에 설치해 새들이 궁궐 지붕이나 추녀 밑으로 가까이 오지 못하도록 막았다.

관련 기록을 보자. 《중종실록》 중종 15년(1520) 12월 18일 기사 중에 "경회루에 많은 들비둘기가 깃들고 있으므로 더럽혀져서 칠을 다시 해야 하는데, 이 폐단이 끝이 없을 것이다. 그러니 철망을 만들어 둘러친다면 만드는 공력은 쉽지 않겠지만 한번 만든 뒤에는 비둘기가 깃들 수 없을 것이고, 따라서 칠을 해야 하는 비용도 덜 수 있을 것이다."라는 대목이 있다. 조선 초기부터 새들이 궁궐에 집을 짓는 것을 막기 위해 부시를 설치했음을 알 수 있다.

왕의 친인척 부정을 막기 위한 출가

조선시대에는 순조 이전만 해도 왕의 친인척들이 함부로 권력을 행사하지 못하도록 엄격히 관리했다. 종부시라는 관청이 그 예이다. 종부시는 왕의 친척들로 구성된 기관으로, 친척들의 왕권 침해와 위법한 행위를 감시하는 기능을 했다. 오늘날 청와대 민정비서실과 비슷한 역할을 한 셈이다. 하지만 팔은 안으로 굽는다는 말이 있듯이, 친족들로 구성된 종부시는 자신들의 허물을 가리기에 바빠 제대로 그 역할을 수행하지 못했다.

이들을 대신한 것이 바로 사헌부와 사간원에 속한 이들로 구성된 대간들이었다. 청렴과 도덕성으로 무장한 대간들은 왕족의 부정과 비리를 서슴없이 왕에게 직접 상소했다. 태조의 딸 의령옹주의 아들 병조판서 이선(李宣)이 '남의 집을 싸게 사기 위해 담장을 파서 못살게 하고, 동네 우물에 시체를 가져다놓아 남들이 먹지 못하게 하고는 자기 땅으로 한다'는 사실을 왕에게 고한 것도 바로 대간들이었다. 옹주를 어머니로 둔 이선, 게다가 병조판서라는 높은 지위에 있으니 그가 잘못을 해도 함부로 왕에게 알리기 어려웠지만 대간들은 이에 아랑곳하지 않았던 것이다.

하지만 무엇보다 돋보인 것은 권력자 스스로 공과 사를 엄격히 구분하여 객관적으로 정치를 하려는 자세였다. 정치가 안정되고 태평성대를 누렸던 조선 초기부터 중기까지 왕들은 스스로 모범을 보였다.

2대 임금 정종은 열다섯이나 되는 아들 모두를 머리를 깎아 절에 들여보냈다. 조선왕조 500년의 기틀을 닦은 3대 임금 태종은 처족(妻族)의 입김을 막기 위해 민무구(閔無咎)를 비롯한 원경왕후의 동생 4형제를 모두 유배를 보냈다가 사사했다. 또한 왕권에 도전할 만한 사병들을 없애고, 안정적인 국가 재정의 확보와 국방력 강화를 위해 호패법을 실시했으며, 끊임없는 왜구의 약탈을 막기 위해 대마도를 정벌해 대내외적으로 안정적인 왕조의 기틀을 마련했다. 상왕으로 물러난 뒤에는 아들인 세종이 친인척의 입김에 흔들리지 않도록 세종의 장인 심온(沈溫)에게 사약을 내리기까지 했다. 세종과 왕비에게는 비극이었으나 태종의 이러한 결단으로 인해 세종은 한글을 만들고 과학기술을 발전시키는 등 우리나라의 르네상스를 이룰 수 있었다.

조선 말기에 흥선대원군 이하응이 아들인 고종의 왕비를 간택할 때 천애고아인 명성황후를 선택한 것도 친인척의 비리를 막기 위함이었다. 하지만 두 사람이 첨예하게 대립함으로써 역사는 흥선대원군의 뜻과는 다른 방향으로 흘러가고 말았다.

조선시대 임금들의 바쁜 일상

조선시대 임금의 하루는 눈코 뜰 새 없이 바빴다. 해 뜨기 전인 새벽 5시 전후에 일어나면 그 자리에서 자릿조반(아침에 잠에서 깨어나는 대로 그 자리에서 먹는 죽이나 미음 따위의 간단한 식사)으로 간단한 요기를 한다. 세수를 하고 옷을 입으면 웃어른에게 아침 문후를 드려야 한다. 아침 문후가 하루 일과의 시작이라고 할 수 있다. 이때부터 빈틈없이 일과는 계속된다. 왕이 처리하는 일이 얼마나 많으면 만기(萬機; 만 가지 업무)라고 했을까?

아침 문후를 드리고 나오면 관리들이 기다리는 정전으로 나가 조회에 참석했다. 조회가 끝나면 바로 임금의 공부 시간인 경연(經筵)이 이어진다. 신하들과 학문에 대한 의견도 나누고 유교경전도 공부했다. 이 경연을 하루에 세 번이나 했다.

아침 경연이 끝나면 비로소 아침 수라상을 받는다. 임금은 하루에 두끼의 식사를 하는데 기본 음식 이외에 12가지 반찬이 나왔다. 기본 음식은 국·김치·장류·찌개·갈비찜·전골류 등이며, 12가지 반찬은 도라지·호박·숙주나물 등 삼색나물과 무생채·구이 등이다.

식사가 끝나면 바로 점심 경연에 참석해야 한다. 역시 공부 시간이다. 점심 경연이 끝나면 떠나는 관리, 새로 임명받은 관리들의 인사를 받아야 한다. 왕은 백성들을 위해 일한 것에 대한 칭찬과 당부를 잊지 않는다. 이어서 각 부대에 전달할 그날의 암구호를 전하고 잠시 휴식을 취한다.

휴식을 취하는가 싶으면 다시 저녁 경연에 참석해야 하고, 경연을 마친 뒤에는 그날 들어온 상소문이나 건의문을 살펴보았다. 저녁 수라를 마친 뒤 웃어른에게 저녁 문후를 올리면 비로소 하루 일과가 마무리된다. 이미 오후 9시에 가까운 시간이다. 임금은 이때부터 자신만의 망중한을 즐기거나 왕비와 다정한 시간을 보낼 수 있었다. 그러나 둘만의 시간은 엄두도 못 낸다. 항상 내시와 궁녀들의 감시(?)를 받아야 하기 때문이다.

임금은 휴식을 취하는 동안 스트레스를 풀고 심신을 단련하기 위한 취미를 즐겼다. 장치기를 하거나, 왕비나 궁녀들과 함께 투호를 하면서 상을 주기도 했다. 장치기는 하키처럼 홍백 두 개의 나무 공을 두 편이 공채로 떠서 상대편 골문 안으로 밀어넣어 승부를 겨루는 경기다. 세종은 왕위를 물리고 들어앉은 아버지 태종과 더불어 장치기를 즐겼다고 한다. 투호는 고려 때 중국에서 들어왔다. 여러 사람이 편을 갈라 열 걸음쯤 떨어진 곳에서 항아리에 화살을 던져 많이 넣는 수효로 승부를 가리는 놀이다. 날씨가 좋으면 교외로 나가 사냥을 즐기기도 했는데, 이것은 관리들이 가장 싫어하는 왕의 취미 생활이었다. 그 때문에 관리들 모르게 사냥을 즐기는 임금도 있었다.

그러면 관리들이 권하는 임금의 취미 생활은 무엇이었을까? 바로 독서였다.

조용히 유교경전을 읽으면 심신의 안정에 도움이 되었기 때문이다. 또한 책 속에서 나라를 다스리는 근본을 찾을 수 있다고 믿었다. 학문에 정진한 임금은 학문적 성과를 모아 문집을 펴내기도 했다.

임금은 한 나라의 최고 통치자였지만 세수조차 궁녀들이 해주는 등 자신이 직접 할 수 있는 일이 없어 운동이 부족해 각종 병에 시달렸고, 궁녀와 내시의 간섭, 관리들의 끊임없는 감시로 극심한 스트레스를 받는 등 하루하루 고달픈 생활을 이어나가야만 했다. 오죽하면 철종은 자신이 살던 강화도를 그토록 그리워했을까?

조선의 의술

조선시대에는 임금을 비롯한 왕비, 왕자, 공주들의 질병을 치료하기 위해 전의감을 두었다. 그러나 의술의 수준은 그리 높지 않아서 전통적으로 내려오는 민간요법을 사용하는 경우가 많았다. 실제로 조선의 임금들은 이런저런 질병에 시달렸지만 이렇다 할 치료를 받지 못하고 단명하는 경우가 많았다. 조선 임금의 평균 수명이 47세라는 사실이 이를 증명하고 있다.

세종은 고기를 즐겨 먹었으나 운동보다 독서를 즐겨 비만했고, 35세 이후에는 당뇨병으로 추측되는 성인병과 눈병을 앓았지만 병을 치료한다며 온천만 찾았다. 문종은 세자 시절부터 부스럼 때문에 고생했는데, 치료약이라는 것이 부스럼 부위에 고약이나 거머리를 붙이는 수준이었으므로 38세에 세상을 떠났다. 심지어 중종은 고열에 시달릴 때 해열제로 야인건수(野人乾水)를 먹었다고 한다. 야인건은 마른똥이다.

중종 이후 전의감의 어의들은 중국을 다녀오면서 임금이 앓고 있는 질병의 원인을 찾아 치료하고자 했다. 조선의 의술이 획기적으로 발전한 것은 임진왜란 이후였다. 허준이 명나라 의서와 우리나라 전통 의학서인 《향약집성방》을 참고하여 《동의보감》을 펴내고 침구술이 등장하면서 획기적으로 발전한 것이다.

광해군은 추위를 잘 타는 체질인데다 형인 임해군과 적자인 영창대군 문제로 항상 근심을 달고 살았던 탓에 화병과 눈병으로 고생했는데, 약을 써도 잘 듣지 않자 침을 많이 맞았다.

구한말에는 이제마가 의학을 임상학적인 방법으로 체계화하여 사상의학이라는 새로운 한의학설을 소개함으로써 조선의 의술은 다시 한 번 발전하게 되었다. 사상의학은 사람의 체질을 태양인, 태음인, 소양인, 소음인으로 나누어 치료해야 한다는 이론으로, 그가 쓴 《동의수세보원》에는 사상의학이 집대성되어 있다.

고종 21년(1884) 갑신정변 때 가슴에 칼을 맞아 사경을 헤매던 민영익을 서양 선교사 알렌이 살려낸 것을 계기로, 명성황후의 후원으로 우리나라 최초의 근대식 병원인 광혜원을 설립함으로써 서양 의술이 보급되었다.

대령숙수와 잔치 음식

궁궐에서 임금과 왕비 등의 식사는 주방상궁들이 수라간이나 소주방에서 조리해 올렸다. 그러나 궁궐에 잔치가 있을 때는 남자 조리사인 대령숙수가 동원되었다. 수라간은 좁아서 수백 명분의 음식을 만들 수 없으므로 임시로 숙설소를 설치하고 이곳에서 100여 명이 며칠 동안 음식을 만들었고, 후식은 생과방에서 만들었다.

실무는 거의 차비(差備)들이 담당하는데, 만드는 음식의 종류에 따라 이들의 직책명도 달랐다. 밥 짓기는 반공(飯工), 생선 요리는 자색(炙色), 두부 요리는 포장(泡匠), 고기살 요리는 별사옹(別司饔), 떡은 병공(餠工), 술은 주색(酒色), 차는 차색(茶色)이 담당했다. 그리고 오늘날의 주방장이라고 할 수 있는 반감(飯監)이 이들을 총감독했다.

평소에 대령숙수는 궁궐 밖에서 거주하면서 너무 커서 다듬기 어렵거나 힘이 필요한 식재료, 생김생김이 흉하거나 비위가 상하는 식재료를 수라간 궁녀와 나인들이 쉽게 조리할 수 있도록 초벌 조리를 해서 수라간에 제공했다. 또 궁중에서 특별한 일에 쓸 식재료 중 구하기 어려운 희귀한 재료나 궁중에서 만들 만한 격조가 아닌 음식도 담당했다.

잔치를 하고 남은 음식은 곽격지(기름종이로 만든 포장지)와 세 폭의 청색 보자기에 싸서 잔치에 참석한 관리들에게 나주어주었다. 의식을 위해 높이 고인 음식들은 퇴선한 다음 종친이나 신하의 집으로 보냈다. 이 음식은 가자(架子)라는 들 것에 실어 가마꾼이 앞뒤로 끌고 다니며 나누어주었는데, 대개 한 가지씩 한지로 싸서 보냈기 때문에 집집마다 받는 음식은 달랐다.

풍수 영향으로 장남보다 차남이나 3남이 정치를 잘해?

풍수에서 좌청룡은 왕자와 문(文)의 표상으로 늙은이 또는 장자를 관장하며, 재화의 증식을 상징한다. 우백호는 무(武)와 용기의 표상으로 젊은이 또는 둘째와 셋째를 관장하며, 자손의 번창을 상징한다.

서울은 남으로는 한강이 흐르고 북으로는 북한산을 등지고 있는 전형적인 배산임수 지형이다. 풍수학적으로 보나 현대 지정학적으로 보나 천혜의 입지 조건을 갖춘 땅이다. 그러나 우백호에 해당하는 서쪽의 인왕산은 높아서 좋은데 좌청룡에 해당하는 동쪽의 낙산이 낮은 것이 흠이었다.

성종 때의 문신 성현도 《용재총화》에서 이와 비슷한 견해를 밝혔다.

"한양은 서북쪽이 높고 동남쪽이 얕으므로 장자가 잘되지 못하고 작은아들이 잘되어 오늘날까지 왕위의 계승과 명공(名公), 거경(巨卿)은 장남이 아닌 차남 출신이 많았다."

실제 조선의 역사는 이를 증명하고 있다. 장남이 왕위를 계승한 것은 문종, 단종, 연산군, 인종, 현종, 숙종, 경종, 현종까지 8명뿐이다. 그러나 이들 중 문종은 등창으로 재위 2년 만에 세상을 떠났다. 단종은 3년 만에 숙부인 수양대군에게 쫓겨났으며, 연산군은 패륜아로 묘호도 받지 못했다. 인종은 계모인 문정왕후의 등쌀에 재위 8개월 만에 세상을 떠났으며, 경종은 몸이 약해 아우인 영조에게 왕

위를 물려주었다. 헌종은 8세에 왕위에 올랐으나 세도정치의 풍파 속에 재위 15
년 만인 23세에 세상을 떠났다. 한결같이 자신의 뜻을 펴지 못한 임금들이다. 성
군으로 꼽히는 세종이나 성종, 영조나 정조는 모두 차남이나 3남이었다. 또한 재
상이나 판서, 이름을 날렸던 사람들도 대개가 장남보다는 차남이 많았다.

| 찾아보기 |

| 참고자료 |

강경표, 《주제가 있는 한국사》, 진영사, 2013

국립중앙박물관, 〈화성 용주사〉, 2017

국홍일, 《당신은 미인이십니까?》, 한그루, 1994

김명, 《한국사 이야기 주머니》, 녹두, 1995

김무진·박경안, 《한국사의 길잡이》, 혜안, 1995

김성한, 《길따라, 발따라①》, 사회발전연구소 출판부, 1993

김성한, 《길따라, 발따라②》, 사회발전연구소 출판부, 1993

김성호, 《비류백제와 일본의 국가》 비문사 1992

김용덕 《한국사의 탐구》, 을유문화사, 1981

김용덕, 《한국사 수록》, 을유문화사, 1984

김용숙, 《조선조 궁중 풍속 연구, 일지사, 1987

김화진, 《한국의 풍토와 인물》, 을유문화사, 1986

남경태, 《상식 밖의 한국사》, 새길, 1995

노도양 역, 《택리지》, 명지대 출판부, 1978

동아대 고전연구, 《역주 고려사》, 태학사, 1987

민병덕, 《LTE 한국사》, 책이있는마을, 2014

민병덕, 《꾸밈의 한국사》, 책이있는마을, 2018

민병덕, 《밥상 위의 한국사》, 책이있는마을 2017

민족문화추진회 역, 《국역 연려실기술》, 민족문화문고간행회, 1988

박성래, 《한국인의 과학 정신》, 평민사, 1993

박영규, 《한권으로 읽는 고려왕조실록》, 웅진닷컴, 2004

박영규, 《한권으로 읽는 조선왕조실록》, 웅진닷컴, 2004

박현, 《100문 100답 한국사 산책》, 백산서당, 1994

송용진, 《쏭내관의 재미있는 한국사 기행》, 지식프레임, 2013

안상원, 《교육사 신강》, 형설출판사, 1980

역사학연구소, 《교실 밖 국사 여행》, 사계절, 1983

유홍준, 《나의 문화유산답사기①》, 창작과비평사, 1993

유홍준, 《나의 문화유산답사기②》, 창작과비평사, 1994

이민수 역, 《조선전》, 탐구당, 1976

이배용 외, 《우리나라 여성들은 어떻게 살았을까?①》, 청년사, 1999

이배용 외, 《우리나라 여성들은 어떻게 살았을까?②》, 청년사, 1999

이병도 역, 《삼국사기》, 을유문화사, 1983

이옥수, 《한국 근세 여성 사화》, 규문각, 1985

이재운, 《상대적이며 절대적인 우리말 백과사전》, 책이있는마을, 2017

이재운, 《알아두면 잘난 척하기 딱 좋은 우리말 잡학사전》, 노마드, 2018

이재운, 《알아두면 잘난 척하기 딱 좋은 우리 한자어사전》, 노마드, 2020

이재호 역, 《삼국유사》, 명지대 출판부, 1978

이존희, 《조선시대 지방행정 연구》, 일지사, 1990

이훈종, 《흥부의 작은 마누라》, 한길사, 1994

전형택, 《조선 후기 노비 신분 연구》, 일조각, 1994

최남선, 《조선 상식 문답①, 속편》, 삼성문화재단, 1972

최남인 엮음, 《과학·기술로 보는 한국사 열세 마당》, 일빛, 1994

한국문원 편집부, 《왕릉》, 한국문원, 1995

한국사연구소, 《조선시대 사람들은 어떻게 살았을까?①》, 청년사, 1996

한국사연구소, 《조선시대 사람들은 어떻게 살았을까?②》, 청년사, 1996

홍형옥, 《한국 주거사》, 민음사, 1992

《동아원색세계대백과사전》, 동아출판사, 1992

《한국민족문화대백과사전》, 한국정신문화연구원, 1993

《한국사 대사전》, 고려출판사, 1992

강원도민일보, 〈정종수역사민속산책〉 2005~2006

조선일보, 〈이규태 코너〉 1985~2003

조선일보, 〈이덕일 사랑〉 2005~2007

조선일보, 〈한국인, 한국학〉, 1991

중앙일보, 〈키워드로 푸는 역사〉, 2007

국사편찬위원회 한국사데이터베이스(db.history.go.kr)

본래 뜻을 찾아가는 우리말 나들이
알아두면 잘난 척하기 딱 좋은 **우리말 잡학사전**

'시치미를 뗀다'고 하는데 도대체 시치미는 무슨 뜻? 우리가 흔히 쓰는 천둥벌거숭이, 조바심, 젬병, 쪽도 못 쓰다 등의 말은 어떻게 나온 말일까? 강강술래가 이순신 장군이 고안한 놀이에서 나온 말이고, 행주치마는 권율장군의 행주대첩에서 나온 말이라는데 그것이 사실일까?
이 책은 이처럼 우리말이면서도 우리가 몰랐던 우리말의 참뜻을 명쾌하게 밝힌 정보 사전이다. 일상생활에서 자주 쓰는 데 그 뜻을 잘 모르는 말, 어렴풋이 알고 있어 엉뚱한 데 갖다 붙이는 말, 알고 보면 굉장히 험한 뜻인데 아무렇지도 않게 여기는 말, 그 속뜻을 알고 나면 '아하!'하고 무릎을 치게 되는 말 등 1,045개의 표제어를 가나다순으로 정리하여 본뜻과 바뀐 뜻을 밝히고 보기글을 실어 누구나 쉽게 읽고 활용할 수 있도록 하였다.

이재운 외 엮음 | 인문 · 교양 | 552쪽 | 28,000원

역사와 문화 상식의 지평을 넓혀주는 우리말 교양서
알아두면 잘난 척하기 딱 좋은 **우리말 어원사전**

이 책은 우리가 무심코 써왔던 말의 '기원'을 따져 그 의미를 헤아려본 '우리말 족보'와 같은 책이다. 한글과 한자어 그리고 토착화된 외래어를 우리말로 받아들여, 그 생성과 소멸의 과정을 추적해 밝힘으로써 올바른 언어관과 역사관을 갖추는 데 도움을 줄 뿐 아니라, 각각의 말이 타고난 생로병사의 길을 짚어봄으로써 당대 사회의 문화, 정치, 생활풍속 등을 폭넓게 이해할 수 있는 문화 교양서 구실을 톡톡히 하는 책이다.

이재운 외 엮음 | 인문 · 교양 | 552쪽 | 28,000원

우리의 생활문자인 한자어의 뜻을 바로 새기다
알아두면 잘난 척하기 딱 좋은 **우리 한자어사전**

《알아두면 잘난 척하기 딱 좋은 우리 한자어사전》은 한자어를 쉽게 이해하고 바르게 쓸 수 있도록 길잡이 구실을 하고자 기획한 책으로, 국립국어원이 조사한 자주 쓰는 우리말 6000개 어휘 중에서 고유명사와 순우리말을 뺀 한자어를 거의 담았다.

한자 자체는 단순한 뜻을 담고 있지만, 한자 두 개 세 개가 어울려 새로운 한자어가 되면 거기에는 인간의 삶과 역사와 철학과 사상이 담긴다. 이 책은 우리 조상들이 쓰던 한자어의 뜻을 제대로 새겨 더 또렷하게 드러냈으며, 한자가 생긴 원리부터 제시함 으로써 누구나 쉽게 익히고 널리 활용할 수 있도록 했다.

이재운 외 엮음 | 인문 · 교양 | 728쪽 | 35,000원